Gabler | MLP

BERUFS- UND KARRIERE-PLANER WIRTSCHAFT 2009|2010

Der günstige Preis dieses Buches wurde durch großzügige Unterstützung der MLP Finanzdienstleistungen AG, Heidelberg, ermöglicht, die seit über 35 Jahren Partner der Studierenden ist.

MLP ist die in Europa führende Private Finance-Gruppe für Akademiker und andere anspruchsvolle Kunden. MLP unterstützt Studierende und Berufseinsteiger in der **Edition MLP** mit Informationen sowie mit Seminaren in den MLP-Geschäftsstellen, die ihnen für ihr Studium, ihr Examen und die erste Berufsphase großen Nutzen bieten.

Gabler | MLP

BERUFS- UND KARRIERE-PLANER WIRTSCHAFT 2009|2010

Für Studenten und Hochschulabsolventen

Specials Health Care | Logistik und Transport | Handel | Banken und Versicherungen

Autoren:

Dr. Alfred Brink · Dr. Ursula Ernst-Auch · Manfred Faber
Jürgen Hesse · Alexander Jünger · Dr. Zun-Gon Kim · Elke Pohl
Dunja Reulein · Dr. Martin Schloh · Hans Christian Schrader
Silke Siems · Dr. Angela Verse-Herrmann · Ralf Wettlaufer
Lilli Wilken · Volker E. Zwick

GABLER

Bibliografische Information der Deutschen Nationalbibliothek
Die Deutsche Nationalbibliothek verzeichnet diese Publikation in der Deutschen Nationalbibliografie;
detaillierte bibliografische Daten sind im Internet über <http://dnb.d-nb.de> abrufbar.

1. Auflage 1998
2. Auflage 1999
3. Auflage 2000
4. Auflage 2001
5. Auflage 2002
6. Auflage 2003
7. Auflage 2004
8. Auflage 2005
9. Auflage 2006
10. Auflage 2007
11. Auflage 2008
12. Auflage 2009

Alle Rechte vorbehalten
© Gabler | GWV Fachverlage GmbH, Wiesbaden 2009

Lektorat/Redaktion: Irene Buttkus | Ira Krissel

Gabler ist Teil der Fachverlagsgruppe Springer Science+Business Media.
www.gabler.de

Anzeigenleitung Buch: Dr. Bianca Matzek
Umschlaggestaltung: KünkelLopka GmbH, Heidelberg
Bildnachweis: MEV
Satz: FROMM MediaDesign, Selters/Ts.
Druck und buchbinderische Verarbeitung: Stürtz GmbH, Würzburg
Gedruckt auf säurefreiem und chlorfrei gebleichtem Papier
Printed in Germany

ISBN 978-3-8349-0801-8

Liebe Leserinnen und Leser,

„Wissen ist Macht" – so heißt es. Doch in der gegenwärtigen Wiki-Welt gelten Wissen und Informationen je nach technischer Ausstattung als gemeinhin zugänglich und global verfügbar.

Exzellente Fachkenntnis auf immer aktuellem Stand wird zwar unabdingbar für Ihren Berufserfolg bleiben, die Anforderungen der Arbeitswelt gehen mittlerweile aber weit darüber hinaus. Gefragt sind neben Flexibilität „Bildung und die Fähigkeit, den Alltag zu organisieren, mit Zeit umzugehen, artikulationsfähig zu werden …", wie es der Bamberger Soziologe Gerhard Schulze treffend formulierte. Die Rede ist vom gekonnten Umgang mit den eigenen Reserven an Kenntnissen, Zeit und Leistungsfähigkeit, an physischer, emotionaler und psychischer Kraft. Besonders wichtig sind das Geschick, Fakten und Informationen rasch zu filtern und zu neuen Erkenntnissen zu verknüpfen, das Vermögen, wichtig von unwichtig zu unterscheiden, dabei sozial vernetzt und kompetent zu sein und effizient zu handeln. Dies gilt für den auf immer mehr Leistung in immer kürzerer Zeit getrimmten Berufsalltag ebenso wie für die persönliche Balance zwischen Arbeit, Freizeit und Familie. Nutzen Sie die Zeit Ihrer Hochschulausbildung, um sich neben der fachlichen Basis insbesondere die verfügbaren Methoden zur immer neuen Erschließung von Wissen anzueignen und die persönlichen Fähigkeiten zu trainieren, die langfristig eine gesunde Leistungsfähigkeit, gute soziale Verbindungen und eine ausbalancierte Lebensführung fördern.

Der Gabler Verlag unterstützt Sie mit seinem vielfältigen Angebot auf allen Stufen Ihres Werdegangs. Mit hochwertigen Lehr- und Praxisbüchern, wissenschaftlichen oder Fachzeitschriften, E-Veröffentlichungen, Internet-Portalen und E-Learning-Angeboten wollen wir Sie als verlässlicher Partner auf einem erfolgreichen Karriereweg durchs Wiki-Zeitalter begleiten.

Mit den besten Wünschen für Ihre akademische und berufliche Laufbahn

Ihre

Irene Buttkus

Irene Buttkus, Redaktion Karriere-Planer

Liebe Leserinnen, liebe Leser,

ein guter Studienabschluss ist heute nicht mehr allein zentrale Voraussetzung für einen erfolgreichen Einstieg ins Berufsleben. Vielfach erwarten die Unternehmen zusätzlich eine klare inhaltliche Spezialisierung, Auslandserfahrung, Praktika oder praxisbezogene Abschlussarbeiten. Fest steht: Wer sich frühzeitig auf ein Gebiet konzentriert und konsequent auf seinen Berufswunsch hinarbeitet, hat entscheidende Startvorteile.

Viele hilfreiche Informationen finden Sie in diesem *Gabler|MLP Berufs- und Karriere-Planer*. Auch die vorliegende Ausgabe 2009|2010 enthält für sämtliche Berufssparten eine übersichtliche und aktuelle Auswahl der wichtigsten Fakten und Hinweise.

Für MLP ist es ein besonderes Anliegen, Studierende und Absolventen mit hochwertigen Informationen zu versorgen. Als Finanz- und Karriereberater engagieren wir uns seit vielen Jahren an den Hochschulen. Initiativen wie das Auslandsprogramm „Join the best“, die wissenschaftspolitische Tagung „MLP Hochschultag“ oder das Sponsoring der deutschen Hochschulsportmeisterschaften sind nur einige Beispiele. Unsere Seminarangebote rund um die Themen Bewerbung, Berufseinstieg oder Existenzgründung und die umfassenden Services bei der Karriereplanung können Sie an rund 260 Geschäftsstellen vor Ort kennen lernen.

Für Ihre Zukunft wünsche ich Ihnen alles Gute und viel Erfolg.

Herzliche Grüße

Ihr

Muhyddin Suleiman
Mitglied des Vorstands der MLP AG

Einführung

Erfolgreiche Hochschulabsolventen der Wirtschaftswissenschaften werden die Strukturen der globalen Welt von morgen entscheidend mitgestalten. Doch zunächst gilt es, die erforderlichen Kompetenzen und deren Nachweise zu erwerben, um künftige Arbeitgeber von den eigenen Fähigkeiten zu überzeugen.

Der völlig neu überarbeitete und aktualisierte *Berufs- und Karriere-Planer Wirtschaft 2009|2010* wendet sich an Examenskandidaten und Berufsanfänger wirtschaftswissenschaftlicher Fächer. Er bietet in vier Hauptkapiteln und vier Branchen-Specials solide Informationen und praktische Hilfen, die Sie in den entscheidenden Lebensabschnitten der Prüfungs- und Bewerbungsphase sowie beim Berufseinstieg wesentlich unterstützen.

Kapitel 1 begleitet Sie mit den methodisch besten Lern- und Schreibtipps durch die Examensphase und zeigt, wie Sie Ihre Lerntage bewusst nach Ihrem eigenen Rhythmus ausrichten, sie ausgewogen und effizient gestalten – und zugleich den Bewerbungsmarathon vorbereiten. Außerdem finden Sie hier Entscheidungshilfen zur Frage „Berufseinstieg oder Weiterqualifikation?"

Kapitel 2 hilft bei der besseren Orientierung auf dem Arbeitsmarkt. Die gründliche Analyse untersucht die gegenwärtigen Entwicklungen bei den Stellenangeboten sowie Bedingungen und Chancen für Bewerber und stellt auch berufliche Alternativen für Wirtschaftswissenschaftler vor. Die Darstellung der Branchen und vielfältigen beruflichen Funktionen kombiniert mit den Einstiegsprogrammen vieler Unternehmen und Angaben zu den vorausgesetzten Qualifikationen erleichtern die eigene Standortbestimmung.

Kapitel 3 enthält einen ausgezeichneten Bewerberleitfaden mit exzellentem Bewerbungs-Know-how. Die praktische Anleitung befasst sich mit allen Aspekten des Bewerbungsprozesses und lässt keine Fragen offen. Sie hilft beim Erstellen der schriftlichen Unterlagen für das In- und Ausland, der erfolgreichen Vorbereitung von Vorstellungsgesprächen, Assessment Centern sowie Jobmessen, gibt Hinweise zur professionellen Gehaltsverhandlung und mündet in die ultimativen Dos & Don'ts der Bewerbungsprofis Hesse/Schrader.

Kapitel 4 bereitet Berufsanfänger auf die ersten Arbeitstage vor und begleitet sie durch die Probezeit. Nützliche Karriere-Tools und ein kleiner Business-Knigge verhelfen Newcomern zum überzeugenden Auftritt beim Antritt in der Arbeitswelt.

Damit Sie wichtige Informationen schneller entdecken, zeigt der Text folgende Symbole:

> **TIPP**   >< **KONTAKT**   □ **FAZIT**

 ACHTUNG   **CHECKLISTE**

Inhalt

Editorial ———————————————————————————————— V

Vorwort von Muhyddin Suleiman,
Mitglied des Vorstands der MLP AG ———————————— VII

Einführung ——————————————————————————— VIII

1.   Die letzte Studienphase ———————————————— 1

1.1   Durchstarten zum Examen ———————————————— 1

1.2   Finanzierung des Studiums ——————————————— 2
1.2.1 Finanzbedarf in der letzten Studienphase ————————— 2
1.2.2 BAföG – Hilfe zum Studienabschluss ———————————— 3
1.2.3 Studiengebühren und Studienbeitragsdarlehen ————————— 4
1.2.4 Stipendien ——————————————————————— 6
1.2.5 Studienpreise —————————————————————— 8
1.2.6 Bildungskredite, Studienkredite und Bildungsfonds ———————— 8
1.2.7 Jobben und Praktika ———————————————————— 15

1.3   Selbstorganisation in der Examensphase ——————— 18
1.3.1 Angstfrei in die Prüfung ——————————————————— 18
1.3.2 Richtiges Zeitmanagement ————————————————— 19
1.3.3 Gestaltung der Lernumgebung und des Lerntags ——————— 20
1.3.4 Lernkrisen meistern ————————————————————— 23
1.3.5 Balance zwischen Lernen und Leben ———————————— 25
1.3.6 Lerngruppen organisieren —————————————————— 27
1.3.7 Lernen und Nebenjob ———————————————————— 28
1.3.8 Gratwanderung zwischen Lern- und Bewerbungsphase ———————— 28
1.3.9 Exkurs: Bachelor und Master ———————————————— 29

1.4   Die besten Lern- und Schreibtipps für
die Abschluss- und Prüfungsphase ————————————— 37
1.4.1 Vorarbeiten ——————————————————————— 37
1.4.2 Am Anfang steht die Literatur ———————————————— 40
1.4.3 Schlüsselthema Gliederung —————————————————— 43
1.4.4 Das formgerechte Manuskript ———————————————— 45
1.4.5 Unerlässlich: Richtig zitieren ————————————————— 46
1.4.6 Zur Beurteilung von Abschlussarbeiten ——————————— 47

1.5   Zusatz- und Weiterqualifikation _____ 48
1.5.1 Auslandserfahrungen _____ 48
1.5.2 Praktische Erfahrungen _____ 55
1.5.3 Aufbau-, Zweitstudium oder Promotion _____ 59

1.6   Persönliche Qualifikationen _____ 66
1.6.1 Hard Skills _____ 67
1.6.2 Soft Skills _____ 68

1.7   Netzwerke öffnen Türen _____ 71

1.8   Weiterführende Literatur _____ 73

2.   Der Blick auf den Arbeitsmarkt _____ 75

2.1   Der Arbeitsmarkt für Betriebswirte _____ 78

2.2   Der Arbeitsmarkt für Volkswirte _____ 84

2.3   Top-Arbeitgeber – Wer sind die besten? _____ 84
2.3.1 Absolventenbarometer: So wählen die Kandidaten _____ 84
2.3.2 Great Place to Work: So urteilen die Mitarbeiter _____ 86

Special Health Care _____ 89

1.   Health Care – Die Branche _____ 89

2.   Marktüberblick und Branchentrends _____ 91
2.1   Die Pharmaindustrie _____ 91
2.2   Die Medizintechnikindustrie _____ 95
2.3   Krankenhäuser _____ 97
2.4   Krankenversicherungen _____ 98

3.   Arbeitsmarkt und Berufschancen_____ 102

4.   Interviews:
       Perspektiven, Anforderungen und Erfolgsfaktoren ____ 104
4.1   Interview mit Pfizer Pharma GmbH _____ 104
4.2   Interview mit Roche Diagnostics _____ 105
4.3   Interview mit dem AOK Bundesverband _____ 108
4.4   Interview mit den Sana Kliniken _____ 110

5.   Great Place to Work:
       Beste Arbeitgeber im Gesundheitswesen 2009 _____ 112

2.4   Der Einstieg in den Beruf ——————————————— 113

2.4.1   Der Einstieg als Trainee ———————————————— 113

2.4.2   Der Einstieg als Volontär ——————————————— 114

2.4.3   Der Sprung ins kalte Wasser: Training-on-the-Job ————— 116

2.4.4   Der Einstieg als Assistent der Geschäftsleitung ————— 116

2.4.5   Der direkte Einstieg ————————————————— 119

2.5   Funktionsbereiche der Unternehmen ————————— 119

2.5.1   Planung ——————————————————————— 120

2.5.2   Vertrieb ——————————————————————— 120

2.5.3   Marketing ——————————————————————— 121

2.5.4   Finanzen ——————————————————————— 121

2.5.5   Rechnungswesen ———————————————————— 122

2.5.6   Controlling —————————————————————— 122

2.5.7   Revision ——————————————————————— 122

2.5.8   Personalplanung ———————————————————— 123

2.5.9   Einkauf/Beschaffung —————————————————— 123

2.5.10 Organisation ————————————————————— 124

2.5.11 EDV ————————————————————————— 124

Special Logistik und Transport —————————————— 125

1.   Logistik – Taktgeber in Wirtschaft und Alltag ————— 125

2.   Die Marktakteure ——————————————————— 127

3.   Aufgaben und Aufgabenbereiche der Logistik ————— 129

3.1   Ökonomie und Ökologie ———————————————— 129

3.2.   Ohne IT bewegt sich nichts ——————————————— 130

4.   Akademische Aus- und Weiterbildung ————————— 134

4.1   Das Studienangebot an den Universitäten ———————— 135

4.2   Studienangebote an Fachhochschulen —————————— 136

4.3   Studienangebote an Berufsakademien —————————— 137

4.4   Weiterbildungsangebote ———————————————— 137

5.   Karrierechancen ——————————————————— 138

6.   Verdienstmöglichkeiten und Anforderungen ————— 139

6.1   Einstiegsgehälter ——————————————————— 139

6.2   Hard Skills —————————————————————— 139

6.3   Soft Skills —————————————————————— 140

6.4   Claim: Just-in-Time —————————————————— 141

7.   Logistik in Forschung und Lehre ——————————— 141

2.6 Branchenübersicht _____ 144
2.6.1 Automobilindustrie _____ 148
2.6.2 Bauwirtschaft _____ 152
2.6.3 Chemische Industrie _____ 154
2.6.4 Elektroindustrie _____ 155
2.6.5 Energiewirtschaft _____ 157
2.6.6 Informationstechnologie _____ 159
2.6.7 Maschinenbau _____ 162

Special Handel _____ 165

1.   Handel ist nicht gleich Handel _____ 165

2.   Zur Lage der Branche _____ 170

3.   Anforderungen und Berufschancen _____ 175
3.1 Herausforderung für den akademischen Nachwuchs _____ 175
3.2 Nichts geht ohne: Sprachen und Soft Skills _____ 177
3.3 Einstiegsmöglichkeiten _____ 177

2.6.8 Medien _____ 178
2.6.9 Metallgewerbe _____ 181
2.6.10 Nahrungs- und Genussmittel _____ 185
2.6.11 Öffentlicher Dienst _____ 186
2.6.12 Pharmaindustrie _____ 188
2.6.13 Telekommunikation _____ 190
2.6.14 Textil- und Bekleidungsindustrie _____ 191
2.6.15 Touristik _____ 192
2.6.16 Personal- und Unternehmensberatung _____ 194
2.6.17 Werbewirtschaft, PR und Marktforschung _____ 196
2.6.18 Wirtschaftsprüfung und Steuerberatung _____ 198
2.6.19 Wissenschaft _____ 199

2.7   Weiterführende Literatur _____ 204

Special Banken und Versicherungen —————————————— 205

1. Banken ——————————————————————————— 205
1.1 Das deutsche Bankensystem ——————————————— 205
1.2 Aktuelle Herausforderungen ———————————————— 208
1.3 Beschäftigte und Berufschancen ——————————————— 216

2. Versicherungen ——————————————————————— 221
2.1 Das deutsche Versicherungssystem ——————————— 222
2.2 Aktuelle Herausforderungen ———————————————— 226
2.3 Beschäftigte in der Versicherungswirtschaft ——————— 229

3. Die Bewerbung —————————————————————— 233

3.1 Bewerbungsphilosophie ———————————————— 233
3.1.1 Grundlagen des Selbstmarketing ——————————— 234
3.1.2 Potenzialanalyse ———————————————————— 236
3.1.3 Erwartungsprofil ———————————————————— 242
3.1.4 Anforderungen des Marktes ————————————— 245

3.2 Formen der Bewerbung ————————————————— 253
3.2.1 Schriftliche Bewerbung ———————————————— 258
3.2.2 Internet-Bewerbung —————————————————— 275

3.3 Vorstellungsgespräche ————————————————— 284
3.3.1 Vorbereitung ————————————————————— 284
3.3.2 Ablauf ———————————————————————— 290

3.4 Job-Messen —————————————————————— 308
3.4.1 Recruiting-Messen —————————————————— 308
3.4.2 Veranstaltungen an Hochschulen —————————— 313
3.4.3 Fachmessen ————————————————————— 315
3.4.4 So bereiten Sie sich vor ——————————————— 316
3.4.5 Kontakt mit Personalberatern und Headhuntern ———— 318

3.5 Auswahlverfahren/Assessment Center ——————— 319
3.5.1 Was ist ein Assessment Center? ——————————— 319
3.5.2 Typischer Ablauf eines Assessment Centers ————— 320
3.5.3 Assessment Center: Big Brother is Watching You! ——— 322
3.5.4 Die optimale Vorbereitung —————————————— 324

3.6 MLP Assessmentcenter Pool — 328

3.7 Bewerben im Ausland — 346
3.7.1 Stellensuche — 346
3.7.2 Was haben Sie zu bieten? — 349
3.7.3 Bewerbungsanschreiben — 349
3.7.4 Lebenslauf — 350
3.7.5 Referenzen und persönliche Kontakte — 356
3.7.6 Ihre Unterlagen — 357
3.7.7 Nachhaken — 359
3.7.8 Dankschreiben — 359
3.7.9 Länderspezifische Tipps — 359

3.8 MLP Career Services — 360

3.9 Nachhaken — 364
3.9.1 Nach der Bewerbung — 364
3.9.2 Nach dem Vorstellungsgespräch — 365
3.9.3 Nachhaken per Telefon — 365
3.9.4 Nachhaken per Brief — 366

3.10 Nach der Zu- oder Absage — 368
3.10.1 Wie Sie mit einer Absage umgehen — 368
3.10.2 Wie Sie eine Stelle absagen — 368
3.10.3 Einladung zu einem zweiten Gespräch/Zusage — 369

3.11 Die Gehaltsverhandlung — 369
3.11.1 Gehaltsverhandlungen vorbereiten — 370
3.11.2 Gesprächsführung — 372
3.11.3 Arbeitsvertrag — 374

3.12 Die wichtigsten Dos & Don'ts für Ihre Bewerbungsstrategie – Tipps der Bewerbungsprofis Hesse/Schrader — 380

3.13 Weiterführende Literatur — 384

4. Die Einstiegsphase — 385

4.1 Die erfolgreiche Probezeit — 385
4.1.1 Der erste Tag — 385
4.1.2 Der erste Monat — 389
4.1.3 Die ersten 100 Tage — 391
4.1.4 Das Ende der Probezeit — 395
4.1.5 Kleiner Exkurs zum Arbeitsrecht — 397

4.1.6   Probezeit und Zielvereinbarung bei Scout24 Holding GmbH –
Interview mit Andrea Hollenburger, Director Human Resources ———— 399
4.1.7   Probezeit und Mitarbeiterintegration bei Capgemini sd&m –
Interview mit Christoph Reuther, Personalleiter ———————— 401

4.2   Karrieretools ———————————————————— 404
4.2.1   Zeit- und Selbstmanagement ——————————————— 405
4.2.2   Arbeitsmethoden und Ideenfindung ——————————— 410
4.2.3   Projektmanagement ——————————————————— 413
4.2.4   Präsentation ——————————————————————— 414
4.2.5   Kommunikation und Konfliktfähigkeit ——————————— 418
4.2.6   Networking ———————————————————————— 421

4.3   Kleiner Business-Knigge ———————————————— 422
4.3.1   Die Begrüßung —————————————————————— 423
4.3.2   Die richtige Anrede ——————————————————— 424
4.3.3   Small Talk und Networking ———————————————— 425
4.3.4   Ihr persönliches Erscheinungsbild ———————————— 426
4.3.5   Sicheres Auftreten bei Tisch ——————————————— 428
4.3.6   Zu guter Letzt: Das Telefonat als Visitenkarte ——————— 430

4.4   Weiterführende Literatur ———————————————— 432

Verzeichnis der Inserenten ———————————————— 433

Unternehmensprofile von A–Z —————————————— 434

Die Autoren ————————————————————————— 466

Stichwortverzeichnis —————————————————— 470

1

DIE LETZTE STUDIENPHASE

1.1 Durchstarten zum Examen

Wenn Sie dieses Buch zur Hand nehmen, haben Sie wahrscheinlich den größten Teil Ihres Studiums erfolgreich absolviert und bereiten sich intensiv auf die kommenden Etappen Ihres Berufslebens vor. Welchen Studiengang Sie auch gewählt haben und wie Sie sich Ihre berufliche Zukunft auch vorstellen: Den ersten entscheidenden Schritt haben Sie auf jeden Fall – fast – geschafft.

Höchstwahrscheinlich verlief das Studium nicht zu jedem Zeitpunkt so, wie Sie es gewünscht oder geplant hatten. Vielleicht mussten Sie sogar feststellen, dass Ihre erste Wahl für Sie doch nicht „erste Wahl" war und haben irgendwann den Studiengang gewechselt. Vielleicht mussten Sie dann und wann gegen das Gefühl ankämpfen aufzugeben und alles hinzuwerfen. Wichtig ist: Sie haben nicht aufgegeben und für sich einen Weg gefunden, das Studium erfolgreich durchzuziehen. Dabei haben Sie nicht nur viel Fachliches gelernt, sondern auch sehr viel Lebenserfahrung hinzugewonnen. Beides können Sie in der letzten – entscheidenden – Phase des Studiums gut gebrauchen: bei der Vorbereitung auf Ihr Examen und beim Examen selbst.

Wenn Sie in den kommenden Wochen daran gehen, sich intensiv auf Ihr Examen vorzubereiten, müssen viele Dinge bedacht, viel organisiert und vor allem viel, viel gelernt bzw. wiederholt werden. Erscheint Ihnen der Berg des Wissens, der vor Ihnen liegt und den Sie sich einverleiben müssen, unendlich groß und uneinnehmbar? Dann geht es Ihnen wie den meisten anderen Studierenden kurz vor dem Examen auch. Daher sollten Sie wie ein guter Bergsteiger nicht ständig nach dem Gipfel schauen, sondern sich auf den nächsten Tritt, den nächsten Haken konzentrieren. Teilen Sie sich die Arbeit in vernünftige, überschaubare Teiletappen ein und feiern Sie jeden Teilsieg ausgiebig! Auf diese Weise nähern Sie sich Schritt für Schritt dem Ziel. Es sei denn, Sie gehören zu den wenigen Menschen, denen es gelingt, ein Vorhaben wie eine Abschlussprüfung in einem kurzfristigen Kraftakt, einer Art genialer Hau-Ruck-Aktion, zu realisieren ... Sie sollten Ihre diesbezüglichen Fähigkeiten jedoch ganz **realistisch** und **angemessen kritisch** bewerten.

Die folgenden Seiten wollen Sie auf der mühevollen letzten Etappe, der Zielgeraden auf dem Weg zum erfolgreichen Examen begleiten und Sie mit wertvollen Hilfestellungen effektiv unterstützen.

1.2 Finanzierung des Studiums

1.2.1 Finanzbedarf in der letzten Studienphase

Dass sich „Geld" in der deutschen Sprache auf „Welt" reimt, fand schon Lichtenberg höchst vernünftig. Um sich die Welt möglichst weiträumig zu erschließen, ist eine universitäre Ausbildung immer noch die beste Voraussetzung. Und zum Studieren sind drei Dinge nötig: Geld, Geld und noch einmal Geld. Dies gilt insbesondere für die Endphase des Studiums. Die persönlichen Mittel sind oft erschöpft, die Anforderungen des Studienabschlusses lassen nicht mehr die Zeit für aufwändige Nebentätigkeiten. Und zudem steigt der Finanzbedarf eher an, als dass er sich vermindert. Zu den Lebenshaltungskosten von etwa 750 € pro Monat kommen die mittlerweile in mehreren Bundesländern verlangten Studiengebühren sowie Kosten, die mit dem Studienabschluss, der Diplomarbeit, notwendiger Reisetätigkeit oder mit Praktika, Sprachkursen und dem Erwerb weiterer Qualifikationen im Blick auf den Berufseinstieg zu tun haben. – Was also tun?

Zunächst einmal: Ruhe bewahren und die persönliche Situation genau analysieren! Verschaffen Sie sich ein genaues Bild Ihrer Situation.

CHECKLISTE

Finanzierung meines Studienabschlusses

Finanzbedarf
- Lebenshaltungskosten: ca. 750 €
- Studiengebühren: In welcher Höhe fallen Gebühren an Ihrer
                                 Hochschule an?
- Besondere Belastungen: Haben Sie Kinder?
                                 Müssen Sie Angehörige mit unterstützen?
- Zusätzliche Kosten im Zusammenhang mit dem Studienabschluss

Mögliche Finanzierung
- Private Geldquellen: Unterstützung durch die Eltern/Verwandte/
                                 eigene Ersparnisse
- BAföG: Hilfe zum Studienabschluss
- Studienbeitragsdarlehen: zur Finanzierung der Studiengebühren
- Stipendien und Studienpreise: Begabtenförderungswerke und andere
                                 Stipendiengeber
- Bildungskredite
- Studienkredite; Bildungsfonds
- Überbrückungsdarlehen
- Jobs/Praktika

Überlegen Sie, mit welcher (Misch-)Finanzierung Sie Ihr Studium am besten zu Ende bringen können. Dabei sollten Sie auch die jeweiligen Rückzahlungsverpflichtungen sowie deren Minderung und mögliche Stundung im Auge haben.

1.2.2 BAföG – Hilfe zum Studienabschluss

Erhalten Sie BAföG? Sind Sie am Ende der Förderungshöchstdauer, aber noch nicht am Ende Ihres Studiums angekommen? – Dann können Sie für **maximal zwölf Monate** Hilfe zum Studienabschluss erhalten, vorausgesetzt, dass Sie innerhalb von vier Semestern nach Überschreiten der Förderungshöchstdauer zur Prüfung zugelassen werden und die Hochschule bescheinigt, dass die Ausbildung innerhalb der Abschlusshilfedauer erfolgreich abgeschlossen werden kann. Die Hilfe zum Studienabschluss wird in Form eines **verzinslichen Bankdarlehens** gewährt.

Beantragt wird diese Hilfe beim jeweiligen **Amt für Ausbildungsförderung**. Die Höhe der monatlichen Auszahlung wird ebenfalls dort festgelegt. Die Zinsen sind variabel und richten sich nach dem EURIBOR. Momentan betragen sie 6,55 Prozent effektiv (Stand 10/2008). Sie werden zweimal im Jahr angepasst und werden während der Auszahlung sowie danach während der sechsmonatigen tilgungsfreien Zeit gestundet.

Die Rückzahlung dieser Staatskredite wird zentral über das **Bundesverwaltungsamt** in Köln geregelt. Ein (Teil-)Erlass dieser Kredite ist nicht vorgesehen, jedoch können Sie jederzeit mit der KfW eine Festzinsvereinbarung für längstens zehn Jahre treffen. Die monatlichen Rückzahlungsraten betragen wie beim BAföG mindestens 105 €.

> ! **ACHTUNG** Zum Wintersemester 2008/2009 wurden die Elternfreibeträge mit der Erhöhung der BAföG-Zahlungen um 10 Prozent ebenfalls um 8 Prozent nach oben angepasst. Auch wenn Sie bisher kein BAföG bekommen, sollten Sie sich noch einmal neu informieren.

 Web-Links

- Hier finden Sie sämtliche förderungsfähige Ausbildungsstätten und das für Sie zuständige Amt für Ausbildungsförderung: www.das-neue-bafoeg.de
- Konditionen, Rückzahlungsmodalitäten etc. der KfW-Förderbank:
  www.kfw-foerderbank.de → Aus- und Weiterbildung
- Zuständige Stelle des Bundesverwaltungsamts, Köln:
  www.bva.bund.de

1.2.3 Studiengebühren und Studienbeitragsdarlehen

Studiengebühren und kein Ende – werden Sie sich denken. Und zu Recht! Denn die Situation ist nach dem Urteil des Bundesverfassungsgerichts über die Rechtmäßigkeit der Erhebung von Studiengebühren oder Studienbeiträgen (Januar 2005) nicht übersichtlicher geworden.

Also zunächst einmal: Studiengebühren oder –beiträge sind nicht mit den **Semesterbeiträgen** zu verwechseln, die sich aus einem Verwaltungskostenbeitrag und Sozialbeiträgen für das Studentenwerk und die studentische Selbstverwaltung zusammensetzen und an vielen Hochschulorten auch ein Semesterticket für den ÖPNV beinhalten. **Studiengebühren** fließen direkt den Hochschulen zu und sind ein Beitrag zu den durch das Studium entstehenden Kosten. Sie sollen insbesondere zur qualitativen Verbesserung des Studiums eingesetzt werden.

Da Bildung eine föderale Aufgabe ist, ist auch die Finanzierung der Hochschulen den Ländern überlassen. So ist es nicht verwunderlich, dass sich ein unübersichtliches Bild ergibt. Aktuell zahlen Sie in Berlin, Brandenburg und Schleswig-Holstein keinerlei Beiträge zu den Studienkosten, also auch keine Zweitstudien- oder Langzeitstudiengebühren. Letztere werden in allen anderen Bundesländern erhoben, es sei denn, dass **allgemeine Studienbeiträge**, also Studienbeiträge ab dem ersten Hochschulsemester für alle, entrichtet werden müssen. Bei den allgemeinen Studienbeiträgen zeigt sich augenblicklich ein West-Ost-Gefälle: Mit einigen Sonderwegen (Rheinland-Pfalz führt Studienkonten und erhebt letztlich 650 € Langzeitstudiengebühren; in Nordrhein-Westfalen entscheiden die Hochschulen, ob sie Studiengebühren verlangen; im Saarland werden in den ersten beiden Semestern nur 300 € verlangt, danach 500 €) werden in den westdeutschen Bundesländern Studiengebühren – in der Regel 500 € – erhoben, wohingegen in den östlichen Bundesländern (noch) keine allgemeinen Studienbeiträge zu entrichten sind. Sonderregelungen für Landeskinder, wie sie in Rheinland-Pfalz und in Bremen angedacht waren, werden noch vom Bundesverfassungsgericht geprüft. Und in Hessen hat man die gerade erst eingeführten allgemeinen Studiengebühren wieder abgeschafft (Juni 2008). Gezahlte Beiträge werden jedoch nicht zurückerstattet.

In allen genannten Ländern gibt es die Möglichkeit, ein Studienbeitragsdarlehen zu beantragen, das es ermöglicht, die Entgeltung der Studiengebühren auf einen späteren Zeitpunkt zu verschieben. Ein Antragsformular sollten Sie gleich bei Ihrer Rückmeldung in Ihren Unterlagen finden.

> **TIPP** Prüfen Sie, ob Sie von den Studiengebühren befreit werden können.
>
> Dies ist zum Beispiel der Fall, wenn Sie ein Urlaubs- oder Praktikumssemester einlegen, Ihr praktisches Jahr im Medizinstudium absolvieren oder einen Promotionsstudiengang belegt haben. Im Saarland werden Sie darüber hinaus befreit, wenn Sie A-Kader-Athletin oder -Athlet, national oder international herausragender Musiker oder Träger eines nationalen Kunstpreises sind.

Auf Antrag werden Sie weiterhin befreit,

* wenn Sie ein Kind unter zehn Jahren oder ein behindertes Kind erziehen
* wenn Ihre Eltern für drei oder mehr Kinder Kindergeld erhalten (Bayern)
* im Rahmen einer Härtefallklausel

Als Folge des föderalen Systems, das die Bildungshoheit den Bundesländern zuschreibt, gibt es auch für die Konditionen der Studienbeitragsdarlehen für jedes Land abweichende Regelungen, die Sie – falls Sie betroffen sind – über die angegebenen Links abfragen sollten. Eine Reihe von grundsätzlichen Gemeinsamkeiten weisen diese speziellen Darlehen dennoch auf:

Studienbeitragsdarlehen

Mit wenigen Ausnahmen kann jeder, der an einer deutschen öffentlichen Hochschule (also nicht an einer Privathochschule) studiert, ein Studienbeitragsdarlehen erhalten. Antragsberechtigt sind Deutsche, Studierende aus EU-Staaten sowie aus dem europäischen Wirtschaftsraum, heimatlose Ausländer sowie Ausländer und Staatenlose, die ihr Abitur in Deutschland erworben haben (so genannte „Bildungsinländer"). Ausgenommen sind sonstige ausländische Studierende. Das Studienbetragsdarlehen dient – wie schon sein Name vermuten lässt – nicht zur Finanzierung der Lebenshaltungskosten, sondern darf ausschließlich zur Deckung der Studiengebühren verwendet werden.

* **Altersgrenze:** Das Darlehen wird nur bis zu einer gewissen Altersgrenze (zwischen 35 und 60 Jahren) gewährt.

* **Semesterzahl:** Die Semesterzahl ist begrenzt auf die Regelstudienzeit plus einige Zusatzsemester. Langzeitstudien lassen sich so also nicht abdecken!

* **Konditionen:** Alle Angebote garantieren Zinsobergrenzen, die aktuell zwischen 5,5 Prozent (Baden-Württemberg) und 8,4 Prozent (Bayern) liegen und zunächst auf 15 Jahre festgeschrieben sind. Die tatsächlich anfallenden Zinsen sind variabel und richten sich bei der KfW nach dem EURIBOR plus ein Prozent.

* **Schuldenobergrenze:** In allen Ländern existieren (teilweise unterschiedliche) Schuldenobergrenzen, die verhindern sollen, dass BAföG-Bezieher am Ende des Studiums mit hohen Schuldenbeträgen dastehen. Die Grenzen liegen zwischen 10.000 € und 15.000 €.

* **Rückzahlung:** Alle Modelle gewähren eine Karenzzeit (meist zwei Jahre nach der letzten Zahlung) und berücksichtigen ein Mindesteinkommen (ca. 1.000 € bei Alleinstehenden). Wird dieses unterschritten, kann die Rückzahlung ausgesetzt werden.

* **Monatliche Ratenhöhe:** Hier gibt es große Unterschiede zwischen den einzelnen Modellen. Die Rückzahlungsbeträge liegen in der Regel zwischen 50 und 150 € monatlich.

Web-Links

- Aktuellste Zusammenstellung zu Studiengebühren und Studienbeitragsdarlehen: www.studis-online.de/StudInfo/Gebuehren/studienbeitragsdarlehen.php
- Die Anträge für die Studienbeitragsdarlehen müssen in jedem Bundesland an anderer Stelle gestellt werden. Für die von der KfW-Förderbank organisierten Kredite gibt es dort eine Liste mit Vertriebspartnern und Annahmestellen für Anträge: www.kfw-foerderbank.de/DE_Home/Bildung/Wissenskredite_ fuer_Studenten/Vertriebspartner.jsp
- Für Baden-Württemberg organisiert die L-Bank die Kreditvergabe: www.l-bank.de/lbank/inhalt/nav/privatpersonen/bildung/ studienfinanzierung.xml?ceid=102182#Studiendarlehen
- Bayern, Hamburg, Niedersachsen und das Saarland geben ihre Studienbeitragskredite über die KfW-Förderbank aus: www.kfw-foerderbank.de/DE_Home/Bildung/Wissenskredite_fuer_Studenten/ Finanzierung_von_Studienbeitraegen_im_Auftrag_der_Laender/index.jsp
- In Hessen ist die LTH-Bank für Infrastruktur zuständig. Neue Darlehensverträge können nicht mehr abgeschlossen werden. Zu den Rückzahlungsmodalitäten für bestehende Verträge siehe dort: www.lth.de/hlb/generator/Sites/LTHneu/wwwroot/Menue/Foerderangebote/ Bildungsfinanzierung/hsBildungsfinanzierung.de.html
- In Nordrhein-Westfalen vergibt die NRW-Bank Studienbeitragsdarlehen: www.nrwbank.de/de/bildungsfinanzierungsportal/index.html

1.2.4 Stipendien

Rund 2 Prozent der deutschen Studenten finanzieren ihr Studium durch ein Stipendium. Auch in höheren Semestern gibt es durchaus Chancen, in Stiftungen oder Stipendienprogramme aufgenommen zu werden. Viele Stiftungen bevorzugen sogar Absolventen und Graduierte. In Deutschland existiert eine stark strukturierte Landschaft der Förderer und Sponsoren, was den Überblick erschwert: Die mittlerweile elf vom Bund finanziell unterstützten Begabtenförderungswerke kennt jeder. Daneben existieren regionale Landesgraduiertenförderwerke, private Stiftungen sowie Firmen, die Stipendien oder Studienpreise vergeben. Im Ganzen zählt man nahezu 2.000 Stipendiengeber, die weit weniger bekannt sind. Gebunden durch ihren Stiftungszweck loben viele kleine Förderungswerke ihre Gelder nur an einen sehr kleinen Kreis möglicher Bewerber aus.

> **TIPP** Informieren, informieren, informieren! – Vielen kleinen Stiftungen mit speziellem Stiftungszweck gelingt es oft nicht, Stipendiaten mit dem richtigen Profil zu finden.

Neben der überdurchschnittlichen Leistungsfähigkeit ihrer Studenten und Graduierten legen die Stipendiengeber Wert auf die so genannten Schlüsselqualifikationen. Sie verstehen sich als **Förderer der zukünftigen Eliten**, die später einmal durch ihre Bildung – kombiniert mit ihrer Bereitschaft zur Verantwortung – das Land prägen sollen. Dazu veranstalten fast alle Stiftungen ein meist **hochkarätiges Beiprogramm,** das den Stipendiaten auch Fächer übergreifende Kenntnisse und Fertigkeiten vermittelt.

Der wesentliche Gewinn einer Mitgliedschaft in einer Stipendienorganisation ist neben der finanziellen Unterstützung die Bekanntschaft mit den Mitstipendiaten. Hier bilden sich **Netzwerke,** die Ihnen später im Beruf unersetzlich werden können.

Ein Großteil der Stipendien wird zwar mittlerweile nach den Bedingungen des BAföG vergeben, jedoch mit dem wesentlichen Unterschied, dass die geleisteten Mittel **keinen Darlehensanteil** haben und **nicht zurückzuzahlen** sind.

⨯ Web-Links

- Die staatlich geförderten **Begabtenförderungswerke** sind in einer Arbeitsgemeinschaft zusammengeschlossen. Hier finden Sie alle Informationen über Aufnahmeverfahren und Art und Weise der Förderung.
  www.begabtenfoerderungswerke.de/index.php
- Der **Bundesverband deutscher Stiftungen** hat eine Datenbank aufgebaut, die es erlaubt, Stiftungen nach ihren Aufgabengebieten bundesweit sowie regional zu suchen. Auch eine Suche in bestimmten Postleitzahlbereichen ist möglich. Universitäre Stiftungen sind noch einmal in einer eigenen Liste zusammengefasst. Auch Stiftungen in den USA sind über die Website von „The Foundation Center" auffindbar.
  www.stiftungen.org/index.php?strg=87_124&baseID=129&
- Der **Stifterverband für die deutsche Wissenschaft** stellt ebenfalls eine Suchmaschine zur Verfügung. Hier können Sie auch nach Fördermöglichkeiten für einzelne Fachgebiete suchen.
  www.stifterverband.de/stiftungen_und_stifter/stiftungen_suche/index.html
- **ELFI** – Servicestelle für **Elektronische Forschungsförderinformationen** ist eigentlich eine kostenpflichtige Datenbank, die Studenten und Graduierten jedoch einen kostenfreien Zugang zur Forschungsförderung ermöglicht.
  www.elfi.info/studservicefrset.html
- **E-fellows** betreibt unter anderem eine Stipendiendatenbank, die auch regionale und lokale Stipendien verzeichnet. Gute Recherchemöglichkeit, sehr umfassend.
  www.e-fellows.net/show/detail.php/5789
- Die **Maecenata Stipendiendatenbank** bietet für Studierende, Wissenschaftler und Künstler Informationen zu rund 270 verschiedenen Stipendienprogrammen, die von Stiftungen in Deutschland aufgelegt werden.
  http://maecenata.eu/index.php?option=com_content&task=view&id=29&Itemid=61
- Der **Deutsche Akademische Auslandsdienst (DAAD)** fördert deutsche Studierende im Ausland und ausländische Studierende in Deutschland.
  www.daad.de/ausland/foerderungsmoeglichkeiten/stipendiendatenbank/
  00658.de.html
- Die **Deutsche Forschungsgemeinschaft (DFG)** fördert junge Wissenschaftler in allen Phasen der Qualifizierung.
  www.dfg.de/forschungsfoerderung/index.html

1.2.5 Studienpreise

Eine Reihe von Stiftungen, aber auch Unternehmen oder Hochschulen loben für gute Abschlussarbeiten Preise aus. Diese Preise sind oft hoch dotiert (teilweise bis zu 5.000 €). Zudem ist dieser Weg der Refinanzierung noch relativ unbekannt, der Wettbewerb also überschaubar.

> **TIPP** Informieren Sie sich unbedingt über derartige Möglichkeiten! – Die überregionalen Wissenschaftspreise finden Sie in der *Datenbank der Wissenschaftspreise*. Regionale Preise finden Sie im *Handbuch der Wissenschaftspreise und Forschungsstipendien* (siehe Kapitel 1.8).

>< Web-Link

- *Datenbank der Wissenschaftspreise* (450 Einträge)
  www.academics.de/wissenschaft/wissenschaftspreise_10303.html

1.2.6 Bildungskredite, Studienkredite und Bildungsfonds

Neben der staatlich geförderten Studienfinanzierung können Sie **zinsgünstige Kredite** der **Kreditanstalt für Wiederaufbau (KfW)** in Anspruch nehmen. Diese so genannten **Bildungskredite** stehen fortgeschrittenen Studenten zur Verfügung, die damit einen nicht vom BAföG gedeckten Aufwand abdecken oder ihre Prüfungsphase finanzieren können. Damit soll Studenten geholfen werden, die aufgrund fehlender Sicherheiten keinen Zugang zu einem Bankkredit haben.

Ihr eigenes oder das Vermögen oder Einkommen Ihrer Eltern ist nicht maßgeblich für die Förderung. Jeder Student, der die staatsrechtlichen Anforderungen für einen BAföG-Antrag erfüllt, ist förderfähig (also auch Bildungsinländer etc.). Jedoch sind die bereitstehenden Mittel begrenzt und werden jedes Jahr neu vom Bundesministerium für Bildung und Forschung festgesetzt. In der Regel wird das Darlehen in monatlichen Raten von 300 € für maximal 24 Monate ausgezahlt. Es sind auch andere Zahlungsmodalitäten denkbar, jedoch darf der Betrag von 7.200 € für einen Bildungsabschnitt nicht überschritten werden. Mit dem Tag der ersten Auszahlung fallen – wenn auch niedrige – Zinsen an (11/2008: 6,55 Prozent; die Zinsen berechnen sich nach dem EURIBOR + 1 Prozent. Sie werden zweimal im Jahr angepasst und in den ersten vier Jahren gestundet. Die Rückzahlung beginnt vier Jahre nach der ersten Auszahlung in monatlichen Raten zu 120 €, die vierteljährlich eingezogen werden.

> **!** **ACHTUNG** Zwar benötigen Sie keine Sicherheiten, um einen Bildungskredit zu erhalten, aber die KfW selbst besichert sich durch eine Bundesgarantie. Sollten Sie in der Rückzahlungszeit längerfristig oder dauerhaft nicht zahlen können, tritt die Bank ihre Ansprüche an den Bund ab, in diesem Fall an das Bundesverwaltungsamt. Dieses treibt dann die ausstehenden Beträge ein.

Web-Links

- Beratung und Beantragung durch das Bundesverwaltungsamt:
  www.bva.bund.de/
- Banktechnische Abwicklung durch die Kreditanstalt für Wiederaufbau (KfW):
  www.kfw-foerderbank.de
- Weitere Informationen:
  www.bmbf.de

FAZIT
Ein Kredit kann sehr hilfreich sein, das Für und Wider sollte aber sehr gründlich und genau bedacht werden.

Was tun, wenn alle Finanzierungsquellen ausgeschöpft sind oder das eigene Finanzierungsmodell durch die Einführung von Studiengebühren oder Komplikationen bei der Diplomarbeit ins Trudeln gerät? Zwar unterstützen 90 Prozent der Eltern ihren studierenden Nachwuchs, aber eine Vollfinanzierung können die wenigsten leisten. Nahezu alle Studenten jobben neben dem Studium, was zwar die Kasse aufbessert, in vielen Fällen aber auch das Studium verlängert. Und ein schnelles Studium macht sich nicht nur gut im Lebenslauf, sondern wirkt sich auch erheblich auf das eigene Bankkonto aus: Bedenken Sie, dass ein zusätzliches an der Hochschule verbrachtes Jahr leicht mit 30.000 € zu Buche schlägt, wenn man Berufsanfängern ein Einstiegsgehalt von 2.500 € unterstellt.

Für solche Fälle gibt es mittlerweile ein vielseitiges Angebot von **Studienkrediten** der Banken und Sparkassen. Etwa 30 verschiedene Angebote sind auf dem Markt, die sich in den Details zwar unterscheiden, aber einige gemeinsame Grundzüge haben, die den studentischen Bedürfnissen entgegenkommen: Alle diese Kredite dienen der **Sicherung des Lebensunterhalts** und unterscheiden sich schon durch die Höhe der monatlichen Auszahlung von den Studienbeitragsdarlehen. Relativ zu landläufigen Konsumentenkrediten sind die Zinskonditionen günstig, die Flexibilität in der Auszahlung und auch in der Rückzahlungsphase hoch. Alle Angebote bieten eine tilgungsfreie Phase nach Studienende an, auch Sondertilgungen gehören zum Standard. Die Zugangsbarrieren sind in der Regel niedrig. Eher selten werden Sicherheiten (zum Beispiel Elternbürgschaften) gefordert.

Die Kreditinstitute haben ihre grundsätzlichen Bedenken scheinbar über Bord geworfen und sehen ihre neue studentische Klientel nun nicht mehr allein unter dem Blickwinkel der fehlenden Sicherheiten und zweifelhaften beruflichen Aussichten. Sicher befördert durch die Einführung allgemeiner Studiengebühren und angeregt durch amerikanische Modelle der Bildungsfinanzierung erkennen sie in den Studenten die Kunden ihrer eigenen Zukunft. Denn wem es gelingt, schon Studierende ans eigene Haus zu binden, der wird auch später in der immer noch gut verdienenden Akademikerschaft gut positioniert sein.

Eine ganze Reihe der Studienkreditangebote sind regional oder sogar lokal **auf bestimmte Hochschulen bezogen** ausgerichtet. Insbesondere die Angebote der Sparkassen sind ihrer Region verpflichtet. Sie beruhen zwar auf dem allgemeinen Modell der jeweiligen Organisation, werden in den Details aber von jeder Niederlassung angepasst. Neben dieser regionalen Begrenzung gibt es auch Angebote, die auf einzelne, oft auch private Hochschulen mit teils erheblichen Studiengebühren zugeschnitten sind. Auch die Genossenschaftsbanken mit ihrem immer noch größten Filialnetz in Deutschland haben einen Rahmenkredit, die *VR-BildungsFinanzierung*, erarbeitet, deren genaue Konditionen von den Mitgliedsinstituten ausgestaltet werden können. Bislang werden diese Kredite besonders in Bayern angeboten. Sie sind günstig ausgestattet, setzen aber voraus, dass Sie durch den Kauf eines Anteils Mitglied der Genossenschaft werden. Weiterhin gehört der VR-Bildungskredit zu den Zwittern: Er will nicht die gesamte Lebenshaltung abdecken, bietet aber mit 250 € monatlicher Auszahlung deutlich mehr als die Abdeckung der Studienbeiträge.

Prüfen Sie insbesondere die regionalen Anbieter sorgfältig: In ihren Konditionen sind sie in der Regel günstiger als die bundesweit operierenden Institutionen. Die Verbundenheit mit der Region oder der Hochschule gestattet oft auch individuelle Regelungen.

Bundesweit agiert die **Deutsche Bank**, die mit ihrem Angebot *db StudentenKredit* als erste am Markt war. Auch die **Dresdner Bank** hat mit ihrem *FlexiStudienkredit* ein Angebot für alle Studenten: ein Kontokorrentkonto, dem der gerade notwendige Betrag (bis zu 1.500 € monatlich) entnommen werden kann. Aufbaustudien, Auslandsaufenthalte sowie ein komplettes Auslandsstudium werden gleichermaßen unterstützt. Allerdings muss die große Flexibilität auch bezahlt werden. Als dritte im Bunde hat sich die **KfW Förderbank** mit ihrem *KfW-Studienkredit* gemeldet. Dieses öffentliche Institut ist mittlerweile zum Marktführer (über 42.500 Abschlüsse) in Sachen Studienkredit aufgestiegen, denn es bietet verlässliche Konditionen und bürgt für ein gewisses Maß an staatlicher und sozialer Kontrolle bei der Konditionengestaltung. Eine Reihe von Sparkassen und Volksbanken haben sich zudem von eigenen Kreditprodukten verabschiedet und vertreiben stattdessen den Studienkredit der KfW. Auch einige Studentenwerke sind Vertriebspartner der KfW, sodass dieser Kredit leicht zugänglich und überall verfügbar ist. Insgesamt haben sich die Zinskonditionen der einzelnen Häuser mehr oder minder angeglichen. Unterschiedlich sind nach wie vor die Ausgestaltung der Konditionen im Detail, die auf unterschiedliche „Studierendentypen" ausgerichtet sind.

FAZIT

Den „richtigen" Kredit fürs Studium gibt es nicht. Die Wahl hängt immer von ihrer persönlichen Situation ab. Deshalb sollten Sie die Angebote genau vergleichen, denn in den Details gibt es doch erhebliche Unterschiede.

CHECKLISTE

Kriterien für die Auswahl eines Studienkredits

Brauche ich wirklich einen Kredit?
Der Studienkredit soll die Lücke schließen, wenn alle anderen Finanzierungsmöglichkeiten ausgeschöpft sind.

Habe ich wirklich alle öffentlichen Fördermöglichkeiten ausgeschöpft?
- BAföG
- Verzinsliches Bankdarlehen
- Bildungskredit über das Bundesverwaltungsamt
- Überbrückungsdarlehen der Studentenwerke
- Kredite der Förderbanken der Länder

Oder kann ich ein Stipendium erhalten?

Auszahlungsbetrag
Die Auszahlungsbeträge der einzelnen Angebote liegen zwischen 50 € (Berliner Bank) bis zu 800 € (Deutsche Bank in den höheren Semestern). Am flexibelsten ist die Dresdner Bank, deren Angebot eine flexible Entnahme bis zu monatlich 1.500 € im Haupt-/Master-Studium erlaubt. Bei einer Reihe von Angeboten ist die gesamte Kreditaufnahme nach oben begrenzt.

Wie hoch ist die finanzielle Lücke, die ich über einen Kredit finanzieren muss?

Auszahlungsdauer
Die Auszahlungsdauer schwankt zwischen fünf und sieben Jahren.

Für wie lange benötige ich einen Kredit?

Karenzzeit
Die Zeit zwischen der letzten Auszahlung und dem Beginn der Tilgungsphase schwankt zwischen 12 und 24 Monaten.

Für wie gut halte ich meine Chancen, gleich nach dem Studium eine adäquate Stelle zu finden?

Tilgungsphase
Die maximale Dauer der Tilgung liegt zwischen 10 und 25 Jahren, ist in vielen Fällen aber verhandelbar. Sonderzahlungen sind immer möglich. Eine Kappungsgrenze wie beim BAföG existiert nicht. Schuldenminderung aufgrund guter Studienleistungen existiert kaum.

Wie wird sich mein beruflicher und privater Werdegang voraussichtlich gestalten?

Zugang

Grundsätzlich werden alle Studenten gefördert, die ein bestimmtes Alter noch nicht überschritten haben. In fast allen Angeboten werden weitere Einschränkungen vorgenommen.

Sicherheiten

In der Regel reicht die Schufa-Auskunft. Nur in Ausnahmefällen werden eine Elternbürgschaft oder der Abschluss einer Kreditversicherung oder Kapitallebensversicherung gefordert.

Zinsen

Die Effektivzinsen liegen bei den bundesweiten Angeboten zwischen 5 und 8,9 Prozent. Lokale Angebote sind günstiger. Es gibt nur wenige Festzinsangebote, so dass die endgültige Belastung nicht im Voraus errechenbar ist. Momentan leben wir (noch) in einer Niedrigzinsphase.

Sonstige Kosten

Hier schweigen sich die Institute gern aus.

Flexibilität

Die Kreditinstitute zeigen sich in den Beratungsgesprächen, die jeder Kreditgewährung vorausgehen, gern flexibel. Zusätzliche Sicherheiten können die Kosten reduzieren.

Kann ich den Kredit überhaupt bekommen?
- Alter
- Studienfortschritt/Studienleistungen
- Empfehlung eines Hochschullehrers

Bin ich in der Lage, die geforderten Sicherheiten zu stellen?

Wie groß ist mein Sicherheitsbedürfnis?

Habe ich wirklich alle anfallenden Kosten erfragt?

Habe ich das Beratungsgespräch gut genutzt?
- Analyse der finanziellen Situation
- Studienplan
- Mögliche zusätzliche Sicherheiten

✕ Web-Links

- Die **Studie des CHE** in Zusammenarbeit mit der *Financial Times Deutschland*
  www.che.de/downloads/CHE_Studienkredit_Test_2008_AP108.pdf
  bewertet 34 Angebote. Neben der Langversion existiert auch eine Kurzfassung – beides kostenfrei im Internet. Die Studie des CHE ist als Test aufgebaut, mit dem in vier Schritten der für die eigenen Bedürfnisse sinnvolle Kredit gefunden werden kann.
- **Stiftung Warentest** hat bei einer Stichprobe von 64 Banken vorwiegend an Studienorten die Konditionen von Studienkrediten miteinander verglichen. Die Ergebnisse mit ausführlicher Adressliste finden Sie in *Finanztest* 9/2008 oder kostenpflichtig (2 €) im Internet, wo Sie auch Teilergebnisse kostenfrei einsehen können.
  www.test.de/themen/bildung-soziales/test/

- Einen guten Überblick über die bundesweit existierenden Kreditangebote bietet das **Studentenwerk** (Stand Oktober 2008): www.studentenwerk.de/pdf/Uebersicht%20Darlehensangebote.pdf
- Eine **ständig aktualisierte Tabelle** der gängigen Studienkredite zeigt: www.studis-online.de/StudInfo/Studienfinanzierung/studiendarlehen.php

Neben den Bankkrediten für Studenten werden seit einigen Jahren – zunächst nur für private Hochschulen, die schon immer teils erhebliche Studiengebühren erhoben haben – **Bildungsfonds** aufgelegt. Der Konstruktion nach handelt es sich um geschlossene Fonds, in die sich Investoren (Unternehmen, Privatanleger, Universitäten, manchmal auch Bildungsträger selber) einkaufen, die neben der Renditeerwartung (gerechnet wird mit etwa 5 Prozent) auch ideelle oder emotionale Motive haben.

Zwei Fondsarten werden unterschieden: Fonds mit **verdienstabhängiger** und solche mit **verdienstunabhängiger Rückzahlung**. Bei der ersten Spielart zahlen Sie über eine vorher definierte Anzahl von Monaten einen fixierten prozentualen Anteil Ihres Gehalts an den Fonds zurück. Verdienen Sie also gut, zahlen Sie mehr als ein Berufsanfänger mit niedrigerem Einstiegsgehalt. Vorteil: Sie stehen nicht mit einem riesigen Schuldenberg da!

Bislang waren die Bildungsfonds immer auf eine Hochschule zugeschnitten (zum Beispiel die Handelshochschule Leipzig oder die TU München), seit kurzem gibt es jedoch auch hochschulübergreifende Fonds (zum Beispiel DKB Bildungsfonds). Dass diese Spielart der Studienfinanzierung sowohl für leistungsbereite Studierende als auch für Anleger ihren Reiz hat, belegt der Markteintritt der „Deutschen Bildung", die inhaltliche Förderung und einen einkommensabhängig rückzahlbaren Bildungsfonds miteinander verknüpft.

Die Fonds minimieren ihre Ausfälle bei der Rückzahlung durch ein meist strenges Auswahlverfahren und eine engmaschige Betreuung während des Studiums. Sollten Sie in ein solches Programm aufgenommen werden, schauen Sie sich die Konditionen ganz genau an und vergleichen Sie diese mit anderen Finanzierungsmöglichkeiten.

> **TIPP** Hochschulspezifische Fonds bieten – aufgrund der Nähe der Sponsoren zur Hochschule – meist sehr günstige und faire Bedingungen. Bei hochschulübergreifenden Fonds ist das nicht immer der Fall. Prüfen Sie die unterschiedlichen Modelle sorgfältig.

>< Web-Links

- Weitere Informationen sowie Bewerbungsunterlagen finden Sie auf der Homepage von **CareerConcept**, die eine Reihe von Bildungsfonds verwalten. www.career-concept.de (seit neuestem mit dem Forum: www.studienkredit.de im Netz) und www.bildungsfonds.de
- Das bundesweite Angebot der **Deutschen Kreditbank** finden Sie hier: www.dkb-studenten-bildungsfonds.de
- Als neuen Anbieter von Bildungsfonds trat 2007 die **Deutsche Bildung** auf den Plan. Sie verfolgt ein ganzheitliches Förderkonzept: Geld und Guidance. www.deutsche-bildung.de

Nicht unerwähnt bleiben soll, dass ein ganze Reihe von **Studentenwerken** in Notfällen, die häufiger in der Examensphase auftreten, ebenfalls (oft sogar zinslose) **Überbrückungsdarlehen** gewähren können. In der Regel wird eine Bürgschaft verlangt. Infos unter: www.studentenwerke.de/main/default.asp?id=03315

1.2.7 Jobben und Praktika

Kaum ein Student, der seine Finanzen nicht durch Jobs aufzubessern versucht. Auch in der Examensphase kann kaum jemand darauf verzichten. Zudem sind Jobs und Praktika oft entscheidend für den Berufseinstieg.

Wann besteht Sozialversicherungspflicht?

Wie andere beruflichen Tätigkeiten unterliegen oft auch studentische Jobs der Sozialversicherungspflicht. Diese hängt ab von Art und Umfang der Tätigkeit.

Der Gesetzgeber unterscheidet streng zwischen Arbeiten, die quasi nebenberuflich ausgeübt werden können, und solchen, die vom Umfang her das Studium als „Hauptberuf" in den Hintergrund treten lassen.

- Kranken- und Pflegeversicherung

  Alle Studierenden müssen **grundsätzlich** – unabhängig von ihrem Job – in einer gesetzlichen oder privaten Krankenversicherung **versichert sein**. Wenn Sie jobben und einen gewissen zeitlichen oder finanziellen Rahmen überschreiten, können Sie sich nicht mehr als Student absichern, sondern werden versicherungspflichtig wie jeder andere Arbeitnehmer auch.

- Steuern

  Alle studentischen Jobs sind **grundsätzlich lohn- oder einkommensteuerpflichtig**. Sie müssen immer Ihre Lohnsteuerkarte vorlegen. Im Normalfall sollte sich aus dieser grundsätzlichen Steuerpflicht jedoch keine finanzielle Belastung ergeben, da Sie sehr wahrscheinlich den Freibetrag (2008: 7.664 €) nicht erreichen werden. Die einbehaltene Lohn- oder Einkommensteuer können Sie sich mit dem Lohn- oder Einkommensteuerjahresausgleich wiederholen. Sind Sie als **Minijobber** beschäftigt, unterliegen Sie ebenfalls der Steuerpflicht, jedoch entrichtet Ihr Arbeitgeber den Betrag für Sie in Form einer Pauschale. In diesem Fall müssen Sie keine Lohnsteuerkarte vorlegen.

Im Rahmen der Einführung von Minijobs haben sich auch die Bedingungen für studentische Arbeitsverhältnisse geändert. Ganz grundsätzlich unterliegen auch studentische Tätigkeiten der **Sozialversicherungspflicht** wie alle anderen Arbeitsverhältnisse auch. Die Freistellung von der Versicherungspflicht ist die Ausnahme und muss in jedem Einzelfall geprüft werden.

Nur wer während des Semesters **kurzfristig**, das heißt zwei Monate oder maximal 50 Arbeitstage mit 20 Wochenstunden oder mehr **beschäftigt** ist, fällt **nicht** unter die Sozialversicherungspflicht.

ACHTUNG Üben Sie jedoch eine solche Tätigkeit mehrmals im Jahr aus und summiert sie sich zu mehr als 26 Wochen Beschäftigung, so müssen Beiträge zur Kranken-, Renten- und Arbeitslosenversicherung bezahlt werden.

Sind Sie **geringfügig** beschäftigt (bis 400 €), sind Sie in der Kranken-, Pflege-, Arbeitslosen- und Rentenversicherung versicherungsfrei. Ihr Arbeitgeber führt jedoch pauschal 25 Prozent an die Minijob-Zentrale ab (11 Prozent Arbeitslosen-, 12 Prozent Rentenversicherung). Wie jeder Arbeitnehmer sind Sie lohnsteuerpflichtig. Die anfallenden 2 Prozent Lohnsteuer sind in der Pauschale Ihres Arbeitgebers enthalten.

Bei einer **mehr als geringfügigen Beschäftigung** (so genannte Gleitzone) sind Sie in der Rentenversicherung versicherungspflichtig. Je nach der Höhe Ihres Lohns steigt der Rentenbeitrag, den Sie sich mit Ihrem Arbeitgeber teilen. – In der Kranken-, Pflege- und Arbeitslosenversicherung sind Sie weiter beitragsfrei, wenn Sie nicht mehr als 20 Stunden pro Woche arbeiten. Hier überwiegt die Eigenschaft Student. Sollten Sie vornehmlich in den Abendstunden oder am Wochenende (zum Beispiel in Ihrer Lieblingskneipe im Service) tätig sein, kann Versicherungsfreiheit auch noch über 20 Stunden pro Woche hinaus bestehen. Lohnsteuer müssen Sie bezahlen, jedoch wird Ihr Verdienst sehr wahrscheinlich unter dem Freibetrag von 7.664 € liegen. Sie erhalten also die Lohnsteuer im Rahmen der Einkommensteuerveranlagung zurück.

Jobben Sie **während der Semesterferien**, sind Sie ebenfalls lohnsteuerpflichtig. Dennoch dürfte sich im Regelfall keine Belastung ergeben, solange Ihr Arbeitsentgelt (abzüglich Werbungskosten und Vorsorgepauschale) nicht 7.664 € übersteigt. Von der Kranken-, Pflege- und Arbeitslosenversicherung sind Sie freigestellt. Liegt Ihr Entgelt über 400 €, gilt für die Rentenversicherung dasselbe wie bei der mehr als geringfügigen Beschäftigung. Sie sind versicherungsfrei, wenn Sie im Voraus vertraglich festlegen, dass Sie kurzfristig beschäftigt sind.

Besonderheiten bei Praktika

Ein Praktikum ist grundsätzlich versicherungspflichtig. Aber: Studenten, die während ihres Studiums ein in der Studien- oder Prüfungsordnung **vorgeschriebenes Praktikum** absolvieren – oft ein so genanntes Praxissemester –, sind in der Renten- und Arbeitslosenversicherung versicherungsfrei; in der Kranken- und Pflegeversicherung müssen Sie selbstverständlich als Student abgesichert sein. Die wöchentliche Arbeitszeit und die Höhe des Verdienstes sind für die Sozialversicherungspflicht ohne Bedeutung.

Ein während des Studiums absolviertes, **nicht vorgeschriebenes Praktikum** ist versicherungsfrei in der Rentenversicherung, wenn der monatliche Verdienst 400 € nicht überschreitet. Die wöchentliche Arbeitszeit ist ohne Belang. Für die Kranken-, Pflege- und Arbeitslosenversicherung gibt es keine Ausnahmeregelungen. Es gelten die allgemeinen Beurteilungsregeln für Studenten, die eine Beschäftigung aufnehmen. – Schwierig wird es, wenn Sie ein vorgeschriebenes Praktikum absolvieren, aber nicht immatrikuliert sind, weil dann vollständige Sozialversicherungspflicht besteht. Selbst wenn Sie für Ihre Arbeit kein Geld erhalten, werden Sozialversicherungsbeträge fällig, die nach einem fiktiven Tarifgehalt berechnet werden.

> **TIPP** Sorgen Sie dafür, dass Sie während Ihres Praktikums immatrikuliert sind. Die Verdienstmöglichkeiten in Praktika können mit etwas Glück für ein studentisches Budget recht erfreulich sein.

Letzte wichtige Hinweise:

- Jobs haben Auswirkungen auf das **Kindergeld** bzw. den steuerlichen **Kinderfreibetrag** sowie auf den kindbezogenen **Ortszuschlag** im öffentlichen Dienst. Bei einem eigenen Einkommen von mehr als 7.680 € im Jahr verlieren Ihre Eltern den Anspruch auf diese Leistungen. Dabei zählt zur Ermittlung des Verdienstes der als Zuschuss gewährte BAföG-Anteil mit.
- Der steuerliche **Ausbildungsfreibetrag** wird bereits ab 1.848 € eigenem Verdienst nicht mehr gewährt.
- **Neuerung für BAföG-Bezieher:** Ab August bzw. Oktober 2008 dürfen Sie einem 400-€-Minijob nachgehen. Auf die Höhe ihrer BAföG-Förderung hat dieser keinen Einfluss mehr. – Darüber hinaus wird jedoch wie vordem angerechnet!
- Vorsicht bei der Berechnung der 400-€-Grenze: Auch **außerordentliche Zahlungen** wie Urlaubs- oder Weihnachtsgeld werden hinzugerechnet.

Web-Links

- Das Deutsche Studentenwerk hat einen Flyer zu den Fragen der Sozialversicherung bei Studentenjobs herausgegeben. Download unter: www.studentenwerke.de/pdf/Flyer_Jobben.pdf
- Detaillierte Auskunft erhalten Sie bei der Bundesknappschaft, Essen: www.minijob-zentrale.de

1.3 Selbstorganisation in der Examensphase

1.3.1 Angstfrei in die Prüfung

Die Zeit der Prüfungs- bzw. Examensvorbereitung ist für die meisten Studenten eine Zeit voller Stress. Nur den wenigsten ist es gegeben, hier gelassen zu bleiben. Insofern ist Prüfungsangst eine **ganz normale Erscheinung.** Damit es nicht zum ganz großen Zittern kommt, das Sie am systematischen und effektiven Lernen hindert, gibt es einige Verhaltensregeln und Tipps, deren Einhaltung die Angst auf ein normales, ja sogar förderliches Maß reduziert. „Auch wenn vom Bestehen der Prüfung sehr viel abhängt", schreiben Doris Wolf und Rolf Merkle in ihrem Buch *So überwinden Sie Prüfungsängste,* „so erzeugt die Prüfung dennoch keine Angst. Es ist vielmehr Ihre Bewertung, die Angst hervorruft, nämlich dass vom Bestehen der Prüfung viel abhängt, um nicht zu sagen, dass Ihr Leben davon abhängt. Wenn Sie das Bestehen einer Prüfung zu einer Frage von Leben und Tod machen, wenn Sie also die Bedeutung der Prüfung oder das Versagen in der Prüfung überschätzen und dramatisieren, dann erzeugen Sie bei sich Angst." Doch als Prüfling sind Sie einer ganzen Palette von Angstmachern ausgeliefert: Erwartungen der Eltern, schlechte Erfahrungen mit Prüfungssituationen, der gesellschaftliche Erfolgsdruck, Angst vor Blackout und Versagensangst. Dennoch ist – und das sollte die Situation ein wenig entschärfen – keine Prüfung lebensbedrohlich. Das Leben geht auch nach einer nicht bestandenen Prüfung sinnvoll weiter. Daher sollten Sie der Prüfungsangst offensiv begegnen und gegensteuern.

> **TIPP** Bringen Sie bei Bedarf den Mut auf, die psychologische Beratungsstelle Ihrer Hochschule oder – wenn es keine gibt oder Sie dort keine vertrauenswürdigen Ansprechpartner finden – einen niedergelassenen Therapeuten in Anspruch zu nehmen.

Schon das Gespräch mit einem Unbeteiligten kann den schlimmsten Druck aus der Situation herausnehmen. Gespräche und Gruppenübungen bieten einen Ausweg aus dem unheilvollen Kreislauf der Gefühle von Ohnmacht, Hilflosigkeit und Ausgeliefertsein und ermöglichen meist, dass die Prüfung mit dem ganz normalen Maß an Prüfungsangst in Angriff genommen werden kann. Oft hilft es schon, die eigenen **Erwartungen** an die Prüfungsleistung zu relativieren: „Muss ich unbedingt eine Eins machen, weil ich es selbst will, oder will ich den Erwartungen meiner Eltern, Verwandten und Freunde genügen?" Auch die Abkehr von dem Gedanken, dass alle Professoren Sadisten sind, die Sie in der Prüfung hereinlegen wollen, kann sehr hilfreich sein.

> **TIPP** Nehmen Sie vor der eigenen Prüfung als Beisitzer an anderen mündlichen Prüfungen teil. Sie werden sehen, dass Professoren zwar unterschiedliche Prüfungsstile haben, aber durchaus keine Studenten fressenden Monster sind.

„Sehr oft haben Professoren im Gegenteil", erklärt Dr. Reinhard Kukahn, Leiter der Psychotherapeutischen Beratungsstelle des Studentenwerks Bonn, „ein Händchen dafür entwickelt, wie sie panisch aufgeregte Prüflinge zunächst mit einfachen Fragen so weit beruhigen und aufbauen, dass sie ihr vorhandenes Wissen überhaupt abrufen können." Auch **Rollenspiele** mit Leidensgenossen – beispielsweise in der Lerngruppe – können helfen, ein besseres Gefühl für die Prüfungssituation zu bekommen.

FAZIT
Prüfungsangst trifft fast jeden. Bis zu einem bestimmten Maß ist sie sogar konstruktiv, weil sie zum Lernen motiviert. Aber wenn sie so stark wird, dass sie Sie am Lernen hindert, sollten Sie sich unbedingt professionelle Hilfe organisieren.

1.3.2 Richtiges Zeitmanagement

Wichtig für eine möglichst stressarme Prüfungsvorbereitung ist der rechtzeitige Beginn. Legen Sie einen Meilenstein, einen **verbindlichen Tag X** fest, an dem Sie wirklich loslegen. Nicht gar zu früh, aber vor allem nicht zu spät.

ACHTUNG Ein viel zu früher Termin kann dazu führen, dass Sie die Sache doch lieber noch Wochen vor sich herschieben und dabei den richtigen Zeitpunkt verpassen. Ein zu enger Termin erzeugt zu hohen Druck, der ja gerade herausgenommen werden soll, und zwingt außerdem zu Auslassungen und Wissenslücken.

Ziehen Sie zunächst **Bilanz,** wo genau Sie hinsichtlich Ihres Wissens und Ihres Lernmaterials stehen. Wer über ordentlich geführte, vollständige Unterlagen verfügt, kann sehr gelassen an das Lernen herangehen. Wer das nicht kann, sollte so früh wie möglich damit beginnen, sich Skripte, Aufzeichnungen von Kommilitonen oder Literatur zum Nachlesen zu besorgen. Das erfordert natürlich mehr Zeit. Bei wichtiger Literatur kann es in der „heißen Phase" der allgemeinen Prüfungsvorbereitung in den Bibliotheken zu Engpässen kommen.

TIPP Besorgen Sie sich vor allen anderen aus der Bibliothek die Bücher, die Sie (noch einmal) lesen wollen, und fertigen Sie **aussagekräftige Exzerpte** an.

Beim Lesen ist es wichtig, **selektiv** vorzugehen und nicht am Text zu kleben, Sie sollen ihn ja nicht auswendig lernen. Filtern Sie die umfangreichen Texte und Informationen mit der Frage: „Was will ich aus diesem Werk erfahren?"

Führen Sie während des Lernens ein **Lern-Tagebuch,** in das Sie Ihre Fortschritte eintragen. Dann haben Sie Schwarz auf Weiß den Nachweis, dass Sie vorankommen. Damit der Lernaufwand eine feste Struktur erhält, sollten Sie sich sinnvolle **Lernziele** setzen. Legen Sie entsprechend dem Pensum, das bis zur Prüfung absolviert werden muss, einzelne Themen und weitere Meilensteine fest: Termine, bis zu denen die einzelnen Abschnitte durchgearbeitet sein müssen. Tragen Sie diese Ziele unbedingt in Ihren Kalender ein! Wer es ganz genau machen möchte, fertigt **Wochen- und sogar Tagespläne** an. Günstig kann es sein, zwei oder drei Tage in der Woche fest für die Prüfungsvorbereitung zu blocken. Kontrollieren und dokumentieren Sie immer wieder, ob Sie „im Plan" liegen. So entsteht ein fester Rhythmus, der Ihnen ein Gefühl der Ruhe und Sicherheit geben kann. Dabei ist natürlich auch einzuplanen, dass während der Vorbereitungswochen das normale Leben mit den alltäglichen Anforderungen und – ganz wichtig – ausgleichenden Freizeitaktivitäten weitergeht. Lernen Sie möglichst nicht bis zum Tag vor der Prüfung, sondern planen Sie unbedingt auch Zeit zum wichtigen **mehrfachen Wiederholen** ein und ebenso zum **Entspannen**.

ACHTUNG Vermeiden Sie unbedingt, sieben Tage in der Woche acht Stunden am Stück zu lernen – das ist ein völlig überzogenes Lernpensum, das Sie entweder gar nicht durchhalten können oder leicht in einen Zustand des völligen Ausgebranntseins münden kann.

FAZIT
Planen Sie Ihre Lernphasen und Lernziele möglichst exakt und gleichen Sie regelmäßig Ist und Soll miteinander ab.

1.3.3 Gestaltung der Lernumgebung und des Lerntags

Für ein möglichst angenehmes, konstruktives Lernen sind die äußeren Bedingungen wichtig, da sie entweder fördern oder hindern. Doch sind die individuellen Bedürfnisse so unterschiedlich wie die Lernenden selbst. Der Ort zum Lernen wird in den meisten Fällen das eigene Zimmer, der eigene Schreibtisch sein. Für die Ordnung im Kopf ist es wichtig, alle störenden Gegenstände vom Schreibtisch zu räumen und auch äußerlich **Ordnung** zu schaffen. Schalten Sie das Handy aus und informieren Sie Ihre Mitbewohner, dass Sie jetzt zwei, drei Stunden in Ruhe lernen wollen. Frische Luft, eine angenehme Raumtemperatur und indirekte Beleuchtung erhöhen das Wohlbefinden. Wenn Sie nicht zu Hause lernen wollen oder können, müssen Sie deshalb kein schlechtes Gewissen haben. Es gibt Menschen, die am intensivsten in einem Café oder auf der Parkbank lernen – aber prüfen Sie sich diesbezüglich ganz ehrlich und missbrauchen Sie dieses Argument keinesfalls fürs heimliche Drücken.

Wenn Sie Ihr Lernprogramm starten, sollten Sie sich mit einfachen Dingen aufwärmen und schnell erste Lernerfolge verbuchen. Danach dringen Sie zu den komplizierteren Inhalten vor. Legen Sie nach etwa einer Stunde intensiven Lernens eine **Pause** ein, fünf bis zehn Minuten reichen dafür vollkommen aus. Ein wenig Bewegung – zum Beispiel die Treppe hinunter zum Briefkasten gehen – tut dann besonders gut.

TIPP Auch Atemübungen entspannen. Dazu flach auf den Rücken legen, Augen schließen, Hände auf den Bauch legen, tief und regelmäßig atmen und bewusst das Heben und Senken der Bauchdecke fühlen.

Nach der Pause sollten Sie möglichst inhaltlich für etwas **Abwechslung** sorgen. Naht das persönliche Tief, sollten Sie zu einfachen Tätigkeiten wie Recherchieren, Sortieren, Kopieren übergehen. Die meisten Menschen haben vormittags gegen 10:00 Uhr ihr erstes Leistungshoch, bis 14:00 Uhr fällt die Leistungskurve dann systematisch ab. Etwa ab 16:00 Uhr bis gegen 20:00 Uhr erreicht sie dann noch einmal ein neues – wenn auch weniger ausgeprägtes – Hoch. Nach 20:00 Uhr lässt die Leistungsfähigkeit dramatisch nach, so dass es schon aus diesem Grund keinen Sinn hat, nachts zu lernen. Aber auch hier gibt es natürlich Ausnahmen von der Regel: die so genannten Nachteulen. Auch hier gilt: Sie müssen keinen allgemeinen Prinzipien entsprechen, sondern Ihren eigenen optimalen Rhythmus finden und möglichst konsequent durchhalten.

Vor größter Wichtigkeit für ein erfolgreiches Lernen ist ausreichender, erholsamer (Nacht)-**Schlaf**. Ehe Sie sich zur Ruhe begeben, sollten Sie das Lernen demonstrativ beenden – am besten mit einem Ritual wie Schreibtisch-Aufräumen oder Notieren wichtiger Fragen für den nächsten Lerntag. Beglückwünschen Sie sich zu dem Pensum, das Sie an diesem Tag geschafft haben und belohnen Sie sich mit einem schönen warmen Bad oder einem leckeren Essen. Auch Gespräche mit Mitbewohnern oder Freunden, ein Spaziergang oder das Erledigen von Haushaltsarbeiten können helfen, auf andere Gedanken zu kommen. Wer unsicher und angstvoll ist, braucht soziale Rückendeckung wie die Luft zum Atmen. Das Gefühl, Teil einer Gemeinschaft – in diesem Fall einer „Leidensgemeinschaft"– und mit den eigenen Problemen nicht allein zu sein, trägt wesentlich dazu bei, leere psychische Akkus wieder aufzuladen.

! **ACHTUNG** Soziale Kontakte sind in Stressphasen wie der Prüfungsvorbereitung überlebenswichtig, sich zurückzuziehen und zu isolieren führt zu einer Überhöhung der Probleme und damit zu noch mehr Stressaufbau ohne soziales Ventil und Korrektiv.

Dem Thema **Ernährung** sollten Sie während des Lernens besondere Aufmerksamkeit schenken. Vermeiden Sie schweres, fettreiches Essen, denn es macht träge und hält die Leistungskurve lange im Tief. Andererseits ist so genanntes Brain Food, das die Intelligenz steigern soll, wissenschaftlich gesehen Humbug. Allein eine wirklich ausgewogene Ernährung stellt sicher, dass ausreichend Kraft und Ausdauer für die Schwerstarbeit Lernen zur Verfügung stehen.

CHECKLISTE

Die zehn Regeln der Deutschen Gesellschaft für Ernährung

1. Vielseitig essen. Nichts ist gesund oder ungesund. Auf Menge, Auswahl und Kombination kommt es an.
2. Komplexe Kohlenhydrate und Ballaststoffe in (Vollkorn-)Brot, Nudeln, Reis, Vollkornflocken und Kartoffeln geben schnelle Energie.
3. Fünf Portionen frisches Obst und Gemüse am Tag verzehren. Die Empfehlungen unter 2. und 3. sollten mindestens 50 Prozent der aufgenommenen Energiemenge betragen.
4. Täglich Milch und Milchprodukte, wöchentlich Fisch, Fleischwaren in Maßen in den Speiseplan einbauen.
5. Täglich maximal 70 bis 90 Gramm möglichst pflanzliche Fette verwenden (ein Drittel weniger als bisher üblich).
6. Zucker und Salz reduzieren, mit Kräutern kreativ würzen.
7. Täglich mindestens 1,5 Liter Flüssigkeit trinken – und nicht nur Kaffee!
8. Speisen schonend, schnell und bei niedrigen Temperaturen garen.
9. Genussvoll essen und sich Zeit dafür nehmen.
10. Das eigene Gewicht kontrollieren und für ausreichend körperliche Bewegung sorgen, lieber etwas zu viel als zu wenig.

FAZIT

Ein geregelter, gut strukturierter Tagesablauf mit ausreichenden Freiräumen ist der beste Rahmen für ein effektives Lernen.

1.3.4 Lernkrisen meistern

Aufschieben

Die größte Gefahr beim Lernen ist die, gar nicht erst anzufangen. Die Flucht vor unangenehmen, schwierigen Dingen – und eine Abschlussprüfung bzw. das Lernen dafür gehören ohne Frage dazu – ist zutiefst menschlich. Wirklich Betroffene schildern diesen Zustand – im Volksmund auch **Aufschieberitis** genannt – als Spirale aus Angst und schlechtem Gewissen. Sie nehmen sich ganz fest vor, am nächsten Morgen endgültig mit dem Lernen anzufangen, und finden dann aus einer tief sitzenden Angst vor unangenehmen Gefühlen doch wieder Tausende von Gründen, um es nicht zu tun. Sie begeben sich zum Kühlschrank, zum Briefkasten, zum Telefon und erledigen vielleicht sogar andere, noch unangenehmere Jobs, um nur nicht mit der eigentlichen, vielleicht als unlösbar empfundenen Aufgabe anfangen zu müssen. Mit der Folge, dass sich das schlechte Gewissen wieder meldet. Das führt erneut zu noch weiter verstärkter Abneigung und Angst, so dass auch die folgenden Versuche fehlschlagen. Im allerschlimmsten Fall werden Prüfungen erst mehrfach verschoben und schließlich das Studium ohne Abschluss abgebrochen.

Generell sind Menschen mit Entscheidungsfreiräumen – „Tue ich es oder lasse ich es?" – ganz besonders davon betroffen. Wissenschaftler leiden ebenso darunter wie Studenten. Die meisten Menschen brechen aber doch noch aus der Spirale aus und schaffen es, ihre Aufgabe erfolgreich anzugehen. Bei manchen nimmt der Teufelskreis aus Angst, Ersatzhandlung und schlechtem Gewissen allerdings **Suchtcharakter** an. Sie können ihr Vorhaben weder durchführen noch aufgeben. Am Ende steht der Verlust des Selbstwertgefühls, zum schlechten Gewissen treten massive Versagensgefühle. Was ist zu tun? „Da das Aufschieben letztlich eine Handlungsstörung ist – die Unfähigkeit, eine Entscheidung zu treffen und diese dann auch zu verwirklichen –", erklärt Hans-Werner Rückert, Autor des Buches *Schluss mit dem ewigen Aufschieben*, „muss man ihm mit Taten begegnen. Wo bin ich stecken geblieben? Welches Rüstzeug brauche ich jetzt, um aus dieser Sackgasse herauszukommen? Wer seine Impulse nicht kontrollieren kann, dem empfehle ich, ein Logbuch zu führen: Immer wenn ich daran denke, zum Kühlschrank zu gehen und einen Joghurt zu holen, gehe ich nicht, sondern schreibe meine Gedanken zum Thema Joghurt auf. Damit kriege ich den Gedanken vom Kopf aufs Papier – und bin am Schreibtisch geblieben, was ein erster großer Erfolg ist."

Burnout

Ein weiteres großes Problem sind fehlender Antrieb zum Lernen, Lustlosigkeit, Traurigkeit und permanente Müdigkeit – Zeichen, die auf ein **Burnoutsyndrom** hinweisen können. Nichts macht mehr Spaß, der Betroffene fühlt sich hilf- und hoffnungslos. Meist sind Menschen von dieser Krankheit betroffen, die vorher mit mehr als 100 Prozent bei der Sache waren, die alles besonders gut und es jedem Recht machen wollen, die überzogene Erwartungen an sich selbst haben und verzweifeln, wenn sie den selbst gesteckten Zielen nicht entsprechen können. Oft sind sie gehetzt, weil es nicht gelingt, alle Aufgaben gleichermaßen gut zu erfüllen. Dabei werden eigene Bedürfnisse mehr und mehr vernachlässigt, Betroffene leben nur noch nach den äußeren Notwendigkeiten. Irgendwann beginnt der Körper sich zu wehren, nicht abrupt, sondern in einem schleichenden Prozess.

Der Düsseldorfer Psychologe Dr. Günther Thomas beschreibt diesen Prozess so, dass „ein Burnoutzustand deshalb eingetreten ist, weil zu viel Energie für zu wenig Erfolg verbraucht wurde, wobei – und das ist besonders wichtig – sich das Energiereservoir nicht regeneriert! Das heißt, es gelingt dem Einzelnen nicht mehr, ‚seinen Tank neu zu betanken', die vorhandene Energie ist erschöpft und es scheint auch keine neue Energie nachzukommen. Der ‚Generator', der Erzeuger neuer Energie, scheint nicht zu funktionieren und ist selbst kaputt." Ursache sei übersteigertes Engagement für eine Sache, die zu Selbstaufopferung führt. Es fehle eine kritische Distanz, andere Bereiche des Lebens würden vernachlässigt. Oft spüre der Betroffene unbewusst, dass etwas nicht in Ordnung sei, und werde unzufrieden – versucht aber, dieses Gefühl mit noch mehr Engagement wett zu machen.

TIPP Wer bereits von dieser Krankheit betroffen ist, sollte sich schnell psychologische Hilfe suchen, da es nahezu unmöglich ist, sich selbst daraus zu befreien.

Damit es gar nicht so weit kommt, sollte bei beginnenden Symptomen – Schlafstörungen, depressive Phasen, Angstzustände, auch psychosomatische Beschwerden wie Magenprobleme – sofort die **Notbremse** gezogen werden. Zuerst sollten Sie bei anderen Menschen Rückmeldungen einholen: „Wie sehen mich die anderen?" „Wie habe ich mich verändert?" Zu wissen und zu akzeptieren, dass etwas nicht in Ordnung ist, ist der erste Schritt. Parallel sollten die eigenen Ansprüche überprüft werden: „Muss ich wirklich das beste Examen des Jahrgangs machen?" „Warum bin ich so ehrgeizig?" „Was passiert, wenn ich nicht überall der/die Beste bin?" Den übersteigerten Zielen sollten realistische Ziele entgegengesetzt werden. Außerdem ist es unerlässlich, „nein" sagen zu lernen, wenn bestimmte Anforderungen zu viel Stress auslösen. Außerdem sollten potenziell Betroffene auf Körper und Seele hören lernen: „Was möchte *ich* jetzt?" „Was würde *mir* jetzt Spaß machen?" „Wie wäre es, wieder mal ein Wochenende im Grünen zu verbringen oder gar nichts zu tun?" Schließlich muss auf **Ruhepausen** geachtet werden, damit die verbrauchten inneren Reserven wieder aufgeladen werden. Ein ausgeglichenes Leben mit Wechsel von Anspannungs- und Entspannungsphasen bringt hier die einzige Lösung.

FAZIT
Krisen müssen erkannt und als solche eingestanden werden. Oft hilft es schon, die eigenen Erwartungen zu relativieren. Wenn nichts mehr hilft, sollte unbedingt fachkundige Hilfe zu Rate gezogen werden.

1.3.5 Balance zwischen Lernen und Leben

Um Krisen vorzubeugen, muss in einer Stress-Situation wie der unmittelbaren Prüfungsvorbereitung auf ein ausgeglichenes Verhältnis von Lernen und normalem Alltagsleben geachtet werden.

 TIPP Grenzen Sie die Lernphasen deutlich ab, sonst ufern sie unter Umständen aus und bringen Sie aus dem richtigen Rhythmus.

Es hat keinen Sinn, den ganzen Tag über und vielleicht auch noch die Nacht hindurch zu lernen, da die menschliche **Aufnahmefähigkeit begrenzt** ist. Lernen ist eine überaus anstrengende und belastende Tätigkeit, die bei Übertreibungen schnell die Reserven von Körper und Seele angreift. Gönnen Sie sich daher halbe oder ganze Tage zwischen den Lernphasen, in denen Sie bewusst ausspannen und Dinge tun, die nichts mit der Prüfung oder Prüfungsvorbereitung zu tun haben. Im Arbeitsleben nennt man dieses Gleichgewicht **Work-Life-Balance**, beim Lernen ist es im Prinzip nicht anders. Die eigene Balance zu finden ist ein individueller Suchprozess. Jeder Mensch lernt anders: Während manche Studierende auch nach mehreren Stunden Lernen noch aufnahmefähig sind, bauen andere schon nach zwei oder drei Stunden ab. Wer schnell ermüdet, sollte daher täglich in kurzen Zeiteinheiten lernen, wer ausdauernder ist, kann sich ein, zwei ganze Tage in der Woche fürs Lernen freihalten. Wichtig ist, dass Sie Ihre Stärken und Schwächen erkennen und nutzen und dass Sie nicht dagegen anlernen.

Einbindung in ein vielseitiges soziales Umfeld verhindert, dass Sie den Bezug zur Realität jenseits Ihres Problems „Examen" verlieren. Die Gewissheit, dass auch andere Menschen sich mit ähnlichen oder sogar schwierigeren Problemen herumschlagen, relativiert die eigenen Sorgen. Damit entgehen Sie auch der großen Gefahr, sich selbst zu bemitleiden. Management-Berater Günter F. Gross fasst es so zusammen: „Statt dauernd zu jammern und zu klagen, sollte man davon ausgehen, dass die Aufgabe des Lebens nun einmal das Lösen von Problemen ist und hierfür das eigene Realisierungsvermögen erforderlich ist."

Allerdings müssen Sie gerade in einer angespannten Zeit wie der Examensvorbereitung lernen, „nein" zu sagen. Da Ihr zeitliches Budget jetzt wahrscheinlich viel knapper als während des Studiums ist, sollten Sie in der wenigen freien Zeit möglichst keine Dinge tun, die Sie nicht wirklich tun möchten. Werden Sie zu einer Feier oder einer ausgedehnten Kneipentour eingeladen, an der Sie eigentlich nicht teilnehmen möchten, weil Sie am nächsten Morgen wieder pünktlich um 8:00 Uhr am Schreibtisch sitzen wollen, dann sagen Sie mit bestem Gewissen ab! Alkohol, Zigarettenrauch und langes Aufbleiben sind der geistigen Leistungsfähigkeit ohnehin abträglich. Versuchen Sie stattdessen, sich ganz gezielt von der Anstrengung des Tages zu erholen.

> **TIPP** Laden Sie Freunde stattdessen zu einem Lauf durch den Stadtpark, zu einer Radtour, zu einem Besuch im Fitness-Studio oder im Hallenbad ein.

Bei gesundheitsfördernden oder entspannenden Aktivitäten können Sie sich sogar besser miteinander unterhalten – noch dazu können Sie dabei körperlich und seelisch richtig auftanken. Neben sportlicher Betätigung gibt es eine Reihe von **Entspannungstechniken**, die – richtig angewendet – relativ schnell zum Erfolg führen. Dazu gehören:

- Autogenes Training,
- Progressive Muskelentspannung nach Jacobson,
- Massagen,
- Qigong,
- Reiki,
- Shiatsu,
- Tai Chi,
- Meditation.

Allerdings müssen all diese Techniken über einen längeren Zeitraum erlernt werden, damit sie funktionieren. Für zu Hause eignen sich auch einfache Anwendungen wie Aromatherapie mit ätherischen Ölen (bitte nur aus der Apotheke), einfache Atemübungen, ein entspannendes Bad oder eine Gedankenreise. Auch Haus- und Gartenarbeit oder ein Spaziergang mit dem Hund helfen dabei, Abstand zum Lernen zu finden und durchzuatmen.

FAZIT

Testen und erkennen Sie, welcher Rhythmus und welche Entspannungsformen Ihnen am besten tun. Und nehmen Sie sich geduldig die dafür nötige Zeit.

1.3.6 Lerngruppen organisieren

In der Gruppe statt einsam am Schreibtisch zu lernen, kann eine sehr sinnvolle, anregende Ergänzung der Prüfungsvorbereitung sein. Allerdings müssen ein paar Voraussetzungen erfüllt sein.

ACHTUNG Die Lerngruppe ist eine Arbeitsgruppe. Wenn dort nur geklönt wird, ist in puncto Prüfungsvorbereitung nichts gewonnen.

Lerngruppen sollten möglichst klein sein, etwa drei bis fünf Personen. Bei zu großen Gruppen sind immer Teilnehmer dabei, die nur einseitig partizipieren wollen. Auch der Wissensstand der Mitglieder sollte nicht zu stark voneinander abweichen, da es sich ja um eine Lern- und keine Nachhilfegruppe handelt. Es muss von vornherein klar sein, dass sich jeder nach seinen Möglichkeiten an der Gruppenarbeit beteiligt. Zu Beginn kann jeder Teilnehmer seine Erwartungen äußern, die dann diskutiert werden, so dass ein gemeinsamer Nenner gefunden wird. Legen Sie bestimmte Normen fest, die für das Funktionieren der Gruppe wichtig sind: Zuverlässigkeit, Disziplin usw., und zwar im Hinblick auf das Verhalten während der Treffen als auch bei der Erledigung von Aufgaben bzw. in der Vorbereitung von Treffen. Sinnvoll ist es, einen Sprecher zu benennen, der die Treffen moderiert. Ohne Moderation ist es sehr schwer effektiv zu arbeiten. Der Moderator bringt mit zielgerichteten Fragen, Zusammenfassungen und Ähnlichem die Arbeit in der Gruppe voran. Wenn gewünscht, kann die Moderation von Treffen zu Treffen wechseln, damit nicht der Eindruck entsteht, ein Mitglied hätte das Sagen. Zu Anfang sollte ein Fahrplan gemacht werden, welche Themen bis zu welchem Zeitpunkt behandelt und durchgearbeitet werden sollen. Dieser Fahrplan sollte schriftlich festgelegt und jedem Mitglied ausgehändigt werden.

> **TIPP** Wichtig ist es, jedem Mitglied konkrete Aufgaben in Vorbereitung auf das nächste Treffen zu übertragen, die dann entsprechend der gemeinschaftlich festgelegten Normen auch ordentlich erledigt werden müssen.

Kritik ist erlaubt, sollte aber konstruktiv sein, so dass der Kritisierte die Möglichkeit hat, sein Verhalten zu ändern und weiter in der Gruppe mitzuarbeiten. Von Zeit zu Zeit muss ein Abgleich des Lernstandes mit dem Fahrplan erfolgen. Es ist keine Schande, den Fahrplan zu ändern, wenn zwingende Gründe dafür sprechen. Allerdings muss sichergestellt sein, dass das Lernziel dennoch erreicht wird.

Welche Methoden in der Lerngruppe angewendet werden, hängt sicher vom Stoff ab. Vorträge, Präsentationen, Exzerpte, Diskussionsrunden, Umgang mit Einwänden, Rollenspiele, Mind-Mappings sind einige wichtige Möglichkeiten. Der Fantasie sind keine Grenzen gesetzt. Natürlich darf auch der Spaß nicht fehlen.

FAZIT
Die Arbeit in Lerngruppen muss bestimmten Regeln unterliegen und gut organisiert sein.

1.3.7 Lernen und Nebenjob

Wer in der Prüfungsvorbereitung nebenbei jobben muss, um seinen Lebensunterhalt zu verdienen, sollte sich dabei auf das notwendige Mindestmaß beschränken. Gibt es eventuell Sparmöglichkeiten, um die Arbeitszeit zu verringern? Gibt es alternative Geldquellen für diesen begrenzten Zeitraum? Günstig sind Jobs, die einen Ausgleich zum einseitigen Lernalltag bieten, etwa körperliche Tätigkeiten an der frischen Luft. In jedem Fall sollte die Arbeitszeit möglichst so gelegt werden, dass sie effektives Lernen nicht behindert.

Da die meisten Menschen am Vormittag ihr absolutes Leistungshoch haben, sollten Sie diese Stunden möglichst für das Lernen reservieren. Etwa ab 14:00 Uhr lässt die Konzentration nach, so dass ein Nachmittags-Job die ideale Lösung wäre.

ACHTUNG Von nächtlichen Tätigkeiten ist abzuraten, da Sie Ihren Nachtschlaf für das kommende Lernpensum dringend benötigen.

1.3.8 Gratwanderung zwischen Lern- und Bewerbungsphase

Als ob das Lernen in der Prüfungsvorbereitung nicht schon stressig genug wäre, fällt diese Zeit meistens auch noch mit der Bewerbung um den künftigen Traumjob zusammen. Gut ist derjenige beraten, der bereits während diverser Praktika oder eines Studentenprogramms seinen künftigen Arbeitgeber gefunden und eine Zusage in der Tasche hat. Auch während der Diplom- bzw. Bachelor- und Master-Phase hat man Gelegenheit, sich für eine Tätigkeit zu empfehlen. Zahlreiche Firmen bieten die Möglichkeit, die Abschlussarbeit im und für das Unternehmen zu schreiben und dort zugleich wichtige Kontakte zu knüpfen.

Alle anderen müssen in den sauren Apfel beißen und neben dem Jobben und Lernen auch noch Zeit und Kraft in den Bewerbungsmarathon investieren. Denken Sie daran: Es geht hierbei um Ihre unmittelbare berufliche Zukunft. Insofern hat das Aufgabenfeld „Bewerbung" etwa das gleiche Gewicht wie das Aufgabenfeld „Prüfung".

ACHTUNG Da Bewerbungsschreiben viel Zeit und Aufmerksamkeit verlangen, können Sie die Arbeit daran nicht schnell mal zwischen zwei Lernphasen schieben.

Daher kann es günstig sein, sich einen feststehenden Vormittag in der Woche ganz und gar der Bewerbung zu widmen. Dazu sollte der Kopf möglichst frei von Formeln, Fakten und Argumentationsketten sein, die mit der bevorstehenden Prüfung zu tun haben. Räumen Sie also demonstrativ die Studienunterlagen vom Schreibtisch und legen Sie die Unterlagen der Wunschunternehmen vor sich hin. Vertiefen Sie sich ganz in die Welt Ihrer künftigen Arbeit, tauchen Sie ein in Unternehmensphilosophie und Karrierechancen.

Schwierig kann es werden, wenn Vorstellungs- und Prüfungstermine miteinander kollidieren. Vorbeugen könnten Sie, indem Sie im Bewerbungsschreiben **auf Ihre Prüfungstermine hinweisen** und darum bitten, dass diese Planung im Falle eines Bewerbungsgesprächs berücksichtigt wird. Fallen wirklich zwei Termine zusammen, sollten Sie frühzeitig das Unternehmen darüber informieren, dass Sie aufgrund der Prüfung einen anderen Termin für das Vorstellungsgespräch benötigen. Manchmal reicht es schon, ihn auf eine andere Uhrzeit am gleichen Tag zu verlegen. Kommen Sie dem Unternehmen dabei möglichst weit entgegen, damit es erkennt, wie wichtig Ihnen der Vorstellungstermin und die Stelle sind.

Die Prüfung hat natürlich Priorität! Schon deshalb, weil Sie mental wochenlang auf diesen Termin hingearbeitet haben, sollten Sie ihn möglichst nicht verändern. Und wenn Ihnen wirklich ein Vorstellungstermin wegen einer Prüfung entgeht, weil der andere Termin nicht verschoben werden konnte, tröstet Sie vielleicht der folgende Gedanke: Ein so unflexibles Unternehmen, das trotz Ihrer Begründung auf dem Termin für das Vorstellungsgespräch beharrt, wäre wahrscheinlich sowieso nicht das Richtige für Sie gewesen.

1.3.9   Exkurs: Bachelor und Master

Ein Ziel des so genannten Bologna-Prozesses ist die Erhöhung und Vergleichbarkeit der akademischen Abschlüsse. In Deutschland sollen sie bis 2010 auf das System Bachelor, Master und Promotion umgestellt sein. Der **(Undergraduate-)Master**, als Zwischenstufe in der Hierarchie der akademischen Abschlüsse, ist als Regelstudium mit einer Studiendauer von ein bis zwei Jahren konzipiert und kann sich unmittelbar an das Bachelor-Studium anschließen. Analog zum Bachelor wird entweder ein Master of Arts oder ein Master of Science vergeben, wobei der Master of Arts meist bei den Geistes- und Sozialwissenschaften und der Master of Science bei den Naturwissenschaften, der Informatik und der Mathematik vergeben wird. Zwei weitere gängige Master-Abschlüsse sind der Master of Engineering (M.Eng.) für Ingenieure und der Master of Laws (LL.M.) für Juristen.

Im Gegensatz zum postgradualen MBA (Master of Business Administration, siehe Seite 62 ff.) ist der (Undergraduate-)Master **konsekutiv** angelegt, das heißt, er setzt ausgewählte Lerninhalte des Bachelor-Studiums fort und vertieft das zuvor erworbene betriebswirtschaftliche Wissen vor allem um theoretische und forschungsorientierte Inhalte. Master-Programme setzen sich in der Regel aus einzelnen Modulen zusammen, wobei die Reihenfolge der zu belegenden Module nicht beliebig ist. Einige Module bauen inhaltlich aufeinander auf, so dass entsprechende Reihenfolgen einzuhalten sind oder zumindest eingehalten werden sollten. Gegen Ende des Programms ist eine schriftliche wissenschaftliche Abhandlung in Form einer Master-Arbeit anzufertigen.

Jedem Bachelor-Absolventen stellt sich spätestens nach Beendigung des Studiums die Frage: Was mache ich danach? Berufseinstieg oder weiterführendes Studium wie zum Beispiel ein Master? Eine frühzeitige Planung des Studienverlaufs ist daher sinnvoll, denn es bestehen vielfältige Möglichkeiten, sich auf den beruflichen Einstieg gezielt vorzubereiten.

Umfragen belegen, dass noch nahezu alle Studierenden nach erfolgreichem Bachelor-Abschluss einen Master-Abschluss anstreben. Bestehen schon konkrete Vorstellungen über den Bereich, in dem man später tätig sein möchte, so kann ein Master sinnvoll sein, um sich gezielt zu spezialisieren. Allerdings wurden die neuen Studienabschlüsse gerade mit dem Ziel einer Verkürzung der Studiendauer eingeführt. Insofern ist davon auszugehen, dass die Zahl der Master-Studienplätze zukünftig unterhalb der Anzahl der Bachelor-Studienplätze liegen wird. Hinzu kommt, dass ein Master auch erst nach mehreren Jahren im Berufsleben erworben werden kann. Einige Master-Programme setzen sogar mehrere Jahre relevanter Berufserfahrung voraus.

Eine deutliche Ermutigung für Bachelor-Absolventen, direkt in den Beruf zu starten, ist die so genannte „Bachelors Welcome"-Erklärung führender deutscher Unternehmen wie zum Beispiel der Deutschen Bahn, MAN, Bertelsmann, BASF, Deutsche Telekom, Continental oder BMW vom Juni 2004. Sie verspricht Bachelor-Absolventen attraktive Einstiegschancen in Fach- und Führungsfunktionen sowie berufsbegleitende Weiterbildungsprogramme. Der Berufseinstieg ist durch ein Traineeprogramm oder einen Direkteinstieg möglich.

Entscheidet sich der Absolvent dennoch für ein konsekutives Master-Studium, so sollte er beachten, dass die Zulassungsbeschränkungen häufig von den Hochschulen individuell festgelegt werden. Die Abschlussnote des Erststudiums, Sprachkenntnisse, Auslands- und Berufserfahrung (unter anderem durch Praktika) sind hier entscheidend. An einigen Hochschulen gibt es dafür hochschulinterne Aufnahmetests, somit entscheidet die Hochschule autonom über die Aufnahme ihrer Kandidaten. Neben standardisierten Leistungstests werden auch Soft Skills wie beispielsweise Kontaktfähigkeit, Kundenorientierung, Teamfähigkeit, Engagement, Flexibilität, Organisationsfähigkeit, Kommunikationsfähigkeit eine immer größere Rolle spielen.

Die Kosten für ein Master-Programm variieren je nach Hochschulort und -art. In den Bundesländern, die allgemeine Studiengebühren eingeführt haben, belaufen sich die Semesterkosten auf bis zu 500 € pro Semester. An privaten Hochschulen können Gebühren für ein Master-Studium bis zu 12.000 € pro Semester anfallen.

GREAT THINGS COME TO THOSE WHO WANT

MORE DOVE   MORE LÄTTA   MORE BERTOLLI
MORE AXE   MORE LANGNESE   MORE KNORR

MORE CONSUMERS TO WIN OVER. MORE BRAND LOYALTY. MORE GREAT PRODUCTS. MORE
NGENUITY. COMPETITORS OUTSMARTED. GREATER RESPONSIBILITY. THERE'S NOTHING WRONG
WITH STAYING HUNGRY FOR SUCCESS. AND OUR GRADUATE PROGRAMME – WITH ITS EMPHASIS ON
3OTH PROFESSIONAL AND PERSONAL EVOLUTION – IS JUST THE APPETISER YOUR CAREER NEEDS.

WANT MORE
WWW.UNILEVER.DE

Could it be

Unilever

Wer eine Führungsposition im Unternehmen oder eine wissenschaftliche Laufbahn anstrebt, wird auf lange Sicht in der Regel einen Master-Abschluss erwerben, zumal dieser Abschluss dafür oft Voraussetzung ist. Allerdings garantiert der Erwerb eines Master-Degrees natürlich nicht zwangsläufig höhere Positionen im Unternehmen im Vergleich zum Bachelor-Abschluss.

Ein Vergleich der **Einstiegsgehälter** von Bachelor- und Master-Absolventen gemäß den folgenden Diagrammen aus der MLP-Gehaltsdatenbank zeigt, dass die Unterschiede im Bereich der Wirtschaftswissenschaften beträchtlich sind: Die Einstiegsgehälter für Wirtschaftswissenschaftler liegen im unteren Quartil für Bachelor-Absolventen bei 33.400 €, für Master-Absolventen bei 37.900 €. Im Median liegt das Einstiegsgehalt für Bachelor-Absolventen bei 37.000 €, für Master-Absolventen bei 41.600 €; im oberen Quartil für Bachelor-Absolventen bei 41.800 €, für Master-Absolventen bei 45.600 €.

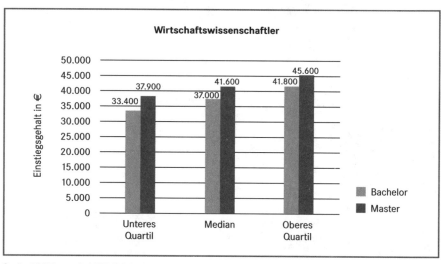

Quelle: MLP Research / MLP Gehaltsdatenbank, 2008

Darüber hinaus sind die Einstiegsgehälter nach Branchen zu vergleichen: In der **Bankenbranche** beispielsweise liegen die Einstiegsgehälter mit einer Spanne von 37.400 € bis 46.800 € pro Jahr (für Bachelor-Absolventen) bzw. 42.200 € bis 51.100 € pro Jahr (für Master-Absolventen) dabei deutlich höher als in anderen Branchen – damit ist sie bisher die finanziell attraktivste Branche für Berufseinsteiger. Die Differenz der Einstiegsgehälter zwischen Bachelor- und Master-Absolventen liegt bei durchschnittlich 4.800 €, das heißt 500 € über dem Durchschnitt aller Wirtschaftswissenschaftler.

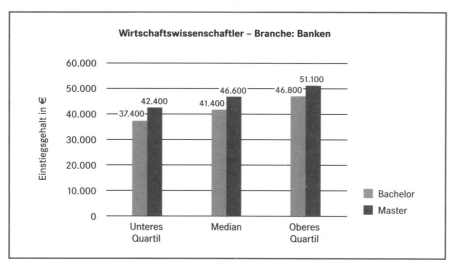

Quelle: MLP Research / MLP Gehaltsdatenbank, 2008

In der **Versicherungsbranche** bewegen sich die Einstiegsgehälter in einer Spanne von 34.700 € bis 42.600 € für Bachelor-Absolventen. Master-Absolventen verdienen zwischen von 39.400 € bis 46.500 €. Der Unterschied der Einstiegsgehälter zwischen Bachelor- und Master-Absolventen liegt hier bei durchschnittlich 4.433 €.

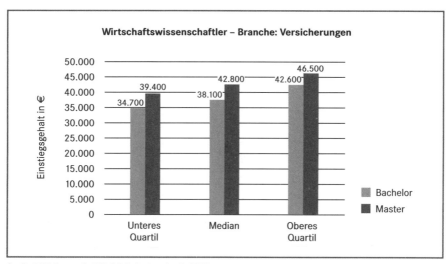

Quelle: MLP Research / MLP Gehaltsdatenbank, 2008

Im **Handel (Großhandel)** liegen die Einstiegsgehälter etwas unter dem Durchschnitt aller Wirtschaftswissenschaftler. Die Gehälter beginnen hier zwischen 31.700 € bis 39.700 € für Bachelor-, bzw. 36.000 € bis 43.300 € für Master-Absolventen. Der Unterschied der Einstiegsgehälter zwischen Bachelor- und Master-Absolventen liegt im Handel bei durchschnittlich 4.303 €.

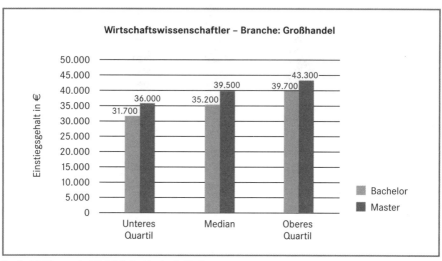

Quelle: MLP Research / MLP Gehaltsdatenbank, 2008

Durchschnittlich verdient ein Master-Absolvent der Wirtschaftswissenschaften im ersten Jahr 4.512 € mehr als der Bachelor-Absolvent. Je nachdem, an welcher Hochschule das Master-Studium absolviert wurde, kann sich dieser Betrag noch erhöhen. In finanzieller Hinsicht wird es sich daher auf lange Sicht lohnen, an einen erfolgreichen Bachelor-Abschluss ein Master-Studium anzuschließen.

Der Master-Abschluss wird sowohl an Universitäten als auch an Fachhochschulen vergeben. Die Kultusminister der Länder haben sich grundsätzlich auf eine Gleichrangigkeit der neuen Universitäts- und Fachhochschulabschlüsse geeinigt. Das Promotionsrecht bleibt jedoch Einrichtungen mit Universitätsstatus vorbehalten.

Bei der Wahl des Master-Studiengangs ist neben der inhaltlichen Ausrichtung des Programms insbesondere auch die Frage wichtig, ob das Gütesiegel einer anerkannten Akkreditierungsinstitution (siehe Seite 65) vorliegt. Weitere Kriterien können sein: das allgemeine Renommee der Bildungseinrichtung, die erzielten Ergebnisse in den einschlägigen Rankings, Kooperationen mit anderen, in- und ausländischen Hochschulen sowie sonstige persönliche Gesichtspunkte. Weitere Informationen zum konsekutiven Master-Studium finden Sie ab Seite 60.

Rankings

Das Magazin *Handelsblatt Junge Karriere* hat im Jahr 2007 ein Ranking der 20 besten Hochschulen für ein Master-Studium im Bereich **Wirtschaftswissenschaften** veröffentlicht. Bei den Universitäten ergab sich demnach folgende Spitzengruppe:

- European Business School Oestrich-Winkel
- Universität Witten/Herdecke
- Handelshochschule Leipzig
- WHU – Otto Beisheim School of Management Vallendar
- ESCP-EAP Berlin
- Frankfurt School of Finance & Management
- Universität Friedrichshafen
- Goethe-Universität Frankfurt
- Universität Mannheim
- Universität München

Die zehn besten Fachhochschulen sind:

- Fachhochschule Deggendorf
- Fachhochschule Reutlingen
- Private Fachhochschule Göttingen
- Hochschule Esslingen
- Fachhochschule Münster
- International School of Management Dortmund
- Fachhochschule Wedel
- Fachhochschule Furtwangen
- Munich Business School München
- Fachhochschule Konstanz

Ein Ranking der *Financial Times Deutschland* hat 2007 europaweit 40 Master-Programme für Studierende ohne Berufserfahrung mit dem Schwerpunkt **General Management** ausgezeichnet. Das Ranking basiert auf der Befragung von 3.782 Alumni, die vor drei Jahren ein Programm beendet haben, sowie von 48 Hochschulen. In die Bewertung flossen unter anderem folgende Kategorien ein: heutiges Gehalt bezogen auf verschiedene Industrie-Sektoren, Karrierestatus der Alumni drei Jahre nach Abschluss und Aufstiegsmöglichkeiten, erreichte Ziele, Bewertung des Karriereservices der Hochschule und dessen Effektivität bei der Jobsuche, Anteil von Studentinnen und weiblichen Lehrkräften, Internationalität des Lehrkörpers und der Studierenden, internationale Erfahrung, Sprache, Kurslängen in Monaten, Praktika u. a.

Die besten Master-in-Management-Programme 2007

Rang	Hochschule	Land	Studiengang
1.	HEC Paris	Frankreich	Master of Science in Management
2.	CEMS	17 europäische Länder	Masters in International Management
3.	London School of Economics and Political Science	Großbritannien	MSc Management
4.	ESCP-EAP European School of Management	Frankreich, Großbritannien, Deutschland, Spanien, Italien	Master in Management (Grande Ecole Programm)
5.	ESSEC Business School	Frankreich	MSc Strategy and Management of International Business
6.	EM Lyon	Frankreich	MSc in Management
7.	Grenoble Graduate School of Business	Frankreich	Master in International Business
8.	Audencia	Frankreich	Master in Management (Grande Ecole Programm)
9.	Stockholm School of Economics	Schweden	MSc Economics and Business
10.	RSM Erasmus University	Niederlande	MSc in Management
11.	ESADE Business School	Spanien	Master in International Management
12.	EDHEC Business School	Frankreich	Master in Management (Grande Ecole Programm)
13.	Aston Business School	Großbritannien	MSc International Business
13.	ESC Rouen School of Management	Frankreich	Master in Management (Grande Ecole Programm)
15.	Mannheim Business School	Deutschland	MSc in Business Administration
16.	Vlerick Leuven Gent	Belgien	Master in General Management
17.	City University: Cass	Großbritannien	MSc in Management
18.	Lancaster University Management School	Großbritannien	MSc in Management
19.	Solvay Business School	Belgien	Master of Science in Management
20.	IAG - Louvain School of Management	Belgien	Master in Management Science

1.4 Die besten Lern- und Schreibtipps für die Abschluss- und Prüfungsphase

In der Endphase des Studiums steht die Anfertigung einer wissenschaftlichen Arbeit an. Je nach Ausbildungsgang kann es sich dabei um eine Bachelor-, eine Master- oder eine Diplomarbeit handeln. Obwohl die Ansprüche an die jeweils zu erbringende Leistung verschieden sind, unterscheiden sich die Anforderungen an derartige Abschlussarbeiten nur in Bezug auf den maximal zulässigen Umfang der Arbeit sowie das Ausmaß der Literaturauswertung. Ansonsten gelten jeweils die gleichen formalen und inhaltlichen Ansprüche, wie ein vergleichender Blick in einschlägige Prüfungsordnungen zeigt.

Mit der Abschlussarbeit soll der Prüfling nachweisen, dass er **selbstständig wissenschaftlich arbeiten** kann. Dieser Nachweis wird jedoch nur erbracht, wenn es dem Kandidaten gelingt, sich präzise auszudrücken und seine Gedanken eindeutig zu formulieren. Da der Bearbeitungszeitraum zur Erstellung einer Abschlussarbeit im Regelfall eng begrenzt ist, muss der Kandidat die verfügbare Zeit sinnvoll einteilen und effektiv nutzen. Jede Abschlussarbeit ist als individuelle Leistung des Kandidaten anzufertigen, das heißt, es muss immer klar erkennbar sein, ob Gedanken anderer beschrieben oder ob eigene Ansätze entwickelt werden. Alles, was von anderen wörtlich oder sinngemäß übernommen wird, ist ausnahmslos kenntlich zu machen.

Nach den Regeln guter wissenschaftlicher Praxis muss eine wissenschaftliche Arbeit nach den Vorgaben der Deutschen Forschungsgemeinschaft (DFG) neben dem fundamentalen Prinzip der **Ehrlichkeit des Verfassers** vor allem folgende Anforderungen erfüllen:

- Nachprüfbarkeit der zur Ableitung der Untersuchungsergebnisse eingesetzten Methoden,
- Objektivität der Ausdrucks- und Argumentationsweise,
- Offenlegung der verwendeten Quellen und
- Nachvollziehbarkeit der Argumentation ohne weitere Hilfsmittel.

Der folgende Überblick geht auf die wichtigsten Aspekte der Erstellung einer Bachelor-, Master- oder Diplomarbeit ein. Wer sich umfassender und genauer mit der Materie beschäftigen möchte, kann auf die in Kapitel 1.8 angeführte Literatur zurückgreifen. Insbesondere das Werk von Alfred Brink ist prozessorientiert aufgebaut – also dem Ablauf der Erstellung einer wissenschaftlichen Arbeit entsprechend – und lässt sich daher parallel zum Arbeitsprozess einsetzen.

1.4.1 Vorarbeiten

Vor Inangriffnahme der eigentlichen Prüfungsarbeit sollten bereits bestimmte Aktivitäten abgeschlossen sein, um damit nicht den knappen Bearbeitungszeitraum zu belasten. Neben einigen grundlegenden Vorarbeiten, wie **Erstellung eines Zeitplans** für die Durchführung des Arbeitsprojektes und **Wahl eines geeigneten Themenbereichs,** gilt es, auch die Phasen des Literaturstudiums sowie der Manuskripterstellung so weit wie möglich vorzubereiten.

Bei begrenztem Bearbeitungszeitraum ist es unumgänglich, sich im Vorfeld der Arbeit mit der zeitlichen Planung des Projekts zu beschäftigen, um so zu gewährleisten, dass die Abschlussarbeit **termingerecht** fertiggestellt wird. Im Einzelnen sind Zeiten für folgende Aktivitäten einzuplanen:

CHECKLISTE

1. Themenreflexion und Abgrenzung des Untersuchungsgegenstands,
2. Literaturrecherche und -beschaffung,
3. Literaturauswertung,
4. Erstellung einer (vorläufigen) Gliederung,
5. Erstellung des (vorläufigen) Manuskripts,
6. Endkontrolle des Manuskripts,
7. Ausdrucken des Manuskripts und
8. Kopieren und Binden des Manuskripts.

Wichtig ist in diesem Zusammenhang, dass für die Phase „2. Literaturrecherche und -beschaffung" nicht zu viel Zeit verplant wird, denn die Literatursuche ist nicht das Ziel der Abschlussarbeit. Oft wird der Zeitbedarf für das Ausformulieren der Arbeit unterschätzt mit der Folge, dass die Arbeit nicht rechtzeitig fertig oder wegen schlechter Formulierungen deutlich abgewertet wird. Deshalb sollte der Kandidat bestimmte **Meilensteine** in seinen Zeitplan setzen, die markieren, bis wann die jeweilige Aktivität spätestens abgeschlossen zu sein hat.

ACHTUNG Missbrauchen Sie die Literatursuche keinesfalls als Alibi fürs Aufschieben. Beginnen Sie zum festgelegten Zeitpunkt konsequent mit dem Formulieren und Schreiben, sonst kann die selbstgemachte Zeitnot wertvolle Benotungspunkte kosten.

Viele Prüfer ermöglichen den Kandidaten, im Vorfeld Präferenzen hinsichtlich des gewünschten Themenbereichs zu äußern. Diese Chance wird gern von allen Studierenden wahrgenommen, in den meisten Fällen jedoch ohne hinreichende Prüfung der eigenen Vorschläge. Bei der **Themenwahl** sollten einerseits die eigenen Fähigkeiten, Kenntnisse und Interessen berücksichtigt werden, andererseits kann aber auch der spätere Berufswunsch im Fokus stehen, denn nicht selten spielt die Abschlussarbeit bei den Einstellungsgesprächen eine wichtige Rolle. Schließlich sollte der gewünschte Themenbereich **rechtzeitig** (!) einer Literaturprüfung unterzogen werden: Mit Hilfe einer Literaturrecherche kann sich der Kandidat einen Eindruck von der Quantität der zur Verfügung stehenden

Literatur verschaffen, erst durch intensives Einlesen in den Themenbereich lässt sich auch die Qualität der verfügbaren Literatur einschätzen.

Schon vor dem eigentlichen Start der Arbeit verfügt der Kandidat mithin über einen ersten Pool von themenrelevanten Quellen. Bereits diese Quellen sollten vollständig bibliographisch erfasst und verwaltet werden. Dieses lässt sich mit herkömmlichen Karteikartensystemen oder mit Hilfe von Textverarbeitungsprogrammen bewältigen. Mittlerweile steht jedoch auch multifunktionale **Literaturverwaltungssoftware** (wie Citavi, EndNote, RefWorks etc.) zur Verfügung, deren Anwendung sehr komfortabel und relativ leicht erlernbar ist.

Studierende, die am eigenen Hochschulort (voraussichtlich) nicht genügend bzw. nicht alle wichtigen Veröffentlichungen zum (gewünschten) Themenbereich ihrer Abschlussarbeit erlangen können, sollten schon im Vorfeld auswärtige Forschungseinrichtungen und Bibliotheken aufspüren, die sie eventuell aufsuchen wollen. Die zugehörigen Anschriften und weitere Informationen zur themenadäquaten Auswahl der richtigen Einrichtungen lassen sich so genannten **Universitäts- und Hochschulführern** entnehmen, die es in allen größeren wissenschaftlichen Bibliotheken gibt. Sind für die Abschlussarbeit Informationen über bestimmte Firmen, Organisationen oder Personen relevant, werden Adressbücher und/oder Datenbanken benötigt, die die gewünschten Informationen bieten. Alle größeren wissenschaftlichen Bibliotheken stellen ihren Benutzern derartige Werke und Datenbanken in den Lesesälen bzw. an den Computer-Arbeitsplätzen zur Verfügung.

Wissenschaftliches Arbeiten beginnt nicht mit dem Schreiben, sondern mit dem Lesen. Selbstverständlich sind alle Prüflinge des Lesens mächtig, viele lesen aber nicht hinreichend effizient, so dass die **Lesekompetenz** schon im Vorfeld der Prüfungsarbeit verbessert werden sollte. Für verschiedene Lesezwecke (etwa um einen Überblick zu gewinnen, um einen Text detailliert zu verstehen oder um Anregungen aus dem Text zu erhalten) sollten unterschiedliche Lesetechniken angewendet werden. Unterstützend lassen sich **graphische Darstellungsverfahren** wie das Mind Mapping, Markierungsverfahren (Farbmarkierungen und Unterstreichungen) oder das Eintragen von Abkürzungen bzw. Randsymbolen an den Text einsetzen.

Als weitere Aktivitäten im Vorfeld der Abschlussarbeit sei allen Kandidaten empfohlen,

- ein umfassendes Lehrbuch über die Anfertigung wissenschaftlicher Arbeiten genau zu studieren,
- nach den dort definierten Regeln zu Übungszwecken mehrere Referate anzufertigen,
- sofern möglich, an Kursen oder Seminaren zum akademischen Schreiben teilzunehmen,
- die Schulungen der örtlichen Bibliotheken als zentrale Quellen der Literaturversorgung für die wissenschaftliche Abschlussarbeit zu besuchen sowie
- systematisch Dissertationen auszuwerten, die an der Forschungseinrichtung des Themenstellers in der näheren Vergangenheit angefertigt wurden, denn diese sagen viel über den Arbeitsstil aus, der vom Themensteller erwartet wird.

1.4.2 Am Anfang steht die Literatur

Jede wissenschaftliche Arbeit startet mit der **Literaturrecherche**, das heißt, mit einer systematischen und umfassenden Suche nach themenadäquaten Quellen aus dem einschlägigen wissenschaftlichen Schrifttum. Besitzt der Kandidat nach Erhalt des Themas der Abschlussarbeit noch keinen fundierten Überblick über das zu bearbeitenden Themengebiet, muss er sich diesen zunächst verschaffen. Dazu bietet es sich unter zeitökonomischen Aspekten an, in einem ersten Schritt auf aktuelle **Lexika, Handbücher** oder **Handwörterbücher** zurückzugreifen. Danach wird in **Bibliographien** und **Bibliothekskatalogen** nach den eigentlichen Quellen zum Thema recherchiert. Im Einzelnen kommen als wissenschaftliches Schrifttum folgende Veröffentlichungsformen in Betracht: **Monographien** (vor allem Dissertationen und Habilitationen), **Beiträge in Sammelwerken** (zum Beispiel Festschriften oder Tagungsberichte), **Aufsätze in Fachzeitschriften**, unter bestimmten Bedingungen auch Ausschnitte aus tagesaktuellen Printmedien (vor allem Fachzeitungen), sofern es das Thema erfordert **Amtliche Veröffentlichungen** (aus Gesetzgebung, Gerichtsbarkeit oder öffentlicher Verwaltung) und unter einschränkenden Prämissen auch so genannte **Graue Literatur** (Schriftenmaterial ohne eigene ISBN, etwa Working Papers, Diskussionspapiere oder Institutsberichte). Da sich die Such- und Zugriffswege zu den angeführten Veröffentlichungsformen zum Teil gravierend unterscheiden und hier nicht im Detail vorgestellt werden können, sollten Sie sich darüber genauer in den in Kapitel 1.8 angeführten Werken zum wissenschaftlichen Arbeiten informieren.

Bibliotheken

An der Spitze der wissenschaftlichen Bibliotheken in Deutschland steht **Die Deutsche Nationalbibliothek** mit ihren drei Standorten Leipzig und Frankfurt am Main sowie Deutsches Musikarchiv Berlin. Sie sammelt kraft Gesetzes alle nationalen Veröffentlichungen und erstellt in ihrer Funktion eine Nationalbibliographie, das heißt ein Verzeichnis der gesamten im Inland erschienenen Literatur. Bibliothekarisch ist Deutschland nicht in 16 Bundesländer, sondern in zwölf Regionen aufgeteilt: Im **Zentralkatalog** einer Region (auch Verbundkatalog genannt) ist der Gesamtbestand der wissenschaftlichen Bibliotheken dieser Region erfasst, so dass der Nutzer zwischen verschiedenen Bibliotheken wählen kann, die über das gesuchte Werk verfügen. Soll deutschlandweit gesucht werden, bietet sich der **Karlsruher Virtuelle Katalog (KVK)** an, denn dieser ermöglicht nicht nur einen simultanen Zugriff auf alle zwölf Verbundkataloge, sondern auch auf den Katalog der Deutschen Bibliothek, auf die Zeitschriftendatenbank (ZDB) sowie auf wichtige internationale Kataloge und auf Kataloge einiger Buchhändler.

Besondere Bedeutung für die Wirtschaftswissenschaften haben die **Bibliothek des Instituts für Weltwirtschaft der Universität Kiel**, das **Hamburger Weltwirtschaftsarchiv (HWWA)** sowie die **Stadt- und Universitätsbibliothek (USB) Köln**. Die beiden Erstgenannten sind mittlerweile zur **Deutschen Zentralbibliothek für Wirtschaftswissenschaften (ZBW)** verschmolzen. Der Sammelschwerpunkt liegt in den Bereichen Wirtschaftswissen-

Haben Sie Ihr Wissen schon immer gerne geteilt?

Management Consultants gesucht

Zur Verstärkung unseres Teams suchen wir ausgezeichnete Universitätsabsolventen und Young Professionals mit ökonomischem Hintergrund, die Unternehmergeist, hohe Sozialkompetenz und Humor vereinen. Doppelqualifikationen wie MBA, Zweitstudium oder Promotion schätzen wir. Wachsen Sie mit uns.

CTcon ist eine erfolgreiche, branchenübergreifend tätige Managementberatung, konzentriert auf Unternehmenssteuerung und Controlling. Führende Konzerne und öffentliche Organisationen setzen auf unsere Expertise. In enger, vertrauensvoller Zusammenarbeit entwickeln wir mit unseren Klienten strategiekonforme Steuerungsansätze und begleiten sie von der Analyse und Konzeption bis zur Umsetzung und Qualifizierung.

CTcon GmbH   Bonn I Düsseldorf I Frankfurt I München I Vallendar

Burggrafenstraße 5a · D-40545 Düsseldorf
Herr Thomas Erfort · T +49 211 577903-62
team@ctcon.de · www.ctcon.de

schaften und Wirtschaftspraxis. Publikationen der internationalen Wirtschaftsorganisationen (wie EU, UN, OECD, WTO, IMF etc.) stehen ebenfalls im Beschaffungsfokus der Bibliothek. Die USB Köln ist als DFG-Sondersammelgebietsbibliothek die Zentralbibliothek für Betriebswirtschaft (inklusive Wirtschaftsinformatik) in Deutschland.

Elektronische Recherche

Für viele Abschlussarbeiten ist der **OPAC** (Online Public Access Catalogue) der Universitätsbibliothek das wichtigste Rechercheinstrument, wenn es um die Suche nach Büchern oder den Bestandsnachweis von Zeitschriften am Ort der eigenen Hochschule geht. Auch die Fachbereichs- oder einzelnen Institutsbibliotheken weisen ihre Bestände isoliert oder in integrierten elektronischen Systemen nach.

Aus der Vielzahl der elektronischen Recherchemöglichkeiten werden hier ausgewählte wichtige Systeme genannt:

- **Elektronische Zeitschriftenbibliothek (EZB)**
  Verzeichnis wissenschaftlicher Zeitschriften, die im Internet im Volltext angeboten werden. Das System wird von vielen Universitätsbibliotheken auch zum Nachweis des eigenen Bestands an elektronischen Zeitschriften benutzt.

- **Zeitschriften-Datenbank (ZDB)**
  Titel- und Besitznachweise von über 1,3 Millionen Titeln von Zeitschriften und anderen Periodika mit über 7,2 Millionen Besitznachweisen von ca. 4.300 deutschen Bibliotheken seit 1500 bis heute.

- **Datenbank-Informationssystem (DBIS)**
  Verzeichnis von rund 7.300 Datenbanken, wovon knapp 2.500 frei über das Internet verfügbar sind und direkt per Link aufgerufen werden können.

- **Vascoda**
  Interdisziplinäres Internetportal für wissenschaftliche Informationen in Deutschland als Grundstein einer „Digitalen Bibliothek Deutschland".

- **EconBiz**
  Virtuelle Fachbibliothek Wirtschaftswissenschaften als zentraler Einstiegspunkt ins Internet für alle Arten wirtschaftswissenschaftlicher Fachinformationen (inklusive des direkten, zum Teil kostenpflichtigen Zugriffs auf Volltexte).

- **Die Digitale Bibliothek (DigiBib)**
  Suchportal nach elektronischen Ressourcen, unter anderem in großen Bibliothekskatalogen und bibliographischen Datenbanken mit Verfügbarkeitsrecherche. Nicht verfügbare Titel können direkt über eine kostenpflichtige Fernleihe angefordert werden.

▪ LOTSE

Multimediales Navigationssystem zur Literatur- und Informationsrecherche, das dazu dienen soll, in der heutigen hybriden Bibliothekswelt gedruckte und elektronische sowie lokale und weltweit verteilte Informationen auf einer gemeinsamen Plattform zu bündeln und so die einzelnen Medien schneller zu finden.

Eine wichtige Hilfe bei der Suche in elektronischen Datenbanken stellen **Thesauri** dar. Im wirtschaftswissenschaftlichen Bereich spielt dabei der Standard-Thesaurus Wirtschaft (STW) die herausragende Rolle. Ein Thesaurus ist ein Verzeichnis von Schlagwörtern, zu denen Quellen in einer Datenbank existieren. Zu den einzelnen Schlagwörtern sind Ober- und Unterbegriffe sowie verwandte Begriffe und Synonyme angegeben. Werden also bei einer Datenbankrecherche für einen bestimmten Suchbegriff nur wenige Treffer generiert, kann der Thesaurus zur Suche nach weiteren Recherchebegriffen hervorragend verwenden werden.

Gedruckte Bücher und Artikel aus gedruckten Zeitschriften lassen sich, sofern am Studienort nicht vorhanden, nur von außerhalb besorgen. Dazu ist entweder die traditionelle, relativ preiswerte **Fernleihe** unter den Universitätsbibliotheken in Anspruch zu nehmen, oder der Kandidat bedient sich so genannter **Dokumentenlieferdienste**, die eine Bestellung grundsätzlich schneller bewerkstelligen, dafür aber auch einen höheren Preis verlangen. Während die Preise bei nicht-kommerziellen Diensten (wie etwa subito, köli oder DNB) moderat sind, verlangen gewerbliche Anbieter (vor allem aus dem englischen Sprachraum) im Einzelfall horrende Honorare.

Während Literatursuche und -beschaffung im elektronischen Zeitalter als äußerst komfortabel gelten können, wird es heute für die Studierenden immer schwieriger, aus der Fülle von Informationen bzw. Quellen die herauszufiltern, die für die jeweilige Abschlussarbeit von besonderem Interesse sind. Die Auswahlentscheidung sollten die Kandidaten stufenweise anhand verschiedener Selektionskriterien vornehmen. Materialien aus dem Internet bedürfen dabei einer besonderen **Qualitätsprüfung**, da sie durch ein hohes Maß an **Flüchtigkeit** und **Manipulierbarkeit** gekennzeichnet sind. Detaillierte Informationen zum Problem der Literaturbeurteilung sind den in Kapitel 1.8 genannten Lehrbüchern zu entnehmen.

1.4.3 Schlüsselthema Gliederung

Der Entwurf einer themenadäquaten Gliederung ist das zentrale Problem beim Anfertigen einer Abschlussarbeit. Konkret geht es beim Gliedern darum, das **Gesamtproblem** des Themas in **Teilprobleme** mit dem Ziel zu zerlegen, die **Abhängigkeiten** zwischen den Teilproblemen deutlich zu machen und in der Gesamtheit der Gliederungsabschnitte eine in sich geschlossene **Struktur der Problemlösung** zu präsentieren.

> **TIPP** Die Gliederung soll dem Leser helfen, den Gedankengang des Verfassers nachzuvollziehen und die Schwerpunkte der Arbeit zu erkennen.

Zur Erstellung einer systematisch aufgebauten Gliederung müssen die verschiedenen Einzelaspekte des Themas auf **sachlogische Zusammenhänge** hin analysiert werden. Bestehen zwischen den Sachverhalten

1. Über-, Gleich- oder Unterordnungsbeziehungen,
2. Gegensatzrelationen,
3. Ursache-Wirkungs-Beziehungen,
4. Teil-Ganzes-Relationen oder
5. Vorher-Nachher-Beziehungen,

sollten sich diese Abhängigkeiten auch in den Gliederungsüberschriften widerspiegeln.

Die Gliederung einer Abschlussarbeit gelingt ausnahmslos nicht in einem einzigen Akt, vielmehr wird der Kandidat die zunächst nur in Umrissen entworfene Gliederung sukzessive entsprechend seinem Erkenntniszugewinn verbessern, in dem er sie präzisiert, verfeinert, erweitert oder eingrenzt. Einerseits ist es wichtig, möglichst früh mit dem Gliedern zu beginnen, um eine zielgerichtete Literaturrecherche vornehmen und die Materialien systematisch ablegen zu können. Andererseits endet die Gliederungsarbeit erst mit der Abgabe des Manuskriptes im Copy-Shop, denn bis zum Schluss können noch Veränderungen der Überschriften und damit der Gliederung vorgenommen werden.

Beim Gliedern müssen zahlreiche formale und inhaltliche Anforderungen berücksichtigt werden. Außerdem steht eine Vielzahl von Hilfsmitteln in Form verschiedener Gliederungsverfahren bzw. Gliederungsprinzipien zur Verfügung, die isoliert oder gemeinsam eingesetzt werden können. Aus Platzgründen sei bezüglich der Details wiederum auf die in Kapitel 1.8 genannte Literatur verwiesen. Im Folgenden können lediglich einige **zentrale Aspekte der Gliederungsarbeit** angeführt werden:

- Überschriften sind verständlich und prägnant zu formulieren.
- Überschriften dürfen keine Wertungen enthalten, sie sind neutral zu formulieren.
- Überschriften dürfen keine Formeln, Symbole oder Satzzeichen enthalten.
- Überschriften dürfen nicht identisch mit dem Thema sein.
- In Überschriften sollten Synonyme vermieden werden, da sie sonst nahelegen, dass unterschiedliche Begriffe auch unterschiedliche Inhalte bezeichnen.

Die Formulierung der Gliederungsüberschriften sollte auch dazu genutzt werden, dem Prüfer deutlich zu machen, dass die Arbeit keine Zusammenstellung von Literatur, sondern eine **eigenständige gedankliche Leistung** darstellt. Aktiv formulierte Überschriften mit Begriffen wie „Ableitung", „Entwicklung", „Bestimmung", „Analyse", „Entwurf" und Ähnliches zeigen dem Prüfer, dass sich der Kandidat intensiv mit den Sachverhalten auseinander gesetzt hat, was sich bei der Benotung der Abschlussarbeit erfahrungsgemäß positiv auswirkt.

Abschließend sei noch kurz auf **Anzahl und Umfang** von Gliederungsabschnitten eingegangen: Viele Gliederungsentwürfe aus Prüfungsarbeiten haben diese Bezeichnung nicht verdient, sondern sind eher als Aufzählung zu qualifizieren. Im Allgemeinen sollten bei Abschlussarbeiten im Umfang zwischen 30 und 60 Seiten selten mehr als fünf oder sechs Hauptpunkte definiert werden, wobei auch drei Punkte völlig ausreichen können. Die **Gliederungstiefe** sollte nur im Ausnahmefall über die vierte Ebene hinausreichen, wobei in Wissenschaftsbereichen, in denen sehr formal gearbeitet wird (zum Beispiel im Steuerrecht oder in der Wirtschaftsprüfung), meist die höchste Gliederungstiefe erreicht wird. Als minimale Länge eines Gliederungsabschnittes werden hier drei Sätze vorgeschlagen, als Maximum zwei bis drei Seiten empfohlen.

1.4.4 Das formgerechte Manuskript

Das Manuskript einer wissenschaftlichen Abschlussarbeit besteht im Wesentlichen aus einer **Einleitung**, einem **Hauptteil** sowie einem **Schluss**. Hinzu kommen Textergänzungen vor und hinter dem eigentlichen Ausführungsteil. Im Folgenden seien wiederum einige zentrale Aspekte betrachtet.

Der **Schreibstil** der Arbeit ist dem Autor überlassen, er beeinflusst allerdings in erheblichem Maße den Prüfungserfolg, so dass **höchste Mühe** erforderlich ist. Noch immer sind viele Studierende der Auffassung, eine umständliche, verklausulierte substantivische Schreibweise sei Ausdruck höchster Wissenschaftlichkeit und damit anzustreben. Das Gegenteil ist der Fall: Alle einschlägigen Werke zum Anfertigen wissenschaftlicher Arbeiten fordern unisono einen **einfachen, schlichten Schreibstil** sowie das Formulieren **kurzer Sätze**. Dass die Regeln zur (neuen) **Rechtschreibung, Grammatik** und **Zeichensetzung** einzuhalten sind, versteht sich von selbst; gravierende Verstöße dagegen führen zwangsläufig zur Abwertung der Arbeit.

Die **Einleitung** einer Abschlussarbeit hat die Aufgabe, den Leser in die Thematik einzuführen und sein Interesse zu wecken. Hat in der unmittelbaren Vergangenheit ein wichtiges themenrelevantes Ereignis stattgefunden, bietet es sich an, dieses als Einstieg in das Thema zu wählen. Anschließend hat der Autor die Problemstellung der Arbeit herauszuarbeiten und das Untersuchungsziel sowie die daraus resultierenden Forschungsfragen, denen in der Arbeit nachzugehen ist, aufzuzeigen. In einem dritten Teil der Einleitung muss schließlich der Gang der Untersuchung dezidiert vorgestellt und erläutert werden.

Im **Hauptteil** der Arbeit wird die Gliederung mit Inhalten gefüllt. Genau wie der Gang der Untersuchung muss jeder einzelne Gliederungspunkt logisch aufgebaut sein. Die Argumentation ist stringent auf das Untersuchungsziel des Gliederungsabschnittes auszurichten. Der Autor hat Begründungen zu liefern und darf nicht mit Behauptungen operieren. Beispiele ersetzen keine Argumente, sondern sind nur als Hilfsmittel einzusetzen, um die Ausführungen zu untermauern und zu veranschaulichen. Jede Aussage muss **logisch abgeleitet** oder **empirisch abgesichert** werden.

Der **Schlussteil** einer wissenschaftlichen Arbeit lässt sich sehr kurz abfassen, ein bis zwei Seiten Text sind völlig ausreichend. Inhaltlich ist eine knappe Zusammenfassung der wichtigsten Untersuchungsergebnisse zu liefern. Weiterhin kann der Schluss einen Ausblick auf die zukünftige Entwicklung der in der Arbeit erörterten Probleme oder ein kritisches Resümee des in der Arbeit behandelten Themas umfassen.

In jeder wissenschaftlichen Arbeit ist es notwendig, zu den einzelnen Sachverhalten eine **eigene Stellungnahme** zu erarbeiten, wobei durchaus auf die Literatur zurückgegriffen werden darf, wenn bestimmte Argumente einleuchtend erscheinen. Allerdings gehört es sich in den Wirtschaftswissenschaften nicht, die eigene Position in der „Ich-Form" zu formulieren.

Wird dem Textteil der Ausführungen ein **Anhang** angefügt, darf dieser nur Inhalte umfassen, die für das Verständnis der Ausführungen nicht notwendig sind und in der Arbeit den Gedankenfluss stören würden. Als Bestandteile eines Anhangs kommen etwa in Frage:

1. Beweise mathematischer Formeln, die für den weiteren Fortgang der Arbeit von untergeordneter Bedeutung sind,
2. umfangreiche Tabellen, von denen im Textteil nur auf wenige Elemente eingegangen wird,
3. für einen Dritten nicht zugängliche oder schwierig zu beschaffende Materialien (Briefe, Gesprächsprotokolle, unternehmensinterne Unterlagen, elektronische Informationen aus dem Internet usw.) sowie ein Fragebogen in Rohfassung, falls im Rahmen der Abschlussarbeit eine empirische Befragung durchgeführt wurde.

Als weitere Textergänzungen sind die zu erstellenden **Verzeichnisse** anzuführen. Jede wissenschaftliche Abschlussarbeit erfordert ausnahmslos ein Inhalts- sowie ein Literaturverzeichnis. Weitere Verzeichnisse sind anzulegen, wenn auch nur eine Abbildung, eine Tabelle, eine Abkürzung, ein Symbol oder ein Gerichtsurteil in der Arbeit verwendet wurde. Auch hier sind die geltenden Formalia unbedingt einzuhalten. Für nähere Angaben siehe die in Kapitel 1.8 genannte Fachliteratur.

1.4.5 Unerlässlich: Richtig zitieren

Jede von anderen Autoren wörtlich in die eigene Arbeit übernommene Textpassage und jede sich an die Gedankengänge anderer Autoren eng anlehnende Stelle der Arbeit ist einzeln zu kennzeichnen und durch eine genaue **Quellenangabe** zu belegen. Dies gilt auch für die Übernahme von Teilen aus Gesetzestexten, Verordnungen oder Richtlinien sowie von Elementen aus Statistiken. Wer dagegen verstößt, muss mit **Aberkennung der Prüfungsleistung** und im Extremfall mit strafrechtlichen Konsequenzen rechnen. Auch eine bewusste oder fahrlässige Verfälschung von Quellen ist als gravierender Verstoß gegen die wissenschaftliche Methodik zu qualifizieren.

Quellenangaben lassen sich als **Voll-** oder **Kurzbeleg** sowie in der Harvard-Variante vornehmen. In den beiden ersten Modi erfolgt die Quellenangabe unten auf der Seite unter dem so genannten Fußnotenstrich. Im Fließtext wird die Quellenangabe lediglich durch eine hochgestellte Ziffer angekündigt. Beim Vollbeleg werden in der Fußnote alle bibliographischen Angaben der Quelle angeführt. Beim Kurzbeleg werden neben dem Namen des Verfassers oder Herausgebers der Quelle nur noch ein Kurztitel, die Jahreszahl des Veröffentlichungszeitpunktes sowie die konkrete Seitenangabe der Quelle angeführt. Bei der **Harvard-Variante** erfolgt das Zitat im Fließtext, und zwar werden in runden Klammern der Name des Verfassers bzw. Herausgebers, die Jahreszahl sowie die Seitenzahl angeführt. Gibt es von einem Verfasser mehr als eine zu zitierende Veröffentlichung in einem Jahr, kann die Unterscheidung durch einen an die Jahreszahl angefügten Kleinbuchstaben als Laufindex (a, b, c, ...) vorgenommen werden.

Zu unterscheiden ist schließlich noch zwischen direkten (wörtlichen) und indirekten (sinngemäßen) Zitaten. **Direkte Zitate** liegen vor, wenn die Ausführungen aus einer Quelle zeichengetreu übernommen werden. Anfang und Ende des übernommenen Textes werden durch An- bzw. Abführungszeichen markiert. Beim **indirekten Zitat** wird fremdes Gedankengut in textlicher Anlehnung verwendet. Anfang und Ende werden nicht gesondert markiert, sollten sich aus dem Zusammenhang aber erkennen lassen.

> **TIPP** Eine Besonderheit ist das Zitieren von Materialien aus dem Internet. Da diese permanent verändert, gelöscht oder an andere Stellen im Web verschoben werden können, muss neben dem Fundort der Quelle stets angegeben werden, wann der letzte Zugriff des Autors auf diese Quelle erfolgte.

1.4.6 Zur Beurteilung von Abschlussarbeiten

Für die Beurteilung von Bachelor-, Master- und Diplomarbeiten gibt es eine Vielzahl von Kriterien. Im Wesentlichen kommt es auf das vom Autor entwickelte **Untersuchungskonzept**, auf den **Inhalt** der Ausführungen, auf den **Stil** sowie die **Form** der Darstellung an. Der wissenschaftliche Wert einer Abschlussarbeit kann hierarchisch in vier Kategorien eingeteilt werden, die sich mit den Begriffen

- reproduzierend,
- reorganisierend,
- analytisch-kritisch sowie
- kreativ-innovativ

umschreiben lassen. Die von einer Abschlussarbeit bei ganzheitlicher Betrachtung erreichte Hierarchiestufe bildet die Basis der Benotung, die dann in Abhängigkeit von den Detailbeurteilungen nach oben oder unten angepasst werden kann.

1.5 Zusatz- und Weiterqualifikation

Auf dem Arbeitsmarkt konkurriert heute eine Vielzahl von Absolventen wirtschaftswissenschaftlicher Studiengänge. Allein die Betriebswirtschaftslehre nimmt mit großem Abstand den ersten Platz im Ranking der beliebtesten Studienfächer ein. Bei einem aktuellen Stand von über 160.000 Studierenden betriebswirtschaftlicher Fächer in Deutschland beenden nach Angaben der Bundesagentur für Arbeit jährlich mehr als 20.000 Absolventen ihr Studium mit Erfolg. Um die nach Abschluss des Studiums anstehende Stellensuche erfolgreich bestehen zu können, muss sich der einzelne Bewerber sowohl fachlich als auch in seinem Persönlichkeitsprofil vom Gros der Bewerber unterscheiden und neben dem Studium weitere Qualifikationen erworben haben. Wer lediglich Studienerfahrungen traditioneller Prägung vorweisen kann, gerät bei Bewerbungen gegenüber Kandidaten ins Hintertreffen, die eigenständig und selbstverantwortlich über den Rahmen des eigentlichen Studiums weitere Kenntnisse und Erfahrungen gesammelt haben und so dem potenziellen Arbeitgeber ein **individuelles Eignungs- und Erfahrungsprofil** präsentieren können.

Ein erster Eindruck von den Fachkenntnissen eines Bewerbers lässt sich gewinnen durch das Renommee der von ihm besuchten Ausbildungsstätte, die gewählten Studienschwerpunkte sowie die Noten, die der Bewerber durchschnittlich und in den einzelnen Teilprüfungen erzielen konnte. Die angeführten Kriterien dürften von Personalchefs regelmäßig aber nur dazu verwendet werden, eine Vorauswahl der in Betracht kommenden Kandidaten zu treffen. Ob aus der Vielzahl der Bewerber jemand zu einem Vorstellungsgespräch eingeladen wird oder nicht, hängt meist von weiteren Einflussgrößen ab: Immer häufiger erwarten Arbeitgeber von Absolventen betriebswirtschaftlicher Studiengänge, dass sie bereits vor Aufnahme der angestrebten Tätigkeit Auslandserfahrungen gesammelt haben. Ebenso häufig wird vorausgesetzt, dass die Bewerber schon vor Berufsantritt erste fundierte Praxiskenntnisse besitzen. Um die eigene Bewerbungsposition zu verbessern, absolvieren zahlreiche Kandidaten vor ihrer Berufslaufbahn ein Aufbau- oder Zweitstudium, meist in Form eines Master- oder MBA-Programms, oder sie streben eine Promotion an. Im Folgenden werden diese Aspekte genauer betrachtet.

1.5.1 Auslandserfahrungen

Im Zeitalter des EU-Binnenmarktes und der Globalisierung der Wirtschaft, in dem Unternehmen europa- oder gar weltweit zusammenarbeiten, ihre Beschaffungs-, Produktions- und Vertriebsaktivitäten über Ländergrenzen hinaus entfalten oder gar grenzüberschreitend fusionieren, erwarten nicht nur Großunternehmen, sondern mehr und mehr auch Mittelständler, von ihren Führungskräften **weltweite Mobilität** und einen **internationalen Fokus** im Denken und Handeln. Viele Unternehmen sind weltweit oder doch zumindest europaweit aufgestellt und benötigen dementsprechend Mitarbeiter, die einem internationalen Anforderungsprofil gerecht werden.

> **!**
>
> **ACHTUNG** Ein klassisches Studium reicht Arbeitgebern heute nicht mehr aus. Nur eigenständig erworbene Zusatzkenntnisse und (Auslands-)Erfahrungen ergeben ein überzeugendes, individuelles Eignungs- und Erfahrungsprofil.

Das Spektrum internationaler Wirtschaftskenntnisse und -erfahrungen für Absolventen betriebswirtschaftlicher Studiengänge ist weit gefächert. Es reicht von der Vermittlung internationaler Studieninhalte bis zum Erwerb bi- oder multinationaler Studienabschlüsse. An vielen Hochschulen ist es möglich, einen international ausgerichteten Studienschwerpunkt zu wählen, etwa in den Bereichen Internationale Wirtschaftsbeziehungen, Internationales Management, Internationale Rechnungslegung oder Internationale Finanzierung. An immer mehr Hochschulen werden betriebswirtschaftliche Vorlesungen und/oder Vorträge in englischer Sprache abgehalten, an manchen ist Englisch als Fremdsprache mittlerweile sogar Prüfungsfach oder wird gar als Zulassungsvoraussetzung zum Studium mit Nachweis eines entsprechenden Zertifikates verlangt. Obwohl Studierende so schon im Inland erste „Auslandserfahrungen" sammeln, kann von realen Erfahrungen erst gesprochen werden, wenn sich die Bewerber mehrere Monate oder gar Jahre im Ausland aufgehalten haben. Ein mehrwöchiger Auslandsaufenthalt in den Semesterferien, etwa in Sommerkursen (Summer Sessions) von Universitäten, ist zwar als ein erster, vergleichsweise kostengünstiger Einstieg zu betrachten, viele Arbeitgeber erkennen Auslandserfahrungen jedoch erst als solche an, wenn ein Studium mit internationalem inhaltlichem Zuschnitt um einen mehrmonatigen Auslandsaufenthalt ergänzt wird.

Eine höhere Stufe internationaler Erfahrung wird durch das Ableisten von **Auslandssemestern** erklommen. Sofern die eigene Bildungseinrichtung Kooperationen mit ausländischen Hochschulen unterhält, besteht die Möglichkeit, relativ kostengünstig im Ausland zu studieren, denn die ausländische Bildungseinrichtung verzichtet im Allgemeinen auf Studiengebühren bzw. gewährt Studierenden, die bei einem Kooperationspartner eingeschrieben sind, eine deutliche Ermäßigung. Weiterhin ist die ausländische Partnerhochschule behilflich bei der Unterbringung oder Wohnungssuche, bei der Planung und Organisation des Auslandsaufenthalts sowie etwa bei Problemen der Kranken- und Unfallversicherung etc. Schließlich besteht ein wesentlicher Vorteil von Kooperationsangeboten darin, keine Probleme mit der Anerkennung der im Ausland erworbenen Leistungsnachweise an der inländischen Hochschule zu haben, denn diese ist in den Kooperationsverträgen verbindlich geregelt.

Neben bilateralen Kooperationsvereinbarungen zwischen einzelnen Hochschulen gibt es auch europaweite Angebote der Europäischen Union (EU), an denen sich viele Hochschulen beteiligen. Besonders zu nennen ist das Austauschprogramm **SOKRATES/ERASMUS**, das den Austausch von Studierenden zwischen den Universitäten in Europa fördern soll. Durch Kooperationsvereinbarungen verpflichten sich die Partner-Universitäten, eine festzulegende Anzahl Studierender in bestimmten Fachbereichen über einen jeweils zu vereinbarenden Zeitraum aufzunehmen. Teilnehmen können Studierende ab dem dritten

Fachsemester für einen Zeitraum von drei bis zwölf Monaten. Die Studierenden erhalten sowohl finanzielle als auch organisatorische Unterstützung und sind von etwaigen Studiengebühren befreit. Außerdem gewährt die Gasthochschule Hilfestellung bei der Unterbringung und Einschreibung. Zur Verbesserung der Sprachkompetenz wird vielfach die Teilnahme an speziellen Sprachkursen angeboten. Die Anerkennung der im Ausland erbrachten Prüfungsleistungen ist garantiert. Detaillierte Informationen zum SOKRATES/ERASMUS-Programm liefern die Akademischen Auslandsämter der Universitäten.

> **TIPP** Echte Auslandserfahrung setzt einen mehrmonatigen Auslandsaufenthalt voraus. Empfehlenswert sind die EU-Bildungsprogramme SOKRATES/ERASMUS und die internationalen Angebote des DAAD. Informieren Sie sich unter http://eu.daad.de und www.daad.de.

Wollen die Studierenden nicht (nur) an europäischen, sondern an weltweiten Austauschprogrammen teilnehmen, sollten sie sich an den **Deutschen Akademischen Austausch Dienst (DAAD)** wenden. In seinem Web-Angebot unter www.daad.de liefert er eine Übersicht über vorhandene Offerten, eine Kurzbeschreibung der einzelnen Angebote sowie die erforderlichen Kontaktdaten. Er informiert über Studiensysteme, einzelne Hochschulen, Bewerbungsvoraussetzungen und Studiengebühren in den einzelnen Ländern. Die Angebote sind zusammengefasst unter dem Kürzel „ISAP" (Integrierte **S**tudien- und **A**usbildungs**p**artnerschaften) und beziehen sich auf Austauschmöglichkeiten in Ländern, für die ERASMUS nicht angeboten wird. Studienvoraussetzungen, Bewerbungsverfahren, Studienbedingungen etc. sind vergleichbar zu den Angeboten des ERASMUS-Programms, Stipendien dafür können beim DAAD beantragt werden. Neben einer monatlichen Unterstützung des Lebensunterhalts im Gastland sind eine Reisekostenpauschale sowie ein Zuschuss zur Auslandskrankenversicherung üblich. Vielfach sind die Studiengebühren ermäßigt, ansonsten ist es unter bestimmten Bedingungen möglich, sich einen Teil der Studiengebühren vom DAAD erstatten zu lassen. Bewerbung und Bewerberauswahl finden ausschließlich an der eigenen Hochschule statt, eine Direktbewerbung etwa beim DAAD ist nicht möglich.

Schließlich besteht für jeden Hochschüler die Chance, selbstständig auf eigene Faust im Ausland zu studieren und dort Leistungsnachweise zu erwerben. Diese können später bei der inländischen Bildungseinrichtung anerkannt werden, wobei die meisten Hochschulen relativ großzügig verfahren, um Auslandsaufenthalte zu befördern. Ein eigenständig geplanter und organisierter Auslandsstudienaufenthalt verlangt vom Studierenden nicht nur wesentlich mehr **Eigeninitiative**, sondern dokumentiert gleichzeitig sein Improvisations- und Organisationstalent, seine Belastbarkeit und Flexibilität sowie sein Durchhaltevermögen und Selbstvertrauen. Um unliebsame Überraschungen zu vermeiden, ist im Vorfeld zu klären, in welcher Sprache unterrichtet wird und welche Lehrinhalte im Einzelnen angeboten werden, denn nur so lässt sich sicherstellen, dass man den Veranstaltungen sprachlich folgen kann und dass die im Ausland erworbenen Leistungsnachweise an der heimischen Hochschule anerkannt werden. Infolge einer nicht vorliegenden Kooperationsvereinbarung und der damit nicht zu erwartenden Hilfsstellung durch die ausländische Hochschule

Erste Reihe.
Für Erstklassige.

Über 36 Millionen Kunden. 15.000 Mitarbeiter. Zahlen, die nicht
für sich sprechen. Sondern für das Engagement, mit dem wir
uns kontinuierlich weiterentwickeln: Zahlreiche Patente,
zukunftsweisende Produktinnovationen und ein modernes
Netz machen Vodafone attraktiv. Für neue Kunden, aber auch
für Mitarbeiter, die mehr wollen. Zum Beispiel einen Arbeitsplatz, bei dem neue Ideen nicht nur gewünscht sind, sondern
auch umgesetzt werden!

Spannende Perspektiven und eine Vielzahl aktueller Jobangebote und Praktika, insbesondere in den Bereichen Sales, Marke-
ting/Strategie und Finance/Controlling, finden Sie unter
www.vodafone.de/jobs.
Jetzt informieren – jetzt bewerben!

Make the most of now.

müssen individuelle Auslandsaufenthalte wesentlich umfassender und früher vorbereitet werden. Eine Vorlaufzeit von mehr als einem Jahr ist in vielen Fällen notwendig.

> **TIPP** Ein eigenständig geplanter und organisierter Auslandsstudienaufenthalt dokumentiert Eigeninitiative, Improvisations- und Organisationstalent, Belastbarkeit und Flexibilität sowie Durchhaltevermögen und Selbstvertrauen.

Eine noch höhere Stufe internationaler Studienerfahrungen bieten **integrierte Auslandsstudiengänge.** Hierunter fallen weltweite bi- oder multinationale Studienprogramme sowie spezielle europäische Studiengänge, bei denen ein Aufenthalt an zwei oder mehreren Hochschulen in verschiedenen Ländern vorgesehen ist. Eine Auslandsphase von mehreren Semestern ist obligatorischer Bestandteil der zu erbringenden Prüfungsleistungen. Einige Studienprogramme sehen darüber hinaus Pflichtpraktika im Ausland vor. Eine Übersicht über fächerspezifische Europäische bzw. Integrierte Studiengänge liefert der DAAD auf seinem Web-Angebot im Internet. Für Studierende der Wirtschaftswissenschaften sind diese Angebote als Idealfall zu betrachten, denn sie gewährleisten gleichzeitig die geforderte internationale Ausrichtung und den Praxisbezug der Ausbildung.

Eine besondere Möglichkeit ausländischer Studienleistungen bieten **Doppeldiplome** bzw. **Doppel-Master-Degrees** oder Kombinationen aus deutschem Diplom mit zusätzlichem Zertifikat über die im Ausland erzielten Prüfungsleistungen. Fachlich sind diese Programme im Allgemeinen sehr anspruchsvoll, da am Ende gleich zwei akademische Abschlüsse vergeben werden. Entsprechend sind die Zulassungsvoraussetzungen sehr restriktiv. Entscheidende Beurteilungskriterien sind meist:

- Durchschnittsnote im Abitur,
- Noten des Vordiploms,
- Leistungen im Hauptstudium,
- Fremdsprachkenntnisse sowie
- Kenntnisse und Interesse bezüglich des gewünschten Gastlandes.

Neben den einzureichenden Bewerbungsunterlagen können auch mündliche und/oder schriftliche Auswahlverfahren (Gespräche, Interviews, Fragebögen) am Ort der eigenen Hochschule ggf. in der Sprache des Gastlandes vorgesehen sein. Eine Übersicht von Möglichkeiten zum Erwerb eines Doppeldiploms liefert das Web-Angebot des DAAD.

Bei den neuen Bachelor-/Master-Studiengängen ist das Einfügen von Auslandssemestern in den Studienverlauf schwieriger als in den noch bestehenden Diplomstudiengängen. Zwar wird durch das europäische **Credit-Point-System** (ECTS – European Credit Transfer System) die Anerkennung von Studienleistungen vereinfacht, allerdings ist vor allem das Bachelor-Studium derartig umfangreich und kompakt, dass sich Auslandsaufenthalte regelmäßig studienzeitverlängernd auswirken. Insofern bietet es sich an, zunächst den Bachelor-Studiengang komplett im Inland und im Anschluss daran entweder den Master-Studiengang komplett im Ausland oder einen integrierten Master-Studiengang im In- und Ausland zu absolvieren.

ACHTUNG Ein Studium im Ausland setzt fachliche Grundkenntnisse, einen Überblick über das Studienfach und gute Sprachkenntnisse voraus. Nur dann können Sie die geeigneten Lehrveranstaltungen auswählen und mit Gewinn daran teilnehmen.

Die Teilnahme an Austauschprogrammen wird im Allgemeinen daran geknüpft, dass zuvor bestimmte Studienziele erreicht werden, etwa das Vordiplom oder im Bachelor-Studiengang der erfolgreiche Abschluss der in den ersten beiden Studiensemestern vorgesehenen Prüfungen. Auch die finanzielle Förderung des Auslandsstudiums durch Stipendien setzt meist das Erreichen bestimmter Studienziele im Inland voraus. Entsprechend werden von vielen Studierenden Auslandssemester erst zu Beginn des Hauptstudiums in Angriff genommen. Bis zum Beginn des Auslandsstudiums müssen natürlich auch hinreichende Fremdsprachkenntnisse erworben worden sein, um den Vorlesungen und Seminaren im Gastland folgen und mündliche sowie schriftliche Prüfungen ablegen zu können. Ein gleichzeitiger Beginn von Studium und Sprachunterricht an der ausländischen Hochschule ist deshalb nicht sehr effizient, so dass bei vielen Auslandsprogrammen bereits im Vorfeld ein Nachweis über entsprechende Fremdsprachkenntnisse (zum Beispiel TOEFL-Test, Test of English as a Foreign Language) verlangt wird.

>< Web-Link

Umfassende Informationen über Inhalt, Organisation und Prüfungsinstitute für den TOEFL-Test finden Sie unter www.de.toefl.eu.

Durch Auslandsaufenthalte lernen Sie nicht nur die Fremdsprache besser zu beherrschen, sondern auch fremde Kulturen, Sitten und Gebräuche kennen. Wichtig ist der Einblick in das Rechts-, Wirtschafts- und Gesellschafts- sowie das Schul- und Ausbildungssystem eines anderen Landes. Durch die Erfahrungen mit anderen Mentalitäten, verschiedenen Wertevorstellungen sowie unterschiedlichen Staats- und Verwaltungsstrukturen erfahren Sie, wie die Menschen unter anderen Bedingungen leben, wie sie denken und wie sie handeln. Spätere Arbeitgeber können davon ausgehen, dass Bewerber, die sich über längere Zeit im Ausland aufgehalten haben, ein höheres Maß an Aufgeschlossenheit, Flexibilität und geographischer Mobilität mitbringen. Je andersartiger die Lebens- und Gesellschaftsbedingungen des Gastlandes im Vergleich zum Heimatland sind, desto größere Herausforderungen dürfte der Kandidat bewältigt haben.

Vor allem selbst organisierte Auslandsaufenthalte vermitteln den Eindruck, dass sich der Stellenbewerber auf unbekannte Situationen einzustellen weiß, dass er mit neuen Aufgaben und Arbeitsbedingungen selbstständig zurechtkommt, dass er keine Berührungsängste hat und selbstbewusst aufzutreten vermag. Auslandserfahrungen sind also nicht nur positiv zu verzeichnen, wenn man im Ausland arbeitet, sondern auch, wenn man im Inland in multinational zusammengesetzten Teams tätig ist, was heute schon in vielen Unternehmen an der Tagesordnung ist. In den inländischen Belegschaften einiger Weltkonzerne sind zum Teil über 70 Nationalitäten vertreten.

Auch für die eigene **Persönlichkeitsentwicklung** sind Auslandserfahrungen ein wichtiger Baustein. Auslandsaufenthalte sollten daher nicht nur unter Karriereaspekten betrachtet werden. Jeder Auslandsbesuch erweitert den eigenen Horizont, schafft ein besseres Verständnis für globale Probleme, hilft Vorurteile abzubauen und schärft die Sensibilität im Umgang mit anderen Menschen. Sie entwickeln eine größere Toleranz und Offenheit für unterschiedliche Sichtweisen, abweichende kulturelle und religiöse Einstellungen, andere Lebensumstände und Arbeitsweisen.

Für Studienaufenthalte im Ausland gibt es zahlreiche Stipendien. Neben den programmspezifischen Stipendien, wie etwa dem ERASMUS-Stipendium der EU, vergibt der DAAD Jahres- und Semesterstipendien für selbst organisierte Studienaufenthalte in osteuropäischen und außereuropäischen Ländern. Weiterhin seien das Europäische Exzellenzprogramm vom DAAD sowie ein- bis sechsmonatige **Kurzzeitstipendien** für Studierende genannt, die im Ausland für ihre Abschlussarbeit forschen wollen. Ein Verzeichnis von Stiftungen, die einen Auslandsaufenthalt bezuschussen, ist im Web-Angebot des DAAD (www. daad.de) zu finden. Schließlich können Studierende Auslands-BAföG beantragen, auch wenn sie beim inländischen Studium nicht zum Kreis der BAföG-Empfänger gehören. Neben einem Zuschuss zum Lebensunterhalt werden Reisekostenzuschüsse sowie Zuschüsse zur Auslandskrankenversicherung gewährt.

⋈ Web-Links

Zur Finanzierung siehe auch www.bafoeg.bmbf.de sowie www.bildungskredit.de.

Wer sich um Auslandssemester bemüht, muss umfangreiche **Bewerbungsunterlagen** zusammenstellen. Neben einem förmlichen Anschreiben ist oft zusätzlich ein Motivationsschreiben zu formulieren. Weiterhin gehören ein Lebenslauf mit Foto, das Abiturzeugnis sowie das Vordiplom und Ausbildungszeugnisse sowie eine Übersicht der im Studium erzielten Leistungen zu den üblichen Bewerbungsunterlagen. Weitere Zeugnisse, Referenzen bzw. Empfehlungsschreiben sowie Sprachzertifikate sind der Bewerbung beizufügen.

⋈ Die wichtigsten Informationsanbieter zum Studium im Ausland:

- Akademische Auslandsämter der Hochschulen (individueller Auslandsaufenthalt, zu Austauschprogrammen der eigenen Hochschule und Angeboten der Europäischen Union, www.akademisches-auslandsamt.de)
- Auswärtiges Amt der Bundesrepublik Deutschland (www.auswaertiges-amt.de)
- Hochschullehrer und deren Mitarbeiter mit entsprechenden Erfahrungen und einschlägigen Auslandskontakten
- Botschaften des gewünschten Gastlandes (Studienmöglichkeiten, Bewerbungsverfahren, Einreise- sowie Aufenthaltsbestimmungen)
- Kulturinstitute des gewünschten Gastlandes in Deutschland (Studienmöglichkeiten),
- Internationale Studienführer (zum Beispiel International Guide of Universities)
- Auslandsmessen und andere Informationsstellen (siehe die Linksammlung: Studieren im Ausland von Hobsons, www.hobsons.de)

- Web-Portal „Wege ins Ausland" (www.wege-ins-ausland.de)
- Hochschulkompass der Hochschulrektorenkonferenz (Übersicht internationaler Kooperationen deutscher Hochschulen, www.hochschulkompass.de)
- Bundesagentur für Arbeit (Leben und Arbeiten im Ausland, www.arbeitsagentur.de)
- der Europaservice der Arbeitsagentur (www.europaservicba.de)

Auslandsmessen, wie etwa die im Dezember 2006 erstmalig und künftig jährlich stattfindende Messe „Go International!" der Wirtschaftswissenschaftlichen Fakultät der Universität Münster, sind besonders geeignet, um sich umfassend zu informieren. Auf derartigen Messen informieren ehemalige Austauschstudenten und ausländische Studierende, die sich gerade im Austausch befinden, aus erster Hand über die Partneruniversitäten und die Rahmenbedingungen in den Partnerländern. Neben Mitarbeitern von AIESEC, DAAD, Career Service und dem Auslandsamt der Universität sind auch die an der Hochschule für die einzelnen Austauschprogramme Verantwortlichen auf solchen Messen persönlich ansprechbar. Dort lassen sich beispielsweise organisatorische Fragen klären, etwa Fragen nach den Visa-, Einreise- und Aufenthaltsbestimmungen, nach Impfungen oder vorgeschriebenen HIV-Tests oder ob Interessierte sich für die Dauer des Auslandsaufenthalts von der Hochschule beurlauben lassen sollten und vieles mehr.

1.5.2 Praktische Erfahrungen

Zur Vermeidung eines Praxisschocks nach dem Studium, als Möglichkeit zur praktischen Reflexion und Erprobung des eher theoretischen Vorlesungsstoffes, zum Kennenlernen des betrieblichen Alltags sowie zur Erleichterung des späteren Berufseinstiegs bietet sich das Ableisten von Praktika an, selbst wenn diese nicht prüfungsrechtlich vorgeschrieben sind. Praktische Erfahrungen werden von manchen Arbeitgebern neben guten Studienleistungen als unverzichtbare **Einstellungsvoraussetzung** betrachtet. Sind die Examensnoten eines Bewerbers nicht herausragend, ist der Nachweis qualifizierter Praktika bei renommierten Arbeitgebern noch wichtiger.

Die erforderlichen praktischen Erfahrungen können vor, während oder nach dem Studium erworben werden. Vor dem Studium haben nahezu alle Studierenden bereits im Rahmen eines zwei- bis vierwöchigen Schülerpraktikums das Arbeitsleben kennen gelernt und erste praktische Erfahrungen gesammelt. Wirkliche Praxiserfahrungen können jedoch nur solche Studierenden nachweisen, die vor dem Studium eine **Berufsausbildung** absolviert haben. Eine solche Ausbildung wird von den Arbeitgebern aber nur dann gutgeheißen, wenn es sich um eine für den späteren Berufszweig einschlägige Ausbildung handelt, also etwa um eine Ausbildung zum Bankkaufmann, wenn man sich nach dem Studium um eine Stelle bei einer Bank oder bei einem Finanzdienstleister bewirbt. In anderen Fällen ist damit zu rechnen, dass zwar einerseits der erfolgreiche Abschluss einer Berufsausbildung wegen der dadurch belegten Berufserfahrung positiv anerkannt wird, allerdings vertreten nicht wenige Arbeitgeber die Auffassung, dass diese Erfahrungen auch in kürzerer Zeit hätten erworben werden können.

Praktische Erfahrungen während des Studiums lassen sich auf verschiedenen Wegen gewinnen:

1. Viele Studierende erwerben freiwillig Praxiserfahrungen durch mehrwöchige bis mehrmonatige **Praktika während der Semesterferien** und darüber hinaus. Je genauer man sein angestrebtes späteres Berufsfeld spezifizieren kann, desto zielgerichteter lassen sich geeignete Praktika auswählen. Allerdings sind in den neuen Bachelor-Studiengängen die Möglichkeiten stark eingeschränkt, da durch die Vielzahl der in den Semesterferien anzufertigenden Klausuren nur wenige Wochen bis zum Vorlesungsbeginn des Folgesemesters zur Ableistung von Praktika zur Verfügung stehen. Viele Unternehmen bieten Praktika nur mit einer Mindestdauer von drei Monaten an, so dass sich bei der Annahme eines solchen Angebots die Studiendauer schnell um ein Semester verlängert. Ob dieses lohnt, sollte in jedem Einzelfall kritisch geprüft werden.

2. In einigen Studiengängen sind **Pflichtpraktika** vorgesehen. Diese nehmen oft ein komplettes Semester in Anspruch, ohne allerdings die Studienzeit zu verlängern.

3. Bei **dualen Ausbildungskonzepten**, wie sie den Berufs- bzw. Verwaltungs- und Wirtschaftsakademien zugrunde liegen, absolvieren die Studierenden kaufmännische Ausbildung und akademisches Studium gleichzeitig. Während der Woche arbeiten sie im Betrieb und besuchen die Berufsschule, freitags und samstags studieren sie an der Akademie.

4. Mittlerweile gibt es an Universitäten und Fachhochschulen **duale Studiengänge**, die in enger Zusammenarbeit mit Unternehmen die praktische Berufstätigkeit und die theoretische Ausbildung miteinander verbinden. In den Vorlesungszeiten wird die Universität besucht, in den vorlesungsfreien Zeiten im Betrieb gearbeitet. Andere Bildungsträger bieten ein Fernstudium mit Präsenzwochenstunden in modularisierter Form parallel zur Berufstätigkeit an.

5. Einige wenige Studierende haben die Chance, sich in **studentischen Unternehmensberatungen** zu engagieren. So lernen sie bereits während des Studiums die Unternehmenspraxis in verschiedenen Branchen und Funktionen kennen und sind dadurch hervorragend für eine spätere Managementtätigkeit vorbereitet.

6. Viele Hochschullehrer ermöglichen ihren Examenskandidaten, die **Diplom-, Bacheloroder Master-Arbeit als Praxisprojekt** in Zusammenarbeit mit einem Unternehmen oder mit einer Organisation anzufertigen. Neben dem Erwerb von Praxiserfahrungen bietet diese Variante die Chance, durch den persönlichen Kontakt nach dem Studium dort einen Arbeitsplatz zu finden.

Haben Studierende weder eine Berufsausbildung absolviert noch hinreichend Praxiserfahrungen während des Studiums erworben, können sie dieses im Anschluss an das Studium nachholen. Findet der Hochschulabsolvent nicht unmittelbar nach dem Studium einen adäquaten Arbeitsplatz, sollte er Praktika absolvieren, um Lücken im Lebenslauf gar nicht erst entstehen zu lassen. Allerdings sei ausdrücklich davor gewarnt, ohne angemessene

Vergütung bzw. realistische Zusage auf einen späteren Arbeitsplatz ein solches Praktikum zu absolvieren. Leider missbrauchen manche Unternehmen die Situation und betrauen Praktikanten mit Aufgaben, die in der Vergangenheit von gut bezahlten Kräften wahrgenommen wurden. Um die Praktikanten zu ködern, wird ein späterer fester Arbeitsplatz in Aussicht gestellt. So hangeln sich manche Bewerber nach dem Examen notgedrungen von Praktikum zu Praktikum, ohne wirklich Fuß fassen zu können (Stichwort: Generation Praktikum). Und das kann später im Lebenslauf sogar negativ ausgelegt werden.

 ACHTUNG Praxiserfahrungen gelten zunehmend als Einstellungskriterium. Doch Vorsicht: Einige Unternehmen nutzen die Lage auf dem Arbeitsmarkt aus und bieten Praktikanten weder eine angemessene Vergütung noch verlässliche Zukunftsperspektiven.

Eine andere Möglichkeit, Praxiserfahrungen nach dem Studium zu sammeln, ohne sofort umfassende Führungsaufgaben wahrnehmen zu müssen, sind betrieblich organisierte **Trainee-Programme.** Teilnehmer solcher sechs- bis maximal 24-monatigen Programme werden in verschiedenen Unternehmensbereichen eingesetzt, um die Probleme, Vorgehensweisen und Mitarbeiter vor Ort kennen zu lernen, an Projekten mitzuarbeiten und sich am Ende des Programms je nach Neigung und Eignung für einen Aufgabenbereich zu entscheiden. Oft sind Sprachkurse sowie Fach- und Persönlichkeitsbildungsseminare integrale Bestandteile des Programms. Verfügt das Unternehmen auch über ausländische Standorte, besteht oft die Chance, einen Teil des Trainee-Programms im Ausland zu absolvieren und dort verschiedene Unternehmensstandorte kennen zu lernen. Da noch keine Führungsaufgaben übernommen werden, liegt die Vergütung von Trainees meist unterhalb der durchschnittlichen Einstiegsgehälter.

Besonders vorteilhaft sind **Auslandspraktika,** da sie Berufs- und Auslandserfahrungen zugleich vermitteln. Sie werden im Allgemeinen nicht vergütet, sondern verursachen teilweise beträchtliche Kosten. Als absolute Mindestdauer gelten vier Wochen, besser sind jedoch drei Monate oder mehr, um das Unternehmen, die Aufgaben und vor allem das ausländische Umfeld genauer zu erschließen. Auslandspraktika sollten jedoch immer erst nach Ableistung eines Praktikums im Inland absolviert werden, weil dem Praktikanten betriebliche Strukturen und Abläufe bereits bekannt sein sollten. Auslandspraktika bieten neben einer Verbesserung der Fremdsprachkenntnisse vor allem Einblicke in ausländische Märkte sowie das Kennenlernen anderer Arbeitsbedingungen und -gewohnheiten.

Vermittlung und Hilfestellung zur Aufnahme von Auslandspraktika liefert das Deutsche Komitee des internationalen studentischen Austauschdienstes **AIESEC** (**A**ssociation **I**nternationale des **E**tudiants en **S**ciences **E**conomiques et **C**ommerciales), der mittlerweile an fast 60 Universitäten und Fachhochschulen in Deutschland und mit über 600 Lokalkomitees in über 100 Ländern vertreten und damit die größte internationale Studentenorganisation ist. Neben Unternehmenspraktika können praktische Erfahrungen auch bei nationalen und internationalen (Non-Profit-)Organisationen erworben werden.

> ⊠ **Web-Link**
>
> Umfangreiches Informationsmaterial zu Auslandspraktika stellt der DAAD auf seinem Web-Angebot im Internet unter www.daad.de zur Verfügung.

Für Auslandspraktika stehen einige **finanzielle Fördermöglichkeiten** zur Verfügung: Genannt sei etwa das LEONARDO-DA-VINCI-(II)-Programm der Europäischen Union für Studierende, die ein Unternehmenspraktikum im europäischen Ausland absolvieren möchten. Informationen zu diesem Programm und zu den Fördervoraussetzungen liefert der DAAD. Weitere Informationen über berufliche Weiterbildung im Ausland, über mögliche Auslandsprogramme sowie über Finanzierung und Vorbereitung von Auslandsaufenthalten liefert die Internationale Weiterbildung und Entwicklung eGmbH (www.inwent.org/portal/ins_ausland/index.php.de) als deutsche Koordinationsstelle im Auftrag des Bundesministeriums für Bildung und Forschung. Für Praktika in internationalen Organisationen und EU-Institutionen kommt das Carlo-Schmid-Programm in Betracht. Auch dafür liefert der DAAD die entsprechenden Informationen. Da es in einigen Ländern Mindestlohnvorschriften gibt, die generell und damit auch für Praktika gelten, ist es dort schwierig, eine Praktikantenstelle zu erhalten. Auch andere bürokratische Hemmnisse wie die Notwendigkeit von Arbeits- und Aufenthaltserlaubnissen erschweren die Aufnahme von Praktika in einigen Ländern erheblich.

Praktika ermöglichen Studierenden einen realistischen Einblick in die Verfahrensabläufe von Unternehmen. Sie können Projekterfahrung sammeln, lernen Teamarbeit auf erwerbswirtschaftlicher Ebene kennen und können ihre soziale Kompetenz und Kommunikationsfähigkeit verbessern. Sie erleben und erfahren an der eigenen Person verschiedene Unternehmenskulturen und unterschiedliche Ansätze der Mitarbeiterführung. Besonderen Nutzen können sie aus einem Praktikum ziehen, wenn sie fachlich kompetent betreut werden und wenn sie anspruchsvolle Aufgaben eigenverantwortlich bearbeiten dürfen. Vorteilhaft ist es, zunächst ein bereichsübergreifendes Praktikum zu absolvieren, etwa in einer Querschnittsfunktion wie dem Controlling, um sich in einem zweiten Praktikum auf einen bestimmten Unternehmensbereich zu spezialisieren. Ein Praktikum kann einerseits genutzt werden, um den eigenen Berufswunsch zu überprüfen und die eigenen Fähigkeiten auszuloten, andererseits lernt der Arbeitgeber den Praktikanten unter den realen Bedingungen des Berufs kennen, so dass der Bewerber im Falle der eigenen Bewährung beste Einstellungschancen besitzt.

Bewerbungen um einen Praktikantenplatz unterscheiden sich formell nicht von Bewerbungen um feste Arbeitsplätze. In beiden Fällen sind sämtliche verfügbaren Bewerbungsunterlagen zusammenzustellen und in einwandfreier Form dem Unternehmen vorzulegen.

Informationen zur Ableistung von Praktika liefern Praktikantenbörsen sowie Praktikantenämter, Letztere bei Pflichtpraktika. Auch durch Messebesuche können sich Studierende über mögliche Angebote, das Bewerbungsverfahren, die Vergütung, Betreuung und weitere Merkmale des Praktikums informieren. Der Career Service, den es mittlerweile an vielen Hochschulen gibt, berät über Organisation und Finanzierung von Auslandspraktika. Außerdem liefert er auf seinen Internetseiten viele nützliche Hinweise zur Praktikumssuche, zur Bewerbung und über Förderungsmöglichkeiten. Auch in den Aushangkästen oder im Web-Angebot von Instituten, Lehrstühlen und Forschungseinrichtungen sind oft Praktikumsangebote zu finden.

>< Kontakt

Fragen zur Arbeit im Ausland beantwortet das Informationscenter Ausland der Bundesagentur für Arbeit telefonisch unter 0 18 05 / 5 22 20 23 oder per E-Mail unter infohotline-ausland@arbeitsagentur.de. Bei Fragen zu Praktika in den USA hilft das Council on International Educational Exchange, erreichbar unter www.ciee.org.

1.5.3 Aufbau-, Zweitstudium oder Promotion

Nach erfolgreicher Beendigung des Studiums mit einem ersten berufsqualifizierenden Abschluss (Diplom oder Bachelor) stellt sich für den Absolventen die Frage, ob er in Anbetracht der angestrebten Karriere vor Aufnahme der Berufstätigkeit noch ein Aufbau- oder Zweitstudium in Angriff nehmen sollte oder ob gar die Promotion eine sinnvolle Fortführung seines Studiums ist.

Beantwortet der Absolvent diese Fragen zunächst negativ und bewirbt sich direkt um einen Arbeitsplatz, lässt sich die Entscheidung später noch in Grenzen revidieren. Wissen wird immer mehr zum entscheidenden Faktor im Wettbewerb, so dass Unternehmen ein lebenslanges Lernen ihrer Mitarbeiter erwarten und unterstützen. Folglich dürfte es sich für viele Hochschulabsolventen Karriere fördernd auswirken, wenn sie nach einigen Jahren Berufspraxis ein weiterführendes Studium aufnehmen. Schon heute zeigt sich der künftig zunehmende Trend, Phasen der Berufstätigkeit mit Phasen der Aus- und Weiterbildung immer wieder abzuwechseln und teilweise auch zu überlagern.

Strebt der Absolvent den Einstieg in den Beruf jedoch erst nach Abschluss eines Aufbau- oder Zweitstudiums oder einer Promotion an, sollte er den weiteren Ausbildungsweg genau planen, da die (theoretische) Ausbildung **keinesfalls zu lange** dauern darf. Der Grenznutzen einer Zusatzqualifikation nimmt unter Bewerbungsgesichtspunkten mit jedem zusätzlichen Semester ab. Ab einer bestimmten Zeitgrenze sinkt nicht nur der Grenznutzen, sondern sogar der Gesamtnutzen. Bei Erreichen einer bestimmten Altersgrenze kann er gar negativ werden: Wer über das vollendete 30. Lebensjahr hinaus studiert oder die Promotion erst nach dem 32. Lebensjahr erfolgreich abschließt, ist für die meisten Unternehmen weniger interessant als ein 24-jähriger Absolvent mit einem ersten berufsqualifizierenden Abschluss. Durch die Verkürzung der Schulzeit auf zwölf Jahre, die Tendenz zu einer früheren Einschulung sowie kürzeren Studienzeiten dürften die angegebenen Zahlen künftig eher noch niedriger ausfallen.

> **ACHTUNG** Studieren Sie nicht zu lange! Denn was freundlich als „theoretische Über-
> qualifikation" bezeichnet wird, bedeutet meist im Arbeitgeberdeutsch: „nicht ausreichend
> praxistauglich, wenig zielstrebig" oder „nicht leistungsfähig genug".

Arbeitgeber erwarten heute, dass sich ihre Mitarbeiter permanent fortbilden. Deshalb ist
es für Unternehmen eher vorteilhaft, wenn die Bewerber beim Berufseinstieg vergleichsweise jung sind und ihre noch unvollständigen theoretischen Kenntnisse sukzessive durch
Fortbildungsmaßnahmen auffrischen und erweitern. Ältere Bewerber verfügen dank der
längeren theoretischen Ausbildung zwar über mehr (Grundlagen-)Wissen, doch veraltet
dieses Wissen heute immer schneller und reicht ohnehin nicht mehr für ein ganzes Berufsleben aus, so dass ältere Bewerber im Ergebnis schlechtere Einstellungschancen haben.

Master

Nach dem Bologna-Prozess stellt der Master die zweite Stufe einer dreigeteilten Hierarchie
von akademischen Abschlüssen zwischen Bachelor und Promotion dar (siehe auch Kapitel
1.3.9, Exkurs: Bachelor und Master, Seite 29 ff.). Der (Undergrade-)Master ist als Regelstudium mit einer Studiendauer von ein bis zwei Jahren konzipiert, das sich unmittelbar an
das Bachelor-Studium anschließt. Analog zum Bachelor wird entweder ein Master of Arts
oder ein Master of Science vergeben. Im Gegensatz zum postgradualen MBA (**M**aster of
Business **A**dministration) ist der Master **konsekutiv** angelegt, das heißt, er setzt die Lerninhalte des Bachelor-Studiums fort und vertieft das zuvor erworbene betriebswirtschaftliche Wissen vor allem um theoretische und forschungsorientierte Inhalte. Master-Programme setzen sich in der Regel aus einzelnen **Modulen** zusammen, wobei die Reihenfolge der zu belegenden Module nicht beliebig ist. Einige Module bauen inhaltlich aufeinander
auf, so dass entsprechende Reihenfolgen einzuhalten sind oder zumindest eingehalten
werden sollten. Gegen Ende des Programms ist eine schriftliche wissenschaftliche Abhandlung in Form einer Master-Arbeit anzufertigen.

Erfahrungen aus der Studienberatung sowie aus Umfragen belegen, dass nahezu alle Studierenden (oder Schüler) nach erfolgreichem Bachelor-Abschluss einen Master-Abschluss
anstreben. Allerdings wurden die neuen Studienabschlüsse gerade mit dem Ziel einer
Verkürzung der Studiendauer eingeführt. Insofern ist davon auszugehen, dass die Zahl der
Master-Studienplätze deutlich unterhalb der Zahl der Bachelor-Studienplätze liegen wird.
Entsprechend stellt der erfolgreiche Bachelor-Abschluss zwar eine notwendige Voraussetzung für die Aufnahme eines Master-Studiums dar, ist aber keinesfalls hinreichend. Schon
jetzt ist absehbar, dass es sehr enge Voraussetzungen für eine Zulassung geben wird. An
jeder Hochschule dürfte ein **individuelles Aufnahmeverfahren** etabliert werden, so dass
sie autonom über die Aufnahme ihrer Kandidaten entscheiden kann. Neben standardisierten Leistungstests können Kriterien wie Berufserfahrung, Auslandsaufenthalte, Sprachkenntnisse, Motivation oder andere Soft Skills eine Rolle im Auswahlverfahren spielen.

Wer eine hohe Position in Unternehmen oder eine wissenschaftliche Laufbahn anstrebt, wird einen Master-Abschluss erwerben müssen, da dieser für solche Positionen erwartet oder sogar vorausgesetzt wird. Allerdings garantiert der Erwerb eines Master-Degrees nicht zwangsläufig höhere Position im Unternehmen im Vergleich zu den Bachelors.

Da sowohl Universitäten als auch Fachhochschulen einen Master-Abschluss vergeben dürfen, ist nicht nur formal eine Gleichrangigkeit der Abschlüsse gegeben, vielmehr haben die Kultusminister der Länder die Gleichrangigkeit der neuen Universitäts- und Fachhochschulabschlüsse explizit festgestellt. An welcher Bildungseinrichtung ein Master-Abschluss angestrebt wird, sollte zunächst davon abhängig gemacht werden, ob der Studiengang das Gütesiegel der **Akkreditierung** (siehe Seite 65) trägt oder nicht, denn nur Erstere werden allgemein anerkannt. Neben der inhaltlichen Ausrichtung des anvisierten Masters sind dann vor allem das Renommee der Bildungseinrichtung sowie die erzielten Ergebnisse in den einschlägigen Rankings ein wichtiges Entscheidungskriterium. Auch persönliche Gesichtspunkte oder vorhandene Kooperationen mit anderen (ausländischen) Hochschulen können entscheidend sein.

> ✕ Web-Links
>
> Ausführlichere Informationen über angebotene Master-Studiengänge bieten der Hochschulkompass der Hochschulrektorenkonferenz (www.hochschulkompass.de) oder der Deutsche Bildungsserver (www.bildungsserver.de).

MBA

Wer nach einem ersten Studienabschluss zunächst eine Position in der Praxis anstrebt, kann später, eventuell sogar mit finanzieller und zeitlicher Unterstützung des Arbeitgebers, ein postgraduales Master-Programm absolvieren. Mittlerweile gibt es eine derartige Fülle von angebotenen Programmen, dass sich ein Überblick kaum gewinnen lässt. Der bekannteste Master-Grad ist dabei der zunächst von amerikanischen Business-Schools vergebene **Master of Business Administration** (MBA). In den letzten Jahren sind in Europa annähernd ebenso viele Konkurrenzprogramme mit dem Titel **European Master of Business Administration** entstanden. Beide Varianten sind gleichermaßen kostenpflichtig, wobei Studienqualität und Höhe der Semester- bzw. Jahresgebühr durchaus stark miteinander korrelieren. Die Wertigkeit der Programme wird im Einzelfall höchst unterschiedlich beurteilt, manche Unternehmen erkennen deshalb nur MBA-Abschlüsse bestimmter Business Schools an. Die europäischen MBA-Programme sind den amerikanischen Alternativen vorzuziehen, wenn man sich später bei europäischen Firmen bewerben möchte, denn die Programme sind stärker auf die europäische Unternehmenskultur und auf hiesige Führungsphilosophien und Managementtechniken zugeschnitten. Außerdem sind im Studienverlauf europäischer Programme mitunter Aufenthalte an verschiedenen Standorten in mehreren Ländern vorgesehen, so dass sich zusätzliche unterschiedliche Auslandserfahrungen erwerben lassen.

Master-Programme werden, je nach dem, ob sie berufsbegleitend oder eigenständig statt-finden, als Teil- oder Vollzeitmodell, und je nach dem, ob sie ein betriebswirtschaftliches Erststudium voraussetzen oder nicht, als konsekutive oder nicht-konsekutive Programme angeboten. Vollzeitmodelle dauern in den USA in der Regel zwei Jahre, in Europa oft nur ein Jahr. Meist richten sie sich an Jungakademiker, die noch keine Berufserfahrung haben. **Berufsbegleitende Teilzeitprogramme**, die häufigste Form des MBA (Executive MBA), lau-fen über einen Zeitraum von zwei bis manchmal acht Jahren, sie sind teilweise modulartig als Präsenzveranstaltung, teilweise als Fernstudium konzipiert. Manche Firmen bieten sie gar als Weiterbildungs- oder Qualifizierungsmaßnahme in enger Zusammenarbeit mit ei-ner Business School als Firmen-MBA oder zusammen mit anderen Firmen als Kooperati-ons-MBA an und verknüpfen den Studienerfolg direkt mit einem Aufstieg in der Berufs-laufbahn.

Ziel der MBA-Ausbildung ist es, potenziellen Führungsnachwuchskräften **praxisorien-tiertes Managementwissen** zu vermitteln, um sie auf spätere Führungsaufgaben bestmög-lich vorzubereiten. Zudem sind sie auf den Erwerb internationaler Erfahrungen ausgelegt, damit sich die Absolventen interkulturelle Kompetenzen aneignen können. Die Ausbildung ist hochgradig praxisorientiert, vor allem werden Management-Techniken vermittelt, die in möglichst vielen beruflichen Situationen einsetzbar sind. In den Veranstaltungen gibt es nur selten Frontalunterricht, viele Lerninhalte werden durch Erfahrungsaustausch zwischen den Teilnehmern gemeinsam erarbeitet. Projektorientierte Gruppenarbeiten, Expertenrunden, die vor allem aus Harvard bekannten Case-Studies sowie Rollen- und Unternehmensplanspiele stehen auf dem Lehrplan jeder renommierten MBA-Ausbildung. Förderung und Schulung sozialer Kompetenzen und anderer Soft Skills durch Teamorien-tierung und Kommunikationstraining sind weitere Ziele der Ausbildung.

Nicht-konsekutive MBA-Programme sind im Allgemeinen in zwei Phasen aufgebaut: Zu Beginn der Ausbildung gibt es zunächst allgemeine Pflichtkurse (Core Courses), erst später erfolgt eine Spezialisierung der Teilnehmer durch die Festlegung auf bestimmte Wahlfächer (Electives). Bei zwei- und mehrjährigen Programmen sind in der zweiten Hälfte des Ausbildungsgangs oft Praxisphasen integriert. Während die nicht-konsekutiven MBA-Programme den Teilnehmern betriebswirtschaftliche Zusatzqualifikationen in General-Management-Programmen vermitteln wollen, geht es in konsekutiven Programmen eher darum, Spezialisten und Fachkräfte hervorzubringen.

Als **Zulassungsvoraussetzung** wird allgemein ein abgeschlossenes Hochschulstudium in beliebiger Ausrichtung erwartet, im Einzelfall kann aber auch der Nachweis umfassender beruflicher Kenntnisse ausreichen. Ebenso werden vielfach ein Fachhochschulabschluss sowie das erfolgreiche Studium an einer Berufsakademie bzw. einer Verwaltungs- und Wirtschaftsakademie akzeptiert. Für die klassischen berufsbegleitenden Programme ist der Nachweis von mindestens zwei Jahren Berufserfahrung üblich. Schließlich müssen hinreichende Sprachkenntnisse nachgewiesen werden, etwa durch einen bestandenen TOEFL-Test (siehe Seite 53). Je strenger die Zulassungsvoraussetzungen, desto teurer und besser ist die Ausbildung. Renommierte Ausbildungsträger verlangen eine Mindest-Punktzahl im GMAT (General Management Admission Test) und eine ausführliche schriftliche Bewerbung mit umfassendem Motivationsschreiben. Dazu werden Empfehlungsschreiben von mindestens einem Hochschullehrer und einem Vorgesetzten aus der Praxis erwartet, in denen ausführlich auf die Persönlichkeitsmerkmale des Bewerbers eingegangen werden muss. Die endgültige Aufnahmeentscheidung wird oft erst nach einem persönlichen Gespräch getroffen.

MBA-Programme werden meist von privaten Business Schools, zunehmend aber auch von Universitäten und Fachhochschulen angeboten. Das Angebot ist mittlerweile so groß, so spezialisiert und differenziert, dass es kaum möglich scheint, sich einen umfassenden Überblick zu verschaffen. Ein erster Eindruck von der Qualität eines MBA-Angebotes lässt sich durch Rankings oder persönliche Kontakte mit früheren Teilnehmern gewinnen. Interessenten sollten sich auch die Liste der Kooperationspartner aus Wissenschaft und Praxis ansehen, um auf die Qualität rückschließen zu können. Auf jeden Fall muss der MBA-Studiengang akkreditiert sein (siehe Seite 65), da der Abschluss sonst nahezu wertlos ist.

> **TIPP** Beim Besuch einer ausländischen Bildungseinrichtung über zwei oder mehr Semester sollten Sie nicht nur die im Ausland erbrachten Leistungen im Inland anerkennen lassen. Versuchen Sie, sich Ihre zuvor im Inland erbrachten Leistungen dort anrechnen zu lassen und einen ersten Abschluss zu erwerben.

Viele Teilnehmer an MBA-Programmen haben Ingenieur- oder Naturwissenschaften, Geistes- oder Sozialwissenschaften, Jura oder Medizin studiert und wollen durch die MBA-Ausbildung betriebswirtschaftliche Kenntnisse erwerben und nachweisen, um sich so für eine Managementlaufbahn in der Praxis zu qualifizieren. Teilnehmer mit einem betriebswirtschaftlichen Studienabschluss erwarten von der MBA-Ausbildung dagegen eher eine Vertiefung ihrer Kenntnisse in Spezialgebieten bzw. den von ihnen gewählten Studienschwerpunkten. Entsprechend wählen Letztere oft spezielle Fach-MBA-Programme aus, während Erstere vor allem General-Management-Kurse besuchen.

Insbesondere für Absolventen von Fachhochschulen und Akademien ist ein MBA-Studium interessant, weil der Master-Abschluss einer akkreditierten Business School mit einem Universitätsabschluss gleichgestellt ist. Auch nach einer Familienpause bietet sich die Teilnahme an einem MBA-Programm an, um so wieder auf den aktuellen Stand zu gelangen und damit die Chancen der Wiedereinstellung zu verbessern. Nach einer Nachfrageflaute zu Beginn dieses Jahrzehnts ist in den letzten Jahren wieder ein stark zunehmender Trend zur MBA-Qualifikation zu beobachten.

! **ACHTUNG** Von MBA-Fernstudienprogrammen ist unter Umständen abzuraten, da sich auf diesem Wege wichtige MBA-Ausbildungsziele wie der Erwerb sozialer Kompetenzen (Teamorientierung, Kommunikationsfähigkeit, Persönlichkeitsentwicklung etc.) nicht erreichen lassen.

Ausführliche Informationen zum MBA sind im Internet unter www.mba-channel.com oder www.mba.de zu finden. Ob ein Studiengang die **Akkreditierung** erreicht, hängt von höchst unterschiedlichen Faktoren ab, wie etwa dem Ziel des Ausbildungsprogramms, den Zulassungsvoraussetzungen, der Qualität des Lehrpersonals, der PC- und Bibliotheksausstattung, dem Prüfungswesen und vielem mehr. Informationen über akkreditierte wirtschaftswissenschaftliche MBA-Programme in Deutschland liefert die Foundation for International Business Administration Accreditation (FIBAA, www.fibaa.de/programm akkreditierung.htm.

Promotion

Die Spitze der akademischen Ausbildung ist die Promotion. Ein Doktorgrad darf nur von wissenschaftlichen Hochschulen vergeben werden, die über das Promotionsrecht verfügen. Grundsätzlich steht die Promotion auch Absolventen einer Fachhochschule offen, allerdings muss der Absolvent einen Hochschullehrer an einer Universität finden, der sein Promotionsvorhaben unterstützt, was sich im Einzelfall als außerordentlich schwierig erweisen kann.

Eine Promotion ist erforderlich, wenn eine wissenschaftliche Laufbahn an einer Universität oder eine Dozententätigkeit an einer Fachhochschule angestrebt werden. Auch wenn der Doktortitel in der Praxis meist eine untergeordnete Rolle spielt und keine eigenständige Karrierelaufbahn begründet, erhöht er statistisch betrachtet die Chance auf eine Top-Position im Unternehmen oder in der Verwaltung. Im direkten Kunden- oder Klientenkontakt, etwa in der Unternehmensberatung oder der Wirtschaftsprüfung, bei Selbstständigen und Freiberuflern, wird ein Doktortitel ebenfalls gern gesehen. Auch die Stelle eines Assistenten der Geschäftsleitung bzw. des Vorstandes wird meist vorzugsweise mit einem promovierten Kandidaten besetzt.

Die Aufnahme einer Promotion setzt im Regelfall ein **Prädikatsexamen** sowie die erfolgreiche Suche nach einem **betreuenden Hochschullehrer** voraus. An den großen wirtschaftswissenschaftlichen Fakultäten in Deutschland ist die Möglichkeit der Promotion häufig an eine Mitarbeiter- oder Assistententätigkeit am Institut bzw. Lehrstuhl des jeweiligen Hochschullehrers geknüpft, teilweise existieren dort auch Drittmittel- oder Stipendiatenstellen, die ebenfalls die Möglichkeit einer Promotion gewähren. Neben einem Promotionsstudium über mehrere Semester, bei dem verschiedene Leistungsnachweise zu erwerben sind, ist eine Dissertation anzufertigen, die einen (wesentlichen) Beitrag zur wissenschaftlichen Forschung leisten soll. Das Promotionsverfahren schließt nach durchschnittlich vier Jahren zunächst mit einer mündlichen Prüfung (Rigorosum) oder einer Verteidigung (Disputation) der Doktorarbeit und der anschließenden Veröffentlichung des Werkes ab.

Eine wirtschaftswissenschaftliche Promotion ist nur im Ausnahmefall bei gleichzeitiger Berufstätigkeit denkbar, im Allgemeinen stellt sie eine **Vollzeittätigkeit** dar, die unter Karrieregesichtspunkten nur Sinn macht, wenn der Promovierende am Ende des Verfahrens nicht älter als 32 Jahre ist. Doktoranden sollten aus echtem, eigenem Interesse zu wissenschaftlicher Arbeit und Forschung motiviert sein, ausschließlich auf die Zukunft bezogene pekuniäre Motive führen sehr wahrscheinlich zum Scheitern des komplexen und sehr anspruchsvollen Vorhabens.

Eine Promotion ist natürlich auch im Ausland möglich. Im anglo-amerikanischen Raum kommen dabei der Ph. D. (Philosophical Doctor) sowie der DBA (Doctor of Business Administration) in Betracht. In beiden Fällen gilt ein Master-Abschluss in der Regel als Zulassungsvoraussetzung für das Promotionsstudium.

Promovierte erzielen zwar ein höheres Anfangsgehalt als Nicht-Promovierte, sind aber bei Berufseintritt auch deutlich älter. Eine Promotion ist heute keineswegs mehr eine Garantie für eine erfolgreiche Karriere, dennoch erzielen Promovierte – zurzeit noch – ein etwas höheres Lebenszeitgehalt als Nicht-Promovierte.

>< Web-Link

Informationen zur Promotion sind im Internet über das interdisziplinäre Promotionsnetzwerk Thesis e. V. unter www.thesis.de zu finden.

1.6   Persönliche Qualifikationen

Betriebswirte beschäftigen sich sowohl mit konstitutiven Unternehmensentscheidungen wie etwa Festlegung des Standorts, Wahl der Rechtsform oder möglichen Zusammenschlüssen als auch mit ständig wiederkehrenden Entscheidungen in den Bereichen Beschaffung und Produktion, Marketing, Vertrieb und Kundendienst sowie Forschung & Entwicklung. Im Fokus stehen die Führungsaufgaben in Unternehmen, von der Organisationsgestaltung über das Personal- und Informationsmanagement, die Instandhaltung und Wartung von Maschinen, das Anlagen- und Facility-Management bis hin zu Fragen hinsichtlich Investition und Finanzierung. Abteilungsübergreifende Aspekte des Rechnungswesens einer Unternehmung, marktorientierte Unternehmensführung, Logistik sowie Controlling sind ebenfalls zentrale Bestandteile des betriebswirtschaftlichen Aufgabenspektrums. Dazu gehören ebenso Aspekte der Unternehmenskultur, der Unternehmensethik sowie der Unternehmensverfassung. Auch Fragen des Umweltmanagements sowie die besonderen Führungsprobleme international tätiger Unternehmen rücken heute immer mehr ins Zentrum betriebswirtschaftlicher Überlegungen.

Um diese Aufgaben zu bewältigen, muss der Betriebswirt verschiedene Fach- und Führungsqualifikationen besitzen, die als Hard bzw. Soft Skills bezeichnet und im Anschluss genauer vorgestellt werden.

1.6.1 Hard Skills

Fach-, Methoden- und Handlungskompetenz

Für viele Unternehmen kommt es vor allem darauf an, dass die potenziellen Berufsanfänger die richtigen **Studienschwerpunkte** für die angestrebte Stelle gesetzt haben – selbstverständlich mit mindestens guten, besser überdurchschnittlichen Bewertungen –, um sich schnell in die praktischen Belange einarbeiten zu können. Besondere Pluspunkte sind fachbezogene Praktika während des Studiums oder einschlägige Berufserfahrungen vor bzw. nach dem Studium.

In Bezug auf die Fachkompetenz gibt es **klare Präferenzen**. Gefragt sind in erster Linie Fähigkeiten in den Bereichen Controlling, Marketing und Marktforschung, Verkauf und Vertrieb, Beratung, Logistik, Organisation und Personalwesen, Kostenrechnung und Kalkulation sowie Finanz- und Rechnungswesen. Für die internationale Rechnungslegung suchen die Unternehmen Personal, welches sich mit den entsprechenden Regeln, IAS/IFRS oder US-GAAP, auskennt.

Bei Arbeitsplätzen mit einem starken Bezug zum Beschaffungs- oder Absatzmarkt wie Einkauf, Marketing oder Vertrieb erwarten die Arbeitgeber einen guten Überblick über die jeweilige Branche und den jeweiligen Markt. Wenn technische oder naturwissenschaftliche Produkte im Fokus stehen, sollen Betriebswirte auch Verständnis für die entsprechenden technischen oder naturwissenschaftlichen Zusammenhänge mitbringen.

Da sich die Berufstätigkeit von Betriebswirten im Normalfall auf die Vorbereitung, das Fällen, die Durchführung und die Kontrolle betrieblicher Entscheidungen erstreckt, müssen Bewerber die dazu erforderlichen wirtschaftswissenschaftlichen Kenntnisse und Fähigkeiten besitzen. Konkret müssen Betriebswirte in einer sich ständig wandelnden Umwelt:

- strukturierte Probleme lösen,
- nicht strukturierte Probleme erkennen, strukturieren und lösen,
- betriebliche Gesamtzusammenhänge erkennen, analysieren und durchschauen,
- verantwortliche Tätigkeiten in verschiedenen Unternehmensbereichen unter Berücksichtigung der betrieblichen Zusammenhänge übernehmen,
- Interdependenzen zwischen den Funktionsbereichen des Unternehmens erfassen und die daraus resultierenden Konsequenzen beurteilen sowie
- den Einfluss gesamtwirtschaftlicher, branchenspezifischer sowie rechtlicher Maßnahmen und Vorgänge auf das Gesamtunternehmen sowie auf die einzelnen Bereiche erkennen und beurteilen können.

Von Betriebswirten werden dementsprechend ausgeprägte analytische und logische Fähigkeiten erwartet. Problemlösungs- und Planungskompetenz, Organisationsfähigkeit, vernetztes Denken in Modellen bzw. Systemen und nicht zuletzt ein umfassendes Methodenwissen kennzeichnen den erfolgreichen Praktiker. Betriebswirte müssen in der Lage sein, unternehmerisch zu denken, geschickt zu verhandeln und ihre Entscheidungen mit Überzeugungskraft durchzusetzen.

Sprachkompetenz

Im Zeitalter der Globalisierung werden zumindest von den Führungskräften Fremdsprachkenntnisse erwartet: Fundierte, durch Zeugnis oder (TOEFL-)Zertifikat nachgewiesene **Englischkenntnisse sind obligatorisch**, darüber hinaus sollte mindestens eine weitere Fremdsprache beherrscht werden. Neben Französisch, Spanisch oder Italienisch kommen heute auch Kenntnisse der russischen Sprache sowie insbesondere asiatischer Sprachen in Betracht, allen voran Chinesisch. Sprachkenntnisse sind nicht nur im Auslandsgeschäft oder bei Auslandsaufenthalten erforderlich, auch im Inland setzen sich in vielen Unternehmen Teams aus Mitarbeitern verschiedener Sprachräume zusammen, die reibungslos miteinander kommunizieren müssen.

DV-Kompetenz

Der Umgang mit Computern am Arbeitsplatz ist für jeden Betriebswirt tägliche Praxis. Insofern sind Kenntnisse moderner Informations- und Kommunikationsinstrumente für den Betriebswirt unverzichtbar. Von kaufmännischen Mitarbeitern wird erwartet, dass sie sich mit Office-Programmen auskennen, dass sie effizient im Internet recherchieren und im Umgang mit E-Mail vertraut sind. Auch Erfahrungen im Einsatz von SAP R/3, manchmal auch SAP R/2, werden mehr und mehr zum Standard. Je nach Tätigkeit kommen weitere Programme wie KHK-, DATEV-Software oder Lexware hinzu.

1.6.2 Soft Skills

Gute fachbezogene Qualifikationen sind heute nur mehr als notwendige Bedingungen zu betrachten, die Schlüsselkompetenzen für den beruflichen Erfolg sind in der gegenwärtigen Dienstleistungs- und Mediengesellschaft eher im **zwischenmenschlichen Bereich** angesiedelt, das heißt sowohl im Kontakt der Mitarbeiter im Betrieb untereinander als auch im Kontakt nach außen zu den Kunden sowie zu anderen Geschäftspartnern. Der Vermittlung dieser personenbezogenen, „weichen" Faktoren wurde von den Universitäten in der Vergangenheit viel zu wenig Bedeutung beigemessen. Erst seit wenigen Jahren gibt es auch an den Hochschulen Vorlesungen, Seminare und Übungen, die sich mit diesen Inhalten beschäftigen.

Soziale Kompetenz

Wer, wie Betriebswirte, mit anderen Menschen zusammenarbeitet, sie zu führen hat oder sie als Kunden bzw. Klienten betreuen möchte, benötigt besondere soziale Kompetenzen. Er muss kontakt- und kommunikationsfreudig sein sowie Einfühlungsvermögen (Empathie) und einwandfreie persönliche Umgangsformen (Höflichkeit, Freundlichkeit) besitzen. Betriebswirte sollten sowohl team- und kooperationsfähig als auch vertrauenswürdig und zuverlässig sein. Wer andere Menschen führen will, benötigt nicht nur Menschenkenntnis, er muss sich auch mit Führungsprinzipien und -techniken auskennen. Er muss in der Lage sein, Mitarbeiter zu motivieren, Konflikte zu managen, zwischenmenschliche Probleme zu lösen, aber auch Kritik an sich selbst zu ertragen.

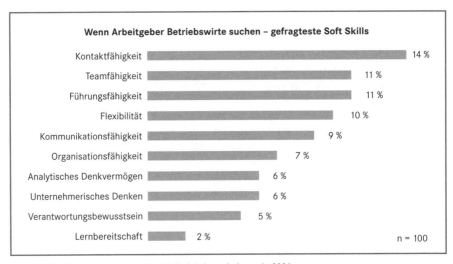

Wenn Arbeitgeber Betriebswirte suchen – gefragteste Soft Skills

Kontaktfähigkeit	14 %
Teamfähigkeit	11 %
Führungsfähigkeit	11 %
Flexibilität	10 %
Kommunikationsfähigkeit	9 %
Organisationsfähigkeit	7 %
Analytisches Denkvermögen	6 %
Unternehmerisches Denken	6 %
Verantwortungsbewusstsein	5 %
Lernbereitschaft	2 %

n = 100

Quelle: BA-Statistik, Bundesagentur für Arbeit, Arbeitsmarkt kompakt 2006

Berufsanfänger können ihre sozialen Kompetenzen nicht durch ihre bisherige Berufstätigkeit dokumentieren, da sie berufliche Führungserfahrungen noch gar nicht sammeln konnten. Allerdings können sie erste ähnliche Erfahrungen im privaten Bereich erworben haben, etwa als Leiter von Jugendgruppen oder in anderen Ehrenämtern, die sie in ihrem Lebenslauf entsprechend ausweisen können.

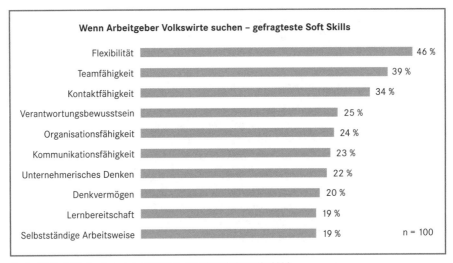

Wenn Arbeitgeber Volkswirte suchen – gefragteste Soft Skills

Flexibilität	46 %
Teamfähigkeit	39 %
Kontaktfähigkeit	34 %
Verantwortungsbewusstsein	25 %
Organisationsfähigkeit	24 %
Kommunikationsfähigkeit	23 %
Unternehmerisches Denken	22 %
Denkvermögen	20 %
Lernbereitschaft	19 %
Selbstständige Arbeitsweise	19 %

n = 100

Quelle: BA-Statistik, Bundesagentur für Arbeit, Arbeitsmarkt kompakt 2006

Interkulturelle Kompetenz

Vor dem Hintergrund weltweiter unternehmerischer Aktivitäten ist es für die Mitarbeiter in international agierenden Unternehmen mit guten Fremdsprachenkenntnissen allein nicht getan. Wer auf internationalen Märkten erfolgreich bestehen will, muss daneben vor allem internationale Erfahrungswerte und **interkulturelle Kenntnisse** besitzen. Manager sollten unbedingt über die Sitten und Gebräuche der Länder Bescheid wissen, in denen sie agieren, um ausländische Gesprächspartner im zwischenmenschlichen Miteinander für sich zu gewinnen und sie nicht durch ungeschickte Äußerungen oder Handlungen vor den Kopf zu stoßen. Es gilt, sich auf fremde Kulturen einzulassen und ausländischen Kollegen mit Offenheit und Respekt gegenüber zu treten. Wenn man die Einstellungen und Werte von Menschen aus anderen Ländern kennt, sie versteht und respektiert, kann es zu einer fruchtbaren Zusammenarbeit kommen. Kompetentes Agieren im Kontext anderer kultureller Wertesysteme ist eine wesentliche Voraussetzung für eine Karriere im internationalen Umfeld.

Präsentations- und Kommunikationskompetenz

In einer aufgeklärten medialen Gesellschaft müssen Gesprächspartner immer wieder von der eigenen Sache überzeugt werden. Wer heute Menschen überzeugen oder gar führen will, muss einerseits ernsthaft auf sein Gegenüber eingehen können, andererseits schlagfertig und redegewandt sein, Präsentations- und Moderationstechniken beherrschen sowie logisch stringent argumentieren und eindeutig, klar und nachvollziehbar kommunizieren können. Rhetorische Kompetenz sollte durch eine angemessene und ausdrucksstarke Körpersprache noch unterstützt werden.

> **TIPP** Als besonderer Pluspunkt wird verbucht, wenn ein Bewerber aufgrund einer Tutorentätigkeit während des Studiums oder durch andere Lehr- oder Vortragstätigkeiten solide Präsentationserfahrungen belegen kann.

Persönlichkeit und Charakter

Unternehmen suchen sich ihre Mitarbeiter nicht nur nach fachlichen Aspekten aus, ein mindestens ebenso wichtiges Einstellungskriterium sind die nicht erlernbaren, **persönlichen Eigenschaften und Eigenheiten** des Bewerbers, die mit Hilfe von Einstellungsgesprächen, Assessment-Centern oder psychologischen Persönlichkeitstest aufgedeckt werden sollen.

Unternehmen erwarten motivierte Mitarbeiter, die sich durch ein hohes Maß an **Eigeninitiative und Ausdauer** auszeichnen. Mit dem bestandenen Examen hört das Lernen nicht auf, deshalb müssen Hochschulabsolventen durch das Studium in die Lage versetzt werden, sich selbst immer wieder auf neue Entwicklungen einzustellen und neue Kenntnisse und Fertigkeiten zu erwerben. Kreativität, hohe Belastbarkeit, Disziplin, große Einsatzbereitschaft und die Fähigkeit, Stress zu bewältigen, gehören zu den Basisanforderungen von Mitarbeitern im Management.

Räumliche Mobilität und ein hohes Maß an **Flexibilität** bezüglich der Tätigkeitsinhalte sowie der möglichen Begleitumstände der Arbeit sind ebenfalls wichtige Eigenschaften. Bewerber sollten sich durch große Zuverlässigkeit, hohes Verantwortungsbewusstsein und eine sorgfältige Arbeitsweise auszeichnen. Lernbereitschaft und Zielstrebigkeit sind für Manager unverzichtbar, ebenso Entschlussfreudigkeit und Durchsetzungsvermögen. Auch ein gepflegtes Äußeres wird bei Führungskräften als selbstverständlich vorausgesetzt.

Personalchefs schauen bei ihren Einstellungsentscheidungen nicht nur auf die Studienergebnisse, sondern berücksichtigen auch etwaige **Nebentätigkeiten** während des Studiums. Ein Bewerber, der als studentische Hilfskraft an der Universität oder als studentische Aushilfskraft in Wirtschaft oder Verwaltung tätig war, hat bewiesen, dass er neben der üblichen Studienbelastung weitere Belastungen tragen konnte. Auch die Mitarbeit in studentischen Gremien oder ein gesellschaftliches Engagement in sozialen, sportlichen oder politischen Organisationen wird entsprechend positiv gewürdigt.

1.7 Netzwerke öffnen Türen

Kein Mensch kann oder weiß alles, was er für eine erfolgreiche Erledigung aller ihm gegenwärtig und künftig übertragenen Aufgaben benötigt. Früher hieß es, man müsse nicht alles wissen, sondern nur wissen, wo es nachzulesen sei. Heutzutage muss man auch nicht alles wissen, sollte im eigenen Umfeld jedoch jemanden kennen, der (quasi als Telefon-Joker) weiterhelfen kann. Angesichts der zunehmenden Komplexität und Dynamik von Wirtschaft und Gesellschaft ist es für den beruflichen Erfolg einer Führungskraft von unschätzbarem Nutzen, wenn sie in ihrem Berufs- und Privatleben in eine Vielzahl von Netzwerken eingebunden ist. Nicht wenige Führungskräfte haben ihre heutige Leitungsposition einem solchen Netzwerk zu verdanken. Viele Berufsanfänger haben sich mit Hilfe eines Netzwerkes von Kontakten erfolgreich gegen andere Bewerber durchgesetzt. Ein Großteil karrierefördernder Arbeitsplatzwechsel kommt immer wieder durch **persönliche Kontakte** zustande.

Soziale Netzwerke entstehen durch gemeinsame Interessen, gleiche Grundüberzeugungen, persönliche Sympathien, gemeinsame Aktivitäten oder einfach durch Zugehörigkeit zu einer bestimmten Gruppe. Netzwerke können in relativ loser, unverbindlicher Form oder in fest institutionalisierten Verbindungen mit einem zentralen Ansprechpartner geknüpft werden. Mit einem Netzwerk lassen sich Ziele verfolgen, die über den losen Kontakt der Mitglieder und den Zusammenhalt des Netzwerkes hinausgehen, wie etwa die Förderung der beruflichen Laufbahn, die Unterstützung der Mitglieder durch Informationen oder gar das Vermitteln von Aufträgen.

Mit dem Aufbau von Netzwerken kann man täglich beginnen. Gemeinsame Mahlzeiten, Verabredungen zum Sport, Teilnahme an Freizeitveranstaltungen, Fortbildungen sowie Projektarbeiten bieten viele Möglichkeiten, den Einstieg in ein Netzwerk zu finden. Persönliche Einladungen, regelmäßige Treffen, Versendung von Grüßen und Glückwünschen zu Geburtstagen oder Feiertagen, zu Jubiläen oder erreichten Leistungen bzw. Positionen verdeutlichen das eigene Interesse an den anderen Netzwerkern.

Zum Netzwerken (Networking) gehört neben dem Aufbau des Beziehungsgeflechts die ständige **Pflege der Kontakte.** Nur wenn man längere Zeit am Netzwerk teilnimmt, mit den anderen Mitgliedern regelmäßig in Kontakt tritt, ihnen bestenfalls bereits Hilfe geben konnte, ehe man diese selbst in Anspruch nehmen möchte, wird man im Bedarfsfall erfolgreich auf Unterstützung hoffen dürfen. Wird das Netzwerk nur aktiviert, wenn man selbst gerade Hilfe benötigt, entsteht schnell der Eindruck, man nutze die Kontakte nur aus egoistischen Gründen. Wer gegen das ungeschriebene Gesetz von (zielorientierten) Netzwerken verstößt, dass Nehmen und Geben im Einklang stehen sollten, wird dauerhaft keinen weiteren Nutzen aus den Kontakten ziehen können. Soll das Netzwerk für berufliche Zwecke genutzt werden, ist es wichtig, dort einen fachlich kompetenten, engagierten, verschwiegenen, loyalen und zuvorkommenden Eindruck zu erwecken.

ACHTUNG Zu den größten offenen Business-Netzwerken im Internet zählt derzeit openBC/XING (www.xing.de) – doch überlegen Sie gut, ob und wie Sie sich dort (und andernorts) präsentieren: Auch Arbeitgeber und Personalvermittler recherchieren online!

Netzwerke aus der Studienzeit

An deutschen Hochschulen wurde meist erst in den letzten Jahren damit begonnen, so genannte Alumni- bzw. Absolventen-Netzwerke der ehemaligen Studierenden der Alma Mater nach anglo-amerikanischem Vorbild zu institutionalisieren und zu fördern. Durch regelmäßige, meist jährliche Treffen werden Kontakte geknüpft und aufrecht erhalten, die sich im Berufsleben oft hervorragend nutzen lassen. Bezeichnend sind ein besonderes Zusammengehörigkeitsgefühl und die Verbundenheit mit der ehemaligen Hochschule. Ergänzend oder alternativ, meist aber mit weniger innerer Bindung, können auch Stipendiatennetzwerke oder Studienfachnetzwerke wie etwa der **Bundesverband deutscher Volks- und Betriebswirte** genutzt werden.

Aus besonders engen Verbindungen während des Studiums werden oft besonders intensive Netzwerke nach dem Studium. Studierende, die sich etwa in der Fachschaft, AIESEC, Market Team, Marketing zwischen Theorie und Praxis (MTP) oder einer studentischen Unternehmensberatung oder anderen Organisation engagiert haben, treffen sich auch nach dem Studium in unregelmäßigen Zeitabständen wieder. Besonders intensive Kontakte werden oft an Instituten oder Lehrstühlen bzw. Forschungseinrichtungen gepflegt. Wer dort als studentische oder wissenschaftliche Hilfskraft oder gar als wissenschaftlicher Mitarbeiter tätig war, bleibt oft Jahrzehnte lang eng mit dem „alten" Team verbunden.

Netzwerke aus Auslandsaufenthalten

Auslandsaufenthalte sollten unbedingt genutzt werden, um Netzwerke auch mit ausländischen Bekannten zu knüpfen, auf die im Bedarfsfall zurückgegriffen werden kann, wenn etwa ein erneuter Auslandsaufenthalt ansteht oder wenn Auslandsinformationen benötigt werden. Solche Netzwerke können etwa anlässlich eines Auslandsschuljahres, einer

Sprachreise, eines Auslandssemesters oder Auslandspraktikums initiiert werden. Oft gestalten sich Kontakte zu ehemaligen Studienkollegen aus MBA-Programmen besonders ergiebig. Einerseits haben sie während der Ausbildung eng zusammengearbeitet, so dass entsprechend enge Kontakte entstanden sind, andererseits verfügten die Teilnehmer schon vor ihrer MBA-Ausbildung über mehrjährige Berufserfahrung und wussten daher die Bedeutung von Netzwerken richtig einzuschätzen und haben sie deshalb von Beginn an intensiv gepflegt. Gerade MBA-Schulen unterhalten oft Alumni-Organisationen mit vielen Mitgliedern, die sich vergleichsweise häufig kontaktieren.

Netzwerke aus Ausbildung und Beruf

Besonders nützlich können Berufsnetzwerke sein: Erste Kontakte lassen sich bereits vor dem Studium in der Ausbildung oder während des Studiums bei der Ableistung von Berufspraktika knüpfen. Werden Bachelor-, Master- oder Diplomarbeit in Abstimmung mit einem oder mehreren Unternehmen angefertigt, können dadurch Kontakte aufgebaut und später weiter gepflegt werden. Auch während des Wehr- bzw. Ersatzdienstes lernt man manchmal Menschen kennen, die für die spätere Berufstätigkeit von Bedeutung sein können. Nach dem Studium bietet es sich an, **Berufsverbänden** beizutreten, um weitere Kontakte durch regelmäßige Treffen, Versammlungen oder sonstige Zusammenkünfte aufzubauen. Auch Messen, Kongresse, Konferenzen, Tagungen, Berufsseminare und Workshops eignen sich, um hervorragende fachbezogene Netzwerke aufzubauen.

Sonstige Netzwerke

Netzwerke aus privaten oder gesellschaftlichen Aktivitäten und Interessen, das heißt aus Schule, Sport, Urlaub, Freizeit, Politik, Kirche, Verbände und Ähnlichem, sind für das Berufsleben zwar nicht unmittelbar förderlich, allerdings können so private Kontakte geknüpft werden, die sich möglicherweise später als vorteilhaft für die eigene Karriere herausstellen. Und bei aller Konzentration auf die eigenen Karriereziele sollte auch der private Ausgleich bewusst gestaltet werden.

1.8 Weiterführende Literatur

Brink, A.: *Anfertigung wissenschaftlicher Arbeiten*. Ein prozessorientierter Leitfaden zur Erstellung von Bachelor-, Master- und Diplomarbeiten in acht Lerneinheiten, 3. Auflage, Oldenbourg, München/Wien 2007. (Inhaltsverzeichnis siehe www.oldenbourg-wissen schaftsverlag.de/fm/694/3-486-58512_i.pdf)

Brink, A.: *Anfertigung wissenschaftlicher Arbeiten in Englisch*, E-Booklet zum oben angegebenen Lehrbuch, Download unter www.oldenbourg-wissenschaftsverlag.de/fm/694/brink_e-booklet.pdf

Die Länder der Bundesrepublik Deutschland/Bundesagentur für Arbeit (Hrsg.): *Studien- & Berufswahl 2008/2009*, BW Bildung und Wissen Verlag und Software GmbH, Nürnberg 2008

DAAD u. a. (Hrsg.): *Wege ins Auslandspraktikum*, Daemisch Mohr GmbH & Co KG, 2. Auflage, Siegburg 2007

Enders, J./Bornmann, L.: *Karriere mit Doktortitel?, Ausbildung, Berufsverlauf und Berufserfolg von Promovierten*, Campus, Frankfurt/New York 2001

Gunzenhäuser, R./Haas, E.: *Promovieren mit Plan. Ihr individueller Weg von der Themensuche zum Doktortitel*, 2. Auflage, Verlag Barbara Budrich/UTB, Leverkusen/Opladen 2006

Harm, C./von Zwehl, W.: *Betriebswirtschaftliche Studiengänge*, in: *Handwörterbuch der Betriebswirtschaft (HWB)*, 6. Auflage, Schäffer-Poeschel Verlag, Stuttgart 2007

Henning, W.: *Studienführer Wirtschaftswissenschaften*, 6. Auflage, Lexika Verlag, Würzburg 2007

Herrmann, D./Spath, K. P. C./Lippert, B.: *Handbuch der Wissenschaftspreise und Forschungsstipendien*, 4. Auflage, ALPHA-Informationsgesellschaft mbH, Lampertheim 2006

Hochschulrektorenkonferenz (HRK) (Hrsg.): *Weiterführende Studienangebote an den Hochschulen in der Bundesrepublik Deutschland, Aufbaustudien, Zusatzstudien, Ergänzungsstudien, Weiterbildende Studien*, 16. Auflage, Verlag Karl Heinrich Bock, Bad Honnef 2001

Institut für Wissenschaftliche Veröffentlichungen (Hrsg.): *Duales Studium 2007/2008*, ALPHA-Informationsgesellschaft mbH, Lampertheim 2006

Institut für Wissenschaftliche Veröffentlichungen (Hrsg.): *Karrierestart Young Professionals – Wirtschaftswissenschaften*, Das Absolventenmagazin SS 2008, ALPHA-Informationsgesellschaft mbH, Lampertheim 2008

Koepernik, C./Moes, J./Tiefel, S. (Hrsg.): *GEW-Handbuch Promovieren mit Perspektive. Ein Ratgeber von und für Doktorandinnen*, W. Bertelsmann Verlag GmbH & Co KG, Bielefeld 2006

Mortan/Mortan: *Bestanden wird im Kopf! Von Spitzensportlern lernen und jede Prüfung erfolgreich bestehen.* Gabler Verlag, Wiesbaden 2009

Rückert, H.-W.: *Schluss mit dem ewigen Aufschieben*, Campus Verlag, Frankfurt 2006

Stickel-Wolf, C./Wolf, J.: *Wissenschaftliches Arbeiten und Lerntechniken. Erfolgreich studieren – gewusst wie!*, 5. Auflage, Gabler Verlag, Wiesbaden 2008

Stock, S. u. a. (Hrsg.): *Erfolgreich promovieren. Ein Ratgeber von Promovierten für Promovierende*, Springer, Berlin u.a. 2006

Wex, P.: *Bachelor und Master, Die Grundlagen des neuen Studiensystems in Deutschland*, Dunker & Humblot, Berlin 2005

Wolf, D./Merkle, R.: *So überwinden Sie Prüfungsängste*, PAL Verlagsgesellschaft mbH, 9. Auflage, Mannheim 2007

Web-Links

- Ausführliche Informationen zum wissenschaftlichen Arbeiten: www.wiwi.uni-muenster.de/bibliothek/studieren/intensiv.html
- Erste Hilfe bei Angst, Prüfungsangst, Panikattacken, Depressionen, Scheidung, Trennung, Stress, Liebeskummer, Eifersucht, Burnout: www.palverlag.de

2

DER BLICK AUF DEN ARBEITSMARKT

Angesichts der Finanzmarktkrise und ihrer ersten konjunkturellen Krisenerscheinungen im Herbst 2008 blicken die Unternehmen in Deutschland überwiegend pessimistisch auf 2009. Die deutschen Wirtschaftsleistungen werden schrumpfen, auch wenn nicht alle Branchen gleichermaßen davon betroffen sind. Die IT-Branche z. B. rechnet auch für 2009 mit Zuwächsen.

Ende 2008 schien der Arbeitsmarkt noch stabil. Nach einem „erfolgreichen" Jahresverlauf sind noch im November die Arbeitslosenzahlen weiter gesunken und die Zahl der sozial-versicherungspflichtigen Beschäftigten nahm zu. Die Nachfrage der Unternehmen nach Arbeitskräften befand sich auf einem erfreulich hohen Niveau. Zum Januar 2009 sind die Arbeitslosenzahlen allerdings sprunghaft gestiegen, wie der BA-X, der Stellenindex der Bundesagentur für Arbeit, deutlich zeigt. Dieser negative Trend setzt sich im Februar fort und die Talsohle scheint noch nicht erreicht. Eine Aufhellung erwarten die Prognosen mehrheitlich erst für das 2. Halbjahr 2010.

>< Web-Link

Monatlich aktuelle Zahlen finden Sie unter www.arbeitsagentur.de unter dem Stichwort „Entwicklung des Arbeitsmarktes".

Der anhaltende Rückgang der Arbeitslosenzahlen im Jahr 2008 erklärte sich vor allem mit dem konjunkturbedingten Aufbau sozialversicherungspflichtiger Beschäftigter. Nach Be-rechnungen des Statistischen Bundesamtes betrug die Erwerbstätigkeit im Oktober 2008 (nicht saisonbereinigt) 40,91 Millionen. Gegenüber dem Vorjahr war dies ein Anstieg um mehr als eine halbe Millionen Personen.

Laut BA-Chef Frank-Jürgen Weise haben sich Anfang 2009 die drei wichtigsten Indikatoren des Arbeitsmarktes negativ entwickelt: „Die Arbeitslosigkeit stieg, die Erwerbstätigkeit nahm ab, und die Arbeitskräftenachfrage ging weiter zurück". Allerdings habe Kurzarbeit bisher diesem Trend stabilisierend entgegen gewirkt.

Seit ihrer Gründung hat die Bundesrepublik fünf wirtschaftliche Rezessionen erlebt. Be-sonders die beiden Einbrüche nach den Ölpreisschocks in den 1970er und Anfang der 1980er Jahre ließen die Arbeitslosenzahlen signifikant nach oben schnellen. An diese Sze-narien erinnern sich noch viele, wenn Anfang 2009 in den Medien von der tiefsten Rezession seit Jahrzehnten getitelt wird oder wenn der Chef-Ökonom der Deutschen Bank, Norbert Walter, beispielsweise in der *Bild*-Zeitung warnt, das Bruttoinlandsprodukt könne 2009 um rund 4 Prozent schrumpfen.

Nach der ersten Ölkrise 1973 verlor in Deutschland ca. eine Million Menschen ihren Job. Nach der zweiten Ölkrise 1980 waren es im Laufe der folgenden drei Jahre mehr als zwei Millionen Menschen, die keine Arbeit mehr fanden – und es dauerte fast drei Jahre, bis der Aufschwung zurückkehrte.

Kurzarbeit statt Kündigung

„Haltet an Euren Leuten fest", lautet der dringende Appel an die Arbeitgeber von Bundesminister Olaf Scholz im Flyer *Mit Kurzarbeit die Krise meistern*. Kurzarbeit soll Arbeitslosigkeit verhindern. Die Bundesregierung hat deshalb viele Verbesserungen und Vereinfachungen bei Kurzarbeit eingeführt:

- Verlängerung des Kurzarbeitergelds auf bis zu 18 Monate
- Vereinfachung des Antragsverfahrens
- Hälftige Übernahme der Sozialversicherungsbeiträge durch die BA,
- volle Übernahme bei gleichzeitigen Qualifizierungsmaßnahmen
- Zusätzliche Mittel für Qualifizierungsmaßnahmen
- Ausweitung bestehender Programme zur Qualifikation, auch unabhängig von Kurzarbeit

Weitere Infos zum Thema finden Sie auf der Homepage des Bundesministeriums für Arbeit und Soziales unter www.bmas.de.

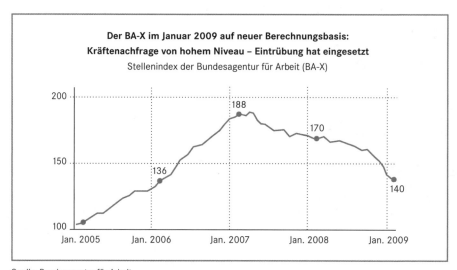

Der BA-X im Januar 2009 auf neuer Berechnungsbasis:
Kräftenachfrage von hohem Niveau – Eintrübung hat eingesetzt
Stellenindex der Bundesagentur für Arbeit (BA-X)

Quelle: Bundesagentur für Arbeit

Die aktuelle Rezession lässt jedoch Spielraum für unterschiedliche Prognosen, da „Vorbilder" und damit Erfahrungs-Analogien fehlen. Diese Rezession ist in ihrem Tempo außergewöhnlich schnell und zeigt bis dato ein weltweit erschreckendes Ausmaß. Waren bisher immer nur einzelne Branchen beteiligt, trifft es jetzt vermutlich viele Bereiche gleichzeitig. Dennoch gibt es auch weniger finstere Aussichten. Insgesamt reichen die Szenarien von „halb so wild" bis „tiefer Sturz".

Prominent für den „tiefen Sturz" zeigte sich der **Ifo-Index**. Er fiel bis zum Ende 2008 knapp unter den niedrigsten Wert vom Februar 1993 und damit auf ein 20-Jahres-Tief. Der als geometrisches Mittel aus Erwartungen und Lagebeurteilung errechnete Geschäftsklimaindex wird monatlich vom Ifo-Institut in München ermittelt und dient als wichtiger Konjunktur-Indikator.

>< Web-Links

Aktuelle Entwicklungen und Prognosen hierzu finden Sie unter www.ifo.de und bei der Wirtschaftsredaktion aller großen deutschen Zeitungen, hier eine Auswahl: www.faz.de; www.ftd.de; www.fr-online.de; www.handelsblatt.de; www.sueddeutsche.de

Der **Deutsche Industrie- und Handelskammertag (DIHK)** kommt in seiner zum Jahresende 2008 durchgeführten repräsentativen Industriebefragung in Bezug auf den Stellenaufbau zu einer ähnlich pessimistischen Einschätzung. Für das Jahr 2009 wird der seit circa vier Jahren anhaltende Aufschwung jäh abgebrochen. Die weltweite Immobilien- und Finanzkrise schlägt auf die reale Wirtschaft in Deutschland durch. Die Einschätzung der mehr als 1.800 im Oktober und November 2008 befragten Unternehmen fällt entsprechend mutlos aus.

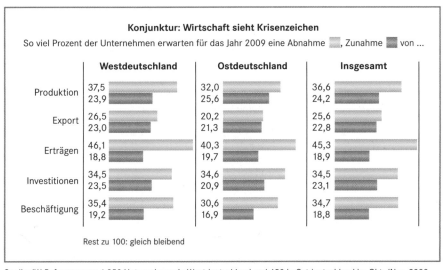

Konjunktur: Wirtschaft sieht Krisenzeichen

So viel Prozent der Unternehmen erwarten für das Jahr 2009 eine Abnahme ▨, Zunahme ▧ von ...

	Westdeutschland	Ostdeutschland	Insgesamt
Produktion	37,5 / 23,9	32,0 / 25,6	36,6 / 24,2
Export	26,5 / 23,0	20,2 / 21,3	25,6 / 22,8
Erträgen	46,1 / 18,8	40,3 / 19,7	45,3 / 18,9
Investitionen	34,5 / 23,5	34,6 / 20,9	34,5 / 23,1
Beschäftigung	35,4 / 19,2	30,6 / 16,9	34,7 / 18,8

Rest zu 100: gleich bleibend

Quelle: IW-Befragung von 1.359 Unternehmen in Westdeutschland und 450 in Ostdeutschland im Okt./Nov. 2008

Fast ein Drittel der Unternehmen berichten von einem Rückgang ihrer Produktion (verglichen zum Vorjahr) im Jahr 2008. Für 2009 gehen fast 37 Prozent der Befragten von einem Produktionsrückgang aus. Immerhin knapp 24 Prozent rechnen mit besseren Geschäften, in der Investitionsgüterbranche rechnen sogar 28 Prozent mit einem Output-Zuwachs. Nach dieser Befragung erwarten 26 Prozent der deutschen Unternehmen geringere Ausfuhren und knapp 23 Prozent rechnen mit einer Zunahme von Exporten. Diese eingetrübten Perspektiven für die Exportbranche spiegeln sich auch in den Investitionsplänen wider: 34 Prozent rechnen mit rückläufigen Investitionen, 23 Prozent schauen optimistisch nach vorne.

Der Arbeitsmarkt reagiert auf konjunkturelle Abschwünge verzögert und so erwarten 35 Prozent der Betriebe für 2009, wenn sich die Rezession in den Beschäftigtenzahlen niederschlagen wird, eine Reduktion der Mitarbeiter, 19 Prozent dagegen wollen ihr Personal sogar aufstocken. Aktuell begegnen viele Unternehmen der Krise mit Kurzarbeit. Detaillierte Informationen hierzu finden Sie unter www.iwkoeln.de.

2.1 Der Arbeitsmarkt für Betriebswirte

Der Beschäftigungsaufbau erreichte 2007 alle Bundesländer und fast alle Wirtschaftsbereiche. Der **Maschinenbau**, der größte industrielle Arbeitgeber in Deutschland, meldete zu Beginn des Jahres einen Zuwachs von 50.000 Stellen gegenüber dem Vorjahr. Jede zehnte neue sozialversicherungspflichtige Arbeitsstelle entstand in der **Metall- und Elektroindustrie**. Im Zeitraum zwischen Januar und September wurden mehr als 100.000 neue Jobs geschaffen. Damit hatte das Verarbeitende Gewerbe einen großen Anteil am Beschäftigungsaufbau 2007. Und die Auftragsbücher für 2008 waren voll.

Auch Ende 2008 sind die Auftragsbücher im Maschinenbau weiterhin gut gefüllt und im Jahresdurchschnitt werden 5 Prozent Produktionsplus erwartet. Die Aufträge für die Produktion reichen weit bis ins Jahr 2009 hinein. Im Durchschnitt wird eine Stagnation erwartet, auf hohem Niveau allerdings, da der Aufschwung in den letzten fünf Jahren eher atypisch waren. Der Verband des Deutschen Maschinen- und Anlagebaus erwartet einen deutlichen Rückgang im Textil- und Werkzeugmaschinenbau, positive Akzente sieht er jedoch im Anlagebau und der Energie (Windkraft, Turbinen).

Die **Auto- und Stahlindustrie** sehen sich stark von der Krise getroffen. So hielten BMW und Daimler ihre Fließbänder um Weihnachten still und schickten die Belegschaft in den Zwangsurlaub, VW und Opel trennten sich von Leiharbeitern. Die Rezession in der Autoindustrie ist aber nicht allein auf die Finanzkrise zurückzuführen, die Absatzzahlen waren schon länger rückläufig in Westeuropa und Nordamerika. In Ländern, in denen die Immobilienkrise besonders hart zuschlägt, in Spanien und Großbritannien, wird zur Zeit kein Auto mehr gekauft. Kostspielige Entwicklungen für energiesparende Modelle stellen die Autohersteller zudem vor besondere finanzielle Herausforderungen. Ein besonders hartes Jahr hat begonnen.

Die **Stahlindustrie** ist traditionell zyklisch ausgerichtet: 8 Prozent plus in den ersten neun Monaten, dann 8 Prozent minus bei der Rohstahlproduktion im Oktober. Von „Krise" wird

Steffen Fusenig, Dipl.-Betriebswirt (FH), 35, MLP-Berater.

Sicherheit mit Perspektive – Willkommen bei MLP als Financial Trainee.

MLP setzt seit über 35 Jahren Maßstäbe bei individuellen Finanzlösungen für Akademiker und andere anspruchsvolle Kunden. Über 730.000 Kunden profitieren von unseren ganzheitlichen Vorsorge- und Finanzkonzepten.

Um unseren Erfolg weiter auszubauen, suchen wir bundesweit Hochschulabsolventen und und junge Verkaufstalente zum Einstieg als

Financial Trainees (m/w).

Nach einer intensiven Ausbildung, die in der Branche Standards setzt, begleiten Sie Ihre Kunden mit maßgeschneiderten und innovativen Finanzlösungen ab dem Berufsstart und in allen weiteren Lebensphasen als kompetenter Ansprechpartner.

Wir bieten Ihnen die besten Bedingungen für einen erfolgreichen Einstieg in den Wachstumsmarkt Finanzdienstleistungen:

- Attraktives Fixum zu Beginn der Tätigkeit
- Hoch qualifizierte Aus- und Weiterbildung an der MLP Corporate University und in der MLP-Geschäftsstelle
- Unabhängiger Zugriff auf die besten Produkte am Markt
- Professionelle Unterstützung durch unsere Vertriebsservices
- Eine hoch anspruchsvolle attraktive Kundenzielgruppe

Schon während der Traineephase genießen Sie die Vorteile eines selbstständigen Unternehmers mit unbegrenzten, leistungsabhängigen Einkommensmöglichkeiten. Neben Ihrer Eigeninitiative und Ihrem überdurchschnittlichen Engagement überzeugen Sie uns vor allem durch Ihre Persönlichkeit und Ihre ausgeprägte Kommunikationsstärke. Sie gehen gerne auf andere Menschen zu, schätzen eigenverantwortliches Arbeiten und haben den Anspruch, sich kontinuierlich weiterzuentwickeln? Dann freuen wir uns, Sie kennen zu lernen.

MLP Finanzdienstleistungen AG
Recruiting/Personalmarketing
Thomas Arnreiter
Kennwort: Gabler/MLP BuK
Alte Heerstraße 40, 69168 Wiesloch
Tel 06222 · 308 · 8410
www.mlp-berater.de

Finanzberatung, so individuell wie Sie.

nicht gesprochen, die Stahlproduzenten versuchen – anders als in früheren Krisen" – die Stahlproduktion der Nachfrage anzupassen. So schloss Arcelor Mittal bereits im September ein erstes Werk in der Ukraine.

Von der Krise wenig betroffen sind zur Zeit (noch) die Pharmaindustrie, der Tourismus und die Versorger. Die **Pharmaindustrie** zählt zu den bisherigen Gewinnern, denn die Nachfrage nach Medikamenten ist konjunkturunabhängig und die „Kriegskassen" sollen prall gefüllt sein. Eine mögliche Kreditklemme wird sie wenig treffen. Diese „Kriegskassen" brauchen die deutschen Pharmaunternehmen, wie zum Beispiel Bayer, Boehringer Ingelheim oder Merck KGaA, aber auch, um solche Finanzreserven in Forschung und Entwicklung zu stecken. Umsatzausfälle durch Patentabläufe sind absehbar und der internationale Verdrängungswettbewerb ist hart.

Die Vorausbuchungen für den Winter und Sommer 2009 stimmen die **Tourismus- und Luftfahrtbranche** (noch) zuversichtlich. Behält Bernd Rürup, der Vorsitzende der Wirtschaftsweisen, recht, wird die Reisebranche erst mit einem Jahr Verzögerung von der Krise getroffen werden. In der Luftfahrtbranche werden aber bereits Ende 2008 schwächere Auslastungen der Flugzeuge und weniger Passagiere gemeldet. Um die Sitzplätze zu füllen, werden für das erste Halbjahr 2009 verschärfte Maketing-Aktionen erwartet, weitere Fluggesellschaften werden in Bedrängnis geraten.

Während im **Hotel- und Gaststättenverband** die Zuversicht schwindet, erwartet der Einzelhandel ein stabiles Geschäft, wenn auch auf niedrigem Niveau. Die **Chemieindustrie** verzeichnete bereits im Herbst 2008 erste Produktionsrückgänge. Der Weltmarktführer BASF beispielsweise rechnet mit einem schwierigen Jahr 2009, nachdem die deutsche Chemieindustrie zuerst unter der Bau- und Immobilienkrise zu leiden hatte, dann unter dem schwachen Automarkt und zuletzt unter den Auftragsrückgängen anderer Industriebranchen.

Auch wenn die Aussichten in Deutschland derzeit im Allgemeinen eher düster sind, wenn vielleicht auch nicht für alle Branchen, bilden diese Informationen für den Hochschulabsolventen zunächst nur den „Hintergrund", vor dem er sich jetzt mit seinen Kompetenzen und Fähigkeiten bewähren muss. Optimistisch ausgedrückt: Jede Krise birgt auch Chancen! Immer wichtiger werden jetzt die Schlüsselqualifikationen.

Gefragte Schlüsselqualifikationen und Soft Skills

Am Beispiel der Stahlindustrie zeigt sich, welche Anforderungen Arbeitgeber an arbeitswillige Absolventen stellen (müssen): internationale Flexibilität auf einem zunehmend globalen Markt und solides fachliches Können mit der Bereitschaft, ständig dazuzulernen. Betriebswirte werden „breit" eingesetzt: Sie übernehmen operative wie strategische Aufgaben, sind je nach Studienschwerpunkt in allen Funktionsbereichen wie Produktion, Marketing, Logistik, Controlling, im Finanz- oder Rechnungswesen einsetzbar. Daher erwarten die Arbeitgeber neben einer guten akademischen Ausbildung eine „fächerübergreifende" Qualifikation, soll heißen: Problemgerechtes Handeln, und zwar unabhängig vom Studienschwerpunkt. Diese Handlungskompetenz setzt sich aus mehreren Teilkompetenzen zusammen:

Handlungskompetenz resultiert aus den Teilkompetenzen:

1. **Fachkompetenz:** die Fähigkeit, sich fachlich selbstständig auf dem Laufenden zu halten, die Erkenntnisse systematisch einzuordnen und in Zusammenhängen zu denken, sich in neue betriebliche Bedingungen einzuarbeiten und neue Ideen zu erarbeiten.

2. **Methodenkompetenz:** die Fähigkeit, Aufgaben und Probleme richtig anzugehen (siehe auch Seite 410 ff.) und bei sich ständig ändernden Bedingungen mögliche Lösungen zu erarbeiten. Vor der zunehmenden Globalisierung der Wirtschaft ist diese Eigenschaft besonders wichtig.

3. **Urteilsfähigkeit:** die Fähigkeit, Aufgaben und Probleme sowie mögliche Lösungsvorschläge richtig einzuschätzen, Argumente und Risiken gründlich abzuwägen, verantwortlich zu entscheiden, Teilschritte sinnvoll zu priorisieren und die getroffenen Entscheidungen begründet zu vertreten – und, wenn nötig, nachzukorrigieren.

4. **Lernkompetenz:** die Fähigkeit, sich selbstständig neue Informationen zu erschließen und neue Lerntechniken zur Bewältigung der veränderten Rahmenbedingungen anzuwenden. Diese Kompetenz ist ebenso anspruchsvoll wie notwendig und kann im Einzelfall für das Weiterbestehen eines Unternehmens auf dem Weltmarkt entscheidend sein.

5. **Sozialkompetenz:** die Fähigkeit, in vielfältiger Form mit anderen gut zusammenzuarbeiten. Diese Teamfähigkeit ist heutzutage unumgänglich, da komplexe Probleme nur gemeinsam gelöst werden können.

Das Institut der deutschen Wirtschaft hat in einer Unternehmensbefragung ermittelt, welche fachübergreifenden Schlüsselqualifikationen den einstellenden Unternehmen am wichtigsten sind. Teamfähigkeit stand an erster Stelle, gefolgt von kommunikativem Verhalten und Kooperationsfähigkeit. Folgende Übersicht vermittelt einen ersten Eindruck der geforderten Schlüsselqualifikationen:

Die wichtigsten Schlüsselqualifikationen

- Teamfähigkeit
- Kooperationsbereitschaft
- Kommunikatives Verhalten
- Kritikfähigkeit
- Leistungsbereitschaft
- Eigeninitiative
- Zuverlässigkeit und Ausdauer bei der Durchführung übertragener Aufgaben
- Kreativität
- Motivation
- Belastbarkeit
- Selbstständiges Lernen und Selbstständigkeit im Rahmen der Arbeitsmöglichkeiten
- Logisches Denken
- Verantwortungsbewusstsein und Eigenverantwortung
- Zielstrebigkeit
- Einstellung zur Arbeit
- Beständigkeit
- Konzentrationsfähigkeit und Sorgfalt
- Planvolles Arbeiten
- Soziale Umgangsformen wie Rücksichtnahme und Toleranz

Welche Qualifikationen Arbeitnehmer für die globale Wirtschaft mitbringen sollten, wurde gemeinsam vom Bildungsinstitut für Berufsbildung und vom Institut für Arbeitsmarkt- und Berufsforschung ermittelt. Danach wurden die so genannten Schlüsselqualifikationen wie folgt erläutert:

Elemente der Schlüsselqualifikationen

Kenntnisse und Fertigkeiten	▪ Berufsübergreifende Kenntnisse und Fertigkeiten – wie Kulturtechniken, Fremdsprachen, technische, wirtschaftliche und soziale Allgemeinbildung ▪ Neu aufkommende Kenntnisse und Fertigkeiten – wie Befähigung zum Umgang mit elektronischer Datenverarbeitung und neuen Technologien ▪ Vertiefte Kenntnisse und Fertigkeiten, das heißt Ausbau von Grundlagen, die veränderbar sind – wie Fachfremdsprachen ▪ Berufsausweitende, das heißt über den Einzelberuf hinausgehende Kenntnisse und Fertigkeiten
Fähigkeiten	▪ Selbstständiges, logisches, kritisches, kreatives Denken ▪ Gewinnen und Verarbeiten von Informationen ▪ Selbstständiges Lernen, das „Lernen lernen", sich etwas erarbeiten können ▪ Anwendungsbezogenes Denken und Handeln, Einsatz der eigenen Sensibilität und Intelligenz bei Umstellung und Neuerungen ▪ Entscheidungsfähigkeit, Führungsfähigkeit, Gestaltungsfähigkeit – wie Selbstständigkeit bei Planung, Durchführung und Kontrolle
Verhaltensweisen	▪ Verhaltensqualifikationen mit einzelpersönlicher Betonung: Selbstvertrauen, Optimismus, Flexibilität, Anpassungsfähigkeit, Gestaltungskraft, Leistungsbereitschaft, Eigenständigkeit ▪ Verhaltensqualifikation mit zwischenmenschlicher Betonung: Kooperationsbereitschaft, Fairness, Verbindlichkeit, Gerechtigkeit, Aufrichtigkeit, Dienstbereitschaft, Teamgeist, Solidarität ▪ Verhaltensqualifikation mit gesellschaftlicher Betonung: Fähigkeit und Bereitschaft zur wirtschaftlichen Vernunft, technologischer Akzeptanz und zum sozialen Konsens ▪ Arbeitstugenden: Genauigkeit, Sauberkeit, Zuverlässigkeit, Exaktheit, Pünktlichkeit, Ehrlichkeit, Ordnungssinn, Konzentration, Ausdauer, Pflichtbewusstsein, Fleiß, Disziplin, Hilfsbereitschaft, Rücksichtnahme

Quelle: Klein, Wandel der Arbeitswelt – Wandel der Qualifikation

Festzuhalten bleibt noch, dass in der modernen Wissensgesellschaft ein solides Anwenderwissen im Umgang mit Computern und Neuen Medien erwartet wird. Das gehört zur **modernen Allgemeinbildung** und ist bei Berufseinsteigern nicht nur mit Studienabschlüssen in der Regel auch vorhanden. Kenntnisse in Microsoft Office Word sind allgemeiner Standard, Grundlagen in Powerpoint, Excel, Access oder Office Outlook sollten ebenso vorhanden sein.

Erwartungen von Personalverantwortlichen an neue Mitarbeiter nach Bereichen

Kaufmännische Berufe	Rang	Industriell-technische Berufe
Grundlegende Beherrschung der deutschen Sprache in Wort und Schrift	1	Lern- und Leistungsbereitschaft
Grundlegende Beherrschung der Mathematik	2	Beherrschung der Mathematik
Lern- und Leistungsbereitschaft	3	Grundlegende Beherrschung der deutschen Sprache in Wort und Schrift
Zuverlässigkeit, Qualitätsbewusstsein und Verantwortungsbereitschaft	4	Zuverlässigkeit, Qualitätsbewusstsein und Verantwortungsbereitschaft
Kooperationsbereitschaft und Teamfähigkeit	5	Kooperationsbereitschaft und Teamfähigkeit
Selbstständigkeit, Initiative und Kreativität	6	Ausdauer, Durchhaltevermögen und Belastbarkeit
Kunden- und Service-Orientierung	7	Selbstständigkeit, Initiative und Kreativität
Ausdauer, Durchhaltevermögen und Belastbarkeit	8	Konflikt-, Kritikfähigkeit und Selbstbewusstsein

FAZIT

Der Grundbedarf an Betriebswirten bleibt weiterhin hoch, im Vergleich zu 2007 hat sich die Nachfrage nach qualifizierten BWLern 2008 erfreulich verbessert. Neben den Ingenieuren waren Betriebswirte die gefragtesten Akademiker. Viele Branchen erwarten (noch) – trotz der internationalen Finanzkrise – eine anhaltend und langfristig nachhaltige positive Entwicklung in Deutschland und Europa und sind daher bereit, weitere Mitarbeiter einzustellen. Dem Absolventen bleibt damit die intensive Suche nach einer neuen Stelle natürlich nicht erspart, doch die Ausgangsbedingungen seiner Stellensuche haben sich in den letzten Jahren deutlich zu seinen Gunsten verbessert.
Auf der anderen Seite darf aber nicht übersehen werden, dass die Anforderungen an die Betriebswirte deutlich gestiegen sind. Eine umfassende internationale Fachkompetenz braucht nicht nur der Bewerber, der seine Chancen im Ausland sucht, sondern auch derjenige, der in ein Unternehmen mit grenzüberschreitendem Handel eintreten möchte. Auch wenn die Türen der Universität oder Fachhochschule sich gerade nach einer erfolgreichen Ausbildung hinter dem Betriebswirt geschlossen haben, die Bereitschaft und die Fähigkeit, ein Leben lang zu lernen, muss er in jedem Fall mitbringen.

2.2   Der Arbeitsmarkt für Volkswirte

Für Volkswirte bietet die deutsche Volkswirtschaft weniger Arbeitsplätze als für Betriebswirte. Die größten Stellenanbieter exklusiv für Volkswirte sind klassischerweise der Öffentliche Dienst, die Banken und die Hochschulen. Ihr Kontingent an Stellen ist naturgemäß beschränkt.

Dennoch gilt eine gute Ausgangslage für Betriebswirte im Allgemeinen langfristig auch für Volkswirte. Nach dem Ausbruch der schweren Finanzmarktkrise 2008 und dem Zusammenbruch von Lehman Brothers sind sich die Experten in einem Punkt einig: Die Gefahr, dass ein weiteres bedeutendes Bankeninstitut zusammenbrechen werde, sei sehr gering. Die Garantien der staatlichen Rettungspakte für den Bankensektor reichen, so die Hoffnung, um weitere Abstürze zu verhindern. Die Bankenkrise wird aber wohl noch weitere zwölf Monate dauern, da das gesamte Kapitalmarktumfeld, inklusive größerer Kreditausfälle in anderen Industriebranchen, für 2009 als extrem schwierig gilt.

Zwar haben Volkswirte meist keine Spezialkenntnisse im Controlling oder zur Wirtschaftsprüfung erworben, in puncto fächerübergreifende Kompetenzen und persönliche Fähigkeiten stehen sie jedoch meist gut da. Überhaupt können Volkswirte ihren Marktwert erhöhen, wenn sie während des Studiums parallel betriebswirtschaftliche Fächer belegen. Ebenso steigert eine Promotion ihren Wert auf dem Arbeitsmarkt. So stellen viele bekannte Beratungsfirmen mit Vorliebe Volkswirte ein, da es ihnen vor allem auf die Fähigkeit zum analytischen Denken ankommt.

Vor dem Hintergrund der einsetzenden Rezession treffen fast alle Aussagen über den Arbeitsmarkt für Betriebswirte ebenso auf Volkswirte zu. Letztlich entscheidend sind die Anforderungsprofile in den Stellenanzeigen selbst – und nicht zuletzt der persönliche Eindruck und die zwischenmenschliche „Chemie" beim Vorstellungsgespräch.

2.3   Top-Arbeitgeber – Wer sind die besten?

2.3.1   Absolventenbarometer: So wählen die Kandidaten

Im August 2008 führte das Berliner trendence-Institut – nun schon zum zehnten Mal – seine Studie *Das Absolventenbarometer* durch. Über 18.000 Studierende der Fächergruppen Wirtschaftswissenschaften und Ingenieurwesen haben die Fragen nach ihren Erwartungen und Wünschen zum Thema Berufsstart beantwortet. Die Studie will die Berufs-, Karriere und Lebensvorstellungen der künftigen Fach- und Führungskräfte untersuchen und kann als bisher größte und umfassendste derartige Studie für sich selbst in Anspruch nehmen, „für viele Unternehmen ein unverzichtbares Instrument der Erfolgskontrolle und des Benchmarks im Personalmarketing" zu sein.

Die folgende Rangliste nennt die Platzierungen 1 bis 25 der beliebtesten Arbeitgeber bei den Wirtschaftswissenschaftlern. Auf den Plätzen eins bis drei konnten sich – wie bei den Ingenieuren auch – Audi, Porsche und BMW behaupten.

Platzierung 2008		Unternehmen	Platzierung 2007	
Rang	**Prozent**		**Rang**	**Prozent**
1	9,8	Porsche AG	2	10,0
2	9,7	BMW Group	1	11,4
3	7,9	AUDI AG	8	6,8
4	7,0	PricewaterhouseCoopers	3	7,8
5	6,8	Deutsche Lufthansa AG	6	7,3
6	6,7	Ernst & Young AG	5	7,4
7	6,5	KPMG	4	7,7
8	6,4	adidas AG	7	7,0
9	6,0	Deutsche Bank AG	9	6,0
10	5,6	Daimler AG	10	5,7
11	5,3	Siemens AG	12	5,0
12	5,2	McKinsey & Company	14	4,8
13	4,7	Auswärtiges Amt	11	5,2
14	4,3	BCG The Boston Consulting Group	17	3,5
15	4,1	L'Oréal Deutschland	15	4,2
16	3,6	Procter & Gamble (inkl. Wella, Gillette, Braun)	16	3,9
16	3,6	Robert Bosch GmbH	26	2,9
16	3,6	SAP	17	3,5
19	3,5	IKEA Deutschland	13	4,9
20	3,3	Google	neu	
21	3,2	Deloitte	21	3,4
21	3,2	Volkswagen AG	28	2,8
23	3,0	TUI AG (World of TUI) Puma AG	17	3,5
24	2,9	Coca-Cola	17	3,5
25	2,8	ProSiebenSat.1 Media AG	30	2,6
25	2,8	Puma AG	21	3,4

Quelle: trendence-Institut für Personalmarketing, *Das Deutsche Absolventenbarometer 2008 – Business und Engineering Edition*, www.trendence.de

2.3.2 Great Place to Work: So urteilen die Mitarbeiter

Deutschlands beste Arbeitgeber 2008

Die deutsche Wirtschaftszeitung *Handelsblatt* veröffentlichte am 13. Februar 2009 die Besten-Liste „Deutschlands Beste Arbeitgeber 2009", die jedes Jahr neu vom Great Place to Work® Institute und dem Beratungsinstitut psychonomics AG erstellt wird. Die ersten drei der Top 100 sind ConSol Software, impuls Finanzmanagement und die Techniker Krankenkasse. Am Wettbewerb beteiligten sich 252 Unternehmen. Ausschlaggebend war allein die Bewertung durch die Mitarbeiter, die anonym über folgende Stichpunkte Auskunft gaben:

- Glaubwürdigkeit: Wie werden Ziele kommuniziert?
- Respekt: Wie unterstützen Manager ihre Mitarbeiter?
- Fairness: Wie werden Mitarbeiter behandelt und bezahlt?
- Identifikation: Sind die Mitarbeiter stolz auf ihre Firma?
- Teamgeist: Wie ist die Stimmung am Arbeitsplatz?

Das Ranking zeigt die drei Gewinner jeweils bei den kleinen, mittleren und großen Unternehmen. Die vollständige Liste finden Sie unter www.greatplacetowork.de.

	Unternehmen	Branche	Mitarbeiter	Homepage
Top 3 der Kleinunternehmen (50 bis 500 Mitarbeiter)				
1	ConSol Software	Informations- und Telekommunikationstechnologie – IT Consulting	180	www.consol.de
2	noventum consulting	Informations- und Telekommunikationstechnologie – IT Consulting	77	www.noventum.de
3	Pentasys	Informations- und Telekommunikationstechnologie – IT Consulting	140	www.pentasys.de
Top 3 der mittelständischen Unternehmen (501 bis 5.000 Mitarbeiter)				
1	impuls Finanzmanagement	Finanzdienstleistung & Versicherungen	930	www.impulsonline.de
2	CISCO	Informations- und Telekommunikationstechnologie	861	www.cisco.com
3	3M Deutschland	Industriedienstleistungen	3.099	www.mmm.de
Top 3 der Großunternehmen (über 5.000 Mitarbeiter)				
1	Techniker Krankenkasse	Finanzdienstleistung & Versicherungen – Krankenversicherung	10.681	www.tk-online.de
2	SAP	Informations- und Telekommunikationstechnologie	18.839	www.sap.com/germany/index.epx
3	Telefónica O2 Germany	Telekommunikation	5.960	www.o2.com

Quelle: Great Place to Work® Institute Deutschland, 2009

Die besten Arbeitgeber in Europa

Ende Mai 2008 zeichnete das Great Place to Work® Institute Europe zum sechsten Mal auch die besten Arbeitgeber in Europa aus. Am 28. Mai 2008 wurde die Gewinnerliste von der *Financial Times* bzw. *Financial Times Deutschland* veröffentlicht.

Beworben hatten sich über 1.250 Unternehmen aus 15 EU-Ländern. Die Analysemethodik entspricht der Befragung bei den deutschen Firmen und erfolgt europaweit nach denselben Kriterien. Die Ergebnisse für 2008 wurden erstmals in zwei gesonderten Ranglisten dargestellt: jeweils die Top 50 der kleinen und mittleren (KMU, 50 bis 500 Mitarbeiter) sowie der großen Unternehmen (ab 500 Mitarbeiter).

Die Spitzenplätze belegen das finnische IT-Unternehmen Reaktor Innovations und der Software-Konzern Microsoft. Nicht weniger als 24 deutsche Unternehmen bzw. Niederlassungen schafften es unter die 100 Besten – damit stellt der Standort Deutschland ein knappes Viertel der europaweit ausgezeichneten Arbeitgeber. Die folgenden Listen zeigen jeweils die ersten zehn vom Great Place to Work® Institute Europe gekürten Unternehmen. Die vollständigen Listen finden Sie unter www.greatplacetowork-europe.com. Dort sind auch die nationalen Ranglisten der 15 Teilnehmerländer einzusehen.

Die besten Arbeitgeber – Top Ten der KMU in Europa (50 bis 500 Mitarbeiter)

	Unternehmen	Branche	EU-Land	Homepage
1	Reaktor innovations	IT, IT-Beratung	Finnland	www.ri.fi
2	ConSol* Software	IT und Software	Deutschland	www.consol.de
3	4flow	Dienstleistungen, Beratung, Management	Deutschland	www.4flow.de
4	Piscines Ideales	Construction & Real Estate – Contracting	Griechenland	www.piscines ideales.gr
5	&Samhoud	Dienstleistungen, Consulting, Management	Niederlande	www.samhoud.nl
6	Sparkasse Neuhofen	Finanzdienstleistung und Versicherungen – Banken und Kreditgewerbe	Österreich	www.sparkasse-neuhofen.at
7	Middelfart Sparkasse	Finanzdienstleistung und Versicherungen – Banken und Kreditgewerbe	Dänemark	www.midspar.dk
8	Orion Pharma, Domestic sales and marketing	Biotechnologie und Pharmaindustrie	Finnland	www.orion.fi
9	Cushman & Wakefield	Construction & Real Estate	Portugal	www.cushman-wakefield.com
10	The Structure Group	IT, IT-Consulting	Großbritannien	www.thestructure group.co.uk

Quelle: Great Place to Work® Institute, Inc., 2008

Die besten Arbeitgeber – Top Ten der Großunternehmen in Europa (ab 500 Mitarbeiter)

	Unternehmen	Branche	EU-Land	Homepage
1	Microsoft	IT und Software	Belgien, Dänemark, Deutschland, Finnland, Frankreich, Griechenland, Irland, Italien, Niederlande, Norwegen, Österreich, Portugal, Schweden, Spanien	www.microsoft.com
2	Google	Medien – Online Internet-Services	Frankreich, Großbritannien, Irland, Italien, Niederlande	www.google.com
3	Cisco	IT	Belgien, Dänemark, Deutschland, Niederlande, Spanien	www.cisco.com
4	3M	Verarbeitende Industrie und Produktion – Chemische Industrie	Deutschland	www.mmm.com
5	impuls Finanzmanagement	Finanzdienstleistung und Versicherungen – Krankenversicherung	Deutschland	www.impulsonline.de
6	W. L. Gore & Associates	Verarbeitende Industrie und Produktion	Deutschland, Frankreich	www.gore.com
7	SMA Technologie	Elektronik	Deutschland	www.sma.de
8	Grundfos	Verarbeitende Industrie und Produktion	Dänemark, Deutschland	www.grundfos.de
9	Roskilde Bank	Finanzdienstleistung und Versicherungen – Banken und Kreditgewerbe	Dänemark	www.roskildebank.dk
10	PricewaterhouseCoopers	Dienstleistungen	Irland	www.pwc.com/ie

Quelle: Great Place to Work® Institute, Inc., 2008

1. Health Care – die Branche

Mit rund 11 Prozent Beitrag gemessen am Bruttoinlandsprodukt (BIP) ist die Gesundheits-branche der größte Wirtschaftszweig in Deutschland. Damit ist die Gesundheitsindustrie sogar noch größer als die Automobilindustrie, die rund 10 Prozent des Bruttoinlandspro-dukts (BIP) ausmacht. Jährlich fließen rund 240 Milliarden € über die Sozialversiche-rungen (gesetzliche Krankenversicherung, Rentenversicherung, Unfallversicherung etc.) und private Leistungen (private Krankenversicherung, Zusatzversicherung, Zuzahlungen, etc.) in das Gesundheitswesen. Der größte Teil der Gesundheitsausgaben entfällt auf ärzt-liche, pflegerische und therapeutische Leistungen, gefolgt von den Ausgaben für Arznei-mittel, Unterkunft, Verpflegung, Verwaltungskosten und Hilfsmittel (siehe Abb. 1). Dabei sind die Ausgaben für angrenzende Produkte und Leistungen aus den Bereichen Homö-opathie, traditionelle chinesische Medizin, Heilmedizin, Nahrungsergänzung, biologische Lebensmittel oder auch Wellness nicht berücksichtigt.

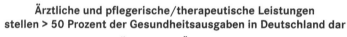

Ärztliche und pflegerische/therapeutische Leistungen stellen > 50 Prozent der Gesundheitsausgaben in Deutschland dar

GKV[1]-Ausgaben – Überblick 2006

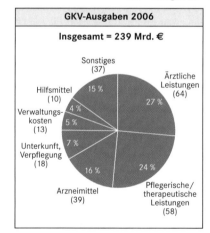

GKV-Ausgaben 2006	Anmerkungen
Insgesamt = 239 Mrd. €	

Sonstiges (37)
Ärztliche Leistungen (64) — 27 %
Hilfsmittel (10) — 15 %
Verwaltungs-kosten (13) — 4 %
5 %
Unterkunft, Verpflegung (18) — 7 %
16 %
24 %
Arzneimittel (39)
Pflegerische/ therapeutische Leistungen (58)

■ Die Gesundheitsausgaben in Höhe von rund 240 Milliarden € stellen rund 11 % des Brutto-inlandsprodukts in Deutschland dar

■ Über die Hälfte der Gesundheitsausgaben werden durch ärztliche, pflegerische und therapeutische Leistungen verursacht

■ Arzneimittel, Unterkunft, Verpflegung, Verwaltungskosten und Hilfsmittel folgen

■ Gesundheitsausgaben für Investitionen, Prävention, Zahnersatz, Transporte und sonstigen medizinischen Bedarf sind unter den sonstigen Gesundheitsausgaben zusammengefasst

1) Gesetzliche Krankenversicherung

Quelle: Bundesministerium für Gesundheit, A.T. Kearney

Abb. 1: Gesundheitsausgaben in Deutschland 2006

Trotz der Vielzahl an Akteuren im deutschen Gesundheitswesen und der zahlreichen An-bieter gesundheitsbezogener Produkte und Dienstleistungen lassen sich diese im Wesent-lichen drei Segmenten zuordnen: Da sind erstens die Hersteller und Zulieferer von Arznei-mitteln und Medizinprodukten, zweitens die Leistungserbringer der ärztlichen, pflegerischen und therapeutischen Versorgung sowie drittens die Träger der Gesundheitskosten.

Hersteller und Zulieferer sind vor allem Unternehmen aus der Pharma- und Medizintechnikindustrie. Bayer, Merck und Ratiopharm sind die in Deutschland am häufigsten genannten Pharmaunternehmen; Siemens, B. Braun oder Fresenius sind Beispiele für bekannte Medizintechnikunternehmen.

Die **Leistungserbringer** sind vor allem Krankenhäuser, niedergelassene Ärzte, medizinische Versorgungszentren (MVZ), Pflegeheime und Altenheime. Neben den zahlenmäßig noch dominierenden öffentlichen und freigemeinnützigen Einrichtungen haben sich in den vergangenen Jahren etliche privatwirtschaftliche Klinikkonzerne in Deutschland entwickelt, zum Beispiel das Rhön-Klinikum, die Sana Kliniken oder die Helios Kliniken. Letztere gehören mittlerweile zum Gesundheitsunternehmen Fresenius.

Kostenträger sind in erster Linie die gesetzlichen und privaten Krankenkassen. Bei den gesetzlichen Krankenkassen sind es vor allem die Allgemeinen Ortskassen (AOK), die Betriebskrankenkassen (BKK) oder Ersatzkassen, zum Beispiel die Techniker Krankenkasse (TK), und die privaten Krankenversicherungen wie Debeka, Allianz oder AXA, die in Deutschland als erste genannt werden.

Die in der Vergangenheit kontinuierlich gestiegenen Gesundheitsausgaben haben dazu geführt, dass die Politik seit Anfang der 1990er Jahre über Reformvorhaben und Maßnahmen zur Kostendämpfung in das deutsche Gesundheitswesen eingegriffen hat. Davon betroffen sind alle Akteure des Gesundheitswesens: die Pharma- und Medizintechnikindustrie, die niedergelassenen Ärzte und Krankenhäuser sowie die gesetzlichen und privaten Krankenversicherungen.

Die gesundheitspolitischen Reformen schränken die Akteure des Gesundheitswesens zunehmend ein

Gesundheitsreformen in Deutschland (Selektion)

Gesundheitsstrukturgesetz (GSG)	GKV-Modernisierungsgesetz (GMG)	GKV-Wettbewerbsstärkungsgesetz (WSG)
1993	**2004**	**2007**
• Einführung der Budgetierung für Arzthonorare, Krankenhäuser, Arzneimittel und Heilmittel • Freie Krankenkassenwahl • Erhöhte Zuzahlungen für Medikamente, Zahnersatz, Heilmittel und Krankenhausbehandlung	• Erhöhung der Eigenbeteiligung von Patienten – Praxisgebühr, Zuzahlung bei Arznei- und Heilmitteln, Krankengeldbegrenzung nichtverschreibungspflichtige Medikamente, Zahnersatz, Fahrkosten, Brillen etc. • Einführung von Festbeträgen für analoge Arzneimittelgruppen • Einführung von Hausarztmodellen	• Erweiterte Möglichkeiten für Rabattverträge zwischen Krankenkassen und Arzneimittelherstellern • Ermöglichung kassenübergreifender Fusionen • Kosten-Nutzen-Bewertung für Arzneimittel • Öffnung der Krankenhäuser für ambulante Behandlung • Einführung von Wahltarifen • Geplante Einführung des Gesundheitsfonds

Quelle: Bundesministerium für Gesundheit, A.T. Kearney

Abb. 2: Gesundheitsreformen in Deutschland

2. Marktüberblick und Branchentrends

2.1 Die Pharmaindustrie

Der Standort Deutschland hat als einstige „Apotheke der Welt" eine lange und erfolgreiche Tradition im Hinblick auf die Arzneimittelforschung, -entwicklung und -produktion. Weltweit rangiert der deutsche Arzneimittelmarkt mit einem jährlichen Umsatzvolumen von rund 22 Milliarden € (Herstellerabgabepreise) noch immer an dritter Stelle nach den Vereinigten Staaten und Japan, doch liegt das Wachstum gegenüber dem Vorjahr mit rund 2 Prozent deutlich unter dem weltweiten Wachstum von rund 7 Prozent.

Fast 30 Prozent des weltweiten Pharmaumsatzes wird in Europa erzielt – Deutschland ist der größte europäische Markt

Weltweiter Umsatz in der Pharmaindustrie – Verteilung nach Regionen 2006 (Mrd. €)

Europäischer Umsatz in der Pharmaindustrie – Verteilung nach Regionen 2006 (Mrd. €)

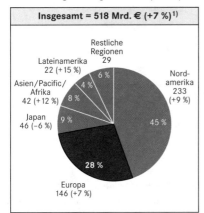
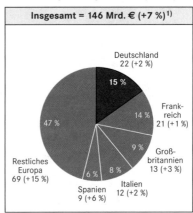

1) Wachstum 2005/2006

Quelle: IMS Health, A.T. Kearney

Abb. 3: Weltweiter Pharmamarkt nach Regionen 2006

Die pharmazeutische Industrie in Deutschland beschäftigt rund 121.000 Mitarbeiter in rund 330 Betrieben. Die Unternehmen der pharmazeutischen Industrie produzieren innovative (patentgeschützte) Arzneimittel, Generika (Nachahmerpräparate) oder frei verkäufliche Präparate (OTC). Die internationale Rangliste der pharmazeutischen Unternehmen wird vor allem von innovativen forschenden Arzneimittelherstellern wie Pfizer (USA), GlaxoSmithKline (Großbritannien) und Sanofi-Aventis (Frankreich) angeführt. Bayer ist nach der Übernahme von Schering im Juni 2006 das größte deutsche Pharmaunternehmen im internationalen Vergleich und rangiert an achter Stelle. Demgegenüber dominieren Unternehmen wie Teva (Israel), Hexal/Sandoz (Schweiz) und Mylan (USA) die internationale Rangliste der Generikahersteller, wobei Letztere erst durch die kürzliche Akquisition der Generikasparte von Merck KGaA unter die Top 3 gelangt sind.

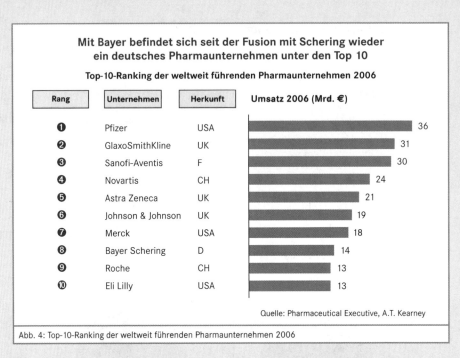

Mit Bayer befindet sich seit der Fusion mit Schering wieder ein deutsches Pharmaunternehmen unter den Top 10

Top-10-Ranking der weltweit führenden Pharmaunternehmen 2006

Rang	Unternehmen	Herkunft	Umsatz 2006 (Mrd. €)
❶	Pfizer	USA	36
❷	GlaxoSmithKline	UK	31
❸	Sanofi-Aventis	F	30
❹	Novartis	CH	24
❺	Astra Zeneca	UK	21
❻	Johnson & Johnson	UK	19
❼	Merck	USA	18
❽	Bayer Schering	D	14
❾	Roche	CH	13
❿	Eli Lilly	USA	13

Quelle: Pharmaceutical Executive, A.T. Kearney

Abb. 4: Top-10-Ranking der weltweit führenden Pharmaunternehmen 2006

Das traditionelle Geschäftsmodell der innovativen Arzneimittelhersteller hat sich bisher sehr stark auf so genannte **Blockbuster** gestützt, das heißt Arzneimittel mit einem jährlichen Umsatzpotenzial von mehr als einer Milliarde €. Um solche Präparate zu identifizieren werden oft an die 20 Prozent des Jahresumsatzes in Forschung und Entwicklung investiert. Bis zur erfolgreichen Zulassung eines einzigen Arzneimittels laufen auf diese Weise heute durchschnittlich 750 Millionen € an Forschungs- und Entwicklungsaufwand auf. Steigende Ausgaben für Forschung und Entwicklung bei sinkender Anzahl von Zulassungen neuer Wirkstoffe deuten auf nachlassende Produktivität – eine der großen Herausforderungen der innovativen Pharmaindustrie.

Eine weitere Herausforderung sind die **staatlichen Eingriffe zur Kostendämpfung** im Gesundheitswesen, die meistens Umsatzeinbußen bedeuten und es erschweren, die hohen Investitionen in Forschung und Entwicklung Gewinn bringend einzuspielen. Beispiele für solche Maßnahmen sind Zwangsrabatte für Arzneimittelhersteller, Verschreibungsbudgets und Verordnungslisten für Ärzte, Festbeträge und Referenzpreise bei der Arzneimittelerstattung sowie „Aut-idem"-Regelungen zur Substitution von Originalpräparaten mit Generika (Nachahmerprodukten).

Der zunehmende Wettbewerb durch **Generika** stellt eine weitere Herausforderung für die forschenden Pharmaunternehmen dar. Im Gegensatz zu den aufwändigen und kostenintensiven Forschungs-, Entwicklungs- und Zulassungsanforderungen für neue Wirkstoffe müssen die Hersteller der Wirkstoffkopien nach Patentablauf des Originalpräparats le-

MERCK

Gestalten Sie Ihre Zukunft mit Merck!

Als Praktikant (m/w) Diplomand
    Absolvent   arbeiten Sie eigenverantwortlich
            Doktorand   und werden durch interessante Aufgaben gefordert.

Ihre Ideen und Ihr Know-how bringen Sie in ein motiviertes Team ein.

Wir bieten Ihnen vielversprechende Perspektiven in einem weltweit erfolgreichen

innovativen Unternehmen der chemisch-pharmazeutischen Industrie.

come2merck.de

diglich die Bioäquivalenz, das heißt die Vergleichbarkeit von Wirksamkeit und Verträglichkeit, nachweisen. Daher haben die Generikahersteller geringere Aufwendungen für Forschung und Entwicklung, die im Durchschnitt weniger als 10 Prozent des Jahresumsatzes betragen.

Um neue Produkte unter den immer schwieriger werdenden Rahmenbedingungen weiterhin erfolgreich absetzen zu können, kommen **Marketing und Vertrieb** in der pharmazeutischen Industrie immer mehr Bedeutung zu – die führenden Hersteller wenden derzeit zwischen 25 und 35 Prozent ihres Umsatzes dafür auf. Eine der großen Herausforderungen für Pharmaunternehmen wird zukünftig die Steigerung von Effektivität und Effizienz der Marketing- und Vertriebsaktivitäten sein. Dabei spielen nicht nur interne Verbesserungsprozesse eine Rolle. Auch strategische Allianzen, Kooperationen und Lizenzierungen werden angesichts der Tatsache, dass den pharmazeu-tischen Unternehmen eine sich verändernde Kundenlandschaft gegenübersteht, zunehmend an Bedeutung gewinnen. Neben dem „klassischen Zielkunden", dem Hausarzt, der durch eine flächendeckende Vertriebsmannschaft leicht erreichbar ist, gewinnen Krankenkassen und Krankenhäuser als „Key Accounts" eine zunehmende Bedeutung. Damit steigt der Bedarf an entsprechend qualifizierten Mitarbeitern, die den spezifischen Bedürfnissen nach breiteren medizinischen Kenntnissen anstatt sehr spezifischem Einzelproduktwissen in Kombination mit gesundheitsökonomischer und gesundheitspolitischer Qualifikation gerecht werden.

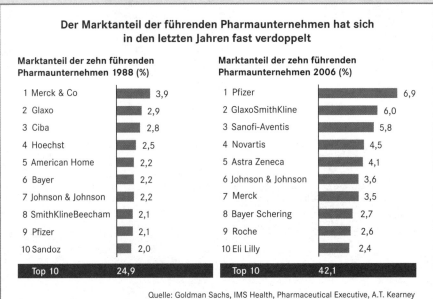

Der Marktanteil der führenden Pharmaunternehmen hat sich in den letzten Jahren fast verdoppelt

Marktanteil der zehn führenden Pharmaunternehmen 1988 (%)		Marktanteil der zehn führenden Pharmaunternehmen 2006 (%)	
1 Merck & Co	3,9	1 Pfizer	6,9
2 Glaxo	2,9	2 GlaxoSmithKline	6,0
3 Ciba	2,8	3 Sanofi-Aventis	5,8
4 Hoechst	2,5	4 Novartis	4,5
5 American Home	2,2	5 Astra Zeneca	4,1
6 Bayer	2,2	6 Johnson & Johnson	3,6
7 Johnson & Johnson	2,2	7 Merck	3,5
8 SmithKlineBeecham	2,1	8 Bayer Schering	2,7
9 Pfizer	2,1	9 Roche	2,6
10 Sandoz	2,0	10 Eli Lilly	2,4
Top 10	24,9	Top 10	42,1

Quelle: Goldman Sachs, IMS Health, Pharmaceutical Executive, A.T. Kearney

Abb. 5: Marktanteile der weltweit führenden Pharmaunternehmen 1988 und 2006

Daneben werden **Übernahmen und Fusionen** die Pharmaindustrie weiterhin in Bewegung halten. Die voranschreitende Konsolidierung hat zwar dazu geführt, dass sich der Marktanteil der zehn umsatzstärksten Pharmaunternehmen innerhalb der letzten Jahre von 25 auf über 40 Prozent erhöht hat. Doch ist die Pharmabranche im Vergleich zu anderen Industrien immer noch stark fragmentiert (siehe Abb. 5).

2.2 Die Medizintechnikindustrie

Die Medizintechnik hat in Deutschland eine lange und erfolgreiche Tradition. Als Querschnittsbranche, die unterschiedliches industrielles und technologisches Wissen (zum Beispiel Medizin, Chemie, Physik, Elektrotechnik, Feinmechanik und Optik) vereint, hat sich die Medizintechnik im Schatten der Pharmaindustrie zu einem der innovativsten Industriesektoren in Deutschland entwickelt. Der Grundstein wurde sicherlich durch die bereits zu Beginn des vorigen Jahrhunderts hervorragende Stellung der Natur- und Ingenieurwissenschaften gelegt. Unternehmen wie Siemens (bildgebende Diagnostikverfahren), B. Braun (Chirurgie, Orthopädie, Anästhesie) oder Aesculap (Chirurgie) wurden bereits vor über 100 Jahren in Deutschland gegründet und gehören heute zu den Weltmarktführern in ihren Marktsegmenten. Mit Siemens und Fresenius befinden sich auch zwei deutsche Unternehmen unter den zehn weltweit größten Medizintechnikherstellern (siehe Abb. 6).

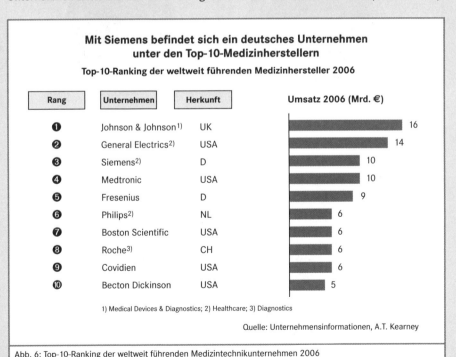

Mit Siemens befindet sich ein deutsches Unternehmen unter den Top-10-Medizinherstellern

Top-10-Ranking der weltweit führenden Medizinhersteller 2006

Rang	Unternehmen	Herkunft	Umsatz 2006 (Mrd. €)
1	Johnson & Johnson[1]	UK	16
2	General Electrics[2]	USA	14
3	Siemens[2]	D	10
4	Medtronic	USA	10
5	Fresenius	D	9
6	Philips[2]	NL	6
7	Boston Scientific	USA	6
8	Roche[3]	CH	6
9	Covidien	USA	6
10	Becton Dickinson	USA	5

1) Medical Devices & Diagnostics; 2) Healthcare; 3) Diagnostics

Quelle: Unternehmensinformationen, A.T. Kearney

Abb. 6: Top-10-Ranking der weltweit führenden Medizintechnikunternehmen 2006

Weltweit steht die Medizintechnikbranche in Deutschland mit rund 18 Milliarden € Umsatz an dritter Stelle nach den Vereinigten Staaten und Japan. Das Umsatzwachstum in Deutschland liegt mit rund 3 Prozent gegenüber dem Vorjahr unter dem weltweiten Wachstum von rund 7 Prozent (siehe Abb. 7). Die Unternehmen der Medizintechnikindustrie stellen eine Vielzahl heterogener Produkte her, die von Labor- und bildgebenden Diagnostikgeräten über Herzschrittmacher und Gelenkprothesen sowie chirurgische Instrumente und Wundversorgungsmaterialien bis zu Gehhilfen und Rollstühlen reichen.

Europa stellt die zweitgrößte Region in der Medizintechnikindustrie dar – Deutschland als größter europäischer Markt

Weltweiter Umsatz in der Medizintechnik – Verteilung nach Regionen 2006 (Mrd. €)

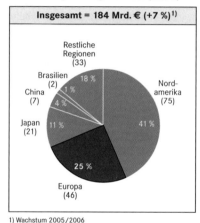

Europäischer Umsatz in der Medizintechnik – Verteilung nach Regionen 2006 (Mrd. €)

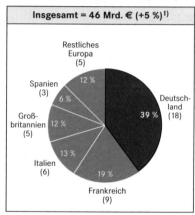

1) Wachstum 2005/2006

Quelle: Espicom, Eucomed, A.T. Kearney

Abb. 7: Weltweiter Medizintechnikmarkt nach Regionen 2006

Branchenstruktur

Die Medizintechnikbranche beschäftigt rund 150.000 Mitarbeiter in rund 11.000 Betrieben in Deutschland. Die Branche ist stark vom Mittelstand geprägt, dessen Unternehmen im Durchschnitt 14 Mitarbeiter beschäftigen. Mehr als 80 Prozent der Medizintechnikunternehmen haben weniger als 100 Mitarbeiter. Mehr als 500 Mitarbeiter werden lediglich von 2 Prozent der Medizintechnikunternehmen in Deutschland beschäftigt. Doch trotz dieser Struktur haben viele der mittelständischen Unternehmen weltweit Rang und Namen und sich durch einen hohen Spezialisierungsgrad zu Weltmarktführern entwickelt. Dies spiegelt sich auch in der Exportquote von mittlerweile über 60 Prozent wider, die die Bedeutung des Auslandsgeschäfts für die deutsche Medizintechnik aufzeigt. Europäische Nachbarstaaten, die Vereinigten Staaten und Asien stellen die Hauptabnehmer für Medizinprodukte aus Deutschland dar.

Demgegenüber wird das Inlandsgeschäft der Medizintechnikhersteller stark von Kosten-dämpfungsmaßnahmen, Budgeteinschränkungen und rückläufigen Investitionszuschüssen ihrer Krankenhaus- und Praxiskunden geprägt. Vor allem die angespannte Haushalts-lage hat in den letzten Jahren dazu geführt, dass Bund und Länder ihren Verpflichtungen für bauliche und medizintechnische Investitionen nicht mehr in vollem Umfang nachge-kommen sind. Diese Verpflichtung ist Bestandteil der so genannten dualen Finanzierung, die es vorsieht, dass Investitionen von Bund und Ländern getragen werden, während die laufenden Betriebskosten über die Ansprüche aus der Krankenversorgung gegenüber den gesetzlichen und privaten Kostenträgern finanziert werden.

2.3 Krankenhäuser

Deutschland verfügt über eine flächendeckende Krankenhausversorgung, die auch im in-ternationalen Vergleich führend ist. Kommen in anderen Ländern wie Frankreich, Groß-britannien oder den Vereinigten Staaten drei bis vier Betten auf 100.000 Einwohner, so sind dies in Deutschland doppelt so viele. Der flächendeckende Versorgungsauftrag und ein entsprechender Krankenhausplan haben stark zu dieser hohen Versorgungsdichte bei-getragen. Die rund 2.100 Krankenhäuser bzw. rund 500.000 Krankenhausbetten in Deutschland befinden sich überwiegend in öffentlicher oder freigemeinnütziger Träger-schaft, gefolgt von einem zunehmenden Anteil privater Krankenhäuser bzw. Krankenhaus-ketten (siehe Abb. 8). Insgesamt beschäftigen die deutschen Krankenhäuser rund 800.000 Mitarbeiter, davon zählen etwa 100.000 Mitarbeiter zum nichtärztlichen Personal. Die pri-vate Krankenhauslandschaft wird in Deutschland von vier großen Klinikkonzernen domi-niert: dem Rhön-Klinikum, den seit 2005 zum Freseniuskonzern gehörenden Helios Kli-niken, den Asklepios- und den Sana Kliniken.

Die stationär erbrachten Krankenhausbehandlungen bilden den größten Ausgabenblock der gesetzlichen Krankenkassen (siehe Abb. 10). Daher rückt der Krankenhaussektor im-mer wieder in den Fokus gesundheitspolitischer Reformbestrebungen.

Die stufenweise Einführung eines fallpauschalenbasierten Abrechnungssystems (Diagno-sis Related Groups, DRG) verpflichtend ab 2004, mit voller Wirksamkeit ab 2009 (Konver-genzphase) gehört zu den größten Herausforderungen für die deutsche Krankenhaus-landschaft. Die Vergütung nach DRGs führt zu einem neuen Anreizsystem, das vor allem eine effiziente Versorgung von Krankheitsfällen belohnt. Denn abgesehen von einem Zu-schuss für Patienten mit mehreren Krankheitsdiagnosen erfolgt die Vergütung der statio-nären Krankenversorgung nun über eine Pauschale, die unabhängig von Verweildauer und Ressourcenaufwand ist. Im Vordergrund der gesundheitspolitischen Agenda stehen: Ver-kürzung der Liegezeiten, Transparenz und Vereinheitlichung der Vergütung „gleicher" me-dizinischer Leistungen, Abbau von Überkapazitäten und Begrenzung der erwarteten Kos-tensteigerungen im stationären Bereich.

**Öffentliche und freigemeinnützige Einrichtungen
dominieren die deutsche Krankenhauslandschaft**

Krankenhäuser nach Trägerschaft
2006 (Anzahl)

Insgesamt = 2.104

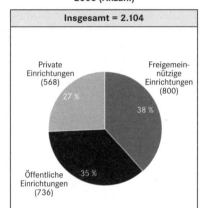

Private
Einrichtungen
(568)

27 %

Freigemein-
nützige
Einrichtungen
(800)

38 %

Öffentliche
Einrichtungen
(736)

35 %

Krankenhausbetten nach Trägerschaft
2006 (Anzahl)

Insgesamt = 510.800

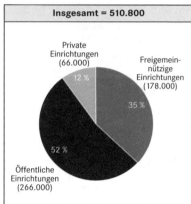

Private
Einrichtungen
(66.000)

12 %

Freigemein-
nützige
Einrichtungen
(178.000)

35 %

52 %

Öffentliche
Einrichtungen
(266.000)

Quelle: Destatis, Deutsche Krankenhausgesellschaft, A.T. Kearney

Abb. 8: Deutsche Krankenhauslandschaft 2006

Darüber hinaus haben die rückläufigen Investitionszuschüsse von Bund und Ländern und die Vernachlässigung der dualen Finanzierung von Baumaßnahmen und Medizintechnikausstattung durch die öffentliche Hand dazu geführt, dass mittlerweile ein **kumulierter Investitionsstau** von über 30 Milliarden € entstanden ist. Dies verschärft die Ausgangslage der Krankenhäuser in Deutschland, da nicht alle notwendigen baulichen und medizintechnischen Investitionen, die für eine Prozessoptimierung und Produktivitätssteigerung notwendig wären, getätigt werden können.

2.4 Krankenversicherungen

Das Krankenversicherungssystem in Deutschland geht bis auf das 19. Jahrhundert und die Bismarck'sche Sozialgesetzgebung zurück, die den Grundstein für die heutigen gesetzlichen Krankenversicherungen legte. Die **Strukturprinzipien** sind Solidarität, Sachleistung, paritätische Finanzierung, Selbstverwaltung und Pluralität. Der Umfang des Leistungsspektrums ist im fünften Sozialgesetzbuch festgelegt und wird durch ein umlagefinanziertes Verteilungssystem gedeckt. Die gesetzlichen Krankenkassen sind in primäre Träger (wie Allgemeine Ortskrankenkassen, AOK), Ersatzkassen (wie Barmer Ersatzkasse, BEK) und Spezialkassen (wie Knappschaft) aufgeteilt und decken die Gesundheitsrisiken von etwa 90 Prozent der Bevölkerung in Deutschland. Die Gesundheitsreformen der letzten Jahre haben dazu geführt, dass die Anzahl der gesetzlichen Krankenkassen im Rahmen eines starken Konsolidierungsprozesses von etwa 1.200 (1991) auf 236 (2007) zu-

Gemessen an der Anzahl der Mitglieder ist die Barmer Ersatzkasse führend

GKV[1)]-Ranking – Mitgliederanzahl 2004–2006 (in Tausend)

Rang	GKV	2004	2005	2006
❶	Barmer Ersatzkasse (BEK)	5.341	5.269	5.245
❷	Deutsche Angestellten Krankenkasse (DAK)	4.738	4.672	4.678
❸	Techniker Krankenkasse (TK)	3.724	3.874	4.013
❹	AOK Bayern	3.100	3.063	3.057
❺	AOK Baden-Württemberg	2.831	2.780	2.752
❻	AOK Rheinland/Hamburg	–	–	1.984
❼	AOK Sachsen	1.644	1.653	1.659
❽	AOK Niedersachsen	1.584	1.560	1.549
❾	AOK Westfalen-Lippe	1.426	1.423	1.427
❿	Kaufmännische Krankenkasse (KKH)	1.316	1.341	1.357

1) Gesetzliche Krankenversicherung

Quelle: Dienst für Gesellschaftspolitik, A.T. Kearney

Abb. 9: Top-10-Ranking der gesetzlichen Krankenkassen in Deutschland (nach Anzahl der Mitglieder)

rückgegangen ist. Mit der Möglichkeit für kassenartenübergreifende Fusionen seit der letzten Gesundheitsreform und einem zu erwartenden einheitlichen Beitragssatz mit Einführung des Gesundheitsfonds ist eine weitere Konsolidierung zu erwarten, um Verwaltungskosten zu senken und Wettbewerbsfähigkeit sicherzustellen.

Gemessen an der Mitgliederzahl führten die drei größten Ersatzkassen die Liste der gesetzlichen Krankenversicherungen im Jahr 2006 an. Mit rund 5,2 Millionen Mitgliedern ist die Barmer Ersatzkasse (BEK) die größte gesetzliche Krankenkasse, gefolgt von der Deutschen Angestellten Krankenkasse (DAK) mit rund 4,7 Millionen Mitgliedern und der Techniker Krankenkasse (TK) mit rund 4 Millionen Mitgliedern. Danach folgen die Allgemeinen Ortskrankenkassen, angeführt von der AOK Bayern mit rund 3 Millionen Mitgliedern und der AOK Baden-Württemberg mit 2,8 Millionen (siehe Abb. 9).

Die Ausgaben der Gesetzlichen Krankenversicherungen betrugen im Jahr 2006 rund 150 Milliarden € (siehe Abb. 10). Mit etwa einem Drittel entfiel der größte Ausgabenblock auf die stationären Krankenhausbehandlungen, gefolgt von den Arzneimittelausgaben (knapp 20 Prozent) und den ärztlichen Leistungen (rund 15 Prozent).

Steigende Ausgaben aufgrund zusätzlicher Behandlungsmöglichkeiten mit neuen Wirkstoffen und patentgeschützten Arzneimitteln (zum Beispiel monoklonalen Antikörpern zur Behandlung von Krebserkrankungen) oder neuer medizintechnischer Verfahren zur Diagnostik und Therapie (zum Beispiel Ganzkörper-Magnetresonanztomographie, medika-

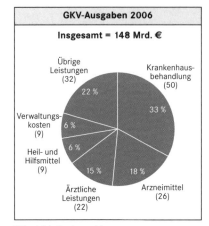

Mit rund einem Drittel der GKV-Ausgaben stellen Krankenhausbehandlungen den größten Kostenblock dar

GKV[1]-Ausgaben – Überblick 2006

GKV-Ausgaben 2006	Anmerkungen

Insgesamt = 148 Mrd. €

Übrige Leistungen (32) — 22 %
Krankenhausbehandlung (50) — 33 %
Verwaltungskosten (9) — 6 %
Heil- und Hilfsmittel (9) — 6 %
Ärztliche Leistungen (22) — 15 %
Arzneimittel (26) — 18 %

- Die Ausgaben der gesetzlichen Krankenversicherungen stellen rund 60 % der Ausgaben im deutschen Gesundheitswesen dar

- Krankenhausbehandlungen stellen mit 33 % den größten Kostenblock der gesetzlichen Krankenkassen dar

- Arzneimittelausgaben und ärztliche Leistungen folgen auf Platz 2 und 3

1) Gesetzliche Krankenversicherung

Quelle: Bundesministerium für Gesundheit, A.T. Kearney

Abb. 10: Ausgaben der gesetzlichen Krankenkassen 2006

mentenbeschichtete Koronarstents) einerseits und rückläufige Beitragseinnahmen andererseits sind eine zunehmende Herausforderung für die gesetzlichen Krankenkassen. Dies wird durch das wirtschaftspolitische Ziel, die Lohnnebenkosten zu senken und die Beitragssätze stabil zu halten, weiter verstärkt. Seit Jahren erschweren steigende Gesamtausgaben bei sinkenden Einnahmen die Kostensituation der Gesetzlichen Krankenversicherungen. Im Vergleich zu den steigenden durchschnittlichen Beitragssätzen sank der Anteil der Arbeitnehmerentgelte am Bruttoinlandsprodukt von 55,4 Prozent im Jahr 1993 auf 49,6 Prozent 2006. In den Jahren 2004 und 2005 wurde ein weiterer Anstieg der Beitragssätze durch die Verlagerung von Ausgaben auf die Versicherten (Zuzahlungen), Leistungserbringer (Budgetierung) und Hersteller (Festbeträge und Zwangsrabatte) verhindert (siehe Abb. 11).

Arbeitnehmer, die drei Jahre in Folge die Pflichtversicherungsgrenze (3.975 € Bruttomonatsgehalt) überschritten haben, Selbstständige, Freiberufler und Künstler, Beamte und andere Beihilfeberechtigte (zum Beispiel Richter, Landtags- und Bundestagsabgeordnete) können auch einer der 52 privaten Krankenversicherungen beitreten. Gemessen an der Anzahl der versicherten natürlichen Personen (ohne Versicherung gegen Einmalbetrag) führte die Debeka Krankenversicherung 2006 mit rund 3,3 Millionen Versicherten vor der Deutschen Krankenversicherung (DKV) mit rund 3,1 Millionen Versicherten und der Allianz Private Krankenversicherung mit rund 2,4 Millionen Versicherten die Rangliste der privaten Krankenversicherungen in Deutschland an (siehe Abb. 12).

Rückläufige Einnahmen der GKV-Ausgaben ließen den Beitragssatz zwischen 1993 und 2006 von 13,22 auf 14,22 Prozent steigen

GKV¹⁾-Einnahmen – Arbeitnehmerentgelte und Beitragssätze (1993–2006)

Arbeitnehmerentgelte	GKV-Beitragssatz	Anmerkungen
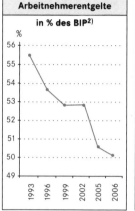	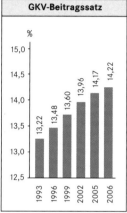	▪ Seit Jahren steigende Ausgaben bei sinkenden Einnahmen ▪ Schwaches Wachstum der Arbeitnehmerentgelte – Kompensation durch Erhöhung der Beitragssätze ▪ Minderung der Beitragssatzsteigerung durch Verlagerung der Ausgaben auf Versicherte, Leistungserbringer und Hersteller in den letzten Jahren

1) Gesetzliche Krankenversicherung
2) Bruttoinlandsprodukt

Quelle: Bundesministerium für Gesundheit, A.T. Kearney

Abb. 11: Einnahmen der gesetzlichen Krankenversicherungen in Deutschland

Mit rund 3,3 Millionen versicherten natürlichen Personen ist die Debeka Krankenversicherung führend in 2006

PKV¹⁾-Ranking – Versicherte natürliche Personen²⁾ 2006 (in Tausend)

Rang	PKV	2004	2005	2006
❶	Debeka Krankenversicherung	3.056	3.189	3.308
❷	Deutsche Krankenversicherung (DKV)	2.894	2.970	3.139
❸	Allianz Private Krankenversicherung	2.397	2.394	2.405
❹	Signal Krankenversicherung	1.921	1.950	1.978
❺	HanseMerkur Krankenversicherung	260	1.111	1.894
❻	Central Krankenversicherung	1.481	1.567	1.609
❼	Continentale Krankenversicherung	1.133	1.156	1.186
❽	Viktoria Krankenversicherung	944	1.025	1.123
❾	HUK Coburg Krankenversicherung	477	504	1.068
❿	Barmenia Krankenversicherung	738	884	1.009

1) Private Krankenversicherung
2) Ohne Versicherungen gegen Einmalbetrag

Quelle: Bundesanstalt für Finanzdienstleistungsaufsicht, A.T. Kearney

Abb. 12: Top-10-Ranking der privaten Krankenversicherungen in Deutschland 2006

Ab 2009 ist die Einführung eines Basistarifs in der privaten Krankenversicherung geplant, der sich an den Leistungen der gesetzlichen Krankenkassen orientieren, mit einem Aufnahmezwang gekoppelt sein und den GKV-Höchstbeitrag nicht überschreiten soll. Damit soll die private Krankenversicherung gezwungen werden, an der solidarisch finanzierten Gesundheitsversorgung teilzunehmen, die bisher durch die gesetzlichen Krankenkassen getragen wurde, womit das bisherige Geschäftsmodell der privaten Krankenversicherung vor neue Herausforderungen gestellt wird.

3. Arbeitsmarkt und Berufschancen

Das Gesundheitswesen als größter Wirtschaftszweig ist mit seinen rund 4,3 Millionen Beschäftigten in über 800 verschiedenen Berufen einer der wichtigsten Arbeitgeber in Deutschland. Trotz oder gerade wegen der beschriebenen Herausforderungen des sich wandelnden Umfelds in der Gesundheitsbranche werden ständig gut ausgebildete und motivierte Absolventen und Young Professionals verschiedener Fachrichtungen – **zunehmend mit wirtschaftswissenschaftlichem Hintergrund** – gesucht. Alle führenden Gesundheitsunternehmen, ob Pharma- oder Medizintechniksparte, Krankenhauswesen, gesetzliche oder private Krankenversicherer, bieten Absolventen und Young Professionals zahlreiche Einstiegsmöglichkeiten.

Der große Arzneimittelhersteller Pfizer beispielsweise bietet mannigfaltige Einstiegsperspektiven für Wirtschaftswissenschaftler in den Bereichen Marketing, Controlling, Finanzen und Personal sowie in Logistik, Einkauf, Recht und Unternehmenskommunikation. Darüber hinaus offeriert Pfizer ein 18- bis 24-monatiges Trainee-Programm für Wirtschaftswissenschaftler mit den Schwerpunkten Marketing, Finanzen und Personal sowie Materialwirtschaft und Manufacturing Finance. Voraussetzungen für eine erfolgreiche Bewerbung sind Interesse an der pharmazeutischen Industrie, gute Englisch- und EDV-Kenntnisse, Mobilität, Flexibilität, Teamfähigkeit, Durchsetzungsvermögen, Selbstbewusstsein, Kreativität und strategisches sowie analytisches Denkvermögen.

Auch viele Medizintechnikunternehmen wie zum Beispiel Roche Diagnostics bieten neben einem Direkteinstieg in allen Managementfunktionen ein interessantes Trainee-Programm an, das so genannte Management-Start-Up-Programm Classic, ein besonders auf Wirtschaftswissenschaftler zugeschnittenes Training über zwei Jahre. Bayer beispielsweise bietet neben einem Direkteinstieg auch Promotions- und Postdoc-Programme sowie verschiedene Trainee-Programme in den Bereichen International Management und Marketing an.

Aber auch Krankenhauskonzerne wie das Rhön-Klinikum haben interessante Nachwuchsführungsprogramme **mit exzellenten Zukunftsaussichten** im Portfolio. Zugeschnitten auf Betriebs- und Volkswirte bietet das Einstiegsprogramm der Rhön-Kliniken innerhalb von zwei Jahren Einblicke in Pflege, Datenverarbeitung, Medizintechnik, Personalwesen, Patientenverwaltung, Materialwirtschaft sowie Finanzen- und Rechnungswesen mit dem klar definierten Ziel, innerhalb von zwei bis vier Jahren Führungsaufgaben als Bereichs- oder Abteilungsleiter zu übernehmen.

Darüber hinaus sind auch die gesetzlichen und privaten Krankenversicherungen auf der Suche nach qualifiziertem Nachwuchs mit wirtschaftswissenschaftlichem Hintergrund. So bietet die AOK beispielsweise den Direkteinstieg in die Bereiche Gesundheitsmanagement, Marketing, Vertrieb, Verhandlungsmanagement, Controlling, DV/IT, Politik, Personal und Organisation. Zusätzlich wird ein 18-monatiges Trainee-Programm angeboten, das individuell zugeschnitten wird und systematisch auf die Übernahme von verantwortungsvollen Tätigkeiten vorbereitet.

4. Interviews: Perspektiven, Anforderungen und Erfolgsfaktoren

4.1 Interview mit Pfizer Pharma GmbH

Welche Einstiegsmöglichkeiten bieten Sie Absolventen und Young Professionals mit wirtschaftswissenschaftlichem Hintergrund, die sich für einen Einstieg in Ihr Unternehmen interessieren?

Pfizer Deutschland GmbH bietet umfangreiche Einstiegsmöglichkeiten für Wirtschaftswissenschaftler in den Bereichen Marketing, Finanzen, Personal, Marktforschung und Sales. Darüber hinaus werden Einstiege in den Bereichen Logistik, Einkauf, Recht sowie Unternehmenskommunikation angeboten. Als besonders attraktive Einstiegsmöglichkeiten werden Wirtschaftswissenschaftlern Trainee-Programme in der Zentrale in Karlsruhe, ab Mitte 2008 in Berlin in den Bereichen Marketing, Finanzen und Personal angeboten, die je nach Vorkenntnissen 15 bis 18 Monate dauern. An den Produktionsstandorten in Freiburg und Illertissen gibt es ein Management-Traineeprogramm mit den drei Spezialisierungen Materialwirtschaft, Human Resources und Manufacturing Finance sowie das Trainee-Programm Pharmazie. Diese Programme haben eine Dauer von 24 Monaten. Ziel der Programme ist es, Führungsnachwuchs auszubilden.

In welchen Bereichen sehen Sie momentan einen besonders großen Bedarf?

Grundsätzlich besteht ein erhöhter Bedarf an Wirtschaftswissenschaftlern aufgrund der Verlegung der Konzernzentrale von Karlsruhe nach Berlin zum 1. Juli 2008. In den Bereichen Finanzen und Marketing werden zum Beispiel aktuell Junior Financial Analysts sowie Junior Produkt Manager gesucht. Im Marketing-Bereich wird allerdings aufgrund der sehr spezifischen Anforderungen im Pharmabereich ein Einstieg in das Trainee-Programm Marketing bevorzugt, wenn keine pharmarelevanten Erfahrungen vorliegen.

Was sollte der ideale Bewerber aus Ihrer Sicht mitbringen?

Neben entsprechenden Studienleistungen sollten potenzielle Bewerber Praktika, bevorzugt im Ausland, mitbringen. Für einen Einstieg zum Beispiel im Marketing wäre ein bereits absolviertes Praktikum im Pharmabereich oder erste Berufserfahrung in diesem Bereich wünschenswert.

Darüber hinaus werden sehr gute Englischkenntnisse, eigenständiges und ergebnisorientiertes Arbeiten, Teamfähigkeit, Kreativität, analytische Fähigkeiten, unternehmerisches Denken sowie die Bereitschaft Verantwortung zu übernehmen vorausgesetzt.

Wie können sich Bewerber mit wirtschaftswissenschaftlichem Hintergrund gezielter auf die Gesundheitsindustrie vorbereiten?

Zur Vorbereitung auf einen Einstieg in die Pharmabranche stehen Wirtschaftswissenschaftlern allgemeine sowie pharmaspezifische Praktika zur Verfügung.

Für einen Einstieg im Marketing sind erste Erfahrungen im Pharmabereich sehr sinnvoll, da sich dieser Bereich von anderen Branchen stark unterscheidet. In den Bereichen Finanzen und Personal werden keine besonderen Vorkenntnisse der Pharmabranche vorausgesetzt.

Eine weitere sehr gute Vorbereitung für den Einstieg als Wirtschaftswissenschaftler in der Pharmaindustrie ist ein Studium mit Schwerpunkt Gesundheitsökonomie. Dies ist ein interdisziplinärer Ansatz, der BWL, VWL, Rechtswissenschaft und Medizin miteinander verbindet.

Welche Erfolgsfaktoren sehen Sie für den Einstieg in Ihre Industrie und in Ihr Unternehmen?

Bewerber sollten ihre komplette Bewerbung online auf der Pfizer Deutschland Website über das Karriereportal einsenden. Bei Interesse findet das erste strukturierte Interview mit Vertretern aus dem Personal- und Fachbereich statt; sollte dies erfolgreich verlaufen, wird der Bewerber zu einem zweiten, finalen Gespräch eingeladen.

Unsere neuen Kolleginnen und Kollegen werden bei ihrem Berufseinstieg nicht allein gelassen. Wir haben ein umfangreiches Onboarding-Programm. Erfahrene Mentoren stehen den Einsteigern zur Seite und erleichtern ihnen so den Start ins Berufsleben

Würden Sie heute einem Absolventen bzw. Young Professional raten, in die Gesundheitsbranche einzusteigen? Welche persönlichen Tipps würden Sie mitgeben?

Die Gesundheitsbranche bietet viele sehr interessante und abwechslungsreiche Bereiche und ist als Einstiegsmöglichkeit für Wirtschaftswissenschaftler sehr attraktiv. Pfizer ist einer der weltweit führenden forschenden Arzneimittelhersteller mit einem hervorragenden Portfolio an Medikamenten. Mehr als jedes andere Unternehmen investiert Pfizer in die Erforschung und Entwicklung neuer Medikamente. 2006 gab das Unternehmen beispielsweise 5,8 Milliarden € aus, um bestehende Therapien zu verbessern und neue gegen bislang unbehandelbare Krankheiten zu finden. Dabei eröffnet die Art und Weise, wie wir die Dinge bei Pfizer angehen, viele Chancen für talentierte und engagierte Mitarbeiter. Wer aktiv ist und sich einbringt, hat viele Freiräume, seinen Aufgabenbereich und damit das Unternehmen mitzugestalten. Das zeichnet uns aus.

4.2 Interview mit Roche Diagnostics

Wie sehen Sie die aktuellen Einstiegsperspektiven für Absolventen und Young Professionals in die Gesundheitsbranche?

Generell gibt es für Absolventen und Young Professionals sehr gute Einstiegschancen in der Gesundheitsbranche, sowohl im Direkteinstieg als auch in Trainee-Programmen. Insbesondere bei größeren Konzernen im Gesundheitswesen sind neben nationalen Entwicklungschancen auch internationale Karrieren möglich.

Wirtschaftswissenschaftler/innen sind eine gefragte Bewerbergruppe mit Fokus auf Marketing & Sales sowie administrative Bereiche.

Welche Möglichkeiten bieten sich Absolventen und Young Professionals, die sich für einen Berufseinstieg in die Gesundheitsbranche interessieren?

Möglichkeiten für Absolventen und Young Professionals des Bereichs Wirtschaftswissenschaften gibt es insbesondere in den Bereichen Personal, Logistik, Einkauf, Finanzen sowie Marketing und Vertrieb.

Welche Einstiegsmöglichkeiten bieten Sie Absolventen und Young Professionals mit wirtschaftswissenschaftlichem Hintergrund, die sich für einen Einstieg in Ihr Unternehmen interessieren?

Der Direkteinstieg ist in den Bereichen Finanzen, Controlling, Marketing und Vertrieb, Personal, Logistik und Einkauf möglich.

Als Trainee-Programm wird bei Roche Diagnostics das „Management Start up"-Programm für 24 Monate angeboten. Dieses Programm hat das Ziel, nationalen sowie internationalen Führungsnachwuchs auszubilden. Dabei wird den Trainees ein Mentor (zum Beispiel ein Bereichsleiter) zur Seite gestellt, der den Teilnehmer bzw. die Teilnehmerin während des Programms unterstützt und berät. Das Programm wird für verschiedene Unternehmensbereiche angeboten wie zum Beispiel Logistik, Personal, Einkauf, Finanzen sowie Marketing & Sales. In allen Bereichen sind ein Auslandseinsatz von ca. sechs Monaten sowie ein bereichsübergreifender Einsatz eingeplant, die in einem der weltweiten Standorte des Unternehmens je nach Bedarf stattfinden können. Teilweise werden diese Auslandseinsätze auch mit bereichsübergreifenden Einsätzen verknüpft, um die Struktur des Unternehmens besser kennen zu lernen.

In welchen Bereichen sehen Sie momentan einen besonders großen Bedarf?

Der höchste Bedarf für Absolventen besteht im Bereich Marketing & Sales, gefolgt von der Logistik. Für den Direkteinstieg sind insbesondere die Abteilungen Finanzen, Controlling, Einkauf und Personal gefragt.

Was sollte der ideale Bewerber aus Ihrer Sicht mitbringen?

Als Grundvoraussetzung gilt ein abgeschlossenes Studium mit schneller Durchlaufzeit und guten Noten. Darüber hinaus werden Praktika bevorzugt, insbesondere mit einem Praxisbezug zum späteren Einsatzbereich.
Ideale Voraussetzungen sind Auslandserfahrungen, die sowohl als Praktikum oder Studium gesammelt wurden. Sehr gute Englischkenntnisse sind im internationalen Umfeld selbstverständlich. Im Bereich Soft Skills ist an erster Stelle die Authentizität der Bewerber zu erwähnen. Zusätzlich sind Teamfähigkeit, interkulturelle Fähigkeiten, Kreativität, Überzeugungskraft und Motivation von Wichtigkeit.

Wie können sich Bewerber mit wirtschaftswissenschaftlichem Hintergrund gezielter auf die Gesundheitsindustrie vorbereiten?

Im Allgemeinen ist es schwer, sich als Absolvent oder als Absolventin auf einen Berufseinstieg in der Medizintechnik vorzubereiten. Vorkenntnisse sind nicht immer notwendig – eher der personelle „Fit" der Bewerber und Bewerberinnen mit dem Unternehmen. Um sich fachliches Know-how anzueignen, werden zahlreiche Weiterbildungen im Unternehmen sowie Training-on-the-job angeboten.

Für Absolventen bzw. Absolventinnen gibt es Möglichkeiten, zum Beispiel über die Studienstiftung der Deutschen Wirtschaft als auch über das E-Fellow.net-Programm, Seminarangebote des Unternehmens Roche Diagnostics wahrzunehmen und sich somit besser auf das Berufsleben vorbereiten zu können. Allgemeine Vorbereitungen auf das Berufsleben sollten jedoch Seminare zu Präsentations-, Moderationstechniken, Rhetorik sowie Projektarbeit einschließen.

Welche Erfolgsfaktoren sehen Sie für einen erfolgreichen Einstieg in Ihre Industrie und in Ihr Unternehmen?

Seit 01.10.2007 gibt es Online den „Roche Talent Pool". In dieses E-Portal können Bewerber und Bewerberinnen ihr Profil einstellen. Dieses Profil wird dann mit offen Stellen im Unternehmen abgeglichen und dem Bewerber per E-Mail eine Benachrichtigung zu einer offenen Stelle zugesandt. Der Bewerber kann entscheiden, ob er sich für die Stelle bewerben möchte.

Im Falle einer Bewerbung wird eine Vorauswahl getroffen und potenzielle Kandidaten und Kandidatinnen werden zu einem ersten Interview eingeladen. Sollte es sich bei der Bewerbung um einen Direkteinstieg handeln, ist damit der Bewerbungsprozess in der Regel abgeschlossen. Bei einer Bewerbung um ein Trainee-Programm oder eine Führungsposition wird nach erfolgreichem Gespräch ein Assessment-Center angesetzt.

Im Assessment-Center kommt es nicht darauf an, vorherige Trainings zu diesen Auswahlkriterien absolviert zu haben. Vielmehr wird auf Authentizität, übergreifendes Denken, Teamfähigkeit und Führungspotenzial geachtet. Im Assessment-Center werden praxisorientierte Fallbeispiele durchgeführt, um möglichst reale Arbeitssituationen nachzustellen.

Was sollten Bewerber mit wirtschaftswissenschaftlichem Hintergrund berücksichtigen?

Für Absolventen und Absolventinnen gibt es im Vergleich zu anderen Bereichen keine industriespezifischen Besonderheiten, die sie zu beachten haben.
Bei Young Professionals werden jedoch Marktkenntnisse in Hinblick auf Marktentwicklung der Medizintechnik vorausgesetzt. Dies sollte durch bereits erbrachte Berufserfahrung abgedeckt sein.

Würden Sie heute einem Absolventen bzw. Young Professional raten, in die Gesundheitsbranche einzusteigen? Welche persönlichen Tipps würden Sie mitgeben?

Absolventen bzw. Absolventinnen und Young Professionals ist auf jeden Fall zu raten, sich in der Gesundheitsbranche zu bewerben.

Haben Sie noch weitere Anmerkungen?

Im Bezug auf Roche Diagnostics sind die hervorragenden Entwicklungs- und Weiterbildungsmöglichkeiten hervorzuheben. Sowohl persönlich als auch fachlich werden eine Vielzahl von Fortbildungsmöglichkeiten angeboten. Darüber hinaus ist dem Unternehmen Roche Diagnostics das Talentmanagement von großer Wichtigkeit und wird dementsprechend gefördert.

Als zweiter Punkt ist die ausgezeichnete Work-Life-Balance des Unternehmens zu erwähnen. Damit ist die Vereinbarung von Familie und Beruf gemeint. So werden zum Beispiel an den Standorten Mannheim und Penzberg Kinderkrippen für Kinder von null bis drei Jahren angeboten sowie Sommer- und Sportcamps für Schulkinder. Eine flexible Gestaltung der Arbeitszeiten ist bei Roche selbstverständlich.

4.3 Interview mit dem AOK Bundesverband

Wie sehen Sie die aktuellen Einstiegsperspektiven für Absolventen und Young Professionals in die Gesundheitsbranche?

Die Einstiegsmöglichkeiten für Absolventen und Young Professionals in die Gesundheitsbranche sehen wir durchaus positiv, schließlich gilt das Gesundheitswesen als Wachstumsbranche. Rund 25 Millionen Menschen vertrauen auf den Versicherungsschutz der AOK als größter Krankenversicherung in Deutschland. Der Namenszusatz „Die Gesundheitskasse" und die Aussage „Für Ihre Gesundheit machen wir uns stark" sind dabei kein Zufall, sondern Unternehmensphilosophie. Um diesem Anspruch Tag für Tag gerecht zu werden, setzen sich bundesweit bei 15 AOK und dem AOK Bundesverband rund 69.000 Mitarbeiter dafür ein.

In verschiedenste Aufgabengebiete der AOK, zum Beispiel Gesundheitsmanagement, Marketing, Vertrieb, Verhandlungsmanagement mit Gesundheitspartnern, Controlling, Personal und Organisation sind in den vergangenen Jahren Absolventen und Young Professionals eingestiegen. Es ist davon auszugehen, dass es auch 2009 wieder entsprechende Stellenangebote geben wird. Diese finden Sie im Internet unter www.aok.de/jobsund chancen (Rubrik: Stellenmarkt).

Welche Möglichkeiten bieten sich Absolventen und Young Professionals, die sich für einen Berufseinstieg in die Gesundheitsbranche interessieren?

Für Absolventen und Young Professionals, die sich in unserem Unternehmen zunächst orientieren und verschiedene für sie interessante Aufgabenbereiche kennen lernen möchten, ist das bundesweite Trainee-Programm die richtige Einstiegsmöglichkeit. Während des 18-monatigen Programms lernen die Absolventen und Young Professionals die für ihren Bereich wichtigen Kooperationspartner kennen und erhalten einen Überblick über die Arbeit der Gesundheitskasse. Wir bereiten die Absolventen und Young Professionals systematisch auf eine verantwortungsvolle Tätigkeit im Unternehmen vor und bieten ihnen Freiräume für ihre Eigeninitiative und attraktive Perspektiven. Die konkrete Gestaltung des Trainee-Programms nehmen wir gemeinsam mit den Absolventen und Young Professionals individuell vor. Wir richten das Programm dabei auf deren persönliche und fachliche Ziele aus. Darüber hinaus besteht die Möglichkeit eines Direkteinstiegs bei der AOK. Direkteinstieg bedeutet, dass die Absolventen und Young Professionals „on the job" auf einer konkreten Stelle im Unternehmen AOK beginnen. In vielen unserer Geschäftsbereiche gibt es neben den bereits erwähnten weitere interessante Aufgabengebiete, zum Beispiel DV/IT, Politik, Justitiariat. Parallel zur Übernahme der verantwortungsvollen Aufgaben ermöglichen wir Absolventen und Young Professionals selbstverständlich eine individuelle Einarbeitung in ihren Tätigkeitsbereich.

In welchen Bereichen sehen Sie momentan einen besonders großen Bedarf?

Absolventen und Young Professionals haben in den vergangenen Jahren in den verschiedensten Tätigkeitsbereichen des AOK-Unternehmens über den Direkteinstieg eine verantwortungsvolle Aufgabe gefunden. Dies wird auch künftig erwartet. In den letzten Jahren haben wir Trainee-Programme in den unterschiedlichsten Fachbereichen umgesetzt, beispielsweise im Gesundheitsmanagement, im Personalmanagement, in der Medizin, im Marketing, im Controlling, in der Unternehmenspolitik, im Justitiariat, in der DV/IT und im Verhandlungsmanagement. Darüber hinaus haben wir ressortübergreifende Trainee-Programme durchgeführt. In welchen Fachbereichen wir im kommenden Jahr Trainee-Programme anbieten werden, wird sich nach Abschluss der Planungen im Oktober diesen Jahres ergeben.

Was sollte der ideale Bewerber aus Ihrer Sicht mitbringen?

Wichtig ist uns, dass die Bewerber bereits im Studium, das sie mit gutem Erfolg abgeschlossen haben, Zielstrebigkeit gezeigt haben. Bewerber/innen, die sich für ein Trainee-Programm oder einen Direkteinstieg in einem spezifischen Fachbereich interessieren, sollten über die entsprechende Hochschulqualifikation verfügen. Erste Berufserfahrungen – gesammelt in Praktika oder einer Ausbildung vor dem Studium – sind von Vorteil. Essenziell ist natürlich für die Arbeit in einem Dienstleistungsunternehmen, dass ein Bewerber Menschen gegenüber aufgeschlossen ist. Wenn man zudem durch sicheres Auftreten überzeugen kann, offen für Veränderungen ist, gerne im Team arbeitet und auch unternehmerisches Denken für selbstverständlich hält, dann stehen einem bei der AOK alle Wege offen.

Wie können sich Bewerber mit wirtschaftswissenschaftlichem Hintergrund gezielt auf die Gesundheitsindustrie vorbereiten?

Die AOK bietet Studenten die Möglichkeit, Praktika zu absolvieren und/oder Diplomarbeiten zu entsprechenden Gesundheitsthemen zu erstellen. Eine Teilnahme oder Mitwirkung an Aktionen mit Inhalten zu Gesundheitsthemen sind eine weitere Möglichkeit, das breite Spektrum der AOK Die Gesundheitskasse zu erleben.

Welche Erfolgsfaktoren sehen Sie für einen erfolgreichen Einstieg in Ihre Industrie und in Ihr Unternehmen?

Die Trainee-Stellen werden in der Zeit von Ende November/Anfang Dezember eines Jahres unter anderem auf unserer Internetseite unter www.aok.de/jobsundchancen (Rubrik:

Stellenmarkt) ausgeschrieben. Der Bewerbungsschluss wird voraussichtlich Anfang Januar 2009 sein. Die genauen Bewerbungsfristen, Stellenanforderungen sowie die Adresse, an die Bewerber ihre Bewerbung richten können, sind dann den Stellenausschreibungen zu entnehmen. Die Auswahl erfolgt in der Regel über ein Telefoninterview, an dessen erfolgreiches Bestehen sich ein Assessment Center anschließt. Das 18-monatige Trainee-Programm beginnt mit der Orientierungsphase, in der die Trainees eine Einführung in das AOK-System erhalten und alle wichtigen Ansprechpartner und Ansprechpartnerinnen kennen lernen. In den anschließenden Monaten erarbeiten sich die Trainees während der Qualifizierungsphase weiteres Know-how in Theorie und Praxis und schaffen sich so eine Basis für ihren weiteren Weg bei der Gesundheitskasse. Die Spezialisierungsphase gibt ausreichend Gelegenheit, praktische Erfahrungen in dem für den jeweiligen Trainee relevanten Spezialgebiet zu erwerben. Dazu übernehmen die Trainees Verantwortung in Projekten. Nach dem Trainee-Programm gehen die erfolgreichen Teilnehmer als Spezialist oder Spezialistin bzw. Führungskraft ihren Weg in unserem Unternehmen weiter.

Die konkrete Gestaltung des Trainee-Programms wird gemeinsam mit den Trainees abgestimmt, das heißt, auch fachliche und persönliche Ziele unserer Trainees finden Berücksichtigung.

Würden Sie heute einem Absolventen bzw. Young Professional raten, in die Gesundheitsbranche einzusteigen? Welche persönlichen Tipps würden Sie mitgeben?

In der wachsenden Gesundheitsbranche ergeben sich vielfältige berufliche Chancen. Egal, für welchen Weg sie sich entscheiden, Trainees oder Direkteinsteigern bieten sich bei der AOK interessante Entwicklungsmöglichkeiten. Beide Wege zeichnen sich aus durch „learning on the job" und ergänzende, bedarfsorientierte Qualifizierungsmaßnahmen „off the job". Unsere Maßnahmen der Personalentwicklung orientieren sich dabei an unseren unternehmerischen Zielen und Werten sowie den individuellen Entwicklungsbedarfen unserer Mitarbeiterinnen und Mitarbeiter.

Wir unterstützen die Bildung von Netzwerken und fördern den Erfahrungsaustausch von Berufseinsteigern.

4.4 Interview mit den Sana Kliniken

Wie sehen Sie die aktuellen Einstiegsperspektiven für Absolventen und Young Professionals in die Gesundheitsbranche?

Insgesamt bietet die Gesundheitsbranche hochinteressante Einstiegsperspektiven für Hochschulabsolventen und Young Professionals. Die Sana Kliniken sind zum Beispiel stets auf der Suche nach motivierten Wirtschaftswissenschaftlern mit Interesse am Krankenhausmarkt. Für das Jahr 2008 existiert ein Bedarf von mindestens zehn bis 15 Absolventen bzw. Young Professionals mit wirtschaftswissenschaftlichem Hintergrund.

Welche Möglichkeiten bieten sich Absolventen und Young Professionals, die sich für einen Berufseinstieg in die Gesundheitsbranche interessieren?

Die Sana Kliniken bieten Wirtschaftswissenschaftlern einen Direkteinstieg an, zum Beispiel in den Bereichen Controlling, Finanzen und Rechnungswesen. Typischerweise erfolgt der Berufseinstieg als Referent. Darüber hinaus bieten einzelne Einrichtungen der Sana Kliniken Trainee-Programme an, die sich vor allem an Berufseinsteiger ohne intensivere Berufserfahrung im Krankenhausumfeld richten.

Sowohl in der Konzernholding als auch in den einzelnen Krankenhäusern existieren hochinteressante und spannende Perspektiven.

In welchen Bereichen sehen Sie momentan einen besonders großen Bedarf?

Die Abrechnung der Krankenhausleistungen nach DRGs (Diagnosis Related Groups) sowie die Umstellung aller Konzerneinheiten auf einheitliche Tools im Bereich Controlling und Finanzen stellen weiterhin die wichtigsten Themenfelder im Krankenhausmanagement dar. Daher existiert der größte Bedarf für Wirtschaftswissenschaftler in den Bereichen Controlling, Finanzen und Rechnungswesen.

Was sollte der ideale Bewerber aus Ihrer Sicht mitbringen?

Neben entsprechenden Studienleistungen sollten potenzielle Bewerber ein Grundinteresse am Krankenhausumfeld mitbringen und keine Berührungsängste mit den Krankenhauseinrichtungen haben. Auch das Stichwort DRGs sollte bekannt sein. Idealerweise haben sich die interessierten Absolventen bereits während ihres Studiums im Rahmen von Seminaren oder Studienschwerpunkten mit den Themenfeldern Gesundheitsökonomie oder Krankenhausmanagement auseinander gesetzt. Aber auch extern angebotene Seminare, Workshops oder Kongresse bieten die Möglichkeit, sich krankenhausspezifische Grundkenntnisse anzuzeigen.

Welche Erfolgsfaktoren sehen Sie für einen erfolgreichen Einstieg in Ihre Industrie und in Ihr Unternehmen?

Sicherlich sollte ein Bewerber mit dem klassischen Recruitingprozess vertraut sein und vielleicht auch schon einmal ein Assessment Center durchlaufen haben. Im Wesentlichen kommt es aber darauf an, keine Berührungsängste mit dem Krankenhausumfeld zu haben und auch die Fähigkeit mitzubringen, betriebswirtschaftliche Zusammenhänge unterschiedlichen Personengruppen vermitteln zu können.

Würden Sie heute einem Absolventen bzw. Young Professional raten, in die Gesundheitsbranche einzusteigen? Welche persönlichen Tipps würden Sie mitgeben?

Die Gesundheitsbranche bietet konstante Wachstumsperspektiven in einem nichtzyklischen Industriezweig. In den nächsten fünf bis zehn Jahren werden deutliche Veränderungen erwartet, die die Branche zu einem dynamischen Arbeitsumfeld machen. Daher sind Innovationsbereitschaft, Mut zu kreativen Ideen und Lösungen sowie Veränderungsbereitschaft gefragt.

Haben Sie noch weitere Anmerkungen?

Ja, interessierte Absolventen und Young Professionals sollten Wege finden, sich zum Beispiel durch Praktika schon im Vorfeld mit dem Krankenhaussektor vertraut zu machen und sich nicht nur auf Ballungsräume fokussieren.

5. Great Place to Work: Beste Arbeitgeber im Gesundheitswesen 2009

Die Top-25-Liste „Beste Arbeitgeber im Gesundheitswesen" wurde vom Great Place to Work® Institute Deutschland bereits zum dritten Mal erstellt und am 30. Januar 2009 veröffentlicht. Die Top-25-Liste wird angeführt vom Caritasverband Olpe und dem Pflegezentrum Steinheim „Mainterrasse". Ausschlaggebend für die Platzierung war auch hier die anonyme Auskunft der Mitarbeiter. Die Bewertungskriterien finden Sie auf Seite 86.

Das folgende Ranking zeigt die drei Besten jeweils bei den größeren sowie den mittleren und kleinen Unternehmen. Die vollständige Liste finden Sie unter www.greatplacetowork. de. Weitere Informationen zur Auszeichnung 2009 finden Sie unter www.inqa.de.

Ranking der besten Arbeitgeber im Gesundheitswesen 2009

	Unternehmen	Branche	Anzahl Mitarbeiter	Homepage
Top 3 der Größenklasse von 501 bis 2.000 Mitarbeiter				
1	Caritasverband Olpe	Gesundheitswesen – Dienstleistungen	1.010	www.caritas-olpe.de
2	Kliniken Maria Hilf	Gesundheitswesen – Krankenhaus	1.681	www.mariahilf.de
3	Katharinen-Hospital Unna	Gesundheitswesen – Krankenhaus	813	www.katharinen-hospital.de
Top 3 der Größenklasse von 20 bis 500 Mitarbeiter				
1	Pflegezentrum Steinheim „Mainterrasse"	Gesundheitswesen – Dienstleistungen	150	www.mainterrasse.de
2	Rind'sches Bürgerstift	Gesundheitswesen – Dienstleistungen	157	www.rindsches-buergerstift.de
3	Caritas Wohn- und Pflegegemeinschaft Seniorenheim St. Josef	Gesundheitswesen – Dienstleistungen	99	www.altenheim-hauzenberg.de

Alle Eigentümer sind Non-Profit-Unternehmen.

Quelle: Great Place to Work® Institute Deutschland, 2009

2.4   Der Einstieg in den Beruf

Nach dem Studiums gibt es mehrere Möglichkeiten und Wege zum Start in das Berufsleben. Neben dem Direkteinstieg sind es vor allem folgende Einstiegsprogramme, die in der Praxis von Bedeutung sind:

* Trainee-Programm
* Volontariat
* Training-on-the-Job
* Assistentenfunktion

Bewährt hat sich auch der „sanfte" Einstieg parallel zum Studium, beispielsweise durch entsprechende Praktika bereits während des Studiums. Dies hat den Vorteil, dass sich Unternehmen und Bewerber bzw. Interessent frühzeitig kennen lernen. Praktikanten können sich ein Bild von der jeweiligen Branche, dem jeweiligen Unternehmen und den Anforderungen machen. Aber auch die Firmen profitieren: Sie lernen potenzielle Bewerber und Mitarbeiter frühzeitig kennen und können so sich überlegen, ob dieser ins Team passt und den Anforderungen gewachsen ist.

Ein weiterer Vorteil für die Bewerber bzw. Praktikanten: Sie können hier oftmals praxisbezogene Master- und Abschlussarbeiten in enger Kooperation mit einem Unternehmen erstellen und haben so einen perfekten Einstieg.

Basisfragen

Beginnen Sie bereits während des Studiums, sich mit Ihrem zukünftigen Berufseinstieg zu befassen. Beantworten Sie für sich dabei folgende, zentrale Fragen:

* In welchem beruflichen Umfeld wollen Sie arbeiten (Privatwirtschaft, Verband, Öffentlicher Dienst oder Selbstständigkeit)?
* Welchen Bereich bevorzugen Sie (Industrie, Handel oder Dienstleistung)?
* Welche Branche(n) ist/sind für Sie von Interesse?
* Wie flexibel und mobil sind Sie (räumlich, zeitlich, international)?

2.4.1   Der Einstieg als Trainee

Bei Banken und Versicherungen ist der Einstieg als Trainee eine sehr gängige Methode des Berufseinstiegs für Hochschulabsolventen. In anderen Branchen sind derartige Programme zwar (noch) relativ selten, aber im Kommen.

Bei einem derartigen Programm durchlaufen die Trainees auf das jeweilige Unternehmen abgestimmte Förder- und Ausbildungsprogramme, welche die neuen Mitarbeiter mit den unterschiedlichen Firmenbereichen und Abteilungen bekannt machen. Derartige Programme, die in aller Regel nicht einzeln, sondern – nicht zuletzt wegen der gruppendynamischen Effekte – mit kleinen Teams von Trainees durchgeführt werden, dauern zwischen zwölf und 24 Monate, je nach Firma und Branche.

In aller Regel sind Trainees Hochschulabsolventen, die auf ihre Aufgaben als zukünftige Führungskräfte bzw. Spezialisten vorbereitet werden. Oft gibt es eine Altersgrenze, die Bewerber nicht überschreiten sollten. Zudem ist der Verdienst während dieser ersten Monate eher niedrig. Laut einer Analyse des Beratungsunternehmens PersonalMarkt liegt das Durchschnittseinkommen in dieser Zeit bei rund 36.700 € jährlich. Doch diese Zahl sollte man mit Vorsicht genießen, denn die Bezahlung hängt von vielen Faktoren ab und kann je nach Firmengröße zwischen 25.000 und 47.000 € pro Jahr liegen.

Trainee-Programme passen das Wissen und die Fähigkeiten des Trainees auf die Erfordernisse des Unternehmens an. Dennoch: Im Gegensatz zu einer Ausbildung gibt es für ein Trainee-Programm keine fixen Inhalte, die vermittelt werden, sodass die fachliche Qualität durchaus variieren kann. Deshalb sollten Bewerber die Dauer, die Inhalte, die Bezahlung und die Möglichkeiten vergleichen. Für die Zusage zu einem Trainee-Programm muss in aller Regel ein Assessment erfolgreich durchlaufen werden.

Grundsätzlich gibt es drei Arten von Trainee-Programmen:

- **Allgemeines Trainee-Programm:**
  Hier durchlaufen die Trainees während des Programms verschiedene Abteilungen und werden in unterschiedlichen Projekten und Aufgabenbereichen eingesetzt.

- **Fachtrainee-Programm:**
  Liegt schon zu Beginn fest, welchen Fachbereich der Teilnehmer später übernehmen soll und ist das Programm genau auf diesen Bereich abgestimmt, spricht man von einem Fachprogramm. Der Trainee nutzt also die komplette Zeit des Programms, um sich auf den späteren Einsatzbereich vorzubereiten.

- **Trainee-Studium** (auch **duales Studium**):
  Einige Unternehmen unterstützen einen Studierenden während des Studiums in finanzieller Hinsicht. Als Gegenleistung verpflichten sich die Studierenden zur studienbegleitenden Arbeit für das Unternehmen, beispielsweise während der vorlesungsfreien Zeit. Zudem bindet sich der Studierende an das Unternehmen für eine gewisse Frist nach Abschluss des Studiums.

2.4.2 Der Einstieg als Volontär

Trainee-Programme und ein Volontariat (kurz: Volo) ähneln sich dahingehend, dass im Gegensatz zu einer Ausbildung die Inhalte nicht oder nur in ganz bestimmten Bereichen gesetzlich geregelt sind, was wiederum bedeutet, dass es große fachliche und inhaltliche Unterschiede geben kann.

Insbesondere im Medienbereich wird ein Volontariat als Ausbildung für Journalisten angeboten. Träger sind deshalb normalerweise auch Verlage, Rundfunkanstalten und Fernsehsender bzw. entsprechende Produktionsgesellschaften. Aber auch im Bereich der Presse-, Werbe- und Medienagenturen gibt es immer wieder ausgeschriebene Volontariate. Für

Volontäre bei Zeitschriften und Zeitungen gibt es übrigens Tarifverträge, welche sowohl die Bezahlung als auch die Inhalte regeln.

CHECKLISTE

Der **Deutsche Journalistenverband** hat folgende Checkliste für Volontäre erarbeitet:

- Verfügt das ausbildende Unternehmen über zumindest drei Redakteure und verschiedene redaktionelle Ressorts bzw. Arbeitsbereiche, die eine vielseitige journalistische Ausbildung ermöglichen, oder kooperiert es dazu mit anderen Medienunternehmen?
- Bezieht sich der praktische Aufgabenbereich ausschließlich auf journalistische, nicht aber auf Tätigkeiten der Werbung, Anzeigenakquise oder des Marketings?
- Gibt es vor Beginn der Ausbildung einen schriftlichen Anstellungsvertrag?
- Wird das Ausbildungsverhältnis als „Volontariat", besser noch: „Redaktionsvolontariat" bezeichnet?
- Enthält der Anstellungsvertrag Angaben zu:
  - Dauer der Ausbildung (in der Regel zwei Jahre) mit exakten Datumsangaben zu Anfang und Ende?
  - Existenz eines Ausbildungsplans und zu den ausbildenden Personen?
  - Probezeit (in der Regel drei Monate)?
  - geltenden Tarifverträgen (zum Beispiel Ausbildungs-, Gehalts-, Manteltarifvertrag)?
  - Monatsgehalt (und entspricht es dem Tarifsatz)?
  - Jahresurlaub (und entspricht er dem Tarif)?
  - Anspruch auf Zwischenzeugnis drei Monate vor Volontariatsende?
  - Anspruch auf ein qualifiziertes Zeugnis zum Ende des Volontariats?
- Enthält der Ausbildungsplan Angaben zu:
  - Stationen der redaktionellen Ausbildung, und bestehen diese zumindest aus drei verschiedenen Redaktionsbereichen bzw. redaktionellen Ressorts, die erwarten lassen, dass umfassendes journalistisches Handwerk (Recherche, Vermittlung, Stil-/Präsentationsformen) erlernt wird?
  - Stationen der überbetrieblichen Ausbildung in Einrichtungen der journalistischen Aus- und Weiterbildung: Umfassen sie zumindest vier Wochen im ersten plus zwei Wochen im zweiten Ausbildungsjahr, und trägt das Unternehmen die Kosten dafür?
  - regelmäßigen betriebsinternen Schulungsveranstaltungen zu journalistischen Sach- und Fachthemen?
  - einem/einer Ausbildungsredakteur/in bzw. zu den mit der Ausbildung beauftragten Redaktionsmitgliedern?
  - einer systematischen Einführung bei Volontariatsbeginn?

Weitere Details finden Sie beim Deutschen Journalisten Verband unter www.djv.de.

Im Idealfall lernt ein Volontär den gesamten Ablauf einer Redaktion kennen, allerdings werden Volontäre mittlerweile sehr häufig wie ganz normale Mitarbeiter eingesetzt – allerdings mit einer wesentlich niedrigeren Bezahlung, sodass durchaus die Gefahr besteht, als billige Arbeitskraft ausgenutzt zu werden.

Absolventen einer Journalistenschule müssen in aller Regel kein Volontariat mehr machen. Oftmals ist ein Volontariat auch mit dem Besuch entsprechender Schulungen verbunden.

2.4.3 Der Sprung ins kalte Wasser: Training-on-the-Job

Wer einen Schlussstrich unter seine Ausbildungsphase setzen, „in der Praxis etwas machen" möchte und keine Angst davor hat, „ins kalte Wasser geworfen zu werden", für den ist ein Training-on-the-Job eine interessante Alternative. Training-on-the-Job bedeutet, dass die Weiterbildungsmaßnahmen direkt im Funktionsumfeld des Arbeitsplatzes durchgeführt werden. Häufig stehen bei derartigen Maßnahmen die konkrete Problemlösung und das Erarbeiten von Verbesserungsmöglichkeiten für den eng abgestimmten Arbeitsbereich im Vordergrund.

> **TIPP** Wer so einsteigt, kann mit einem höheren Gehalt rechnen und wird mit einer herausfordernden Aufgabe konfrontiert. Innerhalb der Probezeit gilt dabei für beide Seiten ein schnelles Kündigungsrecht, wobei keinerlei Rückzahlungsverpflichtungen gegenüber dem Unternehmen entstehen.

Allerdings sollten die Nachteile eines solchen Berufseinstiegs nicht unter den Teppich gekehrt werden. Die Einarbeitungszeit ist häufig sehr kurz und gibt kaum Möglichkeit, sich einen Überblick über das Gesamtunternehmen und seine Strukturen zu machen. Zudem legt man sich stark auf eine berufliche Zielrichtung fest. Häufig steht auch eine weitere fachliche und persönliche Qualifikation durch den Arbeitgeber nicht mehr im Vordergrund.

2.4.4 Der Einstieg als Assistent der Geschäftsleitung

Ein Assistent der Geschäftsleitung unterstützt den Vorstand und die Geschäftsführung, indem er entsprechende Unterlagen vorbereitet, Meetings organisiert, Projekte (beispielsweise im Bereich PC, Controlling oder in der Unternehmensanalyse) betreut, Termine und Geschäftsreisen koordiniert und sich um die Korrespondenz kümmert. Dies kann durchaus eine Stelle sein, die nach zwei bis drei Jahren in eine andere verantwortungsvolle Position führen kann, zum Beispiel als Leiter einer Abteilung.

Als Assistent der Geschäftsleitung bekommen Sie einen guten Einblick in die Entscheidungsstruktur des Unternehmens und haben die Möglichkeit, Verantwortung zu übernehmen. Zudem locken in der Regel recht gute Aufstiegsmöglichkeiten, auch die Bezahlung ist in vielen Fällen durchaus attraktiv. Allerdings steht und fällt die Qualität der Arbeit und der Aufstiegsmöglichkeiten mit der Qualität und Art der Firmenführung. Deshalb sollten Sie sich unbedingt im Vorfeld mit dem Unternehmen und der Firmenführung vertraut machen.

Süße Aussichten für Ihre Zukunft.

Je besser die Zutaten, desto feiner der Lebenslauf. Wie wäre es da mit einem führenden Unternehmen, bei dem frisch gebackene Hochschulabsolventen nicht nur die Theorie in die Praxis, sondern auch ihre eigenen Ideen umsetzen können? Man lasse sich nur einmal auf der Zunge zergehen:

Südzucker ist die Nummer 1 unter den europäischen Zuckerherstellern und darüber hinaus auch führend in anderen innovativen, dynamisch wachsenden Geschäftsfeldern in nahezu allen Ländern Europas tätig.

Wer bei uns im Management erfolgreich sein will, braucht vor allen Dingen frische Ideen, eine gesunde Portion Teamgeist und eine ausgeprägte Sozialkompetenz. Zielstrebige Absolventen, die in einem modernen Unternehmen mit flachen Hierarchien und offener Kommunikation den richtigen Grundstein für ihre Karriere legen wollen, sind bei uns jederzeit als Führungskräftenachwuchs auf europäischer Ebene willkommen.

Würde Ihnen so ein Start ins Berufsleben schmecken? Dann freuen wir uns auf Ihre Bewerbung!

„Vitamin B"

„Beziehungen schaden nur dem, der keine hat!", das weiß schon der Volksmund. Und da ist was dran. So manche Karriere hat ihre entscheidende Initialzündung über den Freundes- und Bekanntenkreis erhalten.

Daher sollten Sie – idealerweise bereits während des Studiums – entsprechende Kontakte und Netzwerke aufbauen. Helfen können die Mitarbeit in bestimmten Institutionen in der Hochschule, in studentischen Vereinigungen, aber auch der Besuch von Messen und Tagungen. Praktika, Ferienjobs und Werkstudien eignen sich ebenfalls, wenn es darum geht, Kontakte zu knüpfen und zugleich Erfahrungen zu sammeln.

Pflegen Sie die einmal gewonnenen Kontakte, indem Sie immer wieder das Gespräch suchen. Auch ein freundliches E-Mail kann nie schaden. Sie können auch offen um einen Rat bitten. Die meisten Gesprächspartner werden sich hiervon nicht belästigt, sondern geschmeichelt fühlen.

2.4.5 Der direkte Einstieg

Wer diesen Weg wählt, übernimmt als neuer Mitarbeiter sofort eine feste Position mit der entsprechenden Funktion und Vergütung. Dennoch sollten Sie gerade als Berufsanfänger darauf achten, dass es eine geregelte Einstiegsphase gibt. Dies kann beispielsweise dadurch erfolgen, dass der Mitarbeiter, der die Stelle verlässt, Sie noch über mehrere Wochen und Monate mit der Materie vertraut macht. In vielen Unternehmen ist es zudem mittlerweile Usus, dass neue Mitarbeiter in den ersten Wochen die unterschiedlichen Abteilungen durchlaufen, damit sie sich mit dem Unternehmen und den internen Abläufen vertraut machen können.

Der direkte Einstieg bietet einige Vorteile: So können Sie vom ersten Tag an Verantwortung übernehmen und zeigen, was in Ihnen steckt. Zudem lockt eine adäquate Bezahlung. Allerdings birgt der Direkteinstieg die Gefahr einer (zu) kurzen Einarbeitung und stellt – ähnlich wie der Einstieg Training-on-the-Job – sofort hohe Anforderungen an die Leistungskompetenz des neuen Mitarbeiters.

2.5 Funktionsbereiche der Unternehmen

Nahezu unabhängig von der Branche gibt es im kaufmännischen Bereich zentrale Funktionsbereiche, die besetzt werden müssen. Dazu gehören beispielsweise der Vertrieb, die Buchhaltung oder die Personalplanung, um nur einige zu nennen.

Die Aufgaben und Anforderungen in diesen zentralen Funktionsbereichen sind, ebenfalls unabhängig von der Branche und oftmals sogar unabhängig von der Größe des Unternehmens, zumindest ähnlich.

Im Einzelnen werden folgende Funktionsbereiche genauer beleuchtet:

- Planung
- Vertrieb
- Marketing
- Finanzen
- Rechnungswesen
- Controlling

- Revision
- Personalplanung
- Einkauf
- Logistik
- Organisation
- EDV

2.5.1 Planung

Jeder Wirtschaftsbetrieb braucht eine funktionierende Unternehmensplanung, wobei hierunter die gedankliche Vorwegnahme und die Gestaltung zukünftiger Strukturen, Prozesse und Ereignisse fallen. Damit ist die Unternehmensplanung eine der zentralen Aufgaben des Managements, betrifft aber auch das Controlling.

Die Unternehmensplanung soll dabei wie ein Regelkreis funktionieren, das heißt, nach einem Abgleich der Ist-Situation mit dem Soll wird eine Abweichungsanalyse erstellt und dann mit entsprechenden Maßnahmen gegengesteuert.

Bei der Unternehmensplanung unterscheidet man zwischen strategischer, taktischer und operativer Planung:

- Bei der **strategischen Planung** geht es um die grundlegenden Ziele des Unternehmens. Der Zeithorizont liegt bei mehr als fünf Jahren.

- Die **taktische Planung** beschreibt die konkreten Ziele zur Erreichung der strategischen Ziele. Hier liegt der Zeithorizont bei zwei bis fünf Jahren. Bereits in dieser Stufe werden die Ressourcen selektiert und entsprechende Maßnahmen festgelegt.

- Die **operative Planung** hat einen Zeithorizont von einem Jahr. Sie betrachtet die wertschöpfenden Prozesse.

Wer in der Unternehmensplanung arbeitet, bekommt einen umfassenden Einblick in das Unternehmen und seine Strukturen. Der Bereich bietet gute Aufstiegschancen, setzt allerdings ein ausgeprägtes analytisches Denken, Durchsetzungsvermögen und Kontaktfähigkeit voraus.

2.5.2 Vertrieb

„Ein gutes Produkt verkauft sich ganz von allein." Dies stimmt schon lange nicht mehr, denn Produkte werden sich immer ähnlicher und die Auswahl immer größer. Deshalb kommt dem Vertrieb und Verkauf eine immer größere Bedeutung zu. Hier geht es also konkret darum, die Kunden zu erreichen, neue Geschäfte anzubahnen und durchzuführen. Die Organisation und die Kontrolle des Verkaufs gehören ebenso in diesen Bereich.

Von besonderer Bedeutung ist der Vertrieb, wenn es um Großkunden (Key-Accounts) geht, aber auch die Erstellung von zielgruppenorientierten Absatzplänen, die Organisation des Verkaufs, der Beratung (Schulung der Verkäufer), des Kundendiensts und die Reklamationsabwicklung fallen darunter.

Die Einkommensspannen im Vertrieb liegen weit auseinander: Handelsvertreter sind beispielweise vom Erfolg des Produkts abhängig, das sie verkaufen. Einzelhandelsverkäufer verdienen oft unter 1.000 €. Im Gegensatz hierzu erwirtschaften Ingenieure mit betriebswirtschaftlichem Zusatzstudium im internationalen Investitionsgüterverkauf in der Regel ein knapp sechsstelliges Einkommen im Jahr. Oftmals ist das Einkommen im Vertrieb an den Umsatz gekoppelt.

Wirtschaftswissenschaftler mit den Schwerpunkten Marktforschung, Handel, Absatz und Kostenrechnung finden hier ein großes Betätigungsfeld, allerdings sind auch Kommunikationsfähigkeit, Verhandlungsgeschick und Kundenorientierung gefordert.

2.5.3 Marketing

Das Marketing (darin steckt das englische Wort Market!) ergänzt den Vertrieb, allerdings hat das Marketing keinen direkten Kundenkontakt. Stattdessen geht es um die Ausrichtung der Unternehmensentscheidungen und Produkte an den Anforderungen des Marktes. Oder etwas bildlicher ausgedrückt: Wie kann das Unternehmen die Wünsche seiner Kunden am besten erfüllen?

Darunter fallen alle Tätigkeiten wie die Analyse, die Planung, die Umsetzung und die Kontrolle, die gegenwärtige und zukünftige Absatzmärkte erschließen.

Häufig wird lediglich die Werbung und die PR dem Marketing zugeordnet. Doch das ist nur ein Teilbereich des Marketing-Mix. In diesem werden die langfristig geplanten Vorgaben in konkrete Aktionen umgesetzt.

Gefragt sind im Marketing vor allem Kreativität, Kommunikations- und Teamfähigkeit. Interessant ist der Bereich für Wirtschafts- und Kommunikationswissenschaftler mit Schwerpunkten im Bereich Handel, Marketing und Absatz.

2.5.4 Finanzen

Viele Unternehmen müssen auf neue Finanzierungsinstrumente setzen, beispielsweise um anstehende Investitionen tätigen zu können. Das Finanzmanagement umfasst die gesamte Ablaufplanung und -steuerung des Unternehmens in Bezug auf die finanziellen Mittel. Idealerweise schafft es das Finanzmanagement, dass Einnahmen und Ausgaben sich so decken, dass auf Fremdmittel verzichtet werden kann. Wenn dann doch Fremdmittel genutzt werden müssen, ist es Aufgabe des Finanzmanagements, die attraktivsten Angebote herauszufiltern. Zugleich kümmern sich die Spezialisten um die Optimierung der Anlagen sowie um die Minimierung des Risikos.

Für den Bereich des Finanzmanagements sind eine Vielzahl an Analysen notwendig, wobei die Planung in kurzen, mittelfristigen und langfristigen Zeiträumen erfolgen kann.

Betriebswirte, aber auch Spezialisten aus der Bankenbranche mit guten Kenntnissen in den Bereichen Finanzierung, Zahlungsverkehr, Liquiditätsplanung sowie Zins- und Währungsmanagement finden hier eine berufliche Herausforderung.

2.5.5 Rechnungswesen

Das Rechnungswesen dient der systematischen Erfassung, Überwachung und informatorischen Verdichtung der Geld- und Leistungsströme in einem Unternehmen. Diese Informationen werden dokumentiert, beispielsweise um gegenüber Dritten (beispielsweise den Finanzbehörden, Banken etc.) Rechenschaft ablegen zu können, beispielsweise durch Jahresabschlüsse, Bilanzen oder interne Berichte. Das Rechnungswesen liefert auch die Informationen und Daten für das Unternehmen, die zur Steuerung und Planung notwendig sind.

Für das Rechnungswesen sind Genauigkeit und ein analytisches Denken von großer Bedeutung. Betriebswirte mit entsprechenden Studienschwerpunkten (Rechnungswesen, Steuerrecht, Kostenrechnung etc.) finden hier ein interessantes Arbeitsumfeld.

2.5.6 Controlling

Controlling kommt von dem englischen Wort „to control" für „steuern", „regeln". Es bezeichnet ein Steuerungs- und Koordinationskonzept zur Unterstützung der Geschäftsleitung und der verantwortlichen Stellen bei der Planung und Umsetzung unternehmerischer Aktivitäten. Controller begleiten dabei den

- Prozess der Zielfindung,
- die Planung und Steuerung der Unternehmensprozesse

und tragen eine Mitverantwortung für die Erreichung des bzw. der Unternehmensziele.

Der Controller wacht über die Wirtschaftlichkeit im Unternehmen. Somit liegt der Tätigkeitsschwerpunkt zwar häufig im internen Rechnungswesen, aber er geht noch darüber hinaus und beinhaltet vor allem auch Fragen zum Zweck, zur Struktur und zur Anwendung von Zahleninformationen. Beim Controlling geht es also um die Informationssammlung, die Informationsstrukturierung und die Informationsanalyse zur Vorbereitung von zielsetzungsgerechten Entscheidungen. Dabei hat das Controlling keine kontrollierende Funktion und kann in der Regel auch keine Entscheidungen fällen.

Beim Controlling gelten ähnliche Anforderungen an die Bewerber wie im Bereich des Rechnungswesens.

2.5.7 Revision

Die gesetzlichen Vorgaben für die Unternehmen sind streng. Damit diese eingehalten werden, setzen viele Unternehmen auf eine interne Revision, die alle Aktivitäten und Prozesse hinsichtlich ihrer Ordnungsmäßigkeit überprüft. Ziel ist es, Unwirtschaftlichkeit, Unregelmäßigkeiten (Buchungsfehler, Rechtsfolgefehler) oder Manipulationen (zum Beispiel Veruntreuungen) aufzudecken. Zudem liefert die interne Revision Hinweise zur Verbesserung der Effizienz. Insgesamt sollen dadurch Problembereiche frühzeitig erkannt und behoben werden.

So ist die interne Revision – neben dem Controlling – ein wichtiger Teil des Steuerungs- und Überwachungssystems eines Unternehmens. Auch das Anforderungsprofil ist ähnlich, wobei ein kritisch-analytisches Denken ebenso wichtig ist wie eine entsprechende Liebe zur Genauigkeit.

2.5.8 Personalplanung

Die Personalplanung, neuhochdeutsch auch Human Resources genannt, hat eine enorme Bedeutung für Unternehmen. Das fängt bei der Suche nach geeigneten Mitarbeitern an, geht über den kompletten Bereich der Aus- und Weiterbildung und reicht bis zur Personalbeschaffung, zum Beispiel durch Leiharbeiter, und aktuell auch wieder häufiger zum Personalabbau.

Die grundsätzliche Aufgabe der Personalplanung ist es also, den kurz-, mittel- und langfristigen Personalbedarf zu ermitteln und sicherzustellen, dass die zur Erreichung der formulierten Unternehmensziele notwenige Personaldecke zur Verfügung steht.

In vielen Unternehmen ist in diesem Bereich auch die Lohn- und Gehaltsabrechnung angesiedelt.

Gut dafür geeignet sind Betriebswirte mit Schwerpunkten im Bereich der Personalwirtschaft, aber auch Psychologen und Wirtschaftspädagogen sowie Juristen mit Schwerpunkten im Arbeits- und Sozialrecht. Neben Kommunikationsfähigkeit und sozialer Kompetenz sollten Bewerber auch ein entsprechendes Durchsetzungsvermögen und unternehmerisches Denken mitbringen.

2.5.9 Einkauf/Beschaffung

Der Einkauf umfasst alle Tätigkeiten und Aufgaben, die nötig sind, damit ein Unternehmen mit den Gütern und Dienstleistungen versorgt ist, die es benötigt, um produzieren zu können und die vom Unternehmen selber nicht her- bzw. bereitgestellt werden können.

Hierbei ist der Einkauf als Teilgebiet der Beschaffung zu sehen. Diese ist ein Teilgebiet der Materialwirtschaft.

Das Aufgabengebiet hat sich in der Vergangenheit stark gewandelt. Bedingt durch die Globalisierung sind die Märkte deutlich gewachsen. Zudem verändert die technologische Entwicklung den Bereich sehr stark. Exemplarisch sei an dieser Stelle nur an Inter- und Intranet-Beschaffungsplattformen hingewiesen.

Die grundsätzlichen Aufgaben, nämlich die Organisation und Kontrolle der Beschaffung, das Einholen von Angeboten, die Überwachung des Wareneingangs und die Überprüfung der Rechnungen hingegen sind immer noch von zentraler Bedeutung für diesen Bereich.

Betriebswirte, die sich in der Material- und Warenwirtschaft auskennen sowie Wirtschaftsingenieure und EDV-Fachleute sind hier gefragt.

2.5.10 Organisation

Damit die Arbeitsabläufe in einem Unternehmen funktionieren, müssen Prozesse und Schnittstellen definiert, angepasst und überwacht werden. Hierfür ist der Bereich der Organisation zuständig, der Arbeitsabläufe plant. Eine besondere Bedeutung kommt diesem Bereich beispielsweise dann zu, wenn neue Fertigungsstraßen geplant werden oder neue Produkte produziert werden sollen.

Auch hier sind Kommunikationsfähigkeit, das Denken in Zusammenhängen unter Berücksichtigung der unternehmerischen Aspekte sowie Durchsetzungsfähigkeit von Bedeutung. Zudem gewinnt auch die EDV in diesem Bereich, beispielsweise durch entsprechende Simulationsprogramme (Stichwort digitale Fabrik) weiter an Bedeutung. Interessenten sollten deshalb auch mit derartigen EDV-Programmen umgehen können.

2.5.11 EDV

Kein Unternehmen kommt heute mehr ohne eine passende EDV aus. Kein Wunder also, dass dieser Bereich immer noch ganz hervorragende Einstiegschancen bietet. Allerdings ist ein profundes Know-how unabdingbar. Idealerweise vereint ein Bewerber gutes Branchenwissen mit ausgeprägten IT-Fertigkeiten. Das Aufgabengebiet ist umfassend und reicht von der Hard- über die Software bis hin zur Pflege der IT-Infrastrukturen.

1. Logistik – Taktgeber in Wirtschaft und Alltag

Logistik ist im Alltag allgegenwärtig. Ihre immense Bedeutung für das moderne Leben lässt sich bereits anhand einer einzigen Zahl aufs Eindringlichste verdeutlichen: 42 Tonnen. Das ist die Menge an Fracht, die für jeden Bundesbürger pro Jahr transportiert, gelagert, kommissioniert und verpackt wird. Tendenz: weiter massiv steigend. Tag für Tag sind zahlreiche Unternehmen im Einsatz, um das Versteigerungsschnäppchen aus dem Webshop zu liefern, lebenswichtige Arzneimittel zum Notfallpatienten zu bringen oder die Retoure der Jeans mit der falschen Größe zum Katalogversender zurückzusenden. Und das Ganze möglichst schnell, fehlerfrei und vor allem effizient.

Logistik soll die richtigen Güter und Leistungen in richtiger Menge zur richtigen Zeit und in richtiger Qualität an den richtigen Ort bringen. Ihre Teilbereiche sind die Beschaffungs-, Lager-, Transport-, Produktions-, Distributions- und Entsorgungslogistik. Das Alltags- und Wirtschaftsleben der globalisierten Welt ist schon lange nicht mehr ohne die Höchstleistungen einer innovativen Logistikbranche denkbar.

Definition

„Die Logistik umfasst die ganzheitliche Planung, Steuerung, Koordination, Durchführung und Kontrolle aller unternehmensinternen und unternehmensübergreifenden Güter- und Informationsflüsse." (Prof. Helmut Baumgarten, TU Berlin)

Doch nicht nur beim Exportweltmeister Deutschland ist die Logistik immer weiter auf dem Vormarsch. Die stattlichen Branchenwachstumszahlen von rund 7 bis 8 Prozent für Deutschland nehmen sich im Vergleich zu den Prognosen von 20 bis 30 Prozent für die Boomländer China und Indien geradezu bescheiden aus. Für China prognostiziert die deutsche Bundesagentur für Außenwirtschaft weltweit die besten Wachstumsperspektiven. Allein 2008 dürfte der Güterhandel zwischen Asien und Europa aller Voraussicht nach – in Euro auf den Warenwert gerechnet – um mehr als ein Drittel zugenommen haben. Diese Steigerungsraten, so meinen Experten, bergen sogar das Potenzial, der Logistikbranche jene Einbrüche zu ersparen, die die Konjunkturkrisen in den USA und Europa anderen Branchen durchaus bescheren könnten.

Die heutige Logistik beschränkt sich längst nicht mehr auf das Transport- und Speditionswesen, aus dem die Branche ursprünglich hervorging. Logistik ist mittlerweile in weiten Teilen gleichbedeutend mit perfekt adaptierter Dienstleistung. Knapp 210 Milliarden € wurden 2007 in der deutschen Wirtschaft mit Logistik umgesetzt. Die eine Hälfte der Logistikleistungen erbrachten Industrie und Handel mit ihren eigenen Anstrengungen, die andere Hälfte erwirtschaftete der Logistik-Dienstleistungssektor.

Für 2008 wird der Markt auf rund 220 Milliarden € in Deutschland und auf rund 950 Milliarden € in Europa geschätzt. Die Logistik ist damit nach Handel und Automobilbranche der **drittstärkste Wirtschaftszweig** im Land. Mit derzeit etwa 2,7 Millionen Beschäftigten ist die Branche zudem ein gewichtiger Jobfaktor in Deutschland, der seinen Jahresbedarf an neuen Mitarbeitern auch weiterhin auf 100.000 Arbeitskräfte schätzt.

Die **Globalisierung** bedeutet für die Logistik wie für nahezu alle Wirtschaftsbereiche Chance und Herausforderung zugleich. Als Organisations- und Durchführungsinstanz der weltweiten Warenströme muss sie in ihrer globalen Taktung nicht nur Zeitzonen überwinden, eine Vielzahl unterschiedlicher Formalitäten verwalten, die Übergänge multimodaler Transportketten perfekt organisieren, sondern auch zunehmend Sicherheitsaspekte berücksichtigen (Ausfuhrverbote, Terrorgefahr, Schmuggel, Waffenhandel und vieles mehr).

Daneben finden die stetig wachsenden Ansprüche an die Effizienz und Leistungsfähigkeit der Unternehmen im globalen Wettbewerb auch in der Logistik ihren Widerhall. So werden die Märkte immer heterogener, während die wachsende Kundenorientierung die Nachfragefluktuationen verändert, die Haupttaktgeber in der Logistik. Die Lebenszyklen vieler Produkte verkürzen sich, Unternehmen versprechen im Wettbewerb immer kürzere Lieferzeiten, die Anzahl an Varianten bei Verpackungseinheiten nimmt zu, zugleich werden die Losgrößen immer kleiner.

Darüber hinaus stellen bestimmte Waren zunehmend neue Anforderungen an die Logistikdienstleister. So werden **Lebensmittel** aus der ganzen Welt in die heimischen Märkte transportiert. Dabei sind für viele Lebensmittel sensible Lagerungsbedingungen zu beachten oder Reifeprozesse (zum Beispiel bei der Verschiffung von Bananen) beim Transport integriert, die von den Logistikunternehmen mit überwacht und gesteuert werden. Sorgfältige Transportbedingungen und optimale Lagerungsumstände erfordern beispielsweise auch **Arzneimittel** – oder man denke an den Transport von **Lebendware** (Meeresfrüchte u. Ä.) für Gourmetrestaurants weltweit. Überhaupt übernehmen Logistikdienstleister immer mehr vor- und nachgelagerte Aufgaben. So werden **Kleidungsstücke** von ihnen nicht nur transportiert, sondern auch aufgebügelt, etikettiert, verpackt und – wenn nötig – bis zur Auslieferung an den Einzelhandel zwischengelagert. Neben der schon längst üblichen Erledigung sämtlicher Zollformalitäten übernehmen die Dienstleister immer häufiger sogar die **Finanzierung und Abrechnung** der Warenströme.

So ist für die meisten Unternehmen eine effiziente Logistik mit ihrem Aufgabenspektrum von der Materialbeschaffung über die Einbindung in Produktionsprozesse bis hin zum Warentransport zum unverzichtbaren und entscheidenden Faktor für ihren wirtschaftlichen Erfolg geworden.

Eine besondere Herausforderung stellt dabei die **Optimierung der Materialflüsse** dar. Diese werden zunehmend in Echtzeit gesteuert und müssen aufs Höchste flexibel und ausfallsicher sein. Minimaler Warenbestand bei maximaler Liefertreue ist der Wunsch aller großen Produktionsbetriebe. Just-in-time und just-in-sequence sind die Leitansprüche der modernen Logistik, in denen Lieferketten perfekt organisiert sein und reibungslos funktionieren müssen. Idealerweise werden alle Warenbewegungen so aufeinander abgestimmt, dass ein ununterbrochener Materialfluss gewährleistet ist und man ganz ohne Lager auskommt. Dazu müssen Daten und Information einer Vielzahl von Partnern verarbeitet, koordiniert und effizient verknüpft werden.

Teilbereiche der Logistik

Schwerpunktbereiche	Aufgaben
▪ Produktionslogistik	Gestaltung und Steuerung von Produktionsprozessen, Optimierung der Materialflüsse
▪ Beschaffungslogistik	Steuerung der gesamten Materialbeschaffung eines Produktionsunternehmens, Waren- und Lieferantenmanagement
▪ Verkehrslogistik	Steuerung und Optimierung der Transportprozesse
▪ Dienstleistungslogistik	Organisation von Warenumschlag und –auslieferung (zum Beispiel Paketdienste, Kurierunternehmen, Kontraktlogistiker)
▪ Handelslogistik	Optimierung der Logistikprozesse des Handels (zum Beispiel Minimierung der Lagerbestände)

Spezialbereiche	
▪ Distributionslogistik	▪ Technische Logistik
▪ Entsorgungslogistik	▪ Informationslogistik (IT-basiert)
▪ Krankenhauslogistik	▪ Ersatzteillogistik
▪ Verpackungslogistik	▪ Lagerlogistik

Quelle: Abdelhamid 2008

2. Die Marktakteure

Das alte Bild der Logistik – mit lediglich einer Vielzahl an Transport- und Speditionsunternehmen als Hauptakteuren – ist längst der Vorstellung von einem komplexen Kosmos aus innovativen und hocheffizienten Dienstleistungen und Unternehmen gewichen. Und es lohnt sich, einmal genauer hinzuschauen. Wie bereits bei den Umsatzzahlen gesehen teilen sich die **Logistikdienstleister** sowie **Industrie und Handel** den Markt. Zu den Logistikdienstleistern zählen dabei nicht nur die Speditionen und Speditionsunternehmen im klassischen Sinne, sondern vor allem die so genannten Unternehmen für **Kontraktlogistik**. Diese übernehmen auf Basis eines längerfristigen Vertrags (Kontrakt) logistische und logistiknahe Aufgaben entlang der gesamten Wertschöpfungskette. Sie fungieren als Bindeglied zwischen sämtlichen Beteiligten. Die Kontraktlogistik gilt als Königsdisziplin der Logistikdienstleistungen. Sie verfügt über das größte Wachstumspotenzial im gesamten Logistikmarkt. Besonders Unternehmen, die sich auf Branchenlösungen spezialisiert haben und dabei ihre Distributionszentren und Transportnetze nutzen, werden überproportionale Wachstumsmöglichkeiten attestiert. So verwundert es nicht, dass auch im Hoppenstedt-Ranking der Logistik-Branche von 2007 die **Deutsche Post AG** mit ihrer Konzerntochter DHL als Weltmarktführerin der Kontraktlogistik die Rangliste der Top 10 der deutschen Logistik anführt (siehe Seite 128).

Die Top 10 der deutschen Logistikbranche

Rang	Unternehmen
1	Deutsche Post AG
2	Schenker AG
3	Hapag-Lloyd AG
4	Railion Deutschland AG
5	Dachser GmbH & Co. KG – Kempten/Allgäu
6	Lufthansa Cargo AG
7	Hellmann Worldwide Logistics GmbH & Co. KG
8	Rhenus AG & Co. KK
9	Fraport AG Frankfurt Airport Services Worldwide
10	Volkswagen Original Teile Logistik GmbH & Co. KG

Quelle: Hoppenstedt, Presseportal, 2007

Zusatzinfo: United Parcel Service (UPS) Deutschland Inc. & Co. OHG gibt für Deutschland keine
Umsatzzahlen an, so dass das Unternehmen im Ranking nicht verzeichnet ist.

Schwergewichte der Branche sind aber auch Unternehmen, die an den Schaltstellen der
Transportwege sitzen und sich auf bestimmte Transportwege spezialisiert haben. Dazu
zählen die Cargo-Unternehmen großer **Luftfahrtgesellschaften, Reedereien**, aber auch
die **Betreiberfirmen von See- und Flughäfen**, Bahnverladestellen und in besonders wichtiger Funktion die **Betreiber von Umschlagterminals** für Container.

Schließlich hat die Logistik inzwischen eine große Menge größerer und kleinerer **System-
häuser** entstehen lassen, die ihr hochtechnisches, innovatives Know-how in Softwarelösungen einbringen, die ausschließlich die Optimierung von Warenströmen und Produkti-
onsprozessen zum Ziel haben. Zusammen mit Unternehmen der **Telekommunikationsbranche** sichern sie den Zusammenfluss und die Verarbeitung der Informationen und
Datenflut, die die moderne Logistik hervorbringt und ohne die sie nicht mehr denkbar
wäre.

Schließlich gewinnen die **Logistik-Servicebereiche des Handels** – entweder als eigenständige Konzerntöchter oder als integrierte Unternehmensbereiche – durch die zunehmende Konzentration in der Branche immer mehr an Bedeutung.

3. Aufgaben und Aufgabenbereiche der Logistik

3.1 Ökonomie und Ökologie

Rasant steigende Energiepreise und eine immer stärkere Verkehrsdichte drohen zunehmend zur Gefahr für ein solides Wachstum in der Logistik und damit der gesamten Wirtschaft zu werden. Auch die alarmierenden Nachrichten zum Thema Klimawandel gehen nicht spurlos an der Branche vorbei. Viele Initiativen unterschiedlicher Instanzen versuchen, alternative Konzepte und innovative Weiterentwicklungen voranzutreiben, um beides zu gewährleisten: beste Wachstumsvoraussetzungen für einen bedeutenden Wirtschaftszweig zu bieten und gleichzeitig mit optimalem Umweltschutz die Risiken für die Natur zu minimieren. Kurz gesagt geht es darum, die Logistik zukunftssicher zu machen. Dazu bedarf es Anstrengungen von drei Seiten. Zunächst ist die Logistikbranche selbst gefragt, die Warenströme noch effizienter und umweltbewusster zu befördern, dann braucht es neue Technologien und Ideen aus der Forschung und schließlich muss die Politik dafür sorgen, dass die Rahmenbedingungen für verbesserte Konzepte stimmen. Und hier gibt es noch viel zu tun. Denn Fakt ist, dass Deutschland nicht nur Exportweltmeister, sondern aufgrund seiner geografischen Lage auch eines der Haupttransitländer für internationale Transporte ist. Zwar verfügt die Bundesrepublik über eine der weltweit leistungsfähigsten Infrastrukturen, dennoch reicht dies schon heute kaum mehr aus, um das Aufkommen einer stetig wachsenden Logistikbranche zu bewältigen. Besonders im Straßenverkehr werden die Verhältnisse immer katastrophaler, wie die steigende LKW-Dichte und die immer häufiger auftretenden kilometerlangen Staus Tag für Tag zeigen. Doch nicht nur in der Koordination des Straßenverkehrs gibt es erhebliche Defizite. Nach einer von der Hypo-Vereinsbank in Auftrag gegebenen Studie existiert auch im Bereich der Containerbeförderung – dem Beförderungsinstrument des globalen Handels schlechthin – noch reichlich Handlungsbedarf. Den Analysen liegt ein Wachstum von jährlich 11 Prozent an Containerfracht zugrunde – mit dramatischen Folgen für die Seehäfen. Bei derartigen Steigerungsraten stiege der Umschlag in Bremerhaven, Hamburg, Rotterdam und Antwerpen bis 2015 von gegenwärtig 34 auf 77 Millionen Standardcontainer (TEU) an. In der Folge hätten besonders die norddeutschen Seehäfen binnen weniger Jahre keinerlei Kapazitäten mehr frei, um das steigende Aufkommen zu bewältigen.

Als weiteres großes Handicap erweist sich häufig die noch weithin unzureichende Zusammenführung der Verkehrsträger. Das ist von besonderer Bedeutung, da die bestmögliche Planung von so genannten Transportketten – also das Ineinandergreifen von Transporten auf Straße, Schiene, dem Seeweg oder in der Luft – einen zentralen Aspekt im Logistikmanagement darstellt. Aufgabe wird es daher sein, neue Transportrelationen aufzubauen und bestehende möglichst effizient umzugestalten.

Um nach neuen leistungsfähigen Konzepten zu suchen, sind zahlreiche Forschungsprojekte in den Bereichen Verkehrsinfrastruktur aufgelegt worden. Auch in der Politik ist das Thema Logistik und ihre volkswirtschaftliche Bedeutung eindeutig angekommen. So sollen in den kommenden Jahren 11 Milliarden € in den Bereich Infrastruktur investiert werden. Die Bundesregierung hat im Dialog mit Wirtschaft, Industrie, Logistikunternehmen sowie Ländern und Kommunen einen Masterplan Güterverkehr und Logistik ins Leben gerufen.

Auch im Umweltschutz werden neue Wege in der Logistik beschritten. Dabei stehen schadstoffarme und sparsame Antriebstechniken für LKW ebenso auf dem Plan der Entwickler wie digitale Systeme, die für einen reibungslosen und damit belastungsärmeren Verkehrsfluss sorgen sollen. Dabei stehen die immer knapper werdenden Ressourcen im Fokus. Zudem muss eine ganze Reihe neuer Kriterien wie beispielsweise die Transportdauer von Alternativ- oder Ausweichstrecken oder die Emissionen pro Tonnenkilometer mit in die Konzepte und Effizienzberechnungen einfließen. Im Bereich Umwelt steuern viele wissenschaftliche Disziplinen ihre Ergebnisse bei, um einerseits einen verantwortungsvollen Umgang mit den schwindenden Ressourcen und eine Entlastung der bereits stark geschädigten Umwelt zu gewährleisten sowie andererseits auch zukünftig die Anforderungen der stetig wachsenden Waren- und Güterumschläge meistern zu können. Technisch anspruchsvolle Systeme simulieren komplizierte Szenarien und berechnen Alternativen. Moderne Kommunikations- und Informationssysteme werden entworfen, um sämtliche Abläufe zu koordinieren, zu optimieren und Steuerungsmechanismen zu entwickeln, die unnötige Belastungen durch Verkehrsengpässe oder unkoordinierte Übergaben minimieren helfen.

Die Infrastruktur eines Exportweltmeisters

Als eine der wichtigsten Logistikdrehscheiben in Europa verfügt die Bundesrepublik über

- 340.000 Kilometer Glasfasernetz,
- 11.700 Kilometer Autobahn,
- 45.500 Kilometer Schienennetz und
- 7.500 Kilometer Wasserstraße.

Quelle: Presseinfo „Themen" der BVL, Ausgabe Mai 2008

3.2 Ohne IT bewegt sich nichts

Komplexe Logistikleistungen sind elementar mit hochwertigen IT-Lösungen verknüpft. Nicht umsonst lautete 2007 das Tagungsmotto der Bundesvereinigung Logistik (BVL) „IT als Erfolgsfaktor in der Logistik". Parallel stellte die Gesellschaft für Informatik hat ihre Jahrestagung 2007 unter das Motto „Informatik trifft Logistik". Während die BVL-Veranstaltung ihren Schwerpunkt auf die Verkehrslogistik legte („Verkehr & IT", „Logistische Netzwerke", „Verkehr & Sicherheit") bildeten bei der Gesellschaft für Informatik Innovationen und Trends im Bereich Identifikation von Ort und Bewegung von Waren, Aspekte der

Datenerfassung, -verarbeitung und -vernetzung im Schwerpunkt der Diskussionen. Die Gesamtheit der Logistikthemen wird allgemein unter dem Stichwort „Supply Chain Management" (SCM) subsumiert, das sich auf die gesamte Wertschöpfungskette bezieht. Naturgemäß gibt es IT-Lösungen für alle SCM-Komponenten (siehe auch folgende Grafik).

Logistik-Prozesse und Logistik-Software

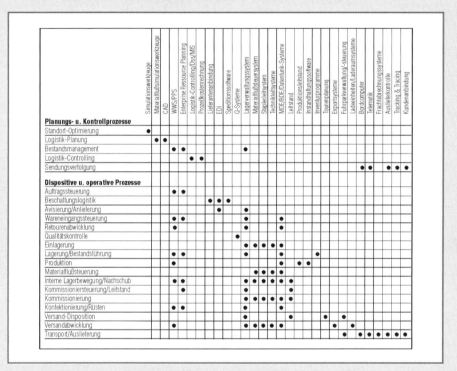

Quelle: N.N. *Logistiksoftware – Buch mit sieben Siegeln*. In: *Logistik heute*, Heft 3/1989, S. 75

Sowohl bei der Entwicklung als auch beim späteren Einsatz von IT-Softwarelösungen spielen **betriebswirtschaftliche Komponenten** eine herausragende Rolle. Die Verknüpfung der Logistiksysteme mit den betriebswirtschaftlichen Steuerungssystemen eines Unternehmens stellt an beide Seiten große Anforderungen. Leistungsabrechnung, Budgetplanungen, Auswertungen, Kennzahlenanalysen, Bilanzierung, Marketing – in alle Bereiche fließen die Zahlen aus den Logistik-Softwarelösungen direkt in das Controlling, Marketing und andere Bereiche der Unternehmensführung. Für Wirtschaftswissenschaftler, die im Bereich Logistik arbeiten, gehören ein solides Wissen und in weiten Teilen auch die souveräne Handhabung von IT-Lösungen für die Logistik zum Berufsalltag.

Überblick über die gängigsten IT-Lösungen der Logistik

■ Enterprise Resource Planning Systeme (ERP)

ERP-Systeme dienen dazu Geschäftsprozesse innerhalb und außerhalb des Unternehmens abzubilden und zu verwalten. Unangefochtener Marktführer in diesem Bereich ist SAP, das neben Standardanwendungen inzwischen eine Vielzahl an Branchenlösungen anbietet.

In der Regel bestehen ERP-Systeme aus Modulen für die Materialwirtschaft, die gesamte Auftragsabwicklung, das Rechnungswesen sowie die Produktionsplanung. Die meisten kleineren und mittleren Betriebe kommen mit Standard-ERP-Systemen aus. Und dort, wo es Sonderwünsche gibt, helfen IT-Dienstleister, die sich auf gängige ERP-Systeme spezialisiert haben, mit Zusatzmodulen oder Anpassungen aus.

■ Warehouse Management Systeme (WMS)

Die Verwaltung und Optimierung von Lagerbeständen mit Zu- und Abflüssen von Materialien für Produktion oder fertige Produkte ist eine Kernfunktion der Logistik. Für die anspruchsvollen Anforderungen von großen Logistikdienstleistern oder Unternehmen mit großem Distributionsvolumen jedoch reichen die Funktionen eines Standard-ERP-Systems oder früherer Lagerverwaltungs-Softwarelösungen nicht aus. Vor allem externe Prozesse können von den Standardlösungen gar nicht oder nur ungenügend abgebildet werden. Derartige Systeme werden heutzutage von modernen WMS ersetzt. Diese Speziallösungen übernehmen die gesamte Steuerung, Kontrolle und Optimierung komplexer Lager- und Distributionssysteme: Verwaltung von Lagerpositionen, Wareneingang und -versand, Mengenverwaltung, Optimierung von Wegen und Packreihenfolgen und die Zusammenstellung von Waren zu versandfertigen Produkten. Im Gegensatz zu ERP-Systemen müssen WMS-Systeme in hohem Maße auch Vorgänge und Parameter außerhalb des Unternehmens berücksichtigen und einbinden.

WMS zählen aufgrund der hohen Flexibilität, der Einbindung externe Datenströme und ihrer enormen Komplexität zu den anspruchsvollsten Softwaresystemen im gesamten Industriebereich.

■ Transport Management Systeme (TMS)

Sie bilden die zweite Kernanwendung in der Logistik. Diese Systeme finden Anwendung in der Planung, Steuerung und Verwaltung der begrenzten Transport-Ressourcen. Je nach Leistungsstärke des TMS werden unterschiedliche Bereiche abgedeckt. Im Einzelnen entstehen IT-Aufgaben zur Vorbereitung und Durchführung von Warentransporten

- beim Austausch von Informationen und Dokumenten
- bei der effizienten Beladung des Transportmediums
- im Zuge der Kommissionierung der zu transportierenden Waren
- im Bereich von Übergaben bei multimodalen Transporten
- bei der Erstellung einer optimierten Routenplanung
- bei der Nachverfolgung von Waren und Transporten.

Bevor ein Transport auf den Weg geht, müssen vor allem bei Sendungen ins Ausland zwischen den beteiligten Akteuren, also dem Versender, dem Transporteur und dem Empfänger zahlreiche **Informationen und Dokumente** ausgetauscht werden. Diese werden vom TMS vor- und aufbereitet. Der Kommunikationsbedarf ist umso größer, je mehr Parteien beteiligt sind. Der hohe Anspruch an IT-Systeme leitet sich hierbei vornehmlich von zwei Aspekten ab: Zum einen muss die **Compliance** (nicht zu verwechseln mit IT-Compliance) berücksichtigt werden: Dabei geht es, kurz gesagt, um die Einhaltungen von Gesetzen und Regeln, denen der Warenverkehr unterworfen ist. Hierunter fallen Ursprungszeugnisse, Kennzeichnungspflichten und Zollformalitäten ebenso wie Ausfuhrbeschränkungen oder human- oder veterinärmedizinische Auflagen (Health Certificates). Die Herausforderungen in diesem Teilbereich sind so komplex, dass sie immer wieder Gegenstand von intensiver Forschung und innovativen Weiterentwicklungen sind.

Bevor mit weiteren Modulen von TMS eine **Optimierung von Beladungsvorgängen** unter Berücksichtigung von optimaler Auslastung des Ladevolumens, Errechnung von zulässigem Gesamtgewicht und ähnlichem erfolgen kann, muss der Auftrag zunächst kommissioniert werden. **Kommissionierung** bedeutet die Zusammenstellung, Versandaufbereitung und Zuordnung von Waren zu einem bestimmten Auftrag. Dabei ist heute schon eine Vielzahl von modernen Systemen im Einsatz, die das Auffinden von Ware an bestimmten Lagerplätzen ermöglicht, Bestandslisten checkt und aktualisiert, Packlisten erstellt und die Konfektionierung von Sendungen vornimmt. Künftig soll die Beladung in vielen Distributionszentren von speziellen Robotersystemen durchgeführt werden. An der Entwicklung solcher Systeme arbeiten Robotikspezialisten weltweit bereits fieberhaft.

Nach Abschluss des Ladevorgangs kann es dann auf den – natürlich bestmöglichen – Weg gehen. Voraussetzung ist eine optimale Streckenführung unter Berücksichtigung einer Vielzahl von Kriterien, qualifiziertes **Routenmanagement** also. Dafür werden zunehmend auftragsbezogene Daten mit den Möglichkeiten der **Navigationsgeräte** in den LKW verbunden. Komfortable Systeme verarbeiten dazu auch noch Daten aus der **Telematik**, um Statusberichte des Fahrzeugs wie Störungen, Wartungsintervalle, aber auch Daten zum Zustand der Ware mit in die Planungen einzubinden.

Zur Nachverfolgung von Paketen und Sendungen kommen **Tracking-&-Tracing-Lösungen** zum Einsatz. In der Regel wird dabei das Transportgut dafür mit einem RFID oder Barcode versehen, der eine maschinenlesbare Routing-Information enthält, die den Weg des Packstücks vom Absender bis zum Ziel beschreibt. Je nach Serviceangebot können dann nicht nur die Dienstleister, sondern auch die Kunden selbst in Echtzeit den Zustellstatus der Sendung abrufen.

Welche Entwicklungen und Trends werden die Logistik-IT zukünftig bestimmen? Hier heißt das zentrale Thema **„Dezentrale Systeme"**. Es bestimmt die aktuelle Diskussions- und Forschungslandschaft der Logistik-IT mit Begriffen wie „Autonom kooperierende Logistik", „Selbststeuernde Logistikprozesse" oder „Internet der Dinge". Dabei wird, kurz gesagt, die komplette Selbststeuerung logistischer Objekte wie Transportgut, Ladungsträger und Transportsysteme angestrebt.

Zusammenfassend kann festgestellt werden, dass es noch viele Probleme zu lösen gilt und dass der Forschungsbedarf weiterhin hoch bleibt. Nahezu alle Bereiche der IT sind in der Logistik aufs Höchste gefordert und verbinden sich mit anderen Disziplinen wie der Elektrotechnik und ihren Weiterentwicklungen für immer leistungsfähigere Chipgenerationen, mit der Kommunikationstechnik, die die ungeheuren Datenmengen schnell und ausfallsicher über den ganzen Globus hinweg weiterleiten muss, den Ingenieurswissenschaften, die an der Optimierung neuer, leistungsfähiger Automatisierungsanlagen und Robotiksystemen arbeiten sowie schließlich den Experten für alle wirtschaftlichen Zusammenhänge der Unternehmen. Alle technischen Disziplinen wenden für die Logistik ihre neuesten Technologien auf und werden durch die komplexen Anforderungen der Branche extrem gefordert. Die Managementspezialisten wiederum erarbeiten die Vorgaben für Auswertungskriterien und sind aktiv an der Einbindung der Auswertungen in die Controlling-Instrumente der Unternehmen beteiligt.

4. Akademische Aus- und Weiterbildung

Im Spätherbst 2008 erschien die umfassende Studie *Studium Logistik* von Helmut Baumgarten und Wolf-Christian Hildebrand, beide ausgewiesene Experten des Logistikbereichs am renommierten Institut für Technologie und Management der TU Berlin. Darin geben sie einen umfassenden, aktuellen Überblick über das Angebotsspektrum an akademischen Aus- und Weiterbildungsmöglichkeiten im Bereich Logistik in Deutschland. Ihre Studie beleuchtet das Angebot von Universitäten, Fachhochschulen und Berufsakademien und bereitet allen Interessierten nicht nur wichtige Informationen zur Art und Ausgestaltung des aktuellen Bildungsangebots auf, sondern liefert zudem ein ausführliches Verzeichnis von Kontaktadressen mit den jeweiligen Ansprechpartnern an den Hochschulen.

> **TIPP** Die komplette Studie liegt als pdf-Datei zum Download vor:
> www.logistik.tu-berlin.de/menue/publikationen/studien/studium_logistik/

Insgesamt ist das logistische Studienangebot nicht leicht zu fassen, da es in sehr unterschiedlichen Fachgebieten angesiedelt ist. So ist eine Vielzahl an Angeboten im Bereich der Wirtschaftswissenschaften zu finden, andere Angebote sind in die Ingenieurswissenschaften eingegliedert. Wirtschaftsingenieurwesen, Betriebswirtschaft, Wirtschaftsinformatik, Informatik, Maschinenbau oder Verkehrswesen – in all diesen Fächern lassen sich Logistik-Studienangebote finden. Die meisten zeichnen sich jedoch dadurch aus, dass sie kein einseitiges Ausbildungsprofil vermitteln, sondern – mit unterschiedlicher Gewichtung – Inhalte der betriebswirtschaftlichen und der technischen Seite miteinander verbinden.

Logistik-Know-how wird an deutschen Hochschulen in drei Formen angeboten:

- in ausgewiesenen **Fachstudiengängen Logistik**
- in **Modulen und Unterrichtseinheiten** anderer Fächer mit Logistik als Wahlbereich (entweder als Studienschwerpunkt oder als Studienbestandteil)
- im Bereich der **Weiterbildung**.

Reine Logistik-Studiengänge sind noch nicht so verbreitet wie Studiengänge mit logistischen Studieninhalten. Besonders an den Universitäten gibt es noch kein sehr großes Angebot an dezidierten Logistik-Studiengängen. In der Weiterbildung gibt es sowohl Vollzeit- als auch berufsbegleitende Studienangebote. Letztere setzen in der Regel einschlägige Berufserfahrung im Bereich Logistik voraus.

Lässt man einmal das Weiterbildungsangebot außen vor und betrachtet die Absolventenzahlen von 2007, so zeigt sich eine klare Verteilung bei den unterschiedlichen Ausbildungsformen:

Absolventen mit logistischem Hintergrundwissen

Logistik als Studienschwerpunkt — 30 %

Logistik als Studienbestandteil — 59 %

Logistik als Studiengang — 11 %

Quelle: H. Baumgarten/W.-C. Hildebrand, *Studium Logistik, Akademische Ausbildung und Führungskräftenachwuchs in der Zukunftsbranche Logistik*, Berlin 2008, S. 30 f.

Von den 11.600 Absolventen, die Baumgarten und Hildebrand in ihrer Studie anführen, stellen die Absolventen mit Logistik als Studienbestandteil (rund 59 Prozent) die weitaus größte Gruppe. Logistik als ausgewiesener Studiengang hingegen ist mit rund 11 Prozent bei den Absolventen nicht sehr stark ausgeprägt. Für den Arbeitsmarkt sind diese Absolventen jedoch bestens gerüstet, da sie mit ihren Kenntnissen in nahezu allen Teilbereichen der Logistik hoch qualifiziert sind. Rund ein Drittel der Absolventen hat Logistikkenntnisse mit Studiengängen erworben, die einen Logistikschwerpunkt haben.

4.1 Das Studienangebot der Universitäten

Fast flächendeckend können Interessierte über ein Logistik-Studienangebot an deutschen Universitäten verfügen. Baumgarten/Hildebrand weisen an 44 Universitäten Studiengänge aus. Reine Logistik-Studiengänge bieten:

Universität	Studiengang	Abschluss
Dortmund TU	Logistik	Diplom-Logistiker / B.Sc. / M.Sc.
Essen Universität Duisburg-Essen	Logistik Management	M.Sc.
	Technische Logistik	M.Eng.
Göttingen Georg-August-Universität	Marketing und Distributions-management	M.Sc.
Hamburg TU Hamburg-Harburg und Hamburg Kühne School of Logistics and Management	Logistik, Infrastruktur und Mobilität	M.Sc.
Hannover Leibniz Universität	Produktion und Logistik	B.Sc. / M.Sc.
München TU	Produktion und Logistik	Dipl.-Ing. / B.Sc. / M.Sc.

Quelle: H. Baumgarten/W.-C. Hildebrand, *Studium Logistik, Akademische Ausbildung und Führungskräftenachwuchs in der Zukunftsbranche Logistik*, Berlin 2008, S. 18

4.2 Studienangebote an Fachhochschulen

Die Fachhochschulen bieten derzeit das umfassendste Angebot in der Logistik-Ausbildung. Insgesamt 71 Fachhochschulen werteten Baumgarten/Hildebrand in ihrer Studie aus. Bemerkenswert ist dabei das verhältnismäßig große Angebot an dezidierten Logistik-Studiengängen. In folgenden Städten findet sich ein Fachhochschulangebot mit reinen Logistik-Studiengängen:

▪ Bad Homburg	▪ Hamburg	▪ Ludwigshafen
▪ Berlin	▪ Hamm	▪ München
▪ Bremerhaven	▪ Heilbronn	▪ Münster
▪ Brühl	▪ Hof	▪ Regensburg
▪ Gelsenkirchen	▪ Kaiserslautern	▪ Reutlingen
▪ Gießen	▪ Lemgo	▪ Wolfenbüttel

Quelle: H. Baumgarten/W.-C. Hildebrand, *Studium Logistik, Akademische Ausbildung und Führungskräftenachwuchs in der Zukunftsbranche Logistik*, Berlin 2008, S. 29

4.3 Studienangebote an Berufsakademien

Schließlich verzeichnen Baumgarten/Hildebrand 14 Berufsakademien mit einem Logistik-Studienangebot. Die folgenden sechs Akademien bieten reine Logistik Studiengänge an:

Berufsakademie	Bezeichnung des Studiengangs	Abschluss
Staatliche Studien-akademie Glauchau	Spedition, Transport und Logistik	Diplom-Betriebswirt (BA)
BA Heidenheim	Spedition, Transport und Logistik	Bachelor of Arts (BA)
BA Lörrach	Spedition, Transport und Logistik	Bachelor of Arts (BA)
BA Mannheim	Spedition, Transport und Logistik	Bachelor of Arts (BA)
BA Mosbach	Warenwirtschaft und Logistik	Bachelor of Arts (BA)
BA Nordhessen	Logistik	Bachelor of Arts (BA)

Quelle: H. Baumgarten/W.-C. Hildebrand, *Studium Logistik, Akademische Ausbildung und Führungskräftenachwuchs in der Zukunftsbranche Logistik*, Berlin 2008, S. 29

4.4 Weiterbildungsangebote

Die Logistikbranche ist äußerst innovativ und in besonderem Maße mit den schnellen Veränderungen im globalen Markt verknüpft. Aus diesem Grund ist für Logistiker **lebenslanges Lernen** unerlässlich. Der gesamte Weiterbildungsmarkt ist jedoch so vielfältig, dass es nahezu unmöglich ist, einen guten Überblick zu geben. Auch im Bereich Logistik ist das Angebot groß. Im **universitären Bereich** handelt es sich meist um Master-Studiengänge, die fast alle eine Regelstudienzeit von vier Semestern ausweisen. Logistik-Master-Studiengänge bieten die

- TU Darmstadt
- Dresden International University
- Universität Duisburg-Essen
- TU Hamburg-Harburg / Hamburg Kühne School of Logistics and Management
- Uni Stuttgart
- Uni Würzburg

Fachhochschulen mit weiterbildenden Logistik-Master-Studiengängen gibt es in Fulda, Hamm, Hof, Ludwigshafen, Münster, Osnabrück und Trier.

Daneben bieten zahlreiche private Einrichtungen Logistik-Weiterbildungen mit unterschiedlichem Qualitäts- und Qualifizierungsniveau. Hier eine einigermaßen vollständige Übersicht zu geben, ist allerdings kaum möglich.

> **TIPP** Einen guten Einstieg zur Orientierung, welche Bildungsangebote es im Bereich Logistik gibt, erhält man über die noch recht neue Datenbank **bestLog**. Sie ist Teil einer europäischen Logistik-Wissenschaftsplattform und wird von der europäischen Kommission gefördert. Dem Projektteam sind neun Forschungsinstitute aus ganz Europa angegliedert. Es steht unter Leitung eines Wissenschaftsteams des Fachgebiets Logistik der TU Berlin.
>
> Infos zu bestLog finden Sie unter www.bestlog.org. Auskunft geben auch die Mitarbeiter der TU Berlin per E-Mail unter info@bestlog.org oder telefonisch unter 030/314-29980.

5. Karrierechancen

Geschätzte 2,7 Millionen Beschäftigte weist die Logistikbranche derzeit auf. Ihre genaue Zahl lässt sich kaum ermitteln, da es keine einheitliche Definition gibt, welche Berufsgruppen eindeutig zur Logistik gezählt werden. Vom Speditionsfahrer über den Lageristen bis zum IT-Fachmann und Manager sind über alle Hierarchieebenen hinweg Fachkräfte in der Branche tätig. Wie auch immer die genaue Zahl der Beschäftigten lautet, wirklich erheblich ist nur die Tatsache, dass der Hunger der Logistikbranche nach Fachkräften ungebrochen ist. Das Potenzial wird gegenwärtig auf jährlich rund 100.000 neue Jobs taxiert. Laut Logistik-Indikator von BVL und DIW für das zweite Quartal 2008 stellt der enorme Fachkräftemangel eines der dringlichsten Probleme der Branche dar. So gaben 74 Prozent der befragten Logistikexperten aus Industrie- und Handelsunternehmen an, dass die Besetzung offener Stellen mit qualifizierten Arbeitskräften schwierig sei, bei den Logistikdienstleistern waren es sogar fast 80 Prozent.

Da Logistikverantwortung heute mit zu den wichtigsten Managementaufgaben gehört, hat sich der Akademikeranteil in den vergangen Jahren stark erhöht.

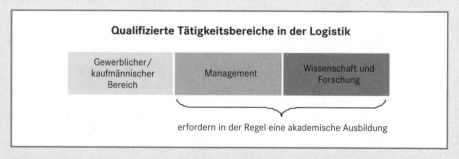

Qualifizierte Tätigkeitsbereiche in der Logistik

Gewerblicher/ kaufmännischer Bereich — Management — Wissenschaft und Forschung

erfordern in der Regel eine akademische Ausbildung

So besitzen 450.000 von den rund 2,7 Millionen Beschäftigten in der Logistik einen akademischen Abschluss. Mehr als 10.000 Absolventen verlassen pro Jahr die Hochschulen mit Logistikkenntnissen unterschiedlicher Tiefe und Qualität. Einige haben reine Logistikabschlüsse in der Tasche und können mit allerbesten Karrierechancen in der Branche rechnen. Viele Absolventen haben in ihrem Fach für die Logistik relevante Zusatzqualifikationen – teils über spezielle Wahlfächer – erworben. Die dringende Suche nach topqualifiziertem Nachwuchs zeigte sich auch im April 2008 beim ersten deutschlandweiten **Tag der Logistik:** Im Rahmen des angebotenen Programms zählte der Studententag in Dortmund mit zu den größten Veranstaltungen dieses Aktionstags. Allein 750 Nachwuchsakademiker konnten sich dort über ihre Karrierechancen in logistischen Berufsfeldern informieren. Auch die Ausrichtung von Doktorandenworkshops beispielsweise von der Bundesvereinigung Logistik zeigt, wie sehr die Logistikunternehmen um die Gunst qualifizierter Akademiker werben. Auch Absolventen von Bachelor-Studiengängen haben gute Einstiegschancen.

6. Verdienstmöglichkeiten und Anforderungen

6.1 Einstiegsgehälter

Je nach Ausbildungsgrad und abhängig davon, in welchem Logistikfeld Hochschulabsolventen in ihr Berufsleben starten, variieren die Einstiegsgehälter. Ferner richten sich die Einkommensunterschiede auch nach der Art der besuchten Hochschule. Universitätsabsolventen erzielen in der Regel die höchsten Einstiegsgehälter, gefolgt von den Fachhochschulabsolventen. Mit etwas größerem Abstand folgen die Absolventen von Berufsakademien. Schließlich spielt es eine Rolle, bei welchem Arbeitgeber Sie in ihren Beruf starten. Die höchsten Einstiegsgehälter zahlt die Industrie.

Tätigkeit	Industrie	Handel	Dienstleistung
Materialwirtschaft, Logistik	39.579 €	34.980 €	35.987 €
Produktionsplanung und -steuerung	41.118 €	–	38.243 €
Einkauf	39.524 €	37.498 €	33.906 €
Disposition	37.012 €	32.392 €	31.988 €
Versand	34.825 €	31.583 €	32.150 €

Quelle: *PersonalMarkt* (2008), *Vergütungsstudie 2007 für Spezialisten und Führungskräfte in der Logistik*, zusammengestellt in *Logistik-Inside* (2008) Gehalts(s)check, S. 58 f.

6.2 Hard Skills

Je nach Einsatzgebiet können die Anforderungen an Wirtschaftswissenschaftler sehr unterschiedlich ausfallen. Für jeden Einzelbereich werden daher Fachkräfte gesucht, die auf die jeweils benötigten Instrumente und Technologien geschult sind und sie perfekt beherrschen. Diese dezidierten Anforderungsprofile können stark voneinander abweichen. Allgemein sind spezifische Branchen- und Marktkenntnisse von Vorteil, für die Auto- oder Maschinenbaubranche beispielsweise auch ein gutes Basiswissen für ingenieurtechnische Lösungen. Für andere Logistik-Arbeitsfelder sind gute Kenntnisse modernster Kommunikationssysteme von Bedeutung, für wieder andere juristische Grundkenntnisse etc.

Abgesehen davon werden gute **Kenntnisse** der Logistik-Branche bzw. „Insider-Wissen" oft sogar höher als die eigentliche Fachqualifikation bewertet. Ein Grund ist sicherlich die faktische Verzahnung so vieler Disziplinen, die qualifizierten Mitarbeitern ein breites Wissensspektrum abverlangt.

Betrachtet man die Anforderungen einmal genauer, so werden sowohl im Mittleren wie im Höheren Management Kenntnisse und Verständnis für die Gesamtheit der logistischen Prozesse des eigenen Unternehmens erwartet. Das umfasst nicht nur die eigenen Prozesse, sondern schließt die Zulieferer und/oder Kunden mit ihren Anforderungen und Gegebenheiten ein. Die Fähigkeit, diese Prozesse in ihrer gesamten Tiefe zu erfassen, zu koordinieren und in Einklang mit den Anforderungen des eigenen Unternehmens zu bringen, gehört zu den zentralen Aufgaben des Logistik-Managements. In ihrem Berufsalltag müssen Logistik-Manager zudem Verträge mit sämtlichen Beteiligten des Gesamtprozesses aushandeln und eine Vielzahl an Entscheidungen treffen, die stets eine Optimierung der Abläufe zum Ziel haben und Ausfälle und Risiken minimieren.

6.3 Soft Skills

Die Logistik stellt zweifelsohne überdurchschnittliche Anforderungen an die so genannten Soft Skills der Bewerber. So müssen Wirtschaftswissenschaftler einige soziale Kompetenzen in ganz besonders hohem Maß mitbringen. Dazu zählen vor allem **Führungsqualitäten, Kommunikationsfähigkeit, Teamfähigkeit** und die **Bereitschaft zu interdisziplinärem Arbeiten**. Denn viele logistische Aufgaben werden von Expertenteams gelöst, die meist verschiedene Fachrichtungen vereinen. In der gesamten Produktionslogistik beispielsweise arbeiten Ingenieure, die für die Errichtung technischer Anlagen wie zum Beispiel speziellen Fördervorrichtungen oder Packautomaten zuständig sind, mit Informatikern zusammen, die Systeme für die Geräteansteuerung entwickeln oder die Daten der Gerätekapazitäten mit den Auftrags- und Verwaltungssystemen verknüpfen. Bei der Programmierung von Softwarelösungen für die Frachtabwicklung kommen die Vorgaben sowohl von der betriebswirtschaftlichen Seite als auch von Logistikfachleuten, Zollexperten und/oder der Rechtsabteilung. Die **Bereitschaft zu permanenter Fortbildung** ist in der modernen Logistik also ein wesentliches Qualifikationsmerkmal. Die hohen Anforderungen der Branche an leistungsfähige Systeme aus allen Teilbereichen bedingen, dass sich alle Beteiligten dicht an den neuesten Technologien und Entwicklungen bewegen. In diesem interdisziplinären Umfeld stets auf der fachlichen Höhe zu bleiben, kann mitunter sehr zeitintensiv sein und erfordert viel eigenes Engagement.

Kennzeichnend für die Logistikbranche ist die starke internationale Ausrichtung. Große Logistikdienstleister agieren weltweit und haben damit nicht nur ein hohes Kommunikationspotenzial, sondern arbeiten mit Projektteams, deren Teammitglieder sich nicht selten aus mehreren Kulturkreisen zusammensetzen. **Sehr gute Fremdsprachenkenntnisse** - vor allem gute Englischkenntnisse - sind daher unverzichtbares Rüstzeug und werden tagtäglich aktiv gebraucht. Es geht dabei nicht nur um die Beherrschung des Fachvokabulars, sondern vor allem um die Fähigkeit, auch die gesamte soziale Kommunikation und Abstimmung im Team in der Fremdsprache führen zu können. Auch Toleranz und **interkulturelles Verständnis** sind dabei vonnöten. Daneben erfordert die Internationalität der Branche auch eine hohe **Mobilität** der Mitarbeiter, da die Aufgaben nicht selten auch längere oder wechselnde Einsatzorte oder Auslandsaufenthalte mit sich bringen.

Schließlich sind **Belastbarkeit** und die **Fähigkeit, auch unter Zeitdruck gute Ergebnisse zu produzieren** sowie die **Bereitschaft zu ungewöhnlichen oder langen Arbeitszeiten** wichtige Attribute aller hochwertigen Jobs in der Logistik.

6.4 Claim: Just-in-Time

Jede Unterbrechung des komplexen Kreislaufs von Planen, Produzieren, Transportieren und Ausliefern provoziert eine ganze Kette von Problemen und lässt schnell immense Kosten auflaufen. Eindrucksvolles Beispiel hierfür waren die Anlaufschwierigkeiten des neuen Gepäckabfertigungssystems am Flughafen London Heathrow im Frühjahr 2008. Tausende Fluggäste verließen ohne ihr Gepäck den Flughafen, immense Kosten entstanden durch die Beauftragung externer Dienstleister, die fehlgeleitetes Gepäck weltweit einsammeln und den Besitzern wieder zuführen mussten. Flüge waren verspätet oder mussten gestrichen werden. Die zusätzlichen Kosten für die Flughafenbetreiber: astronomisch. Ausfälle oder Fehlplanungen in der Automobilbranche oder anderen Branchen würden ebenso schnell riesige Folgekosten entstehen lassen. Verfügbarkeit, Ausfallsicherheit und Flexibilität, um sich schnell auf die wechselnden Vorgaben der globalen Märkte einstellen zu können, sind von elementarer Bedeutung für jedes Unternehmen, das wesentliche Bereiche der Logistik anbietet oder selbst als Dienstleistung benötigt.

Doch je komplexer ein System, umso störanfälliger ist es in der Regel auch. Um dem Claim „Just in Time" gerecht zu werden, bedarf es oft nicht nur in Krisenzeiten außerordentlicher Anstrengungen mit zum Teil schier endlosen Arbeitstagen. Nur mit Zuverlässigkeit, Teamgeist und Engagement lassen sich kleine und größere Krisen meistern.

7. Logistik in Forschung und Lehre

Auch in der Lehre hat sich die Logistik aus dem Nischendasein befreit und einen festen Platz erobert. „In den 1970er Jahren lehrten an den Universitäten fünf Professoren, die Logistik auf ihre Fahne geschrieben hatten", erinnert sich Prof. Baumgarten, Professor der TU Berlin. „Heute verfügen von 270 Universitäten Fachhochschulen und Berufsakademien 130 über ein Logistikangebot."

Wissenschaftliches Arbeiten in der Logistik findet hauptsächlich an Universitäten und staatlichen wie privatwirtschaftlichen Forschungseinrichtungen statt. Vom Akademikernachwuchs wird nicht nur verlangt, dass er genau die einzelnen Komponenten der Logistikprozesse kennt und versteht, sondern vor allem zukünftige Trends für den gesamten Logistiksektor erspüren kann und mit Innovationskraft und Know-how tragfähige Lösungen entwickelt. Dabei muss er seine Strategien an die Erfordernisse und Kapazitäten der unterschiedlichen Marktakteure anpassen und in einen übergreifenden Kontext stellen.

Es wäre unmöglich, an dieser Stelle alle Forschungs- und Bildungseinrichtungen zu nennen, die Logistikprojekte betreuen. Darum können hier exemplarisch nur einige Institute mit ihren Tätigkeitsschwerpunkten vorgestellt werden:

- **Fraunhofer Institut für Materialfluss und Logistik (IML) – Dortmund**
  Es versteht sich gleichzeitig als Beratungs- und Forschungsinstanz, die als Planer bei der Optimierung inner- und außerbetrieblichen Logistik hilft und als Entwickler Soft- und Hardwarelösungen erstellt. Eine enge Zusammenarbeit mit der Wirtschaft steht beim IML im Vordergrund.
  www.iml.fraunhofer.de

- **Fraunhofer Institut für Integrierte Schaltungen – Arbeitsgruppe für Technologien der Dienstleistungswirtschaft (ATL) – Nürnberg**
  Die Fraunhofer ATL hat es sich zur Aufgabe gemacht, „die wissenschaftsbasierte betriebswirtschaftliche Logistik aktiv weiterzuentwickeln und für die Unternehmenspraxis nutzbar zu machen". Dabei finden werden vor allem Methoden und Erfahrungen des Strategie-, Innovations-, Organisationsentwicklungs- und Prozessmanagements in Verkehr und Logistik Berücksichtigung. Aber auch computergestützte Entscheidungsunterstützung sowie der Einsatz moderner Informations- und Kommunikations-Technologien spielen eine wesentliche Rolle bei der Forschungsarbeit des ATL. Zudem erstellt das ATL regelmäßig wichtige Marktbeobachtungen und Standortanalysen, die der gesamten Branche als Orientierung und Gradmesser dienen. Dazu gehören: Die Top 100 der Logistik, Zielkundenanalyse für Logistikdienstleister, Logistik Standortentwicklung sowie Recht und Politik in der Logistik. Die Wissenschaftler der ATL haben bei ihrer Tätigkeit auch den Faktor Mensch als wesentlichen Erfolgsfaktor in der Logistik unter verstärkter Beobachtung.
  www.atl.fraunhofer.de

- **Fraunhofer Institut für Verkehrs- und Infrastruktursysteme (IVI) – Dresden**
  Einige Schwerpunkte der Forschungsarbeit sind Verkehrsprozessanalysen und Monitoring verkehrsbedingter Immissionen.
  www.ivi.fraunhofer.de

- **Uni Bremen: Bremer Institut für Mikrosensoren, - aktuatoren und -systeme** unter dem Dach des Sonderforschungsbereiches 637 „Selbststeuerung logistischer Prozesse".
  www.sfb637.uni-bremen.de

- **Bremer Institut für Produktion und Logistik GmbH (BIBA) an der Uni Bremen**
  Geforscht wird hier schwerpunktmäßig in zwei Bereichen: Intelligente Produktions- und Logistiksysteme (IPS) und Informations- und kommunikationstechnische Anwendungen in der Produktion (IKAP).
  www.biba.uni-bremen.de

- **Uni Potsdam: Hasso-Plattner-Institut für Softwaretechnik GmbH (HPI)**
  Das HPI ist Deutschlands universitäres Exzellenz-Zentrum für IT Systems Engineering. Grundlagen und Anwendungen für große, hoch komplexe und vernetzte IT-Systeme, wie sie die Logistik benötigt, werden hier erforscht und entwickelt.
  www.hpi.uni-potsdam.de

- **Uni Karlsruhe: Institut für Fördertechnik und Logistik**
  Tätigkeitsfelder der Institutsarbeiten liegen auf drei Ebenen: der Netzwerk-, Anlagen- und Maschinenebene. Auf der Netzwerkebene werden Fragestellungen mit strategischem Charakter wie Netzwerkdesign und Strategien für das Supply Chain Management bearbeitet. Auf der Anlagenebene stehen Fragestellungen der analytischen und simulativen Untersuchung von inner- und überbetrieblichen Produktionssystemen im Vordergrund. Der Forschungsbereich Fördertechnik schließlich befasst sich auf der Anlagen- und Maschinenebene mit Berechnungsmethoden fördertechnischer Komponenten und Aspekten der Auswahl von Fördermitteln.

  www.ifl.uni-karlsruhe.de

- **TU-Berlin: Institut für Technologie und Management, Bereich Logistik**
  Im Bereich Logistik sind in einem breiten Forschungsspektrum sowohl betriebswirtschaftliche als auch technische und informationstechnologische Themen vertreten. Diese Themen wiederum sind in drei zentralen Forschungsclustern zusammengefasst: Supply Chain Management, globale Wertschöpfung und Verkehrslogistik. Zusätzlich wurde das Forschungsfeld Trends & Strategien in der Logistik ins Leben gerufen, das sich auf die Identifikation und Übertragung von Best-Practice-Ansätzen fokussiert hat.

  www.logistik.tu-berlin.de

- **Uni Stuttgart: Institut für Fördertechnik und Logistik**
  Am Institut wird unter anderem in folgenden Forschungsbereichen gearbeitet: Maschinenentwicklung und Materialflussautomatisierung, Distributions-, Produktions-, Entsorgungs- und Verkehrslogistik.

  www.uni-stuttgart.de/ift/

FAZIT

Die Logistik ist mit Sicherheit eines der spannendsten Tätigkeitsgebiete für alle, die in einem beruflichen Umfeld mit dynamischen Prozessen, einem hohen Maß an Innovationen sowie in einem globalen Berufsfeld arbeiten möchten. In der Logistik bieten sich ihnen Jobs, die nicht nur verhältnismäßig krisensicher und hochgradig innovativ sind, sondern in denen sie im wahrsten Sinne des Wortes mit ihrem Know-how und ihren Fähigkeiten „etwas bewegen können".

2.6 Branchenübersicht

Ingesamt waren im Jahr 2007 nach Zahlen des Statistischen Bundesamts fast 40 Millionen Menschen (39,77 Millionen) erwerbstätig. Mit fast 8 Millionen liegt das produzierende Gewerbe hier vor den 2,2 Millionen, die im Baugewerbe, und den 0,85 Millionen, die in der Land- und Forstwirtschaft arbeiten.

Den größten Anteil an Mitarbeitern hat allerdings der Dienstleistungssektor: Fast 29 Millionen Menschen waren dort beschäftigt, wobei innerhalb dieser Gruppe der Handel, das Gastgewerbe und der Verkehr mit fast 10 Millionen den größten Anteil ausmachen. Knapp dahinter folgt mit 6,87 Millionen Beschäftigten der Bereich der Finanzierung, Vermietung und Unternehmensdienstleister. Bei öffentlichen und privaten Dienstleistern (zum Beispiel im Gesundheitswesen) waren 12,01 Millionen Menschen tätig.

Betrachtet man die längerfristige Entwicklung, so zeigt sich, dass die absolute Zahl der Erwerbstätigen seit 1991 deutlich und zwar um mehr als 5,8 Millionen Menschen gestiegen ist. Zeitgleich ist auch der Anteil der Erwerbstätigen im Dienstleistungssektor deutlich gewachsen, nämlich von knapp 60 auf 72,4 Prozent.

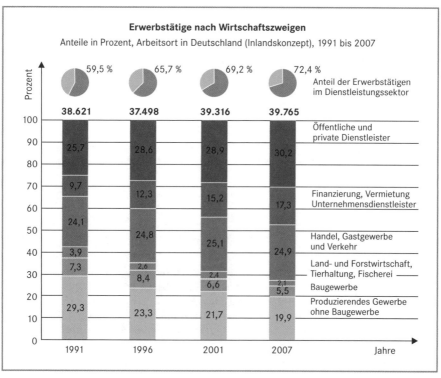

Quelle: Statistisches Bundesamt; IAB: Daten zur kurzfristigen Entwicklung von Wirtschaft und Arbeitsmarkt, 06.2008; Bundeszentrale für politische Bildung, 2007

Im Gegensatz hierzu gingen in allen anderen Bereichen die Beschäftigtenzahlen nach unten. Der Anteil des produzierenden Gewerbes sank beispielsweise in diesem Zeitraum von 29,3 auf 19,9 und auch beim Baugewerbe ist eine ähnliche Entwicklung zu beobachten. Hier sank der Anteil von 7,3 auf 5,5 Prozent.

Betrachtet man die Zahlen etwas genauer, so zeigt sich, dass von den fast 40 Millionen Beschäftigten nur rund 26,6 Millionen Menschen sozialversicherungspflichtig beschäftigt waren. Diese 26,6 Millionen teilen sich in 12,05 Millionen Frauen und 14,55 Millionen Männer auf.

Der **Monster Employment Index** stieg in Deutschland im November um einen Punkt auf 144 Punkte an. Nach dem Indexrückgang im Oktober zeigte sich somit wieder ein leichter Aufwärtstrend – und dies trotz der schwierigen Wirtschaftslage. Der Monster Employment Index erhebt monatlich die Zahl der im Internet angebotenen Stellen und wertet dabei für Deutschland die Stellenangebote von 280 Unternehmens-Webseiten sowie mehr als zehn Online-Stellenbörsen aus.

Den größten Zuwachs an Online-Stellenangeboten erzielte im November das Gesundheitswesen; die stärksten Verluste verzeichnet hingegen die Berufskategorie der Anlagen- und Maschinenbediener, die zehn Punkte im Vergleich zum Vormonat einbüßten.

Die Ergebnisse des Monster Employment Index für die vergangenen 13 Monate:

11/08	10/08	09/08	08/08	07/08	06/08	05/08	04/08	03/08	02/08	01/08	12/07	11/07
144	143	150	146	150	140	142	141	148	146	125	135	142

Anmerkung: Der Wert 100 präsentiert die durchschnittliche Zahl der Stellenangebote, die im Zeitraum Dezember 2004 – November 2005 erfasst wurden.

Nur einige Marktsegmente zeigen eindeutige Veränderungen. So schneidet im November das **Gesundheitswesen** am besten ab: Die Sparte legt im Index um 28 Punkte zu, denn trotz wirtschaftlicher Turbulenzen bleibt der Bedarf an qualifizierten Fachkräften in diesem Marktsegment stabil. Eine weiterhin hohe Nachfrage zeigt außerdem der Produktionsbereich. Ganz im Abwärtstrend liegt seit August der Human-Resources-Sektor, der im November weitere acht Punkte einbüßt. Den größten Verlust im Vergleich zum Vormonat verzeichnet jedoch das Rechnungs- und Steuerwesen, das um 16 Index-Punkte abrutscht.

Ein leicht negativer Trend geht im November durch die meisten Berufskategorien. Die stärksten Verluste verzeichnen dabei die Anlagen- und Maschinenbediener, die zehn Punkte im Vergleich zum Oktober einbüßen. Weiterhin betroffen vom Abwärtstrend sind auch die Fachkräfte in der Landwirtschaft und der Fischerei. Die Berufsgruppe, die im November in Deutschland am stärksten zulegt, sind die Angestellten im Dienstleistungs- und Verkaufssektor: Im Vergleich zum Oktober wächst diese Kategorie sogar um 20 Index-Punkte und setzt somit ihre positive Entwicklung seit August fort.

Interessant ist auch ein Blick auf die einzelnen Bundesländer. Das Bundesland mit der höchsten Anzahl an Internet-Angeboten ist Sachsen, das ein Wachstum von 18 Punkten im

Index verzeichnet. Dazu trägt vor allem die Erholung der Logistik- und Transportsektors bei. Auch im Jahresvergleich schneidet Sachsen am besten ab und legt um 19 Punkte (14 Prozent) gegenüber November 2007 zu. Eine ebenso positive Entwicklung im Vergleich zum Vormonat zeigen Niedersachsen (+8 Punkte), Nordrhein-Westfalen (+7 Punkte) und Bayern (+6 Punkte). Den größten Verlust an Online-Stellenangeboten zeigt hingegen Berlin (–6 Punkte). Vor allem der Bau-, der Bildungs- sowie der Medienbereich verzeichnen dabei einen Nachfragerückgang.

Die Ergebnisse des Monster Employment Index für November im europäischen Vergleich

- Frankreich: 143 (–15)
- Deutschland: 144 (+1)
- Niederlande: 156 (–8)
- Belgien: 107 (–7)

- Schweden: 156 (–6)
- Italien: 164 (+7)
- Großbritannien: 152 (–9)
- Europa: 146 (–6)

Die in Klammern angegebene Zahl gibt die Veränderung zum Vormonat in Index-Punkten wieder.

Weniger erfreulich zeigen sich die Arbeitslosenzahlen der Arbeitsagentur im ersten Quartal 2009: Nach der guten Entwicklung im Jahr 2008 – im November sank die Zahl sogar knapp unter die Drei-Millionen-Grenze – stiegen sie im Januar sprunghaft und auch im Februar weiter auf 3,55 Millionen an. Damit liegen sie allerdings immer noch um 11.000 unter dem Niveau vom Januar 2008. Eine wieder günstigere Entwicklung nehmen die meisten Prognosen erst für das zweite Halbjahr 2010 an.

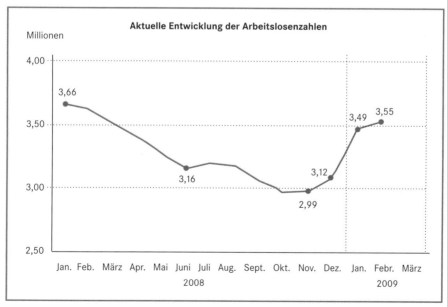

Quelle: Bundesagentur für Arbeit

2.6.1 Automobilindustrie

Die Automobilindustrie kann auf mehr als zehn Jahre mit stark steigenden Umsätzen zurückblicken. So stieg, nach Zahlen des Verbands der Automobilindustrie, allein zwischen den Jahren 2006 und 2007 der Umsatz von 270.506 auf 290.000 Millionen €. Das entspricht einer Steigerung von 7,2 Prozent, wobei ein Großteil dieser Steigerung auf ein deutlich verbessertes Auslandsgeschäft zurückzuführen ist. Seit 1993 stiegen die Umsätze kontinuierlich an, im Vergleich zum Jahr 1997 hatten sie sich 2007 verdoppelt.

Trotz dieser Steigerung um mehr als 7 Prozent ist im gleichen Zeitraum die Zahl der Mitarbeiter leicht geschrumpft und zwar von 750.206 im Jahr 2006 auf 744.550 im folgenden Jahr.

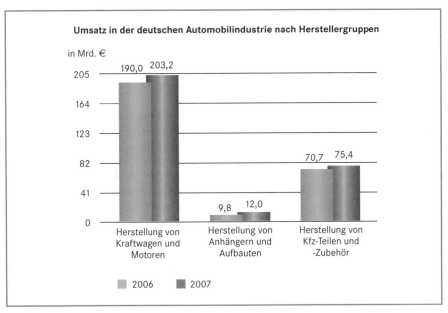

Quelle: Statistisches Bundesamt

Zum Zeitpunkt der Recherche für dieses Buch lagen zwar noch keine abschließenden Zahlen für 2008 vor, doch klar ist: Die Zeiten dieses jahrelangen Wachstums sind vorbei. Und der Einbruch ist drastisch: Allein im Oktober 2008 gab es einen Rückgang der Neuzulassungen in der Größenordnung von 8 Prozent im Vergleich zum Vorjahr. Der Export brach um 10 Prozent ein. Der Grund dafür ist offensichtlich: Die deutsche Automobilindustrie kann sich dem globalen Konjunkturabschwung nicht entziehen.

ZITIERT:

Matthias Wissmann,
Präsident des Verbandes der Automobilindustrie (VDA)

„Die Auswirkungen der Finanzmarktkrise auf Börsen und Realwirtschaft waren in ihrem Ausmaß und ihrer Geschwindigkeit so nicht annähernd vorhersehbar", betonte Matthias Wissmann, Präsident des Verbandes der Automobilindustrie (VDA) im November 2008.

Im Gegensatz zu früheren Jahren, als der stagnierende heimische Markt durch den hohen Anteil im Export ausgeglichen wurde, ist nun auch der Absatz im Ausland betroffen – und zwar nicht nur in den Ländern, wie den USA, die von der Finanzkrise besonders betroffen sind. „Die bislang dynamisch wachsenden Märkte in den Schwellenländern können die sich massiv abkühlende Nachfrage aus der Triade nicht mehr ausgleichen. Auch in China, Russland und Indien müssen wir uns in den kommenden Monaten auf eine schleppende Absatzentwicklung einstellen. Daher dürfte das letztjährige Exportvolumen von 4,3 Millionen Pkw nicht mehr erreichbar sein. Wir müssen uns also erstmals seit 2003 auf ein rückläufiges Exportvolumen einstellen", betont Matthias Wissmann.

Schon einen Monat später, in der Einschätzung der Lage im Dezember 2008, sah es noch einmal drastisch schlechter aus. So erwartet die deutsche Automobilindustrie im Inlandsmarkt im Jahr 2009 das niedrigste Niveau seit der Wiedervereinigung. „Für das Gesamtjahr 2009 gehen wir davon aus, dass das Neuzulassungsvolumen in Deutschland um die 2,9 Millionen Pkw liegen wird", betonte Matthias Wissmann, Präsident des Verbandes der Automobilindustrie (VDA), auf der VDA-Jahrespressekonferenz in Frankfurt. Auch der Export und die Produktion werden deutlich rückläufig sein. „Die Automobilmärkte haben eine Talfahrt genommen, die in dieser Geschwindigkeit und Ausprägung noch nie vorher stattgefunden hat. Die Krise beschränkt sich nicht auf ein Land, sondern hat alle wichtigen Märkte weltweit erfasst. Angesichts des dramatischen Nachfragerückgangs im In- und Ausland fahren die deutschen Hersteller ihre Produktion derzeit ausnahmslos ‚auf Sicht' und passen ihre Kapazitäten an. Dies wird auch Auswirkungen auf die Beschäftigung haben", so Wissmann.

Diese Entwicklung betrifft nicht nur den Bereich der Automobile, sondern mindestens ebenso stark den Bereich der Nutzfahrzeuge. Während hier bis über die Jahresmitte 2008 hinaus die Neuzulassungen, der Export und die Produktion von Nutzfahrzeugen noch zum Teil fast zweistellige Zuwächse verzeichneten, ist die Entwicklung mittlerweile durch erhebliche Rückgänge gekennzeichnet. Und vor allem: Es gingen die Bestellungen zurück. So berichtet der VDA im November in einer Pressemitteilung, dass der Bestelleingang ausländischer Kunden im Oktober das Vorjahresniveau um 54 Prozent (!) unterschritten hat.

„Auf dem westeuropäischen Nutzfahrzeugmarkt ist die Nachfrage nach Transportern im laufenden Jahr deutlich rückläufig, die schweren Nutzfahrzeuge werden aller Voraussicht nach im kommenden Jahr den stärksten Einbruch seit Jahrzehnten verzeichnen", schätzte Wissmann Anfang Dezember die Lage ein.

Für zusätzliche Verunsicherung sorgt die Tatsache, dass mit Opel ein in Deutschland wichtiger Autobauer tief in der Krise der Mutterfirma GM steckt, aber auch bei vielen anderen Autobauern heißt es derzeit: Abwarten und Kapazitäten abbauen bzw. einfrieren. Betroffen sind hiervon aber nicht nur die Autobauer selbst, sondern und vor allem auch die Zulieferer. „Neben den großen Herstellern sind es die gut aufgestellten und innovationsstarken Zulieferer, die in den vergangenen Jahren Arbeitsplätze geschaffen haben", so Wissmann. Auf diese würden 75 Prozent der Wertschöpfung im automobilen Bereich entfallen. Mit über 330.000 Beschäftigten allein in Deutschland erwirtschafteten die Zulieferer im vergangenen Jahr über 75 Milliarden €, mit den vorgelagerten Industrien hängen über eine Million Arbeitsplätze von den Zulieferern ab.

Derzeit passen die deutschen Hersteller ihre Produktionskapazitäten an, indem sie mit Kurzarbeit oder mit dem Abbau der Stunden auf den Arbeitszeitkonten reagieren. Ob dies reichen wird, darf bezweifelt werden und hängt letztendlich auch davon ab, wie sich die Nachfrage nach Neufahrzeugen und zwar sowohl im Bereich der Automobile als auch im Bereich der Nutzfahrzeuge tatsächlich entwickeln wird.

Für die Zukunft der Branche ist es aber nicht nur von Bedeutung, wie die derzeitige Krise überwunden wird, sondern auch – und das sogar in ganz entscheidendem Maß – wie der Automobilbau auf die Herausforderungen des 21. Jahrhunderts reagiert. Deutlich sparsamere, umweltschonendere und auch kleinere Autos, aber auch neue Antriebstechnologien (Brennstoffzelle, klassisches Elektroauto, Hybridmodelle etc.) werden in Zukunft noch wichtiger werden. Hier besteht großer Nachholbedarf, da ein Großteil der Branche auf eine falsche Modellpolitik gesetzt hat. Entscheidend wird sein, wie schnell und effektiv hier eine Neuausrichtung auch in der Krise möglich ist.

> **TIPP** Die Automobilindustrie stellt derzeit viele Mitarbeiter aus. Wenn überhaupt jemand gesucht wird, dann sind dies:

- Ingenieure
- Informatiker und IT-Spezialisten
- Wirtschaftsingenieure

2.6.2 Bauwirtschaft

Die Bauwirtschaft hat turbulente Zeiten hinter sich. Nach dem Fall der Mauer gab es über Jahre hinweg einen Bauboom, der allerdings im Jahr 1996 endete und die Bauwirtschaft in den Folgejahren in eine Krise schlittern ließ. Seit dem Jahr 2006 hat sich die Situation stabilisiert und mittlerweile sogar deutlich gebessert.

„Angesichts der aktuellen Zahlen für das erste Halbjahr 2008 sehen wir uns in unseren bisher vorsichtig gestimmten Konjunkturerwartungen für das Gesamtjahr bestätigt", meint der Vorsitzende der Bundesvereinigung Bauwirtschaft, Karl-Heinz Schneider, bei der Herbst-Pressekonferenz seines Verbandes Mitte September 2008 in Berlin. Schneider weiter: „Bei einem geringfügigen Zuwachs der Beschäftigten um 0,5 Prozent auf 2,73 Millionen Personen wird sich das Umsatzvolumen in den Mitgliedsverbänden der Bundesvereinigung Bauwirtschaft um etwa 2 Prozent auf rund 180 Milliarden € erweitern. Für die Mehrzahl der Betriebe stabilisieren sich Beschäftigung, Umsatz und Ertrag."

Für 2009 erwartet Schneider eine weitere Abschwächung des Wirtschaftswachstums; damit werden auch die Bauinvestitionen nur noch geringfügig um ein Prozent zulegen nach 2 Prozent in diesem Jahr. Positive Impulse werden dabei weiterhin von den gewerblichen Bauinvestitionen und in geringerem Umfang von den öffentlichen Bauinvestitionen ausgehen. Der Wohnungsneubau wird sich nicht beleben und somit die Entwicklung der gesamten Investitionen in Wohnbauten bremsen.

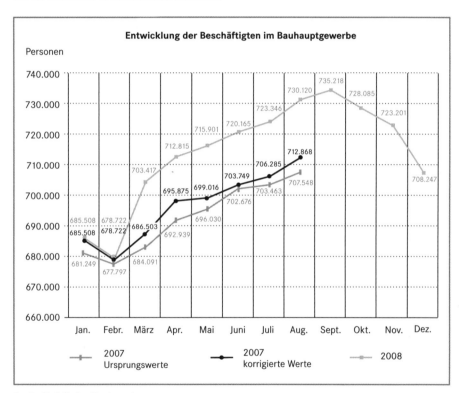

Quelle: Statistisches Bundesamt

In diesem Sinn äußert sich auch Dr.-Ing. Hans-Hartwig Loewenstein, Präsident des Zentralverbandes des Deutschen Baugewerbes: „Die derzeitigen Perspektiven für mittelständische Bauunternehmen sind durchwachsen. Kurzfristig haben wir uns auf ein schwieriges Jahr 2009 einzustellen. Mittelfristig – darauf setzen wir – wird sich die Gesamt-Konjunktur wieder stabilisieren und damit auch die Baukonjunktur. Denn Bauaufgaben gibt es zuhauf." Und damit hat er recht. Deutschland verfügt nämlich über einen sehr großen Altbaubestand, dessen energetische Sanierung dringend geboten und auch angesichts der hohen Energiepreise immer rentabler wird. Vor diesem Hintergrund sind die mittelfristige Perspektiven, vor allem für Bauunternehmen, die sich auf diesen Bereich spezialisieren, durchaus gut.

Wer mit einem Einstieg in den Bereich der Bauwirtschaft liebäugelt, sollte die Struktur der Branche kennen. Sie ist gekennzeichnet von einigen wenigen Großunternehmen, die zum Teil auch international tätig sind und vielen Klein- und Mittelständlern, die in aller Regel nur regional arbeiten. Vor allem die kleinen und mittelständischen Unternehmen sind damit auch sehr abhängig von der wirtschaftlichen Entwicklung in Deutschland im Allgemeinen, aber natürlich auch von der wirtschaftlichen Entwicklung in der Region, in der sie tätig sind. So sieht die Auftragslage für Bauunternehmen beispielsweise in Bayern und Baden-Württemberg deutlich besser aus, als für ihre Kollegen in Sachsen-Anhalt oder in auch im Ruhrgebiet.

> **TIPP** Die Bauwirtschaft sucht:

* Ingenieure und Architekten
* Wirtschaftsingenieure (in der Regel bei Großunternehmen)

2.6.3 Chemische Industrie

Die chemische Industrie in Deutschland ist gut aufgestellt und kann auf recht erfolgreiche Jahre zurückblicken, wie folgende Grafik veranschaulicht:

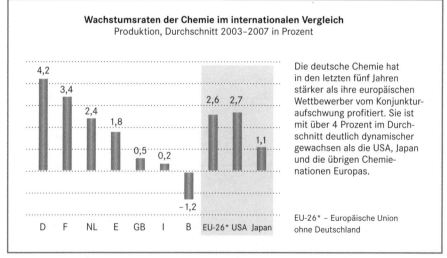

Wachstumsraten der Chemie im internationalen Vergleich
Produktion, Durchschnitt 2003–2007 in Prozent

4,2 3,4 2,4 1,8 0,5 0,2 2,6 2,7 1,1 −1,2

D F NL E GB I B EU-26* USA Japan

Die deutsche Chemie hat in den letzten fünf Jahren stärker als ihre europäischen Wettbewerber vom Konjunkturaufschwung profitiert. Sie ist mit über 4 Prozent im Durchschnitt deutlich dynamischer gewachsen als die USA, Japan und die übrigen Chemienationen Europas.

EU-26* – Europäische Union ohne Deutschland

Quellen: Statistisches Bundesamt, VCI

Doch auch hier hat sich die Situation geändert. Im Dritten Quartal 2008 ist es nämlich auch im Bereich der chemischen Industrie zu einer deutlichen Abschwächung gekommen. So mussten die Chemieunternehmen in Deutschland ihre Produktion wegen der schwachen weltweiten Nachfrage zurückfahren. Allerdings auf hohem Niveau. So waren insgesamt die Produktionskapazitäten mit durchschnittlich 84 Prozent auch von Juli bis September noch relativ gut ausgelastet.

VCI-Präsident Professor Dr. Ulrich Lehner wirft einen Blick nach vorn: „In den kommenden Monaten rechnen wir mit einer weiteren Abschwächung der Chemienachfrage. Für das Gesamtjahr 2008 erwarten wir daher lediglich ein Produktionswachstum von einem Prozent. 2007 lag der Anstieg noch bei 5 Prozent. Der Branchenumsatz dürfte bei steigenden Erzeugerpreisen 2008 um rund 3 Prozent zulegen."

Die Gründe für diese Entwicklung sind vielfältig und es ist nicht nur die weltweite Konjunkturabschwächung. Vor allem der exorbitant hohe Rohölpreis – Öl ist ja ein extrem wichtiger Grundstoff der chemischen Industrie – zeigt hier seine Auswirkungen: Durch die kräftig gestiegenen Energie- und Rohstoffkosten stiegen nämlich die Preise für chemische Produkte – und zwar deutlich. So waren nach Aussagen des Verband der Chemischen Industrie die Erzeugnisse im Durchschnitt gut 4 Prozent teurer als in den drei Monaten zuvor. Das Preisniveau des entsprechenden Vorjahresquartals wurde um mehr als 8 Prozent übertroffen. Die Beschäftigungssituation in dieser Branche hat sich seit Jahren stabilisiert und liegt seit vier Jahren stabil bei rund 440.000 Mitarbeitern.

> **TIPP** Die chemische Industrie sucht:

- Chemiker
- Naturwissenschaftler
- Ingenieure

2.6.4 Elektroindustrie

Die deutsche Elektroindustrie zählt mit rund 820.000 Beschäftigten und einem Jahresumsatz von über 180 Milliarden € zu den größten Industriezweigen im Land (Stand November 2008, Zahlen von ZVEI). Die Firmenstruktur ist mittelständisch, das heißt, in rund 4.000 Unternehmen sind durchschnittlich 200 Mitarbeiter beschäftigt. Die Hälfte des Umsatzes erwirtschaftet die Branche im Ausland.

Jahrelang ist der Bereich mit rund 4 Prozent pro Jahr gewachsen – und damit doppelt so stark wie die wirtschaftliche Entwicklung. Derzeit zeichnet die Elektroindustrie aber kein einheitliches Bild. Es gibt Teilbereiche, die gut bis sehr gut laufen, während andere Bereiche sich eher negativ entwickeln.

Beispiel für eine eher negative Entwicklung ist der Halbleitermarkt: Hier vermeldete der ZVEI-Fachverband Electronic Components and Systems, dass der Umsatz mit Halbleitern in Deutschland im Oktober 2008 um 5 Prozent unter dem des Vormonats lag. Auch in den

Vergleichszahlen zum Vorjahr ist von einem Rückgang von 7 Prozent zu sprechen. Damit verläuft der Markt parallel zur sich eintrübenden Weltkonjunktur. Erst für das Jahr 2010 prognostiziert WSTS (World Semiconductor Trade Statistics) für den globalen Halbleitermarkt ein Plus von gut 6 Prozent nach minus 2 Prozent im Jahr 2009 (2008: plus 2 Prozent).

Im Gegensatz hierzu ist der Markt der Haushaltsgeräte nicht nur stabil, sondern er ist 2008 sogar noch gewachsen. Der Gesamtumsatz klettert 2008 um 3 Prozent auf 7 Milliarden € zu Herstellerpreisen, teilt der ZVEI – Zentralverband Elektrotechnik- und Elektronikindustrie Anfang Dezember 2008 mit. Dabei entwickelte sich vor allem der Verkauf von kleinen Haushaltsgeräten mit einem Plus von 5 Prozent besser, als der Absatz der Großgeräte (Waschmaschinen, Kühlschränke etc.). Doch auch für jene gilt immerhin noch ein Plus von 3 Prozent. „Das Umsatzwachstum kommt dabei nicht von höheren Stückzahlen, sondern von der gewachsenen Nachfrage nach hochwertigen Geräten. Qualitätsbestimmende Merkmale wie Verarbeitung, Energie-Effizienz oder Komfort sind für den Verbraucher beim Hausgerätekauf wichtiger geworden", sagt Dr. Reinhard Zinkann, Mitglied des ZVEI-Vorstands und Sprecher der Hausgeräte-Fachverbände. Und der Trend geht wohl auch noch so weiter: „Die Strompreise steigen weiter. Die Käufer interessieren sich deshalb verstärkt für effiziente Haushalts-Großgeräte", erläutert Zinkann. „Sie wollen Energiekosten sparen ohne auf erstklassige Gebrauchseigenschaften zu verzichten. Hersteller mit einem passenden Angebot haben davon profitiert."

ZITIERT:

Dr. Klaus Mittelbach,
Vorsitzender der Geschäftsführung des Zentralverbandes
Elektrotechnik- und Elektronikindustrie (ZVEI)

„Wir begrüßen die Initiative des Umweltministeriums, die Bürger über besonders effiziente Hausgeräte aufzuklären", sagte Dr. Klaus Mittelbach (Bild), Vorsitzender der Geschäftsführung des ZVEI - Zentralverband Elektrotechnik- und Elektronikindustrie. „Würden die 29 Millionen alten Kühl- und Gefriergeräte in Deutschland gegen hocheffiziente Geräte ausgetauscht, könnten pro Jahr über 8 Milliarden Kilowattstunden Strom und damit 5 Millionen Tonnen CO_2 eingespart werden", sagte Mittelbach.

Diese gute Lage spiegelt sich allerdings nicht im Export wieder. Hier bremst die wirtschaftliche Entwicklung das Auslandsgeschäft deutlich aus, sodass der Verband mit einem Exportrückgang von bis zu 3 Prozent ausgeht. „In Nordamerika und in wichtigen westeuropäischen Abnehmerländern wie Großbritannien, Italien oder Spanien ist der private Konsum eingebrochen", beschreibt Zinkann die Situation. „Diese Auswirkungen konnten auch nicht mit einem guten Export nach Osteuropa und Asien ausgeglichen werden, zumal sich auch dort das Wachstum deutlich abschwächt. Eine Besserung im nächsten Jahr erwarte ich nicht."

Dennoch bleibt – nachdem in der Vergangenheit einige große Werke geschlossen oder ins Ausland verlagert wurden – die Zahl der Arbeitsplätze in diesem Bereich relativ konstant bei ungefähr 43.000.

Auf den ersten Blick erstaunlich ist auch das Plus im Bereich der Elektro-Hauswärmetechnik und das obwohl die Baukonjunktur vor allem im privaten Bereich schleppend verläuft. Den Grund sehen die Branchenspezialisten des Verbands vom Trend zur Energie-Effizienz. Nicht nur beim Neubau, sondern auch bei der Renovierung älterer Bausubstanz setzten immer mehr Menschen auf erneuerbare Energien, was den Absatz von Wärmepumpen deutlich forciert.

> **TIPP** Die Elektroindustrie sucht:

* Elektroingenieure

* Spezialisten aus dem Bereich Mess- und Regeltechnik

* Informatiker

2.6.5 Energiewirtschaft

Rund 280.000 Beschäftigte (Stand Juni 2008, Zahlen des BDEW) hat diese Branche. Damit erreicht sie nach Aussagen des Branchenverbands Bundesverband der Energie- und Wasserwirtschaft (BDEW) den Platz 8 von den 29 wichtigsten Industriebrachen hierzulande. Insgesamt beliefern die Unternehmen fast alle der rund 40 Millionen deutschen Haushalte mit Strom und Wasser. Ferner beziehen, ebenfalls nach den Zahlen des BDEW, rund die Hälfte der deutschen Haushalte – das entspricht also rund 20 Millionen – auch Erdgas und 5 Millionen sogar Fernwärme.

Angesichts dieser Zahlen wird klar, welche Bedeutung die Energiewirtschaft hat. Wichtig ist dabei, dass eben nicht nur die Energiegewinnung, sondern auch die Energiespeicherung, der Energietransport, der Handel, der Vertrieb und die Abrechnung ebenso mit dazu gehören. Zudem spielt in dieser Branche auch die Politik eine große Rolle, schließlich ist die Sicherstellung der Versorgungssicherheit ein hohes gesellschaftliches Gut. Wie viele bedeutende Gesetze beispielsweise seit 1991 hier in Kraft getreten sind, zeigt die Zusammenfassung auf der folgenden Seite.

Obwohl der Energiemarkt insgesamt sehr stark in Bewegung und ständigen Änderungen unterworfen ist, ist es für Berufseinsteiger eine durchaus interessante Branche mit viel Potenzial. Allerdings sollte einschränkend an dieser Stelle erwähnt werden, dass auch hier in der Vergangenheit zahlreiche Stellen gestrichen wurden. Besonders betroffen ist die Kohle: Hier reduzierte sich im Bereich des Steinkohlebergbaus zwischen 1991 und 2007 die Zahl der Beschäftigten von 123.000 auf knapp 35.000, in Braunkohlebergbau und -veredelung von 115.500 auf 13.800. Doch selbst im Bereich der Elektrizitätsversorgung wurde abgebaut von rund 200.000 Beschäftigten im Jahr 1991 auf 121.500 im Jahr 2007 (Zahlen vom BmWi, Stand 2008).

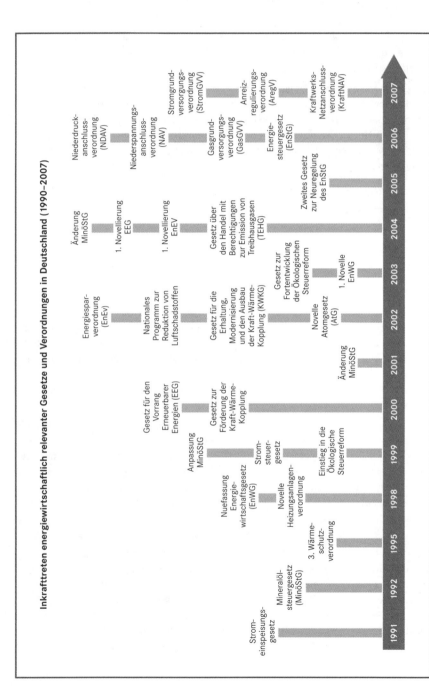

Inkrafttreten energiewirtschaftlich relevanter Gesetze und Verordnungen in Deutschland (1990–2007)

Quellen: Statistisches Bundesamt, VCI

Dennoch: Die vier großen Energieerzeuger – Eon, Vattenfall, EnBW und RWE – können auch heute attraktive Arbeitgeber sein, ebenso wie die zahlreichen Firmen, die im Bereich der erneuerbaren Energien aktiv sind. Gerade dieser Bereich dürfte in Zukunft noch weiter an Bedeutung gewinnen.

> **TIPP** Die Energiewirtschaft sucht:

- Ingenieure im Bereich der Anwendungstechnik
- Informatiker

2.6.6 Informationstechnologie

Die IT-Branche ist immer noch im Aufwind. Im Jahr 2008 hat die ITK-Branche zum vierten Mal in Folge zusätzliche Arbeitsplätze geschaffen, so die Einschätzung des Bundesverbands Informationswirtschaft, Telekommunikation und neue Medien (Bitkom). Nach der aktuellen Prognose des Bundesverbands wächst die Zahl der Beschäftigten bei den Anbietern von Informationstechnik und Telekommunikation (ITK) im Jahr 2008 um 3.000 auf insgesamt 829.000.

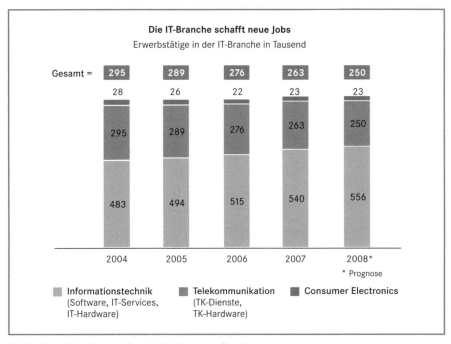

Die IT-Branche schafft neue Jobs
Erwerbstätige in der IT-Branche in Tausend

| Gesamt = | 295 | 289 | 276 | 263 | 250 |

| 28 | 26 | 22 | 23 | 23 |

| 295 | 289 | 276 | 263 | 250 |

| 483 | 494 | 515 | 540 | 556 |

| 2004 | 2005 | 2006 | 2007 | 2008* |

* Prognose

- Informationstechnik (Software, IT-Services, IT-Hardware)
- Telekommunikation (TK-Dienste, TK-Hardware)
- Consumer Electronics

Quellen: Eigene Berechnungen, Destatis, Arbeitsagentur, BnetzA

Für das Jahr 2007 meldet der Branchenverband sogar ein Rekordplus von 13.000 neuen Arbeitsplätzen, obwohl eigentlich nur mit einem Zuwachs von 3.000 Stellen gerechnet wurde. Beschäftigungsmotoren im IT-Bereich sind in erster Linie die Softwarehäuser und die IT-Dienstleister. Sie haben seit dem Jahr 2001 allein rund 100.000 zusätzliche Stellen geschaffen.

„Die konjunkturellen Turbulenzen sind auf dem deutschen Arbeitsmarkt für IT-Fachkräfte bislang nicht zu spüren", sagte Bitkom-Präsident Prof. August-Wilhelm Scheer. Weite Teile der Branche litten sogar weiterhin unter einem Mangel gut ausgebildeter Experten. Scheer: „Ob der Arbeitsplatzaufbau in 2009 fortgesetzt werden kann, ist fraglich. Neue Jobs schaffen wir nur, wenn die Finanzmarktkrise schnell bewältigt und das Bildungssystem auf Vordermann gebracht wird."

Obwohl die Lage hier also insgesamt sehr gut ist, lohnt es sich genauer hinzusehen, denn auch innerhalb der ITK-Branche gibt es Gewinner und Verlierer. Zu letztgenannter Gruppe gehören beispielsweise die Hersteller von Kommunikationstechnik und die Anbieter von Telekommunikationsdiensten. In diesen Bereichen werden nach einer aktuellen Umfrage von Bitkom bis zu 13.000 Arbeitsplätze verloren gehen, was unter anderem daran liegt, dass der Telekommunikationsmarkt durch einen scharfen Preiswettbewerb gekennzeichnet ist. Zugleich verändern sich die Nutzungsgewohnheiten, das klassische Festnetz verliert weiter an Bedeutung. „Die klassische Nachrichtentechnik wird durch Internettechnologien und Anwendungen auf Software-Basis abgelöst, die weitaus weniger arbeitsintensiv sind", erklärt Scheer. Dies ist mit ein Grund, warum die Informationstechnik zu den Gewinnern innerhalb dieses Branchensegments gehört. So wurden hier in der Vergangenheit mit 16.000 Beschäftigten mehr Mitarbeiter eingestellt, als beispielsweise in der Telekommunikationstechnik freigestellt wurden.

Interessanterweise fühlen sich die ITK-Unternehmen von den Auswirkungen der Finanzkrise bislang kaum betroffen. Was die Geschäftsentwicklung im Jahr 2009 angeht, besteht angesichts der sinkenden Konjunkturprognosen aber noch Unklarheit, so die beiden wohl wichtigsten Ergebnisse einer Umfrage von Mitte Oktober 2008, bei der 301 IT-Unternehmen befragt wurden.

Demnach spüren 86 Prozent der befragten Firmen bislang keine direkten Auswirkungen der Krise auf ihr Geschäft. Nur 13 Prozent geben an, dass sie weniger umsetzen bzw. weniger neue Aufträge bekommen als zuvor erwartet. Zwiespältig beurteilen die Unternehmen die Geschäftsentwicklung in der nahen Zukunft. 60 Prozent der Firmen erwarten aber auch in den kommenden Monaten keine negativen Auswirkungen der Finanzkrise. Dagegen rechnen 39 Prozent in diesem Zeitraum mit schwächeren Umsätzen als vor der Krise angenommen. „Der deutsche Hightech-Markt präsentiert sich derzeit noch weitgehend stabil", fasst Bitkom-Präsident Scheer zusammen.

Exkurs: Fachkräftemangel hat strukturelle Ursachen

In der deutschen Wirtschaft gibt es aktuell rund 150.000 offene Stellen für Ingenieure, Informatiker und Naturwissenschaftler. Das geht aus einer Umfrage unter rund 1.500 Unternehmen hervor, die der Verband Bitkom und der Verein Deutscher Ingenieure (VDI) Ende Oktober 2008 in Berlin vorgestellt haben. Danach sucht fast die Hälfte aller Unternehmen Mitarbeiter mit technischen Qualifikationen.

„Nur ein Bruchteil der offenen Stellen kann tatsächlich besetzt werden", sagte VDI-Präsident Prof. Bruno O. Braun. „Wir verlieren Milliarden an Wertschöpfung, weil wir uns in Deutschland nicht um die richtige, also marktgerechte Qualifikation des Nachwuchses kümmern." Vor dem Hintergrund des Fachkräfte- und Akademikermangels forderten die Vertreter der Hightech-Industrie eine nationale Bildungsoffensive.

Als Beitrag zum Bildungsgipfel legten sie ein 5-Punkte-Programm für die technische Bildung vor. „Das Bildungssystem ist heute nicht in der Lage, den Bedarf der Hightech-Industrie an hoch qualifizierten Fachkräften zu decken", sagte Bitkom-Präsident Prof. August-Wilhelm Scheer. „Die abflauende Konjunktur infolge der Finanzkrise wird den Expertenmangel kaum abschwächen, da er strukturelle Ursachen hat."

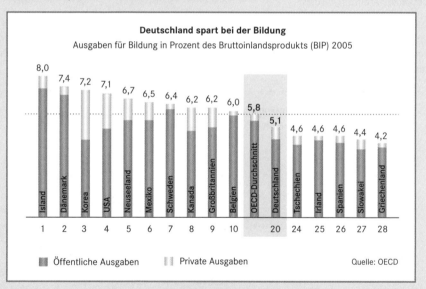

Deutschland spart bei der Bildung

Ausgaben für Bildung in Prozent des Bruttoinlandsprodukts (BIP) 2005

Rang	Land	Wert
1	Island	8,0
2	Dänemark	7,4
3	Korea	7,2
4	USA	7,1
5	Neuseeland	6,7
6	Mexiko	6,5
7	Schweden	6,4
8	Kanada	6,2
9	Großbritannien	6,2
10	Belgien	6,0
	OECD-Durchschnitt	5,8
20	Deutschland	5,1
24	Tschechien	4,6
25	Irland	4,6
26	Spanien	4,6
27	Slowakei	4,4
28	Griechenland	4,2

■ Öffentliche Ausgaben   ▌▌ Private Ausgaben   Quelle: OECD

Kern des 5-Punkte-Programms ist eine Erhöhung der Bildungsausgaben um rund 25 Milliarden € pro Jahr. Weitere Forderungen sind die Einführung von Technik- und Informatikunterricht als Pflichtfach in den Schulen, ein Stipendien-Programm für technische Studiengänge sowie der Aufbau eines Weiterbildungssystems an den Hochschulen.

Für eine bessere Koordinierung der Bildungspolitik von Bund und Ländern mit der Wirtschaft schlagen beide Verbände die Einberufung eines Nationalen Technik-Rates vor.

Und dies zeigt sich auch im Personalbereich. 85 Prozent der befragten Unternehmen sehen hier keinen Anlass für Anpassungen und nur 13 Prozent der Unternehmen wollen bei Neueinstellungen vorsichtiger agieren. Insgesamt gab es laut Zahlen des Branchenverbands rund 45.000 offene Stellen für IT-Experten. „Die Jobaussichten für ITK-Experten sind nach wie vor sehr gut", so Scheer.

> **TIPP** Die ITK-Branche sucht:
 ▪ Informatiker und Wirtschaftsinformatiker
 ▪ IT-Spezialisten mit Branchenkenntnissen
 ▪ Mathematiker

2.6.7 Maschinenbau

Der deutsche Maschinenbau war über Jahre hinweg das Zugpferd der deutschen Industrie. Doch nun hat die Krise auch den Maschinenbau erwischt, wenngleich es auch hier Unternehmen und Teilbranchen gibt, in denen immer noch gut verdient und entsprechende Umsätze gefahren werden.

Insgesamt ist allerdings die Lage eher düster. So lag der Auftragseingang im deutschen Maschinen- und Anlagenbau im Oktober 2008 um real 16 Prozent unter dem Ergebnis des Vorjahres. Diese Zahlen jedenfalls veröffentlichte der Branchenverband VDMA Anfang Dezember 2008 in Frankfurt.

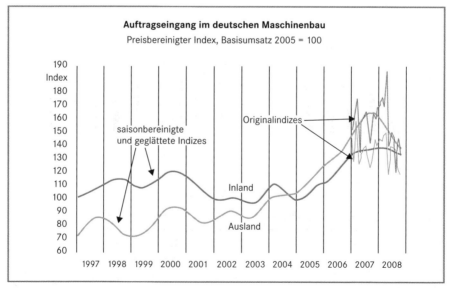

Quelle: VDMA

Und es bröckelt nicht nur das Auslands-, sondern auch das Inlandsgeschäft. Dieses sank um 10 Prozent. Bei der Auslandsnachfrage ist es noch drastischer, denn hier gab es ein Minus von 19 Prozent im Vergleich zum Vorjahresniveau.

Selbst der etwas längerfristige und damit gegen Extremwerte resistentere Dreimonatsvergleich von August bis Oktober tendiert mit einem Minus von 8 Prozent im Vergleich zum Vorjahr in die gleiche Richtung. Hier teilt sich das Minus in 2 Prozent im Bereich der Inlandsaufträge und 12 Prozent bei den Auslandsaufträgen.

Dennoch lohnt es sich, genau hinzusehen: „Von einer kollektiven Investitionszurückhaltung kann nämlich keine Rede sein: Tief ins Minus gerutscht sind vor allem solche Fachzweige, die auch schon in den vergangenen Monaten zu kämpfen hatten. Andere Bereiche dagegen haben von allen Turbulenzen unberührt Auftragszuwächse im zweistelligen Bereich erzielen können", kommentierte VDMA Chefvolkswirt Dr. Ralph Wiechers das Ergebnis.

So sind beispielsweise Maschinen- und Anlagenbauer, die im großen Umfeld der Automobilbauer oder der Automobilzulieferer tätig sind, sehr direkt von zurückgehenden Bestellungen betroffen. Doch andere Bereiche boomen, jeder Krise zum Trotz – **Windkraft** beispielsweise. Auch wenn Europa derzeit immer noch vorn liegt und Deutschland auf die größte installierte Leistung im Bereich Windkraft blicken kann, so ziehen andere Länder und Regionen gewaltig nach. USA und China rüsten beispielsweise massiv auf. So soll sich nach einer aktuellen Studie des Deutschen Windenergie-Instituts das globale Marktvolumen auf rund 107.000 Megawatt neu aufgebaute Leistung belaufen. Zum Vergleich: Das ist in etwa fünfmal so viel, wie heute neu installiert wird. Da deutsche Unternehmen als Hersteller und Zulieferer mit gut einem Drittel am Weltmarkt beteiligt sind, gibt es hier also Bereiche mit einem enormen Potenzial. Maschinen- und Anlagenbauern, die in diesem Bereich tätig sind, muss nicht bange sein.

„Die WindEnergy-Studie 2008 prognostiziert ein großes kontinuierliches Wachstum der globalen Windindustrie", so Thorsten Herdan, Geschäftsführer des Herstellerverbands VDMA Power Systems. „Wir sprechen für 2017 dann von einem jährlichen Umsatzvolumen von weit über 100 Milliarden €."

Hermann Albers, Präsident des Bundesverbands WindEnergie, sieht Deutschland als einen der großen Gewinner des weltweiten Windbooms: „Die deutsche Exportquote von rund 80 Prozent der produzierten Bauteile und Turbinen sichert und entwickelt immer mehr Arbeitsplätze – heute schon über 80.000."

Ein ganz anderer Bereich, der ebenfalls bis dato von einer Krise nicht betroffen ist, sind die Hersteller von Bergbaumaschinen. Für das Jahr 2009 gehen sie von einer Erhöhung ihres Gesamtumsatzes um 10 Prozent auf 3,3 Milliarden € aus. Das sagte Peter Jochums, Vorsitzender des Fachverbandes Bergbaumaschinen im VDMA, anlässlich der Jahrespressekonferenz Ende November 2008 in Essen. Eine Delle durch die Krise käme frühestens 2010 und gegenwärtig könne man noch nicht einmal sagen, ob diese Delle sich denn überhaupt zeige.

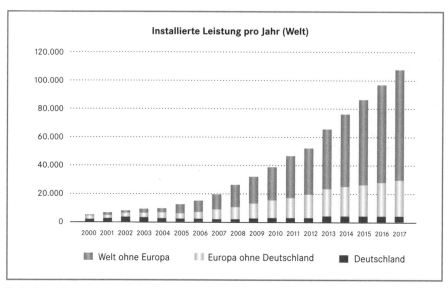

Quelle: WindEnergy Study 2008

Gute Zahlen versprechen auch die VDMA-Mitglieder, die im Bereich der Lufttechnik aktiv sind. Lufttechnik bedeutet, dass hier Produkte aus dem Bereich der Klima- und Lüftungstechnik, der Kältetechnik, der Luftreinhaltung, der Oberflächentechnik und der Trocknungstechnik hergestellt werden. In diesem Teilbereich des Maschinen- und Anlagenbaus, in dem Deutschland hinter China im Welthandel auf Platz zwei liegt, konnte man auf fünf Jahre mit einem zum Teil kräftigen Wachstum zurückblicken. Man gibt sich optimistisch: „Unser Auftragsbestand ist aktuell auf einem historischen Höchststand und das Umsatzwachstum ist bis Ende des ersten Halbjahres 2009 abgesichert", so Michael Nagl, Geschäftsführender Gesellschafter der BerlinerLuft Technik GmbH und Vorstandsvorsitzender des Fachverbands Allgemeine Lufttechnik. Und auch die Auftragseingänge der Branche weisen nach oben.

Ähnlich Positives gibt es von der deutschen Glasmaschinenindustrie zu vermelden. Auch hier sind die Auftragsbücher voll, wobei insbesondere das Thema Solar und die dazugehörigen Produktgruppen von Bedeutung sind. Mit den Auswirkungen der Krise werde man frühestens Mitte 2009 konfrontiert werden und Krise bedeutet dann auch nur, dass man nach fünf außergewöhnlichen Wachstumsjahren 2009 wohl etwas zurückstecken müsse, meint Susanne Schartz-Laux vom VDMA Forum Glastechnik.

> **TIPP** Der Maschinenbau sucht:
- Ingenieure jeglicher Art
- Informatiker und Wirtschaftsinformatiker
- Wirtschaftsingenieure

Special Handel

Keine Branche scheint so alt wie der Handel. Quellen im Internet zufolge wurden die ersten nachvollziehbaren Handelsaktivitäten vor mehr als 140.000 Jahren abgewickelt. Schon lange vor dem Entstehen der bekannten Gesellschaftsformen und Hochkulturen lassen sich Handelsbeziehungen über mehrere hundert Kilometer Entfernung nachweisen.

Auch wenn sich der Handel in seiner Struktur und seinen Ausprägungen heute anders präsentiert als in seinen Anfangszeiten: Das Grundprinzip ist dasselbe geblieben. Handel im Allgemeinen steht für das Anbieten von Produkten oder Dienstleistungen gegen ein entsprechendes Zahlungsmittel.

1. Handel ist nicht gleich Handel

Handelsunternehmen sind Teil eines Vertriebskanals; sie leiten Waren von einer vorgelagerten Stufe des Vertriebskanals (zum Beispiel Großhändler) zu einer nachgelagerten Stufe (zum Beispiel Endabnehmer) weiter. Oft werden dabei die Waren mit zusätzlichen Leistungen kombiniert, manchmal entsteht auch erst durch diese Aufwertung ein für den Endverwender marktreifes Produkt. Handelsunternehmen erwerben das Eigentum an der Ware, die sie vertreiben. Ein Händler verfolgt naturgemäß auch eigene Ziele, die nicht immer im Einklang mit den Zielen eines Herstellers stehen müssen, für den er Produkte vermarktet.

Mit dem so genannten **Category Management** steuert der Handel ganze Warengruppen. Entscheidungen werden für eine Warengruppe möglichst ganzheitlich getroffen, indem die Auswirkungen auf die so genannte direkte **Produkt-Rentabilität (DPR)** der gesamten Produktgruppe analysiert werden. Dadurch konkurrieren Warengruppen miteinander (zum Beispiel Waschpulver gegen Zahnpflegemittel). Hinzu kommt, dass innerhalb von Warengruppen die Produkte verschiedener Hersteller miteinander konkurrieren, beispielsweise um die günstigsten Regalplätze, Förder- oder Werbeaktionen, die der Händler durchführt.

Viele Handelsunternehmen – allen voran die großen Handelskonzerne – unternehmen seit längerer Zeit Anstrengungen, neben den Marken der Hersteller eigene – meistens preisgünstige – **Handelsmarken** aufzubauen. Die den Handelsmarken zu Grunde liegenden Produkte werden oft sogar von den Markenherstellern produziert, um eigene Überkapazitäten zu minimieren. In anderen Fällen werden sie von Herstellern gefertigt, die in der Klasse der Markenhersteller nicht mitspielen können oder wollen. Dies kann so weit gehen, dass sie dabei sogar auf die Positionierung ihres eigenen Namens verzichten. Handelsmarken greifen selbstverständlich auch die klassischen Marken an, so dass sie diesen Marktanteile wegnehmen können.

Man unterscheidet im Handel zunächst danach, ob die Händler selbstständige, nicht an Hersteller gebundene Unternehmen darstellen – so genannte **freie Händler** – oder zwar selbstständig sind, aber vertraglich fest an einen Hersteller gebunden sind. Bei den freien Händlern unterteilt man in Großhandel und Einzelhandel.

Der **Einzelhandel** umfasst im B-to-C-Bereich das gesamte Spektrum vom Fachgeschäft über Selbstbedienungsläden und Supermärkte bis zu Discountern sowie Warenhäusern bis hin zu Großverbrauchermärkten. Allen gemein ist, dass sie die Waren einkaufen und weiterverkaufen. Ob sie dabei Änderungen oder Ergänzungen an den eingekauften Produkten vornehmen oder nicht, ist für die Einteilung belanglos. Versandhandelsunternehmen, deren Kunden auf der Basis von (gedruckten oder internetbasierten) Katalogen bestellen, zählen ebenfalls zum Einzelhandel. Der Einzelhandel bedient also den Konsumenten. Im B-to-B-Bereich gibt es ebenfalls freie Händler, sie vertreiben Normalien, Bürobedarf, Handwerkerbedarf und Ähnliches an Unternehmen. Um sie vom typischen Einzelhändler zu unterscheiden, werden sie auch technische Händler genannt. Verkauft der Hersteller direkt an den Einzelhändler beziehungsweise technischen Handel, so spricht man vom einstufigen indirekten Vertrieb. Besteht zwischen diesen beiden Partnern eine weitere Stufe – meistens der Großhandel – so handelt es sich um zweistufigen indirekten Vertrieb.

Der **Großhandel** fungiert fast immer primär als Distributionsschaltstelle zwischen Hersteller und Einzelhandel, indem der Hersteller große Mengen zur Zwischenlagerung und Pufferung an den Großhändler verkauft, die dieser dann in kleinen Los- und Konfektionsgrößen an den Einzelhändler beziehungsweise technischen Händler weiterverkauft.

Großhandel mutiert zum modernen Dienstleister

Aus: Frankfurter Allgemeine Zeitung, März 2006

Aus dem einstigen reinen Zustellgroßhandel, der die Waren der Industrie zum Einzelhandel brachte, ist ein moderner Dienstleister geworden, der sich zusätzlichen Herausforderungen gegenübersieht. Der moderne Großhandel übernimmt die Lagerhaltung, betreibt Regalpflege, fungiert als Kreditgeber und berät seine Einzelhandelskunden in Sortimentsfragen. Gerade in den letzten Jahren ist die Investitionsquote der Branche erheblich gestiegen. Nicht nur neue Güter sind gefragt, sondern auch Dienstleistungen, Organisation, Logistik und Marketing.

Der Umsatz im Großhandel liegt bei 700 Milliarden €. Der Groß- und Außenhandel bietet etwa 1,2 Millionen Menschen Arbeitsplätze, mehr als in der gesamten chemischen Industrie. In allen Branchen und auf verschiedensten Wertschöpfungsstufen von Rohmaterialien über Halbfabrikate bis zu fertigen Investitions-, Verbrauchs-, und Konsumgütern spielt der Großhandel eine kaum wegzudenkende Rolle.

Eine weitere Einteilung des Handels lässt sich nach geografischen Gesichtspunkten vornehmen: Hier wird prinzipiell zwischen **stationärem Handel** – etwa über ein entsprechendes Filialnetz – und **Distanzhandel** unterschieden. Beide Spielarten sind dem Einzelhandel zuzuordnen. Im Zuge der zunehmenden Verbreitung des Internets und der technischen Möglichkeiten der digitalen Warenpräsentation sind die Grenzen zwischen Shopvertrieb und Versandhandel in der jüngsten Vergangenheit immer mehr verschwommen. Ein Beispiel liefert etwa die Einzelhandelskette PLUS: Neben dem gewohnten Produktsortiment

GENERAL MANAGEMENT PROGRAMM

WILLKOMMEN AUF DEM WEG NACH OBEN.

Das General Management Programm ist ein individuell abgestimmtes Karriere-Förderprogramm für Hochschulabsolventen. Als international wachsendes Handelsunternehmen vereint die Peek & Cloppenburg KG Mode, Lifestyle, Design, Architektur – und noch viel mehr: Perspektiven für Nachwuchsführungskräfte. Ihre Zielrichtung: eine Position im Controlling, Marketing, Finanz- und Rechnungswesen oder Inhouse Consulting. **Programmdauer: 8 Monate.**
Start: 1. März und 1. September

Online-Bewerbung und weitere Details unter:
www.peek-cloppenburg.de/karriere
Peek & Cloppenburg KG
Personalmarketing/Recruiting, Christina Kremer
Berliner Allee 2, 40212 Düsseldorf

Peek&Cloppenburg

DÜSSELDORF

ES GIBT ZWEI UNABHÄNGIGE UNTERNEHMEN PEEK & CLOPPENBURG MIT IHREN HAUPTSITZEN IN DÜSSELDORF UND HAMBURG. DIES IST AUSSCHLIESSLICH EINE STELLENANZEIGE DER PEEK & CLOPPENBURG KG DÜSSELDORF. STAND-ORTE ENTNEHMEN SIE UNSERER WEBSEITE WWW.PEEK-CLOPPENBURG.DE und den wöchentlichen Spezialangeboten gibt es hier inzwischen auch einen eigenen Webshop, über den Produkte bestellt und direkt nach Hause geliefert werden können.

Die gleiche Strategie fährt der Kaffeeröster Tchibo. Handelte das Unternehmen früher primär nur mit den koffeinhaltigen Bohnen, präsentiert es heute „jede Woche eine neue Welt", in die die Kunden sowohl im Filialnetz als auch über digitale Kanäle eintauchen können.

Einzelhandel: 18 Prozent der Unternehmen vertreiben Waren online

Ob Bücher, Kleidung oder Elektronikartikel, immer mehr Unternehmen des Einzelhandels in Deutschland vertreiben Waren über das Internet. Wie das Statistische Bundesamt mitteilt, tätigten im Jahr 2006 etwa 18 Prozent aller Einzelhandelsunternehmen Verkäufe über diesen ortsunabhängigen Vertriebsweg. Gegenüber 2004 ist der Anteil damit um 7 Prozentpunkte gestiegen. Die Unternehmen des Einzelhandels, die 2006 über das Internet Produkte absetzten, erzielten auf diesem Wege 10 Prozent ihres Gesamtumsatzes. Damit haben die Online-Verkäufe einen Anteil von 4 Prozent am gesamten Umsatz des Einzelhandels. In der öffentlichen Diskussion wird vielfach darauf hingewiesen, dass Sicherheit und Datenschutz beim elektronischen Handel von besonderer Bedeutung sind, da im Online-Bestellprozess sensible Kundeninformationen wie etwa Kreditkarten-Daten übermittelt werden. Im Januar 2007 gewährleisteten jedoch nur knapp die Hälfte (44 Prozent) der Einzelhandelsunternehmen mit Internet-Verkäufen ihren Kunden eine verschlüsselte Datenübertragung und damit einen weitgehend gesicherten Bestellprozess. Über den Einzelhandel hinaus verkauften im Jahr 2006 insgesamt rund 14 Prozent aller deutschen Unternehmen ihre Waren oder Dienstleistungen über das Internet, das waren 4 Prozentpunkte mehr als im Jahr 2004. Ähnlich wie beim Einzelhandel bewegen sich jedoch die über das Internet realisierten Umsätze insgesamt auf niedrigem Niveau: Lediglich 3 Prozent des Gesamtumsatzes aller deutschen Unternehmen entfielen auf Online-Verkäufe. Die Nutzung des Internets für den Online-Vertrieb variiert dabei deutlich in Abhängigkeit von der Größe der Unternehmen. Während 12 Prozent aller Unternehmen mit weniger als 20 Beschäftigten im Jahr 2006 Verkäufe über das Internet tätigten, waren es bei Unternehmen mit 20 bis 249 Beschäftigten bereits 27 Prozent und bei den Unternehmen mit 250 und mehr Beschäftigten sogar 31 Prozent.

Quelle: Statistisches Bundesamt, Dezember 2007

Zentrale Betriebstypen und interessante Arbeitgeber sind die großen Fachgeschäfte und Fachmärkte, Kauf- und Warenhäuser, Supermärkte sowie die größeren Verbrauchermärkte und die Handelsketten, während die Gruppe der nicht lebensmittelorientierten Warenhäuser, Boutiquen, Discounter, Spezialgeschäfte und Convenience Stores („Tante Emma-Läden") für den ehrgeizigen akademischen Nachwuchs weniger geeignet erscheint.

Discounter: salonfähig und einflussreich

Hat der Handel hier und da noch mit Imageproblemen zu kämpfen, traf das in der Vergangenheit auf die Billig-Anbieter oder Discounter fast flächendeckend zu. Doch heute „schämt" sich niemand mehr, wenn nach der Shopping-Tour in der Edelboutique die Lebensmittel bei Aldi oder Lidl erworben werden. Die Discounter sind salonfähig geworden

Nach erfolgreichem Studium heißt es:
die Kurve kriegen – und aus der wirtschaftswissenschaftlichen Theorie endlich rein in die
Praxis! Steigen Sie ein bei ALDI SÜD als

Bereichsleiter/in Filialorganisation

Ihre Perspektive: Vielfalt und Verantwortung.
In einem 12-monatigen Traineeprogramm machen wir Sie rundum fit
für Ihre Position: die Bereichsleitung für ca. sechs Filialen. Hier sind Sie
Generalist – Sie planen, organisieren, realisieren, führen mit großer Selbstständigkeit. Und auch Ihre nächsten Karriereschritte sind individuell
und spannend.

Ihr Profil: unternehmerisch und initiativ.
Wenn Sie geradeaus denken und handeln, wenn Sie zu Ihrer akademischen Ausbildung eine gute Portion lösungsorientierte Tatkraft mitbringen, wenn Sie sich für unternehmerische Herausforderungen be-
geistern – dann finden Sie bei ALDI SÜD erstklassige Chancen zur Entfaltung
Ihrer Talente. Wir legen großen Wert auf Teamgeist, Fairness und Respekt
im Umgang mit anderen Menschen.

Ihr Arbeitgeber: engagiert und kooperativ.
ALDI SÜD gehört nicht nur zu den führenden deutschen Handelsunternehmen mit wachsenden internationalen Aktivitäten. Wir haben uns
auch einen Namen als vielfältig attraktiver Arbeitgeber gemacht. Und
dazu gehört mehr als nur ein überzeugendes Gehalt: zum Beispiel eine
angenehme Arbeitsatmosphäre, gestalterische Freiräume und langfristig spannende Perspektiven.
Mehr erfahren Sie unter: www.aldi-sued.de/karriere

Karriere ist eine Gerade.

und haben über das Standardsortiment hinaus auch verschiedene Markenprodukte oder Spezialangebote im Portfolio – meist unschlagbar im Verhältnis von Preis und Leistung, wie es der fast schon legendäre Aldi-PC in jeder Neuauflage beweist.

Dieses Beispiel zeigt auch ganz deutlich: Discount hört bei Lebensmitteln und Waren des täglichen Bedarfs noch lange nicht auf. Mit dem Claim „Geiz ist geil" war es dem Elektro-Discounter Saturn gelungen, einen landesweiten Preiskampf auszulösen, der in einigen Bereichen sehr hart geführt wurde und immer noch wird. Auch diese Entwicklung hat dazu beigetragen, dass zunehmend Akademiker in die Führungspositionen des Handels – gerade auch bei den Discountern – nach- und aufrücken. Denn die Geschäftsprozesse werden immer komplexer und erfordern heutzutage gutes betriebswirtschaftliches Know-how in ganz unterschiedlichen Facetten.

2. Zur Lage der Branche

„Der Handel ist ein typischer Spätstarter im Konjunkturzyklus. Er gewinnt erst dann an Fahrt, wenn sich die Stimmung verbessert hat, wenn die Arbeitslosigkeit abnimmt und die Einkommen wieder kräftiger zulegen", betont Josef Sanktjohanser, Präsident des Hauptverbands des Deutschen Einzelhandels (HDE). Zwar habe sich die bundesdeutsche Konjunktur 2006 sehr viel besser entwickelt als erwartet, der Einzelhandel insgesamt gehöre aber dennoch zu den Wirtschaftszweigen, die nur begrenzte Perspektiven haben.

Im ersten Halbjahr 2007 hatte die Mehrwertsteuererhöhung den Konsum deutlich gedämpft. Steuern rauf, Umsätze runter – mit dieser simplen Formel fasste der HDE die Entwicklung zusammen. Dies bestätigte eine aktuelle Konjunktur-Umfrage bei Einzelhandelsunternehmen. Insgesamt konnten nur 34 Prozent der Unternehmen ihren Umsatz steigern, 41 Prozent hatten Einbußen, 25 Prozent erreichten den Vorjahresumsatz. Nicht nur die Umsätze enttäuschten die Einzelhändler im ersten Halbjahr 2007, sondern auch die Gewinnentwicklung. Hier war der Trend für alle Bereiche des Einzelhandels negativ. Lediglich 19 Prozent der befragten Betriebe konnten von Januar bis Juni ihre Gewinne steigern. 2006 waren es noch 22 Prozent gewesen. Für fast die Hälfte der Geschäfte verschlechterte sich in den ersten sechs Monaten die Gewinnsituation.

Für das zweite Halbjahr 2007 rechneten 39 Prozent der befragten Einzelhändler mit steigenden Umsätzen im Vergleich zum Vorjahr. Nur 21 Prozent gingen davon aus, dass ihre Umsätze zurückgehen könnten. Besonders die Anbieter von Verbrauchsgütern, vor allem von Lebensmitteln, und von Gebrauchsgütern mittlerer Lebensdauer wie zum Beispiel Textilien erwarteten ein Umsatzplus. Etwas verhaltener waren die Aussichten im Einzelhandel mit langlebigen Gebrauchsgütern wie Möbel, Uhren und Schmuck.

Obwohl Umsatz- und Gewinnentwicklung im ersten Halbjahr 2007 deutlich zu wünschen übrig ließen, hielt der Einzelhandel die Beschäftigung weitgehend konstant. Er beschäftigte annähernd die gleiche Anzahl von Mitarbeitern wie im Vorjahr, nämlich rund 2,7 Millionen. Die Planungen der Unternehmen für das zweite Halbjahr deuteten auf eine weitgehend stabile Mitarbeiterzahl. Die Zahl der Vollzeitbeschäftigten dürfte jedoch leicht abgenommen haben.

2008 kann der Einzelhandel den Abstand zur Entwicklung der Gesamtwirtschaft voraussichtlich verkürzen. Es wird keine weiteren Steuererhöhungen geben. Die Preise für Öl und Gas könnten wieder leicht fallen. Die verfügbaren Einkommen sollten nominal um etwa 3,5 Prozent steigen, real um 1,75 Prozent – gute Aussichten für den Einzelhandel. Setzt sich diese Entwicklung fort, dann dürfte der Einzelhandel 2008 gut acht Milliarden € mehr umsetzen als 2007. Das wäre ein Plus von nominal zwei Prozent (real 0,75 Prozent). Für den Einzelhandel bedeutet das ein gutes Wachstum. Allerdings wäre die Entwicklung im Vergleich zu den gesamten privaten Konsumausgaben weiter unterdurchschnittlich.

Beschäftigte, Umsatz, Bruttolohn- und Bruttogehaltssumme, Investitionen

Einzelhandel insgesamt

Merkmal	Einheit	2004	2005	2006
Beschäftigte	1.000	2.590	2.547	2.768
Umsatz	Millionen €	348.146	348.186	380.171
Bruttolohn- und -gehaltssumme	Millionen €	39.213	38.242	41.598
Investitionen	Millionen €	4.165	4.433	4.763

Quelle: Statistisches Bundesamt, Wiesbaden 2008

Gerade die großen Handelskonzerne und -ketten haben gegenüber den Produzenten eine starke Position. Denn mit dem so genannten Category Management steuert der Handel ganze Warengruppen. Innerhalb der Warengruppen konkurrieren die Produkte verschiedener Hersteller miteinander. Beispielsweise um die günstigsten Regalplätze, Förder- oder Werbeaktionen, die der Händler durchführt. Zusätzlich konkurrieren die Warengruppen miteinander.

Die Ausbreitung des Internets und die starke Nutzung im privaten Umfeld haben für den Handel nicht nur positive Begleiterscheinungen. Zwar lässt sich ein stationärer Filialvertrieb durch die Einrichtung eines Online-Shops auch für ganz neue Zielgruppen öffnen, doch dieses Instrument steht allen Marktteilnehmern offen. Die Folge: Regionale Präsenz ist kaum mehr notwendig und eigene Offerten lassen sich über das World Wide Web auch jenseits der eigenen Landesgrenzen platzieren und so neue Absatzmärkte auftun.

Damit lassen sich für den Anbieter mehrere Probleme gleichzeitig lösen: Schließlich ist die Binnenkonjunktur hierzulande nicht die Beste; hinzu kommen noch der so genannte Rabatt-Wahn und das reichlich zitierte „Wir hassen teuer"-Syndrom. Also stehen die Zeichen des deutschen Handels trotz Konjunkturschwächen im eigenen Land auf **Expansion**, zumindest bei den Anbietern, die ihre Aktivitäten auch verstärkt auf das Ausland erweitern. Großes Potenzial versprechen dabei besonders die Länder Mittel- und Osteuropas, die durch die Erweiterung der EU inzwischen zu interessanten Absatzmärkten gewachsen

Hier sind wir richtig,

weil wir bei Kaufland wirklich Karriere machen können!

Trainee (w/m)

Wir bieten Ihnen ein 15-monatiges Traineeprogramm, das Sie umfassend auf die Übernahme einer attraktiven Fach- oder Führungsposition vorbereitet. Entsprechend Ihren Interessen und Fähigkeiten können Sie in den folgenden Bereichen einsteigen:

- **Vertrieb**
- **Controlling**
- **Revision**
- **Bau-Ladenbau**
- **Logistik**
- **Beschaffung – Investitionsgüter u. Dienstleistungen**

- **Finanz- und Rechnungswesen**
- **Category Management Fleisch**
- **Mitarbeiter und Soziales**
- **TIP Werbeverlag**
- **Zentraleinkauf/Marketing/ Supply Chain Management**
- **Immobilienmanagement/ Expansion**

Bei der Bewältigung Ihrer spannenden und vielfältigen Aufgaben werden Sie von erfahrenen Mentoren begleitet und auf eine frühzeitige Übernahme von Verantwortung vorbereitet. Durch Fach- und Führungsseminare fördern wir die individuelle Weiterentwicklung Ihrer Kompetenzen.

Sie passen zu uns, wenn Sie ein wirtschaftswissenschaftliches, technisches oder medien-/verlagsspezifisches Fach-/ Hochschulstudium in Kürze abschließen werden. Sie sind aufgeschlossen, teamfähig und flexibel. Mit Einsatzfreude und Durchsetzungsvermögen starten Sie bei uns durch.

Wir freuen uns darauf, Sie kennen zu lernen.

Kaufland
Bewerbermanagement
Petra Sauter
Rötelstr. 35
74172 Neckarsulm

Über 750 Filialen, mehr als 100.000 Mitarbeiter im In- und Ausland: das ist Kaufland, eines der führenden Unternehmen im Lebensmittelhandel. Absolventen bieten wir einen tollen Berufsstart mit hervorragenden Entwicklungsmöglichkeiten, spannenden Aufgaben und gemeinsamen Zielen. Bei uns erwarten Sie optimale Bedingungen für eine erfolgreiche Zukunft.

www.kaufland.de

sind. Was bei den Möbelherstellern oder in der Bekleidungsindustrie schon länger zur erfolgreichen Handelspraxis gehört, wird deshalb nun zunehmend auch von anderen Handelsunternehmen, wie etwa dem Lebensmittelhandel, adaptiert.

Was sich auf den Verkauf auswirkt, hat natürlich auch direkten Einfluss auf das Einkaufsverhalten im Rahmen der Beschaffung. Auch hier ist man heute sehr viel internationaler aufgestellt. Weltweit verteilte Einkaufsbüros großer Unternehmen scannen den internationalen Anbietermarkt und haben somit quasi Zugriff auf das globale Warenangebot.

Der Trend zum Distanzhandel wird durch die immer noch fortschreitende Technologisierung der Handelsprozesse unterstützt. So ist es heute beispielsweise möglich, die Warenwirtschaftssysteme direkt an einen Webshop zu koppeln. Endkunden oder gewerbliche Käufer können dann in Echtzeit das Portfolio des Anbieters durchsuchen. Weitere Schnittstellen, etwa zur Logistik, erlauben es darüber hinaus, über Distanzhandel erworbene Produkte auf ihrem Weg vom Anbieter zum Endkunden nachzuverfolgen.

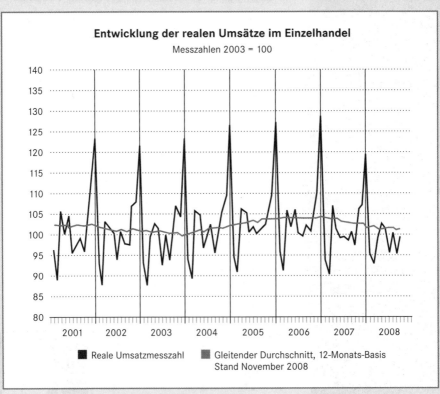

Entwicklung der realen Umsätze im Einzelhandel

Messzahlen 2003 = 100

Reale Umsatzmesszahl   Gleitender Durchschnitt, 12-Monats-Basis
Stand November 2008

Quelle: Statistisches Bundesamt, Wiesbaden 2008

3. Anforderungen und Berufschancen

Nicht nur der Handel an sich, auch das Bild der im Handel Beschäftigten hat sich stark gewandelt. Weil die Handelsprozesse immer komplexer und differenzierter werden, besteht Bedarf an gut ausgebildeten Mitarbeitern. Vorbei also die Zeiten, in denen qualifizierte Fach- und Hochschulabsolventen noch einen weiten Bogen um das Verkäufertum schlugen.

3.1 Herausforderung für den akademischen Nachwuchs

Gehörte früher eine Karriere im Handel nicht unbedingt zu den bevorzugten Berufsperspektiven von Akademikern, so hat sich dieses Empfinden heute deutlich verändert. Besonders Absolventen der Wirtschaftswissenschaften sehen hier inzwischen interessante Möglichkeiten zur Entfaltung. Dennoch bewerten Personalexperten angesichts der immer noch schwierigen Situation im Handel die Aussichten für Berufsanfänger als eher mäßig. Zum einen zahlt der Handel immer noch vergleichsweise schlecht, zum anderen hat er wegen der oft ungünstigen Arbeitsbedingungen Nachwuchsprobleme. Für Hochschulabsolventen sind fast ausschließlich die großen Handelskonzerne attraktive Arbeitgeber.

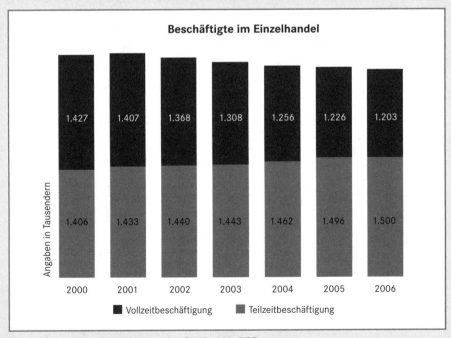

Beschäftigte im Einzelhandel

	2000	2001	2002	2003	2004	2005	2006
Vollzeitbeschäftigung	1.427	1.407	1.368	1.308	1.256	1.226	1.203
Teilzeitbeschäftigung	1.406	1.433	1.440	1.443	1.462	1.496	1.500

Angaben in Tausendern

■ Vollzeitbeschäftigung   ■ Teilzeitbeschäftigung

Quelle: Destatis, Hauptverband des deutschen Einzelhandels (HDE)

Die Aufgaben werden jedoch zunehmend komplex: Auf der einen Seite müssen sich Handelsunternehmen als kompetente Partner der Hersteller positionieren, auf der anderen Seite mit verschiedenen Marketingmaßnahmen im immer härter werdenden Wettbewerb bestehen. Hier sehen die Handelsunternehmen in qualifizierten Fachhochschul- und Universitätsabsolventen genau den Nachwuchs, den der Markt verlangt.

Akademiker aller Studienrichtungen können Beschäftigungen im Handel finden. Geradezu prädestiniert sind natürlich die Wirtschaftswissenschaftler. Neben Marketing, Branding, Category Management, Einkauf und Verkauf gehören zu ihren möglichen Aufgaben auch Unternehmenskommunikation, Finanzen, Controlling oder die interne Unternehmensberatung.

Für die Gestaltung von Handelsbeziehungen schon immer wichtig und im Zuge der Globalisierung noch relevanter geworden sind Kenntnisse in den **Rechtswissenschaften**. Juristen kommen etwa in den Rechtsabteilungen der Handelsunternehmen zum Einsatz und erfüllen dort vielfältige Aufgaben.

Die dritte große Gruppe von im Handel tätigen Akademikern bilden die Techniker und Ingenieure. Letztere stehen derzeit allerorten hoch im Kurs – so auch im Handel. Hier übernehmen sie etwa die Steuerung der immer umfangreicher werdenden Informatik- und Datenverarbeitungsprozesse, alternativ sind sie bei Handelsunternehmen mit eigenen Herstellungsbetrieben in der Produktion beschäftigt. Beim Handel mit technischen Produkten finden ausgebildete Ingenieure ihre Berufung oft auch im Vertrieb oder im Service.

Vielseitig: Die Arbeitsbereiche im Handel

- Bereichs-/Bezirksleitung
- Branding
- Category Management
- Content Management
- Controlling
- E-Commerce
- Einkauf/Einkaufssteuerung
- Export Management
- Filialleitung
- Finanzen
- Geschäftsführung
- Human Ressources
- Interne Unternehmensberatung
- IT
- Key Account Management
- Logistik
- Marketing
- Mergers & Acquisitions
- Produktstrategie
- Qualitätsmanagement
- Produktion
- Supply Chain Management
- Trendforschung
- Verkauf
- Warengruppen-Management

3.2 Nichts geht ohne: Sprachen und Soft Skills

Wenn Handelsunternehmen Akademiker rekrutieren, achten sie – neben den fachlichen Kenntnissen natürlich – vor allem auf deren persönliche Fähigkeiten und Stärken, die so genannten Soft Skills. Soziale Kompetenz, Kommunikationsstärke, Kunden- und Serviceorientierung sind naturgemäß ebenso gefragt wie Belastbarkeit, Eigeninitiative und Durchsetzungsfähigkeit.

Zudem werden im globalisierten Handel Sprachkenntnisse immer wichtiger. Mindestens zwei Fremdsprachen sollten Bewerber beherrschen, wenn sie beispielsweise im Außenhandel eine Anstellung suchen, und zwar mindestens verhandlungssicher. Fließendes Englisch ist mittlerweile geradezu selbstverständlich.

Weitere Aspekte wie unternehmerisches Denken, Einsatz-, Lern- und Veränderungsbereitschaft, Flexibilität, Mobilität und Eigenverantwortlichkeit runden das anspruchsvolle Anforderungsprofil ab.

3.3 Einstiegsmöglichkeiten

Diplom-Kaufleute, -Ökonomen, Diplom-Betriebs- und Volkswirte steigen nach Abschluss ihres Studiums meist direkt in den Handel ein, wenn sie hier eine interessante Option für die eigene Karriere sehen. Die Erwartungen der potenziellen Arbeitgeber können jedoch sehr unterschiedlich ausfallen. Generell setzen die meisten Handelsunternehmen ein im Branchenumfeld absolviertes **Praktikum** voraus. Andere bieten ihren frisch examinierten Mitarbeitern mehrmonatige **Trainee-Programme** an, um sie auf das konkrete Einsatzgebiet vorzubereiten und einen möglichst reibungslosen Einstieg in das Tagesgeschäft der künftigen Betätigung zu ermöglichen.

Denn eins steht fest: Der Handel blüht nicht dank trockener Theorien, sondern verlangt nach marktorientierten Machern. Deshalb starten die Bewerber, die schon während ihrer Ausbildung einen hohen Praxisbezug herstellen und sich in der Praxis beweisen konnten, mit einem deutlichen Vorsprung in den Auswahlprozess. Aus diesem Grund sind auch Fachhochschul-Absolventen als Kandidaten durchaus gefragt. Vorausgesetzt werden – wie mittlerweile überall – neben einem soliden Fach- und Branchen-Know-how eine kurze Studiendauer mit guten Leistungen. Auch eine praxisorientierte Abschlussarbeit schlägt als Pluspunkt zu Buche.

2.6.8 Medien

Starke Einbrüche musste die Medienbranche in der Vergangenheit schon einige verkraften. Sei es der Niedergang des neuen Markts und damit einhergehend die über Nacht gesunkenen bzw. nicht mehr vorhandenen Werbebudgets der Unternehmen, was unter anderem dazu führte, dass sich die gesamte Landschaft der EDV-Titel veränderte bzw. deutlich verkleinerte oder seien es die Herausforderungen des Internets: Neue Jobbörsen beispielsweise, die mit den klassischen und teuren Stellenanzeigen der überregionalen Tageszeitungen konkurrieren oder Online-Autobörsen, die den regionalen Tageszeitungen ein Stück des Kuchens wegschnappen.

Auch die gegenwärtige Krise, die in zahlreichen Branchen mehr oder weniger deutlich zu spüren ist, wird an der Medienwelt nicht einfach so vorbeigehen. Ganz im Gegenteil: Obwohl vieles dafür spricht, dass Unternehmen azyklisch handeln und gerade in einer Krise für ihre Produkte werben sollten, um so einen höheren Absatz zu generieren, handeln viele gegensätzlich und streichen derzeit ihre Werbebudgets auf Null.

Bernd Kundrun, Ex-Chef von Europas größtem Zeitschriftenverlag Gruner + Jahr, sieht deshalb auch schwere Zeiten auf die Medienbranche zukommen und sagte der Frankfurter Allgemeinen Zeitung Ende November 2008: „Daher müssen wir uns darauf einrichten, dass es schlimm wird. Das heißt, ich schließe auch zweistellige Rückgänge der Werbeerlöse im nächsten Jahr nicht aus. Wir können von Glück sagen, wenn es im zweiten Halbjahr 2009 wieder bergauf geht, aber ich bleibe skeptisch." Besonders betroffen von dieser Entwicklung sind seiner Meinung nach die Printmedien.

Ähnlich äußern sich auch die Spezialisten von PricewaterhouseCoopers. In der Studie *German Entertainment and Media Outlook: 2008–2012*, die Ende Oktober 2008 veröffentlich wurde, gehen die Fachleute nur noch von einem Erlöszuwachs von 1,4 Prozent auf gut 56,8 Milliarden € aus. Zum Vergleich: Im Jahr 2007 ist der Umsatz noch um 2,5 Prozent und im WM-Jahr 2006 sogar um 4,1 Prozent gewachsen.

„Während die Verbraucherausgaben weiter moderat steigen, leidet die Medienbranche unter der Abkühlung der Werbekonjunktur. Für das laufende Jahr erwarten wir noch einen Anstieg der Werbeeinnahmen um 2 Prozent, im kommenden Jahr dürften die Erlöse jedoch leicht um ein Prozent sinken", prognostiziert Frank Mackenroth, Partner und Leiter der Branchengruppe Entertainment & Media bei PwC.

So weit zu den kurzfristigen Perspektiven, die wenig erfreulich sind. Aber auch mittelfristig wird es schwierig werden. So rechnen die Analysten von PwC damit, dass bis 2012 der Gesamterlös in Deutschland lediglich um 2 Prozent pro Jahr auf 61,9 Milliarden zulegen wird. Damit wächst der Markt mittelfristig weniger stark als die Verbraucherausgaben.

Dennoch gibt es, so die Analysten, innerhalb der Medienbranche Gewinner und Verlierer. Zu den erstgenannten gehören die Branchensegmente **Internet** und **Videospiele**. Hier gehen die Analysten davon aus, dass die Werbeeinnahmen um rund 4,9 Prozent steigen werden und bis zum Jahr 2012 rund 11 Milliarden € erreichen werden.

Dynamische Erlebniswelten

„Das Thema Inhalte war der Schlüsselbegriff, wenn es um die Zukunft der Medien ging", erklärt Andreas Neus, Mitautor der Studie „Die Medienbranche im Umbruch" und beim IBM Institute for Business Value Leiter der Media & Entertainment Industrie in Europa. „Doch diese Maxime gilt so nicht mehr. Im Zeitalter von Web 2.0 geht es immer mehr darum, Menschen statt Computer miteinander zu verbinden. Deshalb reicht es auch nicht mehr aus, nur möglichst spannende Inhalte als statische „Konserven" anzubieten, sondern es müssen dynamische Erlebniswelten geschaffen werden, die sich jenseits der traditionellen Produktion und Verbreitung von Inhalten bewegen. Hierbei wird die sinnvolle Integration aktiver Communities in die Wertschöpfungskette ein zentraler Erfolgsfaktor sein."

Ein besonders großes Potenzial bietet dabei das **mobile Internet**. Zwar stehen hier in den Ballungszentren bereits schnelle Übertragungstechniken fast flächendeckend zur Verfügung, dennoch nutzen die meisten Verbraucher diese Möglichkeiten erst zögerlich. Doch das könnte sich ändern, wie das iPhone zeigt. „Hohe Kosten, undurchschaubare Abrechnungsmodelle und kompliziert zu bedienende Endgeräte haben viele Konsumenten davor zurückschrecken lassen, auch unterwegs online zu sein. Erst Apple hat mit dem iPhone demonstriert, dass es einen Massenmarkt für das mobile Internet gibt, wenn das Gesamtpaket stimmt", kommentiert Frank Mackenroth, Partner und Leiter der Branchengruppe Entertainment & Media bei PwC.

Für die Video- und Computerspielindustrie wird ein Umsatzwachstum von durchschnittlich 7,1 Prozent auf gut 2,2 Milliarden € im Jahr 2012 prognostiziert. Besonders dynamisch dürften sich die Einnahmen aus **Online-Spielen** (plus 14,6 Prozent auf 227 Millionen €) und mobilen Spielen (plus 12,1 Prozent auf 159 Millionen €) entwickeln, so die Analysten. Im laufenden Jahr 2008 geben die Deutschen voraussichtlich erstmals mehr Geld für Videospiele (gut 1,8 Milliarden €) als für CDs und Musikdownloads aus.

Betrachtet man einmal nur die Werbeeinnahmen, so wachsen diese in den kommenden fünf Jahren zwar voraussichtlich stabil um durchschnittlich 2,2 Prozent, doch sind die Mediensegmente in stark unterschiedlichem Maße an dieser Entwicklung beteiligt. Während die Werbeeinnahmen der Online-Medien bis 2012 um jährlich 17,6 Prozent auf annähernd 1,6 Milliarden € steigen dürften, prognostiziert PwC für die Zeitungswerbung lediglich ein Plus von 0,7 Prozent auf gut 5 Milliarden €, die Werbeeinnahmen der Fernsehsender werden um jährlich 1,2 Prozent auf gut 4,4 Milliarden € zulegen.

Damit steigt der Marktanteil der Online-Medien an den gesamten Werbeerlösen bis 2012 von derzeit gut 6 auf annähernd 10 Prozent, während mit Ausnahme der Außenwerbung alle anderen Medien leichte Einbußen am Marktanteil verzeichnen.

Gemessen an den Verbraucherausgaben bleiben **Bücher** in Deutschland das wichtigste Medium. Mit einem Umsatz von geschätzt knapp 10,1 Milliarden € liegt die Buchbranche 2012 noch vor dem Internet (knapp 9,5 Milliarden €) und dem Fernsehen (gut 9,1 Milliarden €).

Die **Musikindustrie** ist die einzige Branche, die in den kommenden fünf Jahren mit sinkenden Erlösen rechnen muss. Der Umsatz wird von derzeit gut 1,6 Milliarden € knapp unter diese Marke fallen. Die Talsohle dürfte die Branche allerdings im Jahr 2010 mit einem Umsatz von 1,57 Milliarden € erreichen, bevor die Erlöse wieder leicht ansteigen.

Nur wenige Jahre lang hat sich die Werbebranche von dem erheblichen Wachstumseinbruch nach der Dotcom-Krise erholen können. Jetzt steht die konjunkturabhängige Werbung erneut vor einem Abschwung, berichtet der aktuelle ifo Schnelldienst. „2009 wird ein schwieriges Jahr für die Werbemedien und die Werbetreibenden", erklärt Herbert Hofmann, Wissenschaftler am ifo Institut. Er rechnet mit einem Rückgang der Werbeinvestitionen von mindestens 1 bis 2 Prozent.

Zeitschriftenverlage spüren die allgemein angespannte Lage schon seit Monaten und müssen mit Anzeigenrückgängen von Banken, Versicherungen und Autoherstellern zurechtkommen. Die Umsätze der Werbeagenturen, die nach Angaben des Verbands der Kommunikationsagenturen im Jahr 2007 durchschnittlich ein Wachstum von rund 4 Prozent verzeichnen konnten, werden 2008 allenfalls noch um rund 2 Prozent zulegen.

Noch etwas drastischer formuliert es eine Studie von IBM vom April 2008. „Unsere Studie zeigt, dass sich das Internet nachhaltig auf den Medienkonsum in Deutschland auswirkt", sagt Philipp Scherf, Medienexperte bei der Unternehmensberatung von IBM. „Für die Hälfte der unter 25-Jährigen ist das Internet das wichtigste Medium überhaupt. Wenn es um Kaufentscheidungen geht, dann ist das Internet über alle Altersgruppen hinweg bei fast zwei Dritteln der Deutschen erste Wahl für die Recherche – ein Umstand, auf den sich auch die Werbeindustrie einstellen muss."

Für die Studie „Innovation der Medien" haben die Unternehmensberatung IBM Global Business Services und das Zentrum für Evaluation & Methoden (ZEM) der Universität Bonn die Medienrelevanz von Internet, Print, Radio und TV untersucht. Befragt wurden repräsentativ für ganz Deutschland insgesamt 862 Internetnutzer zwischen 14 und 69 Jahren mit folgenden Ergebnissen: Für Recherchen gehen 63 Prozent online, 30 Prozent konsultieren Zeitungen und nur etwa 5 Prozent das Fernsehen. Als wichtigstes Medium hat sich das Internet bei den unter 25-Jährigen etabliert, über alle Altersgruppen hinweg liegt noch das Fernsehen mit 33 Prozent auf Platz eins, aber gefolgt vom Internet mit 25 Prozent, den Zeitungen mit 21 Prozent und den Zeitschriften mit 14 Prozent – Schlusslicht ist das Radio mit nur 3 Prozent. Laut Studie verkommt das Fernsehen – wie heute schon das Radio – dabei immer mehr zum „Nebenbeimedium".

Die Studie hat auch untersucht, wie „störend" Werbung in den verschiedenen Medien empfunden wird. Im Fernsehen stört die Werbung 70 Prozent der Befragten, im Internet 50 Prozent und in Zeitungen nur 26 Prozent. Vor allem für die privaten Fernsehsender mit ihren werbefinanzierten Geschäftsmodellen bedeutet dies eine große Herausforderung.

> **TIPP** Die Medienbranche sucht:
> - Hochschulabsolventen unterschiedlicher Fachrichtungen

2.6.9 Metallgewerbe

Der Arbeitgeberverband Gesamtmetall zog Mitte Juni 2008 eine positive Bilanz des vergangenen Geschäftsjahres: „In der deutschen Metall- und Elektro-Industrie hatten wir 2006/2007 seit der Wiedervereinigung die meisten zusätzlichen Arbeitsplätze, den stärksten Rückgang der Arbeitslosigkeit, die meisten neuen Ausbildungsverträge, die besten Umsatzrenditen, die wenigsten Verlustfirmen und die niedrigste Insolvenzquote zu verzeichnen." So jedenfalls stand es im Geschäftsbericht 2007/2008 zu lesen.

Schon zwei Monate später sah es anders aus: „Wir befinden uns in einem konjunkturellen Umbruch – anders als noch zu Beginn dieses Jahres", erklärte Gesamtmetallpräsident Martin Kannegiesser. „Wir können froh sein, wenn wir im nächsten Jahr überhaupt wachsen. Im Jahresmittel werden wir eher unter als über der Null-Linie liegen", mutmaßt Kannegiesser.

Quelle: Bundesagentur für Arbeit, eigene Berechnungen
Die Arbeitsmarktsituation hat sich 2008 auch bei den M+E-Berufen (Industrie und Handwerk) noch einmal verbessert. Inzwischen dürfte der Rückgang aber erst einmal zu Ende sein. Im Oktober 2008 lag die Zahl der Arbeitslosen in den gewerblichen M+E-Berufen bei 189.600, das sind 16.700 (– 11,5 Prozent) weniger als vor Jahresfrist und saisonbereinigt 310.000 weniger als im April 2005.

Dennoch sind die meisten Unternehmen gut gerüstet: Dies jedenfalls ergab eine im Oktober 2008 durchgeführte, allerdings nicht-repräsentative Umfrage des WSM Wirtschaftsverband Stahl- und Metallverarbeitung. Zwar erwartet jeder zweite Befragte, dass die Finanzkrise in den kommenden Monaten zu einer allgemeinen Kreditklemme führen wird. Allerdings berichtet derzeit nur jedes zehnte befragte Unternehmen von erschwerten Bedingungen bei der Kreditaufnahme oder von Versuchen der Banken, bestehende Konditionsvereinbarungen nachzuverhandeln. „Die Unternehmen unserer Branche haben sich in den vergangenen Jahren gut aufgestellt und Vorbereitungen für schwerere Zeiten getroffen. Für die meisten sind es daher auch nicht die Auswirkungen der Finanzkrise, die sich nun ankündigen, sondern ein normaler zyklischer Abschwung", sagt Ulrich Galladé, Präsident des WSM Wirtschaftsverbands Stahl- und Metallverarbeitung.

Für den kommenden Abschwung sei der industrielle Mittelstand in Deutschland insgesamt gut aufgestellt, auch ohne die derzeit diskutierten staatlichen Hilfen. Galladé: „Wir brauchen keine Konjunkturprogramme und Subventionen, wir brauchen Entlastungen. Die Entlastungen werden umgesetzt in Innovationen und schaffen die Voraussetzungen für den Aufschwung nach dem Abschwung."

Insgesamt konnte die Produktion in den ersten neun Monaten 2008 im Vergleich zum Vorjahreszeitraum noch einmal um 4,1 Prozent zulegen, der Umsatz stieg entsprechend um 4,2 Prozent. Und noch seien die Auftragsbücher nicht abgearbeitet. Allerdings zeige die Entwicklung bei den Auftragseingängen, dass das überdurchschnittliche Wachstum der vergangenen Jahre nicht gehalten werden könne: Von Januar bis September konnten die Unternehmen lediglich 0,3 Prozent mehr Aufträge als im Vorjahreszeitraum verzeichnen.

Galladé: „Wir bewegen uns auf einem hohen Niveau, daher ist die Entwicklung der Auftragseingänge nicht dramatisch. Allerdings gibt es Anzeichen aus der Branche, dass das laufende vierte Quartal den bislang guten Jahresschnitt doch relativ stark belasten könnte." Der WSM bleibe zwar bei seiner Prognose, dass das Produktionswachstum 2008 bei 4 Prozent liegen wird, „aber niemand kann derzeit genau sagen, was in den nächsten Wochen noch passieren wird. Daher ist dies aus heutiger Sicht eine eher optimistische Prognose", so Galladé. Für 2009 erwarte der WSM maximal eine Stagnation der Produktion auf dem Niveau von 2008 – „wenn denn die Rahmenbedingungen stimmen".

 TIPP Das Metallgewerbe sucht:

- Ingenieure
- Wirtschaftsingenieure

Karriere mit Erfrischung!

Studenten, Hochschulabsolventen und Professionals, die neue Ideen, Eigeninitiative, Flexibilität und Teamgeist mitbringen, bieten wir interessante Einstiegsmöglichkeiten. Beginnen Sie Ihre Karriere mit Erfrischung!

Weitere Informationen unter **www.cceag.de und www.coca-cola-gmbh.de**

2.6.10 Nahrungs- und Genussmittel

Die Ernährungsindustrie boomt. Und das schon seit Jahren. So gehört die deutsche Ernährungsindustrie mit einem Jahresumsatz von 146,8 Milliarden € und 530.000 Beschäftigten zu den fünf größten Industriebranchen in Deutschland.

Ein Viertel des Umsatzes wird bereits heute im Ausland erzielt, betont der Bundesverband der Deutschen Ernährungsindustrie. Dabei ist der Auslandsanteil an den Umsätzen in den letzten zehn Jahren drastisch gestiegen, nämlich von 17,4 auf 25,1 Prozent. Allein im ersten Halbjahr 2008 sind die Exporte um 18 Prozent gestiegen.

Insgesamt wurden im Jahr 2007 Erzeugnisse der Ernährungsindustrie im Wert von 36,9 Milliarden € ausgeführt. Das entspricht mehr als drei Viertel der gesamten Ausfuhren der Agrar- und Ernährungswirtschaft. Bereits jetzt sind 155.000 Arbeitsplätze in der Ernährungsindustrie vom Export abhängig.

Die positiven Umsatzzahlen dürfen aber nicht über die Probleme, mit denen die Branche derzeit zu kämpfen hat, hinwegtäuschen. Ein Teil der Umsatzsteigerungen, insbesondere auf dem Inlandsmarkt, war preisbedingt. Die Verbraucherpreise für Lebensmittel und alkoholfreie Getränke lagen beispielsweise im August 2008 im Schnitt um 6,9 Prozent höher als im Vorjahresmonat. Besonders hohe Teuerungsraten auf Jahressicht wiesen Molkereiprodukte und Eier auf sowie Brot und Getreideerzeugnisse. Unterdurchschnittliche Preiserhöhungen waren dagegen bei Fisch und Fischwaren zu verzeichnen.

Betrachtet man die Zahlen im Detail, beispielsweise vom September 2008, so zeigt sich, dass der Anstieg gegenüber dem Vormonat 6,3 Prozent (plus 10,0 Prozent gegenüber dem Vorjahresmonat) ausmacht. Der Umsatzzuwachs geht dabei zum großen Teil auf Preissteigerungen zurück. So stieg der Erzeugerpreisindex für die Ernährungsindustrie um 5,3 Prozent gegenüber dem Vorjahresmonat.

Das stärkste Umsatzwachstum im Jahresvergleich konnten die Schlacht- und Fleisch verarbeitenden Betriebe (+15,3 Prozent), die Obst- und Gemüseverarbeiter (+17,4 Prozent) sowie die Hersteller von Teigwaren (+23,4 Prozent), Margarine (+18,2 Prozent) und Süßwaren (+11,2 Prozent) verzeichnen. Gegenüber dem Vormonat mussten die Hersteller von Speiseeis einen saisonbedingten Umsatzrückgang von 38,7 Prozent hinnehmen. Die Süßwarenhersteller verzeichneten dagegen ein Plus von 32,7 Prozent gegenüber dem Vormonat.

Der Verbraucherpreisindex entwickelte sich moderat im Oktober 2008 (+2,4 Prozent gegenüber dem Vorjahresmonat). Die Verbraucherpreise für Nahrungsmittel und alkoholfreie Getränke lagen im Oktober um 0,2 Prozent höher als im September. Gegenüber dem Vorjahresmonat Oktober 2007 war ein Anstieg um 4,3 Prozent zu verzeichnen. Die Teuerungsrate fiel damit deutlich niedriger aus als noch im September (+6,1 Prozent).

> **TIPP** Die Nahrungs- und Genussmittelindustrie sucht:

- Juristen
- Marketingspezialisten

2.6.11 Öffentlicher Dienst

Die Krankenschwester und der Busfahrer, die Sparkassenangestellte oder der Verwal-
tungsbeamte: Sie alle sind Teil des öffentlichen Dienstes – oder sie könnten es sein. Denn
allein am Berufsbild lässt sich die Stellung nicht festmachen. So kann eine Krankenschwester durchaus auch in einer Privatklinik arbeiten oder ein Busfahrer bei einem Privatunter-
nehmen angestellt sein. Für die Erbringung der Dienste des öffentlichen Dienstes werden
sowohl Beamte als auch Arbeitnehmer eingesetzt.

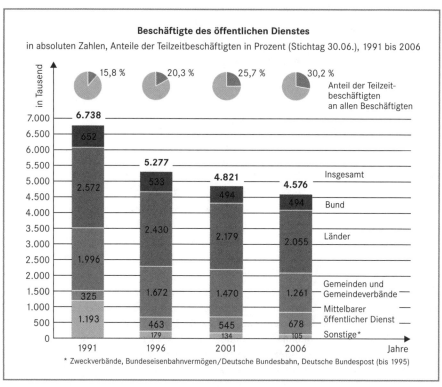

Beschäftigte des öffentlichen Dienstes
in absoluten Zahlen, Anteile der Teilzeitbeschäftigten in Prozent (Stichtag 30.06.), 1991 bis 2006

Quelle: Statistisches Bundesamt: Finanzen und Steuern; Bundeszentrale für politische Bildung, 2007

In der Verwaltung von Bund, Ländern und Kommunen gibt es zahlreiche Stellen. Allein die
unmittelbare Bundesverwaltung, die mit der Durchführung aller Angelegenheiten betraut
ist, die nach dem Grundgesetz unter die Zuständigkeit des Bundes fallen, verfügt über
insgesamt 316.500 Mitarbeiter.

Der größte Teil der Verwaltung findet in Deutschland allerdings auf Länderebene statt,
sodass die Landesbehörden mit all den angeschlossenen Betrieben von der Personalstär-
ke den größten Teil ausmachen. Rund 2,3 Millionen Menschen arbeiten in den 16 deutschen Landesverwaltungen. In den Kommunalverwaltungen der Städte und Kommunen

sind es noch einmal 1,57 Millionen Mitarbeiter. Ergänzt werden diese durch mittelbare öffentliche Verwaltungen. Hierunter fallen Einrichtungen, die nicht direkt der Staatsverwaltung unterstehen, aber deren Aufgaben treuhänderisch wahrnehmen, wie zum Beispiel der Träger der gesetzlichen Rentenversicherung oder die Bundesknappschaft. Rund 500.000 Menschen arbeiten in diesem Bereich.

Insgesamt ist die Zahl der Mitarbeiter, so die Angaben des Statistischen Bundesamtes, deutlich gesunken. Lag diese 1991 noch bei 6,74 Millionen, so waren es 2006 nur noch 4,58 Millionen. Diese teilen sich wie folgt auf: 1,59 Millionen Beamte, 22.000 Richter, 184.000 Berufs-/Zeitsoldaten, 192.000 Auszubildende und 2,59 Millionen Arbeitnehmer.

Verändert hat sich auch die Beschäftigungsstruktur. So hat der Anteil der Teilzeitbeschäftigung zugenommen, während der Anteil der Vollzeitbeschäftigten abgenommen hat. So waren Mitte 2007 rund 1,4 Millionen Menschen im öffentlichen Dienst teilzeitbeschäftigt. Mit ein Grund, warum der Anteil so groß ist, liegt in der Inanspruchnahme der Altersteilzeit. Immerhin nutzen im 2007 rund 28 Prozent der Beschäftigten, die älter als 55 Jahre waren, diese Regelung für sich.

Die Brutto-Monatsbezüge der Beschäftigten des öffentlichen Dienstes lagen im Juni 2006 zwischen 880 € für Auszubildende und 4.750 € für Richter. Die Arbeitnehmer verdienen durchschnittlich 2.350 € brutto pro Monat. Allerdings hängt die Höhe der Bezüge auch unmittelbar von der Laufbahngruppe ab. Beamte des höheren Dienstes hatten 2006 durchschnittliche Brutto-Monatsbezüge in Höhe von 4.580 €, während die Bezüge der Beschäftigten im einfachen Dienst bei rund 2.000 lagen.

Es ist also durchaus wichtig, ob man sich für den einfachen, den mittleren, den gehobenen oder höheren Dienst interessiert, wobei für Letzteren ein geeignetes abgeschlossenes Studium Voraussetzung ist. Dies kann beispielsweise ein Jura-Studium oder ein Studium der Wirtschafts- oder Sozialwissenschaften sein. Auch ein Master-Abschluss, der an einer Fachhochschule erworben wurde, kann den Weg zum höheren Dienst öffnen. Allein mit einer Hochschulzugangsberechtigung ist nur der Zugang zum gehobenen nichttechnischen Dienst möglich. Grundsätzlich ist ein Vorbereitungsdienst vorgeschaltet, der der praktischen und theoretischen Ausbildung dient und mit einer Laufbahnprüfung abgeschlossen wird. Für einige wenige Laufbahnen, den so genannten Laufbahnen besonderer Fachrichtungen, ist aber statt des Vorbereitungsdienstes eine hauptberufliche Tätigkeit innerhalb oder außerhalb des öffentlichen Dienstes nachzuweisen.

Wichtig: Neben den bildungsmäßigen Voraussetzungen müssen die Bewerber auch die beamtenrechtlichen Bedingungen erfüllen. So dürfen Bewerber zum Zeitpunkt der Einstellung in den Vorbereitungsdienst das 32. Lebensjahr noch nicht vollendet haben (in Hessen und Sachsen-Anhalt das 35. Lebensjahr). Manchmal werden noch zusätzliche Einstellungsvoraussetzungen, wie zum Beispiel die erfolgreiche Teilnahme an einem besonderen Auswahlverfahren, gefordert.

> **TIPP** Im öffentlichen Dienst werden gesucht:
- Juristen
- Marketingspezialisten
- Sozial- und Politikwissenschaftler

2.6.12 Pharmaindustrie

Die Pharmaindustrie umfasst alle Unternehmen, die Arzneimittel herstellen, vermarkten, in Sachen Arznei forschen oder entwickeln. In der Vergangenheit wurden in der Branche rund 30.000 Stellen abgebaut. Mit ein Grund dafür: Die Unternehmen haben zu wenig in den Bereich der Forschung investiert. Zu diesem Ergebnis jedenfalls kommt eine Studie des Fraunhofer-Instituts für System- und Innovationsforschung (ISI) von 2006. „In der Vergangenheit wurden enorme Beschäftigungspotenziale nicht genutzt", sagt ISI-Projektleiter Dr. Michael Nusser. Hätte Deutschland seinen Anteil an den globalen industriellen Aufwendungen für Forschung und Entwicklung im Pharmasektor von 13 Prozent im Jahr 1973 gehalten und wäre nicht auf 7 Prozent im Jahr 2000 zurückgefallen, gäbe es heute rund 35.000 Arbeitsplätze mehr in Deutschland, davon etwa 21.000 in Forschung und Entwicklung – so die Analyse.

Stattdessen habe man sich zu lange darauf beschränkt, Lizenzen von ausländischen Unternehmen zu kaufen und deren Produkte hier zu vermarkten. Sinnbildlich zeigt dies auch ein Blick in die Entwicklung der Branche in den 1990ern: Das Pharmageschäft der Höchst AG ging beispielsweise erst in das deutsch-französische Gemeinschaftsunternehmen Aventis über und wurde anschließend mit dem französischen Pharmakonzern Sanofi-Synthélabo verschmolzen. Auch Bayer, früher die Spitze der deutschen Pharmakonzerne, ist abgerutscht, sodass heute die Branche in erster Linie von mittelständischen Unternehmen geprägt ist. Und für diesen Mittelstand ist es schwierig, sich gegen die global ausgerichteten Konzerne zu behaupten. So gibt es innerhalb der zehn weltweit größten Pharmaunternehmen kein einziges deutsches:

Rang	Unternehmen	Land	Jahresumsatz 2007
1	Pfizer	USA	45,1 Milliarden $
2	GlaxoSmithKline	Großbritannien	39,2 Milliarden $
3	Novartis	Schweiz	38,1 Milliarden $
4	Sanofi-Aventis	Frankreich	37,4 Milliarden $
5	AstraZeneca	Großbritannien	25,7 Milliarden $
6	Johnson & Johnson	USA	23,3 Milliarden $
7	Merck & Co.	USA	22,6 Milliarden $
8	Hoffmann-La Rosche	Schweiz	16,9 Milliarden $
9	Wyeth	USA	15,7 Milliarden $
10	Eli Lilly and Company	USA	14,8 Milliarden $

Dabei gibt es durchaus Faktoren, welche für die zunehmende Bedeutung der Pharmaindustrie sprechen. So wächst nicht nur die Weltbevölkerung, sondern die Menschen werden auch immer älter. Beide Trends sprechen dafür, dass global gesehen die Bedeutung der Pharma weiter zunehmen wird. Ob und welche deutsche Unternehmen von dieser Entwicklung profitieren werden, muss sich zeigen. Fakt ist, dass die Produktion von Generika auch in anderen Ländern problemlos durchgeführt werden kann.

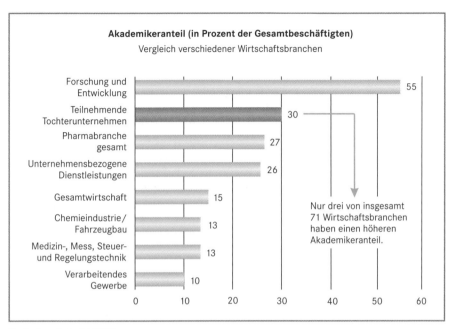

Akademikeranteil (in Prozent der Gesamtbeschäftigten)
Vergleich verschiedener Wirtschaftsbranchen

Forschung und Entwicklung	55
Teilnehmende Tochterunternehmen	30
Pharmabranche gesamt	27
Unternehmensbezogene Dienstleistungen	26
Gesamtwirtschaft	15
Chemieindustrie/ Fahrzeugbau	13
Medizin-, Mess, Steuer- und Regelungstechnik	13
Verarbeitendes Gewerbe	10

Nur drei von insgesamt 71 Wirtschaftsbranchen haben einen höheren Akademikeranteil.

Quelle: Fraunhofer ISI, 2005

ZITIERT:

Dr. Wolfgang Plischke
Vorsitzender des Vorstandes des Verbandes Forschender
Arzneimittelhersteller (VFA)

Dr. Wolfgang Plischke, Vorsitzender des Vorstandes des Verbandes Forschender Arzneimittelhersteller, erklärt: „Die pharmazeutische Industrie beschäftigt allein in Deutschland 112.600 Mitarbeiter und erwirtschaftete 2007 einen Umsatz von 31,2 Milliarden €. Aber das Ansehen des Pharmastandorts Deutschland hat gerade bei Managern mit Standortverantwortung durch eine zum Teil undurchschaubare und widersprüchliche Überregulierung im Gesundheitssystem gelitten. Wir sollten den Paragraphendschungel lichten, damit Investoren wieder den Weg zu uns finden."

> **TIPP** Die Pharmaindustrie sucht:

- Naturwissenschaftler
- Mediziner
- Pharmazeuten

2.6.13 Telekommunikation

Bereits im Bereich der Informationstechnologie wurde kurz auf die Telekommunikationsbranche hingewiesen. Fakt ist, dass sich die Umsätze in diesem Bereich negativ entwickeln. So wies der Verband der Anbieter von Telekommunikations- und Mehrwertdiensten Mitte Oktober darauf hin, dass sich die Umsätze für das Jahr 2008 wohl nur auf 60,6 Milliarden € belaufen werden. Dies entspricht einem Rückgang im Vergleich zum Vorjahr von 4,1 Prozent, was wiederum in erster Linie auf den wettbewerbsbedingten Preisverfall im Festnetz und im Mobilfunk zurückzuführen ist.

So verbucht der Markt der Festnetz-Wettbewerber als einziges Segment mit 13,9 Milliarden € keinen sinkenden Umsatz. Den Wettbewerbsunternehmen in diesem Bereich gelingt es offensichtlich, die sinkenden Endkundenpreise durch ein entsprechendes Mengenwachstum zu kompensieren. „Entgegen dem allgemeinen Trend der Preissteigerungen sorgen die TK-Unternehmen für eine Entlastung der Privat- und Geschäftskunden. Das ist gerade in Zeiten wie der jetzigen Bankenkrise für den Standort Deutschland besonders wichtig", zog VATM-Präsident Gerd Eickers Bilanz.

Nicht nur bei den Kosten profitiere der Verbraucher von der Dynamik der TK-Branche, auch die Angebotsinhalte würden immer vielfältiger und qualitativ hochwertiger. Eine Auswirkung der Finanzkrise auf die TK-Branche befürchtet Eickers aktuell nicht, da bei den meisten Unternehmen im Moment keine neuen Finanzierungsrunden laufen. „Zudem telefonieren die Leute eher mehr als weniger", so der VATM-Präsident.

Die Studie liefert aber auch interessante Einblicke in den Markt. So verfügt beispielsweise die Telekom auch nach mehr als zehn Jahren nach der Liberalisierung des Marktes über eine beherrschende Stellung. Immerhin liegt der Anteil der Telekom im Festnetzgeschäft immer noch bei über 60 Prozent, so die Zahlen den Verbands. Hinzu komme die Abhängigkeit der Wettbewerber bei den Vorproduktleistungen, die sie beim Ex-Monopolisten einkaufen müssen. „2008 müssen Wettbewerber mit eigener Infrastruktur mit 57 Cent noch einmal 6 Cent mehr pro € Umsatz an die Telekom als im Vorjahr überweisen, bei den Resellern sind es in diesem Jahr sogar 97 Cent", so der VATM-Präsident weiter: „Trotz seit Jahren steigender Effizienz müssen wir weiterhin im Durchschnitt mehr als drei Viertel unserer Umsätze für Vorprodukte an die Telekom durchreichen. Eine effiziente Regulierung des Netzzugangs ist daher weiterhin unabdingbar, wenn das Erfolgsmodell Wettbewerb weiter bestehen soll."

Das Jahr 2009 berge viele Chancen, aber auch Risiken. „Damit sind wir bei dem auf IP-Technologie basierenden Next Generation Network (NGN): Der Festnetzbereich steht vor einer radikalen Umstrukturierung. Dabei ist Transparenz beim NGN-Ausbau durch die Ex-Monopolisten unerlässlich für einen fairen Wettbewerb und für die Verhinderung eines neuen Monopols. Nur so können wir alle gemeinsam effizient im Markt agieren – und das hat höchste Priorität für den Standort Deutschland", betonte der VATM-Präsident.

Hinsichtlich der Produktion von Telekommunikationshardware sieht es ebenfalls düster aus. Siemens hat schon vor längerer Zeit die Produktion von Mobiltelefonen eingestellt und mit dem Nokia-Werk in Bochum, das unlängst geschlossen wurde, gibt es nun auch keinen ausländischen Hersteller, der hierzulande noch produziert. Kleine Fertigungen gibt es noch bei den Herstellern von Telefonanlagen und anderer TK-Hardware.

Angesichts dieser Zahlen wundert es nicht, dass die Beschäftigungssituation in der TK-Branche alles andere als rosig ist. Derzeit werden hier so gut wie keine Leute gesucht.

2.6.14 Textil- und Bekleidungsindustrie

Die Textilindustrie hat eine lange Tradition hierzulande. Sie ist aber auch heute noch, wenn man die Zahl der Beschäftigten und den Umsatz betrachtet, einer der wichtigsten Wirtschaftszweige des produzierenden Gewerbes. So waren Ende 2007 immer noch rund 102.000 Personen in der Textil und Bekleidungsindustrie beschäftigt.

Dennoch: Die Bedeutung der Textilindustrie hat abgenommen. Mittlerweile kommen viele Stoffe und viele Bekleidungsstücke aus Niedriglohnländern, beispielsweise aus China, Indien, Taiwan oder Vietnam. Doch gerade bei besonders anspruchsvollen, technischen Textilien kann Deutschland immer noch punkten.

Von der Textilproduktion in Deutschland sind, so weiß der Gesamtverband der deutschen Textil- und Modeindustrie zu berichten, rund 30 Prozent für die Weiterverarbeitung zu Bekleidung bestimmt. Ein etwa gleich großer Anteil entfällt auf den Bereich der Heim- und Haustextilien. Den größten Anteil mit 40 Prozent haben die so genannten technischen Textilien, denen auch die größten Wachstumschancen eingeräumt werden. Hierbei handelt es sich um Textilien mit ganz besonderen technischen Eigenschaften, also beispielsweise besonders hitzebeständige oder antibakterielle Stoffe.

Gute Zahlen schreibt auch die deutsche Modeindustrie. So sei in den ersten sechs Monaten 2008 der Umsatz der Bekleidungsindustrie gegenüber dem Vorjahreszeitraum um 5,1 Prozent gestiegen, berichtet der Branchenverband GermanFashion. Für das Gesamtjahr 2008 rechnet der Verband mit einem Umsatzplus von 5,7 Prozent. Zur Orientierung: Im Vorjahr hatte die Bekleidungsindustrie rund 11 Milliarden € erlöst.

> **TIPP** Die Textilindustrie sucht:
> - Textilingenieure
> - Wirtschaftsingenieure

2.6.15 Touristik

„2007 konnten wir uns über fast 900 Millionen weltweite Touristenankünfte freuen – ein erfreuliches Plus von über 6 Prozent gegenüber dem Vorjahr. Aber die Perspektiven haben sich leider eingetrübt. Die Welttourismusorganisation geht für 2008 angesichts der wirtschaftlichen Lage nur noch von einem Wachstum von 2 Prozent gegenüber 2007 aus. Ob der bisher von der UNWTO für die Zukunft erwartete jährliche Wachstumstrend von 4 Prozent gehalten werden kann, ist noch nicht absehbar", so Ernst Hinsken, MdB und Beauftragter der Bundesregierung für Tourismus anlässlich der 58. DRV-Jahrestagung Mitte November 2008.

Auch wenn die Zukunftsaussichten derzeit schwer einzuschätzen sind, so kann die Branche insgesamt doch auf ein recht erfolgreiches Jahr zurückblicken. So steigerten die deutschen Reiseveranstalter nach den Zahlen des DRV ihren Umsatz um fast 3,5 Prozent. Besonders gut liegen dabei Spezial- und Studienreisen, die zwischen 5 und 7 Prozent Plus machten. Noch besser sieht es bei den Kreuzfahrten aus, die ein Plus von 12 Prozent verzeichneten. Im Trend sind aber auch Fernreisen, die immerhin mit 4 Prozentpunkten im Plus liegen.

Bei den Reisezielen sind es neben Nordamerika vor allem die Vereinigten Arabischen Emirate sowie Thailand, Ägypten, die Türkei und Österreich, die von überproportionalen Steigerungen profitieren.

Doch auch das heimische Geschäft läuft relativ gut: Deutschland liegt im Trend und erfreut sich an einem Umsatzsprung von fast 3 Prozent. Dabei ist Deutschland nicht nur bei den Bundesbürgern beliebt, auch immer mehr ausländische Gäste besuchen unser Land.

Dieses Plus bei den Reisen ist sogar bei den Reisebüros angekommen, die zum Stichtag 31. Oktober einen Umsatz von 21,8 Milliarden € erzielt haben, was einem Plus von 2 Prozent entspricht.

ZITIERT:

Klaus Laepple
Präsident des Deutschen ReiseVerbands e.V. (DRV)

„Die Banken- und Finanzmarktkrise schüttelt gerade die Weltwirtschaft durcheinander. Auch unsere Branche ist davon nicht ausgenommen. Die stark gestiegenen Energiepreise und die wachsende Abgabenlast belasten Reisebüros, Veranstalter und Leistungsanbieter gleichermaßen. Und natürlich hat auch die weltwirtschaftliche Entwicklung Einfluss auf das Verhalten unserer Kunden und beeinflusst damit unser Geschäft. Die Tourismus-Branche ist integraler Bestandteil der Gesamtwirtschaft. Daher können wir uns auch nicht von ihrer positiven oder negativen Entwicklung abkoppeln. Auch nicht bei der Kostenentwicklung. Kostensteigerungen gibt es bekanntlich in allen Lebensbereichen. Doch eines hat sich in der

Vergangenheit immer gezeigt: Wir haben beim Ergebnis immer etwas besser als die Gesamtwirtschaft abgeschnitten. Selbst in Krisenzeiten hat sich die Reisebranche immer recht schnell von den Rückschlägen erholt. Darum blicke ich mit Zuversicht in die Zukunft – warne aber gleichzeitig vor überschwänglicher Euphorie. Die Branche hat kein leichtes Jahr vor sich, das ist unbestritten. Doch die Vorzeichen sind gar nicht so schlecht. Der Buchungsstand von Urlaubsreisen für den kommenden Winter ist sehr erfreulich. Und der Start für die Sommerbuchungen 2009 verlief bislang ebenfalls viel versprechend", so der DRV-Präsident Klaus Laepple (Bild) in seiner Grundsatzrede im November 2008.

Auch wenn die Branche also relativ zuversichtlich nach vorn blickt, sollten die Herausforderungen nicht übersehen werden. Das Internet macht es vielen Reisebüros schwer, erlaubt es doch nicht nur schnelle Preisvergleiche, sondern fungiert mittlerweile auch als zentrale Buchungsplattform für viele Internetanwender. Zudem vermarkten Reiseveranstalter und Hotels sich online zunehmend selbst. Auch die „Billigflieger", die in erster Linie nur online gebucht werden können, verschieben einen Teil des Geschäfts in Richtung SB und Internet.

Wie viele Reisebüros gibt es in Deutschland?

	2006	2007
Klassische Reisebüros	3.596	3.301
Business Travel	876	939
Touristische Reisebüros	7.394	7.164
Summe Reisebüros	11.866	11.404
davon		
IATA-Agenturen	4.250	4.147
DB-Agenturen	3.135	3.048

Definitionen

Klassisches Reisebüro:	Reisebüro mit mindestens einer Veranstalter- und mindestens einer Verkehrsträgerlizenz
Business Travel:	Reisebüro/Dienstleister/Betriebsstelle eines Firmenreisedienstes, die überwiegend Dienstreise- und Geschäftsreisekunden betreuen
Touristisches Reisebüro:	Reisebüro mit mindestens zwei Veranstalterlizenzen, ohne Verkehrsträgerlizenz

Quelle: Deutscher ReiseVerband e.V.

Da viele Kunden also sowohl online agieren, als auch sich in Reisebüros und Call Centern informieren und buchen, ist eine durchgängige Multi-Channel-Strategie notwenig, damit der Kunde, egal welchen Weg der Kontaktaufnahme er auch wählt, stets gleiche Informationen bekommt. Deshalb ist hier vielerorts eine entsprechende IT-Strategie unabdingbar.

Marktanteile der Reiseveranstalter

Reiseveranstalter	Marktanteile
TUI Deutschland	22,8 %
Thomas Cook	14,0 %
Veranstalter der Rewe Group	13,1 %
Alltours	5,9 %
FTI	3,6 %
Öger-Gruppe	3,6 %
übrige Veranstalter	37,0 %
Bezogen auf 20,3 Milliarden € Gesamtumsatz der Reiseveranstalter 2007	

Quelle: Deutscher ReiseVerband e.V.

> **TIPP** Die Pharmaindustrie sucht:
> * Hochschulabsolventen der Tourismusstudiengänge
> * Tourismusmanager
> * IT-Spezialisten

2.6.16 Personal- und Unternehmensberatung

Die Personalberatungsbranche, salopp häufig auch als Head-Hunter bezeichnet, boomt. So ist der Umsatz in dieser Branche im Jahr 2007 um 19 Prozent (!) gestiegen und erreichte mit 1,37 Milliarden € (2006: 1,15 Milliarden €) einen neuen Höchststand. Bislang hatte das Jahr 2000 den Spitzenwert markiert.

Interessanterweise sind es nicht mehr nur die Großunternehmen, die die Dienste von entsprechenden Beratern nutzen. Vor allem mittelständische Unternehmen, die in der Vergangenheit auch besonders viele Stellen geschaffen haben, setzen bei der Suche und Auswahl von dringend benötigten Fach- und Führungskräften vermehrt auf die Unterstützung durch Personalberater. Dies jedenfalls ist eines der zentralen Ergebnisse der Marktstudie *Personalberatung in Deutschland 2007/2008*, die der Bundesverband Deutscher Unternehmensberater BDU e.V. Ende Mai 2008 vorgestellt hat. Auch für 2008 bleiben die Personalberater optimistisch. Gut drei Viertel der Personalberatungsfirmen erwarten ein Umsatzplus.

Die Zahl der Suchaufträge stieg 2007 insgesamt von rund 58.000 im Jahr 2006 auf knapp 67.000. Dies entspricht einem Plus von 15 Prozent. Vertriebs- und Marketingspezialisten waren – wie bereits im Vorjahr – mit einem Anteil von 28,5 Prozent am stärksten gefragt. Bei jedem fünften Suchauftrag hatten die Personalberater die Aufgabe, Kandidaten für Leitungsfunktionen in den Unternehmen zu suchen und auszuwählen.

ZITIERT:

Dr. Joachim Staude
Vizepresident des Bundesverbandes Deutscher
Unternehmensberater e.V. (BDU)

Kräftig angezogen hat die Nachfrage der Klienten nach geeigneten Kandidaten für technische Positionen. Der Anteil der Suchaufträge, die auf Positionen in der Entwicklung und Produktion entfallen, ist auf 14,4 Prozent gestiegen (2006: 11,9 Prozent). Diplom-Ingenieure gehörten 2007 daher zu den gefragtesten Kandidaten. „Je nach Qualifikation und Branche ist der Personalmarkt für technische Positionen erheblich unter Druck. Viele Absolventen mit entsprechenden Abschlüssen verlassen ihre Universität oder Fachhochschule bereits mit einem unterschriebenen Arbeitsvertrag", skizziert BDU-Vizepräsident Dr. Joachim Staude (Bild) die derzeitige Situation.

Immer mehr mittelständische Unternehmen (von 10 bis 500 Millionen € Jahresumsatz) suchen ihre Fach- und Führungskräfte mit Hilfe von Personalberatern. Der Anteil am Gesamtumsatz der Personalberatungsbranche, der auf dieses Kundensegment entfiel, betrug 2007 knapp 51 Prozent (2006: 47,3 Prozent). Beim Vergleich der absoluten Zahlen wird die Entwicklung noch deutlicher: Während die Mittelständler 2006 rund 544 Millionen € in die Zusammenarbeit mit Personalberatern investierten, waren es ein Jahr später bereits 698 Millionen €. Auch der Umsatzanteil der kleineren Klientenfirmen unter 10 Millionen € Umsatz stieg von 4,6 Prozent im Jahr 2006 auf 7,1 Prozent im Jahr 2007.

Bei Großunternehmen und Konzernen sank der Umsatzanteil auf 42 Prozent (2006: 47,9 Prozent). Dies entspricht einem absoluten Anteil am Gesamtmarktumsatz von 575 Millionen € (2006: 550 Millionen €). „Der Kampf um die Talente ist mehr denn je auch ein Wettbewerb zwischen Konzernen und mittelständischen Unternehmen. Der Mittelstand hat erkannt, dass man angesichts eines enger werdenden Kandidatenmarktes die Anstrengungen im Personalrecruiting erhöhen muss", so Dr. Wolfgang Lichius, Vorsitzender des BDU-Fachverbandes Personalberatung.

Ein Großteil des Branchenumsatzes in der Personalberatung – insgesamt 604 Millionen € – wurde 2007 mit Suchaufträgen für Klienten aus dem Verarbeitenden Gewerbe erzielt. Dies sind knapp 100 Millionen € mehr als ein Jahr zuvor mit einem absoluten Umsatzanteil von 506 Millionen €. Eine stärkere Nachfrage nach Peronalberatungsdienstleistungen kam 2007 von Kreditinstituten, deren Umsatzanteil von 130 Millionen € auf 174 Millionen € gestiegen ist. Eine höhere Nachfrage registrierten die Personalberater auch wieder aus der IT- und Telekommunikationsbranche. Hier legte der Anteil am Gesamtumsatz von 99 Millionen € auf 108 Millionen € im Jahr 2007 zu. Der kräftige prozentuale Zuwachs der sonstigen Branchen war weitestgehend von der erfreulichen Konjunktur im Baugewerbe geprägt, in dessen Zuge viele Firmen ihr Personal aufgestockt haben.

Nach Einschätzung der Studienteilnehmer aus der Personalberatungsbranche wird sich die erfreuliche Umsatzentwicklung der letzten drei bis vier Jahre auch im Jahr 2008 fortsetzen. Gut drei Viertel der Personalberatungen erwarten im laufenden Jahr ein Umsatz-plus. Knapp 16 Prozent gehen von gleichbleibenden Umsätzen aus. Aus den vorliegenden Zahlen der Studienbefragung ergibt sich über alle Größenordnungen für das Jahr 2008 eine durchschnittliche Umsatzerwartung von gut 15 Prozent.

Knapp ein Viertel aller Personalberatungen beabsichtigt, weitere Berater einzustellen. Bei den großen Personalberatungsfirmen mit mehr als 4,5 Millionen € Umsatz äußerten dies bei der Marktbefragung sogar 94 Prozent. Auch gut die Hälfte der Marktteilnehmer in der Umsatzklasse „1 Million € bis 4,5 Millionen €" will auf weiteres Wachstum setzen und plant in diesem Zuge die Einstellung von zusätzlichen Beratern.

Die Personalberatung boomt also, doch auch die anderen Teile der Unternehmensbera-tung stehen gut da. Das Umsatzplus der Gesamtbranche, so der Bundesverband Deut-scher Unternehmensberater, lag über den Zeitraum der letzten zehn Jahre bei rund 8 Pro-zent pro Jahr, das heißt, auch die anderen Beratungsfelder Strategieberatung, Organisa-tions-/Prozessberatung und IT-Beratung können auf erfolgreiche Jahre zurückblicken.

Im Februar 2008 veröffentlichte der Bundesverband Deutscher Unternehmensberater BDU die Zahlen für das vorangegangene Jahr. In 2007 ist der Umsatz um 11,8 Prozent auf 16,4 Milliarden € gestiegen. Und auch für 2008 zeigt sich die Branche optimistisch. Mit ein Grund dafür: Wenn Unternehmen in einer Krise stecken, suchen sie vermehrt nach Mitteln und Möglichkeiten, die Effizienz, den Umsatz und den Gewinn wieder zu steigern.

Kräftige Impulse für die Branchenentwicklung sollen demnach aus der Chemie- und Pharmabranche, dem Anlagen- und Maschinenbau sowie von den Energie- und Wasserver-sorgern kommen. Bei künftigen Auswahlentscheidungen durch Konzerne werden aus Be-ratersicht vier Kriterien eine besonders hohe Bedeutung haben: Umsetzungskompetenz, hoher Beitrag zum Kundenerfolg, Verständnis für Kundenanforderungen und Lösungskom-petenz. BDU-Präsident Antonio Schnieder sieht dies genauso: „Die Klienten erwarten von uns Unternehmensberatern in den Projekten einen klaren Wertbeitrag, zur Zeit besonders durch eine nachweisliche Innovationskompetenz."

 TIPP Die Unternehmensberater suchen:

- IT-Spezialisten
- Ingenieure und Naturwissenschaftler
- Spezialisten mit Know-how in unterschiedlichsten Branchen
- Geistes- und Wirtschaftswissenschaftler

2.6.17 Werbewirtschaft, PR und Marktforschung

Die Werbewirtschaft blickt mit Argwohn in die Zukunft. So soll es, nach den Zahlen des Zentralverbands der deutschen Werbewirtschaft, im Jahr 2008 fast kein Wachstum (0,3 Prozent) geben, was bedeutet, dass sich der Werbeaufwand mit Agenturenvergütung, Werbemittelproduktion und Streukosten auf etwas 30,79 Milliarden € einpendeln wird. Im Jahr zuvor waren die Werbeinvestitionen noch um 1,8 Prozent gewachsen. Für 2009 bleibe die Lage angespannt, aber es drohe, so der Verband, kein freier Fall in eine nachhaltige Werbekrise. „Kann die Finanz- und Wirtschaftskrise eingedämmt werden, wachsen die Werbeausgaben in der zweiten Hälfte 2009 wieder und könnten in der Bilanz das Vorjahresergebnis erreichen", so die ZAW-Analyse.

Erstaunlicherweise werden auch die Online-Dienste von der Entwicklung nicht verschont. So gab es hier im Jahr 2007 noch ein Plus von 39 Prozent, für das Jahr 2008 geht der ZAW nur noch von einem Plus von 15 Prozent aus. Auch 2009 werde Online-Werbung moderat weiter wachsen, aber zyklisch zum konjunkturellen Trend, so die Analyse.

Nicht ohne Auswirkungen blieben auch die geplanten gesetzlichen Änderungen. So ist immer wieder auf EU-Ebene ein Werbeverbot für bestimmte Produkte im Gespräch, auch das drohende Ende der adressierten Werbung per Post kann einen Einbruch mit sich bringen. Bezugnehmend auf das Verbot der adressierten Werbung meint der ZAW: „Die Folgen insbesondere für mittelständische Anbieter, für die Post AG, Druckereien, Zustelldienste, Adressunternehmen und Agenturen wären verheerend und würden einen Verlust von 5 Milliarden € und 350.000 Arbeitsplätzen nach sich ziehen."

Ähnlich kritisch sieht auch der Gesamtverband Kommunikationsagenturen GWA e.V. die Lage. Im Herbstmonitor 2008 erwarten die befragten Unternehmen beispielsweise im Vergleich zum Jahr 2007 eher sinkende Umsätze.

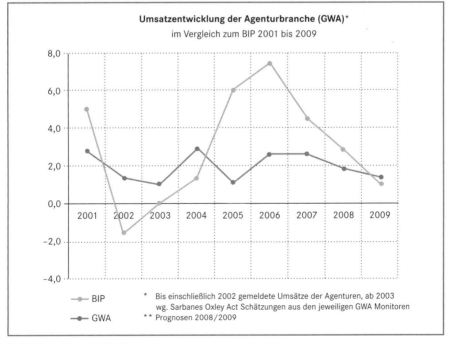

Umsatzentwicklung der Agenturbranche (GWA)*
im Vergleich zum BIP 2001 bis 2009

— BIP
— GWA

* Bis einschließlich 2002 gemeldete Umsätze der Agenturen, ab 2003 wg. Sarbanes Oxley Act Schätzungen aus den jeweiligen GWA Monitoren
** Prognosen 2008/2009

Quelle: Eigene Darstellung GWA

Besonders kritisch wird die Renditeentwicklung gesehen. So sind 83 Prozent der für den Herbstmonitor befragten Unternehmen mit der Rendite-Entwicklung unzufrieden. Und so wundert es nicht, dass in der gegenwärtigen Situation nicht einmal jede zweite Agentur Personal ausbauen will.

Etwas anders sieht es bei den Marktforschern aus. Hier konnten die Markt- und Sozialforschungsinstitute in Deutschland in den letzten Jahren Umsatzzuwächse erzielen, die über denen vieler anderer Wirtschaftszweige liegen, betont der Arbeitskreis Deutscher Markt- und Sozialforschungsinstitute in einer Stellungnahme vom August 2008. Dementsprechend ausgeprägt ist der Zukunftsoptimismus der Branche.

> **TIPP** Die Werbewirtschaft sucht:

- Psychologen, Sozial- und Geisteswissenschaftler
- PR-Spezialisten
- Wirtschaftswissenschaftler mit Schwerpunkten im Bereich Marketing, Werbung und Kommunikation

2.6.18 Wirtschaftsprüfung und Steuerberatung

Wirtschafts- und Unternehmensprüfungen werden aus unterschiedlichen Gründen durchgeführt. Einige sind gesetzlich vorgeschrieben, andere werden auf freiwilliger Basis von Einzelunternehmen, Personengesellschaften oder Kapitalgesellschaften durchgeführt. Zudem beauftragen karitative Einrichtungen, Vereine etc. ebenfalls Wirtschaftsprüfer, um sich Klarheit über bestimmte Vorgänge zu verschaffen.

Derartige Prüfungen werden von Wirtschaftsprüfern durchgeführt, die hierzulande zu den freien Berufen zählen. Deren wichtigste Aufgabe ist es, gemäß § 2 Abs. 1 der Wirtschaftsprüferordnung (WPO), „die betriebswirtschaftliche Prüfung, insbesondere von Jahresabschlüssen wirtschaftlicher Unternehmen, durchzuführen und Bestätigungsvermerke über die Vornahme und das Ergebnis solcher Prüfungen zu erteilen."

Zudem werden Wirtschaftsprüfer als Berater und Vertreter in steuerlichen Angelegenheiten tätig, sie übernehmen Gutachter- und Sachverständigentätigkeiten, kümmern sich um die treuhänderische Verwaltung und beraten in wirtschaftlichen Angelegenheiten.

Die Tätigkeit des Wirtschaftsprüfers setzt den erfolgreichen Abschluss eines entsprechenden Examens voraus. Nach dieser Prüfung wird der Bewerber auf Antrag durch Aushändigung einer von der Wirtschaftsprüferkammer ausgestellten Urkunde als Wirtschaftsprüfer bestellt. Alle Bewerber müssen vor Aushändigung der Urkunde den Berufseid vor der Wirtschaftsprüferkammer leisten.

Insgesamt führen drei Wege zu diesem Beruf: Traditionell ist der Weg über ein Hochschulstudium verbunden mit einer mindestens dreijährigen Berufspraxis. Für Praktiker ohne ein entsprechendes Hochschulstudium steht der Weg ebenfalls offen, setzt allerdings mindestens die zehnjährige Tätigkeit in der Wirtschaftsprüfung bzw. einer mindestens fünfjährigen Tätigkeit als Steuerberater oder vereidigter Buchprüfer voraus.

Zudem können Staatsangehörige eines Mitgliedstaates der EU eine entsprechende Eignungsprüfung ablegen, wenn sie bereits eine Zulassung zur Durchführung von Abschlussprüfungen von Jahresabschlüssen und konsolidierten Abschlüssen (Richtlinie 2006/43/EG) besitzen.

Wer als Steuerberater tätig werden möchte, muss die Steuerberaterprüfung i. S. d. § 37 Steuerberatungsgesetz (StBerG) bestanden haben. Die Zulassung hierzu erfolgt auf zwei Wegen: 1. Über ein Fach- bzw. Hochschulstudium. Voraussetzung hierfür ist der erfolgreiche Abschluss eines wirtschaftswissenschaftlichen oder rechtswissenschaftlichen Hochschulstudiums. Danach gilt es praktische Erfahrungen auf dem Gebiet des Steuerrechts zu gewinnen und zwar je nach Regelstudienzeit zwischen zwei und drei Jahren.

Alternativ führt der Weg über eine kaufmännische Berufsausbildung (§ 36 Abs. 2 StBerG): Nach Abschluss dieser Berufsausbildung, beispielsweise zum Steuerfachangestellten und einer zehnjährigen praktischen Tätigkeit auf dem Gebiet des Steuerrechtes kann ebenfalls die Zulassung zur Steuerberaterprüfung erfolgen. Dieser Zeitraum kann sich auf sieben Jahre verkürzen, wenn die Prüfung zum geprüften Bilanzbuchhalter oder Steuerfachwirt erfolgreich abgelegt wurde. Zudem können auch Beamte des gehobenen Dienstes der Finanzverwaltung zur Prüfung zugelassen werden.

> **TIPP** Die Wirtschaftsprüfer und Steuerberater suchen:

- Betriebswirte mit Schwerpunkten in den Bereichen Bilanzen, Steuerrecht, Finanzierung und Controlling
- Juristen

2.6.19 Wissenschaft

Absolventen der Wirtschaftswissenschaften, die sich für einen wissenschaftlichen Karriereweg entscheiden, haben einen langen Weg vor sich und müssen die einzelnen Schritte entsprechend planen. Dafür ist der Beruf des Wissenschaftlers, ist man erst einmal auf einer Dauerstelle, einer der krisenfestesten, da die Wissenschaftler meistens im Staatsdienst tätig sind, und auch einer der angesehensten, da er – so die Allensbach-Berufsprestige-Skala 2008 hinter Ärzten und Geistlichen der Berufsstand mit dem höchsten Sozialprestige ist.

Wer also das Berufsziel „Wissenschaft" anstrebt, kann vier große Wege einschlagen:

1. Hochschullehrerlaufbahn an Universitäten
2. Hochschullehrerlaufbahn an Fachhochschulen
3. Laufbahn an außeruniversitären Forschungseinrichtungen
4. wissenschaftsnahe Tätigkeit in Bibliotheken und Archiven.

1. Wer in einem wirtschaftswissenschaftlichen Fach die **Hochschullehrerlaufbahn** anstrebt, dem stehen für die Professur an einer Universität oder an einer vergleichbaren wissenschaftlichen Hochschule **drei Qualifizierungswege** offen, wobei alle nach dem Studium eine Promotion voraussetzen.

a) Nach der Promotion die traditionelle **Habilitation**, für die vier bis sechs Jahre einkalkuliert werden müssen. Für eine vorherige Promotion sollten zwei bis vier Jahre veranschlagt werden, für die Phase zwischen Habilitation und Professur sind weitere zwei bis drei Jahre Weiterqualifizierung üblich. Zwischen dem Hochschulabschluss bzw. der Promotion bis zur Berufung auf eine Professur, die in den Wirtschaftswissenschaften meist im Alter ab Ende 30 bis Anfang 40 Jahre erfolgt, liegen somit ca. zehn bis 15 Jahre. In dieser Zeit sind die künftigen Hochschullehrer in der Regel als Assistent/in bei einem Professor oder als wissenschaftlicher Mitarbeiter an einem Universitätsinstitut tätig. Es gelingt aber nicht allen, die Zeit zwischen dem Hochschulabschluss und der Promotion oder zwischen Promotion und Professur mit einer Assistentenstelle zu überbrücken. Vielfach liegen dazwischen Phasen der Beschäftigung in einem Drittmittelprojekt, der Finanzierung über ein Stipendium oder sogar der zeitweiligen Arbeitslosigkeit. Wer sich also für die klassische Laufbahn zum Hochschullehrer entscheidet, braucht Geduld und muss in der Qualifizierungsphase ein sehr hohes Arbeitspensum leisten. Dazu gehören Lehraufgaben an der Universität, Assistenzaufgaben für den Professor oder das Institut, eigene Veröffentlichungen sowie Teilnahme an Fachtagungen und Kongressen. Auch das Schreiben von Drittmittelanträgen und die Mitarbeit in Universitätsgremien sind Teile dieses Qualifizierungsmarathons. Wer es dann geschafft hat, mit Ende 30 oder Anfang 40 eine der begehrten Professuren zu bekommen, ist in der Regel Beamter auf Lebenszeit, erhält ein attraktives Gehalt und darf danach eine der wichtigsten gesellschaftlichen Aufgaben übernehmen – die Ausbildung junger Menschen an einer Universität.

b) Seit 2002 gibt es einen weiteren Qualifizierungsweg für eine Universitätsprofessur, die so genannte **Juniorprofessur**. Sie wurde eingerichtet, um dem wissenschaftlichen Nachwuchs schon mit Anfang 30 die Möglichkeit zu geben, eigenständig zu lehren und zu forschen. Insofern sind Juniorprofessuren dienstrechtlich keinem Lehrstuhl bzw. keiner anderen Professur zugeordnet. Bewerber/innen für eine Juniorprofessur sollten ihre Promotion vor weniger als fünf Jahren abgeschlossen haben und nach der Promotion weitere Erfahrung in Forschung und Lehre vorweisen können.

Juniorprofessuren sind auf sechs Jahre angelegt, nach drei Jahren ist eine Evaluation vorgesehen. Die Juniorprofessoren und -professorinnen nehmen – ebenso wie auf Dauerstellen berufene Hochschullehrer/innen – Lehr- und Prüfungsaufgaben wahr und forschen innerhalb ihres Themengebietes. Insgesamt, dies belegen Erhebungen unter Juniorprofessoren, sind diese zufrieden mit dem gewählten Qualifikationsweg. Besonders positiv werden die Möglichkeit des selbstständigen Arbeitens und die Transparenz bei der Ausschreibung und Vergabe von Juniorprofessuren bewertet. Unzufriedenheit herrscht aber durchgängig bei der Ausstattung der Juniorprofessur, die de facto ein Ein-Mann- bzw. Ein-Frau-Betrieb ist, denn Sekretariats- oder Assistenzstellen sind Juniorprofessuren nicht zugeordnet. Noch stärkere Unzufriedenheit besteht darin, dass eine Festanstellung an der Hochschule, an der man die Juniorprofessur innehat, nach Ablauf von sechs Jahre ungewiss ist (Tenure Track), so dass die Stellensuche dann vielleicht neu beginnt. Deshalb müssen beide Wege – die traditionelle Qualifizierung über die Habilitation und die Juniorprofessur – mit ihren Vor- und Nachteilen sehr genau gegeneinander abgewogen werden. Der traditionelle Weg bietet derzeit noch bessere Chancen auf eine Dauerprofessur als die Juniorprofessur. Umgekehrt bietet aber die Juniorprofessur die großen Vorteil der selbstständigen Arbeit und die Möglichkeit, bereits Studenten und Promovierende schon früh betreuen zu können.

>< Web-Link: www.juniorprofessur.com

Die Deutsche Gesellschaft Juniorprofessor e.V., der bundesweit einzige Zusammenschluss von Juniorprofessoren, liefert auf diesen Websites aktuelle Informationen rund um das Thema Juniorprofessur.

c) Die dritte Möglichkeit, sich für eine Universitätsprofessur zu qualifizieren, ist die **Leitung einer wissenschaftlichen Nachwuchsgruppe**, etwa im Rahmen des so genannten Emmy-Noether-Programms der Deutschen Forschungsgemeinschaft DFG. Wie bei der Juniorprofessur soll Nachwuchswissenschaftlern die frühe wissenschaftliche Selbstständigkeit ermöglicht werden. Das Programm ist auf fünf Jahre ausgerichtet und steht Bewerbern mit Promotion und mindestens zwei bis maximal vier Jahren Postdoktorandenerfahrung offen, wobei die internationale Forschungserfahrung durch einen zwölfmonatigen Auslandsaufenthalt während der Promotion oder der Postdoc-Phase belegt werden muss.

Auch darf die Nachwuchsgruppe – im Sinne der wissenschaftlichen Unabhängigkeit – nicht an der Hochschule eingerichtet werden, an der der jeweilige Bewerber promoviert wurde. Ähnlich wie bei der Juniorprofessur sieht das Emmy-Noether-Programm eine Lehrtätigkeit an der Universität und die Betreuung von Doktoranden vor.

>< Web-Link

Mehr Informationen zum Emmy-Noether-Programm finden Sie unter www.dfg.de/forschungsfoerderung/nachwuchsfoerderung/emmy_noether.

2. Der zweite Weg ist die **Professur in einem wirtschaftswissenschaftlichen Fach an einer Fachhochschule**. Anders als an einer Universität, wo Universitätsprofessoren in der Regel acht Semesterwochenstunden Lehrdeputat haben, werden von Fachhochschulprofessoren durchgängig achtzehn Wochenstunden Lehrtätigkeit gefordert.

Während dem Universitätsprofessor als Mindestausstattung in der Regel eine Sekretariatsstelle und eine Assistentenstelle zugeordnet sind, von wo aus die Professur in Forschung und Lehre bei ihren vielfältigen Aufgaben unterstützt wird, verfügen die Fachhochschulprofessoren in der Regel über keine Unterstützung, allenfalls über eine studentische Hilfskraft, denn an den Fachhochschulen ist Forschung keine zentrale Aufgabe, sondern die Lehre, das heißt die Ausbildung der Studierenden, steht eindeutig im Vordergrund.

Auch das Gehalt eines Fachhochschulprofessors (Besoldung nach Tarif W2, Grundgehalt 3.890 €, gegebenenfalls leistungsbezogene Zulagen) fällt durchweg eine Stufe niedriger als das eines Lehrstuhlinhabers an einer Universität aus (Besoldung nach W3, Grundgehalt 4.723 €, gegebenenfalls leistungsbezogene Zulagen).

Auf der anderen Seite erfolgt die Berufung auf eine Fachhochschulprofessur etwa drei bis fünf Jahre früher als die Berufung auf eine Universitätsprofessur.

Der Weg in die Hochschullehrerlaufbahn an Fachhochschulen führt – abgesehen von der **wissenschaftlichen Qualifikation** (in der Regel die Promotion und gegebenenfalls weitere wissenschaftliche Veröffentlichungen) – über die **betriebliche Praxis** und **Lehrerfahrungen**. Ein Großteil der Fachhochschulprofessoren hat nach der Promotion mehrere Jahre lang in einem Betrieb gearbeitet und parallel dazu einen Lehrauftrag an einer Universität oder – vorzugsweise – an einer Fachhochschule im Umfang von etwa zwei bis vier Stunden pro Woche wahrgenommen. Tätigkeiten in der innerbetrieblichen Aus- und Weiterbildung werden ebenfalls als Lehrqualifikation angerechnet.

Gefordert werden für eine Fachhochschulprofessur mindestens fünf Jahre einschlägige Berufspraxis, wovon **drei Jahre Berufserfahrung außerhalb des Hochschulbereiches** gesammelt worden sein müssen. Welche Berufstätigkeit außerhalb der Hochschule als relevante Praxis gewertet wird, unterscheidet sich von Bundesland zu Bundesland und von Hochschule zu Hochschule. Sehr variabel wird auch die Anrechnung von Teilzeitarbeit und freiberuflicher Arbeit gehandhabt. Als Berufserfahrung wird die Zeit nach dem ersten Hochschulabschluss gezählt.

Da an Fachhochschulen die wirtschaftswissenschaftlichen Fächer zusammen mit den technischen dominieren und in einigen Bundesländern, etwa in Nordrhein-Westfalen, neue Fachhochschulen entstehen, bieten sich hier derzeit bessere Berufsmöglichkeiten als an einer Universität.

Web-Links

- www.kisswin.de – Dieses im Oktober 2008 eröffnete Portal wurde mit Mitteln des Bundesministeriums für Bildung und Forschung finanziert und will den wissenschaftlichen Nachwuchs – vom Studenten in der Examensphase bis zum Habilitanden – über Fördermöglichkeiten, Qualifizierungswege und aktuelle Entwicklungen, etwa beim Arbeitsrecht oder der Besoldung, informieren.

- www.academics.de – Das Online-Angebot der academics GmbH, einem Gemeinschaftsunternehmen der ZEIT und des Deutschen Hochschulverbandes, bietet derzeit den größten akademischen Stellenmarkt Deutschlands sowie Informationen rund um das Thema wissenschaftliche Karriere. In der Rubrik „Stipendien und Preise" können Wissenschaftspreise und Forschungsstipendien fächerbezogen in einer Datenbank recherchiert werden.

3. Karrieremöglichkeiten in der Wissenschaft gibt es nicht nur an Universitäten und Fachhochschulen, sondern auch an den **außeruniversitären Forschungseinrichtungen.** Sie stellen neben den Hochschulen und den forschenden Unternehmen die dritte wissenschaftliche Säule in Deutschland. Zu den außeruniversitären Forschungseinrichtungen zählen die Institute der Max-Planck-Gesellschaft, der Fraunhofer-Gesellschaft, der Helmholtz-Gemeinschaft, der Leibniz-Gemeinschaft und die vielen Bundes- und Landesforschungsinstitute. Wirtschaftswissenschaftler haben nach dem ersten Studienabschluss oder der Promotion die Möglichkeit, sich bei einem der Forschungsinstitute mit wirtschaftswissenschaftlichem Schwerpunkt für eine berufliche Tätigkeit zu bewerben. In der Regel handelt es sich um Qualifizierungsstellen von unterschiedlicher Dauer je nach Einrichtung. Nach dieser Qualifizierungsphase besteht dann die Möglichkeit, sich auf eine wirtschaftswissenschaftliche Professur an einer Universität oder Fachhochschule zu bewerben oder in ein Unternehmen zu wechseln.

> **TIPP**

Berufsoption Wissenschaftsadministration

Die Zahl der rein wirtschaftswissenschaftlichen Forschungsinstitute der außeruniversitären Forschungseinrichtungen ist recht klein. Aber jedes dieser Forschungsinstitute beschäftigt einen oder mehrere Wirtschaftswissenschaftler in der Administration, da die Budgets, die meist im ein- bis zweistelligen Millionenbereich liegen, entsprechend verwaltet und abgerechnet werden als müssen. Solche Stellen als Assistent der Geschäftsführung oder Geschäftsführer eines Forschungsinstituts bieten die besondere Möglichkeit, wirtschaftswissenschaftliche Forschung und betriebswirtschaftliche Aufgaben miteinander zu verbinden.

4. Auch wenn in den nachfolgenden Bereichen Wirtschaftswissenschaftler eher nicht gerade dominieren, soll der Vollständigkeit halber darauf verwiesen werden, dass sie auch Karrieremöglichkeiten in einem der wissenschaftsnahen Bereiche wie dem **Bibliothekswesen** oder dem **Archivwesen** finden können. Voraussetzung sind in der Regel eine Promotion und eine anschließende Zusatzausbildung im staatlichen Bibliotheks- oder Archivdienst, die etwa zwei Jahre dauert. Anschließend erfolgt die Weiterqualifizierung auf Mitarbeiterstellen. Es besteht die Möglichkeit, eine Dauerstelle bei einer der zahlreichen Bibliotheken und Archive, im Kommunal- und Landesbereich oder bei Bundeseinrichtungen, zu erhalten. Für Archivare eröffnen sich auch Berufschancen in Unternehmensarchiven.

Der Karriereweg in die Wissenschaft, das kann nicht oft genug betont werden, ist lang und führt über befristete Arbeitsverhältnisse. Wer diesen Weg beschreiten will, sollte wissen, welche staatlichen und privaten Förderprogramme und Finanzierungsmöglichkeiten für den Weg in die Wissenschaft vorhanden sind. Hierfür wird auf folgenden umfassenden Forschungsratgeber verwiesen:

Dieter Herrmann, K. B. Christian Spath, *Forschungshandbuch 2008/2009, Förderpro-gramme und Förderinstitutionen für Wissenschaft und Forschung*, ALPHA Informations-GmbH, Lampertheim 2008 (Das Buch erscheint jährlich.)

Unter der folgenden Adresse können sich Wirtschaftswissenschaftler/innen über den Weg in die wissenschaftliche Karriere und Fördermöglichkeiten für die jeweilige Qualifizierungs-phase beraten lassen.

KONTAKT

Dr. Angela Verse-Herrmann
St.-Gereon-Straße 28
55229 Nackenheim
Tel. 0 61 35 / 95 00 67
Fax 0 61 35 / 95 17 02
E-Mail: info@bw-dienste.de
www.bw-dienste.de

2.7   Weiterführende Literatur

Bundesagentur für Arbeit, Zentrale Auslands- und Fachvermittlung (ZAV): *Arbeitsmarkt Kompakt 2007, Wirtschaftswissenschaftler*, Bonn 2007 (online als PDF herunterzuladen unter www.arbeitsagentur.de)

European Student Barometer 2008, trendence Institut GmbH, 2008

Dieter Herrmann, K. B. Christian Spath, *Forschungshandbuch 2008/2009, Förderpro-gramme und Förderinstitutionen für Wissenschaft und Forschung*, ALPHA Informations-GmbH, Lampertheim 2008

1. Banken

Die Bankenbranche befindet sich derzeit in einer der schwierigsten Situationen seit ihrem Bestehen. Die Finanz- und Wirtschaftskrise hat das Vertrauen in die Institute nachhaltig gestört. Und trotz Rettungsschirm der Politik ist derzeit noch nicht absehbar, wie sich die Situation in naher Zukunft entwickeln wird.

1.1 Das deutsche Bankensystem

Das deutsche Bankwesen fußt auf drei Säulen: Den Genossenschaftsbanken, den öffentlich-rechtlichen Instituten und den Geschäftsbanken.

Die **Genossenschaftsbanken**, also in städtischen Gebieten in aller Regel die Volksbanken und in ländlichen Regionen die Raiffeisenbanken, gehen auf die Grundsätze der Selbsthilfe, der Selbstverantwortung und der Selbstverwaltung von Franz Hermann Schulze-Delitzsch und Friedrich Wilhelm Raiffeisen zurück. Sie gründeten Mitte des 19. Jahrhunderts unabhängig voneinander die ersten Kreditgenossenschaften. Ein erfolgreiches Konzept, denn Ende 2007 gab es hierzulande rund 1.232 Genossenschaftsbanken mit einer addierten Bilanzsumme von 995 Milliarden €, rund 30 Millionen Kunden, 16,1 Millionen Mitgliedern und über 13.600 Zweigstellen in ganz Deutschland. Der große Vorteil der Genossenschaftsbanken ist die flächendeckende Struktur.

Bezüglich der Marktanteile gibt es unterschiedliche Angaben, je nach dem, welche Bezugsgröße man zugrunde legt. So hatten die Genossenschaftsbanken, deren Schwerpunkt die Privatkunden und mittelständischen Unternehmen sind, im Jahr 2005 bei den Girokonten zwar einen Marktanteil von 24 Prozent, bei der Bilanzsumme hingegen lag der Anteil bei 18 Prozent.

Trotz dieser Zahlen sind die Genossenschaftsbanken im Bewusstsein vieler Verbraucher nicht so präsent wie beispielsweise die Privatbanken. Mit ein Grund dafür könnte sein, dass die einzelnen Institute deutlich kleiner sind. Zu den genossenschaftlichen Kreditinstituten gehören die beiden Zentralinstitute DZ Bank und WGZ-Bank. Diese üben Zentralbankfunktionen für die Genossenschaftsbanken aus. Darunter fallen die Abwicklung des Auslandsgeschäfts, die Bereitstellung von Kapitalmarktprodukten, die Betreuung größerer Firmenkunden und die Risikoteilung im Kreditgeschäft.

Zu den genossenschaftlichen Kreditinstituten gehören:

- Die beiden Zentralinstitute DZ Bank und WGZ-Bank
- 1.250 Volks- und Raiffeisenbanken
- 12 Sparda-Banken
- 15 PSD Banken
- Spezialinstitute im Verbund: Fondsgesellschaft (Union Investment), Immobilienfondsgesellschaft (Union Investment Real Estate), Bausparkasse Schwäbisch Hall, Hypothekenbanken (DG Hyp, WL Bank, Münchener Hypothekenbank), Leasing-Gesell-

schaft (VR Leasing), Versicherungsgesellschaft (R+V Versicherung), IT-Dienstleister Fiducia IT, GAD

- Kirchenbanken (zum Beispiel Spar- und Kreditbank Evangelisch-Freikirchlicher Gemeinden eG, Ligabank)
- Sonstige (zum Beispiel BBBank, Deutsche Apotheker- und Ärztebank)

Die **öffentlich-rechtlichen Institute** erreichen einen Marktanteil von rund 34 Prozent. In diese Kategorie fallen in erster Linie die Landesbanken, die ihre Produkte über die angeschlossenen Sparkassen vertreiben. In diese Kategorie gehören auch die KfW Bankengruppe, die Landesbausparkassen und die Hypothekenbanken.

Die dritte Gruppe sind die **Privat- und Geschäftsbanken**. Hierunter werden alle Geldinstitute zusammengefasst, die keine Genossenschaftsbanken sind und deren Eigentümer nicht die öffentliche Hand ist. Hierbei handelt es sich um die kleinste Gruppe innerhalb der drei, denn in Deutschland haben die öffentlichen Banken einen Marktanteil von mehr als 50 Prozent. Danach folgen die genossenschaftlichen Banken, die rund ein Drittel des Marktes abdecken. Der Rest verteilt sich dann auf die Privatbanken, wobei hier die Großbanken, wie zum Beispiel die Commerzbank – erst recht nach der Übernahme der Dresdner Bank – den größten Teil abdecken.

Natürlich schwankt der Marktanteil der Banken je nach Kundengruppe und Produkt und so ist es auch wenig verwunderlich, dass die Privatbanken, beispielsweise im Bereich des Private Banking – also der Betreuung von vermögenden Kunden (im Gegensatz zum Retailgeschäft, also dem Massenkundengeschäft) – vor den anderen liegen.

Insgesamt besteht die Gruppe der Privatbanken in Deutschland aus den Großbanken, den Auslandsbanken und den Privatbanken im engeren Sinne. Die ca. 230 Privatbanken in Deutschland sind im Bundesverband deutscher Banken zusammengeschlossen.

Privatbanken waren Mitte des 19. Jahrhunderts die vorherrschende Organisationsform im Bankenbereich. Noch zu Beginn des 20. Jahrhunderts waren sie in Deutschland von großer Bedeutung. Es gab zu diesem Zeitpunkt rund 2.000 solcher Finanzunternehmen. Heute sind es nur noch 28. Die wenigsten davon sind wirklich noch im Familien- oder im Privatbesitz eines Bankiers.

Bereits früh bildeten sich die Banken, die in Form einer Aktiengesellschaft organisiert waren. So wurden beispielsweise die Deutsche Bank 1870, die Commerzbank 1870 und die Dresdner Bank im Jahr 1872 gegründet.

Diese dreigliedrige Struktur wird zum Teil recht kritisch gesehen. So moniert der Bundesverband deutscher Banken in seinem Bankenbericht 2008 *Deutscher Bankenmarkt der Zukunft*, dass dieses strikt abgegrenzte System und die damit einhergehenden gesetzlichen Rahmenbedingungen

- den Wettbewerb zwischen den Marktteilnehmern verfälschen
- die unternehmerischen Gestaltungsmöglichkeiten einschränken
- die Entwicklung moderner, leistungs- und zukunftsfähiger Strukturen verhindern und somit
- den Kunden und der gesamten Volkswirtschaft schaden.

Wie man auch immer zu dieser Kritik stehen mag, Fakt ist, dass die deutsche Kreditwirtschaft im internationalen Vergleich weiter zurückfällt, so der Bundesverband. „So belegen die deutschen Kreditinstitute im internationalen Renditevergleich die hinteren Plätze und weisen ungünstige Kosten-Ertrags-Verhältnisse auf. Unter den nach Marktkapitalisierung 25 größten Banken befindet sich kein deutsches Institut mehr. Selbst die US-Subprime-Krise, von der die deutschen privaten Banken nicht so stark wie andere Institute betroffen sind, führt hier nicht zu grundlegenden Änderungen", bilanziert der Bundesverband in seinem Bankbericht.

Wie sehr sich die bundesdeutsche Bankenlandschaft durch die im Jahr 2008 begonnenen Banken- und Finanzkrise verändert, zeigt das Beispiel der Commerzbank. Hier saniert der Staat mit Milliardenbeträgen, welche den Börsenwert (der lag am 7. Januar 2009 bei rund 4 Milliarden €) um ein Vielfaches übersteigen.

Die FAZ kommentiert hierzu am 9. Januar:

„Deutschland besitzt de facto eine neue Staatsbank: Es ist die um die Dresdner Bank vergrößerte Commerzbank. Das volle Ausmaß des unfassbaren Debakels, das nun zutage getreten ist, lässt sich an ein paar Zahlen ablesen: Der Staat schießt, von sonstigen Garantien abgesehen, insgesamt 18,2 Milliarden € in die Commerzbank ein und übernimmt eine Beteiligung von 25 Prozent und einer Aktie. Die Allianz als Verkäufer der Dresdner Bank leistet ebenfalls noch Unterstützung in Höhe von 1,8 Milliarden €. Außerdem existieren Staatsgarantien für Anleihen der Commerzbank über 15 Milliarden €. Die Börse bewertet die Commerzbank aber nur noch mit rund 4 Milliarden € – und nimmt an, dass der größte Teil des Geldes der Steuerzahler als Ergebnis fehlgeschlagener Geschäfte verlorengehen dürfte."

1.2 Aktuelle Herausforderungen

Die Bankenbranche in Deutschland steckt in einer tiefen Vertrauenskrise - und das nicht erst vor dem Hintergrund der aktuellen Entwicklungen im Finanzsektor. Dies ist das Ergebnis der aktuellen Untersuchung des *MRI Vertrauensbarometer Deutschland* in Kooperation mit der Zeppelin Universität (ZU) Friedrichshafen.

Demnach fehlt es 70 Prozent der Befragten inzwischen grundsätzlich an Vertrauen in die Bankenbranche. Zugleich geben allerdings 96 Prozent der Befragten an, dass ein hohes Vertrauen zu ihrer Bank eigentlich notwendig sei, um überhaupt mit ihr Geschäfte zu machen.

Karrierechance
Privatbank

Nicht besser sieht es mit der Einschätzung zur Kompetenz der Banken allgemein aus: 63 Prozent der Befragten sprechen Banken keine ausdrückliche Kompetenz zu. Und auch die Kompetenz der Angestellten ist aus der Sicht der Kunden stark verbesserungsbedürftig: Die Aussage, „Die Mitarbeiter wissen generell nicht so viel, wie sie wissen sollten", wird von 55 Prozent der Kunden bejaht. Darüber hinaus wird die Ehrlichkeit der Unternehmen stark angezweifelt. Der Aussage, „Bankunternehmen sind die ehrlichsten Unternehmen, die ich kenne", stimmen nur 14 Prozent der Befragten zu. Ein ähnliches Bild ergibt sich bei der Einschätzung zur Ehrlichkeit der Mitarbeiter. Lediglich 13 Prozent der Befragten stimmen der Aussage „Bankangestellte würden nicht übertreiben" zu und über 50 Prozent sind der Meinung, keine objektiven Informationen zu bekommen. Ein schlechtes Bild ergibt sich überdies beim Thema Verlässlichkeit: Lediglich knappe 42 Prozent der Befragten geben an, dass sie meinen, sich allgemein auf Bankunternehmen verlassen zu können. Nur 18 Prozent der Befragten schließlich sehen Banken als Problemlöser.

„Die Ergebnisse sind erschreckend. Die deutschen Banken sollten dringend versuchen, das Vertrauen ihrer Kunden zurück zu gewinnen", kommentiert Professor Dr. Peter Kenning, Inhaber des Lehrstuhls für Marketing an der Zeppelin Universität, die Ergebnisse der Studie.

Für das *MRI Vertrauensbarometer Deutschland* wurden zwischen November 2007 und Februar 2008 rund 850 Privatkunden von Banken deutschlandweit über Interviews befragt. Untersucht wurden dabei Sparkassen, Volksbanken und Postbank ebenso wie Geschäftsbanken wie Deutsche, Dresdner und Commerzbank sowie Internet-Banken wie ING-DiBa und Comdirect.

Zu ganz ähnlichen Ergebnissen kommt die 200-seitige Studie *Kundenmonitor Banken 2008* des Marktforschungs- und Beratungsinstituts psychonomics AG (vgl. Kasten auf Seite 212). 3.000 private Bankkunden zwischen 18 und 69 Jahren wurden repräsentativ zu ihrem Finanzverhalten und zu ihrer Finanzmentalität befragt. Kernaussage der Untersuchung: Die Kundenbeziehungen der Banken sind durch die Finanzkrise zwar weniger in Mitleidenschaft gezogen worden als das Gesamtimage der Finanzbranche. Dennoch sieht es nicht wirklich rosig um die Beziehungen der Kreditinstitute zu ihren Kunden aus: Lediglich 39 Prozent der Bundesbürger beurteilen die Leistungen ihrer eigenen Hauptbank als „ausgezeichnet" oder „sehr gut". Zudem ist nur jeder Zweite bereit, seine eigene Bank ohne Einschränkung weiterzuempfehlen.

Zu den Details:

- Der Anteil begeisterter Bankkunden schwankt im Vergleich der großen Bankinstitute in Deutschland zwischen 35 und 62 Prozent. Die zufriedensten und loyalsten Kunden haben derzeit die Sparda-Banken und die Direktbanken. Mehr als jeder vierte Bankkunde ist hingegen nur schwach an seine derzeitige Hauptbank gebunden.

„Um bei uns zu arbeiten, müssen Sie nicht die ganze Welt verändern. Die Finanzwelt reicht für den Anfang."

Katrin Jakfeld, Konzernentwicklung, WestLB

Sie wollen Ihre Zukunft nicht nur erleben, sondern selbst gestalten! Dafür brauchen Sie einen Arbeitgeber, der Sie nicht nur fordert, sondern auch fördert. Bei uns bekommen Sie im Rahmen Ihres individuellen Karriereverlaufs die Möglichkeit, Ihre persönlichen und fachlichen Stärken aktiv einzubringen. Und so am Erfolg der WestLB als international agierende Bank mitzuwirken. Haben Sie den Mut, Verantwortung zu übernehmen? Dann besuchen Sie uns auf www.jobforum.westlb.de

Die internationale Finanzkrise hat die Verbraucher in Deutschland stark verunsichert. Viele namhafte Institute haben in den letzten Wochen deutlich an Ansehen und Sympathie in der Bevölkerung verloren. Es gibt aber auch positive Ausnahmen: Sparkassen und Volks- und Raiffeisenbanken können ihre Imagewerte verbessern und rücken in punkto Markenimage an die Spitze der Bankenlandschaft vor.

Dies zeigen aktuelle Analysen vom November 2008 des Marktforschungs- und Beratungsinstituts psychonomics AG. Verglichen wurde die Entwicklung der öffentlichen Wahrnehmung der 25 wichtigsten Banken-Marken im Verlauf der letzten drei Monate.

Das derzeit beste Markenimage in der Bankenbranche haben demnach die Volks- und Raiffeisenbanken, deren BrandIndex-Score im Zeitraum der letzten drei Monate von 33 auf 39 Indexpunkte stieg, dicht gefolgt von den Sparkassen, die sogar 12 Punkte zulegen können und aktuell 34 BrandIndex-Punkte erzielen. Hingegen mussten alle anderen untersuchten Einzelinstitute und Institutsgruppen seit der Zuspitzung der Finanzkrise mehr oder weniger dramatische Imageverluste hinnehmen.

So verliert etwa die ING-DiBa ihre bisherige Spitzenposition im Markenranking der Bankbranche und fällt mit 31 BrandIndex-Punkten (025) auf Platz drei zurück. Auch die Sparda-Banken verlieren zwei Plätze und stehen mit 26 BrandIndex-Punkten (–17) nun auf Platz vier des Gesamtrankings. Beide Institute können trotz Finanzkrise aber weiterhin auf ein positives Gesamtimage in der Bevölkerung bauen. Auch die Postbank hält sich noch vergleichsweise stabil: Trotz eines Verlusts von neun Punkten in den letzten Wochen kann sie von Platz 8 auf Platz 5 des BrandIndex-Bankenrankings vorrücken.

Andere Banken trifft die Krise deutlich härter: Auf der Verliererseite in Sachen Image stehen beispielsweise vor allem die meisten Groß- und Landesbanken. Aktuelle Schlusslichter des 25 Institute umfassenden Markenstärke-Rankings mit einem massiv negativ ausgeprägten Gesamtimage in der Bevölkerung sind derzeit die Bayerische Landesbank (–88 BrandIndex-Punkte) und die West LB (–90).

„In der Krise liegt auch eine Chance für die Finanzdienstleister, ihr Image bei den Verbrauchern zu verbessern", kommentiert Boris Hedde, Studienleiter der psychonomics AG. „Aber: Verlorenes Vertrauen werden die Institute nicht dadurch zurückgewinnen, dass sie weiterhin in erster Linie günstige Konditionen und Zinssätze kommunizieren. Vielmehr bedarf es einer individuellen Positionierung, die weit über den strapazierten Begriff ‚Vertrauen' hinausreicht", so der Markenexperte weiter.

- Die aktuelle Unruhe im Markt wird vom Wettbewerb auch dazu genutzt, gezielt Kunden anderer Institute abzuwerben. Günstigere Preise und Konditionen der Konkurrenz sind dabei längst nicht mehr das allein ausschlaggebende Wechsel-Argument: Jeweils ein Drittel der tatsächlichen und potenziellen Wechsler begründen dies mit schlechten Service- und Beratungsleistungen ihrer bisherigen Bank.

- Jeder vierte Bankkunde ist bereit, für bessere Service- und Beratungsleistungen mehr zu zahlen. Für bessere Serviceleistungen ihrer Bank würden immerhin 22 Prozent niedrigere Zinsen in Kauf zu nehmen und 27 Prozent können sich vorstellen, für eine kompetente Finanzberatung zusätzlich etwas zu bezahlen.

- 71 Prozent der befragten Bundesbürger ist ein persönliches Vertrauensverhältnis zu einem Bankberater wichtig.

Welche Kreditinstitute gestärkt aus der Krise hervorgehen werden und welche geschwächt, wird sich daher nicht nur an nackten Zahlen entscheiden, meinen die Analysten. Eine besondere Rolle spielen die öffentliche Wahrnehmung der Institute und insbesondere die Gestaltung der Kundenbeziehungen an den unterschiedlichen Kontaktpunkten. So haben beispielsweise Bankkunden, die von ihrer Bank aktiv zur Finanzkrise informiert wurden, zu dieser ein deutlich höheres Vertrauen als die nicht informierten. Allerdings wurden bis dato nur die wenigsten Kunden von ihrer Bank auch tatsächlich informiert.

„Angesichts der starken Verunsicherung im Markt geht es darum, Vertrauen zurück zu gewinnen und die Kunden durch besondere Leistungen und Services zu überzeugen", erläutert Stefan Heinisch, Finanzmarktforschungsexperte der psychonomics AG.

„Das Vertrauen unserer Kunden, das in den vergangenen Monaten durch die Finanzkrise ein Stück weit verloren gegangen ist, gilt es zurückzugewinnen. Denn Vertrauen ist unser größtes Kapital", betonte Klaus-Peter Müller, Bankenpräsident und Aufsichtsratsvorsitzender der Commerzbank, bei den 16. Schönhauser Gesprächen Mitte November 2008 in Berlin. „Jetzt geht es darum, die notwendigen Lehren aus der Krise zu ziehen und angemessene Antworten zu geben."

Dies sind nur die aktuellsten Herausforderungen. Man sollte nämlich nicht vergessen, dass sich die Bankenbranche seit rund 20 Jahren in einem sich dramatisch ändernden Markt befindet, der zu einer deutlichen Intensivierung des Wettbewerbs geführt hat. Als Stichworte seien in diesem Zusammenhang nur der europäische Binnenmarkt, die Einführung der gemeinsamen europäischen Währung, die Neuerungen im Bereich der IT und Telekommunikation, das veränderte Kundenverhalten und die zunehmende Konkurrenz durch Finanzangebote von Nichtbanken genannt.

Trotz Finanzkrise: Kreditinstitute rechnen 2009 mit stabiler Geschäftsentwicklung

Krise hin, Krise her: Es gibt ernst zu nehmende Studien und Untersuchungen, die für das Jahr 2009 eine stabile Geschäftsentwicklung für die Kreditinstitute prognostizieren. Denn trotz Finanzkrise und Rezessionsszenarien fallen die Renditeerwartungen der Kreditinstitute in Deutschland überwiegend positiv aus. Das jedenfalls ergab die Studie *Branchenkompass 2008 Kreditinstitute – Sonderausgabe Finanzmarktkrise* von Steria Mummert Consulting in Zusammenarbeit mit dem F.A.Z.-Institut.

Laut dieser Untersuchung rechnen 37 Prozent der Topbankmanager für 2009 mit Zuwächsen bei der Eigenkapitalrendite. Weitere 32 Prozent erwarten eine stabile Renditeentwicklung. Kurzfristig reagieren die meisten Institute besonnen auf die Krise und nehmen keine übereilten Kurskorrekturen vor. Bis 2011 stellt allerdings jede zweite Bank ihre Geschäftsstrategie auf den Prüfstand. Insgesamt wird die Gefahr, die von einer schrumpfenden Volkswirtschaft ausgeht, stärker eingeschätzt als die direkten Folgen aus der Finanzkrise.

Der Vorwurf, die Risiken strukturierter Anlageprodukte unterschätzt und sich zu sehr auf die Bewertungen der Ratingagenturen verlassen zu haben, veranlasst insbesondere die Genossenschafts- und Kreditbanken zu Investitionen in ihr Risikomanagement. Jeweils sieben von zehn Entscheidern aus diesen Instituten planen bis 2011, die internen Prozesse der Risikosteuerung und des Controllings zu überprüfen. Übergreifend gibt immerhin jeder dritte Befragte an, seine Bank werde verstärkt in Risikoklassifizierungsverfahren investieren, um im Kreditgeschäft Ausfallrisiken besser zu messen und um die Kredite entsprechend zu bepreisen. Hier besteht offenbar ein Nachholbedarf, denn 88 Prozent der Banken haben bereits in der Vergangenheit in diesen Bereich investiert.

Als eine weitere Konsequenz aus der Finanzmarktkrise erwarten 93 Prozent der Entscheider, dass Privatkunden ihr Geldvermögen verstärkt in sichere Finanzprodukte mit geringeren Renditechancen investieren werden.

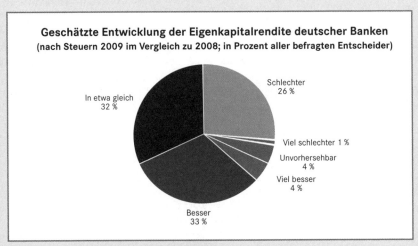

Geschätzte Entwicklung der Eigenkapitalrendite deutscher Banken
(nach Steuern 2009 im Vergleich zu 2008; in Prozent aller befragten Entscheider)

In etwa gleich 32 %

Schlechter 26 %

Viel schlechter 1 %

Unvorhersehbar 4 %

Viel besser 4 %

Besser 33 %

Quelle: Steria Mummert Consulting, F.A.Z.-Institut

Ich suche ständig neue Herausforderungen.

Und habe einen Arbeitgeber, der das zu schätzen weiß.

www.haspa.de

Inke Busch,
bei der Haspa seit dem 1. August 2007

Wir suchen für unseren Vertrieb zum Herbst 2009 mehrere

Trainees

Mit einer Bilanzsumme von 35 Milliarden Euro sowie über 1 Million Kunden ist die Haspa Deutschlands größte Sparkasse. Als marktführende Bank in der Metropolregion Hamburg beschäftigt sie über 5.300 Mitarbeiter und mehr als 450 Auszubildende. Damit ist die Haspa einer der größten Arbeitgeber und Ausbilder der Stadt.

Ihr Traineeprogramm

- Sie werden in unserem 18- bzw. 24-monatigen Traineeprogramm mit dem Schwerpunkt Privatkunden, Firmenkunden oder wohlhabende Kunden systematisch auf Ihren Einstieg bei der Haspa vorbereitet.

- Sie können von Anfang an durch aktive Mitarbeit vor Ort Ihr Know-how ausbauen und frühzeitig Verantwortung übernehmen.

- Sie erhalten im Rahmen unseres maßgeschneiderten Qualifizierungsprogramms eine exzellente Weiterbildung und werden von Ihrem persönlichen Coach unterstützt und begleitet.

- Sie können programmabhängig die Abschlüsse „Financial Consultant" oder „geprüfter Firmenkunden-Betreuer" sowie ein internes Haspa Zertifikat erwerben.

Ihr Profil

- Sie haben ein wirtschaftswissenschaftliches Studium absolviert und verfügen idealerweise über eine bankkaufmännische Ausbildung oder erste Erfahrungen im Bankensektor.

- Sie sind hoch motiviert, haben ein gewinnendes Auftreten und arbeiten gern in einem kundenorientierten Team.

- Sie stellen sich gern neuen Herausforderungen, sind leistungsbereit und flexibel.

- Sie haben Spaß am Vertrieb und bringen idealerweise erste Erfahrungen in diesem Bereich mit.

Ihre Bewerbung

Bitte senden Sie Ihre vollständigen Bewerbungsunterlagen als PDF- bzw. Word-Datei an: Karriere@haspa.de.

Fragen zum Traineeprogramm beantworten Ihnen gern Nicole Bergmann, Tel. 040 3579-4282, und Thomas Nack, Tel. 040 3579-4669. Weitere Informationen zur Haspa erhalten Sie unter www.haspa.de.

spaKarriere.
er ist Ihre Zukunft.

Haspa
Hamburger Sparkasse

Meine Bank.

1.3 Beschäftigte und Berufschancen

Bei den Mitarbeitern vieler Institute geht die Angst um den Verlust des Arbeitsplatzes um. Insbesondere der Bereich des Investmentbankings scheint gefährdet. Damit findet sich das Thema Arbeitslosigkeit in einer Branche wieder, die jahrelang als sicher galt. Hinzu kommt: Je mehr Banken zusammengelegt sowie Filialen und Niederlassungen geschlossen werden, desto mehr – in aller Regel auch gut ausgebildete – Fachleute drängen auf einen begrenzten und derzeit auch äußerst nervösen Stellenmarkt.

Betrachtet man den Arbeitsmarkt in dieser Branche insgesamt, so zeigt sich, dass im Zuge der Umstrukturierungen zahlreiche Arbeitsplätze verloren gingen. So sank die Zahl der Beschäftigten zwischen Ende 1999 und 2005 im Kreditgewerbe um knapp 79.000 Personen. Das ist ein Rückgang um 10,2 Prozent.

Heute arbeitet der Großteil der Beschäftigten bei den Sparkassen (260.800) sowie bei privaten Banken und Bausparkassen (205.350). Es folgen die Landesbanken, die öffentlichen Bausparkassen und Spezialinstitute (58.600) sowie die Volks- und Raiffeisenbanken und die Sparda-Banken (168.300).

Gleichwohl ist der Arbeitsmarkt im Bereich der Banken immer noch interessant, wie Zahlen des Arbeitsgeberverbands des privaten Bankgewerbes von Juni 2008 zeigen:

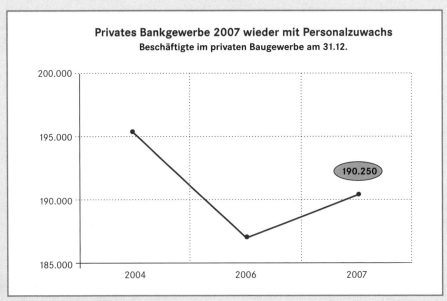

Privates Bankgewerbe 2007 wieder mit Personalzuwachs
Beschäftigte im privaten Baugewerbe am 31.12.

Quelle: AGV Banken, Juni 2008

Demnach hat sich die Beschäftigtenzahl im privaten Bankgewerbe im Jahr 2007 gegenüber dem Vorjahr um fast 2 Prozent auf über 190.000 erhöht. Damit war der seit 2001 anhaltende Beschäftigungsrückgang nicht nur gestoppt, das private Bankgewerbe hat nach eigenen Angaben im Jahr 2007 auch als einzige Bankengruppe Mitarbeiter aufgebaut. Im privaten Bankgewerbe stieg die Zahl der Beschäftigten allein im Tarifbereich in den beiden vergangenen Jahren um 2.500 Personen (plus 3,3 Prozent).

Im gesamten Kreditgewerbe ging der Personalbestand allerdings leicht zurück (minus 0,1 Prozent auf rund 680.500), da die öffentlich-rechtlichen und genossenschaftlichen Kreditinstitute weiterhin Personal abgebaut hatten. Insgesamt sind, trotz des Stellenabbaus der vergangenen Jahre die Chancen und Möglichkeiten vor allem für höher qualifizierte Mitarbeiter und für Hochschulabsolventen immer noch gut. Das gilt auch für die Verdienstaussichten im Bankbereich: So stiegen die Tarifgehälter in den vergangenen zehn Jahren um rund 22 Prozent.

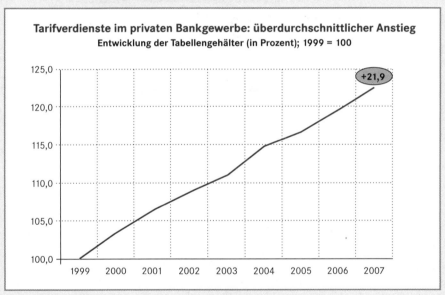

Tarifverdienste im privaten Bankgewerbe: überdurchschnittlicher Anstieg
Entwicklung der Tabellengehälter (in Prozent); 1999 = 100

Quelle: AGV Banken

Allerdings gibt es auch hier einen klaren Trend zu einer leistungsbezognen Bezahlung, wobei dies insbesondere für den Vertrieb, also für die Berater von Privat- und Firmenkunden von Bedeutung ist.

Ausgesprochen gute Beschäftigungschancen bietet das Bankenumfeld auch für IT-Spezialisten, wie zum Beispiel Wirtschaftsinformatiker, die über das entsprechenden Branchen-Know-how verfügen.

Nachgefragt werden ferner in den volkswirtschaftlichen Abteilungen der großen Institute Volkswirte und Wirtschaftswissenschaftler, die sich auf bestimmte Bereiche, wie zum Beispiel den Außenhandel oder die Geldpolitik spezialisiert haben.

Die Mitarbeiter der Kreditinstitute sind in aller Regel gut ausgebildet und auch die Weiterbildung spielt eine wichtige Rolle. Laut den Zahlen des Statistischen Bundesamts liegt die Quote der Teilnehmer an Weiterbildungsmaßnahmen in der Banken- und Finanzbranche deutlich über dem Durchschnitt der Gesamtwirtschaft:

Teilnahme an Weiterbildung: Banken an der Spitze
Teilnahmequoten in Unternehmen mit Weiterbildungsangebot
2005 (Prozent); ausgewählte Branchen

Branche	Prozent
Kreditgewerbe	59,5
Energie-/Wasserversorgung	58,4
Versicherungen	47,0
Dienstleistungen	38,9
Gesamtwirtschaft	38,8
Handel	29,8

Quelle: Statistisches Bundesamt

Das bedeutet aber auch, dass vor allem Studienabgänger, mit Praktikern aus den Banken konkurrieren, die sich intern, beispielsweise durch den Besuch der in Frankfurt ansässigen School of Finance & Management entsprechend weitergebildet haben. Deshalb empfiehlt es sich, sich bereits im Studium auf den Bankbereich zu konzentrieren, wenn man in diesem später tätig werden möchte. Alternativ ist auch die Kombination eines Studiums mit einer entsprechenden Ausbildung durchaus empfehlenswert.

Der Einstieg in den Beruf erfolg bei vielen Banken und Instituten über ein sogenanntes Trainee-Programm, das in einigen Monaten (in der Regel 12 bis 24) die Neueinsteiger mit den unterschiedlichen Abteilungen bekannt macht. Zudem ist es bereits auch hier oftmals schon möglich, entsprechende Schwerpunkte zu setzen. In vielen Fällen ist während oder im Anschluss an das Trainee-Programm auch ein Auslandsaufenthalt einzuplanen. In aller Regel ist die Betreuung während des Programms von guter Qualität.

Karriere bei der Bundesbank

Hochschulabsolventen mit Universitäts-Diplom bzw. einem (akkreditierten) Master- oder einem anderen gleichwertigen Studienabschluss stellt die Bundesbank in der Laufbahn des höheren Bankdienstes ein. Absolventinnen bzw. Absolventen mit Fachhochschul-Diplom bzw. einem Bachelor- oder einem anderen gleichwertigen Studienabschluss beginnen die Karriere in der Laufbahn des gehobenen Bankdienstes.

Bei Schulabgängerinnen bzw. Schulabgängern erfolgt der Berufseinstieg bei der Deutschen Bundesbank - je nach gewähltem Ausbildungsgang - in der Laufbahn des gehobenen, mittleren oder einfachen Dienstes.

Ein Direkteinstieg ist, je nach den bisherigen beruflichen Tätigkeiten möglich, wobei folgende Tätigkeitsbereiche zur Verfügung stehen:

- Bankenaufsicht
- Bargeldversorgung
- Controlling, Rechnungswesen, Organisation
- Europäische Geldpolitik
- Information der Öffentlichkeit
- Informationstechnologie
- Intervention an Devisenmärkten
- Management der Währungsreserven
- Mitwirkung in internationalen Gremien
- Personal
- Recht
- Revision
- Risiko-Controlling
- Statistik
- Verwaltung und Bau
- Zahlungsverkehr

Direkteinsteiger werden als Tarifbeschäftigte eingestellt und übernehmen nach einer Einarbeitung ein bestimmtes Aufgabengebiet.

Alternativ hierzu gibt es spezielle Ausbildungsgänge: Für Hochschulabsolventen mit einem Universitäts-Diplom, einem Master- oder einem gleichwertiger Studienabschluss sind dies
- im Bereich der Wirtschafts- oder Rechtswissenschaften das Bundesbank-Referendariat, das im Beamtenverhältnis läuft oder das
- bei einer wirtschaftswissenschaftlichen Ausrichtung das entsprechende Trainee-Programm.

Für Bewerber mit Fachabitur gibt es:
- das duale Studium der Betriebwirtschaftslehre mit Fachrichtung Notenbankwesen mit dem Abschluss Diplom-Betriebswirt (FH) im Beamtenverhältnis,
- ein duales Studium der Wirtschaftsinformatik (Bachelor of Science),
- ein duales Studium der Angewandten Informatik (Bachelor of Science),
- die Ausbildung zur/zum „Bürokauffrau/Bürokaufmann" und
- die Ausbildung zur/zum „Kauffrau/Kaufmann für Bürokommunikation".

Weitere Details zu den Berufs- und Karrieremöglichkeiten bei der Bundesbank finden Sie im Bereich „Jobs & Karriere" auf der Internetseite www.bundesbank.de.

2. Versicherungen

„Trotz der abgeschwächten Konjunktur erweist sich die wirtschaftliche Lage der privaten Haushalte, auf die über 80 Prozent der Versicherungsnachfrage entfallen, bisher als robust. Das Geschäftsklima in der Versicherungswirtschaft bewegt sich im Gegensatz zu anderen Branchen vergleichsweise immer noch auf mittlerem Niveau. Die Beitragsentwicklung dürfte voraussichtlich auch in 2009 stabil bleiben."

Zu dieser im Gegensatz zu anderen Branchensituationen eher positiven Prognose kam Ende 2008 der Gesamtverband der deutschen Versicherungswirtschaft (GDV). Auch Umfragen bei den Versicherern selbst zeigten ein ähnliches Bild, wie der GDV gleichzeitig betonte: „Trotz der aktuellen Bankenkrise und der fortschreitenden Konjunkturabschwächung bewegt sich die Stimmung in der deutschen Versicherungswirtschaft nach den Ergebnissen des ifo Konjunkturtest Versicherungswirtschaft noch immer auf einem mittleren Niveau. Zuletzt beurteilten 8 Prozent der deutschen Versicherungsunternehmen ihre aktuelle Geschäftslage als günstig, 86 Prozent als befriedigend und 6 Prozent als ungünstig. Für die nähere Zukunft rechnen 7 Prozent der Unternehmen mit einer eher günstigeren, 84 Prozent mit einer etwa gleichbleibenden und 9 Prozent mit einer eher ungünstigeren Geschäftslage."

Versicherungswirtschaft auf einen Blick

	Einheit	2007	2008
Beitragsaufkommen	(Milliarden €)	162,9	165,3
Beitragszunahme	(Prozent)	0,6	1,5
Beiträge je Einwohner	(€)	1.980	2.010
Beiträge der Privathaushalte	(Milliarden €)	143,8	146,2
Beitragszahlung je Haushalt	(€)	3.620	3.680
Beitragszahlung je Einwohner	(€)	1.750	1.780
Versicherungsleistungen insgesamt	(Milliarden €)	141,2	146,1
▪ Lebensversicherung	(Milliarden €)	66,2	69,7
▪ Private Krankenversicherung	(Milliarden €)	33	35
▪ Kraftfahrtversicherung	(Milliarden €)	19,1	19,5
Versicherungsverträge und -risiken	(Millionen)	etwa 436	etwa 437

Quelle: Jahrbuch 2008 des GDV, Angaben für 2008 geschätzt

Allerdings sieht der GDV auch für die Versicherungsbranche in der nächsten Zeit keine boomende Marktsituation gegeben: „Auf die Versicherungsnachfrage gehen angesichts des insgesamt rezessiven Konjunkturverlaufs gleichwohl keine gesamtwirtschaftlichen Impulse aus. Branchenspezifische Sonderfaktoren - der intensive Wettbewerb, der teilweise bereits hohe Grad der Marktdurchdringung, der moderate Schadenverlauf, zunehmende Abläufe oder die Auswirkungen politischer Reformen – verhindern zudem ein höheres Beitragswachstum. Nach einer Zunahme um etwa 1,5 Prozent in 2008 ist für 2009 für die deutsche Versicherungswirtschaft insgesamt mit einem stagnierenden Beitragsaufkommen zu rechnen."

Doch nicht nur die Konjunkturlage hat einen wesentlichen Anteil an der Entwicklung der Versicherungsbranche. Insbesondere die zahlreichen geänderten Gesetze und Rahmenbedingungen in Bezug auf die Versicherungsvermittlung sowie strengere Vorgaben für Versicherer und Vermittler bezüglich des Verbraucherschutzes erfordern bei vielen Versicherungsunternehmen eine Umorientierung der bisherigen Unternehmensstrukturen und Arbeitsabläufe.

2.1 Das deutsche Versicherungssystem

Die Versicherungen lassen sich grob in vier Kategorien einteilen:

- Lebensversicherung,
- Private Krankenversicherung,
- Schadens- und Unfallversicherung sowie
- Rückversicherung.

Insgesamt ist in den letzten zehn Jahren ein Rückgang der in Deutschland unter Aufsicht tätigen Versicherungsunternehmen zu verzeichnen. Allerdings hat sich in den letzten zwei Jahren die Anzahl der Versicherungsunternehmen nur wenig verändert. So gab es bei den Versicherungsunternehmen der Schaden- und Unfallsparte sogar einen leichten Zuwachs.

Versicherungsunternehmen (VU) unter deutscher Bundesaufsicht mit Geschäftstätigkeit

Versicherungs-unternehmen (VU)	Gesamt	Lebens-versiche-rungen	Private Kranken-versicherungen	Schaden- und Unfall-versicherungen	Rück-versiche-rungen
1995	677	121	58	268	32
2000	659	119	55	254	41
2001	640	116	55	249	40
2002	645	110	55	238	43
2003	640	106	54	235	45
2004	633	105	54	231	44
2005	632	104	53	227	47
2006	613	100	52	222	45
2007	609	100	51	224	41

Quelle: GDV, BaFin

CLEVE**R+V**ERWIRKLICHEN

ie R+V Versicherung ist mit ca. 7 Millionen Kunden und mehr als 9,5 Milliarden Euro eitragseinnahmen eine der größten deutschen Versicherungsgruppen. Sie bietet als genossen- chaftlicher Versicherer im **FinanzVerbund mit den Volksbanken und Raiffeisenbanken** rivat- und Firmenkunden maßgeschneiderte, innovative Versicherungslösungen aller Art.

tudenten und Absolventen finden in unserer Wiesbadener Direktion das richtige Umfeld und ielseitige Möglichkeiten ihre Karriere in Schwung zu bringen!

Wirtschaftswissenschaftler (m/w)
Rechtswissenschaftler (m/w)
Wirtschafts-) Mathematiker (m/w)
Wirtschafts-) Informatiker (m/w)

e möchten Dinge bewegen, eigene Vorstellungen entwickeln, Freiräume für Ihre Ideen haben nd um die Ecke denken? Dann stellen Sie sich bei R+V dieser Herausforderung in einem der lgenden Einstiegswege:

irekteinstieg I Traineeprogramm I Praktikum I Studienabschlussarbeit

en optimalen Rahmen für Ihre persönliche Entfaltung bilden abwechslungsreiche Aufgaben, n breites Qualifizierungsangebot sowie unser attraktives Vergütungssystem mit vielfältigen usatzleistungen.

ie wichtigsten Informationen über die R+V Versicherung und Ihre Karrieremöglichkeiten finden e unter **www.jobs.ruv.de.** Bewerben Sie sich online direkt auf ein Stellenangebot oder tragen ch in unseren Bewerberpool ein!

it uns können Sie sich beruflich CLEVE**R+V**ERWIRKLICHEN.

+V Versicherung - Recruitingcenter
lefon: 06 11 - 5 33 52 10

Im FinanzVerbund
der Volksbanken
Raiffeisenbanken

Nicht nur die Anzahl der Versicherungsgesellschaften, sondern auch die Größe jedes einzelnen Unternehmens ist natürlich wichtig. Nach den Beitragseinnahmen liegen Gesellschaften aus dem Lebensversicherungsbereich deutlich vor Unternehmen der Schaden- und Unfallversicherung und der Krankenversicherung.

Größte Versicherungszweige nach dem gebuchten Beitragsaufkommen (GDV-Mitgliedsunternehmen)

Jahr	1990	2000	2004	2005	2006	2007	2008
Lebensversicherung (Milliarden €)	27,4	61,2	70,3	75,2	78,5	78,9	80,4
Private Krankenversicherung (Milliarden €)	9,5	20,7	26,4	27,3	28,5	29,5	30,3
Schaden- und Unfall- versicherung (Milliarden €)	32,9	49,4	55,4	55,4	55,0	54,5	54,6

Quelle: Statistisches Taschenbuch und Jahrbuch 2008 des GDV, Angaben für 2008 geschätzt

Im Vergleich zu früheren Jahren gibt es seit den letzten drei Jahren nicht zuletzt aufgrund der bereits hohen Marktdurchdringung und der Konjunkturlage nur noch ein tendenziell geringeres Beitragswachstum.

Zudem sieht sich die Versicherungsbranche mit anderen anhaltenden Herausforderungen konfrontiert. Die schnelle technische Weiterentwicklung sowie die sich ändernden gesellschaftlichen und gesetzlichen Rahmenbedingungen, wie beispielsweise eine nun notwendige umfangreiche Dokumentations- und Informationspflicht der Versicherungskunden, erfordern eine ständige Anpassung der Marktprozesse.

Auch die Globalisierung und die unverkennbare Intensivierung des Wettbewerbs bewirken letztendlich erhebliche Veränderungen in der Unternehmenslandschaft. Zudem muss auf der Produkt- und Vertriebsseite dem demographischen Wandel Rechnung getragen werden.

Trotz dieser allgemeinen Tendenzen für den Geschäftserfolg sind die Rahmenbedingungen je nach Sparte sehr unterschiedlich. Hier ein Überblick:

- **Lebensversicherung:** Gerade die Geschäftsentwicklung im Bereich der Lebensversicherung ist stark von den gesetzlichen und auch steuerlichen Rahmenbedingungen abhängig. Doch wie die jüngste Vergangenheit zeigt, spielen auch die Konjunkturlage sowie wirtschaftliche Ereignisse wie beispielsweise die Bankenkrise und damit einhergehend der Vertrauensverlust in Fonds- und Aktienanlagen eine wichtige Rolle.

- **Private Krankenversicherung:** Der Erfolg dieser Sparte orientiert sich ebenfalls stark an den politischen Rahmenbedingungen. Reformen in der Gesundheitspolitik führten bereits in der Vergangenheit beispielsweise zu Leistungskürzungen in der gesetzlichen

Krankenversicherung, welche sich dann wiederum mit einem privaten Krankenversicherungsvertrag absichern ließen. Aber auch konjunkturelle Entwicklungen, wie der Lohnzuwachs, spielen eine Rolle. So ist beispielsweise die Wechselmöglichkeiten von der gesetzlichen zur privaten Krankenversicherung unter anderem von der sogenannten Versicherungspflichtgrenze, einer Sozialversicherungsrechengröße, abhängig, die sich jährlich entsprechend der Entwicklung der vergangenen Bruttolohn- und -gehaltssumme ändert.

▪ **Schadens- und Unfallversicherung:** Einen nicht zu unterschätzenden indirekten Einfluss auf das Versicherungsgeschäft dieser Sparte haben Naturkatastrophen und große Schadenereignisse. Mögliche Folgen des Klimawandels, wie beispielsweise Sturmschäden oder Überschwemmungen, schlagen hier kräftig zu Buche. Alleine die Schäden des Orkans Kyrill im Jahr 2007 kosteten der Versicherungswirtschaft rund 2,4 Milliarden €. Während beispielsweise der Schadensaufwand im Sachversicherungsbereich im Jahr 2006 bei rund 9,7 Milliarden € lag, waren es 2007 mit insgesamt etwa 11,4 Milliarden € – also rund 17,8 Prozent mehr. Dagegen haben sich jedoch die Beitragseinnahmen der entsprechenden Versicherungsunternehmen in den letzten fünf Jahren nur wenig verändert. Weniger Einfluss auf die Geschäftsergebnisse haben hier konjunkturelle Entwicklungen, Gesetzesänderungen oder sonstige politische Entscheidungen eine Rolle.

▪ **Rückversicherung:** Der Geschäftsverlauf der Rückversicherungen ist von allen Einflussfaktoren der bereits genannten Sparten abhängig. So spielt insbesondere beim Rückversicherungsgeschäft im Lebens- und Krankenversicherungsbereich neben den gesamtwirtschaftlichen Einflüssen auch die rechtlichen und steuerlichen Änderungen eine große Rolle. Bei der Rückversicherung der Schaden- und Unfallversicherungen machen sich insbesondere große Naturkatastrophen bemerkbar.

2.2 Aktuelle Herausforderungen

Die aktuellen Herausforderungen der Versicherungswirtschaft liegen wie bereits letztes Jahr in den politischen Reformprojekten. So wurden in der jüngsten Vergangenheit zahlreiche gesetzliche Rahmenbedingungen verändert bzw. neu geschaffen, die jetzt beachtet werden müssen. Auch zum Jahreswechsel 2009 traten einige Neuerungen in Kraft. Nachfolgend ein Überblick über diese Änderungen und deren Folgen auf die Branche.

Neuregelung der Versicherungsvermittlerrechts: Für die Umsetzung der EU-Vermittlerrichtlinie trat bereits im Mai 2007 das Gesetz zur Neuregelung des Vermittlerrechts sowie die Verordnung über die Versicherungsvermittlung in Kraft.

Bisher war die Berufsausübung von Versicherungsvermittlern weitgehend nicht geregelt. So gab es beispielsweise keine Zulassungsvoraussetzungen, um Versicherungsvermittler zu werden. Nun müssen Versicherungsvermittler den Nachweis eines entsprechenden Sachkundenachweises mit mindestens dem Niveau der Ausbildung zum/zur Versicherungsfachmann/-fachfrau erbringen und sich registrieren lassen.

Feel free to be somewhat different

Tauchen Sie ein in die Welt der **Rück**versicherung als

Trainee (m/w)

Sie suchen nach Ihrem Studium einen interessanten Berufseinstieg, um Ihr fachliches Know-how und Ihre Persönlichkeit in einem weltweit tätigen Unternehmen einzubringen und zu entwickeln? Dann nutzen Sie Ihre Chance, und steigen Sie als Trainee bei uns ein!

Sie absolvieren unser 18-monatiges Traineeprogramm für Nachwuchskräfte und wir setzen Sie – abgestimmt auf Ihre Stärken und Interessen – in unterschiedlichen Abteilungen ein. Dabei werden Sie aktiv in Projekten sowie im Tagesgeschäft mitarbeiten und on-the-job mit allen Arbeitsgebieten des spannenden und abwechslungsreichen Rückversicherungsgeschäfts vertraut gemacht.
Mit der Fähigkeit zur Selbstreflexion und -organisation stellen Sie sich erfolgreich den neuen Herausforderungen und bringen Ihre offene, integrations- und kommunikationsstarke Persönlichkeit mit ein.
Ein mehrmonatiger Auslandsaufenthalt in einer unserer weltweiten Außenstellen ist ebenso Bestandteil des Programms wie die gezielte Unterstützung durch einen persönlichen Paten, der Ihnen während des Traineeprogramms zur Seite steht.

Ihr Profil:
• Sehr guter Hochschulabschluss, vorzugsweise in Wirtschaftswissenschaften, (Wirtschafts-)Mathematik oder Wirtschaftsrecht
• Studienschwerpunkte z. B. in Versicherungsbetriebslehre, Banken, Controlling, internationalen Wirtschaftsbeziehungen oder Statistik
• Verhandlungssicheres Englisch und gute Kenntnisse einer weiteren Fremdsprache
• Erste Erfahrung über Praktika, vorzugsweise bei einem Finanzdienstleister, oder Ausbildung im versicherungs- oder bankkaufmännischen Bereich
• Auslandserfahrung in Form von Praktika (möglichst mit finanzwirtschaftlichem Schwerpunkt) oder Studium
• Sehr gutes analytisches Verständnis und Freude am Umgang mit Zahlen

Wenn Sie Fragen zu unserem Traineeprogramm haben, nehmen Sie Kontakt zu uns auf über personnel@hannover-re.com.

Für Ihre Bewerbung nutzen Sie bitte unser Online-Bewerbungsformular auf unserer Homepage unter Angabe der Kennziffer 9000 0815.

Sie finden uns im Internet unter: www.hannover-rueck.jobs.

Hannover Rückversicherung AG
Postfach 61 03 69, 30603 Hannover

hannover rück

Versicherungsmakler und Mehrfirmenvertreter müssen für die Registereintragung auch eine Gewerbeerlaubnis bei der Industrie- und Handelskammern beantragen. Dazu ist es notwendig, dass sie unter anderem einen Sachkundenachweis und eine Berufshaftpflichtversicherung vorweisen können.

Auch die Pflichten bei der Berufsausübung sind nun geregelt. Dazu gehören, dass Vermittler ihren Kunden unter anderem zahlreiche Informationen und Details zu den angebotenen Tarifen schriftlich mitteilen. Auch die Vorgehensweise bei der Beratung des Vermittlers ist teils gesetzlich geregelt. So muss der Vertreter eine umfangreiche Dokumentation der Beratung vorlegen können.

Versicherungsvermittler, die vor dem 1. Januar 2007 bereits tätig waren, hatten bis zum 31.12.2008 Zeit, sich registrieren zu lassen. Seit 2009 muss nun jeder Versicherungsvermittler registriert sein. Insbesondere die umfangreichen Informations- und Dokumentationspflichten aber auch die Anforderungen zur Berufsausübung könnte auch innerhalb der Versicherungswirtschaft zu Streitigkeiten führen. Daher ist es wichtig, dass die Einhaltung der Rahmenbedingungen, nicht zuletzt auch durch verwaltungsorganisatorische und EDV-unterstützte Maßnahmen sichergestellt wird. Auch die bisherige Provisionsstruktur wird auf Grund der neuen Rahmenbedingungen überdacht werden müssen.

Reform des Versicherungsvertragsgesetzes (VVG): Das Versicherungsvertragsgesetz regelt unter anderem die Vertragsbeziehung zwischen Kunden und Versicherer. Seit 2008 gelten die umfangreichen Änderungen, beispielsweise ein kürzeres Widerrufsrecht für Versicherungsverträge und eine umfassende Informationspflicht der Versicherer bzw. Vermittler gegenüber ihren Kunden um auch den Verbraucherschutz zu verbessern. Auch hier müssen der Vertrieb und die Verwaltung zahlreiche zusätzliche Maßnahmen ergreifen, um die Einhaltung der Rahmenbedingungen gewährleisten zu können.

Reform des Gesundheitswesens: Die Gesundheitsreform schreibt vor, dass jeder Bürger in Deutschland einen Versicherungsschutz im Krankheitsfall haben muss. Private Versicherer als auch gesetzliche Krankenkassen sind verpflichtet, entsprechende Aufnahmeanträge positiv zu bescheiden. Die Privaten Krankenversicherungsunternehmen müssen seit 01.01.2009 dazu einen so genannten Basistarif ohne Risikozuschläge oder Leistungsausschlüsse anbieten.

Auch der Wechsel zwischen der gesetzlichen zur privaten Krankenversicherung wurde geändert. Diese und andere Änderungen der Rahmenbedingungen, unter anderem auch bei den Vorschriften der Altersrückstellungen der privaten Krankenversicherungsverträge, werden sich nicht nur auf den Vertrieb der Privaten Krankenversicherungen sondern auch auf die Produktpalette und Tarife sowie letztendlich auf die Beiträge auswirken.

Noch nicht abzusehen sind die Folgen und Auswirkungen der Finanz- und Wirtschaftskrise auf die Branche. Hier heißt es derzeit abwarten. Derzeit scheint es sogar so zu sein, dass bestimmte Sparten, wie zum Beispiel die klassische Lebensversicherung profitieren, da Anleger die Sicherheit einer solchen Anlage wieder mehr zu schätzen wissen.

Große Auswirklungen in den nächsten Jahren wird auch der demografische Wandel haben. Hier müssen die Versicherer die Produkte an die veränderten Ansprüche der Kunden anpassen. Schließlich brauchen ältere Menschen andere Versicherungen, als junge.

Abzuwarten sind auch die Folgen des Klimawandels. Sollten Wetterextreme zunehmen, also beispielsweise häufiger und noch stärkere Stürme mit den entsprechenden Schäden oder Überschwemmungen auftreten, so wird dies nicht ohne Folgen auf Versicherungstarife und auf die Versicherungswirtschaft im Ganzen bleiben.

2.3 Beschäftigte in der Versicherungswirtschaft

Die Zahl der Beschäftigten in der Versicherungswirtschaft ist rückläufig. So ist sie 2007 im fünften Jahr in Folge gefallen und zwar um 3 Prozent auf insgesamt 218.900 Arbeitnehmer. Betroffen von diesem Arbeitsplatzabbau ist sowohl der Innendienst als auch der angestellte Außendienst. Letztgenannter wurde um 3,5 Prozent reduziert. Im Innendienst sank die Anzahl der Mitarbeiter um 2,8 Prozent. In absoluten Zahlen bedeutet dies einen Rückgang um 6.800 Mitarbeiter und dieser Personalabbau soll sich nach Einschätzungen des GDV auch im Jahr 2008 fortgesetzt haben.

Anzahl der Beschäftigten in der Versicherungswirtschaft

Jahr						
1995	273,8	245,6	141,5	64,8	34,9	4,4
2000	299,7	240,2	126,2	72,8	35,2	6,0
2001	302,5	245,4	129,0	74,1	36,1	6,2
2002	312,4	248,1	130,6	74,0	36,4	7,1
2003	311,1	244,3	125,5	74,9	36,8	7,1
2004	308,4	240,8	123,2	74,4	36,0	7,2
2005	306,1	233,3	117,8	68,9	39,4	7,2
2006	299,1	225,7	109,3	65,4	43,7	7,3
2007*	292,0	218,9	119,2	53,1	40,2	6,4

Quelle: GDV   * vorläufige Werte

Addiert man zum Innendienst auch den angestellten Außendienst, die Mitarbeiter in den Agenturen und bei Maklern, so arbeiten in der Summe fast 700.000 Menschen bundesweit in dieser Branche.

Doch nicht nur die Menge der Personen, die für Versicherungen arbeitet hat sich verändert, sondern auch deren Struktur. Es setzt sich beispielsweise nach Angaben des Branchenverbands der vor Jahren begonnene Anstieg des Bildungsniveaus bei den Mitarbeitern fort. So ist zwischen den Jahren 1997 und 2007 die Quote an Akademikern in der

Versicherungswirtschaft von 9,3 auf 12,1 gestiegen. Aktuell arbeiten rund 26.500 Hochschulabsolventen in der Branche. Vor zehn Jahren waren es noch 22.300. Die größte Gruppe innerhalb der Hochschulabsolventen stellen die Juristen mit 6.900, dann folgen die Diplom-Kaufleute und die Diplom-Volkswirte mit rund 5.500 Mitarbeitern. Chancen gibt es aber auch für Mathematiker sowie für Ingenieure und Informatiker. Doch auch Diplom-Psychologen, Diplom-Physiker und Mediziner haben hier durchaus ihre Einsatzgebiete. Zudem beschäftigt die Versicherungswirtschaft rund 20.000 Absolventen von Fachhochschulen und Berufsakademien.

Beschäftigungsverhältnisse in der Versicherungswirtschaft

	2007	2008
Arbeitnehmer einschl. Auszubildende	292.000	286.500
bei Versicherungsunternehmen	218.900	213.000
im Versicherungsvermittlergewerbe (geschätzt)	55.800	56.200
Selbständiger Versicherungsaußendienst (geschätzt)	400.000	400.000
selbständige hauptberufliche Vertreter	77.000	77.000
nebenberufliche Vertreter	300.000	300.000
Versicherungsmakler	20.000	20.000

Quelle: Jahrbuch 2008 des GDV, Angaben für 2008 geschätzt

Auch wenn es nahezu überall Versicherungsvermittler und Agenturen gibt, so sind es doch die Großstädte und Ballungszentren, in denen sich die Versicherungsunternehmen konzentrieren. Nach den Zahlen der Bundesagentur für Arbeit, die jährlich erhoben werden, ergibt sich hierbei folgende Verteilung: Die meisten sozialversicherungspflichtigen Beschäftigten im Versicherungsbereich finden sich, wie in der Vergangenheit, in Nordrhein-Westfalen. Rund 75.000 Mitarbeiter, die rund ein Viertel aller Beschäftigten in der Branche ausmachen, arbeiten hier. In Bayern sind es 58.690 bzw. 20,1 Prozent. Dann folgen Baden-Württemberg 34.950 (12,0 Prozent) und Hessen mit 28.450 (9,7 Prozent).

Betrachtet man die Regionen, die besonders vom Beschäftigungsabbau betroffen waren, so sind dies das Saarland (-5,6 Prozent), Baden-Württemberg (-4,8 Prozent), Bremen (-4,4 Prozent) sowie Schleswig-Holstein (-4,2 Prozent). Weit weniger betroffen waren hingegen Bayern (-1,2 Prozent), Nordrhein-Westfalen (-1,9 Prozent) oder Niedersachsen (-2,0 Prozent).

Traineeprogramm Rückversicherung

für Wirtschaftswissenschaftler, (Wirtschafts-)Mathematiker, Juristen, Wirtschaftsingenieure (m/w)*

Top-Arbeitgeber
2008/09

trendence

manager magazin
Wirtschaft aus erster Hand

Deutsches
Absolventenbarometer

IHRE AUFGABEN: In unserem Traineeprogramm mit Schwerpunkt Risiko-Underwriting erarbeiten Sie sich in 18 Monaten Ihr persönliches Fundament für eine spannende und abwechslungsreiche Tätigkeit im Kerngeschäft der Münchener Rück. Oder Sie bringen Ihr Talent auf einzelnen Traineestellen in den Bereichen Accounting, Controlling, Investments ein. Im Training on the Job, durch Ausbildungsaufenthalte in Schnittstellenbereichen und in Seminaren bilden Sie Ihre Fach-, Sozial- und Methodenkompetenz aus und vernetzen sich im Unternehmen. Während eines mehrwöchigen Einsatzes im Ausland erweitern Sie zudem Ihre interkulturellen Fähigkeiten.

IHRE KOMPETENZEN: Sie haben Ihr Studium, gerne auch einen Bachelor- oder Masterstudiengang, sehr gut abgeschlossen und möglichst mit entsprechenden Praktika in der Versicherungs-/Finanzdienstleistungsbranche bzw. in den Bereichen Accounting, Controlling, Investments abgerundet. Erste internationale Erfahrungen haben Sie bereits gesammelt. Es macht Ihnen Freude, komplexe Themen vertiefend zu erarbeiten. Sie überzeugen mit hervorragenden Englischkenntnissen und idealerweise einer weiteren Fremdsprache sowie durch kommunikative Kompetenz, analytische Stärke und empathisches Gespür. Ihr Wissen können Sie schnell in neue Situationen transferieren.

GEMEINSAM PROFITIEREN WIR: Mit ca. 10.000 Mitarbeitern an über 50 Standorten rund um den Globus sind wir der international führende Risikoträger im Bereich Rückversicherung. Ob Informations- oder Gentechnologie, Raumfahrt, Maschinenbau, Naturgefahren oder Fußballweltmeisterschaft: Für die Münchener Rück gibt es kaum einen Bereich der Wirtschaft oder des täglichen Lebens, in dem sie nicht aktiv ist. Unsere Kunden vertrauen auf unsere Finanzkraft und die Kompetenz unserer Mitarbeiter. Für die Entfaltung Ihres persönlichen Potenzials finden Sie bei uns beste Voraussetzungen. Bitte informieren Sie sich über unser Traineeprogramm und unser Auswahlverfahren auf unseren Karriereseiten unter www.munichre.com/trainee. Wir freuen uns auf Ihre Bewerbung. Nutzen Sie bitte hierfür unser Onlineformular.

Weitere Informationen: www.munichre.com

Münchener Rück
Munich Re Group

*In Veröffentlichungen der Münchener Rück wird in der Regel aus Gründen des Leseflusses die männliche Form von Personenbezeichnungen verwendet. Damit sind grundsätzlich Bewerberinnen und Bewerber gemeint.

Interessant ist ferner ein Blick auf die Städte, die in dieser Branche von Bedeutung sind:

Die größten Versicherungsstädte

Städte	Beschäftigte[1]	
	2007	1997
Köln	26.520	23.820
München	26.030	29.120
Hamburg	22.990	26.050
Stuttgart	12.770	15.070
Düsseldorf	11.630	11.770
Berlin	10.870	8.680[3]
Wiesbaden	9.990	8.850
Hannover	9.510	11.030
Nürnberg	8.780	7.900
Frankfurt	8.110	9.990
Münster	6.470	6.680
Dortmund	6.440	6.460
Unterföhring[2]	5.270	560
Karlsruhe	4.780	5.270
Coburg	4.590	3.330
Mannheim	4.200	5.160

1) 30. Juni; einschl. Versicherungsvermittlung, aber ohne von der Sozialversicherungspflicht befreite Angestellte;
2) Unterföhring ist der Region München zuzuordnen; 3) nur Berlin-West; 4) Landkreis München gesamt

Quelle: GDV/Bundesagentur für Arbeit; Sonderauswertung für den agv

Nach den jüngsten Zahlen ist München hinter Köln zurückgefallen. Grund hierfür ist die Standortverlagerung einiger Versicherungsunternehmen in das Umland von München. So sank beispielsweise in Unterföhring bei München die Anzahl der Beschäftigten im Versicherungsbereich seit dem Jahr 2000 um 75 Prozent auf jetzt 3.000.

Natürlich bleibt auch die Versicherungswirtschaft nicht vom demografischen Wandel verschont, das heißt, seit den 1990er Jahren steigt auch hier das Alter der Belegschaft an, wobei sich diese Entwicklung in den letzten fünf Jahren noch deutlich beschleunigt hat. So ist in dieser Zeit das Durchschnittsalter um rund sechs Monate pro Jahr gestiegen, 2007 lag es bei 41,0 Jahren. Zehn Jahre zuvor lag es noch bei 38,2 Jahren.

3

DIE BEWERBUNG

3.1   Bewerbungsphilosophie

Der Einstieg in den Beruf ist für Hochschulabgänger aufgrund des sich abzeichnenden Fachkräftemangels im Jahr 2008 deutlich leichter geworden. Im 1. Halbjahr 2009 ist diese Entwicklung aufgrund der Finanzkrise ins Stocken geraten, doch wenn die Konjunktur wieder anzieht, wird der Bedarf an guten Fachkräften noch deutlicher zu spüren sein. Auch die medienwirksam beschriebene „Generation Praktikum" scheint neueren Untersuchungen zufolge kein Massenphänomen darzustellen. Zwei Trends zeichnen sich jedoch ab: Zum einen wird es immer mehr die Regel, dass Absolventen mit befristeten Verträgen in den Beruf einsteigen. Und zum anderen versorgen sich immer mehr Wirtschaftsunternehmen bei Personaldienstleistern mit Mitarbeitern für anstehende Projekte. Dieser zweite Trend ist für Hochschulabgänger durchaus von Vorteil, auch wenn junge Akademiker einem Einstieg als Zeitarbeiter oft kritisch gegenüberstehen, weil sie geringere Gehälter und kaum Aufstiegschancen erwarten. Beides ist jedoch nicht der Fall, oft wird die gleiche branchenübliche Bezahlung wie auf dem freien Markt geboten, und jedes neue Projekt bietet eine Chance auf eine Festanstellung beim Kundenunternehmen. Und was noch wichtiger ist: Durch die verschiedenen durch Personaldienstleister vermittelten Projekte können Berufseinsteiger relativ schnell die vielfältigsten Berufserfahrungen sammeln.

Wenn Sie sich um einen Arbeitsplatz bewerben, wollen Sie Ihre Arbeitskraft und Ihr Potenzial auf dem Arbeitsmarkt verkaufen. Sie bieten etwas an und treffen dabei auf eine bestimmte **Nachfrage**. Als Anbieter werden Sie also versuchen, Ihre Berufsziele bestmöglich zu verwirklichen. Sie müssen sozusagen zum **Unternehmer in eigener Sache** werden und sich bemühen, den besten Preis für Ihre Ware Arbeitskraft zu erlangen. Daneben sind noch andere Ziele wie

- Selbstverwirklichung,
- Weiterentwicklungs- und Aufstiegschancen oder
- geografische Wünsche (innerhalb von Deutschland/Ausland)

zu berücksichtigen.

Um Ihr Ziel zu erreichen, müssen Sie aktiv werden. Das bedeutet, ausreichend Informationen einzuholen, die **Bewerbungen gezielt** zu **versenden** und sich auch auf **Vorstellungs-**

gespräche gut vorzubereiten. Die besten Voraussetzungen für Ihre Bewerbungsaktivitäten schaffen Sie, indem Sie **Ihr Angebot** erst einmal **analysieren:** Was kann ich (formale Ausbildung, sonstige Kenntnisse), was will ich? Anschließend informieren Sie sich über die Erwartungen des Marktes (zum Beispiel durch die Analyse von Zeitungsanzeigen oder Stellenbörsen im Internet) und stellen diese Ihrem Angebot gegenüber. Nach diesen Vorarbeiten erstellen Sie Ihre Bewerbungsunterlagen und versenden sie.

3.1.1 Grundlagen des Selbstmarketing

Sie wollen den bestmöglichen Preis für Ihr Angebot, also Ihre Arbeitskraft, erzielen. Dazu müssen Sie sich über Ihre **Stärken und Schwächen** im Klaren sein, wissen, was der Markt verlangt, und sich dann so präsentieren, dass Ihr Angebot auf Interesse stößt.

Für viele Studenten mit durchaus vermarktbaren Eigenschaften ist das oft schwierig. Denn nach wie vor lernen die wenigsten Menschen (schon gar nicht im Studium), ihre positiven Eigenschaften deutlich hervorzuheben und sich ernsthaft mit ihrer eigenen Person auseinanderzusetzen. **Selbstmarketing** ist bei der Jobsuche jedoch **unerlässlich.**

Angenommen, Sie wollen Ihr gebrauchtes Auto verkaufen, und zwar zu einem möglichst guten Preis. Wie gehen Sie vor? Sie werden sich zuerst einen Überblick über den Markt verschaffen. Welche Autos sind gerade gefragt, welche Einflüsse bestimmen den Gebrauchtwagenmarkt etc.? Dann untersuchen Sie Ihr Auto auf Eigenschaften, die Sie in einem Verkaufsgespräch positiv hervorheben können. Gleichzeitig werden Sie aber auch die Schwächen Ihres Angebots in Augenschein nehmen. Vielleicht fahren Sie in eine Werkstatt und investieren noch einmal ein paar Euros, um die nötigsten Dinge reparieren zu lassen. Wahrscheinlich werden Sie Ihr Auto zumindest einer gründlichen Reinigung unterziehen, um potenziellen Käufern einen besseren Gesamteindruck zu vermitteln. Und für das Verkaufsgespräch werden Sie sich eine **Verhandlungsstrategie** zurechtlegen.

Entsprechende Überlegungen gelten auch für Ihre Stellensuche. Je besser Ihre **Vorbereitung,** desto besser sind Ihre Chancen. Spätestens, wenn Sie im Vorstellungsgespräch mit der berühmt-berüchtigten Frage: „Welche sind Ihre fünf größten Stärken und Schwächen?" konfrontiert werden, macht sich Ihre Vorbereitung bezahlt. Und um zu diesem Vorstellungsgespräch überhaupt erst eingeladen zu werden, benötigen Sie überzeugende Bewerbungsunterlagen.

Wenn Sie sich bis dahin jedoch noch kein genaues Bild von Ihrer Persönlichkeit gemacht haben, wird Ihre Antwort nicht sehr überzeugend ausfallen. Schlimmstenfalls werden Sie **Standardantworten** aus Bewerbungsratgebern verwenden, von denen Sie annehmen, dass sie positiv klingen.

Aber Personalchefs sind auch nicht von gestern. Und wer den ganzen Tag mit Bewerbern zu tun hat, die ihm alle erklären, dass sie über große Durchsetzungskraft verfügen (Stärke) und mithin schnell ungeduldig werden (angeblich eine positive Schwäche, weil sie auch Motivation ausdrückt), wird diesem Einheitsbrei gegenüber irgendwann nicht mehr allzu viel Verständnis aufbringen.

ACHTUNG Sie müssen zu einer ausgewogenen Selbsteinschätzung gelangen. Das wird Ihnen am besten gelingen, wenn Sie ausreichend Informationen über sich selbst sammeln und diese bewerten. Diese **Stärken-Schwächen-Analyse** können Sie zum einen durch ein persönliches Brainstorming erreichen. Zum anderen sollten Sie auch Freunde und Bekannte nach deren (ehrlicher!) Einschätzung fragen, denn Sie werden auch im Bewerbungsgespräch mit einem Gesprächspartner konfrontiert, der Ihre Außenwirkung wahrnimmt. Gibt es Unstimmigkeiten zwischen Ihrem **Selbstbild** und der Einschätzung, die andere von Ihnen haben **(Fremdbild)**, sollten Sie überlegen, wie diese Differenzen zustande gekommen sind, und Ihr Selbstbild eventuell korrigieren.

Folgende Fragen könnten Sie sich für Ihr **Brainstorming** stellen:

> **KONTROLLFRAGEN**

- Was kann ich gut?
- Was kann ich weniger gut?
- Was würde ich gerne besser können?
- Welche Aufgaben erledige ich gerne?
- Warum ist das so?
- Welche Aufgaben sind mir zuwider?
- Was schätzen meine Kollegen/Kommilitonen an mir?
- Was mögen sie nicht an mir?
- Was sind meine Stärken?
- Was sind meine Schwächen?
- Welche besonderen Kompetenzen habe ich?
- Wofür wurde ich schon öfters gelobt?
- In welchen Situationen reagiere ich mit positiven Verhaltensweisen?
- Aus welchen Situationen kenne ich bestimmte Verhaltensweisen, die ich gerne ändern würde?
- Welche persönlichen Eigenschaften stören mich an mir selbst?

Denken Sie bei Ihren Stärken besonders auch an Eigenschaften, die Sie als **selbstverständlich** ansehen, denn wir alle neigen dazu, diese hin und wieder unter den Tisch fallen zu lassen. Nicht jeder kann zum Beispiel seine Aufgaben gut strukturieren (etwa bei der Vorbereitung einer Prüfung), einen Zeitplan einhalten, eine Veranstaltung souverän organisieren oder gut zuhören.

Anschließend sollten Sie sich überlegen, wie Sie Ihre **Stärken überzeugend darstellen** (durch Beispiele) und auch kleinere Schwächen und Lücken im Lebenslauf in ein positives Licht setzen bzw. zumindest erklären können.

Mit Schwächen sind beispielsweise fachliche Defizite und Lücken oder persönliche Schwächen wie Unsicherheit, Jähzorn oder Schwierigkeiten im Umgang mit Kritik gemeint.

Natürlich werden Sie bei der Anführung Ihrer Schwächen im angebrachten Rahmen bleiben und sich nicht unbedingt selbst ein Bein stellen. Sie beweisen durch das **Eingeständnis von Schwächen** jedoch auch die Fähigkeit zur kritischen Selbstanalyse. Zusätzlich können Sie durch die Untersuchung Ihrer Schwächen wichtige Hinweise darauf erhalten, an welchen Eigenschaften Sie vielleicht noch arbeiten sollten, um Ihre beruflichen Ziele zu erreichen. Im Vorstellungsgespräch wird es einen sehr guten Eindruck machen, wenn Sie zusätzlich zur (diplomatischen) Nennung Ihrer Schwächen gleichzeitig angeben können, was Sie dagegen unternehmen und wann Sie dies tun werden.

 TIPP Nutzen Sie die Bewerbungsphase dafür, aktiv an eventuell bestehenden Schwächen zu arbeiten, etwa durch Kurse oder Ähnliches.

3.1.2 Potenzialanalyse

Die sorgfältige Inventur Ihrer Fähigkeiten und Wünsche wird Sie vor **zwei Enttäuschungen** bewahren: sich auf eine Stelle beworben zu haben, der Sie nicht gerecht werden und die Sie darum nicht erhalten, oder eine Stellung anzutreten, mit der Sie letztendlich nicht zufrieden sind.

> **!** **ACHTUNG** Je gründlicher Sie Ihre **persönlichen, fachlichen und beruflichen Qualifikationen** und Ihre Zielsetzungen ermitteln, desto leichter fallen Ihnen im Anschluss die Abfassung Ihrer Bewerbungsunterlagen und die Präsentation im Vorstellungsgespräch.

Lassen Sie sich für Ihre Potentialanalyse **einige Tage Zeit** und nehmen Sie sich Ihre Aufzeichnungen immer wieder vor. Beantworten Sie die Fragen dann erneut und ergänzen Sie, was Ihnen inzwischen an Änderungen oder Ergänzungen eingefallen ist.

Persönliche Fähigkeiten

Wenn Sie die Stellenanzeigen der Tageszeitungen studieren, stoßen Sie auf Begriffe wie **Teamfähigkeit, Durchsetzungskraft, Belastbarkeit, Verhandlungsgeschick, Repräsentationsfähigkeit** etc. Diese so genannten persönlichen Fähigkeiten oder Soft Skills erzeugen bei den meisten Bewerbern den größten Unmut, da sie sich im Gegensatz zu den fachlichen und beruflichen Qualifikationen am wenigsten durch sachliche Fakten belegen lassen.

Gerade deshalb sollten Sie jedoch auf die Analyse Ihrer Stärken und Schwächen in diesem Bereich den größten Wert legen.

Im Prinzip geht es um die Frage, was für ein Mensch Sie sind. Sind Sie eher optimistisch oder pessimistisch eingestellt, verbreiten Sie gute Laune, kann man sich auf Sie verlassen, wie arbeiten Sie, können Sie gut mit Kritik umgehen?

Unter **Soft Skills** fallen im Allgemeinen die Eigenschaften:

- Psychische Belastbarkeit und Durchsetzungsvermögen,
- Leistungs- und Lernbereitschaft (Motivation, Fleiß, Ehrgeiz),
- Fähigkeit zur Bewältigung von Misserfolgen,
- Kontaktstärke (Umgangsformen, Höflichkeit, Redegewandtheit),
- Kreativität (Innovationsfähigkeit, Neugier),
- Unternehmerisches Denken (Urteilsvermögen),
- Risikobereitschaft,
- Kommunikationsfähigkeit (Offenheit),
- Kritik- und Konfliktfähigkeit,
- Teamfähigkeit (Kooperations- und Integrationsfähigkeit),
- Soziale Sensibilität (Menschenkenntnis, Mitgefühl),
- Strukturiertes, logisches und analytisches Denken,
- Konzeptionelle Fähigkeit,
- Organisationsfähigkeit und Zeitmanagement,
- Ganzheitliches Denken,
- Bereitschaft zur Selbstreflexion.

Die Checkliste auf Seite 238 enthält einige der in Stellenanzeigen und im Berufsleben gern geforderten persönlichen Fähigkeiten. Sie können Sie um weitere Fähigkeiten ergänzen, die Ihnen wichtig sind. Schätzen Sie sich mithilfe der Ausprägungen von 1 (gering) bis 6 (sehr hoch) zuerst selbst ein und überlegen Sie anhand von Beispielen aus Ihrem Privatleben oder Studium, wie Sie diese Einschätzung etwa in einem Vorstellungsgespräch begründen könnten.

Bitten Sie dann auch noch Freunde oder Bekannte, dieselbe Bewertung (möglichst ehrlich) vorzunehmen. Diese **Fremdeinschätzung** lässt ein etwas objektiveres Bild entstehen.

Beispiel: Wollen Sie Ihre hohe Belastbarkeit, die sich übrigens sowohl auf die psychische wie auch die physische Verfassung bezieht, erklären, so könnten Sie ausführen, wie Sie in einer konkreten Prüfungssituation (starker Zeit- und Erfolgsdruck) reagiert haben.

Verwenden Sie nicht einfach die üblichen **Schlagworte**, sondern notieren Sie echte Beispiele aus Ihrem Leben. Wenn Sie Ihre persönlichen Fähigkeiten auf diese Art und Weise erst einmal schriftlich fixiert haben, wird es Ihnen leichter fallen, diese bei Ihrer Bewerbung zu belegen. Positiver Nebeneffekt: Ausgestattet mit diesem gedanklichen Grundgerüst entfällt ein wichtiger Grund für **Nervosität im Vorstellungsgespräch**. Sie müssen nicht mehr befürchten, auf eine Frage nicht antworten zu können (oder gar Antworten auswendig lernen), sondern können selbstsicher und authentisch auftreten.

Natürlich werden in **unterschiedlichen Positionen** verschiedene Soft Skills gefragt sein. Bei einer Vertriebsaufgabe etwa wird man Ihre Kommunikationsfähigkeit, Ihr Durchsetzungsvermögen und Ihren Umgang mit Misserfolgen zu ergründen versuchen; in einer Verwaltungstätigkeit wird es eher auf strukturiertes und analytisches Denken, Organisationsfähigkeit, Zeitmanagement und Teamfähigkeit ankommen.

Apropos **Teamfähigkeit**: Wenn Sie sich fragen, wie Sie Ihre Teamfähigkeit begründen sollen, ist es gut zu wissen, dass diese sich im Prinzip aus den Soft Skills Kontaktfähigkeit, Durchsetzungsvermögen, soziale Sensibilität, Kommunikationsfähigkeit und Konflikt- und Kritikfähigkeit zusammensetzt. Wo liegen hier Ihre Fähigkeiten?

 CHECKLISTE

Persönliche Fähigkeiten

Persönliche Fähigkeiten	Ausprägung Sehr gering _____ Sehr hoch						Begründung durch Beispiele
	1	2	3	4	5	6	
Motivation							
Kontaktfähigkeit							
Teamfähigkeit							
Selbstbewusstsein							
Durchsetzungsfähigkeit							
Repräsentationsfähigkeit							
Organisationstalent							
Zielstrebigkeit							
Kritikfähigkeit							

Fachliche Fähigkeiten

Die fachlichen Qualifikationen beziehen sich auf sämtliche **relevante Kenntnisse**, die Sie sich vor dem Studium und während des Studiums angeeignet haben. Denken Sie auch an Kenntnisse, die Sie außerhalb Ihres Studiums, zum Beispiel in ehrenamtlichen Tätigkeiten oder durch Jobs, erworben haben. Überprüfen Sie anhand der Checkliste auf Seite 239 f., welche Daten und Unterlagen (Zeugnisse etc.) Sie für Ihre Bewerbung brauchen (können), und fassen Sie Ihre Analyse schriftlich zusammen.

! **ACHTUNG** Berücksichtigen Sie wirklich **alle Gebiete**, in welchen Sie auf Stärken verweisen können. Das bedeutet **nicht**, dass Sie **alle** diese Fähigkeiten bei **jeder** Bewerbung nennen müssen. Im Gegenteil, eine gute Bewerbung zeichnet sich dadurch aus, dass sie auf die jeweiligen speziellen Anforderungen eingeht. Sie erhalten jedoch einen guten Überblick, um je nach Anforderungsprofil die passenden fachlichen Kenntnisse anführen zu können.

✓ CHECKLISTE

Fachliche Fähigkeiten

Schulausbildung

Schultyp	Dauer	Abschluss
1		
2		

Hochschulausbildung

Studienrichtung: _____

Universität/FH: _____

Dauer: _____

Schwerpunkt: _____

Sonstige Fächer: _____

Diplomarbeit: _____

Abschlussnote: _____

Promotion (Thema/Note): _____

Wissenschaftliche Nebentätigkeit: _____

Ergänzungsstudiengänge: _____

Abgebrochene Studienfächer: _____

Besondere Aktivitäten (zum Beispiel Studentenvertretung): _____

Auslandsaufenthalte

Land	Dauer	Art des Aufenthalts
1		
2		
3		

Zusatzausbildungen

Art	Dauer	Abschluss/Noten
1		
2		

Besondere Kenntnisse

Sprachen	Sprache	Sprachlevel
1		
2		
3		

EDV-Kenntnisse

Software/Programmierung	Anwendungslevel
1	
2	
3	

Sonstige besondere Kenntnisse

Kenntnisse   Anwendungslevel

1 _____

2 _____

3 _____

Mitarbeit in Vereinen/Organisationen

1 _____

2 _____

3 _____

Jobs/Berufliche Tätigkeiten

1 _____

2 _____

3 _____

Hobbys/Interessengebiete

1 _____

2 _____

3 _____

Publikationen/Veröffentlichungen

1 _____

2 _____

3 _____

Berufliche Fähigkeiten

Selbst direkt nach dem Studium können die meisten Studenten gewisse **praktische und berufliche Erfahrungen** vorweisen. Berufliche Qualifikationen können Sie zum Beispiel in

- ehrenamtlichen Tätigkeiten,
- Praktika oder Werkstudententätigkeiten,
- Projekten während des Studiums oder
- Nebenjobs

erworben haben. Oft ergeben sich zwischen den beruflichen und fachlichen Fähigkeiten Überschneidungen. Überlegen Sie sich trotzdem anhand der folgenden Checkliste, welche Ihrer Kenntnisse und Erfahrungen als beruflich gewertet werden könnten.

„Übersetzen" Sie Ihre **Fähigkeiten** für den Leser Ihrer Bewerbung oder den Gesprächspartner im Unternehmen, indem Sie sich überlegen, welche Kompetenzen, die Sie etwa als Bedienung in einer Studentenkneipe beweisen mussten, auch für die jetzt angestrebte

Stelle wichtig sind: So haben Sie dort wahrscheinlich gelernt, unter Druck schnell zu arbeiten, den Überblick zu behalten, sich gut zu organisieren und mit den unterschiedlichsten Menschen umzugehen.

 CHECKLISTE

Berufliche Fähigkeiten

- Welche beruflichen Tätigkeiten haben Sie vor, während oder nach Ihrem Studium ausgeübt? Notieren Sie auch Jobs wie zum Beispiel Taxifahren, Mitarbeit im Call-Center oder Kellnern.
- Welche privaten und ehrenamtlichen Tätigkeiten können Sie aufführen (Vereine, Fachschaft, Freundeskreis etc.)?
- Welche Praktika haben Sie während des Studiums absolviert?
- In welchen Unternehmen beziehungsweise Unternehmensbereichen waren Sie schon tätig?
- Mit welchen Aufgaben wurden Sie schon betraut?
- Bei welchen Projekten haben Sie mitgearbeitet? Welche haben Sie eigenständig betreut und/oder zum Abschluss gebracht?
- Welche Ihrer Fähigkeiten konnten Sie dabei einbringen?
- Welche Probleme haben Sie gelöst?
- Konnten Sie spezielle eigene Ideen oder Vorschläge zur Problemlösung beisteuern?
- Notieren Sie, welche Erfolge Sie erzielt haben.

Ihr persönliches Stärken-Schwächen-Profil

Nachdem Sie sich nun einen Überblick über Ihre persönlichen, fachlichen und beruflichen Fähigkeiten verschafft haben, können Sie Ihr individuelles Stärken-Schwächen-Profil erstellen. Nehmen Sie alle für Sie (beziehungsweise die angestrebte Stelle) wichtigen Kriterien auf und bewerten Sie auf einer Skala von 1 (gering) bis 6 (sehr hoch/gut), wie Sie sich, etwa im Vergleich zu Kommilitonen oder eventuellen Mitbewerbern, einschätzen.

So würden Sie zum Beispiel ein Prädikatsexamen mit 6 (sehr gut) bewerten, Ihre Führungserfahrung mit 1 (sehr gering), wenn Sie noch keinerlei Führungstätigkeiten ausgeübt haben. Eine ähnliche Einschätzung haben Sie schon in der Checkliste „Persönliche Fähigkeiten" auf Seite 238 vorgenommen, hier fassen Sie nun alle relevanten Kriterien zusammen. Mit diesem Profil können Sie sich auch vor Ihren Vorstellungsgesprächen noch einmal einen kurzen Überblick verschaffen.

CHECKLISTE

Beispiel Stärken-Schwächen-Profil

Kenntnisse/Fähigkeiten	Ausprägung					
	1	2	3	4	5	6
Hochschulstudium						X
Berufserfahrung		X				
Auslandsaufenthalte				X		
Selbstständige Projekte		X				
Berufsbezogene Praktika					X	
Hohe Teamfähigkeit				X		
Englischkenntnisse						X
Französischkenntnisse		X				
Kritikfähigkeit					X	
Führungserfahrung	X					
Einsatzbereitschaft						X
Mobilität						X

3.1.3 Erwartungsprofil

Sie haben Ihre Fähigkeiten ausreichend analysiert sowie schriftlich fixiert und wissen jetzt genau, was Sie zu bieten haben. Mit der **Analyse Ihrer beruflichen Zielsetzungen** sollten Sie sich nun mindestens genauso ausführlich beschäftigen.

WICHTIG Je klarer Sie sich darüber werden, welche Vorstellungen Sie von Ihrem Traumjob haben, desto wahrscheinlicher ist Ihr **erfolgreicher Start** ins Berufsleben.

Erstellen Sie Ihr persönliches Erwartungsprofil mit sämtlichen berufsbezogenen Kriterien und bewerten Sie diese in folgender Rangfolge:

- Müssen unbedingt erfüllt sein (1),
- könnten als Pluspunkte dazukommen (2),
- können vernachlässigt werden (3).

Die Checkliste auf Seite 243 gibt einige Anhaltspunkte, wie Sie Ihr persönliches Erwartungsprofil gestalten können. Nach erfolgter Gewichtung der Bedingungen erhalten Sie ein Bild Ihres **idealen Arbeitsplatzes**, mit dem Sie Jobangebote bewerten können.

✓ CHECKLISTE

Fachliches Erwartungsprofil

Einsatzgebiete
EDV/Organisation _____
Forschung/Entwicklung, Marketing _____
Verkauf/Vertrieb _____

Erwartungen an das Unternehmen
Branche _____
Größe (Kleinbetrieb, internationales Unternehmen) _____
Gesellschaftsform _____
Ruf in der Branche _____
Expansions-/Wachstumschancen _____
Stellung auf dem Weltmarkt _____
Attraktivität der Produkte _____

Erwartungen an die Unternehmens- und Führungskultur
Führungsstil _____
Altersstruktur der Mitarbeiter _____
Mitarbeiterförderung _____
Teamarbeit _____
Betriebsklima _____
Soziale Leistungen _____
Arbeitszeiten _____
Urlaubszeiten _____

Erwartungen an die Position
Personalverantwortung _____
Projektverantwortung _____
Weiterbildungsmöglichkeiten _____
Aufstiegschancen _____
Einstiegsgehalt _____
Gehaltsentwicklung _____
Gewünschte Hierarchiestufe _____

Erwartungen an die Rahmenbedingungen
Ländliche Gegend/Großstadt _____
Geografische Lage (innerhalb Deutschlands/International) _____
Wohnungsmarkt _____
Kulturelles Umfeld _____
Anfahrtszeiten _____
_____
_____

> **!**
>
> **ACHTUNG** Es geht hier zunächst wirklich nur um **Ihre ganz persönlichen Erwartungen**; Sie brauchen also (noch) keine Rücksicht darauf zu nehmen, inwieweit Ihre Erwartungen mit den Angeboten möglicher Arbeitgeber deckungsgleich sind. Schließen Sie also nicht von vornherein bestimmte Ziele aus, nur weil Sie Ihnen im Augenblick als schwer oder gar nicht realisierbar erscheinen.

Anschließend sollten Sie die in Frage kommenden Unternehmen auf dem Arbeitsmarkt anhand Ihrer Analyse bewerten: Welche Unternehmen erfüllen die von Ihnen als wichtig eingestuften Kriterien? Informationen dazu erhalten Sie aus den unterschiedlichsten Quellen, so zum Beispiel

- Arbeitsamt,
- Industrie- und Handelskammern,
- Homepages der Unternehmen,
- (Rekrutierungs-)Messen und Veranstaltungen,
- Firmenbroschüren und Geschäftsberichte,
- Berufs- und Branchenverbände sowie
- Wirtschaftsnachrichten in überregionalen Medien.

Auch das Internet können Sie sowohl zur Informations- als auch zur Stellensuche nutzen.

✂ Web-Links

- www.cesar.de
- www.computerjobs24.de
- www.computerwoche.de
- www.faz.net
- www.focus.de/karriere
- www.handelsblatt.com
- www.it-jobs.de
- www.it-jobkontakt.de
- www.manager-magazin.de
- www.sueddeutsche.de
- www.zeit.de/jobs

(Recruiting-)Messen und Veranstaltungen

Auf Veranstaltungen wie **Jobmessen und Karrieretagen** stellen sich Unternehmen mit dem Ziel vor, neue Mitarbeiter für sich zu gewinnen. Diese „Recruitingmessen" gibt es für verschiedene Zielgruppen (zum Beispiel Hochschulabsolventen), Branchen und Positionen. Nutzen Sie wenn möglich solche Anlässe, um sich an den Ständen über die verschiedenen Firmen und Jobangebote zu informieren, Material mitzunehmen oder auch erste Gespräche mit Unternehmensvertretern zu führen.

Auf **Fach- und Besuchermessen** sind oft Inhaber oder Personalmitarbeiter persönlich anwesend. Über Unternehmen aus Ihrer unmittelbaren Umgebung können Sie sich auf **regionalen Wirtschaftstagen** informieren, die von den Kammern veranstaltet werden.

 ACHTUNG Bereiten Sie sich auf den Messebesuch gut vor, um Ihre Zeit möglichst sinnvoll nutzen zu können. Wählen Sie die Unternehmen aus, die Sie am meisten interessieren, und planen Sie den Tagesablauf. Bereiten Sie Bewerbungsunterlagen für die Firmen Ihrer Wahl vor – und ein paar neutrale Kurzbewerbungen für alle Fälle. Hat Ihnen ein Gesprächspartner den Namen einer Person im Unternehmen genannt, an die Sie sich wenden können, dann fragen Sie, ob Sie den Namen Ihrer Kontaktperson als Referenz nutzen dürfen, und lassen sich eventuell beider Namen buchstabieren.

Berufs- und Branchenverbände

Verbände vertreten einen Berufsstand oder eine bestimmte Branche, man wird Ihnen dort also weiterhelfen können, wenn Sie spezielle Informationen über deren Bereich oder Mitgliedsunternehmen brauchen. Letztere werden aufgeführt und häufig auch kurz porträtiert – in Publikationen oder auf der Website des Verbandes. Oft gibt es auch eine Plattform für freie Stellen oder Praktikumsplätze. Vielleicht können Sie in einem Verbandsorgan sogar ein Stellengesuch aufgeben.

3.1.4 Anforderungen des Marktes

Sie verfügen jetzt über ein **ausführliches Dossier** über das, was Sie anbieten können und was Sie wollen. Ihr Angebot ist klar umrissen. Doch wie sieht es mit der Nachfragerseite aus, in unserem Fall den einzelnen Unternehmen? Was erwarten potenzielle Arbeitgeber von Ihnen?

Die wichtigsten der geforderten Kompetenzen können Sie den **Stellenanzeigen** entnehmen. Im Anzeigentext werden in der Regel die oben angesprochenen persönlichen Fähigkeiten wie Teamfähigkeit, kommunikative Fähigkeiten oder Flexibilität und die erwarteten fachlichen beziehungsweise beruflichen Qualifikationen genannt. Hier sollten Sie zwischen Kann-Forderungen und Muss-Forderungen unterscheiden.

Beim Studieren des Anzeigentextes werden Sie schnell erkennen, ob eine Eigenschaft unbedingt gefordert wird oder nur ein Plus darstellt.

Beispiele für Muss-Formulierungen:

- „Sie sind ..."
- „Sie verfügen ..."
- „Sie haben ..."
- „... setzen wir voraus."

Beispiele für Kann-Formulierungen:

- „Sie haben nach Möglichkeit promoviert."
- „Idealerweise verfügen Sie über erste Berufserfahrungen."

Die Anzeigenanalyse

Welche Anforderungen stellt das Unternehmen an potenzielle Mitarbeiter, wie stellt es sich selbst dar? Arbeiten Sie die wesentlichen Informationen heraus, um dann in Ihrer Bewerbung darauf eingehen zu können.

Wenn Sie das **Anforderungsprofil** des Unternehmens mit Ihrer vorher erstellten Potenzialanalyse vergleichen, werden Sie schnell erkennen, ob Ihre Bewerbung Chancen hat.

ACHTUNG Trennen Sie bei der Untersuchung einer Stellenanzeige die erwarteten **fachlichen und persönlichen Qualifikationen** und versuchen Sie auch, aus der Selbstdarstellung des Unternehmens gewisse Anforderungen an die Mitarbeiter abzuleiten.

Beispiele für Anzeigentexte:

- „innovative Lösungen, moderne Organisation" = Anforderung an die Mitarbeiter: zukunftsorientiertes Denken und Handeln
- „mit dem Erreichten geben wir uns nicht zufrieden" = Anforderung an die Mitarbeiter: hohe Leistungsorientierung
- „überprüfen und verbessern laufend" = Anforderung an die Mitarbeiter: Lern- und Entwicklungsbereitschaft

Stimmt Ihre Potenzialanalyse mit der Anforderungsanalyse überein, so sollten Sie im nächsten Schritt überprüfen, ob das ebenfalls in der Stellenanzeige enthaltene Angebot bezüglich

- Unternehmen,
- Aufgabe/Position,
- Entwicklungsmöglichkeiten etc.

Ich gewinne.
Denn die KfW gibt meinem Talent mehr Spielraum.

Wir gewinnen.
Denn frische Talente spielen bei uns eine große Rolle.

Die KfW IPEX-Bank GmbH bündelt alle Aktivitäten der KfW Bankengruppe, die im Wettbewerb stehen: Sie bietet deutschen und europäischen Unternehmen Projekt- und Unternehmensfinanzierungen im In- und Ausland sowie Handels- und Exportfinanzierungen. Als Arbeitgeber pflegen wir das Prinzip der zwei Gewinner: indem wir unsere Kraft dafür einsetzen, die Stärken unserer Mitarbeiterinnen und Mitarbeiter gezielt auszubauen. Wodurch wir insgesamt gewinnen.

Zertifikat seit 2004
audit berufundfamilie®

Trainee (m/w) in der KfW IPEX-Bank
- **Internationale Projekt- und Exportfinanzierung**
- **Forderungsmanagement**

Geben Sie Ihrer Zukunft den richtigen Anstoß – mit unseren 15-monatigen Trainee-Programmen, on the job and off the job. Entweder in der internationalen Projekt- und Exportfinanzierung oder im Forderungsmanagement.

Im Programm „Internationale Projekt- und Exportfinanzierung" lernen Sie die entsprechenden Akquisitionsprozesse, die Strukturierung und das Kreditmanagement kennen. Voraussetzung: ein abgeschlossenes wirtschaftswissenschaftliches Studium mit Schwerpunkt Banken oder Finanzierung. Aber auch in der Praxis müssen Sie fit sein. Mit einer Berufsausbildung und/oder mit Praktika in einer Bank bzw. in banknahen Wirtschaftszweigen sind Sie dafür bestens ausgerüstet. Sie besitzen Auslandserfahrung und sprechen verhandlungssicheres Englisch.

Im Programm „Forderungsmanagement" lernen Sie das Zahlungsmanagement nationaler und internationaler Finanzierungsverträge von der Einrichtung und Pflege der Kreditkonten über Auszahlungen und Zinssatzfestlegungen bis hin zum Mahnwesen, der Schadensbearbeitung und der Ausübung von Währungsoptionen kennen. Voraussetzung hier: ein abgeschlossenes wirtschaftswissenschaftliches Studium – vorzugsweise mit dem Schwerpunkt Banken, Bilanzen, Steuern, Rechnungswesen oder Wirtschaftsprüfung. Eine Banklehre wäre ein zusätzliches Plus. Englisch beherrschen Sie natürlich anwendungssicher.

In jedem Fall suchen Sie das eigenverantwortliche Handeln – und bekommen auch die Gelegenheit dazu: als kommunikativer und engagierter Teamplayer sind Sie bereit, viel Neues dazuzulernen. Was Sie zu einem Gewinner für uns macht, den wir gerne kennen lernen möchten.

KfW IPEX-Bank GmbH
– Personalbetreuung –
Herr Christian Mayer
Palmengartenstraße 5–9
60325 Frankfurt
personal.ipex@kfw.de
Telefon 069 7431-9640

Leistung, Marktwirtschaft, Nachhaltigkeit, Verantwortung, Humanität, Toleranz, Kreativität. Unsere Werte sind die Basis, auf der wir stehen. Sie sind Kriterien für den Sinn und die Vision unseres Tuns.
→ www.kfw-ipex-bank.de

mit Ihrem **Erwartungsprofil** übereinstimmt. Überprüfen Sie auch, ob es sinnvoll ist, eventuell **fehlende Kompetenzen** zu **erwerben**. Überlegen Sie sich, welche Argumente für eine Einstellung sprechen. So erhalten Sie sowohl für Ihr Bewerbungsschreiben als auch für das Vorstellungsgespräch die wichtigsten Anhaltspunkte.

✓ CHECKLISTE

Anforderungsprofil

Ausbildung _____
Studium _____
Berufserfahrung _____
Führungserfahrung _____
Erfahrung im Projektmanagement _____
Besondere Fachkenntnisse _____
Mobilität _____
Einsatzbereitschaft _____
Persönliche Kompetenzen _____

Vielleicht bemerken Sie in diesem Zusammenhang, dass Ihnen **wichtige Informationen** zur Bewertung des Angebots **fehlen**. Auch Stellenanzeigen sind in dieser Hinsicht durchaus nicht immer perfekt.

Ziehen Sie **andere Informationsquellen** hinzu (vgl. Seite 286).

Ist das nicht möglich oder erhalten Sie auf diese Weise nicht die benötigten Informationen, können Sie auch beim Unternehmen selbst **anrufen,** sofern Sie sich eine klare Fragestellung zurechtgelegt haben. Das kann sogar ein Aufhänger sein, um mit den zuständigen Mitarbeitern in Kontakt zu kommen und einen guten ersten Eindruck zu hinterlassen. Notieren Sie sich in diesem Fall gleich den Namen und die Funktion des Ansprechpartners für Ihre Bewerbung. Sie müssen allerdings damit rechnen, gleich einem kurzen Telefon-Interview unterzogen zu werden (siehe Checkliste „Telefonische Anfragen", Seite 254 f.).

! **ACHTUNG** Sie sollten sich nur dann auf eine ausgeschriebene Stelle bewerben, wenn Ihr **Angebots- und Erwartungsprofil** zu mindestens 80 Prozent mit dem in der Anzeige geforderten Profil übereinstimmt.

Lassen Sie sich andererseits aber auch nicht von Stellenanzeigen verunsichern, in denen die Anforderungen an den idealen Kandidaten so hoch gesetzt sind, dass sie vernünftigerweise kein Mensch erfüllen kann. Den frisch gebackenen Diplom-Kaufmann mit langjähriger Berufserfahrung gibt es nun einmal nicht!

Sonderfall Chiffre-Anzeige

Chiffre-Anzeigen werden meist geschaltet, um entweder

- Konkurrenten im Unklaren über personelle Erweiterungen im Unternehmen zu lassen,
- dem momentanen Stelleninhaber nicht zu offenbaren, dass Ersatz für ihn gesucht wird, oder
- trotz eines nicht besonders guten Unternehmensimages möglichst viele Bewerber anzusprechen.

Folgendermaßen gehen Sie bei der Bewerbung vor: Verpacken Sie Ihre Unterlagen in einen Umschlag, schreiben Sie „Chiffre 123456" darauf, verschließen Sie ihn und stecken ihn dann in einen zweiten Umschlag. Auf diesen schreiben Sie die Anschrift der Zeitung, in welcher das Inserat erschienen ist, und wiederum den Vermerk „Chiffre 123456". Den äußeren Umschlag frankieren Sie und geben auf ihm auch Ihren Absender an. Einen Sperrvermerk würden Sie gegebenenfalls auf beiden Umschlägen, und zwar auffällig, etwa in fett oder mit Leuchtstift markiert, anbringen.

Sonderfall Personalberatung

Wie bei der Chiffre-Anzeige wissen Sie auch hier erst einmal nicht, für welches Unternehmen der Personalberater einen neuen Mitarbeiter sucht. Die Gründe, warum ein Personalberater eingeschaltet wird, können die gleichen wie bei der Chiffre-Anzeige sein, manchmal delegieren Firmen aber auch gerne den gesamten Arbeitsaufwand des Bewerbungsprozesses oder verfügen vielleicht in besonderen Fällen (etwa wenn eine völlig neu geschaffene Stelle zu besetzen ist) nicht über das notwenige fachliche Know-how der Bewerberauswahl.

 ACHTUNG Das suchende Unternehmen bezahlt für diese Dienstleistung, Ihnen dürfen bei seriösen Beratern keine Kosten entstehen.

Personalberater können mittels geschalteten Anzeigen in Erscheinung treten oder sie rufen Kandidaten nach einer vorhergehenden Recherche direkt am Arbeitsplatz an (das so genannte **Headhunting**). Letzteres wird bei Ihnen als Berufsanfänger also kaum in Frage kommen.

Eine Bewerbung an einen Personalberater gestalten und formulieren Sie im Prinzip genauso wie eine Bewerbung an ein suchendes Unternehmen, nur dass eben aus offensichtlichen Gründen die entsprechende Personalisierung entfällt.

Der Personalberater wird die **Vorauswahl** der eingehenden Bewerbungen vornehmen und meist auch das erste **Vorstellungsgespräch** führen, um zu sondieren, ob Ihre Fähigkeiten und Persönlichkeit mit dem vom Unternehmen gewünschten Profil übereinstimmen.Verlief dieses erfolgreich, werden Sie in einer zweiten Runde mit den Unternehmensvertretern in Kontakt kommen.

Sie können die **Adressen** (und manchmal Branchenschwerpunkte) von Personalberatern im Internet, Branchenverzeichnis oder in Handbüchern der Personalberatungen **recherchieren** und dort nachfragen, ob Interesse an Ihren Unterlagen besteht. Im Zweifelsfall wird man Ihre Bewerbung archivieren und im Bedarfsfall auf Sie zukommen. Allerdings sollten Sie die **Erfolgsaussichten** nicht allzu hoch einschätzen, da Personalberater tendenziell eher mit Suchaufträgen für Kandidaten mit spezifischer Berufserfahrung beauftragt werden.

Das Allgemeine Gleichbehandlungsgesetz (AGG)

Seit dem 18.08.2006 ist das Allgemeine Gleichbehandlungsgesetz (AGG, umgangssprachlich auch **Antidiskriminierungsgesetz** genannt) in Kraft. Das Gesetz setzt Richtlinien der EU um, generell sollen damit Benachteiligungen vielfacher Art verhindert und beseitigt werden, auch solche in der Einstellungspraxis von Unternehmen.

Gründe für die Benachteiligung können sein:

- Rasse,
- Ethnische Herkunft,
- Geschlecht,
- Religion oder Weltanschauung,
- Behinderung,
- Alter,
- Sexuelle Identität.

Benachteiligungen aus den oben genannten Gründen in Bezug auf

- die Bedingungen, einschließlich Auswahlkriterien und Einstellungsbedingungen, für den Zugang zu unselbstständiger und selbstständiger Erwerbstätigkeit, unabhängig von Tätigkeitsfeld und beruflicher Position, sowie für den beruflichen Aufstieg,
- die Beschäftigungs- und Arbeitsbedingungen einschließlich Arbeitsentgelt und Entlassungsbedingungen, insbesondere in individual- und kollektivrechtlichen Vereinbarungen und Maßnahmen bei der Durchführung und Beendigung eines Beschäftigungsverhältnisses sowie beim beruflichen Aufstieg,
- den Zugang zu allen Formen und allen Ebenen der Berufsberatung, der Berufsbildung einschließlich der Berufsausbildung, der beruflichen Weiterbildung und der Umschulung sowie der praktischen Berufserfahrung,
- die Mitgliedschaft und Mitwirkung in einer Beschäftigten- oder Arbeitgebervereinigung oder einer Vereinigung, deren Mitglieder einer bestimmten Berufsgruppe angehören, einschließlich der Inanspruchnahme der Leistungen solcher Vereinigungen,
- den Sozialschutz, einschließlich der sozialen Sicherheit und der Gesundheitsdienste,
- die sozialen Vergünstigungen,
- die Bildung,
- den Zugang zu und die Versorgung mit Gütern und Dienstleistungen, die der Öffentlichkeit zur Verfügung stehen, einschließlich von Wohnraum

sollen durch das Gesetz vermieden werden.

Die von manchen Experten vermutete Klagewelle von abgewiesenen Bewerbern blieb bis jetzt offenbar aus.

Laut Kritikern ist ein Manko des Gesetzes, dass oft **unbestimmte Begriffe** verwendet werden. Es wird sich also erst im Verlauf der nächsten Jahre in unterschiedlichen Klageverfahren zeigen, wie die Richter die einzelnen Bestimmungen interpretieren. Experten gehen allerdings davon aus, dass es in Deutschland nicht zu exorbitanten Schadensersatzverpflichtungen kommen wird (wie etwa in den Vereinigten Staaten).

Inwieweit Sie bei der Bewerbung von Ihren **neuen Rechten Gebrauch machen** möchten, können nur Sie selbst entscheiden. Soweit Sie nicht wirklich dringende Gründe haben, bestimmte Informationen nicht preiszugeben, scheint zumindest zurzeit noch die Abgabe einer herkömmlichen Bewerbung eher empfehlenswert (zumal es auch schon nach der alten Rechtslage etwa bestimmte unzulässige Fragen gab, die ein vernünftiger Personaler nie stellen würde).

Die Auswirkungen auf Stellenanzeigen

Unprofessionell formulierte Anzeigen dürften seltener werden. Denn Arbeitgeber müssen nun schon bei der Ansprache und Auswahl neuer möglicher Arbeitnehmer auf den **Schutz vor Benachteiligungen** achten.

Ein Satz wie „Junger dynamischer Mitarbeiter bis 35 gesucht" würde zum Beispiel ältere weibliche Arbeitnehmerinnen diskriminieren und dürfte nur dann verwendet werden, wenn älteren Frauen diese Tätigkeit unter keinen Umständen zugemutet werden kann. Auch die Suche nach einem „Muttersprachler" könnte im Prinzip eine mittelbare Benachteiligung wegen der ethnischen Herkunft bedeuten.

Sie werden also öfter auf **neutral formulierte Stellenausschreibungen** stoßen. Insbesondere werden eher geschlechtsneutral formulierte Tätigkeitsbezeichnungen und fehlende Altersbeschränkungen die Anzeigen in Zukunft kennzeichnen.

 ACHTUNG Aber auch hier gibt es Ausnahmen von der Regel, denn nicht jede unterschiedliche Behandlung ist eine verbotene Benachteiligung. So können weiterhin bestimmte Gruppen als Bewerber ausgeschlossen werden, wenn dafür ein sachlicher Grund vorliegt. Es kann also eine für die Tätigkeit erforderliche Berufserfahrung gefordert werden oder entsprechende Qualifikationen wie Fremdsprachenkenntnisse.

Als Nachteil könnte sich erweisen, dass aus den Stellenangeboten in Zukunft vielleicht nicht mehr klar hervorgeht, welche Arbeitskraft für eine bestimmte Tätigkeit eigentlich gesucht wird. Sie können versuchen, durch einen Anruf beim Unternehmen mehr in Erfahrung zu bringen, müssen aber auch hier damit rechnen, keine eindeutigen Angaben mehr zu erhalten.

Die Auswirkungen auf Ihre Bewerbungsunterlagen

Theoretisch müsste eine vollständige Bewerbung zukünftig ohne Angaben zu Alter, Geschlecht, Geburtsort und Familienstand sowie ohne Bewerbungsfoto akzeptiert werden. Manche **Angaben** lassen sich **aus den Bewerbungsunterlagen erschließen**, wie etwa das ungefähre Alter aus den Stationen des Lebenslaufs oder das Geschlecht oft aus dem Vornamen. Das **Bewerbungsfoto** könnte allerdings im Lauf der Zeit, wie im übrigen Europa, zu einer freiwilligen Anlage werden.

Die Auswirkungen auf das Vorstellungsgespräch

Es ist davon auszugehen, dass Vier-Augen-Gespräche weitgehend der Vergangenheit angehören werden, da sich der Unternehmensvertreter durch einen weiteren **Mitarbeiter als Zeugen** absichern wird. Vielfach werden die Bewerbungsgespräche genau protokolliert werden, um späteren Beanstandungen von Bewerbern entgegentreten zu können. Und auch die **gestellten Fragen** werden sich ändern, um nicht den Verdacht aufkommen zu lassen, eine Benachteiligung im Sinne des AGG zu begründen (also etwa Fragen zum persönlichen und privaten Hintergrund oder zur Familienplanung).

Abzuwarten bleibt auch, ob Unternehmen überhaupt noch bereit sein werden, **Feedback** zum Bewerbungsgespräch oder eventuellen Absagen zu geben. Sie könnten sich dadurch im Sinne des AGG angreifbar machen. Leider bedeutet das für Sie als Bewerber in Zukunft noch **weniger Orientierung,** warum es nicht geklappt hat.

Um sich vor Schadensersatzansprüchen zu schützen, müssen Unternehmen das gesamte Bewerbungs- und Einstellungsverfahren **sorgfältig dokumentieren**, also Bewerbungsmappen einschließlich aller Notizen über Gespräche, Telefonate und Interviews und eventueller Absagen aufbewahren.

Wann können Sie sich wehren?

Als Bewerber können Sie klagen, wenn Sie **Indizien** dafür haben, wegen Ihres Alters, Ihrer Rasse, Ihrer ethnischen Herkunft, Ihres Geschlechts, Ihrer Religion oder Weltanschauung, einer Behinderung oder Ihrer sexuellen Identität nicht eingestellt worden zu sein.

Hinweise darauf könnten unzulässige Formulierungen im Stellengesuch, abwertende Bemerkungen während des Vorstellungsgesprächs oder unzulässige Fragen im Personalfragebogen sein.

Wer aufgrund einer Diskriminierung als Bewerber abgelehnt worden ist, kann den Arbeitgeber auf **Schadensersatz** verklagen, dazu muss jedoch eine schuldhafte, das heißt vorsätzliche oder fahrlässige Pflichtverletzung nachgewiesen werden. In der aktuellen Fassung des AGG ist der Anspruch auf drei Monatsgehälter der potentiellen Stelle begrenzt.

3.2 Formen der Bewerbung

Sie können auf vielfältige Arten **aktiv werden**, um an Ihren Traumjob zu gelangen.

Sie können

- telefonische Anfragen starten,
- sich ohne Stellenanzeige eigeninitiativ bewerben,
- Kurzbewerbungen abschicken,
- eigene Suchanzeigen aufgeben,
- auf eine Stellenausschreibung eine klassische Bewerbungsmappe schicken oder
- per Online-Bewerbung antworten.

Nicht unterschätzen sollten Sie **persönliche Beziehungen** bei der Stellensuche. Hat vielleicht Ihr Professor Kontakt zu interessanten Unternehmen oder haben Sie bei Praktikanten- oder Werkstudententätigkeiten wertvolle Verbindungen geknüpft? Verschaffen Sie sich aktiv so viel wie möglich Kontakte und erzählen Sie allen Bekannten, Freunden, ehemaligen Kommilitonen und so weiter, die im weitesten Sinne mit Ihrem gewünschten Berufsfeld zu tun haben, von Ihrer Stellensuche (hier könnten sich auch Anknüpfungspunkte für eventuelle Referenzen ergeben).

Telefonische Anfragen

Durch eine telefonische Anfrage können Sie abklären, ob es in Ihren Wunschunternehmen zurzeit offene Stellen gibt, die mit Ihrem Profil übereinstimmen.

Der Einstieg: Wenn Sie keine direkte Durchwahl zu Ihrem gewünschten Gesprächspartner haben, werden Sie zuerst in der Telefonzentrale landen. Beginnen Sie Ihr Gespräch immer mit einer freundlichen Begrüßung und nennen Sie Ihren Namen. Schildern Sie kurz Ihr Anliegen und fragen Sie, welche Person im Unternehmen dafür zuständig ist. Wiederholen Sie dieselbe Prozedur und bleiben Sie freundlich, auch wenn Sie mehrfach weiterverbunden werden.

Das eigentlich **zielführende Gespräch:** Sind Sie beim richtigen Gesprächspartner gelandet, verwenden Sie hin und wieder dessen Namen (aber nicht zu aufdringlich). Die meisten Menschen hören ihren eigenen Namen gerne.

Erklären Sie kurz, um was es geht, und schließen Sie die Schilderung Ihres Anliegens möglichst mit einer Frage ab, etwa: „Sehen Sie Möglichkeiten zur Zusammenarbeit?" Zeigt Ihr Gesprächspartner Interesse, wird sich nun ein Dialog entwickeln, in dem Ihnen einige Fragen zu Ihrem Werdegang und Ihren Zielen (Kurzinterview) gestellt werden.

Sie möchten den Gesprächspartner für sich und Ihre Fähigkeiten interessieren und ihn dazu bewegen, die Zusendung Ihrer Unterlagen zu akzeptieren. Fassen Sie sich also kurz und verzichten Sie auf lange Monologe. Schildern Sie knapp Ihre Qualifikation und stellen Sie Ihre Fragen.

ACHTUNG Grundsätzlich wichtig: Fragen Sie, ob Ihr Gesprächspartner gerade Zeit hat, anderenfalls vereinbaren Sie einen Termin für Ihren Anruf. Riskieren Sie keinesfalls, nur aus **Zeitmangel abgewimmelt** zu werden.

Der Abschluss: Teilt man Ihnen klar und deutlich mit, dass an Ihrer Bewerbung kein Interesse besteht, dann bedanken Sie sich trotzdem für das Gespräch und drücken Sie Ihr Bedauern aus, dass es nicht zu einem näheren Kennenlernen kommt. Vielleicht treffen Sie Ihren Gesprächspartner bei einer anderen Gelegenheit wieder, also zeigen Sie keinesfalls, dass Sie vielleicht enttäuscht oder verärgert sind, sondern bleiben Sie freundlich.

Fordert man Sie hingegen auf, sich schriftlich zu bewerben, dann fragen Sie, an wen Sie die Unterlagen schicken sollen. Bedanken Sie sich ebenfalls und geben Sie Ihrer Freude über das positiv verlaufene Gespräch Ausdruck.

CHECKLISTE

Telefonische Anfragen

- Bereiten Sie sich auf einen solchen Anruf gut vor, indem Sie die Begrüßung und Ihre Fragen zuvor formulieren und aufschreiben.
- Sie sollten auch alle wichtigen Informationen über sich selbst und Ihre Fähigkeiten parat haben, damit Sie auf eventuelle spontane Fragen souverän antworten können.
- Notieren Sie den Namen und die Telefonnummer Ihres Gesprächspartners.
- Fragen Sie, an wen Sie gegebenenfalls Ihre Unterlagen schicken sollen.
- Wählen Sie für das Telefongespräch einen ruhigen Ort (möglichst nicht per Handy wegen eventueller Störgeräusche) und legen Sie sich Schreibmaterial für Ihre Notizen bereit.
- Sitzen Sie aufrecht beim Telefonieren oder stehen Sie – das verleiht Ihrer Stimme mehr Klangtiefe.
- Lächeln Sie am Telefon. Ihr Gegenüber spürt Ihre Stimmung, auch wenn er Sie nicht sehen kann.

Eigeninitiativ bewerben

Unter **Initiativbewerbungen** versteht man Bewerbungen an Unternehmen, die keine Stellenanzeige geschaltet haben. Sinnvoll ist es in diesem Fall, zuerst durch die oben beschriebene telefonische Anfrage abzuklären, ob für Ihre Bewerbung Bedarf besteht und wer der richtige Ansprechpartner ist.

Kurzbewerbungen

Eine Alternative zu Initiativbewerbungen sind so genannte (Zielgruppen-)Kurzbewerbungen. Sie schicken in diesem Fall nur ein **Schreiben von der Länge einer DIN-A4-Seite**, das Ihr Angebotsprofil enthält, und zwar an *alle* potenziellen Arbeitgeber – gleichgültig, ob diese Stellen ausgeschrieben haben oder nicht. Dies setzt eine gute Recherche voraus, denn Sie sollten Ihre Kurzbewerbung an 100 bis 200 Unternehmen versenden. Vermeiden Sie es aber, den Eindruck eines **Serienbriefes** zu erwecken: Verwenden Sie keine Kopien und ermitteln Sie den Namen Ihres Ansprechpartners im Unternehmen.

Interessierte Unternehmen werden Sie nach Erhalt der Kurzbewerbung auffordern, Ihre kompletten Bewerbungsunterlagen einzusenden. Der **strategische Vorteil** der Kurzbewerbungen besteht darin, dass Sie auf diese Weise unter Umständen von Stellen erfahren, die noch nicht ausgeschrieben sind, und so der einzige Bewerber und (vorerst) konkurrenzlos sind.

Kurzbewerbungen sind ein erstklassiges Mittel, um den **latenten Personalbedarf** der Unternehmen anzusprechen.

CHECKLISTE

Kurzbewerbung

- Ihre Kontaktdaten
- Anschrift
- Betreff
- Persönliche Anrede des Ansprechpartners im Unternehmen
- Ihr Angebot, was Sie für das Unternehmen leisten können
- Kurzdarstellung Ihrer Fähigkeiten (persönlich, fachlich, beruflich)
- Schlussformel

Eigene Stellengesuche

Sie können, je nach angepeilter Position, ein Stellengesuch in einer regionalen oder überregionalen Zeitung oder in einer Fachzeitschrift veröffentlichen. Aufgrund der teilweise hohen Kosten und der jeweiligen Einschränkung der Zielgruppe (Leser) in Printmedien sollten Sie Ihre Stellengesuche jedoch lieber ins **Internet** stellen. Um **Ideen für die Formulierung** zu erhalten, können Sie andere Stellengesuche für vergleichbare Positionen studieren. Achten Sie darauf, den Schwerpunkt nicht auf Ihre Wünsche (Ich suche ...) zu legen, sondern auf das, was Sie dem Unternehmen bieten können.

Der **Nutzen** von eigenen Stellengesuchen ist jedoch – gerade für Berufsanfänger – umstritten. In den allermeisten Fällen bekommen Unternehmen eher zu viele als zu wenige Bewerbungen und sind deshalb nicht darauf angewiesen, aktiv nach Bewerbern zu recherchieren. Sie müssen eher mit Reaktionen von Firmen rechnen, auf die Sie weniger Wert legen, etwa von **Strukturvertrieben**, die Ihnen großen Erfolg bei geringem Kapitaleinsatz und wenig Arbeitsaufwand versprechen.

CHECKLISTE

Stellengesuch

Ihr Stellengesuch sollte die folgenden Angaben enthalten:
- Gesuchte Position
- Ausbildung
- Alter
- Besondere Kenntnisse
- Ihr Nutzen für das Unternehmen
- Ihre Kontaktdaten

Ausnahme: Ein Stellengesuch in einer **Internet-Stellenbörse**. Da es wenig Zeit und Geld kostet, ist es einen Versuch wert. Sie können Ihr Bewerberprofil mit Details zu Ihrer Person und Ihrem beruflichen Werdegang angeben und interessierte Unternehmen können sich dann per E-Mail an Sie wenden.

Auf Stellenausschreibungen antworten

Die Reaktion auf Stellenausschreibungen ist im Gegensatz zu Initiativ- und Kurzbewerbungen sowie Stellengesuchen die **passive Form** der Bewerbung. Diese sollten Sie, ergänzend zu aktiven Bewerbungen, ebenfalls nutzen, sich aber **nicht** ausschließlich darauf **beschränken**.

Je nachdem, wo Sie eine Stelle antreten wollen, sollten Sie die **regionalen** beziehungsweise **überregionalen Zeitungen** nach interessanten Stellenangeboten durchsuchen. Überregionale Zeitungen werden besonders von größeren Unternehmen genutzt.

Die überwiegende Anzahl der in Deutschland überregional veröffentlichten Stellenanzeigen erscheint in *FAZ, Süddeutsche Zeitung, DIE WELT* und *DIE ZEIT*.

Frankfurter Allgemeine Zeitung (FAZ): Die Stellenangebote werden jeweils samstags, die Stellengesuche jeweils mittwochs veröffentlicht. Der Schwerpunkt liegt im Bereich Banken und Versicherungen und Fach- und Führungskräfte, es finden sich auch internationale Stellenangebote. Es werden besonders Mitarbeiter für den Bereich Vertrieb und Beratungs- und Dienstleistungsspezialisten gesucht.

Süddeutsche Zeitung (SZ): Sowohl Stellenangebote als auch Stellengesuche werden samstags veröffentlicht. Schwerpunkt ist der Bereich der Fach- und Führungskräfte, zusätzlich der Stellenmarkt im Ballungsraum München.

DIE WELT: Stellenangebote und Stellengesuche erscheinen samstags in der Beilage *KarriereWelt* im Tabloid-Format. Diese Beilage liegt auch montags der *WELT KOMPAKT* bei. Das Spektrum ist dem der *FAZ* ähnlich, umfasst jedoch eher mehr Branchen.

DIE ZEIT: Im Gegensatz zu den drei oben genannten Tageszeitungen erscheint *DIE ZEIT* als Wochenzeitung, jeweils donnerstags. Es werden fast ausschließlich Stellenangebote für Führungspositionen veröffentlicht, in den Bereichen Lehre und Forschung, öffentlicher Dienst, Medizin und Biowissenschaften, Ingenieurwissenschaften und sozialer Bereich.

Für **kleinere und mittlere Unternehmen** ist eine Anzeige in diesen Medien jedoch häufig zu teuer. Darum weichen sie oft auf regionale Publikationen aus. Auch einschlägige **Fachzeitschriften** können passende Angebote enthalten, denn die Stellenausschreibungen dort erreichen die richtige Zielgruppe und sind in der Regel viel günstiger, in Verbandszeitschriften mitunter sogar kostenfrei. Und natürlich eignen sich die entsprechenden **Internet-Jobbörsen** (siehe Seite 276 f.) für die Recherche.

Erstellen Sie einen Zeitplan

Um Ihr Bewerbungsprojekt zielgerichtet voranzutreiben, sollten Sie die einzelnen Schritte planen und in Ihren Alltag integrieren. Eine gewisse festgelegte Struktur erhöht die Motivation oder hilft zumindest, der Gefahr der „Aufschieberitis" zu entkommen. Sie könnten zum Beispiel in einem Wochenplan festlegen, wann Sie

- offene Stellen und interessante Unternehmen recherchieren,
- mit Unternehmen telefonieren,
- Ihre Bewerbungsunterlagen erstellen.

Nehmen Sie sich dann vor, jede Woche zum Beispiel mindestens fünf Bewerbungen zu verschicken.

Beispiel Zeitplan
- Dienstag Vormittag: Stellen recherchieren
- Dienstag Nachmittag: telefonisch Kontakt aufnehmen
- Donnerstag Vormittag: Stellen recherchieren
- Donnerstag Nachmittag: telefonisch Kontakt aufnehmen
- Samstag Nachmittag: Unterlagen erstellen (individuelles Anschreiben, Lebenslauf anpassen)
- Montag: Bewerbungen versenden

3.2.1 Schriftliche Bewerbung

Warum ist die **formgerechte Präsentation** Ihrer Bewerbung so wichtig? Nun, für den ersten Eindruck gibt es keine zweite Chance. Ihre Bewerbungsunterlagen sind im Normalfall die erste „Arbeitsprobe", die ein potenzieller Arbeitgeber oder Personalleiter von Ihnen zu sehen bekommt.

Ihre Bewerbung soll **von Anfang an überzeugen.** Daraus ergeben sich folgende Anforderungen, wie Ihre Unterlagen gestaltet sein sollten:

- ansprechend aufgemacht,
- inhaltlich klar gegliedert,
- übersichtlich und
- vollständig.

Versetzen Sie sich einmal in die Position des Empfängers Ihrer Bewerbung. Es kann durchaus sein, dass er **Hunderte von Bewerbungen** erhält. Er möchte sich schnell zurechtfinden, möchte wissen, ob Behauptungen durch Fakten untermauert und seine Erwartungen (Anforderungen an den zukünftigen Stelleninhaber) erfüllt werden.

Es ist Ihre Aufgabe, **Interesse für Ihre Person** zu **wecken** und den Eindruck zu vermitteln, dass es sich lohnt, Sie zu einem Vorstellungsgespräch einzuladen.

> **TIPP** Muster für **Bewerbungsunterlagen** finden Sie in jedem Bewerbungsratgeber, auf diversen Internetseiten und auch auf den folgenden Seiten. Lassen Sie sich von ihnen inspirieren, aber kopieren Sie nicht einfach alles. Sie sollten Ihre Unterlagen immer auf sich selbst und die jeweilige Position beziehungsweise das Unternehmen zuschneiden. Denn erfahrene Personaler bemerken den Unterschied sofort.

CHECKLISTE

Bewerbungsunterlagen

- Anschreiben
- Deckblatt
- Bewerbungsfoto
- Lebenslauf
- „Dritte Seite" (weitere Informationen zu Ihrer Person)
- Tätigkeitsbeschreibungen
- Verzeichnis der Zeugnisse
- Sämtliche Zeugnisse
- Nachweise über Zusatzqualifikationen/Weiterbildungen
- Liste der Veröffentlichungen

All diese Unterlagen ordnen Sie in einer robusten **Mappe** aus Pappe oder Plastik ein. Da Ihre Bewerbung vielleicht nicht bereits beim ersten Mal erfolgreich sein wird, ist es sinnvoll, wenn die Mappe einen mehrfachen Versand gut übersteht. Praktisch sind Klippmappen, weil man die Unterlagen schnell kopieren und wieder zusammenstecken kann. Verwenden Sie keine **Klarsichthüllen** für die einzelnen Blätter Ihrer Bewerbung, das führt beim Kopieren nur zu unnötigem Aufwand.

Wenn Sie sich an den folgenden Tipps orientieren, erreichen Sie automatisch die Ziele Übersichtlichkeit, klare Gliederung und Vollständigkeit.

CHECKLISTE

- Keine zu voll und eng beschriebenen Seiten. Vermeiden Sie eine „Bleiwüste", indem Sie ausreichend Rand lassen und Ihren Text in Absätze (jeweils eine Leerzeile) gliedern. Diese ergeben sich automatisch, wenn ein neues „Thema" beginnt oder wenn Sie eine Information deutlicher absetzen möchten.
- Verwenden Sie ein leicht lesbares Schriftbild. Verwenden Sie eine klare Schrift (Arial, Times New Roman und Courier) und wählen Sie als Schriftgröße 11 oder 12 Punkt. Schreiben Sie linksbündig und im Flattersatz, durch Blocksatz kommt es oft zu unschönen großen Lücken im Text.
- Schreiben Sie mit einzeiligem Abstand. Eineinhalb-zeilig verbraucht zu viel Platz.
- Benutzen Sie Hervorhebungen, wie zum Beispiel Fettdruck (in Maßen).
- Möchten Sie etwas stichpunktartig in den Mittelpunkt rücken, können Sie auch im Anschreiben einige Aufzählungspunkte verwenden.
- Achten Sie auf saubere, knickfreie Unterlagen.
- Verwenden Sie griffiges Papier.
- Stellen Sie Ihre Unterlagen in einem Klemmhefter zusammen.

Orientieren Sie sich bezüglich der **Gesamtgestaltung** Ihrer Unterlagen immer an der **Branche**, in die Sie sich bewerben, und an der entsprechenden Position.

Ihr Anschreiben

Das Anschreiben legen Sie lose in oder auf Ihre Bewerbungsmappe, es bleibt in jedem Fall im Unternehmen.

In Ihr Anschreiben gehört ein vollständiger, simpler **Briefkopf** (Spielereien wie ein eigenes Logo wirken bei einem Bewerber unfreiwillig komisch):

- Vorname und Name
- Straße und Hausnummer
- PLZ und Ort
- Telefon, Fax
- Mobilnummer (falls Sie unterwegs ungestört telefonieren können)
- E-Mail-Adresse

Danach folgt die komplette **Anschrift des Unternehmens** mit dem Namen Ihres Ansprechpartners, den Sie vorher ermittelt haben. Geben Sie den Empfängernamen mit Anrede und Vor- und Zunamen an. Bei einem größeren Unternehmen ist die Angabe der Abteilung sinnvoll. Einen Persönlichkeitsvermerk schreiben Sie in die erste Zeile der Anschrift. Ein „z. Hd." oder „z. H." (zu Händen) ist veraltet, also bitte weglassen. Die Leerzeile zwischen Straße und Ort wird nicht mehr gesetzt. Eine Auslandskennung wie „D-" oder Ähnliches vor der Postleitzahl ist nur dann nötig, wenn die Bewerbung ins Ausland geht.

Das **Datum** setzen Sie oben rechts, die Angabe des Orts ist überflüssig. Letztere wird im Geschäftsleben nur dann gebraucht, wenn der Briefkopf verschiedene Adressen auflistet, damit erkennbar ist, woher ein Brief kommt.

Der Begriff „Betreff" wird heute nicht mehr verwendet. Vermerken Sie jedoch, auf welche Stelle Sie sich bewerben, zum Beispiel „Ihre Anzeige in der Süddeutschen Zeitung vom ..., Kennziffer 123". Setzen Sie den **Betreff** mit jeweils zwei Leerzeilen zur Firmenadresse und der Anrede ab. Sie können aber auch mehr Leerzeilen setzen, um Ihrem Anschreiben ein stimmigeres Layout zu geben, und den Betreff fett oder farbig drucken.

Der eigentliche Text Ihres Schreibens (Ihre **Selbstpräsentation**) sollte kurz und prägnant formuliert sein und eine Seite nicht überschreiten.

Unterschreiben Sie mit Ihrem Vor- und Zunamen. Als Privatperson brauchen Sie Ihre **Unterschrift** nicht getippt zu wiederholen, da aus der Absenderadresse klar hervorgeht, wie Sie heißen.

Am Schluss fügen Sie das Wort „**Anlagen**" an, normalerweise ohne diese einzeln aufzulisten. Damit zeigen Sie an, dass Ihrem Brief weitere Dokumente beigefügt sind. Sie können aber auch alle Ihre Anlagen einzeln anführen.

Worauf sollten Sie bei der Formulierung achten? Stellen Sie sich die folgenden Fragen, die Antworten darauf ergeben den inhaltlichen Aufbau Ihres Schreibens:

- Welche Position ist im Unternehmen zu besetzen?
- Welche Kernanforderungen werden an den Inhaber der Position gestellt?
- Welche meiner Fähigkeiten passen zu den gewünschten Qualifikationen?
- Wie stelle ich mich als interessanter Mitarbeiter dar?

Textlicher Aufbau des Schreibens

Nach der persönlichen Anrede beginnen Sie mit einem **Aufhänger**. Dieser ergibt sich im Normalfall aus dem Telefonat, das Sie zuvor geführt haben, um den Namen Ihres Ansprechpartners oder weitere Informationen zu der angebotenen Stelle zu erfahren.

Im **Mittelteil** gehen Sie auf die gewünschten Anforderungen ein und belegen, warum Sie diesen entsprechen. Da Sie sich ausführlich mit der Potenzialanalyse beschäftigt haben, dürfte Ihnen das keine Schwierigkeiten bereiten. Stellen Sie sich vor allem als **Problemlöser** für das Unternehmen dar und zeigen Sie, dass ein **Schlüssel-Schloss-Verhältnis** zwischen Ihrem Angebot und der Nachfrage des Unternehmens besteht.

- Vermitteln Sie auch Ihre Motivation, sich zu bewerben. Belassen Sie es nicht nur beim üblichen „Ihre Stelle interessiert mich", sondern begründen Sie, was Sie an der Position oder am Unternehmen reizt.

- Stellen Sie Ihre Erfahrungen und Ihre fachliche Expertise dar und belegen Sie, welche Voraussetzungen Sie für die Stelle mitbringen.

- Gehen Sie auf Ihre Persönlichkeit ein. Und zwar nicht mit den üblichen Schlagwörtern (Ich bin kommunikativ, flexibel, teamfähig ...), die einfach nur aufgezählt werden, sondern beschreiben Sie in eigenen Worten, was Sie zu bieten haben.

Ihr Anschreiben muss dem Unternehmen klare Gründe liefern, warum man ausgerechnet Sie aus der Masse der anderen Bewerber auswählen und einladen sollte.

Im **Schlussteil** drücken Sie aus, dass Sie sich auf ein Vorstellungsgespräch oder persönliches Kennenlernen freuen, und beenden das Anschreiben mit der Grußformel „Mit freundlichen Grüßen" oder Ähnlichem.

Mögliche Formulierungen des Aufhängers

Sprechen Sie den Empfänger immer persönlich an, beginnen Sie also niemals mit „Sehr geehrte Damen und Herren". Nach der Anrede steht ein Komma und der Brief beginnt klein geschrieben.

Mit „Sehr geehrte(r) Frau .../Herr ..." liegen Sie immer richtig, Sie können aber auch eine moderne Variante wählen:

- „Guten Tag, Herr Mustermann,
  auf Empfehlung von ... sende ich Ihnen meine Bewerbungsunterlagen für die Position als ... zu."
- „Hallo, sehr geehrte Frau Musterfrau,
  vielen Dank für das informative telefonische Gespräch am ... Gerne möchte ich für Ihr Haus tätig werden und schicke Ihnen darum meine Bewerbungsunterlagen für die Position als ... zu."
- „Sehr geehrter Herr Mustermann,
  vielen Dank für das freundliche Telefongespräch vom ... Hiermit übersende ich Ihnen, wie besprochen, meine Bewerbungsunterlagen für die Position ..."

MUSTER ANSCHREIBEN

Max Mustermann
Musterstraße 84
12345 Musterstadt
Tel. 0 57 43 / 6 66 66

Beispiel AG
Herrn Fritz Beispiel
Postfach 7 86 54
54321 Beispielstadt

21. Juli 2009

Ihre Anzeige in der Süddeutschen Zeitung vom 18. Juli 2009, Kennziffer 123

Sehr geehrter Herr Beispiel,

vielen Dank für das freundliche und informative Telefongespräch am 20.07.2009. Hiermit übersende ich Ihnen, wie besprochen, meine Bewerbungsunterlagen für die Position als ...
Vor Kurzem schloss ich mein Studium der ... mit der Gesamtnote 2 ab. Durch verschiedene Werkstudententätigkeiten konnte ich intensive Erfahrungen in den Bereichen ... und ... sammeln.
Die fachlichen Anforderungen, die Sie in Ihrer Anzeige nennen, kann ich erfüllen. So befasste sich meine Diplomarbeit mit ... Durch einen längeren Aufenthalt in Spanien verfüge ich außerdem über ausgezeichnete Spanischkenntnisse.
Meine Gehaltsvorstellungen liegen bei Euro ... p. a.
Auf ein persönliches Gespräch mit Ihnen freue ich mich sehr.

Mit freundlichen Grüßen

Max Mustermann

Anlagen

Ein reines „Hallo" oder gar „Liebe/r" wäre zu persönlich oder zu locker, es sei denn, Sie hatten bereits einen freundlichen und positiven Kontakt oder kennen den Empfänger schon gut.

Mögliche Bausteine für den Mittelteil

- „In meiner Diplomarbeit habe ich mich mit ... beschäftigt."
- „Seit kurzem bin ich Diplom-xyz. Mein Studium schloss ich nach 9 Semestern mit der Note gut ab."
- „Folgende Kenntnisse kann ich in Ihr Unternehmen einbringen ..."
- „Während meiner Praktika konnte ich in folgenden Bereichen Erfahrungen sammeln ..."
- „Eine praxisorientierte Ausrichtung meines Studiums war für mich wesentlich. Als Ergänzung der theoretischen Ausbildung leitete ich das Projekt ..."
- „Während meiner Ausbildung konnte ich analytische Fähigkeiten und Leistungsbereitschaft beweisen, indem ich ..."
- „Zudem konnte ich durch ein Auslandspraktikum meine Französischkenntnisse verbessern. Meine persönlichen Stärken sind Organisationsfähigkeit und Effektivität."
- „Auf dem Gebiet der ... möchte ich mich weiterentwickeln und suche daher nach einer Tätigkeit in einem international ausgerichteten Unternehmen."

Mögliche Formulierungen für den Schlussteil

- „Ich freue mich auf eine Einladung zu einem persönlichen Gespräch. Mit freundlichen Grüßen ..."
- „Gerne bringe ich meine Persönlichkeit und mein Fachwissen in einem erfolgreichen Unternehmen wie der (Firmenname) ein und freue mich schon jetzt auf ein Vorstellungsgespräch in Ihrem Haus. Freundliche Grüße ..."
- Sie können aber bei der Grußformel auch eine modernere Variante wählen:
  - „Freundliche Grüße nach München"
  - „Viele Grüße und ein schönes Wochenende"
  - „Sommerliche Grüße aus Köln"

Die heikle Frage nach den Gehaltsvorstellungen

Falls das Unternehmen explizit darum gebeten hat, müssen Sie nun Farbe bekennen. Die Frage einfach zu ignorieren wäre unhöflich und könnte bedeuten, dass Ihre Bewerbung aussortiert wird. Denn für das Unternehmen ist es wenig sinnvoll, Sie einzuladen, wenn schon vorab klar ist, dass die gegenseitigen finanziellen Vorstellungen überhaupt nicht zueinander passen. Sie müssen sich bei der Angabe aber nur in einer gewissen akzeptablen Bandbreite bewegen (siehe „Die Gehaltsverhandlung", Seite 369 ff.).

Am besten platzieren Sie Ihre Gehaltsvorstellungen nach dem Mittelteil, beispielsweise so:

- Meine Gehaltsvorstellungen liegen bei 40.000 € p. a.
- Als Jahresbruttogehalt stelle ich mir 40.000 € vor.

 ACHTUNG Verwenden Sie die **neue Rechtschreibung** und lassen Sie das Anschreiben, wenn irgend möglich, von jemandem **gegenlesen**, da Schreibfehler und fehlende Worte dem Verfasser selbst oft nicht auffallen.

Das Deckblatt

Nach dem Anschreiben folgt als erstes Blatt in der Bewerbungsmappe das Deckblatt. Sie geben dort die Position, auf die Sie sich bewerben, das Unternehmen, Ihren Namen und Ihre Adresse an. Das Bewerbungsfoto können Sie entweder hier oder in Ihrem Lebenslauf platzieren. Nehmen Sie für das Deckblatt ein etwas stärkeres Papier, damit die nachfolgende Seite nicht durchscheint.

Beispiele Deckblatt:

Bewerbung
als ...
der Muster AG
Beispielstadt

(Bewerbungsfoto)

Max Mustermann
Musterstraße 84
12345 Musterstadt
Tel. 0 57 43 / 6 66 66
E-Mail: m.mustermann@t-online.de

Wir suchen Trainees, die unsere Arbeit in Frage stellen.

Das E.ON Graduate Program

Bei E.ON gestalten wir die Zukunft der Energiemärkte und treiben Innovationen im Bereich Klima-schutz voran. Um neue Wege zu gehen, müssen wir Schritte und Ziele immer wieder überdenken. Eine anspruchsvolle Herausforderung für unsere engagierten Mitarbeiterinnen und Mitarbeiter, die ihr Geschäft verstehen und E.ON in fast 30 Ländern zum größten privaten Energiedienstleister der Welt machen.

Starten Sie in diesem faszinierenden Umfeld: Komplettieren Sie den ausgewählten Kreis von Kandida-tinnen und Kandidaten, die wir konzernweit auf eine Zukunft bei E.ON vorbereiten. Profitieren Sie das ganze Jahr von spannenden Einsätzen im In- und Ausland. 18 Monate voll interessanter Projekte warten auf Sie – Trainings, Mentorenbetreuung und internationales Traineenetzwerk inklusive. Sie glänzen mit sehr gutem Examen, mehrmonatigen Praktika und Auslandserfahrung? Sie haben frische Ideen, die für Gesprächsstoff sorgen? Dann sind Sie bei E.ON richtig: Wir bieten mobilen Wirtschaftswissenschaftlern, Wirtschaftsingenieurwissenschaftlern, Wirtschaftsinformatikern, Psychologen und Ingenieuren den idealen Karriereeinstieg!

I Handelsblatt

Bewerben Sie sich online: Unsere aktuellen Stellenausschreibungen finden Sie unter **www.eon-karriere.com.**

Wenn Sie noch Fragen haben, wenden Sie sich bitte an unsere Hotline 0201 184-2007 (Mo.–Fr. von 10–17 Uhr).

Ihre Energie gestaltet Zukunft

Neue Energie

www.eon.com

Bewerbung
als   ...
bei der   Muster AG
in   Beispielstadt
Anlagen   Lebenslauf
          Zu meiner Person
          Zeugniskopien

Max Mustermann
Musterstraße 84
12345 Musterstadt
Tel. 0 57 43 / 6 66 66

Ihr Bewerbungsfoto

Auch beim Bewerbungsfoto gilt: Es ist der **erste Eindruck**, den ein Personalverantwortlicher von Ihrem Äußeren erhält. Sie sollten sich der Bedeutung eines guten Bewerbungsfotos bewusst sein und mit einem entsprechend **professionellen Foto** aufwarten. Das Foto wird, ob unfair oder nicht, mitbestimmend sein, ob Sie zu einem Vorstellungsgespräch eingeladen werden. Ob das Bewerbungsfoto aufgrund des AGG (Seite 250 ff.) im Lauf der Zeit überflüssig wird, wird sich erst in den nächsten Jahren herausstellen.

ACHTUNG

- Verwenden Sie auf keinen Fall ein Automatenbild.
- Auch Urlaubs- oder Freizeitbilder sind völlig deplatziert.
- Gehen Sie zu einem guten Fotografen und lassen Sie dort mehrere verschiedene Porträtfotos anfertigen. Suchen Sie sich in Ruhe das beste davon aus.
- Wenn Sie über einen Bekannten verfügen, der sich auf gute Fotografien versteht, können Sie sich jedoch auch privat fotografieren lassen und das Bild entsprechend bearbeiten/zuschneiden. Achten Sie in diesem Fall auf einen seriöses Setting (zum Beispiel in Bezug auf Hintergrund und Beleuchtung).
- Sie können sich sowohl für ein Schwarzweiß- als auch für ein Farbbild entscheiden; heute sind farbige Fotos eher die Norm, sie wirken etwas freundlicher. Ein Schwarzweiß-Foto kann elegant, aber auch trist wirken. Sehen Sie sich vorher einige Musterbilder des Fotografen an.

- Üblich ist das Passbild-Format (4,5 x 3,5 cm) oder etwas größer (besonders, wenn Sie Ihr Porträt auf das Deckblatt kleben) als Portrait oder Halbportrait. Bei Letzterem sollte Ihr Gesicht im Mittelpunkt stehen und die Kleidung nicht zu viel Fläche einnehmen.
- Achten Sie darauf, dass Sie auf dem Bild seriös und dezent wirken. Ziehen Sie sich am besten so an, wie Sie auch zu einem Vorstellungsgespräch gehen würden. Frauen können lange Haare offen oder hochgesteckt tragen. Offene Haare sollten aber Ihr Gesicht nicht verdecken (das vermittelt den Eindruck, als ob Sie sich verstecken möchten). Weibliche Bewerberinnen sollten auf zu tief ausgeschnittene T-Shirts/Tops, transparente Kleidung oder eine zu tief aufgeknöpfte Bluse verzichten.
- Beschriften Sie Ihr Bewerbungsfoto auf der Rückseite mit Ihrem Namen und Ihrer Adresse und befestigen Sie es mit Haftecken auf Ihrem Lebenslauf oder dem Deckblatt. Verwenden Sie keine Büroklammern, sie können sich ins Bild eindrücken und es damit unbrauchbar machen. Außerdem kann es so leicht verloren gehen.

Ihr Lebenslauf

 CHECKLISTE

Der Leser will schnell alle wesentlichen Informationen über Ihren Lebenslauf erfassen können. Dieser muss enthalten

- Persönliche Daten
- Berufserfahrung und Praktika
- Studium bzw. Berufsausbildung/Lehre
- Angaben zu Wehr- oder Zivildienst
- Schulausbildung
- Weiterbildungen und Zusatzausbildungen
- Besondere Kenntnisse
- (eventuell) Referenzen
- Hobbys sowie
- Ort, Datum, Unterschrift

Haben Sie noch **keine Berufserfahrung** und Ihre Praktika vor oder während des Studiums absolviert, so können Sie diese im Lebenslauf auch nach den Angaben zum Studium einfügen. Orientieren Sie sich beim Aufbau immer an dem Gedanken: Was ist für den Leser (Personalchef) das Wichtigste? So werden Sie schnell zu der korrekten Gewichtung gelangen.

CHECKLISTE

Achten Sie darauf, dass Ihr Lebenslauf:

- chronologisch gestaltet ist. Am meisten Sinn ergibt hierbei der **rückwärts chronologisch** gestaltete Lebenslauf, das heißt Sie beginnen mit der aktuellsten Information. Die Informationen, die den Leser am meisten interessieren, kommen also zuerst.
- **vollständig** ist und Lücken und Brüche so unauffällig wie möglich gestaltet sind. Das können Sie erreichen, indem Sie zum Beispiel nur Jahreszahlen angeben oder bei unwichtigen Nebenjobs die für den gewünschten Arbeitsplatz wichtigen Kompetenzen hervorheben.
- optisch **übersichtlich** gegliedert ist. Wenn Sie die tabellarische Form benutzen, ist das kein Problem. Achten Sie darauf, dass die Daten und Ereignisse optisch voneinander getrennt sind. Ihre persönlichen Daten stellen Sie als Block in die linke obere Seite Ihres Lebenslaufs, das Foto befestigen Sie rechts oben.
- **nicht mehr als zwei Seiten** umfasst. Sie müssen Ihre Daten jedoch keinesfalls, wie oft empfohlen, auf eine Seite pressen. Eine gewisse Auflockerung erleichtert die Übersichtlichkeit. Detail-Informationen zu bestimmten Tätigkeiten können Sie auch in einem Tätigkeitenprofil oder auf der „dritten Seite" unterbringen.

Natürlich fragen sich viele Bewerber, wie **ehrlich** sie bei der Abfassung eines Lebenslaufs bleiben müssen. In der Tat eine schwierige Frage, kennt doch jeder gewisse Lebenskünstler, deren Darstellung ihrer bisherigen Leistungen jeden vor Neid erblassen lassen, auch wenn im Endeffekt nicht allzu viel dahinter steht.

Ganz klar, Sie sollten sich um eine **geschickte Darstellung** gewisser Umstände bemühen und auch keinesfalls Ihr Licht unter den Scheffel stellen. Auch sollten Sie versuchen, **für Lücken** oder **längere Auszeiten** positive **Erklärungen** zu finden oder diese eventuell etwas umzudeuten.

Lücken können speziell bei Berufsanfängern durch **bewusste Auszeiten** entstanden sein. Geben Sie also an, wenn Sie etwa eine lange Reise gemacht oder ein so genanntes Sabbatjahr eingelegt haben, und schreiben Sie auch, welche neuen Fähigkeiten oder Erkenntnisse Ihnen dies gebracht hat. Besser als eine unerklärte Lücke sind solche Ausführungen auf jeden Fall.

> **TIPP** Layout für den Lebenslauf:

- Quetschen Sie die einzelnen Rubriken nicht aneinander und halten Sie einheitliche Abstände ein.
- Wählen Sie für die Überschriften eine größere Schrift oder betonen Sie sie durch Fettdruck.
- Halten Sie die linke Spalte (die mit den Daten) so schmal wie möglich.
- Schreiben Sie die Daten am besten in Zahlen (MM/JJ oder MM/JJJJ), da ausgeschriebene Monate unterschiedlich lang sind.

ACHTUNG Doch bedenken Sie, dass Sie die Angaben in Ihrem Lebenslauf spätestens im Vorstellungsgespräch **überzeugend verkaufen und begründen** müssen. Und die Angabe von gewissen Kompetenzen, über die Sie nicht verfügen, kann im schlimmsten Fall zu einer **Anfechtung Ihres Arbeitsvertrags** durch den Arbeitgeber führen, was eine fristlose Kündigung zur Folge haben kann.

Die Elemente des Lebenslaufs im Einzelnen:

- **Persönliche Daten**

  Hier geben Sie Ihren Namen, Ihre komplette Anschrift inklusive Telefonnummer und E-Mail-Adresse, Ihre Berufsbezeichnung beziehungsweise Ihren akademischen Titel an. Obwohl Sie Ihre **Kontaktdaten** schon im Anschreiben angeführt haben, ist eine Wiederholung im Lebenslauf sinnvoll, weil manche Firmen den Lebenslauf separat weitergeben oder eventuell sogar aufbewahren, selbst wenn sie die Bewerbung auf diese Stelle abgelehnt haben. Fehlt dann das Bewerbungsschreiben und ist der Lebenslauf ohne Kontaktdaten, ist eine spätere Kontaktaufnahme schwierig oder gar unmöglich. Zu den persönlichen Daten zählen weiterhin Geburtsdatum und -ort, die Angaben zum Familienstand (Anzahl der Kinder) und zu Ihrer Nationalität.

- **Berufserfahrung und Praktika**

  Geben Sie absolvierte Praktika und andere berufliche Tätigkeiten mit Name und Ort des Arbeitgebers und Monats- und Jahresangabe an.

- **Studium beziehungsweise Berufsausbildung/Lehre**

  Beim Studium geben Sie die **Art der Hochschule** (FH/Universität), den Studienort, die Fachrichtung und Ihre Schwerpunkte an. Verweisen Sie gesondert auf das Thema Ihrer **Diplomarbeit** und geben Sie die betreffende Note an. Hier können Sie auch im **Ausland** verbrachte Semester anführen oder auf ein **Aufbaustudium** oder eine **Promotion** verweisen. Haben Sie Ihr Studium ohne Abschluss beendet; nennen Sie trotzdem sämtliche relevante Informationen, eine Erklärung zum fehlenden Abschluss kann dann im Anschreiben stehen.

- **Angaben zu Wehr- oder Zivildienst**

  Führen Sie an, wann und wo Sie den jeweiligen Dienst abgeleistet haben. Vielleicht können Sie hier sogar **erste Berufserfahrungen** nachweisen. Sollten Sie nicht zum Wehr- oder Zivildienst herangezogen worden sein, sollten Sie das ebenfalls vermerken.

- **Schulausbildung**

  Nennen Sie glatte Jahreszahlen, die Schularten und -orte. Sie können bei einem guten Ergebnis den Abiturdurchschnitt nennen. Haben Sie Ihr Abitur auf dem zweiten Bildungsweg gemacht, so spricht das durchaus für Sie, also erwähnen Sie es.

- **Weiterbildungen und Zusatzausbildungen**

  Sie sollten nur Weiterbildungen nennen, die etwas mit Ihrer beruflichen Qualifikation zu tun haben.

- **Besondere Kenntnisse**

  Zu den so genannten Zusatzqualifikationen gehören Sprach- und EDV-Kenntnisse und sonstige zusätzliche Kenntnisse.

- **Hobbys**

  Bei der Nennung Ihrer Hobbys ist eine gewisse Vorsicht angebracht. Zum einen sollten Sie im Vorstellungsgespräch auch in der Lage sein, Fragen zu Ihren Angaben zu beantworten. Beispiel: „Sie interessieren sich für Literatur. Welches Buch lesen Sie gerade?" Zum anderen sollten Sie damit rechnen, dass immer gewisse (und noch dazu von Person zu Person unterschiedliche) Vorurteile in Hobbys hineininterpretiert werden. So kann der Personalchef, wenn Sie ihm als Ihre liebste Freizeitbeschäftigung Bungeespringen nennen, schon mal Angst um die körperliche Unversehrtheit seines zukünftigen Mitarbeiters bekommen, obwohl Sie vielleicht nur Ihre Dynamik betonen wollten.

- **Ort, Datum, Unterschrift**

  Am Schluss des Lebenslaufs geben Sie den Ort und das (aktuelle) Datum an und unterschreiben ihn.

Obwohl die Angabe von **Referenzen** in Deutschland nicht mehr allgemein üblich ist, kann ein entsprechender Hinweis grundsätzlich nicht schaden. Selbst wenn man im Unternehmen die betreffende Person nicht tatsächlich kontaktiert, kann das Vorhandensein einer Referenz positiv wirken.

Voraussetzung ist allerdings, dass die genannte Person im **Zusammenhang mit der Bewerbung** stehende **positive Aussagen** über Sie und Ihre Arbeitsweise machen kann (also nicht etwa Onkel Karl oder Oma Lisa). Infrage kämen etwa einer Ihrer Professoren oder Ihre direkte Vorgesetzte während einer Werkstudententätigkeit. Fragen Sie aber immer nach, ob Sie die betreffende Person als Referenz nennen dürfen und welche **Kontaktmöglichkeiten** ihr angenehm wären.

Am besten platzieren Sie Ihre Referenzen noch vor den Hobbys/Interessen im Lebenslauf, und zwar mit Vorname und Name (gegebenenfalls Titel), Unternehmen/Organisation und Kontaktmöglichkeiten.

MUSTER LEBENSLAUF

Max Mustermann
Musterstraße 84
12345 Musterstadt
Tel. 0 57 43 / 6 66 66

Persönliche Daten

Geburtsdatum:	14. Juli 1983
Geburtsort:	Musterstadt
Familienstand:	ledig
Staatsangehörigkeit:	BRD

Studium

10/02–09/08   Universität: _____

Fachrichtung: _____

Abschluss: _____

Schwerpunkte: _____

Diplomarbeit: _____

Werkstudententätigkeiten/Praktika

03/06–04/07   _____

05/05–07/05   _____

08/03–10/03   _____

Schulausbildung

1993–2002   Albert-Friedrich-Gymnasium in Musterstadt, Abiturnote 1,8

1989–1993   Hennenloh-Grundschule in Musterstadt

Hobbys   Tennis und moderne Literatur

Musterstadt, 21. Juli 2009   _____

Max Mustermann

Die „dritte Seite"

Weitere Informationen zu Ihrer Person bringen Sie auf der so genannten dritten Seite unter. Dorthin gehören alle Angaben, die Sie für **beruflich wichtig** halten und die weder in das Anschreiben noch in den Lebenslauf passen.

Durch diese „dritte Seite" wird Ihr Lebenslauf wesentlich übersichtlicher, da Sie nicht sämtliche wichtige Informationen über sich in diesen hineinpressen müssen.

Dieses Blatt legen Sie **hinter dem Lebenslauf** ab, daher auch seine Bezeichnung. Auch mit einer Liste Ihrer Publikationen oder mit **Tätigkeitsbeschreibungen** können Sie so verfahren.

Hier können Sie sich äußern:

- zu Ihrer Motivation („Meine Ziele", „Perspektiven"),
- zu Kenntnissen, Erfahrungen oder besonderen Fertigkeiten („Ich bin ...", „Meine Stärken ..."),
- zu dem Grund, warum die Firma Sie einstellen sollte („Warum Sie sich für mich entscheiden sollten"),
- zur eigenen Person („Mir ist wichtig", „Mein Motto", „Meine Hobbys/Interessen").

Beschränken Sie sich jedoch nicht auf die üblichen **Schlagworte**, sondern nutzen Sie diese Sonderseite dazu, sich durch spezielle Informationen und/oder Erklärungen hervorzuheben.

Versehen Sie diese dritte Seite zum Beispiel mit den **Überschriften** „Was Sie sonst noch über mich wissen sollten", „Tätigkeitsbeschreibungen", „Berufserfahrungen" oder „Liste meiner Publikationen".

Mit einem **Tätigkeitsprofil** beschreiben Sie bestimmte berufliche Erfahrungen genauer und können so Ihre Qualifikation unterstreichen, etwa wenn Sie sich für eine Stelle bewerben, für die Sie auf den ersten Blick nicht die richtigen Fachkenntnisse besitzen.

Versuchen Sie auch hier, speziell auf die in der Anzeige geforderten Eigenschaften einzugehen.

Zeugnisse

Generell sollten Sie niemals Originale, sondern **ausschließlich Kopien** verschicken. Auch Beglaubigungen von Zeugniskopien sind nicht nötig; diese wird das Unternehmen, wenn überhaupt, erst zu einem späteren Zeitpunkt von Ihnen verlangen.

Versenden Sie ordentliche, das heißt **saubere und knickfreie Kopien**, damit Sie nicht den Eindruck erwecken, diese schon mehrere Male verwendet zu haben.

CHECKLISTE

Sortieren Sie Ihre Zeugnisse zuerst thematisch nach

* Berufstätigkeit (Arbeitszeugnisse),
* Ausbildung (Hochschul- und Abiturzeugnis),
* Praktika/Werkstudententätigkeiten,
* Weiterbildungen,
* sonstigen Tätigkeiten (wissenschaftliche Mitarbeit, Tutorentätigkeiten, freie Mitarbeit, Mitarbeit in Fachschaften etc.)

Innerhalb der einzelnen Themengebiete gehen Sie dann chronologisch vor und beginnen immer mit dem aktuellsten Zeugnis. Wenn Sie viele Zeugnisse vorweisen können, sollten Sie ein gesondertes Verzeichnis erstellen.

> **!** **ACHTUNG** Achten Sie bei der Zusammenstellung Ihrer Zeugnisse auf **Lückenlosigkeit und Vollständigkeit** und überprüfen Sie, ob die Daten mit den Angaben in Ihrem Lebenslauf übereinstimmen.

Bewertungen in Zeugnissen

Bedenken Sie bei den Formulierungen in Zeugnissen, dass diese immer wohlwollend gestaltet sein müssen. Daher werden Sie nie auf eine offensichtlich schlechte Bewertung stoßen. Achten Sie also auf die **feinen Nuancen**, die Sie beispielhaft aus der folgenden Tabelle ersehen können:

Benotung	Formulierung
Sehr gut	„Hat die ihr/ihm übertragenen Aufgaben stets zu unserer vollsten Zufriedenheit erledigt."
	„Wir waren mit seinen/ihren Leistungen stets sehr zufrieden."
Gut	„Hat die ihr/ihm übertragenen Aufgaben stets zu unserer vollen Zufriedenheit erledigt."
	„Wir waren mit seinen/ihren Leistungen voll und ganz zufrieden."
Befriedigend	„Hat die ihr/ihm übertragenen Aufgaben zu unserer vollen Zufriedenheit erledigt."
	„Wir waren mit seinen/ihren Leistungen voll zufrieden."
Ausreichend	„Hat die ihr/ihm übertragenen Aufgaben zu unserer Zufriedenheit erledigt."
	„Wir waren mit seinen/ihren Leistungen zufrieden."
Mangelhaft	„Hat die ihr/ihm übertragenen Aufgaben im Großen und Ganzen zu unserer Zufriedenheit erledigt."
	„Seine/Ihre Leistung hat unseren Erwartungen entsprochen."

Versand der Bewerbung

Überprüfen Sie Ihre gesamte Bewerbung vor dem Versand noch einmal auf die wichtigsten Punkte:

CHECKLISTE

Vor dem Versand

- Anschreiben lose beigelegt?
- Ort und Datum angegeben?
- Anschrift vollständig und korrekt?
- Korrekte Anrede des Ansprechpartners?
- Gute Einleitung?
- Qualifikationen interessant geschildert?
- Lücken im Lebenslauf begründet?
- Gehaltsvorstellung genannt (falls gewünscht)?
- Möglichen Starttermin genannt?
- Alle Anlagen vorhanden?
- Richtig sortiert?
- Ordentliche Bewerbungsmappe?
- Saubere und knickfreie Unterlagen?
- Umschlag fest verschlossen?
- Absender vollständig und korrekt?
- Ausreichend frankiert?

ACHTUNG In Ausnahmefällen (etwa wenn Sie eine Anzeige zu spät gesehen haben) kann es vorkommen, dass Sie einen **Stichtag** für die Abgabe der Bewerbung nicht einhalten können. Rufen Sie dann beim Unternehmen an und machen Sie das Angebot, parallel zum Versand Ihrer kompletten Bewerbungsmappe Ihre Unterlagen zu faxen oder per E-Mail zu senden.

Personalfragebogen

Einige Firmen versenden nach Eingang der Unterlagen einen Personalfragebogen an die Bewerber, da so zum einen von allen Bewerbern einheitliche und damit **vergleichbare Informationen** vorliegen und zum anderen eventuell **fehlende Informationen** abgedeckt werden.

Es gibt zwar keine einheitlichen Standard-Fragebögen, meist werden jedoch zu den folgenden Bereichen **Angaben** verlangt:

- Angaben zu Ihrer Person und Familie,
- Gesundheitszustand/Schwerbehinderung,
- Schul- und Berufsausbildung,
- Wehr- oder Zivildienst,
- Beruflicher Werdegang,
- Zusatzqualifikationen,
- Frühester Eintrittstermin,
- Bisheriges Einkommen und Gehaltsvorstellung.

ACHTUNG Füllen Sie den Fragebogen sorgfältig aus und achten Sie vor allem darauf, dass sich Ihre Angaben im Fragebogen und in Ihren Bewerbungsunterlagen nicht unterscheiden. Beantworten Sie alle Fragen wahrheitsgemäß, denn falsche Angaben könnten zu einer Anfechtung Ihres Arbeitsvertrags führen.

Wie im Vorstellungsgespräch brauchen Sie auch hier Fragen, die Ihre **Privatsphäre** berühren, nicht zu beantworten. Dazu gehören:

- Frühere Krankheiten,
- Schwangerschaft und Familienplanung,
- Vorstrafen ohne Bezug zur Berufstätigkeit,
- Religions-, Partei-, Gewerkschaftszugehörigkeit,
- Vermögensverhältnisse, außer bei leitenden Angestellten oder bei besonderer Vertrauensstellung.

Lassen Sie sich mit dem Ausfüllen nicht zu lange Zeit und machen Sie sich eine Kopie, bevor Sie den Fragebogen an das Unternehmen zurückschicken.

3.2.2 Internet-Bewerbung

Mit dem Siegeszug des Internet hat sich inzwischen die Online-Bewerbung als gleichwertige Alternative zur klassischen Bewerbung etabliert. Stellenangebote findet Sie im Netz heutzutage für nahezu alle Branchen und Qualifikationen.

Meist werden Sie in der Stellenausschreibung schon einen Hinweis finden, ob eine Bewerbung per E-Mail oder eine klassische Bewerbungsmappe erwünscht ist. Halten Sie sich daran, denn manchmal möchten selbst Unternehmen, die online suchen, keine elektronische Bewerbung erhalten. Wenn Sie bezüglich der gewünschten Form unsicher sind, fragen Sie telefonisch oder per E-Mail im Unternehmen nach.

Die **Vorteile** sind klar: Die Online-Bewerbung ist für alle Beteiligten schneller und kostengünstiger und der Bewerber zeigt automatisch, dass er mit der diesbezüglichen Technik keine Schwierigkeiten hat.

Für die strategische Planung Ihres Vorgehens und die klare Festlegung Ihrer Berufs- und Bewerbungsziele gelten die gleichen Hinweise wie bei der klassischen Variante.

> **!** **ACHTUNG** Bedenken Sie jedoch, dass Sie bei der Abfassung der Bewerbung per E-Mail genauso **sorgfältig** vorgehen müssen wie bei einer klassischen Bewerbung. Leider verführt die Schnelligkeit und scheinbar weniger formelle Umgebung des Netzes Bewerber immer wieder zu **Flüchtigkeitsfehlern** und **flapsig formulierten** Anschreiben. Ein todsicheres K.-o.-Kriterium!

Das Internet eignet sich übrigens außer zur Abfassung der multimedialen Bewerbung auch hervorragend zur **Recherche offener Stellen**.

Jobbörsen und Job-Suchmaschinen

Jobbörsen bieten zahlreiche Vorteile: Sie sind in den allermeisten Fällen tagesaktuell, manche Angebote werden sogar mehrmals am Tag aktualisiert; die Kosten für die Unternehmen sind im Vergleich zu überregionalen Zeitungen geringer und Bewerber, die auf Anzeigen im Internet reagieren, sind dieser Technik gegenüber zumindest aufgeschlossen und beherrschen die entsprechenden Grundkenntnisse.

Für Sie als Bewerber ist eine Online-Recherche komfortabel, schnell und effektiv. Zudem erhalten Sie oft auch die Möglichkeit, ein Stellengesuch aufzugeben.

 ETABLIERTE JOBBÖRSEN

- www.akademiker-online.de
- www.academics.de
- www.alma-mater.de
- www.berufsstart.de
- www.deutscher-stellenmarkt.de
- www.hobsons.de
- www.jobpilot.de
- www.jobscout.de
- www.karriere.de
- www.monster.de
- www.stellen-online.de
- www.stellenmarkt.de
- www.stepstone.de
- www.uni-gateway.de
- www.wiwo.de/karriere

> **TIPP** Private Stellengesuche sind – von branchenspezifischen und gut besuchten Job-börsen abgesehen – für die Bewerber kostenlos. Nur die inserierenden Firmen müssen für die Veröffentlichung der Stellen bezahlen.

Unter www.stellenboersen.de finden Sie einen Überblick über das breite Angebot von Jobbörsen im Internet.

Job-Suchmaschinen suchen im Angebot von mehreren Jobbörsen gleichzeitig nach der für Sie passenden Stelle.

✕ WICHTIGE SUCHMASCHINEN

- www.jobworld.de
- www.jobrobot.de
- http://zeit.academics.de/portal/action/av/search/jobturbo
- www.jobsafari.de

Bewertung von Jobbörsen

Es gibt jedoch große Unterschiede hinsichtlich Umfang des Angebots und der Aktualität zwischen den einzelnen Anbietern. Auf die folgenden **Kriterien** sollten Sie achten:

Ausrichtung

Je allgemeiner die Jobbörse strukturiert ist, desto größer muss der gesamte Datenbestand sein, damit in der Auswahl auch ein passendes Angebot für Sie dabei sein wird. Je branchenspezifischer oder regionaler die Jobbörse aufgebaut ist, desto kleiner kann der Datenbestand sein und trotzdem noch ein für Sie interessantes Angebot enthalten.

Suchfunktion

Achten Sie auf eine komfortable Suchfunktion, damit Sie nicht Hunderte für Sie irrelevante Angebote durchblättern müssen oder sogar interessante Anzeigen übersehen. Als Minimum sollten Ihnen die Auswahl von Region, Branche oder ein Tätigkeitsfeld sowie eine Volltextsuche, mit der Sie alle Offerten nach den für Sie relevanten Wörtern durchsuchen können, zur Verfügung stehen.

Informationstiefe

Wie umfassend sind die angebotenen Informationen? Selbstverständlich sollten sein:

- Detaillierte Beschreibung der Stelle und des Unternehmens,
- Angaben zum Tätigkeitsort,
- Anforderungen an den Bewerber,
- Einstellungstermin,
- Gehalt,
- Kontaktadresse.

Aktualität

Je aktueller, desto besser! Manche Jobbörsen werden sogar mehrmals täglich aktualisiert. Doch nicht alle Jobbörsen werden tatsächlich gut gepflegt. Akzeptabel ist dies nur, wenn bei einer gleichzeitigen Veröffentlichung in Zeitschriften oder Zeitungen gewartet wird, bis das jeweilige Printmedium erschienen ist.

Personalisierung

Ein guter Service ist es, wenn Sie die jeweilige Jobbörse an Ihre persönlichen Bedürfnisse anpassen können, also zum Beispiel Ihre Suche mit den entsprechenden Suchkriterien abspeichern können. Die meisten Jobbörsen verschicken auch E-Mails mit den aktuellen Ergebnissen Ihrer Suche.

Tipps und Informationen

Viele Jobbörsen stellen auch Informationen rund um die Bewerbung und zu Vorstellungsgesprächen, Gehaltsrechner etc. zur Verfügung. Auch Chats oder Foren gehören oft zum Angebot, in denen Sie sich mit Gleichgesinnten austauschen können.

CHECKLISTE

Qualitätskriterien

- Großes Angebot
- Aktualität
- Diverse Suchkriterien
- E-Mail-Information über passende Angebote
- Zusätzliche Informationen
- Übersichtlichkeit, klarer Menü-Aufbau

Die Online-Bewerbung

Bei vielen Stellenangeboten im Internet, aber auch immer häufiger bei herkömmlichen Printanzeigen, werden Sie aufgefordert, sich online zu bewerben. Oft treffen die Unternehmen anhand dieser Information jedoch nur eine grobe Vorauswahl. Ist Ihre Bewerbung von Interesse, müssen Sie durchaus mit der Aufforderung rechnen, Ihre (klassische) Bewerbungsmappe nachzureichen. Bereiten Sie also unbedingt auch Ihre schriftlichen Unterlagen vor, damit Sie im Fall des Falles nicht in die Bredouille geraten!

Was Sie im Vorfeld erledigen sollten

Informieren Sie sich zuerst über die **Aktualität der Offerte**. Ist die Anzeige schon einige Tage alt, rufen Sie im Unternehmen an und erkundigen sich, ob die Stelle noch frei ist. Mit diesem Telefonat können Sie auch den Namen des richtigen Ansprechpartners erfahren. Beachten Sie hierfür die Tipps im Abschnitt „Telefonische Anfragen", Seite 253 f.

Zur passgenauen Gestaltung Ihrer Bewerbung müssen Sie nun möglichst viele **Informationen** über das Unternehmen beziehungsweise die betreffende Stelle **recherchieren**. Die erste Anlaufstelle ist die **Homepage des Unternehmens** (leicht zu finden über Suchmaschinen oder Web-Kataloge). Es gibt auch verschiedene Firmen- und Brachenverzeichnisse, in denen Sie nach Unternehmens-Homepages suchen können.

- www.allesklar.de
- www.europages.de
- www.seibt.de
- www.wlw.de

Auf der Firmenhomepage finden Sie oft zahlreiche Informationen, wie etwa zur Produkt- oder Dienstleistungspalette, zur Anzahl der Mitarbeiter, zur Firmenstruktur oder zur Firmengeschichte. Der Auftritt im Netz erlaubt Ihnen auch Rückschlüsse auf die Corporate Identity des Unternehmens. Zeigen Sie, dass Sie sich mit dem Unternehmen beschäftigt haben, indem Sie Ihre Bewerbung auf den Stil der Firma abstimmen.

Nur einen Klick entfernt befinden sich im Internet oft die **Homepages der Konkurrenz.** Ein Besuch lohnt sich. Auch Marktstudien, Wirtschaftnachrichten etc. sind im Netz mit relativ geringem Aufwand zu finden. All diese Angaben liefern Ihnen wertvolle Hinweise für Ihre Bewerbung und auch das Vorstellungsgespräch.

Bewerbungsvarianten

Für Ihre Online-Bewerbung kommen folgende Möglichkeiten in Betracht:

- Bewerbungsformular,
- Kurzbewerbung per E-Mail,
- Komplette E-Mail-Bewerbung,
- Bewerbungshomepage,
- Bewerbungs-CD.

Bewerbungsformular

Hat das Unternehmen schon ein Bewerbungsformular zu Verfügung gestellt, müssen Sie es nur noch ausfüllen und per Mausklick versenden. Wenn die Bewerberverwaltung komplett elektronisch vonstatten geht, ist dieses Formular sogar die Voraussetzung dafür, dass Ihre Bewerbung überhaupt akzeptiert wird.

Vorteil für die Unternehmen: Kein Sachbearbeiter muss mehr die notwendigen Daten in das Programm eintippen, das erledigen die Bewerber selbst. Und alle Bewerbungen liegen in vergleichbarer, weil identischer Form vor.

Doch Vorsicht: Aufgrund der **starren Schemata** können Sie hier kaum Ihre persönlichen Qualifikationen hervorheben. Zum Trost sei gesagt, dass anhand dieser Formulare nur eine Vorauswahl vorgenommen wird. Passen Sie also ins grobe Raster, werden Sie aufgefordert werden, Ihre ausführlichen Unterlagen per E-Mail oder auf dem Postweg nachzureichen.

> **ACHTUNG** Es ist immer hilfreich, wenn Sie sich das Formular vor dem Ausfüllen **herunterladen** und/oder **ausdrucken**. Dann können Sie in Ruhe Ihre Antworten formulieren und sie später in das Formular übertragen. Außerdem erhalten Sie so eine Kopie, damit Sie auch später noch wissen, was Sie angegeben haben.

Häufig kommt es vor, dass der Platz im Formular für Ihre Angaben aus dem Lebenslauf nicht ausreicht. Dann versuchen Sie, die Felder so korrekt wie möglich auszufüllen und verwenden eventuell vorhandene Freitextfelder für Erklärungen.

> **TIPP** Sofern auch das überhaupt nicht klappt, bewerben Sie sich per E-Mail oder schicken Ihre Unterlagen mit der Post. Erklären Sie, dass Sie das Online-Formular verwenden wollten, Ihre Angaben darin aber nicht unterbringen konnten.

Kurzbewerbung per E-Mail

Sie ist dem Bewerbungsformular wenn möglich vorzuziehen, da Ihnen die individuelle Gestaltung vielfältige Möglichkeiten eröffnet. Die Kurzbewerbung beinhaltet das Anschreiben und den Lebenslauf.

Beachten Sie dabei die folgenden Punkte:

Auf **Adressen** wie info@beispielfirma.de, webmaster@beispielfirma.de oder mailservice@beispielfirma.de sollten Sie sich grundsätzlich nicht bewerben. Um den **richtigen Ansprechpartner** zu ermitteln, können Sie im Unternehmen anrufen oder eine kurze E-Mail an die Ihnen bekannte Adresse schicken.

Beispiel E-Mail-Anfrage

An: info@beispielfirma.de
Betreff: Anfrage Bewerbung
Text: Bitte teilen Sie mir Namen und E-Mail-Adresse der Leiterin/des Leiters Ihrer Personalabteilung (der Leiterin/des Leiters der Fachabteilung xy ...) mit.
Vielen Dank im Voraus.
Mit freundlichen Grüßen
(Unterschrift)

Verfassen Sie das **Anschreiben** direkt im E-Mail-Textfeld. Verweisen Sie darin auf eventuelle Anhänge (also Lebenslauf, bei der kompletten Bewerbung auch Zeugnisse etc.). Speichern Sie Anhänge unter eindeutigen Dateibezeichnungen ab, am besten mit Ihrem Namen. **Beispiel**: M_Musterfrau_Lebenslauf.doc

Wichtig ist eine **aussagekräftige Betreffzeile**, damit die Bewerbung der entsprechenden Stelle zugeordnet und weitergeleitet werden kann. Die Betreffzeile ist auch deswegen so wichtig, weil E-Mails leicht durch einen Klick ungelesen im Papierkorb landen. Schreiben Sie genau, worauf Sie sich bewerben, und geben Sie auch etwaige Kennzahlen oder interne Nummern an. Schicken Sie eine elektronische Bewerbung immer an eine Person, nur im Notfall an eine Abteilung, dann fügen Sie aber am besten den Namen Ihres Ansprechpartners an. **Beispiel**: An Max Mustermeier: Bewerbung von ... als ..., Kennziffer xyz

Wählen Sie eine **Standardschrift** (zum Beispiel Arial, Courier oder Times New Roman). Eine dem Empfänger-PC unbekannte Schriftart wird in eine vorhandene umgewandelt und das kann zu einer unschönen Verschiebung des Layouts führen. Sie können auch noch die Umlaute durch ae, oe, ue und ß durch ss ersetzen, im deutschen Sprachraum sollten die herkömmlichen Schreibweisen aber kein Problem darstellen. Wenn Sie Text von einem anderen Programm in die E-Mail kopieren, kann auch das zu unschönen Layoutverschiebungen führen.

 TIPP Schicken Sie die E-Mail vorab an sich selbst, dann können Sie erkennen, wie Sie sich auf dem Bildschirm darstellt.

Verzichten Sie generell auf die **Formatierung** (zum Beispiel Schriftfarbe) Ihrer Mail, da diese Formatierungen nicht von allen Mailprogrammen gelesen werden können. Schließlich möchten Sie nicht, dass beim Empfänger nur Datensalat ankommt.

!
ACHTUNG Lassen Sie sich nicht zu **Rechtschreib- und Flüchtigkeitsfehlern** und einem zu **saloppen Stil** verführen. Auch Abkürzungen, HTML-Codes oder Smileys und Ähnliches sind tabu!

Auf dem Bildschirm werden Tippfehler leicht übersehen. Drucken Sie das Anschreiben vor dem Versand aus und überprüfen Sie es auf Fehler, lassen Sie es am besten von jemandem gegenlesen.

Schließen Sie mit **Ihrem vollständigen Namen** inklusive **Adresse** und **Telefonnummer**, am besten mit einer so genannten **Signatur**: Dafür setzen Sie die betreffenden Daten – etwa mit Sternchen von der restlichen E-Mail getrennt – an das Ende Ihres Textes. Die Signatur lässt sich auch in Ihrem E-Mail-Programm abspeichern und dann bei Bedarf einfügen.

Muster E-Mail-Signatur

****

Max Mustermann
Musterstraße 12
34567 Musterstadt
Tel. (0 00) 12 34 56 78
E-Mail: max.mustermann@domain.de

****

Verwenden Sie eine **seriöse Mailadresse**, private Scherz-Adressen (langerlulatsch@ domain.de) oder Spitznamen (schnuckelchen@domain.de) sind bei einer Bewerbung absolut tabu. Kostenfreie E-Mail-Postfächer erhalten Sie übrigens bei so genannten Freemail-Anbietern (zum Beispiel gmx.de, yahoo.de oder web.de).

Verwenden Sie die **gleiche Sorgfalt** wie für eine konventionelle Bewerbung, was die individuelle Ausrichtung am Unternehmen angeht. Wenn sich erkennen lässt, dass Sie eine Serien-E-Mail verschickt haben, werden Sie höchstwahrscheinlich eine Absage erhalten.

Bieten Sie an, die **vollständigen Unterlagen** schriftlich nachzureichen

Überprüfen Sie regelmäßig Ihr elektronisches Postfach und **reagieren Sie zügig** auf eine Antwortmail oder einen Anruf auf Ihrem Anrufbeantworter.

Komplette E-Mail-Bewerbung

Wenn Sie Ihre gesamte Bewerbung per E-Mail verschicken, gelten die gleichen Kriterien wie für die Kurzbewerbung per E-Mail, nur dass Sie eben neben dem Anschreiben noch Ihre Unterlagen einscannen und mitschicken müssen.

- Achten Sie bei mitgeschickten **Dateien** (etwa eingescannten Zeugnissen) auf **gängige Formate**, damit der Adressat die Unterlagen problemlos lesen kann. Für Textdateien empfehlen sich doc.-Dateien, für eingescannte Dokumente das pdf-Format, für Bilder jpg.-Dateien. Am besten fragen Sie vorher beim Empfänger nach, ob und in welchem Format Sie Dateien mitschicken können, damit Ihre Bewerbung nicht, etwa aus Angst vor Viren, gleich ungeöffnet im Papierkorb landet.

- Die Dateianhänge sollten nicht zu groß sein, damit eine **überlange Ladezeit** den Adressaten nicht zum Abbruch verführt. Komprimierte Dateien können problematisch sein, weil der Empfänger das entsprechende Programm zum Entpacken benötigt.

- Prüfen Sie Ihre Dateianhänge vor dem Versand mit einem aktuellen (!) **Virenscanner**.

- Optimieren Sie Ihr **eingescanntes Foto** mit einem Bildbearbeitungsprogramm, etwa wenn Ihre Vorlage zu groß ist. Verringern Sie die Auflösung und die Anzahl der Farben und komprimieren Sie das Foto. Experimentieren Sie mit Probeausdrucken, bis Sie die optimale Bildqualität erreicht haben. Wenn Ihnen die nötige Erfahrung für diese Prozedur fehlt, können Sie auch bei Ihrem Fotografen oder einem Copyshop nachfragen, ob diese Dienstleistung angeboten wird.

Bewerbungs-Homepage

Über Ihren Provider, Ihren Onlinedienst oder über zahlreiche Anbieter von kostenlosem Web-Space können Sie auch Ihre eigene Bewerbungs-Homepage ins Netz stellen und in Ihrem Anschreiben der Kurzbewerbung darauf verweisen. Denken Sie in jedem Fall daran, Ihre Bewerbungs-Homepage von einer eventuell vorhandenen **privaten Homepage** zu trennen.

Bei der Gestaltung sollten Sie nach den Kriterien **Professionalität** und **Seriosität** vorgehen. Auf Ihrer Homepage sollten die folgenden Fragen beantwortet werden:

- Name des Bewerbers,
- Wohnort,
- Ausbildung/Beruf,
- Besondere Qualifikationen/Fähigkeiten,
- Angestrebte Stellung,
- Kontaktdaten (Telefon/E-Mail).

Verschrecken Sie potentielle neue Arbeitgeber nicht durch grelle Effekte, unruhiges Design und vielfältigen Schnickschnack, der eventuell zu einer **überlangen Ladezeit** führt. Für Ihren Lebenslauf, Zeugnisse etc. können Sie spezielle Links anlegen.

Eine gewisse Vertraulichkeit können Sie im Internet mittels **Passwortschutz** Ihrer Homepage gewährleisten. Die Zugangsdaten geben Sie dann in Ihrer Bewerbung an, sie sollten allerdings nicht zu kompliziert sein.

> **TIPP** Sie können bei den Zugangsdaten zum Beispiel als Passwort den Firmennamen des Unternehmens angeben, bei dem Sie sich gerade bewerben.

Grundsätzlich stellt sich jedoch die Frage, wie sinnvoll die eigene Bewerbungs-Homepage wirklich ist. Wird sich Ihr Adressat im Unternehmen die Mühe machen, sie extra anzusteuern, wenn ihm genügend andere gleichwertige Bewerbungen sozusagen „mundgerecht" in der gewünschten Form, entweder als E-Mail-Anhang oder klassische Bewerbungsmappe, vorliegen?

Bewerbungs-CD

Ein Vorteil der Bewerbungs-CD: Sie haben genügend Platz, all Ihre Vorzüge in jeder erdenklichen Form zu schildern. Dennoch sollten Sie sich auch hier in die Situation eines Personalchefs oder Ihres Ansprechpartners in der entsprechenden Fachabteilung hineinversetzen: Bitte bedenken Sie, dass in vielen Firmen Hunderte von Bewerbungen auf bestimmte Stellen eingehen. Für wie realistisch halten Sie es, dass Der- oder Diejenige Lust oder Zeit hat, sich mit Ihrer Bewerbungs-CD zu beschäftigen? Denn eine CD einzulegen bedeutet nicht nur unnötige Arbeit, sondern ist auch unpraktisch für das weitere Procedere (Vergleich der Unterlagen, Bewerberverwaltung etc.). Und selbst wenn man sich Ihre Unterlagen ausdruckt, schneiden sie in Konkurrenz zu den kompletten und ansprechenden Bewerbungsmappen Ihrer Mitbewerber schlecht ab.

Sie sollten eine Bewerbungs-CD also nur nutzen, wenn Sie wirklich etwas Besonderes zu bieten haben, das den Aufwand rechtfertigt, etwa eine Arbeitsprobe.

Und selbst dann sollten Sie vorher in dem Unternehmen anrufen, ob CDs erwünscht sind (oft wird die Installation einer Extra-Software auch aus Sicherheitsgründen abgelehnt).

3.3 Vorstellungsgespräche

3.3.1 Vorbereitung

Wenn Sie zu einem Vorstellungsgespräch eingeladen wurden, bedeutet das, dass Sie sich **in der ersten Runde** Ihrer Bewerbung **hervorragend geschlagen** haben. Ihre fachlichen Kenntnisse und Fähigkeiten haben überzeugt. Lehnen Sie sich also erst einmal entspannt zurück und freuen sich, dass Sie es so weit geschafft haben? Bei den meisten Stellenbewerbern ist leider das genaue Gegenteil der Fall.

Viele Studenten sind bei Bewerbungsgesprächen hauptsächlich deshalb angespannt, weil sie mit einer Art Black Box konfrontiert werden. Sie wissen nicht genau, mit wem sie es zu tun haben werden und was man von ihnen verlangen wird.

Da die sachlichen Fragen weitgehend geklärt sind, geht es jetzt darum, einen **Eindruck von Ihrer Person** zu gewinnen. Doch Sie können aufatmen. Auf die meisten Situationen, in die Sie geraten werden, können Sie sich sehr **effizient vorbereiten**.

CHECKLISTE

Die Vorbereitung umfasst:

- die Sammlung von Informationen zum betreffenden Unternehmen,
- die Formulierung von Fragen an das Unternehmen,
- die Vorbereitung auf das Gespräch selbst,
- Ihre Zeit- und Streckenplanung,
- die Auswahl Ihrer Kleidung.

Rufen Sie sich noch einmal Ihre Stärken und Schwächen in Erinnerung, die Sie bei der Potenzialanalyse schon schriftlich zusammengefasst haben. Überlegen Sie sich Beispiele für erlebte **Situationen**, die Ihre Stärken glaubhaft **veranschaulichen**.

Wenn Sie sich dann noch mit verschiedenen Aspekten der menschlichen Wahrnehmung (Körpersprache) und diversen Gesprächstechniken auseinandergesetzt haben, werden Sie Ihre Vorstellungsgespräche ruhig und selbstsicher führen können.

ACHTUNG Sehen Sie Ihren Gesprächspartner im Unternehmen nicht als Gegner, der Sie „hereinlegen" will. Sie beide wollen doch letztendlich herausfinden, ob Sie und die angebotene Stelle beziehungsweise das Unternehmen zusammenpassen.

Informationen sammeln

Man wird von Ihnen erwarten, dass Sie sich über das Unternehmen, in dem Sie arbeiten wollen, **gründlich informiert haben**. Spätestens bei der Frage „Was wissen Sie über unser Unternehmen?" werden Sie sonst ins Rudern kommen.

Schon bei der Erstellung Ihres Erwartungsprofils sollten Sie sich darüber informiert haben, inwieweit die Firma Ihren Erwartungen entspricht. Die so gewonnenen Informationen können Sie jetzt nutzen. Zur Vorbereitung Ihres Vorstellungsgesprächs sollten Sie Ihre Faktensammlung bezüglich des Unternehmens jedoch noch etwas erweitern.

 CHECKLISTE

Unternehmensinformationen

- Produktpalette
- Marktanteile
- Kundenstruktur
- Wettbewerbssituation
- Umsatzgröße
- Aktuelle Neuigkeiten/Entwicklungen

Sie können sich zum Beispiel von der Presseabteilung des betreffenden Unternehmens vorab Geschäftsberichte, Presseartikel oder Prospekte zuschicken lassen.

Schließlich sollten Sie bezüglich aktueller Entwicklungen in Tages- und Wirtschaftszeitungen recherchieren. Viele interessante Publikationen bieten inzwischen auch eine komfortable Recherche in ihren Online-Archiven an.

Fragen formulieren

Sie werden im Verlauf des Gesprächs die Gelegenheit erhalten, Ihrem Partner **Fragen** zu **stellen**. Mit sinnvollen Fragen beweisen Sie Ihr Interesse und zeigen, dass Sie sich vorab intensiv mit dem Unternehmen beschäftigt haben.

 ACHTUNG Es ist empfehlenswert, wenn Sie vorher notierte Fragen zum Bewerbungsgespräch mitbringen und sich die Antworten stichwortartig aufschreiben.

Achten Sie jedoch darauf, schon im Gespräch beantwortete Fragen nicht noch einmal zu stellen.

Beispiele für interessante Fragen:

- Welche Marketingkonzeption verfolgen Sie?
- Welcher Führungsstil wird in Ihrem Unternehmen praktiziert?
- Wer wird mein direkter Vorgesetzter?
- Haben Sie ein spezielles Programm zur Einarbeitung?
- Wird die Stelle, die ich übernehme, neu geschaffen?
- Welche Entwicklungsmöglichkeiten habe ich?
- Wie sieht die geplante Produktentwicklung aus?

Folgende Fragen sollten Sie vermeiden beziehungsweise erst in einem zweiten Gespräch stellen:

- Wie hoch ist mein Gehalt?
- Welche sozialen Leistungen bieten Sie?
- Wie sieht mein Arbeitsvertrag aus?
- Wie viel Urlaub erhalte ich?
- Welchen Eindruck habe ich auf Sie gemacht?

Ihre Zeitplanung

Vielleicht werden Sie am Tag Ihres Vorstellungsgesprächs etwas nervös sein. Umso besser, wenn Sie zuvor **genau geplant** haben, wie Sie die **Anreise** bewältigen wollen. Stellen Sie sich vor, was für einen Eindruck Sie hinterlassen werden, wenn Sie in letzter Minute abgehetzt zum Termin erscheinen. Oder noch schlimmer: wenn Sie Ihren Zug verpassen oder im Stau stehen und sich verspäten.

CHECKLISTE

Zeitplanung

- Welches Verkehrsmittel (Bus, Bahn, Pkw, Flugzeug) ist am optimalsten?
- Wie viel Zeit brauche ich für wie viele Entfernungskilometer?
- Welche zeitliche Sicherheitsreserve sollte ich einplanen (Stau etc.)?
- Wie lange brauche ich im Unternehmen, um zu meinem Ansprechpartner zu gelangen (Pförtner, Wegstrecken etc.)?
- Sollte ich eventuell einen Tag vorher anreisen, ein Hotelzimmer buchen?

Was Sie tun sollten, wenn Sie sich trotz bester Planung **verspäten:**

Informieren Sie Ihren Gesprächspartner so schnell wie möglich über die Situation, in der Sie sich gerade befinden, und wie lange die Verspätung dauern wird. Entschuldigen Sie sich, auch wenn die Verspätung nicht an Ihnen liegt. Wenn Sie sich nicht melden, wird Ihnen das als Unzuverlässigkeit ausgelegt werden. Vereinbaren Sie, je nach Situation, eventuell einen neuen Termin.

Die Auswahl des Outfits

Bei der Wahl Ihrer Kleidung und Ihrer äußeren Erscheinung sollten Sie sich an der ausgeschriebenen **Position** und der **Branche orientieren.** Kontrollfrage: Kann meine Kleidung das Unternehmen nach innen und außen repräsentieren? Beachten Sie generell folgende Grundsätze:

- Kleidung und Schuhe sollten sauber, gepflegt und in einwandfreiem Zustand sein. (Sie selbst übrigens auch: Trauerränder unter den Fingernägeln oder ungepflegte Haare stellen ein Eigentor dar.)

- Fühlen Sie sich in Ihrer Kleidung wohl, sitzt alles gut? Es gibt nichts Schlimmeres, als in einem Vorstellungsgespräch zu sitzen und sich eingezwängt oder gar verkleidet zu fühlen, denn so können Sie nicht authentisch wirken.

- Steht Ihnen die Kleidung farblich oder wirken Sie darin blass? Ist das Material so beschaffen, dass Sie nicht schnell ins Schwitzen kommen?

- Männer liegen mit einem Anzug in gedeckten Farben immer richtig, wozu sie keine weißen, sondern dunkle (!) Socken tragen. Bitte verzichten Sie auf Krawatten mit Comic-Figuren oder irgendwelchen Sprüchen.

- Frauen sollten transparente Kleidung, ein zu tief ausgeschnittenes Dekolletee, zu kurze Röcke und zu hohe Stöckelschuhe vermeiden.

- Verwenden Sie dezentes Parfüm/Rasierwasser. Auch angenehme Düfte können irritieren, wenn sie zu übertrieben angewendet werden. Zu aufdringliche Duftnoten können Ihren Gesprächspartner sogar beeinträchtigen (denken Sie etwa an Allergien).

- Frauen sollten auf ein dezentes Make-up und unaufdringliche Accessoires achten. Letzteres gilt auch für Männer: Armbanduhr, Siegelring, Krawattennadel und Ohrring wären des Guten eindeutig zu viel.

> **TIPP** Ist Ihnen im letzten Augenblick ein Missgeschick passiert und Sie können nichts mehr dagegen tun (etwa Kaffee beim Warten über die Hose oder den Rock verschüttet)? Dann ist die einzige souveräne Lösung, die Angelegenheit kurz beim Gesprächspartner zu erklären, ohne großes Aufheben davon zu machen, und sie dann zu ignorieren.

Legen Sie sich Ihre Kleidung am Abend vor Ihrem Termin zurecht und bereiten Sie auch alle weiteren Unterlagen für das Gespräch vor:

* Wegbeschreibung
* Block und Stifte
* Ihre Fragen an das Unternehmen
* Ihre Bewerbungsunterlagen
* (eventuell) Visitenkarten

Die Bestätigung

Vergessen Sie nicht, den Termin für die Einladung telefonisch oder schriftlich zu bestätigen. Normalerweise werden Sie im Unternehmen anrufen, bei diesem Telefonat können Sie auch gleich nachhaken, falls Sie noch Fragen haben (zum Beispiel, wie die Erstattung der Reisekosten geregelt ist). Oder Sie schreiben einen kurzen Brief.

MUSTER BESTÄTIGUNGSSCHREIBEN

Max Mustermann
Musterstraße 84
12345 Musterstadt
Tel. 0 57 43 / 6 66 66

Muster-AG
Frau Maxine Musterfrau
Musterstraße 12
54321 Musterdorf

Sehr geehrte Frau Musterfrau,

ich bedanke mich herzlich für Ihre Einladung zum Vorstellungsgespräch.

Den von Ihnen vorgeschlagenen Termin am ... um ... Uhr kann ich einhalten. Ich freue mich auf das Gespräch.

Mit freundlichen Grüßen
(Unterschrift)

3.3.2 Ablauf

Ihre Gesamtpräsentation

Wie andere Sie wahrnehmen, hängt von Ihrer **Gesamtpräsentation** ab. Diese umfasst das äußere Erscheinungsbild (gepflegtes Aussehen, angebrachte Kleidung), das nonverbale Verhalten (Körperhaltung, Gestik und Mimik), die Ausdrucksfähigkeit (Stimmlage, Sprechgeschwindigkeit und -lautstärke) sowie die Gesprächsführung (aktives Zuhören, Fragetechnik).

Machen Sie einen Test: Beobachten Sie beim nächsten Mal, wenn Sie jemanden kennenlernen, warum diese Person auf Sie sympathisch oder unsympathisch wirkt. Was bemerken Sie an dieser Person? Welche Dinge sind Ihnen zuerst aufgefallen?

Nonverbales Verhalten

Neben Ihren verbalen Äußerungen hat Ihre **Körpersprache** großen Anteil an dem Eindruck, den Sie auf Ihr Gegenüber machen.

Positive Körpersprache

Körperhaltung/Blickverhalten/Mimik	Bedeutung
Nach vorn gelehnter Oberkörper	Sympathie, Interesse oder der Wunsch, etwas sagen zu wollen
Entspannte Sitzhaltung	Selbstsicherheit und Unbekümmertheit
Übereinandergeschlagene Beine, zum Gesprächspartner hin	Sympathie, Zugewandtheit
Weit geöffnete Augen	Sympathie und Aufnahmebereitschaft
Gerader Blick	Offenheit, Vertrauen, Ehrlichkeit
Häufiger Blickkontakt	Erzeugt Sympathie
Lächeln	Sympathie, Wohlwollen

Negative Körpersprache

Körperhaltung/Blickverhalten/Mimik	Bedeutung
Achselzucken	Hilflosigkeit, Abwehr
Verschränkte Arme	Ablehnung, Verschlossenheit
Übereinandergeschlagene Beine, vom Gesprächspartner weg	Ablehnung, Unwillen
Um die Stuhlbeine gewundene Füße	Unsicherheit, Suche nach Halt
Wippen mit den Füßen	Arroganz, Ungeduld, Aggressivität

Spielende Hände	Nervosität, Angst, Verwirrung
Finger zum Mund nehmen	Verlegenheit, Unsicherheit
Mit dem Finger auf den Gesprächs-partner zeigen	Angriff, Wut
Während des Sprechens Hand vor den Mund halten	Unsicherheit
Kopf auf Hände stützen	Nachdenklichkeit, Langeweile
Zugekniffene Augen	Abwehr, Unlust
Schräger Blick	Abschätzende Zurückhaltung
Häufiges Wegsehen	Verlegenheit, mangelnde Sympathie
Häufiger Lidschlag	Unsicherheit, Befangenheit
Zusammengepresster Mund	Reserviertheit, Kontaktarmut
Mundwinkel nach unten gezogen	Verbitterung, Pessimismus
Hochgezogene Augenbraue	Ungläubigkeit, Arroganz

! **ACHTUNG** Obwohl es sicher wenig sinnvoll wäre, sich komplett zu verstellen und damit letztendlich „unecht" zu wirken, können Sie durch einige **Verhaltensweisen und Signale** einen positiven Eindruck erzeugen:

- Achten Sie auf einen festen Händedruck.
- Haben Sie aufgrund Ihrer inneren Anspannung feuchte Hände, machen Sie sich nicht allzu viele Sorgen darüber, das geht vielen Bewerbern so. Trocknen Sie Ihre Hände vorher mit einem Papiertaschentuch ab. Wenn das nichts hilft, sagen Sie einfach: „Leider bin ziemlich aufgeregt, deshalb sind meine Hände nicht besonders frisch."
- Wenn Sie zum „Fuchteln" neigen, sollten Sie schon zu Hause üben, langsame Bewegungen zu machen, oder Ihre Hand locker auf Ihren Stift oder Block legen. Achten Sie auch darauf, Ihre Finger nicht nervös zu verknoten oder die verschränkten Hände in den Schoß zu legen. Mit dem Finger in die Luft zu stechen kann leicht aggressiv wirken.
- Halten Sie mit Ihrem Gegenüber Blickkontakt. Dadurch erzeugen Sie Sympathie und signalisieren Ihr Interesse. Und Sie können dadurch auch wortlos kommunizieren (etwa zeigen, dass Sie zustimmen oder gleich nachfragen werden). Bei mehreren Gesprächspartnern beziehen Sie alle in den Blickkontakt mit ein, indem Sie den Blick ruhig vom einen zum anderen schweifen lassen. Starren Sie aber niemanden an. Unterbrechen Sie den Blickkontakt immer wieder durch kurze Pausen.
- Beobachten Sie schon im Vorfeld, ob Sie zu kleinen Ticks neigen, etwa wie alle paar Sekunden eine Haarsträhne zurückzuschieben oder sich an die Nase zu fassen. Das wird Ihren Gesprächspartner über kurz oder lang irritieren. Im Bewerbungsgespräch werden Sie sich nicht auch noch darauf konzentrieren können, versuchen Sie also vorab, diese Angewohnheiten wieder loszuwerden.

- Lächeln Sie hin und wieder.
- Erwidern Sie die körpersprachlichen Signale Ihres Gesprächspartners, zum Beispiel durch eine ähnliche Sitzhaltung.
- Achten Sie auf eine entspannte Körperhaltung.
- Vermeiden Sie, durch Wippen mit den Füßen Unsicherheit und Nervosität zu vermitteln.

Ausdrucksfähigkeit

Ob Ihre Aussagen als glaubwürdig eingestuft werden, hängt auch davon ab, **wie Sie sprechen**. Überprüfen Sie Ihr Sprachverhalten anhand folgender Kriterien:

Stimmlage

Sie verleihen Ihrer Stimme mehr Ausdruckskraft, wenn Sie sich um eine angemessene Stimmmodulation bemühen: abwechselnd höher oder tiefer, lauter oder leiser sprechen. So vermeiden Sie Eintönigkeit, und Ihr Gesprächspartner wird Ihnen aufmerksamer zuhören.

Sprechgeschwindigkeit

Achten Sie darauf, im Vorstellungsgespräch vor lauter Nervosität nicht zu schnell zu sprechen. Das ermüdet Ihren Gesprächspartner, und Sie wirken hektisch und verlieren an Überzeugungskraft. Durch zu langsames Sprechen hingegen kann es Ihnen passieren, dass Ihr Gegenüber ungeduldig wird und zum nächsten Punkt übergeht oder aber mit seinen Gedanken abschweift und Ihnen nicht mehr zuhört.

Lautstärke

Durch eine zu leise Stimme signalisieren Sie Unsicherheit. Sprechen Sie zu laut, wird Ihr Gegenüber das eher als einen Angriff werten. Versuchen Sie innerhalb eines angemessenen Rahmens bestimmte Aspekte Ihrer Aussagen durch lauteres oder leiseres Sprechen zu betonen.

ACHTUNG Üben Sie in alltäglichen Situationen, wie Sie Ihr Sprachverhalten ändern können. Versuchen Sie zum Beispiel, sich auf Ihren Gesprächspartner einzustellen. Achten Sie darauf, wie er/sie spricht (laut oder leise, schnell oder langsam), und nähern Sie sich dieser Ausdrucksweise an. Wenn Sie ähnlich kommunizieren, werden Sie schon auf dieser Ebene Verständnis und Sympathie erzeugen.

Gesprächspsychologie

Durch Ihr Verhalten im Gespräch können Sie einen positiven Einfluss auf den Gesprächsverlauf nehmen. Nennen Sie Ihren Gesprächspartner hin und wieder beim Namen und **vermeiden Sie negative Statements**, zum Beispiel über die schwierige Anfahrt, um nicht von vornherein eine unangenehme Gesprächsatmosphäre aufzubauen. Lassen Sie sich aber auch in einer **entspannten Gesprächsatmosphäre** nicht dazu verleiten, unprofessionell oder zu überschwänglich zu reagieren.

Durch **aufmerksames und aktives Zuhören** können Sie die Erwartungen und Anforderungen Ihres Gesprächspartners erkennen. Was wird besonders betont oder in den Vordergrund gestellt, welcher Bedarf formuliert? Und Sie vermitteln Ihrem Gegenüber, dass Sie ihn ernst nehmen und an seinen Ausführungen interessiert sind.

Wenn Sie aktiv zuhören, vermitteln Sie den Eindruck einer offenen und interessierten Persönlichkeit.

> **TIPP**

- Hören Sie aufmerksam zu und achten Sie darauf, ob die nonverbalen Äußerungen mit den inhaltlichen Aussagen übereinstimmen. Vielleicht gibt es auch bei Ihrem Gesprächspartner gewisse Aspekte, die er Ihnen nicht offen mitteilen will. Das könnte er unbewusst durch eine veränderte Gestik oder Mimik mitteilen.
- Signalisieren Sie durch verbale („ja", „aha" etc.) oder nonverbale Aussagen (nicken) Ihr Interesse.
- Streuen Sie eigene Fragen ein.
- Hören Sie erst in Ruhe zu, bevor Sie sich zu voreiligen Interpretationen hinreißen lassen, und unterbrechen Sie Ihren Gesprächspartner nicht. So wirken Sie souveräner.
- Fragen Sie nach, wenn Sie etwas nicht genau verstanden haben.
- Greifen Sie Aussagen auf, die zuvor gemacht wurden, und knüpfen Sie daran an.
- Schildern Sie eigene Eindrücke oder Meinungen.

So bekommen Sie Ihre **Nervosität** in den Griff:

- Eine aufrechte Körperhaltung in Sitzen stärkt Ihr Selbstbewusstsein und Sie können besser atmen. Ruhige und tiefe Atemzüge bauen Anspannung ab.
- Ein langsameres Sprechtempo trägt zur Entspannung bei. Schnelles und aufgeregtes Sprechen verstärkt die Nervosität hingegen. Durch überlegtes Antworten verringern Sie auch die Chance, in potenzielle Fettnäpfchen zu treten.
- Die Zeit, in der Ihr Gegenüber spricht, lässt sich für die innere Entspannung und Sammlung nutzen.
- Durch Nachfragen werden Sie im Gespräch aktiv, und selbst einen Teil der Kontrolle zu übernehmen macht gelassener.

Fragetechnik

Durch geschicktes Fragen erreichen Sie zwei Ziele: Zum einen erhalten Sie die gewünschten Informationen und zum anderen können Sie so das Gespräch steuern.

> **TIPP**

- Ihre Fragen sollten kurz formuliert sein. Bei langen Fragen laufen Sie Gefahr, nicht auf alle Aspekte eine Antwort zu erhalten.
- Stellen Sie nur eine Frage auf einmal. Verketten Sie mehrere Fragen miteinander, werden oft nicht alle beantwortet.
- Formulieren Sie einfache und verständliche Fragen. Komplizierte Fragestellungen können zu Missverständnissen führen.

Durch unterschiedliche Fragestellungen können Sie die Antwort Ihres Gesprächspartners beeinflussen.

Durch **offene Fragen** werden Sie die umfassendsten Informationen erhalten. Offene Fragen leiten Sie durch die Fragewörter was, worauf, wo, wer, wann, wem, wie, welche ein. Beispiele: „Worauf legen Sie Wert?" „Wie sehen Sie die Entwicklung in diesem Bereich?" Sie erhalten so Informationen zu Standpunkten, Meinungen oder Erwartungen.

Auf **geschlossene Fragen** hingegen erhalten Sie in der Regel nur ein „Ja" oder „Nein" als Antwort. Stellen Sie diese Fragen, wenn Sie eine konkrete Antwort auf einen Punkt erwarten, den Sie zuvor schon durch offene Fragen erarbeitet haben. Beispiel: „Sie planen also im nächsten Jahr die Verlegung Ihrer Zentrale nach Frankreich?" „Ja."

Alternativfragen (entweder/oder) eignen sich, um den Gesprächspartner dazu zu bewegen, sich für eine Alternative, die Sie vorgeben, zu entscheiden. Beispiel: „Möchten Sie, dass ich Sie morgen Vormittag oder morgen Nachmittag zurückrufe?"

Mit **Suggestivfragen**, die dem Gesprächspartner eine Antwort quasi schon vorgeben, sollten Sie vorsichtig sein. Diese Frageart verhindert eher, dass Sie neue Informationen erhalten, oder Ihr Partner fühlt sich manipuliert. Beispiel: „Sind Sie nicht auch der Meinung, dass ..."

Gesprächsstrategien

Sie werden in Ihren Vorstellungsgesprächen auf Gesprächssituationen unterschiedlicher Ausprägung stoßen. Je nach Unternehmen und Persönlichkeit Ihres Gesprächspartners wird man

- standardisierte Interviews,
- halbstandardisierte Interviews,
- nicht standardisierte Interviews oder
- Stressgespräche

mit Ihnen führen.

Im **standardisierten Interview** ist der Gesprächsverlauf anhand eines Fragebogens festgelegt. Das kann zu einer etwas unflexiblen Gesprächssituation führen; sie hat aber den Vorteil, dass nichts Wichtiges vergessen und das Gespräch weniger vom Interviewer beeinflusst wird.

Beim **halbstandardisierten Interview** sind die Hauptthemenbereiche vordefiniert, die Art der Fragestellung bleibt jedoch dem Interviewer überlassen. Hier haben Sie mehr Möglichkeiten, den Gesprächsverlauf zu beeinflussen, da der gesamte Ablauf etwas flexibler gehandhabt wird.

Das **nicht standardisierte Interview** wird völlig frei geführt, was zu größerer Flexibilität führt, aber auch der subjektiven Bewertung des Interviewers den größten Patz lässt. Hier haben Sie die größten Möglichkeiten der Einflussnahme.

Bei **Stressgesprächen** wird man versuchen, Sie durch Provokationen, Unterbrechungen oder lange Pausen etc. aus der Ruhe zu bringen. Der Interviewer versucht, Ihre **Belastbarkeit und Widerstandskraft** zu bewerten. Versuchen Sie in diesem Fall, die Angriffe nicht persönlich zu nehmen. Stellen Sie sich vor, dass Ihr Gesprächspartner zu ermitteln versucht, wie Sie zum Beispiel auf einen schwierigen Kunden reagieren würden. Dann wird es Ihnen leichter fallen, sich souverän und trotzdem freundlich zu verhalten. Sie müssen jedoch selbst entscheiden, bis zu welchem Punkt Sie eventuelle Attacken akzeptieren wollen. Nehmen sie überhand, sollten Sie sich sorgfältig zu überlegen, ob das die geeignete Stelle/das geeignete Unternehmen für Sie ist.

Wartezeit vor dem Vorstellungsgespräch

Lassen Sie sich nicht zu der Annahme verleiten, Ihr Bewerbungsgespräch beginne erst mit dem Kontakt zu Ihrem eigentlichen Gesprächspartner. Es kann durchaus sein, dass Sie schon ab **Betreten des Firmengeländes** quasi „unter Beobachtung" stehen, also verzichten Sie ab diesem Zeitpunkt zum Beispiel auf die Zigarette oder auf lautstarke Telefonate mit Ihrem Handy.

Begrüßen Sie immer den Pförtner oder die Dame am Empfang. Nennen Sie dann Ihren Namen und sagen Sie, bei wem Sie wann einen Termin haben. Wird Ihnen kein Platz angeboten, warten Sie im Stehen.

Die **Wartezeit** können Sie damit überbrücken, sich einen ersten Eindruck vom Unternehmen zu verschaffen. Sehen Sie sich um, wie empfinden Sie die Atmosphäre? Wie gehen die Mitarbeiter miteinander um? Wie werden Gäste begrüßt? Lesen Sie eventuell ausliegendes Informationsmaterial. Sinnvoll kann es auch sein, noch einmal einen Blick in den Spiegel zu werfen oder sich die Hände zu waschen. Fragen Sie am Empfang nach dem Weg zum WC und geben Sie dort kurz Bescheid.

> **TIPP** Sind Sie mit einer längeren Wartezeit konfrontiert, sollten Sie höflich nachfragen, wie lange es voraussichtlich noch dauern wird. Vereinbaren Sie eventuell, später wiederzukommen. Auf einem kurzen Spaziergang oder in einem Café können Sie sich vielleicht besser entspannen als im Unternehmen.

Man wird Sie entweder am Empfang abholen oder zu Ihrem Gesprächspartner bringen. Grüßen Sie auf dem Weg Mitarbeiter, die Ihnen begegnen, freundlich.

Gesprächsphasen von Bewerbungsgesprächen

Die meisten Gespräche mit Bewerbern richten sich nach einem groben **Ablaufplan**. Obwohl die einzelnen Ausprägungen von Unternehmen zu Unternehmen unterschiedlich sein werden, können Sie sich an dem folgenden Schema orientieren und es für Ihre Vorbereitung nutzen:

- Kontaktaufbau und Aufwärmphase,
- Vorstellung des Unternehmens und der zu besetzenden Position,
- Präsentation des Bewerbers,
- Fragen an den Bewerber,
- Fragen des Bewerbers an den/die Unternehmensvertreter,
- Informationen zu den Rahmendaten des Beschäftigungsverhältnisses,
- Abschluss des Gesprächs und Klärung der weiteren Vorgehensweise.

Kontaktaufbau und Aufwärmphase

Warten Sie, bis man Ihnen die Hand zur Begrüßung reicht, und nennen Sie dabei Ihren Namen. Optimal ist ein weder zu fester noch zu lascher Händedruck, aber schütteln Sie nicht den ganzen Arm Ihres Gegenübers.

 ACHTUNG Obwohl es oft zu sehen ist, sollten Männer bei der Begrüßung keinesfalls die zweite Hand in der Hosentasche haben.

Nehmen Sie erst dann Platz, wenn er Ihnen angeboten wird.

Sind zu dem Termin mehrere Bewerber oder Unternehmensvertreter anwesend, machen Sie sich mit diesen bekannt und versuchen Sie, sich die Namen einzuprägen. Haben Sie einen Namen bei der Begrüßung nicht richtig verstanden, dann fragen Sie sofort nach („Tut mir Leid, ich habe Ihren Namen nicht richtig verstanden"). Es könnte sonst im weiteren Gesprächsverlauf sehr anstrengend sein, eine direkte Ansprache des Betreffenden zu vermeiden.

Die Phase der Begrüßung und des kurzen **Small Talks** soll zur Entspannung und Auflockerung dienen. Sie werden vielleicht gefragt, ob sich Ihre Anreise unproblematisch gestaltet hat oder wie die Verkehrssituation war. Zeigen Sie sich offen, indem Sie auf Fragen auch etwas ausführlicher eingehen und sich nicht alles aus der Nase ziehen lassen. Wenn Sie auf die Frage „Wie war die Anreise?" mit einem knappen „Ganz gut" antworten, ist das

Gespräch auch schon an einem toten Punkt. Angenehmer für Ihren Gesprächspartner ist es, wenn Sie etwas zum Gespräch beisteuern, zum Beispiel „Danke, alles hat wunderbar geklappt. Es gab zwar einen kurzen Stau bei ..., aber der hat sich zum Glück gleich wieder aufgelöst". Ob Wahrheit oder nicht, sprechen Sie beim Small Talk nur positive Dinge an. Wenn es sich aus der Situation ergibt, ist es immer vorteilhaft, auch selbst Fragen zu stellen.

ACHTUNG Bedenken Sie, dass sich Ihr Gesprächspartner, ob bewusst oder unbewusst, schon in diesen ersten Minuten **ein umfassendes Bild von Ihnen** macht. Blicken Sie Ihrem Gegenüber in die Augen und machen Sie ein freundliches Gesicht. Gestalten Sie die Situation durch die schon angesprochenen verbalen und nonverbalen Signale positiv, sonst werden Sie später schwer zu kämpfen haben, einen ungünstigen Eindruck ins Gegenteil zu verkehren.

Vorstellung des Unternehmens und der zu besetzenden Position

Zu den Informationen, die Sie hier erhalten, sollten Sie sich kurze Notizen machen. So geraten Sie nicht in die Verlegenheit, später nach Informationen zu fragen, die Sie schon bekommen haben. Aber auch Aussagen, die Ihnen noch nicht klar sind oder die Sie vertiefen möchten, sollten Sie festhalten.

Fragen Sie zu Beginn des Gesprächs, ob Ihre Gesprächspartner damit einverstanden sind („Ich würde gern ein paar Notizen machen, damit ich nichts Wichtiges vergesse. Ist das in Ordnung?").

Verhalten Sie sich ansonsten wie unter dem Punkt „Aktives Zuhören" beschrieben.

ACHTUNG Wenn Sie zu irgendeinem Zeitpunkt des Gesprächs etwas nicht verstanden haben, sollten Sie so bald als möglich nachfragen. Denn wenn Ihnen die nötigen Erklärungen fehlen, könnten Sie Schwierigkeiten damit haben, dem Gespräch weiter gut zu folgen. So zu tun, als seien Sie vollständig im Bilde, kann zu einem unangenehmen Fettnäpfchen werden, etwa wenn Ihr Gesprächspartner Sie später um Ihre Meinung zu der Angelegenheit bittet.

Warten Sie einfach, bis der Interviewer eine Pause macht (notieren Sie eventuell kurz den entsprechenden Stichpunkt) und signalisieren Sie freundlich, dass Sie etwas fragen möchten:

„Vielen Dank für die Erklärungen ... Ich habe noch eine Frage zu ...“

Präsentation des Bewerbers

Nach der Vorstellung des Unternehmens wird man Sie auffordern, etwas über sich und Ihren beruflichen Werdegang zu erzählen. Bereiten Sie sich so vor, dass Sie ca. **zehn Minuten frei reden** können. Vermeiden Sie es, Ihren Lebenslauf noch einmal zu wiederholen, den kennt Ihr Gesprächspartner bereits. Versuchen Sie stattdessen, wichtige Qualifikationen und Persönlichkeitsmerkmale für diese Position herauszuarbeiten. Hier erhalten Sie auch die Chance, mögliche **Schwachpunkte** Ihres Lebenslaufs oder kritische Fragen Ihres Gesprächspartners vorwegzunehmen und geeignete Erklärungen dafür zu liefern.

Fragen an den Bewerber

Mit den Fragen der Unternehmensvertreter werden Sie sich in einer der Gesprächssituationen wiederfinden, die wir unter dem Punkt „Gesprächsstrategien" vorgestellt haben. Ihre Gesprächspartner werden jetzt versuchen, alle Punkte abzuklären, auf die Sie in Ihrer Präsentation noch nicht ausreichend eingegangen sind oder die für das Unternehmen von besonderem Interesse sind.

> **TIPP** Beachten Sie in dieser Phase folgende Tipps:

- Versuchen Sie immer, Ihre Antworten (etwa durch Beispiele) zu begründen.
- Versuchen Sie, sich geschickt in einem positiven Licht zu präsentieren, aber vermeiden Sie es, zu lügen oder sich zu verstellen. Sie wirken dann nur verkrampft und wenig überzeugend. Einem erfahrenen Gesprächspartner werden Unstimmigkeiten rasch auffallen.
- Vermeiden Sie relativierende vage Aussagen wie „Ich könnte vielleicht ganz gut ..." oder „Ich glaube, meine Stärken sind ...".
- Sollten Sie eine Frage nicht verstanden haben, so fragen Sie lieber nach, anstatt durch ein Missverständnis eine falsche Antwort zu geben.
- Verwenden Sie immer die Ich-Form, wenn Sie über sich sprechen, vermeiden Sie unpersönliche Formulierungen.
- Drücken Sie sich nicht zu kompliziert oder umständlich aus. Versuchen Sie, Ihre Antworten klar zu strukturieren. Nehmen Sie sich Zeit, bevor Sie antworten.
- Achten Sie weiterhin auf Ihre nonverbalen Signale.

Neben den fachlichen Fragen werden Ihnen auch Fragen zu Ihrer Persönlichkeit gestellt werden. Bei der berühmten Frage nach den eigenen Schwächen zum Beispiel geht man natürlich nicht davon aus, dass Sie lang und breit über Ihre Defizite referieren werden. Es geht vielmehr darum, Sie besser kennenzulernen und herauszufinden, wie Sie sich selbst einschätzen, wie souverän Sie die Frage beantworten und wie Sie auf unangenehme Momente reagieren.

Fragen des Bewerbers an den/die Unternehmensvertreter

In jedem Vorstellungsgespräch wird man Ihnen auch die Gelegenheit geben, Ihrerseits Fragen zu stellen. Während Ihrer Vorbereitung haben Sie sich Fragen überlegt und während der Vorstellungsrunde des Unternehmens abgeglichen, welche Fragen schon beantwortet wurden. Nutzen Sie in dieser Gesprächsphase die Hinweise unter dem Punkt „Fragetechnik" (Seite 294). Erinnern Sie sich auch, welche Fragen Sie vermeiden sollten (Seite 287).

Informationen zu den Rahmendaten des Beschäftigungsverhältnisses

Nach der Beantwortung Ihrer Fragen werden Aspekte wie der Einstellungstermin, die Vertragsgestaltung und Gehaltsfragen angesprochen. Je nach Unternehmen werden diese Themen jetzt schon sehr ausführlich behandelt oder zum Teil auf ein **zweites Gespräch** vertagt. Bei der Frage nach Ihren Gehaltsvorstellungen sollten Sie weder zu bescheiden sein noch unangemessene Forderungen stellen. Recherchieren Sie vor dem Vorstellungsgespräch, welcher Gehaltskorridor in der jeweiligen Branche und für die jeweilige Position angemessen ist (siehe auch „Die Gehaltsverhandlung", Seite 369 ff.).

Abschluss des Gesprächs und Klärung der weiteren Vorgehensweise

Sie werden selten sofort noch während des ersten Gesprächs eine Zu- oder Absage erhalten. Oft sind noch Treffen mit weiteren Bewerbern geplant, oder die Entscheider wollen sich noch untereinander abstimmen. Zum Abschluss des Gesprächs wird man Ihnen jedoch mitteilen, wie das weitere Vorgehen ist beziehungsweise wann Sie mit einer Entscheidung rechnen können.

Bedanken Sie sich für das Gespräch und drücken Sie Ihre Hoffnung auf eine Zusammenarbeit aus oder bekunden Sie noch einmal Ihr **Interesse am Unternehmen**.

Fragen, mit denen Sie rechnen müssen

Im Folgenden werden wir Ihnen einige Beispiele für Fragen nennen, die Ihnen im Bewerbungsgespräch gestellt werden. Arbeiten Sie anhand Ihrer vorbereiteten Stärken-Schwächen-Analyse und Ihres Potenzialprofils durch, wie Sie auf solche oder ähnliche Fragen antworten könnten:

Beispiele für häufig gestellte Fragen

Frage	Ziel und Ihre Reaktion
Warum haben Sie sich für dieses Studienfach entschieden?	Man möchte erfahren, ob Sie Ihre Ausbildung geplant haben (Motivation). Erinnern Sie sich an Ihre Selbstanalyse und begründen Sie Ihre Studienwahl überzeugend.

Haben Sie gerne studiert?	Man will Ihre Zielorientierung erkennen und hören, wie Sie eventuelle Kritik vorbringen.
Würden Sie dieses Fach noch einmal studieren?	
Warum haben Sie an dieser Hochschule studiert?	Formulieren Sie zurückhaltend (niemanden kritisieren!) und zeigen Sie, dass Sie im Rahmen des Möglichen das Beste aus der jeweiligen Situation gemacht haben.
Welche Schwerpunkte haben Sie in Ihrer Ausbildung gesetzt?	Berücksichtigen Sie bei der Antwort die Anforderungen der jeweiligen Position.
Welche Erfolge haben Sie erzielt?	
Warum haben Sie nicht promoviert?	Sie möchten Ihre in der Ausbildung gesammelten Erfahrungen nun endlich praktisch anwenden, und zwar in diesem Unternehmen.
Welche Praxiserfahrungen haben Sie gesammelt?	Erinnern Sie sich an Ihre Selbstanalyse „Berufliche Fähigkeiten", Seite 240 f.
Warum hat Ihr Studium so lange gedauert?	Man möchte wissen, wie Sie auf Provokationen reagieren. Bleiben Sie freundlich und gelassen. Starten Sie keine ausführlichen Rechtfertigungsversuche, sondern stimmen Sie gegebenenfalls der Bewertung der Noten zu. Die Dauer können Sie durch besondere praxisrelevante Projekte oder außeruniversitäre berufliche Erfahrungen erklären.
Warum haben Sie so schlechte Noten?	
Was war das Thema Ihrer Diplomarbeit?	Versuchen Sie, das Thema kurz und verständlich darzustellen und einen Zusammenhang zur beruflichen Praxis aufzuzeigen.
Wie gut kennen Sie unser Unternehmen?	Zeigen Sie durch Ihre Antworten, dass Sie sich mit dem Unternehmen beschäftigt haben („Informationen sammeln", Seite 286 f.).
Was wissen Sie über die Entwicklungen in unserer Branche?	
Welche fachlichen Publikationen lesen Sie regelmäßig?	Man möchte herausfinden, ob Sie sich ernsthaft für die angebotene Stelle / den Aufgabenbereich / die Branche interessieren. Wenn Sie sich gut auf das Vorstellungsgespräch vorbereitet haben, können Sie wahrheitsgemäß antworten.
Was halten Sie von der Diskussion um ...?	
Warum sollten wir gerade Sie einstellen?	Hier geht es um Ihre Selbsteinschätzung. Erinnern Sie sich an Ihr Stärken-Schwächen-Profil (Seite 241 f.) und fassen Sie Ihre persönlichen und fachlichen Stärken abgestimmt auf die jeweilige Position zusammen.
Mit welchen Menschen kommen Sie nur schwer zurecht?	Diese Frage zielt im Prinzip darauf ab, ob Sie selbst ein schwieriger Charakter sind. (Was Sie beweisen würden, indem Sie sich in einer langwierigen Aufzählung aller möglichen schrecklichen Persönlichkeiten verlieren würden.)
Wie gehen Sie mit Konflikten um?	Versuchen Sie dezent zu formulieren, welche Verhaltsweisen Sie bei der Zusammenarbeit stören würden.

Weitere Fragen, auf die Sie sich im Rahmen Ihrer Vorbereitung Antworten überlegen könnten:

- Verfügen Sie über Auslandserfahrungen?
- Warum möchten Sie für uns arbeiten?
- Was erwarten Sie von einer Anstellung in unserem Unternehmen?
- Wie gut kennen Sie unsere Produkte/Dienstleistungen?
- Was wissen Sie über unsere Wettbewerber?
- Wo haben Sie sich noch beworben?
- Wo möchten Sie in fünf Jahren stehen?
- Was sind Ihre drei größten Stärken und Ihre drei größten Schwächen?
- Welches Buch haben Sie zuletzt gelesen?
- Welchen Film haben sie zuletzt gesehen?
- Womit beschäftigen Sie sich in Ihrer Freizeit?
- Wenn ein Freund Sie beschreiben sollte, was würde er über Sie sagen?
- Welchen Stellenwert nimmt beruflicher Erfolg in Ihrem Leben ein?

Falls Sie übrigens in Ihrem Lebenslauf angegeben haben, etwa über fließende Englischkenntnisse zu verfügen, kann es Ihnen passieren, dass eine dieser Fragen in Englisch gestellt wird und man auch eine Antwort in Englisch von Ihnen erwartet.

Welche Fragen sind erlaubt?

Im Vorstellungsgespräch sind Fragen nach

- Ihrer Berufserfahrung und Ausbildung,
- Ihren Gründen für die Bewerbung,
- Ehrenämtern,
- Nebentätigkeiten,
- Mehrfachbeschäftigungen und
- Schwerstbehinderung

zulässig.

Nicht gefragt werden dürfen Sie dagegen nach

- Partei-, Kirchen- oder Gewerkschaftszugehörigkeit,
- finanziellen Verhältnissen,
- Ihrem bisherigen Gehalt,
- Lohnpfändungen,
- Vorstrafen,
- Schwangerschaft oder Familienplanung,
- Leistung von Wehr- oder Zivildienst,
- Familienverhältnissen (außer nach Ehepartner und Kindern) sowie
- Krankheiten (außer diese würden eine andauernde Tätigkeitseinschränkung bedeuten).

Natürlich würden Sie Ihre Chancen nicht unbedingt erhöhen, wenn Sie die Antwort auf eine dieser Fragen verweigern. In diesen Fällen dürfen Sie zu einer **Notlüge** greifen, die Rechtswirksamkeit eines Arbeitsvertrags ist davon nicht betroffen.

Gutes Benehmen ist gefragt

Gerade Berufsanfänger haben oft ähnliche fachliche Qualifikation vorzuweisen. Dann kommt es stark auf weiche Faktoren wie zum Beispiel gute Umgangsformen und korrektes Benehmen an, um sich von den Konkurrenten abzuheben. Leider zeigt sich Personalern täglich, dass Bewerber beim Vorstellungsgespräch die einfachsten Benimm-Regeln missachten: Sie verspäten sich, tragen unangemessene Kleidung oder haben beim sich eventuell anschließenden Testessen keine Ahnung, wofür eine Serviette gut sein soll.

 ACHTUNG Sie müssen für das Vorstellungsgespräch keine Benimmbücher auswendig lernen, wenn Sie sich an ein paar wesentlichen Grundregeln orientieren und sich ansonsten vom gesunden Menschenverstand leiten lassen. Denn als die wichtigsten Faktoren korrekten Benehmens gelten allgemein Pünktlichkeit, Höflichkeit, Taktgefühl, Rücksichtnahme, Aufgeschlossenheit und Aufmerksamkeit.

Auf die folgenden Punkte sollten Sie beim Vorstellungsgespräch besonders achten:

- Pünktlichkeit (siehe „Ihre Zeitplanung", Seite 287 f.),
- angemessene Kleidung (siehe „Die Auswahl des Outfits", Seite 288 f.),
- die korrekte Begrüßung (siehe „Kontaktaufbau und Aufwärmphase", Seite 296 f.),
- die richtige Ansprache,
- einen festen Händedruck,
- gelungenen Small Talk (siehe „Kontaktaufbau und Aufwärmphase", Seite 296 f.) und
- korrekte Benimm-Regeln bei einem eventuell stattfindenden Geschäftsessen.

Bedenken Sie immer: Viel wichtiger als starre Verhaltensregeln sind die Prinzipien des guten Benehmens: Höflichkeit, Respekt und Toleranz anderen gegenüber. Denken Sie also zum Beispiel unbedingt daran, während des Vorstellungsgesprächs Ihr **Handy** auszuschalten.

Sonderfall Essenseinladung

In machen Unternehmen ist man inzwischen dazu übergegangen, die Bewerber nach dem ersten oder zweiten Vorstellungsgespräch zu einem so genannten **Testessen** einzuladen. Man möchte sich dadurch vergewissern, dass Sie imstande sind, das Unternehmen nach außen perfekt zu vertreten.

Hin und wieder herrscht bei Bewerbern Unsicherheit, welches **Besteck** für welchen Gang gedacht ist, das gleiche Problem stellt sich bei den **Gläsern**.

Aber keine Panik, im Prinzip arbeiten Sie sich immer von **außen nach innen** vor. Ein großes Gedeck umfasst normalerweise Vorspeise, Suppe, Fischgericht, Fleischgericht und Nachspeise (das Dessertbesteck liegt oberhalb des Tellers). Das äußerste Besteck ist also für die Vorspeise gedacht, der Löffel ganz rechts für die Suppe. Das darauffolgende (bauchige Messer) mit zugehöriger Gabel verwenden Sie für den Fisch, das verbleibende Messer ist für das Fleisch gedacht.

Der kleine Teller links ist der **Brotteller**. Holen Sie sich ein Stückchen Butter (mit dem Brot- oder Buttermesser) auf den Brotteller, brechen Sie ein mundgerechtes Stück Brot ab und geben Sie etwas Butter darauf. Essen Sie so das Brot Stück für Stück. Ein No-No wäre es, ein Butterbrot zu schmieren und davon abzubeißen. Achten Sie darauf, mit dem Besteck keine Kratzgeräusche zu produzieren, und sprechen Sie niemals mit vollem Mund. Während des Essens legen Sie Gabel und Messer auf dem Teller mit den Spitzen zur Mitte zeigend ab, wenn Sie pausieren oder trinken wollen, bitte niemals rechts und links schräg an den Tellerrand lehnen. Sind Sie mit dem Essen fertig, legen Sie das Besteck parallel rechts schräg unten auf dem Teller ab.

Die **Serviette** legen Sie einmal eingeschlagen auf Ihren Schoß. Fällt Sie auf den Boden, tauchen Sie nicht unter den Tisch ab, um sie aufzuheben, sondern bitten den Kellner, Ihnen eine neue zu holen. Verwenden Sie die Serviette, um sich vor dem Trinken den Mund abzutupfen, und legen Sie sie nach Beendigung des Essens links neben Ihren Teller.

Bei den **Gläsern** ist das kleinere, zierlichere Weinglas für den Weißwein gedacht, das größere bauchige für den Rotwein, daneben steht noch ein Wasserglas mit oder ohne Stiel. Fassen Sie Gläser mit Stiel immer am oberen Drittel des Stiels an, statt den Kelch mit der Hand zu umschließen (Ausnahme: Cognacschwenker).

Bei der **Sitzhaltung** sollten Sie darauf achten, aufrecht und etwa eine Handbreit von der Tischkante entfernt zu sitzen. Legen Sie eine freie Hand lediglich bis zum Handgelenk auf den Tisch und halten Sie Ihre Arme eng am Körper. Aufgestützte Ellbogen sind ein absolutes Tabu.

Unangenehme Situationen

Natürlich können Sie während des gesamten Vorstellungsgesprächs mit den unterschiedlichsten **misslichen Situationen** oder Momenten konfrontiert werden. Sei es, dass Ihr Gesprächspartner Sie (meist unbeabsichtigt) in eine unangenehme Lage bringt oder Ihre Aufregung Ihre sorgfältige Vorbereitung zunichte macht. Doch die Erfahrung zeigt, dass die Ängste vor diesen Situationen meist viel größer sind als ihre tatsächliche Eintrittswahrscheinlichkeit.

Generell gilt, dass schwierige Momente am besten mit **Offenheit** überwunden werden können. Denn zum einen können sich die meisten Menschen in ein Missgeschick oder eine peinliche Situation einfühlen und zum anderen bereinigt ein offenes Ansprechen die Angelegenheit und zeigt, dass Sie über Selbstbewusstsein verfügen.

Anbei einige Anmerkungen, wie Sie mit bestimmten „misslichen Situationen" umgehen könnten:

Wenn Sie eine **Wissensfrage** nicht beantworten können, sollten Sie das ehrlich zugeben, anstatt vage herumzustottern. Denken Sie aber vorher wirklich nach, sonst machen Sie einen unüberlegten Eindruck. Sie könnten in etwa formulieren: „Ich weiß, dass ich das eigentlich wissen sollte. Aber im Augenblick fällt es mir leider einfach nicht ein." Vielleicht können Sie auch nicht die ganze Frage beantworten, aber zumindest einen Teil.

Die Angst vor einem regelrechten **Blackout** ist im Normalfall übertrieben. Sollten Sie aber wirklich keinen klaren Gedanken mehr fassen können, können Sie Folgendes tun:

- Atmen Sie bewusst ruhig und tief durch. Gewinnen Sie Zeit, indem Sie die Frage Ihres Gesprächspartners wiederholen.

- Bitten Sie um eine kurze Unterbrechung, um zur Toilette zu gehen (das kann schließlich immer mal vorkommen), atmen Sie dort tief durch, schneiden Sie im Notfall vor dem Spiegel eine Grimasse und versuchen Sie, die Fassung wiederzuerlangen.

- Teilen Sie Ihre momentane Verfassung mit: „Leider habe ich im Moment einen richtigen Blackout. Können wir zu einem anderen Thema übergehen und ich komme später darauf zurück?"

Wenn Sie beim Beantworten einer Frage voller Elan weit ausgeholt haben und dabei einen **Gegenstand** auf dem Schreibtisch Ihres Gesprächspartners **zertrümmert** haben: Entschuldigen Sie sich, ohne eine große Sache daraus zu machen, und bieten Sie an, den Schaden zu bezahlen.

Wenn Ihnen die Stimme im Halse stecken bleibt, räuspern Sie sich kurz und trinken Sie einen Schluck. Bei einem **Hustenreiz** oder falls Sie sich verschluckt haben, bitten Sie um eine kurze Pause und husten Sie sich draußen aus.

Wenn Ihnen Ihre **Sitzposition unangenehm** ist (etwa weil Sie von der Sonne geblendet werden), bitten Sie höflich um eine Änderung: „Entschuldigen Sie bitte, könnten wir den Vorhang etwas zuzuziehen, weil mich die Sonne blendet? Vielen Dank!"

Wenn Sie eine **unpassende Antwort** gegeben haben, korrigieren Sie sich einfach, beispielsweise mit den Worten: „Ich habe gerade etwas Unüberlegtes gesagt. Darf ich das revidieren? ..."

Dankesschreiben

Nach einem erfolgreich verlaufenen Vorstellungsgespräch können Sie mit einem **Dankschreiben** zwei Fliegen mit einer Klappe schlagen. Sie können zum einen Ihr Interesse an der Stelle bekräftigen und sich positiv in Erinnerung bringen und zum anderen Informationen nachliefern, die Ihnen im Nachhinein noch eingefallen sind. Achten Sie dann aber darauf, dass Ihr Schreiben nicht überflüssig (etwa durch allgemeine Floskeln) oder sogar anbiedernd und unterwürfig wirkt. Der Brief sollte freundlich und persönlich formuliert sein.

PricewaterhouseCoopers AG

PricewaterhouseCoopers (PwC) ist mit 8.900 Mitarbeitern in Deutschland und einem Umsatz von 1,47 Milliarden Euro eine der führenden Wirtschaftsprüfungs- und Beratungsgesellschaften.

An 28 Standorten arbeiten Experten für nationale und internationale Mandanten jeder Größe. Eingebettet in ein weltweites Netzwerk von über 154.000 Mitarbeitern in 153 Ländern bieten wir Dienstleistungen in den Bereichen Wirtschaftsprüfung und prüfungsnahe Beratung (Assurance), Steuerberatung (Tax) und Transaktions-, Prozess- und Krisenberatung (Advisory).

Im Bereich **Assurance** erbringen unsere Mitarbeiter hochkomplexe Prüfungs- und Beratungsleistungen zur Vermögens-, Finanz- und Ertragslage von Unternehmen. Unser Ziel: die Verlässlichkeit von Informationen zur Unternehmenssteuerung und Rechnungslegung in Unternehmen zu erhöhen. Die Begleitung von Unternehmenstransaktionen, die Analyse von risiko- und wertorientierten Systemen, aber auch die kompetente und effiziente Unterstützung in allen Fragen der internationalen Rechnungslegung sind weitere Leistungen, die wir innerhalb von Assurance anbieten.

Der Bereich **Tax** bietet ein breites Spektrum steuerlicher Beratungsleistungen. Hier sind sorgfältig arbeitende Profis gefragt, denn kaum ein unternehmensrelevantes Rechtsgebiet zeichnet sich durch so enorme Komplexität und ständigen Wandel aus wie das Steuerrecht. Deshalb ist die Steuerberatung in den vergangenen Jahren immer anspruchsvoller geworden. Durch die wirtschaftliche Globalisierung stehen heute neben nationalen meist auch grenzüberschreitende Steuerfragen im Brennpunkt der Beratung. PwC bietet neben nationaler und internationaler Steuerexpertise auch profunde Branchenkenntnisse.

Advisory, der Beratungsbereich von PwC, bündelt unsere Expertise zu betriebswirtschaftlichen, finanzwirtschaftlichen und regulatorischen Fragen. Unsere Mitarbeiter beraten und unterstützen bei Transaktionen, Finanzierungen, Verbesserung von Geschäftsprozessen, Management- und Kontrollsystemen, Restrukturierungen sowie der Aufklärung wirtschaftskrimineller Sachverhalte. Für die öffentliche Hand erarbeitet Advisory innovative Konzepte zur Finanzierung staatlicher Investitionen und Aufgaben und beurteilt die Tragfähigkeit und Realisierbarkeit von Projekten.

Als Hochschulabsolvent sichern Sie sich Ihren Start bei PwC durch ein erfolgreich abgeschlossenes Studium der Wirtschaftswissenschaften, der (Wi-)Informatik, des (Wi-)Ingenieurwesens, der (Wi-)Mathematik oder der Rechtswissenschaften. Ihren theoretischen Background haben Sie idealerweise durch Praktika, eine Berufsausbildung oder erste Berufserfahrung ergänzt. Sie zeichnen sich durch analytische Fähigkeiten aus, haben viel Spaß an Teamarbeit und bringen gute Englisch- und IT-Kenntnisse mit.

Wir freuen uns auf Sie!

- PricewaterhouseCoopers AG
  Talent Management & Recruiting
  Dr. Folke Werner
  Olof-Palme-Straße 35
  60439 Frankfurt am Main

  Telefon 0 69 / 95 85 - 52 26
  personalmarketing@de.pwc.com
  www.pwc-career.de

3.4   Job-Messen

3.4.1   Recruiting-Messen

Gut qualifizierter Nachwuchs ist in jeder Branche weiterhin sehr begehrt. Trotz des permanenten Umbruchs auf dem Arbeitsmarkt sprechen viele Verbandsvertreter von einer wachsenden Nachfrage nach Absolventen der Wirtschaftswissenschaften. Hierzu gibt es eine Reihe von Kontaktmärkten – Messen und Veranstaltungen –, auf denen Unternehmen und Personalberater gezielt Nachwuchskräfte ansprechen.

> **TIPP** Nutzen Sie die Kontaktmärkte, um **Beziehungen zu potenziellen Arbeitgebern zu knüpfen** und sich einen Überblick über den derzeitigen Personalbedarf zu verschaffen. Sie können dort unverbindlich prüfen, inwieweit Ihr Stärken- und Interessenprofil mit den angebotenen Positionen übereinstimmen und dieses Know-how für Ihre gesamte Bewerbungsphase nutzen.

Eine Auswahl der für Sie bedeutsamen Recruiting-Messen stellen wir Ihnen hier mit ihrem **Programm**, ihren **Schwerpunkten**, einem **Organisationsablauf** und den **Kontaktpersonen oder -anschriften** vor. Darüber hinaus erhalten Sie wichtige Tipps zur Vorbereitung für Ihren erfolgreichen „Messeauftritt" sowie aktuelle Termine für 2009 und 2010.

Um qualifizierten Nachwuchs schnell und effizient anzusprechen und unter dem riesigen Angebot erfolgreich jene zukünftigen Mitarbeiter herauszufinden, die exakt zum suchenden Unternehmen passen, haben die Personalabteilungen eine ganze Palette unterschiedlicher Instrumente entwickelt. Die erfolgreiche Eingliederung eines High Potentials in das eigene Unternehmen rechtfertigt diese hohen Rekrutierungskosten.

Unterstützt werden die Unternehmen dabei von **professionellen Vermittlern**. Diese organisieren Kontaktbörsen zwischen den interessierten Unternehmen und den Jobsuchenden. Die Vermittler selbst sind Unternehmensberatungen, Verlage oder Personalberatungen, die ihr Geld durch die Ausrichtung der Veranstaltung oder durch die erfolgreiche Vermittlung verdienen.

Das Angebot solcher **Kontaktmessen** erstreckt sich von Großveranstaltungen, die allen interessierten Teilnehmern mit unterschiedlichen Studienrichtungen offen stehen, bis hin zu exklusiven und branchenspezifischen Kleinkontaktbörsen.

> **TIPP** Während der Jobsuchende bei einigen Veranstaltungen lediglich seine **Bewerbungsunterlagen** mitbringen muss, erhält er zu anderen nur Zugang nach vorheriger (mehr oder weniger umfangreicher) **Auswahl.**

Der Zugang zu allen Informationsveranstaltungen, Präsentationen und Messeständen ist bei **offenen Großveranstaltungen** unkompliziert. Bei solchen Messen sollten Sie möglichst viele Informationen über Unternehmen und Branchen sammeln. Besonders wichtig: Knüpfen Sie erste Kontakte mit den Unternehmen, die Sie interessieren, und sammeln Sie Erfahrungen im Umgang mit Unternehmensvertretern.

> **TIPP** Immer häufiger werden bei speziellen Bewerbermessen die Bewerber zuvor durch ein **Auswahlverfahren** geschickt. Diese Auswahlverfahren sehen ganz unterschiedlich aus, haben aber den Vorteil, dass einem Bewerber, der diese Hürde genommen hat, gleich eine Vielzahl von **Terminen für Interviews**, Workshops oder Firmenpräsentationen angeboten werden.

Ziel solcher Recruiting-Messen ist das **intensive Kennenlernen** beider Seiten. Das Unternehmen ist durch die entsprechende Fachabteilung und durch das Einstellungsinteresse gut vorbereitet, der Bewerber in seiner Rolle als ein „Ein-Mann-Unternehmen" sollte es ihm gleichtun. Wenn es um die Qualität der Kontakte geht, schneiden deutsche Messeveranstaltungen im internationalen Vergleich gut ab. Zwei Veranstaltungsmessen sind hier hervorzuheben: access und Career Venture.

FAZIT

Vorteile von Recruiting-Messen

- (Erste) Erfahrungswerte: In ersten Kontaktgesprächen können Sie Ihr eigenes Verhandlungsgeschick „erproben".
- Große Vielfalt potenzieller Arbeitgeber: Zur gleichen Zeit, auf engem Raum so viele Arbeitgeber persönlich kennen lernen – Sie erhalten keine größere Chance!
- Persönliches Benchmarking: Beobachten Sie Ihre Mitbewerber, optimieren Sie anhand Ihrer Beobachtungen Ihre eigene Kontaktaufnahme und Selbstrepräsentation.
- Zukunftschancen: Erste (unverbindliche) Kontakte können als Einstieg für spätere Bewerbungen dienen, wenn auf der Recruiting-Messe kein Angebot vorliegt. Im Folgenden stellen wir Ihnen beispielhaft einige Veranstalter solcher Kontaktmessen vor.

access AG

Die access AG ist seit Anfang der 1990er Jahre im Recruiting-Geschäft tätig. Zwei- bis dreitägige Workshops sollen **Studierenden, Absolventen** und **Young Professionals** (Fach- und Führungskräfte mit Berufserfahrung) direkten und intensiven Kontakt zu den Personal- und Fachabteilungen sowie Führungskräften der Unternehmen vermitteln. Je nach Workshop-Typ stellen sich ein bis 15 führende Unternehmen vor, entsprechend nehmen zwischen 40 und 200 Interessenten teil. Arbeit in Kleingruppen und Einzelgespräche fördern die **persönliche Atmosphäre**. Die Teilnehmer erhalten durch **Fallbeispiele, Präsentationen** und **Gespräche** an „Runden Tischen" Einblick in die Unternehmen und ihre potenziellen Aufgabenfelder. Nach eigenen Angaben des Veranstalters erhält durchschnittlich jeder zweite Besucher eines Workshops ein konkretes Stellenangebot, fast 80 Prozent aller Access-first-Teilnehmer werden zur nächsten Runde im Bewerbungsprozess eingeladen. Der Veranstalter access bietet vier Workshop-Varianten an:

- **Career Events für Absolventen und Studierende** kurz vor dem Abschluss. Bis zu 15 Unternehmen stehen den Teilnehmern bei einem branchen- (zum Beispiel Automobil, Banking, Versicherungen) oder themenspezifischen Workshop (zum Beispiel E-Commerce, Marketing & Sales, IT) Rede und Antwort und stellen Einstiegsmöglichkeiten vor. Für einen Kostenbeitrag von 60,– € erhalten Sie Unterkunft plus Verpflegung für 2,5 Tage und einen Workshop mit konkreten Fallstudien zu späteren Aufgaben bzw. zur Firmenkultur. Für die Teilnahme müssen Sie sich bewerben.

- **Career Events für Professionals** für junge Fachkräfte mit zwei- bis fünfjähriger Berufserfahrung und erster Branchen- oder Projekterfahrung, die einen Jobwechsel als Karriereschritt planen. Wie access-first ist access-next branchen- oder themenspezifisch ausgerichtet. In der Regel finden die Workshops am Wochenende statt und dauern 2,5 Tage. Hotel und Verpflegung werden übernommen.

- **Special Career Events**: die Plattform für ein einziges Unternehmen, das Absolventen und Young Professionals rekrutieren möchte. Hier haben Sie die Möglichkeit, die verschiedenen Abteilungen oder auch Experten Ihres Wunsch-Arbeitgebers intensiv kennen zu lernen. Die Veranstalter versprechen informative Präsentationen seitens des Unternehmens und individuelle Gespräche in lockerer Atmosphäre. Bis auf die Anreise entstehen Ihnen keine Kosten.

Der typische Workshop

Am ersten Tag lernen sich Unternehmensvertreter und Teilnehmer durch ausführliche Präsentationen, Plenarvorträge und individuelle Gespräche in lockerer Atmosphäre kennen. Den Schwerpunkt des zweiten Tages bilden die praxisbezogene Arbeit an **Fallstudien** beziehungsweise der fachliche **Dialog** zwischen Kandidaten und Unternehmensvertretern in kleinen Gruppen (12 bis 16 Teilnehmer). Am dritten Tag werden die Kontakte in **Einzelgesprächen** vertieft. Zusätzlich wird ein passendes **Rahmenprogramm** (zum Beispiel Karriere- und MBA-Beratung, Sport und Wellness oder Exkursionen) geboten.

Zu jedem Workshop gibt es im Vorfeld eine kostenlose Informationsbroschüre mit Bewerbungsformular. Unter www.access.de ist dass Bewerbungsformular online zu finden. Gefragt wird nach persönlichen Daten, Angaben zu Studium, Praktika und Auslandserfahrungen, nach Präferenzen für bestimmte Unternehmen sowie der Motivation zur Teilnahme am Workshop. Geeignete Bewerber erhalten eine Einladung. Den Teilnehmern entstehen während der Veranstaltung **keine bzw. nur sehr geringe Kosten** (ca. 60,– €) für Teilnahme, Unterbringung oder Verpflegung. **Achtung: Anmeldeschluss** ist jeweils vier bis sechs Wochen vor dem Veranstaltungstermin.

Studierende, Absolventen und Young Professionals können vom Praktikum über den Berufseinstieg bis hin zum ersten Jobwechsel auf Wunsch weitere, kostenlose Karriereservices erhalten: die **Personalberatung access-executive** zur möglichst zielgenauen Stellenvermittlung und eine persönliche **Karriereberatung** per E-Mail. Außerdem informiert der **access E-Mail-Newsletter** regelmäßig über aktuelle Workshops und News rund um die Berufs- und Karriereplanung. Einen ersten Eindruck von einer solchen Recruiting-Veranstaltung erhalten Sie mithilfe eines kurzen Filmbeitrags, den Sie auf der Homepage von access finden.

Unter „my access" können Interessenten ihre persönlichen Daten und ihr Profil (inklusive Zeugnisse, Dokumente und Fotos) für eine Stellensuche speichern lassen. Registrierte Teilnehmer erhalten von Personalberatern passende Angebote, wenn das Profil mit den angebotenen Stellen übereinstimmt. Ausführliche Informationen erhalten Sie bei

✂ ACCESS AG

Schanzenstraße 23
51063 Köln
02 21 / 95 64 90-0
02 21 / 95 64 90-9 20
info@access.de
www.access.de

✂ CAREER EVENTS FÜR STUDENTEN UND ABSOLVENTEN

Recruiting-Workshops	Datum
Engineering	04.06.–05.06.2009
Financial Services & Risk Management	24.06.–26.06.2009
Trainee	17.09.–18.09.2009
Consulting	15.10.–17.10.2009
Investment Banking	19.10.–21.10.2009

✂ CAREER EVENTS FÜR PROFESSIONALS

Recruiting-Workshops	Datum
Information Technology	04.09.–05.09.2009
Automotive & Mobility	23.10.–24.10.2009
Business Consulting	13.11.–14.11.2009

Die neuen Termine 2009 für die Workshop-Variante **Special Career Events** standen bei Redaktionsschluss noch nicht fest. Eine stets aktuelle Terminvorschau (inklusive Anmeldeschluss, meist einen Monat vor dem Termin) finden Sie unter www.access.de.

CareerVenture

Recruitingveranstaltungen von **CareerVenture** haben einen fachlichen oder branchenbezogenen Schwerpunkt. Interessenten bewerben sich mit ausführlichen Bewerbungsunterlagen und erhalten am Tag X mehrere Einladungen zu Gesprächen mit teilnehmenden Unternehmen. Die Veranstalter weisen darauf hin, dass ihre Recruitingveranstaltung **keine Messe** ist. Im Mittelpunkt stehen Auswahlinterviews zwischen den Personalentscheidern der potenziellen Arbeitgeber und Ihnen als Bewerber.

> **TIPP** Die Anmeldung zu CareerVenture erfordert neben den Kontaktdaten auch Ihre Lebenslaufdaten als Grundlage für eine Einladung. Nur diejenigen Interessenten, so betonen die Veranstalter, erhalten eine Einladung, die von einem Personalentscheider eines teilnehmenden Unternehmens zu einem Gespräch eingeladen worden sind.

In der Auswahlphase werden die eingegangenen Bewerbungen mit den Profilen der suchenden Unternehmen verglichen. Die Unterlagen der potenziellen Kandidaten werden an das jeweilige Unternehmen weitergeleitet. Sperrvermerke und die persönlichen Präferenzen werden nicht mitgeteilt. Die Unternehmen entscheiden nun, an welchem Kandidaten Sie Interesse haben. Sollten Sie diese Hürde genommen haben, erhalten Sie eine Einladung zu einer Recruiting-Veranstaltung.

Unter www.career-venture.de kann jeder Teilnehmer Informationen über alle Veranstaltungen abrufen. Auf der Homepage finden sich auch spezielle Informationen zum Auswahlprozess, zum Ablauf einer CareerVenture und (in Auszügen) Reaktionen von Teilnehmern auf ausgewählte Veranstaltungen. Hier kann er sich auch online anmelden und seine Daten hinterlegen. Nach Login und Erhalt eines Passworts kann er jederzeit seine Daten aktualisieren. Die Anmeldung für die Bewerbung können Sie auch offline durchführen.

> **TIPP** Für Sie als Teilnehmer entstehen **keine Kosten:** CareerVenture sponsert Ihre Anreise und Übernachtung. Auf der Homepage finden Sie auch die Informationen zum Ablauf einer Veranstaltung. Beim Vergleich der Recruiting-Messen durch Kienbaum erhielt CareerVenture eine gute Beurteilung für Kontaktqualität und Angebotsbreite.

CAREER-VENTURE.DE

Veranstaltung	Datum	Ort
information technology	01.10.2009	Lübeck
business & consulting	23.10.2009	Frankfurt
jura	02.11.2009	Frankfurt
controlling & finance	23.11.2009	Frankfurt
women	03./04.12.2009	Frankfurt

Weitere Termine erfahren Sie unter www.career-venture.de.

TALENTS

Vom 25.–27. August 2009 findet im M,O,C in München die **TALENTS 2009** statt. Veranstalter der Jobmesse ist die bmv Consulting GmbH, zu der sich erfahrene Berater aus der Branche zusammengeschlossen haben.

Die TALENTS richtet sich an examensnahe Studenten, Absolventen und Young Professionals mit bis zu sieben Jahren Berufserfahrung in allen Fachrichtungen. Für die Teilnahme an der Veranstaltung müssen sich alle Interessenten **vorab online bewerben** (www.talents2009.de). Die Auswahl der Kandidaten übernimmt der Veranstalter in Zusammenarbeit mit den teilnehmenden Firmen. Neben den fachlichen Qualifikationen wird ein besonderer Fokus auf die Soft Skills gelegt. Das Prozedere bis zur Einladung ist entsprechend anspruchsvoll: Alle Bewerbungen werden von den Beratern persönlich mit den Anforderungen der Unternehmen abgeglichen. Dadurch entsteht schon im Vorfeld der Veranstaltung eine hohe Verbindlichkeit für die Gespräche auf der Messe und in den Interviewräumen.

Ein karriereorientiertes Rahmenprogramm mit kostenlosem Karrierecoaching und Expertenvorträgen bietet allen Teilnehmern zahlreiche Möglichkeiten, neue Anregungen aufzunehmen und direkt umzusetzen.

Auf der TALENTS 2008 präsentierten sich knapp 60 Unternehmen mit offenen Stellen und Produkten, während sich die geladenen Bewerber an den Ständen und in Gesprächen informierten. Alle teilnehmenden Unternehmen führten an den zwei Tagen rund um die Uhr vorterminierte Bewerbungsgespräche für konkrete Positionen. Zusätzlich wurden verschiedene Sonderveranstaltungen wie Workshops, der TALENT Talk oder Present-your-TALENT-Veranstaltungen präsentiert. Ein besonders Highlight war Gruppencoaching zum Thema Karriereeinstieg, Bewerbungsberatung und Bewerbungsmappen. Dieses Coaching dauert ca. drei Stunden, ist kostenpflichtig und erfordert eine Anmeldung. Alle Kandidaten, die sich für den Talents 2009 bewerben, erhalten den aktuellen TALENTS Guide mit ausführlichen Hintergrundinformationen zur Veranstaltung und zu den teilnehmenden Unternehmen. Die Veranstalter gehen auch innovative Wege: In Form von Roadshows und in Kooperation mit ausgewählten Lehrstühlen werden Info-Veranstaltungen an verschiedenen Hochschulen vor Ort angeboten.

Eine umfangreiche Liste mit Ort, Datum und Uhrzeit für das Sommersemester 2008 finden Sie unter **www.talents2009.de**.

3.4.2 Veranstaltungen an Hochschulen

Mit dem Ziel, eine Brücke zwischen Universität und Wirtschaft zu schlagen, veranstaltet die Studenteninitiative **bonding e. V.** einmal jährlich in elf Städten (Aachen, Berlin, Bochum, Braunschweig, Dresden, Erlangen, Hamburg, Kaiserslautern, Karlsruhe, München, Stuttgart) Kontaktmessen.

⋈ VERANSTALTUNGSKALENDER

Datum	Veranstaltungsort
07.07.–08.07.2009	Universität Erlangen
03.11.–04.11.2009	TU Berlin
17.11.–18.11.2009	TU Braunschweig
01.12.–02.12.2009	TU Hamburg
07.12.–09.12.2009	RWTH Aachen

Unterstützt von Unternehmen, die zugleich Teilnehmer der Veranstaltungen sind, nehmen je nach Standort 20 bis 100 Unternehmen teil. Zielgruppe sind in erster Linie Ingenieure, Informatiker und Naturwissenschaftler.

⋈ Informationen – auch über weitere Veranstaltungsarten – erhalten Interessenten bei den bonding-Hochschulgruppen bzw. im Internet unter **www.bonding.de**.

Eine wichtige Veranstaltung ist der **Deutsche Wirtschaftskongress/World Business Dialogue**, der größte von Studenten organisierte Wirtschaftskongress in Europa, der alle zwei Jahre in Köln stattfindet. Am letzten Kongress im Jahr 2007 nahmen 1.000 ausgewählte Studenten, 100 studentische Helfer, 400 Unternehmen und 100 Referenten aus Politik, Wirtschaft und Medien teil.

Der Deutsche Wirtschaftskongress/World Business Dialogue bietet Studenten die Möglichkeit, mit **Persönlichkeiten** aus Politik und Wirtschaft in Dialog zu treten und an **Diskussionsforen** teilzunehmen, die von Unternehmen organisiert werden. Die Teilnahme ist für Studenten **kostenlos**.

⋈ Der 12. World Business Dialogue fand am 1./2. April 2009 statt zum Thema „The integrated Challange". Einen Rückblick sowie weitere Projekte, Veranstaltungen und Infos zur OFW Business Tour gibt es unter **www.ofw.de**.

Die **Konaktiva** ist eine Unternehmenskontaktmesse, die an der Technischen Universität Darmstadt und an der Universität Dortmund durchgeführt wird. Sie gehörte zu den größten studentisch organisierten Unternehmenskontaktmessen in Deutschland. An drei Messetagen stellen sich rekrutierende Unternehmen mehreren Tausend Besuchern vor. Es besteht die Gelegenheit zu **Stand- und Einzelgesprächen** sowie zur Teilnahme an Workshops und Vorträgen. Auf der Skala unterschiedlicher Ratings gehört die Recruiting-Messe konaktiva zu den besten Messen Deutschlands. Ausführliche Informationen zu Veranstaltungen sowie zur konaktiva-Jobwahl, einem ganzjährigen Stellenmarkt, finden Sie auf der Homepage für Darmstadt bzw. Dortmund.

Die nächste Konaktiva: 10.–12. November 2009 in Dortmund.

⋈ Nähere Informationen unter: **www.konaktiva.de**

Die **akademika 2009 Recruiting Messe** ist eine große Personalmesse im süddeutschen Raum für Studenten, Absolventen und Young Professionals. Die Aussteller sind überwiegend national orientierte Großkonzerne und mittelständische Unternehmen aller Branchen. Auf der akademika 2008 füllten über 150 renommierte Unternehmen und rund 4.000 Besucher die Hallen. Zusätzlich wird ein interessantes Rahmenprogramm rund um Bewerbung und Beruf geboten. Veranstaltet wird die akademika von der WiSo-Führungskräfte-Akademie Nürnberg (WFA), An-Institut der Friedrich-Alexander-Universität Erlangen-Nürnberg (FAU). Nächster Termin: 19./20. Mai 2009, Messezentrum Nürnberg. Für Studenten und Absolventen ist der Eintritt frei.

>< Nähere Informationen unter: **www.akademika.de**

Einmal jährlich findet der Hobsons Absolventenkongress in Köln statt. Nach eigenen Angaben ist der Absolventenkongress in Köln Europas größte Jobmesse für Studenten, Absolventen und Young Professionals. Er soll qualifizierten Hochschulabsolventen und rekrutierenden Unternehmen eine Plattform für direkte Kontakte bieten. Im November 2008 präsentierten sich rund 300 Unternehmen aller Branchen den insgesamt fast 13.000 Messebesuchern. Der nächste Kongress findet am 25./26. November 2009 im Congress-Centrum Ost/KölnMesse statt.

> **TIPP** Die Veranstalter bieten ein umfangreiches Programm mit Vorträgen und Expertenrunden. Personaler prüfen kostenlos Bewerbungsunterlagen und beraten individuell.

>< Nähere Informationen unter: **www.absolventenkongress.de**. Unter **www.hobsons.de** können Sie nach einem Login mit Gleichgesinnten über ihre Karrierefragen diskutieren bzw. ihre Erfahrungen austauschen.

Einen Vergleich der unterschiedlichen Recruiting-Messen hat eine Kienbaum-Studie vorgenommen. 64 deutsche und europäische Recruiting-Messen wurden untersucht auf Kontaktqualität und Angebotsbreite.

>< Näheres zur Studie unter: www.wiwi-treff.de bzw. www.kienbaum.de

3.4.3 Fachmessen

Die **CeBIT** ist die weltgrößte Messe für Informations- und Kommunikationstechnik und zugleich ein einzigartiger Personal- und Bewerbermarkt. Aufgrund der großen Nachfrage nach akademischen Fachpersonal versuchen viele ausstellende Unternehmen ihren Bedarf an qualifiziertem Nachwuchs hier zu decken.

>< **Web-Links**

- Interessant ist der **CeBIT Online Job & Career Market**, das offizielle Karriereportal der CeBIT für die IT- und TK-Branche, mit vielen Services für Jobsuchende. Die Seite enthält bereits über 1.000 Stellenanzeigen von Unternehmen http://cebit.career-online.de.
- Über die IT-Fachmesse **CeBIT** erhalten Sie nähere Informationen unter www.cebit.de.

> ✕ Informationen über **weitere wichtige Fachmessen und Recruiting-Veranstaltungen**
> finden Sie im Internet unter:

- www.aiesec.de
- www.auma.de
- www.azubitage.de
- www.bdsu.de
- www.beruf-live.de
- www.campus-chances.de
- www.connecta.de
- www.connecticum.de

- www.ingenieurkarriere.de
- www.iqb.de
- www.messe.de
- www.messefrankfurt.com
- www.messenweltweit.com
- www.mtp.org
- www.systems.de
- www.zukunftsberuf.de

Einige Firmen mit großem Nachwuchsbedarf werben mit eigenen Recruiting-Events, die sie entweder selbst organisieren oder von erfahrenen Veranstaltern organisieren lassen. Infos über Ort und Datum finden Sie in der Regel auf den Homepages der Unternehmen. Eine aktuelle Übersicht über Recrutierungsmessen und -workshops finden Sie auf den entsprechenden Homepages der Tageszeitungen, zum Beispiel: www.sueddeutsche.de.

3.4.4 So bereiten Sie sich vor

> ▶ **TIPP** Recruiting-Veranstaltungen werden für Sie erfolgreich verlaufen, wenn Sie sich
> optimal vorbereiten.

Ziel solcher Veranstaltungen sollte es keineswegs sein, sich sofort für einen Arbeitgeber bzw. eine Position zu entscheiden – auch wenn Personalberater oder Headhunter Sie dazu bewegen wollen –, sondern sich einen **Marktüberblick** zu verschaffen sowie Informationen über Unternehmen und Positionen zu sammeln, um sie anschließend auszuwerten.

Auch wenn die Atmosphäre bei Recruiting-Veranstaltungen häufig lockerer ist als bei Vorstellungsgesprächen, ist es dennoch so, dass Sie sich dort den Unternehmen präsentieren. Achten Sie daher auf **korrekte Kleidung** und kleiden Sie sich ebenso, wie Sie es für ein Vorstellungsgespräch tun würden. Nutzen Sie die Gelegenheit, mit Mitarbeitern von Unternehmen direkt ins Gespräch zu kommen. Zum Teil sind dafür **Terminvereinbarungen** notwendig; erkundigen Sie sich daher vorher beim Veranstalter.

> ❗ **ACHTUNG** Ungeschickt ist es, wenn Sie Gespräche mit Unternehmensvertretern mit
> **Killerphrasen** beginnen wie: „Ich wollte nur mal ganz allgemein fragen ..." oder „Was
> können Sie denn so bieten?". Damit dokumentieren Sie, dass Sie sich nicht vorbereitet
> haben und im Grunde noch nicht einmal Ihren **Informationsbedarf** genau kennen. Für
> das erste Kontaktgespräch sollten Sie sich einige Einstiegssätze überlegt haben, die Ihr
> Interesse am Unternehmen bekunden.

TIPP Legen Sie sich **schriftlich** eine **Checkliste** an, welche Informationen Sie bei welchen Unternehmen erfragen wollen. Gehen Sie **aktiv** auf die Mitarbeiter des Unternehmens zu! Auch die Mitarbeiter der Unternehmen am Messestand kochen nur mit Wasser. Bereiten Sie sich daher auch auf banale Fragen vor: Was machen Sie in Ihrer Freizeit? Worauf legen Sie Wert in Ihrem Leben, im Beruf? Was soll Ihnen die angestrebte Position besonders bieten? Oder noch allgemeiner: Erzählen Sie mal etwas über sich selbst!

CHECKLISTE

Informationen über Unternehmen

- Sitz des Unternehmens, Zweigstellen, Auslandsgesellschaften, internationale Verbindungen
- Branche(n)
- die wichtigsten Produkte oder Dienstleistungen
- Zukunftsaussichten der Branche und des Unternehmens
- Image des Unternehmens in der Öffentlichkeit
- Umsatz und Mitarbeiter
- Einstiegsmöglichkeiten für Hochschulabsolventen (Trainee, Direkteinstieg usw.)
- Mögliche Tätigkeitsfelder und Einsatzorte
- Weitere berufliche Entwicklungsmöglichkeiten im Unternehmen
- Namen von für Sie wichtigen Ansprechpartnern

Halten Sie Ihre **vollständigen Bewerbungsunterlagen** in ausreichender Zahl zur Verfügung, damit Sie diese gegebenenfalls gleich abgeben können.

Wenn Sie Informationen über Ihre Person bzw. Ihre angestrebte berufliche Tätigkeit auf der Veranstaltung „breit streuen" wollen, dann halten Sie in ausreichender Stückzahl Ihre **Kurzbewerbung** (nur **eine** DIN-A4-Seite – mit vollständiger Adresse) parat (vgl. dazu Seite 255); diese können Sie auch unaufgefordert an Unternehmen oder Personalberater geben, ohne damit aufdringlich zu wirken.

> **!** **ACHTUNG** Vermeiden Sie generell **Fragen** nach der **Gehaltshöhe** für Berufseinsteiger, und zwar sowohl im Gespräch mit Unternehmen als auch mit Personalberatern. Wer sich für eine Position nur um des Gehalts willen interessiert, hinterlässt keinen guten Eindruck und ist für Arbeitgeber ohnehin wenig attraktiv. Das Gehalt sollte frühestens in einem Vorstellungsgespräch innerhalb des Unternehmens thematisiert werden.

Falls Sie auf Grund Ihrer Kurzbewerbung für eine Stelle in Betracht kommen, wird man Sie **nach der Veranstaltung** anrufen und auffordern, Ihre komplette Bewerbung einzureichen.

Seien Sie darauf gefasst, dass Sie während der Veranstaltung von Unternehmen oder Personalberatern bzw. Headhuntern zu **Gesprächen** eingeladen werden, sofern Sie für eine Position in Frage kommen.

Bewerten Sie diese Gespräche als erste, noch unverbindliche **Vorstellungsgespräche**, und bereiten Sie sie ebenso vor (Seite 284 ff.). Überlegen Sie sich also genau, wie Sie Ihre Person, Ihre Fachkenntnisse und Ihre Soft Skills darstellen wollen.

CHECKLISTE

Vorbereitung

- Outfit wie bei Vorstellungsgesprächen
- Terminvereinbarungen mit interessanten Unternehmen
- Fragen schriftlich notieren
- Bewerbungsunterlagen und Kurzbewerbungen, eventuell auch Visitenkarten, in ausreichender Zahl mitnehmen
- (Vorstellungs-)Gespräche vorbereiten

3.4.5 Kontakt mit Personalberatern und Headhuntern

Auf zahlreichen Veranstaltungen sind nicht nur Unternehmen vertreten, sondern häufig auch eine Reihe von **Personalberatern**, die als selbstständige Dienstleister im Auftrag verschiedener Firmen **Nachwuchskräfte akquirieren**. Personalberater nutzen gerne Messen und Kongresse, um mit interessanten Bewerbern ins Gespräch zu kommen.

> **TIPP** Wenn Sie von Personalberatern angesprochen werden, verhalten Sie sich prinzipiell genauso, als wenn Sie sich mit Unternehmensvertretern unterhalten. Berater werden Ihnen zunächst eine Reihe von **Fragen** stellen, um abzuklären, ob Sie für eine bestimmte vakante Position in Frage kommen.

Nutzen Sie die Gelegenheit, um Ihrerseits **Fragen** zu **stellen** und etwas über das betreffende Unternehmen in Erfahrung zu bringen. Personalberater werden Ihnen beinahe jede Frage beantworten – nur nicht die Frage nach dem **Namen des Unternehmens**, von dem sie mit der Personalsuche beauftragt worden sind. Denn Unternehmen schalten häufig gerade deshalb Personalberater ein, um vorläufig anonym bleiben zu können, damit die Konkurrenz nichts von der zurzeit vakanten Position erfährt.

Sie können gegebenenfalls Ihre **Bewerbungsunterlagen** und Ihre **Kurzbewerbung** dem Personalberater mitgeben. Selbst wenn Sie im Augenblick nicht für eine Stelle in Frage kommen sollten, so haben jedoch gerade Personalberater immer einen großen Bedarf an Bewerbern, da sie ständig für viele Unternehmen Positionen besetzen müssen. Es kann also sein, dass Sie in die Kartei oder Datei des Beraters aufgenommen und bei nächster Gelegenheit wieder angesprochen werden.

Eine Variante der Personalberatung ist das Headhunting. **Headhunter** sind Personalberater, die im Auftrag von Unternehmen gezielt Mitarbeiter bei Konkurrenten abwerben. Als Berufsanfänger werden Sie jedoch weniger mit Headhuntern zu tun haben.

3.5 Auswahlverfahren/Assessment Center

3.5.1 Was ist ein Assessment Center?

Im harten Wettbewerb um den besten Job ist der **persönliche Eindruck**, den Sie bei Ihrem potenziellen Arbeitgeber hinterlassen, der wichtigste **Schlüssel zum Eintritt**. Ihr Auftreten, Ihre Art zu sprechen, zu handeln, Probleme zu lösen, Ihre Umgangsformen, Ihre allgemeine Wirkung und Ausstrahlung, alle diese Aspekte senden **Signale** aus. Diese versteckten Signale und Botschaften, die von Ihnen bewusst oder unbewusst produziert werden, möchte der neue Arbeitgeber vor Ihrer Einstellung entschlüsseln.

Hinter dem wohlformulierten Anschreiben oder Ihren sorgsam formulierten Bewerbungsunterlagen können Sie Ihre kleinen Geheimnisse verbergen, bei einem persönlichen Vorstellungsgespräch wird dies schon schwieriger. Vollends unmöglich, glaubt man, wird dies während der **Bewährung in einer Testsituation**. Das Assessment Center (AC) ist eine solche Testsituation. Haben Sie in Ihren schriftlichen Unterlagen noch „brennendes" Interesse an dem ausgeschriebenen Job bekundet, kann dies in Testsituationen (bis zu einem gewissen Grad) überprüft werden. Spätestens an diesem Punkt sollten Sie sich nochmals selbst vergewissern:

- Ist dieses Angebot mit dieser Stellenbeschreibung wirklich das, was Sie wollen?
- Trauen Sie sich diese Stelle zu?
- Ist Ihre Motivation groß genug, genau diese Stelle zu erhalten und auszufüllen?
- Weshalb wollen Sie Ihre Arbeitskraft genau diesem Arbeitgeber anbieten?
- Was spricht objektiv für oder gegen diesen Job?
- Was spricht aus Ihrer subjektiven Sicht dafür oder dagegen?

Ähnlich dem Vorstellungsgespräch ist das AC eine Prüfung, in der Sie Ihrem potenziellen Arbeitgeber beweisen sollen, warum Sie gerade für ihn und für diese Stelle der richtige Mann/die richtige Frau sind. Ihr zukünftiger Arbeitgeber wird im AC-Verfahren versuchen, Ihre wahre Einstellung zu ergründen und ein genaues **Bild Ihrer Gesamtpersönlichkeit** zu erhalten.

In den 1930er Jahren wurde das AC von deutschen Wehrmachtspsychologen entwickelt. In den USA wurden die Gruppenauswahlverfahren weiter verfeinert, ab den 1970er Jahren wurden sie auch in Deutschland wieder zur Personalauswahl eingesetzt. In vielen Ländern sind sie eine anerkannte Methode, um den **Führungsnachwuchs gezielt** zu **rekrutieren** und zu **qualifizieren**. In erster Linie sind es vor allem deutsche und internationale **Großunternehmen**, die sich solch aufwändige und kostenintensive Auswahlverfahren leisten können, um mit ausgesuchten Methoden im AC-Verfahren ihre Führungskräfte wie auch ihre Führungsnachwuchskräfte für das Unternehmen erfolgreich auszuwählen.

Was unterscheidet das AC von anderen Auswahlverfahren? Wichtig zu wissen: Das AC ist ein **Gruppenauswahlverfahren**, in dem **bis zu zwölf Personen gleichzeitig** mit Ihnen geprüft werden. Ein bis zwei Moderatoren führen die Teilnehmer durch das Verfahren, vier bis sechs Beobachter beobachten und dokumentieren das Verhalten der Bewerber.

Das Auswahlverfahren selbst erstreckt sich **über ein bis drei Tage**. Somit hat Ihr zukünftiger Arbeitgeber die Möglichkeit, Ihre Gesamtpersönlichkeit über längere Zeit in ganz unterschiedlichen Situationen zu beobachten. Hier sind Sie, auch beim gemütlichen Plausch, ständig unter Beobachtung, meist sogar von mehreren Personen. Dies ist purer Stress – und soll es auch sein (!). Denn, so die gängige Meinung: Stress erhöht die Chance, ein möglichst authentisches Bild von den Fertigkeiten und Fähigkeiten des Bewerbers zu erhalten.

> **TIPP** Das AC-Verfahren bietet eine **einzigartige Chance**: Haben Sie im üblichen Vorstellungsgespräch einen gravierenden Fehler gemacht, heißt es: *You never get a second chance.* Den Fehler können Sie in der verbleibenden kurzen Zeit des Gespräches kaum ausgleichen. Im AC haben Sie diese Zeit. Ein **Fehler kann** jederzeit **korrigiert** werden.

3.5.2 Typischer Ablauf eines Assessment Centers

Im typischen Assessment Center wird mit klassischen Verhaltens- und Begabungstests gearbeitet. Eine **intensive Vorbereitung lohnt sich** also! Im Unterschied zu allgemeinen Wissens- und Intelligenztests werden im AC-Verfahren häufig nur solche ausgewählt, die einen **Bezug zur** ausgeschriebenen **Stelle im Unternehmen** haben und sich in erster Linie durch **Persönlichkeitsorientierung** und **Praxisrelevanz** auszeichnen. Die einzelnen Verhaltens- und Begabungstests variieren daher von AC zu AC. Es stehen natürlich die Fähigkeiten im Vordergrund, die im Job auch tatsächlich verlangt werden.

Für eine ausgeschriebene Stelle im Vertrieb wird sicherlich eine extrovertierte Persönlichkeit gesucht werden – mit Fähigkeiten zur Präsentation, großer Kontaktfähigkeit und überzeugender Argumentationstechnik. Handelt es sich aber um eine Stelle im Stab oder in der Produktion, sind eher Teamarbeit und Kommunikationsfähigkeiten gefragt, dann stehen Fallstudien und Gruppenübungen im Vordergrund. Diese Schwerpunkte sind bei der Vorbereitung zu berücksichtigen.

Alle AC-Verfahren haben jedoch ein **gemeinsames Grundschema**: Es beginnt mit der Erläuterung des AC und der Bekanntgabe des Zeitplans. Moderatoren und Beobachter stellen sich vor. Dann sind Sie an der Reihe: Sie stellen sich oder Ihren Nachbarn vor. Die einzelnen Phasen werden jeweils unterbrochen durch Kaffeetrinken, Small Talk und Mittagessen.

> **!**
> **ACHTUNG** Sie sollten sich aber nicht unbeobachtet glauben! Auch Kaffeetrinken, Small Talk und Essen gehören zum AC-Verfahren!

1. Tag:

Einführung und Begrüßung

Vorstellung der Moderatoren und Beobachter, Selbstpräsentation des Kandidaten (ca. fünf Minuten), oder Vorstellung des Nachbarn, Präsentation des Unternehmens

Gruppendiskussion mit abschließender Zusammenfassung

Variationen: Diskussion mit und ohne Diskussionsleiter, Thema vorgegeben/selbst gestellt, Themenauswahl selbst wird erst diskutiert, ein Maßnahmenkatalog soll erarbeitet werden; vier Beurteiler, sechs Bewerber

Erarbeitung eines Vortrags mit anschließender Präsentation

Mögliche Themen: Schwerpunkte im Studium, eigene Diplom-, Magister- oder BA-Arbeit, Aktuelles aus der Tagespresse, zumeist aus dem gesellschaftspolitischen Bereich, ca. 45 Minuten Vorbereitungszeit, zehn Minuten Vortragszeit, zwei Beobachter, ein Bewerber

Rollenspiel: Verkaufs-/Verhandlungsgespräch

Produkte, Strategie und äußere Rahmenbedingungen werden vorgegeben, konkrete Verhandlungen in Rollenspielen mit Verkaufs-/Verhandlungsergebnis; zwei Beobachter und zwei Bewerber

Informationen über Karrieremöglichkeiten und Trainee-Programme im Unternehmen

2. Tag:

Fallstudie

Jeder Teilnehmer erhält schriftliche Unterlagen einer Fallstudie, Bearbeitungszeit ca. 30 Minuten. Thema kann einen konkreten Bezug zum Unternehmen haben, und/oder einen Fall aus der Personalabteilung; Erstellung eines Gutachtens. Danach erhalten alle Gruppenmitglieder weitere Unterlagen zum „Fall", das Problem wird jetzt in der Gruppe weiter verhandelt.

Tests, Strategiespiele

Intelligenz-, Konzentrations-, Leistungs- und Persönlichkeitstests, unterschiedliche Übungen (wie Postkorb etc.)

3.5.3 Assessment Center: Big Brother is Watching You!

Und was sind bei allen Methoden und Testverfahren die **entscheidenden Kriterien** des Erfolgs? Für Sie als Testteilnehmer ist wichtig und entscheidend, dass Sie durchschauen, worauf die Beobachter tatsächlich achten. Allgemein werden drei Kriterien besonders untersucht:

1. **Ihre Persönlichkeit**: Sie ist absolut entscheidend. Passen Sie mit Ihrem Temperament, Ihrer Herangehensweise an Probleme, mit Ihrem Menschenumgang, mit Ihren Manieren ins Unternehmen? Sind Sie sympathisch im Wesen und im Äußeren? Zeigen Sie in den Übungen Anpassungsfähigkeit? Passen Sie zur Kultur des Unternehmens?

2. **Ihre Kompetenz**: Haben Sie die fachspezifischen und allgemeinen Kenntnisse, wie sie in der Stellenausschreibung formuliert worden sind? Haben Sie berufsrelevante Erfahrungen gemacht? Fachkompetenz, Methodenkompetenz und Sozialkompetenz sind die Schlüsselfaktoren für Ihren Erfolg.

3. **Ihre Leistungsmotivation**: Sind sie leistungsmotiviert genug, sich in den neuen Job mit Engagement und eventuell mit „Biss" einzufinden? Sind Sie weiterhin lernwillig und einsatzfreudig? Werden Sie sich mit dem neuen Unternehmen voll und ganz identifizieren?

Ob Persönlichkeits-, Leistungs- oder Intelligenztests – am Ende möchte der zukünftige Arbeitgeber ein Gutachten haben, dass ihm sagt, welcher Kandidat aus der großen Zahl der Bewerber der Richtige ist für sein Unternehmen. Für Sie als Kandidat kann es hilfreich sein zu wissen, welche **Schwerpunkte** hierbei genau beobachtet werden.

Ein **psychologisches Verhaltensmuster** kann sich zusammensetzen aus bzw. sich bewegen in den Koordinatenpaaren:

kooperationsfähig	–	autonom
individuell	–	selbstdiszipliniert
sorgfältig	–	kreativ
initiativ	–	zurückhaltend
ausgeglichen	–	empfindsam
reserviert	–	kontaktfreudig
risikobereit	–	besonnen
handlungsorientiert	–	sicherheitsbewusst
konventionell	–	flexibel

Natürlich gibt es hier kein absolutes „richtig" oder „falsch". Es geht um „gesunde, stabile Balance" und die Erfordernisse der zu besetzenden Stelle.

Zu den **intellektuellen Fähigkeiten** zählen:

* Analysefähigkeit,
* Logisches Denken,
* Interessenbreite,
* Bildungsmotivation.

Zur **Leistungsmotivation** werden gerechnet:

* Durchsetzungsfähigkeit,
* Entscheidungskraft,
* Widerstandsfähigkeit,
* Beharrlichkeit und Ausdauer,
* Tatkraft,
* Überzeugungsfähigkeit.

Weitere **wichtige Kriterien** für die Begutachtung Ihrer Person sind:

* Rhetorik und Redegewandheit,
* Problemlösungsfähigkeit,
* Methodisches Vorgehen,
* Konflikte bewältigen,
* Verständnis und Toleranz zeigen,
* Entscheidungen treffen und durchsetzen,
* Mitarbeiter motivieren.

Bei so vielen Beobachtungspunkten fällt es dem Probanden natürlich sehr schwer, alle wichtigen Kriterien immer im Auge zu behalten. Dies ist sicherlich auch gar nicht möglich. Deshalb gilt für das gesamte AC-Verfahren:

> **TIPP** Bleiben Sie im Assessment Center so **authentisch** wie möglich! Bereiten Sie sich auf einige Grundübungen, wie sie im Folgenden geschildert werden, gedanklich und praktisch vor.

Wer seine Vorbereitung wissenschaftlich begutachten möchte, um seine beruflichen Eigenschaften besser beurteilen zu können, kann sich die Forschungsversion des Bochumer BIP-Tests bestellen und von den Experten auswerten lassen. Das Projektteam Testentwicklung entwickelt bzw. weiterentwickelt Verfahren zur Persönlichkeit, Serviceorientierung, Intelligenz und Work-Life-Balance.

⋈ Web-Link

* Kurzinformationen zu weiteren Testverfahren und zur Teilnahme am Bochumer BIP-Test erhalten Sie unter: www.testentwicklung.de bzw. www.testzentrale.de.
* Hilfe bei der beruflichen Orientierung versprechen Tests zur Selbsteinschätzung im Internet. Die Stiftung Warentest hat diese Tests unter die Lupe genommen: 23 Onlineverfahren, 14 für Erwachsene. Nähere Infos erhalten Sie unter: www.test.de in der Rubrik: Tests+Themen/Bildung+Soziales.

3.5.4 Die optimale Vorbereitung

Die einzelnen Bausteine des AC können Sie bereits zu Hause vorbereiten. Das gibt Ihnen dann Zeit, während des Verfahrens Ihre Aufmerksamkeit auf Besonderheiten oder Details zu konzentrieren.

Eine andere Möglichkeit: Die **ideale Vorbereitung** auf ein AC ist die **Teilnahme an einem AC**. Übung macht auch hier den Meister. MLP bietet beispielsweise solche Übungsseminare an. Weitere Hinweise siehe unter 3.8 „MLP Career Services", Seite 360 f.

> **TIPP** Eine erste Übung im AC ist immer die **Selbstpräsentation**: Schreiben Sie dazu einen Steckbrief für Ihre Person. Überlegen Sie bereits vor dem AC, was wirklich wichtig ist bei Ihrer Vorstellung.

! **ACHTUNG** Die Kunst der Selbstdarstellung beinhaltet immer auch ein Element von Schauspielerei. Aber auch hier gilt: **Bleiben Sie authentisch!** (Es sei denn, Sie sind ein wirklich begnadeter Schauspieler mit hervorragenden Nerven. Aber Achtung: Laienschauspieler fliegen auf! Die Beobachter sind schließlich Profis.)

Eine beliebte Variante dieses Bausteines im AC-Verfahren ist das **gegenseitige Vorstellen**. Sie stellen also nicht sich selbst vor, sondern Ihren Mitbewerber.

- **Erste Variante**: Sie interviewen ihn direkt vor der Gruppe. Sie stellen Fragen, die dem Publikum ermöglichen, einen umfassenden Eindruck von Ihrem Gegenüber zu erlangen. Die Fragen sollten keine Wertung Ihrerseits enthalten und eher kurz formuliert werden.

- **Zweite Variante**: Es kann von Ihnen gefordert werden, zunächst in einem persönlichen Gespräch (ca. 15 Minuten) Wichtiges und Interessantes Ihres Mitbewerbers zu erfahren, dann mit einem Kurzvortrag einen umfassenden Eindruck zu vermitteln. Auch hier gilt: Vorsichtig mit eigenen Wertungen!

Auch **Kurzvorträge** können Sie zu Hause üben: Stellen Sie ein selbst gewähltes Thema oder einen Artikel aus der Zeitung in fünf bis zehn Minuten dar. Machen Sie sich dazu kurze Notizen (keine langen Sätze), Stichworte reichen. Starren Sie nicht auf Ihre Notizen, blicken Sie Ihre (imaginären) Zuhörer an. Sprechen Sie langsam und klar.

> **TIPP** Halten Sie sich an die **AIDA-Formel**. Erst die Aufmerksamkeit (attention) des Zuhörers wecken, dann sein Interesse (interest), an seine Wünsche (desire) appellieren und, sofern gewollt, eine Handlung (action) hervorrufen.

Beliebt und häufig sind **Rollenspiele**. Hierbei geht es um ein simuliertes Gespräch zwischen zwei Mitbewerben oder zwischen Ihnen und dem Beobachter. Typische Rollenspiele sind **Konfliktgespräche** zwischen Vorgesetzten und Mitarbeitern (Stichworte: Alkohol am

Arbeitsplatz, Kündigung, mehrmalige Abmahnungen). Die Rolle, die Sie hierbei übernehmen müssen, ist schwierig und soll zeigen, wie Sie in schwierigen Situationen reagieren. Es wird beobachtet, wie geschickt Sie sind im verbalen Umgang mit anderen Menschen und mit wie viel Feingefühl Sie Ihr eigenes Ziel konsequent verfolgen.

 CHECKLISTE

Worauf kommt es beim Rollenspiel an, was ist wichtig?

- Stellen Sie sich die Situation so real wie möglich vor.
- Bleiben Sie in allen Situationen höflich.
- Lassen Sie sich nicht provozieren.
- Hören Sie aktiv zu.
- Machen Sie konkrete, eindeutige Aussagen zum eigenen Standpunkt.
- Verdeutlichen Sie Motive der eigenen Argumentation.

Gruppendiskussionen sind ebenfalls beliebte Bausteine im AC-Verfahren. Dabei geht es weniger um das Thema selbst als vielmehr um die **Interaktion aller Teilnehmer** untereinander. Auch wenn es die Aufgabenstellung schwer macht, sollte immer eine gerechte, von allen **gemeinsam getragene Lösung angestrebt** werden. Der Widerspruch zwischen Aufgabenstellung und Rollenverteilung soll eine strittige Auseinandersetzung provozieren.

> **TIPP** Gruppendiskussion:

- Zeigen Sie Initiative zu Beginn der Diskussion.
- Lassen Sie andere zu Wort kommen, schneiden Sie niemanden das Wort ab.
- Bleiben Sie nicht stumm, reden Sie aber auch nicht zu viel.
- Halten Sie sich mit Wertungen zurück.
- Gehen Sie auf die Argumente der anderen Teilnehmer ein.
- Bleiben Sie sachlich, ruhig und gelassen.
- Fragen Sie nach, wenn Sie etwas nicht verstanden haben.
- Halten Sie Blickkontakt.

Neben Ihren Fähigkeiten als Einzelkämpfer sind Ihre Tugenden als Teamplayer gefragt. Daher sollen in **Gruppenübungen** vorwiegend solche Kompetenzen ermittelt werden, die das Miteinander und das Zusammenspiel mit anderen erfordert. Die Schwierigkeit für Sie besteht darin, sich auf der einen Seite in die Gruppe zu integrieren und auf der anderen Seite Ihren Willen und Ihre eigenen Impulse zu Inhalten der Diskussion einzubringen.

Zumeist haben die Inhalte einen hohen sachlichen wie auch emotionalen Bezug. Das kann ein aktuelles Thema aus den Zeitungen sein, ein spezieller Sachverhalt aus der betrieblichen Praxis, eine konkrete Aufgabenstellung aus der Betriebswirtschaftslehre oder eine Diskussion mit zugeordneten Rollen.

In dieser Situation „spielen" Sie dann beispielsweise einen Abteilungsleiter: Sie müssen darum „kämpfen", von den geplanten Investitionen (neue PCs, neue Dienstwagen, neue Verkaufsräume) für Ihre Abteilung das Beste herauszuholen. Ihre Rollenkarte gibt Ihnen dafür gute Argumente (den größten Umsatz, die besten Mitarbeiter, die geringsten Lohnkosten). Aber auch die anderen Teilnehmer der Diskussion tragen ihre guten Argumente vor. Die Diskussionsrunden sind meist zu kurz, um einen befriedigenden Konsens zu erreichen.

Unterschieden werden die Gruppendiskussionen in

- „Führerlose" Gruppendiskussionen, das heißt, alle Teilnehmer haben die gleichen Startbedingungen.
- Geführte Gruppendiskussionen: aus den Bewerbern wird ein Diskussionsleiter bestimmt, der dann moderierend und schlichtend eingreift.
- Diskussion mit verteilten Rollen: Jedem Teilnehmer wird eine Rolle zugewiesen, die in der folgenden Diskussion zu Interessenskonflikten führen wird.

Wie also sollten Sie sich geben? Lassen Sie sich emotional nicht in die Enge treiben (es ist ein Spiel!), bleiben Sie nicht stumm wie ein Fisch, dominieren Sie nicht die Diskussion. Gemessen an der Zahl Ihrer Diskussionsbeiträge sollten Sie sich am Ende des obersten Drittels platzieren, Ihre Beiträge selbst sollten sachlich und engagiert wirken. Wie bei allen solchen Spielen: es ist eine Kunst, die mal besser, mal weniger gut gelingt.

Die am weitesten verbreitete Übung im Assessment Center ist die so genannte **Postkorb-Übung**. Ihre Aufgabe besteht in erster Linie darin, in der Rolle als Vorgesetzter oder Geschäftsführer eines Unternehmens eine riesige Anzahl an Dokumenten in befristeter Zeit durchzuarbeiten.

Ein mögliches Szenario (und dieses Szenario hat nichts mit der Wirklichkeit zu tun) könnte wie folgt aussehen: Als Geschäftsführer eines mittelständischen Unternehmens sind Sie gerade aus dem Urlaub zurück (im Urlaub hatten Sie natürlich keinerlei Kommunikationsmöglichkeiten), Ihre Mailbox quillt über, es ist 07:30 Uhr und Sie müssen in 30 oder 60 Minuten wieder zu einer ganztägigen Sitzung enteilen (alternativ auf eine wichtige Geschäftsreise, natürlich wieder ohne Handy, Laptop, Mail etc.). In dieser Situation werden Ihnen einige Vorgänge in Form von

- Briefen (Vorladung zu einer Gerichtsverhandlung),
- Mitteilungen (Ihre Frau wurde gerade ins Krankenhaus eingeliefert),
- Faxen (der Betriebsrat erwartet eine Stellungnahme wegen der Gerüchte zu Massenentlassungen) und
- E-Mails (die Bank erwartet Ihre Zahlungsanweisungen umgehend, sonst werden die Kredite gesperrt)

vorgelegt, die Sie unter Zeitdruck analysieren, beurteilen und darüber entscheiden sollen. Wie Sie sehen, eine „ganz alltägliche" Stress-Situation.

Typischerweise werden von Ihnen in dieser Situation Entscheidungen auf den folgenden Gebieten gefordert:

- Belange des Unternehmens allgemein,
- Entscheidungen zur finanziellen und/oder personellen Problemen,
- Angelegenheiten in der Familie und private Sorgen.

Da das Ergebnis von ihnen schriftlich erwartet wird, müssen Sie kurz notieren, wie Sie bei jedem Vorgang entschieden haben: selbst erledigt, delegiert, für später aufgeschoben, entsorgt ... Die Zeitspanne für die Postkorb-Übung ist meist so kurz bemessen, dass die Aufgaben gar nicht alle vollständig gelöst werden können.

In einer solchen Übung werden Belastbarkeit, Stressresistenz, Entscheidungsfreude sowie die Planungs- und Organisationskompetenz beurteilt. Ein **planvolles Vorgehen** ist hier der einzig richtige Weg! Lesen oder besser „scannen" Sie zunächst alle Informationen. Nach folgenden Kriterien sollten Sie entscheiden (oder bildlich gesprochen: Machen Sie vier „Häufchen"):

- Hohe Priorität: **Müssen Sie selbst entscheiden.**
- Mittlere Priorität: **Können Sie delegieren.**
- Niedrige Priorität: **Können Sie warten lassen.**
- Keine Priorität: **Können Sie in den Papierkorb werfen.**

> **TIPP** Personalangelegenheiten sollten Sie fast immer selbst übernehmen.

Schwieriger wird die Übung, wenn Sie an den Computer gesetzt werden und die Aufgaben und Vorgänge per Mail sukzessive hereinkommen. Das ist purer Stress – und soll es auch sein!

Web-Links

- Weiter gehende Informationen zu Assessmentcenter-Verfahren, Standards und Hintergründen sowie Übersichtsstudien zur Prognosequalität finden Sie unter www.arbeitskreis-ac.de.
- Aktuelle Informationen finden Sie in englischer Sprache unter www.assessmentcenter.org.
- Beliebt sind auch die Fallstudien der Harvard Business School mit über 7.500 Cases, Abfragemöglichkeiten zu bestimmten Themengebieten etc., zu finden unter www.hbsp.harvard.edu/products/cases.

Am Ende des AC-Verfahrens steht das **Feedback-Gespräch**. Im Idealfall werden die Ergebnisse in Einzelgesprächen mitgeteilt. Auch wenn Sie die Stelle nicht bekommen: Fragen Sie nach den Gründen, ermitteln Sie Ihre Schwächen (aus Sicht der Beobachter), um sich gezielt auf das nächste AC vorzubereiten. Nach dem (verlorenen) AC ist vor dem (bestandenen) AC!

3.6 MLP Assessmentcenter Pool

Um Absolventen und Bewerber speziell bei der Vorbereitung auf die oft gefürchteten Assessmentcenter qualifiziert unterstützen zu können, hat MLP eine **einmalige Assessmentcenter-Datenbank** (MLP Assessmentcenter Pool) angelegt.

Die Datenbank beruht auf der Befragung von Hochschulabsolventen, die an Assessmentcentern teilgenommen und anonym ihre Erfahrungen nach einem standardisierten Schema festgehalten haben.

Inhalt des MLP Assessmentcenter Pools

▪ **Allgemeine Informationen:** Stelle/Bereich, für die/den die Auswahl erfolgte; Studienfächer/Ausbildung des befragten Teilnehmers; Dauer des AC; empfohlene Kleidung; Feedbackgespräch; Gesamtatmosphäre.

▪ **Abschnitte des AC** mit Bemerkungen, Tipps, Angaben zu Teilnehmerzahl, Teilaufgaben und Dauer sowie Beobachtungszielen.

Jeder Abschnitt wird unter den Gesichtspunkten Fairness, Transparenz und Stress auf einer Skala von 1 bis 5 bewertet nach den Maßstäben:

1. Fairness   (1 = fair, 5 = unfair)

2. Transparenz   (1 = hoch, 5 = niedrig)

3. Stress   (1 = niedrig, 5 = hoch)

Die Datenbank umfasste bei Redaktionsschluss Angaben zu den Assessmentcentern von über 650 Unternehmen. Auf den folgenden Seiten finden Sie einen Auszug aus der Datenbank. Weitere Informationen über Assessmentcenter in vielen weiteren Unternehmen können Sie beziehen bei:

✂ **MLP Finanzdienstleistungen AG**

Alte Heerstraße 40
69168 Wiesloch
Telefon 0 62 22 / 3 08-82 90
Fax 0 62 22 / 3 08-12 21
career-service@mlp.de
www.mlp.de

oder in jeder MLP Geschäftsstelle an Ihrem Hochschulstandort.
Adressen aller MLP Geschäftsstellen finden Sie unter www.mlp.de.

ADIDAS AG

Stelle/Bereich:	Trainee Human Resources
Studienfächer:	Wirtschaftspädagogik
Abschluss des Kandidaten:	Diplom BA
Berufserfahrung:	Praktika
Alter:	25, w.
Dauer:	2 Tage
Teilnehmer:	12 Bewerber und 8 Beobachter
Empfohlene Kleidung:	Keine Angaben
Gesamtatmosphäre:	Freundlich, angenehm
Feedbackgespräche:	Ja, ausführlich, nach ein paar Tagen, telefonisch
Einstiegsgehalt bekannt:	Nein
Vertragszusage:	Keine Angaben

1. Tag, 17:00–20:00 Uhr	**Begrüßung und Einführung ins Unternehmen**
Teilnehmer:	12 Bewerber und Beobachter

Fairness: 1   Transparenz: 1   Stress: 1

1. Tag, 20:00–21:30 Uhr	**Gemeinsames Abendessen**
Teilnehmer:	12 Bewerber und 8 Beobachter – Human Resources

Fairness: 1   Transparenz: 2   Stress: 2

2. Tag, 08:00–08:10 Uhr	**Begrüßung**
Teilnehmer:	12 Bewerber und 8 Beobachter – Human Resources

Fairness: 1   Transparenz: 1   Stress: 1

2. Tag, 08:10–09:00 Uhr	**Selbstpräsentation anhand eines ADIDAS-Produktes**
Teilnehmer:	12 Bewerber und 8 Beobachter – Human Resources

Fairness: 1   Transparenz: 3   Stress: 4

2. Tag, 09:15–12:00 Uhr	**Fallstudie**
Inhalt:	3 Themen aus dem Bereich Human Resources zur Auswahl
Teilnehmer:	1 Bewerber und 4 Beobachter – Human Resources

Fairness: 1   Transparenz: 3   Stress: 3

anschließend	**Computertest**
Ziel:	Prozessdenken und Konzentrationsfähigkeit
Teilnehmer:	1 Bewerber und 0 Beobachter

Fairness: 1   Transparenz: 3   Stress: 4

2. Tag, 12:00–12:45 Uhr	**Gruppendiskussion**
Inhalt:	Auswahl einer Führungskraft
Teilnehmer:	6 Bewerber und 4 Beobachter – Human Resources

Fairness: 1   Transparenz: 3   Stress: 3

2. Tag, 12:45–13:30 Uhr	**Mittagspause**

2. Tag, 13:30–15:30 Uhr	**Rollenspiel**
Inhalt:	Mitarbeitergespräch
Teilnehmer:	1 Bewerber und 4 Beobachter – Human Resources

Fairness: 1   Transparenz: 3   Stress: 2

anschließend	**Computertest Teil 2**

Fairness: 1   Transparenz: 3   Stress: 4

2. Tag, 15:30–17:00 Uhr	**Interviews**
Teilnehmer:	1 Bewerber und 1 Beobachter – Human Resources

Fairness: 1   Transparenz: 3   Stress: 2

2. Tag, 17:00–17:30 Uhr	**Verabschiedung**

AMAZON.DE

Stelle/Bereich:	Junior Product Manager (Books)
Studienfächer:	Medienmanagement
Abschluss des Kandidaten:	Diplom Medienwirtin (FH)
Berufserfahrung:	Keine Angabe
Alter:	25, w.
Dauer:	1 Tag
Teilnehmer:	8 Bewerber und 5 Beobachter
Empfohlene Kleidung:	Schickes Bürooutfit, aber bloß kein Kostüm!
Gesamtatmosphäre:	Freundlich, angenehm
Feedbackgespräche:	Ja, aber kurz, nach ein paar Tagen
Einstiegsgehalt bekannt:	Nein
Vertragszusage:	Weiß ich nicht.

Begrüßung

Teilnehmer:	8 Bewerber und 5 Beobachter – HR, Fachabteilung, andere Abteilungen

Vorstellen auf Englisch

Inhalt:	1 Minute, keine Hilfsmittel
Teilnehmer:	8 Bewerber und 5 Beobachter – HR, Fachabteilung, andere Abteilungen

Fairness: 2   Transparenz: 2   Stress: 3

Gruppendiskussion

Inhalt:	„Welche Eigenschaften braucht ein Junior Product Manager?"
Ziel:	9 Eigenschaften sind vorgegeben. Zuerst alleine in Reihenfolge bringen, dann muss sich Gruppe auf Reihenfolge einigen. In 15 Minuten.
Teilnehmer:	8 Bewerber und 5 Beobachter – HR, Fachabteilung, andere Abteilungen

Fairness: 2   Transparenz: 2   Stress: 3

Excel Test. 60 Minuten

Bemerkungen, Tipps:	Hoher Schwierigkeitsgrad. Teilweise auf Englisch
Teilnehmer:	8 Bewerber und 5 Beobachter – HR, Fachabteilung, andere Abteilungen

Fairness: 2   Transparenz: 2   Stress: 3

Postkorb-Übung

Inhalt:	9 E-Mails im Posteingang sortieren, inklusive Begründung. 15 Minuten, Englisch.
Teilnehmer:	8 Bewerber und 5 Beobachter – HR, Fachabteilung, andere Abteilungen

Fairness: 2   Transparenz: 2   Stress: 3

Übung „Absatzsteigerung für Zielgruppe 50+ im Jahr 2008"

Inhalt:	Vorbereitung 30 Minuten, Präsentation 4 Minuten
Teilnehmer:	8 Bewerber und 5 Beobachter – HR, Fachabteilung, andere Abteilungen

Fairness: 2   Transparenz: 2   Stress: 3

Interview

Inhalt:	Sehr allgemein gehalten. 20 Minuten.
Bemerkungen, Tipps:	Keine offiziellen Pausen, zwischen den Übungen je 10 Minuten
Teilnehmer:	8 Bewerber und 5 Beobachter – HR, Fachabteilung, andere Abteilungen

Fairness: 2   Transparenz: 2   Stress: 3

AUDI AG

Stelle/Bereich:	Vertrieb
Studienfächer:	Europäische Betriebswirtschaft
Abschluss des Kandidaten:	Diplom-Betriebswirt
Berufserfahrung:	Keine Angabe
Alter:	27, m.
Dauer:	1 Tag
Teilnehmer:	2 Bewerber und 6 Beobachter
Empfohlene Kleidung:	Anzug und Krawatte bzw. Kostüm
Gesamtatmosphäre:	Angenehm
Feedbackgespräche:	Ja, aber kurz
Einstiegsgehalt bekannt:	Nein
Vertragszusage:	Ja, ich habe ein Angebot erhalten.

08:00–08:30 Uhr	**Begrüßung und kurze Vorstellung, Deutsch**
Bemerkungen, Tipps:	Nicht verstellen!
Teilnehmer:	2 Bewerber und 6 Beobachter – Personal und Vertrieb

Fairness: 1 Transparenz: 1 Stress: 1

08:30–09:00 Uhr	**Vorbereitung Präsentation**
Inhalt:	Thema über Audi in Deutsch. Einen von drei Titeln aussuchen.
Ziel:	Präsentationsfähigkeiten
Bemerkungen, Tipps:	Flipchart
Teilnehmer:	1 Bewerber

Fairness: 1 Transparenz: 2 Stress: 4

09:00–09:20 Uhr	**Vortrag der Präsentation und Fragen beantworten**
Bemerkungen, Tipps:	Locker und selbstsicher bleiben
Teilnehmer:	1 Bewerber und 3 Beobachter – Personal und Vertrieb

Fairness: 1 Transparenz: 2 Stress: 3

09:20–09:30 Uhr	**Pause**

09:30–10:00 Uhr	**Vorbereitung Präsentation 2**
Inhalt:	Thema aus dem Vertrieb
Ziel:	Präsentationsfähigkeiten
Teilnehmer:	1 Bewerber und 3 Beobachter – Personal und Vertrieb

Fairness: 2 Transparenz: 2 Stress: 3

10:00–10:20 Uhr	**Vortrag Präsentation und Fragen**
Inhalt:	Titel vorgegeben
Teilnehmer:	1 Bewerber und 3 Beobachter – Personal und Vertrieb

Fairness: 2 Transparenz: 2 Stress: 3

10:20–10:30 Uhr	**Pause**
Teilnehmer:	2 Bewerber

10:30–11:15 Uhr	**Vorbereitung Präsentation 3**
Inhalt:	Titel vorgegeben
Ziel:	Präsentationsfähigkeiten
Bemerkungen, Tipps:	Flipchart
Teilnehmer:	1 Bewerber und 3 Beobachter – Personal und Vertrieb

Fairness: 2 Transparenz: 3 Stress: 5

11:15–12:00 Uhr	**Vortrag und viele Fragen beantworten**
Bemerkungen, Tipps:	Auf Fragen gefasst machen
Teilnehmer:	1 Bewerber und 3 Beobachter

Fairness: 2 Transparenz: 3 Stress: 4

BAYER AG

Stelle/Bereich:	Controlling
Studienfächer:	BWL
Abschluss des Kandidaten:	Diplom-Kauffrau
Berufserfahrung:	Im Rahmen der Ausbildung
Alter:	27, w.
Dauer:	1 Tag
Teilnehmer:	5 Bewerber und 3 Beobachter
Empfohlene Kleidung:	Anzug und Krawatte bzw. Kostüm
Gesamtatmosphäre:	Begeisternd, freundlich, angenehm
Feedbackgespräche:	Ja, ausführlich
Einstiegsgehalt bekannt:	Nein
Vertragszusage:	Ja, ich habe ein Angebot erhalten.

09:00–09:45 Uhr
Inhalt: **Begrüßung**
Vorstellung des Unternehmens
Bemerkungen, Tipps: Interessiert sein, Fragen stellen
Teilnehmer: 5 Bewerber und 3 Beobachter – Controlling, Arbeitspsychologe

Fairness: 1 Transparenz: 1 Stress: 1

09:45–11:05 Uhr
Inhalt: **Selbstpräsentation**
Deutsch, verschiedene Medien stehen zur Verfügung oder freies Reden
Ziel: Selbstdarstellung, Redegewandtheit
Bemerkungen, Tipps: Interessant gestalten, warum geeignete Person für die Stelle, welche Erwartungen
Teilnehmer: 1 Bewerber und 5 Beobachter – Controlling, Reporting, Arbeitspsychologe

Fairness: 1 Transparenz: 1 Stress: 2

11:15–12:30 Uhr
Inhalt: **Gruppendiskussion. Vorbereitung 30 Minuten**
Investitionsentscheidung treffen. Ergebnis an Vorstand präsentieren.
Ziel: Controllingkenntnisse, Teamfähigkeit, Überzeugungskraft, Kommunikation
Bemerkungen, Tipps: Aktiv sein, ausreden lassen, argumentativ vorgehen, wenn Führungsrolle übernommen, dann auch durchgängig führen.
Teilnehmer: 5 Bewerber und 5 Beobachter – Controlling, Reporting, Arbeitspsychologe

Fairness: 2 Transparenz: 3 Stress: 2

12:30–13:45 Uhr
Inhalt: **Pause**
Essen in der Kantine mit 3 Mitarbeitern
Ziel: Gelegenheit, Fragen zu stellen
Teilnehmer: 5 Bewerber

13:45–15:00 Uhr
Inhalt: **Dialog/Rollenspiel (mit den Arbeitspsychologen)**
Geschäftsführer überreden
Ziel: Durchsetzungs-, Argumentationsfähigkeit, Redegewandtheit, Stressresistenz
Bemerkungen, Tipps: Ruhig bleiben, aber nicht unterkriegen lassen
Teilnehmer: 1 Bewerber und 5 Beobachter – Controlling, Reporting, Arbeitspsychologe

Fairness: 2 Transparenz: 4 Stress: 5

15:00–16:00 Uhr
Inhalt: **Test**
Mathematische und sprachliche Kenntnisse, Verständnisfragen
Teilnehmer: 5 Bewerber und 1 Beobachter – Aufsicht durch eine Auszubildende

Fairness: 1 Transparenz: 3 Stress: 3

16:00–16:30 Uhr **Pause**

16:30–18:00 Uhr
Inhalt: **Einzelinterviews**
Selbstdarstellung, meist Frage-Antwort
Ziel: näheres Kennenlernen der Kandidaten
Teilnehmer: 1 Bewerber und 2 Beobachter – Controlling, Reporting

Fairness: 1 Transparenz: 1 Stress: 1

BSH BOSCH UND SIEMENS HAUSGERÄTE GMBH

Stelle/Bereich:	Trainee Betriebswirtschaft
Studienfächer:	BWL
Abschluss des Kandidaten:	Diplom-Kauffrau
Berufserfahrung:	Praktika
Alter:	26, w.
Dauer:	1 Tag
Teilnehmer:	5 Bewerber und 4 Beobachter
Empfohlene Kleidung:	Anzug und Krawatte bzw. Kostüm
Gesamtatmosphäre:	Förmlich
Feedbackgespräche:	Nein
Einstiegsgehalt bekannt:	38.000–43.000 €
Vertragszusage:	Weiß ich nicht.

09:00–09:30 Uhr	**Begrüßung**
Inhalt:	Vorstellung der Personal- und Fachbetreuer und des Traineeprogramms
Teilnehmer:	5 Bewerber und 4 Beobachter – 2 Personalabteilung, 2 Fachabteilung

Fairness: 2   Transparenz: 2   Stress: 1

09:30–10:30 Uhr	**Selbstpräsentation**
Inhalt:	8 Minuten Englisch, 2 Minuten Fragen
Ziel:	Englisch, freies Reden
Teilnehmer:	5 Bewerber und 4 Beobachter – 2 Personalabteilung, 2 Fachabteilung

Fairness: 2   Transparenz: 2   Stress: 4

10:45–11:45 Uhr	**Logiktests**
Inhalt:	Muster erkennen
Ziel:	Genauigkeit und Schnelligkeit
Teilnehmer:	3 Bewerber und 1 Beobachter – Personalabteilung

Fairness: 2   Transparenz: 2   Stress: 3

11:55–12:45 Uhr	**Personalgespräch**
Inhalt:	Fragen zu dem vorher ausgefüllten Persönlichkeitstest
Ziel:	Motivation
Teilnehmer:	1 Bewerber und 2 Beobachter – Personalabteilung

Fairness: 3   Transparenz: 3   Stress: 4

12:45–13:30 Uhr	**Mittagspause**
Bemerkungen, Tipps:	wird angeblich nicht beobachtet
Teilnehmer:	5 Bewerber und 5 Beobachter

13:35–14:00 Uhr	**Rollenspiel**
Inhalt:	Konflikt zwischen Projekt- und Tagesgeschäft
Ziel:	Verhandlungsgeschick, Konfliktfähigkeit
Bemerkungen, Tipps:	während der 10min Vorbereitung Argumente überlegen
Teilnehmer:	1 Bewerber und 3 Beobachter – Personalabteilung

Fairness: 2   Transparenz: 2   Stress: 3

14:15–15:05 Uhr	**Fachgespräch**
Inhalt:	Wissensfragen und Fallbeispiele zum Thema Controlling
Ziel:	Fachwissen
Bemerkungen, Tipps:	Deckungsbeitrag, Grundlagen Controlling wiederholen
Teilnehmer:	1 Bewerber und 2 Beobachter – Fachabteilung

Fairness: 2   Transparenz: 2   Stress: 4

16:00–17:20 Uhr	**Gruppendiskussion**
Inhalt:	Jahresbonus soll auf 6 Mitarbeiter aufgeteilt werden
Ziel:	Initiative, Teamfähigkeit
Bemerkungen, Tipps:	Bewertungsschema ausdenken und auf die Zeit achten
Teilnehmer:	5 Bewerber und 4 Beobachter – 2 Personalabteilung, 2 Fachabteilung

Fairness: 2   Transparenz: 2   Stress: 4

17:20–17:30 Uhr	**Verabschiedung**
Inhalt:	Klärung des weiteren Ablaufes
Teilnehmer:	5 Bewerber und 4 Beobachter – 2 Personalabteilung, 2 Fachabteilung

Fairness: 1   Transparenz: 1   Stress: 1

COMMERZBANK AG

Stelle/Bereich:	Private & Business Kunden
Studienfächer:	BWL, Bankkaufmann
Abschluss des Kandidaten:	Diplom
Berufserfahrung:	2 Jahre Ausbildung, mehrere Praktika im In- und Ausland
Alter:	26, m.
Dauer:	2 Tage
Teilnehmer:	8 Bewerber und 6 Beobachter
Empfohlene Kleidung:	Anzug und Krawatte bzw. Kostüm
Gesamtatmosphäre:	Förmlich, freundlich, angenehm
Feedbackgespräche:	Ja, ausführlich
Einstiegsgehalt bekannt:	Nein
Vertragszusage:	Ja, ich habe ein Angebot erhalten, ja, andere ebenso.

1. Tag, 15:00–15:30 Uhr	**Einführung**
Inhalt:	Ablauf und Inhalt des Tests
Teilnehmer:	8 Bewerber und 6 Beobachter – Personal und Vertriebsleiter

Fairness: 1   Transparenz: 2   Stress: 1

1. Tag, 15:30–16:30 Uhr	**Pause**

1. Tag, 16:30–16:40 Uhr	**Selbstpräsentation**
Bemerkungen, Tipps:	Zeit einhalten
Teilnehmer:	1 Bewerber und 6 Beobachter – Personal- und Vertriebsleiter

Fairness: 1   Transparenz: 1   Stress: 2

1. Tag, 16:40–16:50 Uhr	**Pause**

1. Tag, 16:50–17:50 Uhr	**Unternehmenspräsentation**
Teilnehmer:	8 Bewerber und 6 Beobachter – Personal- und Vertriebsleiter

1. Tag, 17:55–18:00 Uhr	**Vorbereitung Gruppendiskussion**
Inhalt:	Kurze Einleitung der Beobachter
Teilnehmer:	8 Bewerber und 6 Beobachter – Personal- und Vertriebsleiter

Fairness: 2   Transparenz: 1   Stress: 2

1. Tag, 18:00–18:30 Uhr	**Gruppendiskussion**
Ziel:	Kommunikationsfähigkeit
Bemerkungen, Tipps:	Flipchart benutzen
Teilnehmer:	8 Bewerber und 6 Beobachter – Personal- und Vertriebsleiter

Fairness: 2   Transparenz: 2   Stress: 2

2. Tag, 08:00–08:45 Uhr	**Test**
Inhalt:	Zwei Tests: Zahlen und Sprache
Ziel:	Analytische Fähigkeit
Bemerkungen, Tipps:	Test am PC, zu wenig Zeit
Teilnehmer:	1 Bewerber und 0 Beobachter

Fairness: 3   Transparenz: 3   Stress: 4

2. Tag, 08:45 – 09:50 Uhr	**Pause**

2. Tag, 09:50–10:20 Uhr	**Interview 1**
Inhalt:	Persönliche Fragen
Teilnehmer:	1 Bewerber und 3 Beobachter – Personal- und Vertriebsleiter

Fairness: 1   Transparenz: 2   Stress: 1

2. Tag, 10:20–10:25 Uhr	Pause

2. Tag, 10:25–11:35 Uhr	Postkorb
Inhalt:	E-Mails bearbeiten, Terminplan aufstellen
Ziel:	Analytische Fähigkeit
Bemerkungen, Tipps:	PC
Teilnehmer:	1 Bewerber und 0 Beobachter

Fairness: 2   Transparenz: 2   Stress: 3

2. Tag, 11:35–12:45 Uhr	Pause

2. Tag, 12:45–13:15 Uhr	Zweites Interview
Inhalt:	Persönliche Fragen
Bemerkungen, Tipps:	viele Fragen
Teilnehmer:	1 Bewerber und 3 Beobachter – Personal- und Vertriebsleiter

Fairness: 1   Transparenz: 2   Stress: 1

2. Tag, 13:15–13:20 Uhr	Pause

2. Tag, 13:20–14:20 Uhr	Vorbereitung Projekt
Inhalt:	Planung
Bemerkungen, Tipps:	Flipchart verwenden
Teilnehmer:	1 Bewerber und 0 Beobachter

Fairness: 1   Transparenz: 1   Stress: 3

2. Tag, 14:20–14:35 Uhr	Durchführung des Projekts
Inhalt:	Präsentation
Teilnehmer:	1 Bewerber und 3 Beobachter – Personal- und Vertriebsleiter

Fairness: 1   Transparenz: 2   Stress: 2

2. Tag, 14:35–14:50 Uhr	Vorbereitung des Verkaufsgesprächs
Inhalt:	Einlesen
Bemerkungen, Tipps:	Zeit reicht gut aus
Teilnehmer:	1 Bewerber und 0 Beobachter

Fairness: 1   Transparenz: 1   Stress: 1

2. Tag, 15:30–15:45 Uhr	Verkaufsgespräch
Bemerkungen, Tipps:	Offene Fragen, Abschluss suchen
Teilnehmer:	1 Bewerber und 3 Beobachter – Personal- und Vertriebsleiter

Fairness: 1   Transparenz: 1   Stress: 1

2. Tag, 15:45–16:00 Uhr	Pause

2. Tag, 16:00–16:15 Uhr	Abschlussrunde
Inhalt:	Lockeres Feedback
Bemerkungen, Tipps:	Keine Beobachtung
Teilnehmer:	8 Bewerber und Beobachter

Fairness: 1   Transparenz: 1   Stress: 1

2. Tag, 19:30 Uhr	Feedback
Inhalt:	Entscheidung

Fairness: 1   Transparenz: 1   Stress: 3

DAIMLER AG

Stelle/Bereich:	Marketing, Trainee/Produktmanagement
Studienfächer:	BWL
Abschluss des Kandidaten:	Diplom-Kaufmann
Berufserfahrung:	3 Praktika
Alter:	26, m.
Dauer:	2 Tage
Teilnehmer:	12 Bewerber und 2 Beobachter
Empfohlene Kleidung:	Anzug und Krawatte bzw. Kostüm
Gesamtatmosphäre:	Freundlich, angenehm
Feedbackgespräche:	Ja, ausführlich, nach ein paar Tagen, telefonisch
Einstiegsgehalt bekannt:	47.000 Euro
Vertragszusage:	Ja, andere haben ein Angebot erhalten.

1. Tag, 13:30–14:00 Uhr	**Begrüßung**
Inhalt:	Vorstellung, Ablauf
Ziel:	Kennenlernen

1. Tag, 14:00–15:30 Uhr	**Online-Befragung**
Inhalt:	Deutsch/Englisch im PC-Raum
Ziel:	Logisches Denken, analytisches Denken, Persönlichkeit

Fairness: 2   Transparenz: 2   Stress: 3

2. Tag, 07:00–07:45 Uhr	**Vorbereitung Präsentation**
Inhalt:	Ordner mit Unterlagen, Metaplanwand, Overhead, Flip-Chart
Ziel:	Vortragsfähigkeiten
Teilnehmer:	12 Bewerber

Fairness: 2   Transparenz: 3   Stress: 3

2. Tag, 07:45 – 07:50 Uhr	**Pause**

2. Tag, 07:50–08:20 Uhr	**Vorbereitung Gruppendiskussion**
Inhalt:	Unterlagen, Aufgabenstellung
Ziel:	Strukturierung

Fairness: 1   Transparenz: 1   Stress: 3

2. Tag, 08:25 – 08:40 Uhr	**Präsentation**
Inhalt:	10 Minuten Präsentation, 5 Minuten Fragen
Ziel:	Spontaneität

Fairness: 1   Transparenz: 3   Stress: 4

2. Tag, 08:40–08:45 Uhr	**Pause**

2. Tag, 08:50–09:20 Uhr	**Vorbereitung Rollenspiel**
Inhalt:	Unterlagen, Situationsbeschreibung
Teilnehmer:	1 Bewerber und 2 Beobachter – Fachbereich der Stelle

Fairness: 3   Transparenz: 3   Stress: 2

2. Tag, 09:20–10:35 Uhr	**Pause**

2. Tag, 10:35–11:00 Uhr Inhalt:	Vorbereitung Interview Unternehmensprofil, 5 Minuten Selbstpräsentation
	Fairness: 2 Transparenz: 3 Stress: 2

2. Tag, 11:00–11:05 Uhr	Pause

2. Tag, 11:05–12:00 Uhr Inhalt: Ziel: Teilnehmer:	Rollenspiel Verärgerten Kunden beschwichtigen Kundenorientierung, Kundenkontakt 1 Bewerber und 2 Beobachter – nicht aus Fachbereich
	Fairness: 1 Transparenz: 2 Stress: 2

2. Tag, 12:00–13:30 Uhr	Mittagessen

2. Tag, 14:00–15:00 Uhr Inhalt:	Interview Persönlichkeit, Motivation zur Stelle, größter Erfolg, größte Niederlage
	Fairness: 2 Transparenz: 2 Stress: 4

2. Tag, 15:10–16:20 Uhr Inhalt: Teilnehmer:	Diskussion Englisch Vorstellung, E-Mail schreiben, Thema Diskussion, Reiner Fokus auf Englisch Kenntnisse 4 Bewerber und 2 Beobachter – Native Speaker
	Fairness: 1 Transparenz: 1 Stress: 2

2. Tag, 16:30–17:00 Uhr Inhalt:	Verabschiedung Feedback, Fahrtkostenabrechnung

2. Tag, ab 20:00 Uhr Inhalt: Ziel: Teilnehmer:	Gruppendiskussion Sechsergruppen Durchsetzungsvermögen, Konstruktive Beiträge 6 Bewerber und 4 Beobachter – nicht aus dem Fachbereich
	Fairness: 2 Transparenz: 2 Stress: 2

MERZ PHARMA GmbH

Stelle/Bereich:	Trainee in Marketing/Sales
Studienfächer:	Internationales Management & Marketing/Sprachen
Abschluss des Kandidaten:	Diplom Betriebswirtin
Berufserfahrung:	0–1 Jahr
Alter:	28, w.
Dauer:	1 Tag
Teilnehmer:	12 Bewerber und 8 Beobachter
Empfohlene Kleidung:	Anzug und Krawatte bzw. Kostüm
Gesamtatmosphäre:	Freundlich, angenehm
Feedbackgespräche:	Ja, ausführlich
Einstiegsgehalt bekannt:	Nein
Vertragszusage:	Keiner hat ein Angebot erhalten.

08:30–09:00 Uhr	**Begrüßung und Einführung (Deutsch)**
Inhalt:	Ablauf des ACs, Vorstellungsrunde der Kandidaten (kurz) und der Beobachter
Ziel:	Teilnehmer über den Ablauf zu informieren
Bemerkungen, Tipps:	Bei der Vorstellung an die Vorgaben halten
Teilnehmer:	12 Bewerber und 8 Beobachter – Marketing/Einkauf/HR

Fairness: 1 Transparenz: 3 Stress: 2

09:00–09:20 Uhr	**Vorbereitung Selbstpräsentation**
Inhalt:	Vorgabe über Inhalte (Englisch)
Bemerkungen, Tipps:	Kreativität, Flipcharts benutzen
Teilnehmer:	12 Bewerber und 2 Beobachter – Moderatoren der externen Agentur

Fairness: 1 Transparenz: 1 Stress: 5

09:20–10:05 Uhr	**Selbstpräsentation (Englisch)**
Inhalt:	Lebenslauf (Fähigkeiten), Vorteile für Merz, Ziele etc.
Ziel:	Selbstmarketing, Präsentationsfähigkeit, Kreativität
Bemerkungen, Tipps:	Schwerpunkte Kreativität, sicheres Auftreten, Selbst-Marketing
Teilnehmer:	4 Bewerber und 2 Beobachter – Beobachter der Unternehmens

Fairness: 1 Transparenz: 2 Stress: 4

09:20–10:05 Uhr	**Mathematisch-logischer Test (Deutsch)**
Inhalt:	52 Fragen in 45 Minuten, Mathe und Rechnen
Ziel:	Konzentration unter starkem Zeitdruck
Teilnehmer:	4 Bewerber und 1 Beobachter – Moderator der externen Agentur

Fairness: 2 Transparenz: 3 Stress: 5

09:20–10:05 Uhr	**Pause**
Bemerkungen, Tipps:	Im Zeitraum von 9.20–11.35 Uhr Abwechslung zwischen Pause, Test und Selbstpräsentation
Teilnehmer:	4 Bewerber und Beobachter

Fairness: 1 Transparenz: 2 Stress: 2

11:35–11:45 Uhr	**Pause**

11:45–12:00 Uhr	**Vorbereitung Gruppendiskussion**
Inhalt:	Fallstudie/Infos für Diskussion
Bemerkungen, Tipps:	Schwerpunkte markieren, strategisch vorgehen
Teilnehmer:	12 Bewerber und 1 Beobachter – Moderator der externen Agentur

Fairness: 1 Transparenz: 1 Stress: 4

12:00–12:30 Uhr	**Gruppendiskussion (Deutsch)**
Inhalt:	Markteinführung Sonnenschutzmittel „Bronze"
Ziel:	Teamfähigkeit, Kommunikation
Bemerkungen, Tipps:	Teamfähigkeit! Keine Führungsqualitäten
Teilnehmer:	4 Bewerber und 2 Beobachter – Moderator der externen Agentur bzw. interne Beobachter

Fairness: 2   Transparenz: 2   Stress: 3

12:30–13:00 Uhr	**Mittagspause**
Inhalt:	Getränke, belegte Brötchen, Süßigkeiten, Obst
Teilnehmer:	12 Bewerber

13:00–13:30 Uhr	**Vorbereitung Kundengespräch**
Inhalt:	An den Kunden Fitness-Getränke verkaufen
Ziel:	Verhandlungsgeschick, Argumentationsstärke
Bemerkungen, Tipps:	Schwerpunkte markieren, Vorgehensweise/Lösung überlegen
Teilnehmer:	12 Bewerber und 1 Beobachter – Moderator der externen Agentur

Fairness: 1   Transparenz: 1   Stress: 4

13:30–14:05 Uhr	**Verhandlungsgespräch (Deutsch)**
Inhalt:	Fallstudie vorhanden
Ziel:	Kundenwünsche erkennen und erfüllen
Bemerkungen, Tipps:	Wünsche des Kunden/Partners beachten
Teilnehmer:	4 Bewerber und 2 Beobachter – Beobachter des Unternehmens

Fairness: 2   Transparenz: 1   Stress: 3

13:30–14:05 Uhr	**Test Logik/Sprache/Deutsch**
Inhalt:	45 Fragen in 35 Minuten, sehr umfangreich
Ziel:	Logisches Denken unter Zeitdruck
Bemerkungen, Tipps:	Konzentriert und gelassen bleiben, keine Panik!
Teilnehmer:	4 Bewerber und 1 Beobachter – Moderator der externen Agentur

Fairness: 2   Transparenz: 2   Stress: 5

13:30–14:05 Uhr	**Pause**
Bemerkungen, Tipps:	Im Zeitraum von 13.30–15.15 Uhr Abwechslung zwischen Pause, Test und Gespräch

15:15–17:15 Uhr	**Besichtigung des Forschungszentrums und Pause, gleichzeitig Beobachterkonferenz**
Teilnehmer:	12 Bewerber und Beobachter – interne Mitarbeiter von Merz und Labormitarbeiter

17:15–18:15 Uhr	**Unternehmenspräsentation und Traineeprogramm (ausführliche Darstellung)**
Teilnehmer:	12 Bewerber und 2 Beobachter – Merz Mitarbeiter

Fairness: 1   Transparenz: 1   Stress: 2

18:15–18:30 Uhr	**Abschlussrunde (alle)**

18:30–19:15 Uhr	**Individuelle Feedbacks (je 15 Minuten)**
Teilnehmer:	1 Bewerber und 1 Beobachter – 1 Beobachter bzw. 1 Moderator der externen Agentur

Fairness: 1   Transparenz: 1   Stress: 1

19:15 Uhr	**Ende des ACs**

PEEK & CLOPPENBURG KG

Stelle/Bereich:	General Management Program und Direkteinstieg
Studienfächer:	BWL
Abschluss des Kandidaten:	Diplom-Kauffrau (Univ.)
Berufserfahrung:	Keine Angabe
Alter:	26, w.
Dauer:	1 Tag
Teilnehmer:	15 Bewerber und 2 Beobachter
Empfohlene Kleidung:	Anzug und Krawatte bzw. Kostüm
Gesamtatmosphäre:	Freundlich, angenehm
Feedbackgespräche:	Nein
Einstiegsgehalt bekannt:	Nein
Vertragszusage:	Keiner hat ein Angebot erhalten.

10:00–10:15 Uhr	**Begrüßung**
Ziel:	Erklärung des Zeitablaufs
Teilnehmer:	15 Bewerber und 2 Beobachter – Personal

10:15–12:00 Uhr	**Jobfidence-Test**
Inhalt:	Intelligenz-/Persönlichkeitstest am Computer in Deutsch
Ziel:	Test der Intelligenz, Umstellungsbereitschaft, Leistungsmotivation, Stressstabilität, Hartnäckigkeit
Bemerkungen, Tipps:	Einstellungstest im Internet üben; zeitlich begrenzt, aber Zeit wird nicht angezeigt
Teilnehmer:	15 Bewerber

Fairness: 1   Transparenz: 3   Stress: 2

12:00–13:00 Uhr	**Stil-Test**
Inhalt:	Jeder Bewerber bekommt einen Ordner mit Modeanzeigen; Designer zuordnen, Farben ordnen
Ziel:	Mode- und Stilempfinden
Bemerkungen, Tipps:	Modezeitschriften lesen
Teilnehmer:	15 Bewerber und 1 Beobachter – Personal

Fairness: 2   Transparenz: 2   Stress: 2

13:00–14:00 Uhr	**Mittagspause**
Bemerkungen, Tipps:	Jeder bekam einen 10-€-Gutschein.
Teilnehmer:	15 Bewerber

14:00–14:10 Uhr	**Vorbereitung der Selbstpräsentation**
Inhalt:	Flipchart gestalten
Bemerkungen, Tipps:	vorher über Visualisierung nachdenken
Teilnehmer:	15 Bewerber und 2 Beobachter – Personal

Fairness: 2   Transparenz: 2   Stress: 2

14:10–15:15 Uhr	**Selbstpräsentation**
Inhalt:	Flipchart Deutsch
Ziel:	Kommunikationsfähigkeit, Präsentationsstil
Bemerkungen, Tipps:	2 bis 3 Minuten Zeit
Teilnehmer:	15 Bewerber und 5 Beobachter – Personal

Fairness: 1   Transparenz: 3   Stress: 3

15:15–16:15 Uhr	**Fallstudie**
Inhalt:	3 Gruppen mit verschiedenen Aufgaben, 3 Minuten Präsentation
Ziel:	Argumentation, Durchsetzungsvermögen, Initiative, Teamfähigkeit
Teilnehmer:	15 Bewerber und 4 Beobachter – Personal

Fairness: 3   Transparenz: 3   Stress: 3

16:15–17:00 Uhr	**Fragen ans Unternehmen**
Inhalt:	Interesse zeigen
Bemerkungen, Tipps:	davor Fragen überlegen
Teilnehmer:	15 Bewerber und 4 Beobachter – Personal

Fairness: 1   Transparenz: 1   Stress: 2

SG STERN STUTTGART

Stelle/Bereich:	Hauptamtlicher Sportmanager
Studienfächer:	Sportökonomie
Abschluss des Kandidaten:	Diplom-Sportökonom
Berufserfahrung:	2 Praktika, 3 Jahre Erfahrung als freier Mitarbeiter, diverse Projekte
Alter:	29, m.
Dauer:	1 Tag
Teilnehmer:	8 Bewerber und 4 Beobachter
Empfohlene Kleidung:	Anzug und Krawatte bzw. Kostüm
Gesamtatmosphäre:	Förmlich, freundlich, angenehm
Feedbackgespräche:	Telefonisch
Einstiegsgehalt bekannt:	Nein
Vertragszusage:	Keiner hat ein Angebot erhalten.

08:30–08:50 Uhr	Begrüßung
Inhalt:	Ablaufplan AC
Bemerkungen, Tipps:	Pünktlichkeit!
Teilnehmer:	8 Bewerber und 4 Beobachter – Vorstand, Geschäftsführung

08:50–09:45 Uhr	Selbstpräsentation
Inhalt:	Deutsch (in 5 Minuten), Medium nach Wahl
Ziel:	Präsentationstalent
Bemerkungen, Tipps:	Vorgegebene Zeit einhalten
Teilnehmer:	8 Bewerber und 4 Beobachter – Vorstand, Geschäftsführung

Fairness: 1   Transparenz: 1   Stress: 2

09:45–10:15 Uhr	Pause
Teilnehmer:	8 Bewerber

10:15–10:30 Uhr	Info Gruppenübung
Inhalt:	Ablauf Gruppenübung, Gruppeneinteilung
Teilnehmer:	8 Bewerber und 1 Beobachter – Geschäftsleitung

Fairness: 1   Transparenz: 1   Stress: 1

10:30–11:00 Uhr	Gruppenübung
Inhalt:	Rollenspiel
Ziel:	Problemlösungskompetenz, Kommunikation in der Gruppe, Verhandlungsführung
Teilnehmer:	4 Bewerber und 2 Beobachter – Vorstand, Geschäftsleitung

Fairness: 1   Transparenz: 3   Stress: 2

11:00–11:15 Uhr	Ergebnispräsentation Gruppenübung
Inhalt:	Flipchart, Overhead
Ziel:	Redegewandtheit
Teilnehmer:	4 Bewerber und 2 Beobachter – Vorstand, Geschäftsleitung

Fairness: 1   Transparenz: 3   Stress: 2

11:20–11:50 Uhr	**Einzelinterview**
Inhalt:	Lebenslauf, Stärken, Schwächen, Motto etc.
Ziel:	Tauglichkeitsnachweis
Bemerkungen, Tipps:	Standardfragen vorbereiten
Teilnehmer:	1 Bewerber und 1 Beobachter – Vorstand

Fairness: 1   Transparenz: 3   Stress: 2

11:50–12:00 Uhr	**Pause**
Teilnehmer:	8 Bewerber

12:00–12:30 Uhr	**Vorbereitung Fallstudie**
Inhalt:	Deutsch, Vereins-/Finanzmanagement
Ziel:	Arbeiten unter Zeitdruck, Fachkenntnis
Bemerkungen, Tipps:	Zeit beachten
Teilnehmer:	4 Bewerber

Fairness: 1   Transparenz: 1   Stress: 3

12:30–13:30 Uhr	**Mittagspause**
Teilnehmer:	8 Bewerber und 4 Beobachter – Vorstand, Geschäftsleitung

13:30–16:00 Uhr	**Präsentation der Fallstudienergebnisse**
Inhalt:	Overhead, je 20 Minuten
Ziel:	Fachkenntnis, Reaktion auf scharfes Nachfragen
Bemerkungen, Tipps:	Nur Bereiche ansprechen, in denen man sich auskennt.
Teilnehmer:	1 Bewerber und 4 Beobachter – Vorstand, Geschäftsleitung

Fairness: 1   Transparenz: 4   Stress: 4

16:00 Uhr	**Verabschiedung**
Inhalt:	Ausblick
Teilnehmer:	8 Bewerber und 4 Beobachter – Vorstand, Geschäftsleitung

TNS INFRATEST HOLDING GMBH & CO. KG

Stelle/Bereich:	Junior Consultant Automotive
Studienfächer:	Sprachen/Wirtschafts- und Kulturraumstudien
Abschluss des Kandidaten:	Diplom
Berufserfahrung:	1 bis 2 Jahre
Alter:	26, m.
Dauer:	1 Tag
Teilnehmer:	5 Bewerber und 4 Beobachter
Empfohlene Kleidung:	Anzug und Krawatte bzw. Kostüm
Gesamtatmosphäre:	Angenehm
Feedbackgespräche:	Keine Angaben
Einstiegsgehalt bekannt:	38.000 €
Vertragszusage:	Weiß ich nicht.

09:00–10:00 Uhr — **Unternehmenspräsentation**

10:00–11:00 Uhr — **Schriftliche Aufgaben**
Inhalt: Bearbeitung von Tabellen (auf Unregelmäßigkeiten achten),
Text auf Englisch schreiben (E-Mail-Korrespondenz mit Importeur)
Teilnehmer: 3 Bewerber

Fairness: 2   Transparenz: 2   Stress: 3

11:00–12:00 Uhr — **Interview**
Inhalt: Präsentation der schriftlichen Aufgaben, gemeinsames Durchsprechen
auf Deutsch und Englisch
Teilnehmer: 1 Bewerber und 2 Beobachter

Fairness: 1   Transparenz: 2   Stress: 4

12:00–12:30 Uhr — **Lunch**

12:30–13:30 Uhr — **2. Interview**
Inhalt: Lebenslauf präsentieren (Motivation, warum Marktforschung) auf
Deutsch und Englisch im Wechsel, Marketingkenntnisse werden umrissen:
„Was ist ein Marketing-Mix?"
Teilnehmer: 1 Bewerber und 1 Beobachter – Personalverantwortliche

Fairness: 3   Transparenz: 2   Stress: 5

13:30–14:00 Uhr — **3. Interview**
Inhalt: Präsentation der vorbereiteten Präsentation (PowerPoint) auf Deutsch
und Englisch, Fragen zu Fragebogenentwicklung
Teilnehmer: 1 Bewerber und 2 Beobachter

Fairness: 3   Transparenz: 2   Stress: 5

14:00–14:20 Uhr — **4. Interview**
Inhalt: Fragen zur Marktforschung auf Deutsch und Englisch, Arbeitsbeginn,
Multivariate Verfahren
Teilnehmer: 1 Bewerber und 1 Beobachter

Fairness: 3   Transparenz: 2   Stress: 5

14:20–14:30 Uhr — **Verabschiedung und Feedback am TNS Infratest**
Bemerkungen, Tipps: Feedback über die eigene Leistung im AC nach ca. 2 bis 3 Wochen

Fairness: 1   Transparenz: 1   Stress: 0

3.7 Bewerben im Ausland

Immer mehr deutsche Akademiker entscheiden sich dafür, eine gewisse Zeit im Ausland zu arbeiten. Sei es, um spezifische Berufserfahrungen zu sammeln, leichter einen Job zu finden oder um gewisse finanzielle Anreize auszuschöpfen.

Als **Vorteile** sind ferner der Erwerb sprachlicher Qualifikationen, die Erweiterung des persönlichen Horizonts und eine Steigerung des Selbstständigkeit und des Selbstbewusstseins zu nennen, was auch die Karrierechancen zurück im Heimatland steigen lässt.

Als **Nachteile** kommen eventuelle Orientierungsprobleme, Sprachschwierigkeiten, fehlende soziale Kontakte oder Vorurteile im Gastland in Betracht. Und egal ob für

- ein Praktikum,
- eine befristete Tätigkeit oder
- eine dauerhafte Anstellung,

Sie werden eine erhebliche **Eigeninitiative** entwickeln müssen, um den zusätzlichen organisatorischen Aufwand (Arbeitserlaubnis, Unterkunft etc.) zu bewältigen.

Für viele Aspekte der Bewerbung und des Vorstellungsgesprächs gelten die allgemeinen Informationen aus diesem Kapitel, aber Sie sollten auch gewisse kulturelle Unterschiede und spezifische geschäftliche Gepflogenheiten beachten.

3.7.1 Stellensuche

Stellenvermittlung

Sowohl private als auch staatliche Stellenvermittlungen (in Deutschland die Bundesagentur für Arbeit) können eine aussichtsreiche Anlaufstelle für eine Tätigkeit im Ausland sein. Dies gilt sowohl für Bewerbungen bei internationalen Behörden als auch bei privaten Arbeitgebern.

Private Arbeitsvermittler bezeichnen sich mitunter auch als Personalberater oder Unternehmensberater.

 ACHTUNG Eine Regel, die weltweit gilt: Entstehende Kosten werden üblicherweise vom suchenden Betrieb getragen, lassen Sie sich also nicht mit schwarzen Schafen ein.

Die Adressen von staatlichen Vermittlern in Ihrem Zielland erfahren Sie über die deutschen Arbeitsagenturen (www.arbeitsagentur.de). Suchen Sie auch im Internet, etwa über die Gelben Seiten (yellow pages) des jeweiligen Landes.

Eine Reihe von Organisationen hat sich auf die Vermittlung von **Auslands-Praktika** spezialisiert:

Web-Links

- Arbeitsagentur: Zentralstelle für Arbeitsvermittlung (ZAV): www.ba-auslandsvermittlung.de/praktikum
- DAAD: Deutscher Akademischer Austauschdienst: www.daad.de.
- INWENT: Carl Duisberg Gesellschaft in Zusammenarbeit mit der Deutschen Stiftung für internationale Entwicklung: www.inwent.org.
- AIESEC: Internationale Studentenvereinigung zur Vermittlung von Auslandspraktika für Wirtschaftswissenschaftler: www.aiesec.de.
- IAESTE: Internationale Studentenvereinigung für die Vermittlung von Auslandspraktika für Techniker und Naturwissenschaftler: www.iaeste.de.
- EU: Auch die verschiedenen Organe der EU bieten Praktika an: www.europa.eu.int.

Stellenangebote

Der klassische Weg ist auch bei der Suche nach einem Job im Ausland durchaus eine ernstzunehmende Möglichkeit, allerdings eher bei gehobenen Positionen.

Zeitungen: Stellenangebote im Ausland finden Sie auch in überregionalen deutschen Zeitungen (zum Beispiel *Süddeutsche Zeitung, Frankfurter Allgemeine, Die Zeit*). Vorteilhaft ist hier, dass direkt nach einem deutschen Bewerber gesucht wird. Aber auch in den Zeitungen des jeweiligen Ziellandes können Sie fündig werden. Große ausländische Zeitungen erhalten Sie in Deutschland im Bahnhofsbuchhandel, in größeren Zeitschriftenhandlungen oder auch an Flughäfen (Alternative: das Internet). Hier einige Beispiele:

- Deutsche Zeitungen: *Süddeutsche Zeitung, FAZ, Welt, Die Zeit*
- Internationale Zeitungen: *Financial Times, International Herald Tribune, The European*
- Großbritannien: *Financial Times, Guardian, Sunday Times, Sunday Telegraph, Daily Express*
- Frankreich: *Le Figaro, Le Monde, Libération, France Soir*
- Spanien: *El País*
- Italien: *Corriere della Sera*

Fachzeitschriften: Wie auch in Deutschland werden viele international interessante Stellenangebote nur in Fachzeitschriften veröffentlicht. Fragen Sie bei Zeitschriftenhändlern und in Bibliotheken nach den entsprechenden Publikationen Ihres jeweiligen Ziellandes. Stellen bei Behörden werden oft in Amtsblättern ausgeschrieben, wie etwa im Amtsblatt der Europäischen Union.

Wenn Sie alle für Sie in Frage kommenden Fachzeitschriften kaufen oder abonnieren wollen, kann das ziemlich teuer werden. Aber auch in vielen Bibliotheken können Sie die entsprechenden Fachzeitschriften finden, von Stadtbibliotheken über Uni-Bibliotheken bis zu Handbibliotheken von Verbänden.

Internet: Einer der besten Wege für die Recherche internationaler Stellenangebote ist das Internet. Informationen dazu finden Sie im Kapitel „Internet-Bewerbung" auf Seite 275 ff.

Eigeninitiativ bewerben

In manchen Ländern oder Bereichen werden freie Stellen kaum durch Inserate in Zeitungen oder Zeitschriften publik gemacht, die Stellenbesetzung findet eher auf anderen Wegen statt. Dann kann es ein Erfolg versprechender Weg sein, auf eigene Initiative Betriebe anzusprechen, die gar kein Stellenangebot veröffentlicht haben.

So sind zum Beispiel in Spanien und Italien – aber auch in den USA oder Großbritannien – freie Bewerbungen aufgrund persönlicher Kontakte, ob durch Freunde und Bekannte oder durch Messen, Kongresse oder Ähnliches, durchaus üblich. Und viele Stellen und Praktika werden auch über freie Bewerbungen besetzt.

Denken Sie bei Ihrer Suche nach potenziellen Arbeitgebern an folgende Möglichkeiten:

- Persönliche Kontakte
- Messen, Tagungen, spezielle Kontaktmessen für Hochschulabsolventen (*career fairs*, *job fairs*) etc.
- Kammern, Verbände, Behörden
- Medien
- Nachschlagewerke

Zum Ermitteln **Erfolg versprechender Adressen** und eventuell Ansprechpartner kommen auch Industrie- und Handelskammern, Handwerkskammern, Innungen und Berufsverbände sowohl in Deutschland als auch im Zielland in Betracht, eventuell auch die Botschaft Ihres Ziellandes.

 ACHTUNG Lassen Sie sich nicht entmutigen, sollte man Ihrem Anliegen mit einem gewissen Desinteresse (die liebe Bürokratie!) begegnen. Fragen Sie gezielt und falls notwendig wiederholt nach.

Die folgenden Adressen könnten Ihnen weiterhelfen:

- **Deutsche Kammern in Deutschland**: Die nächstgelegene IHK finden Sie über das Telefonbuch. Dort erhalten Sie Adressen von Auslandskammern und von heimischen Unternehmen, die in Ihrem Zielland aktiv sind. Eventuell werden geringe Gebühren fällig.

- **Deutsche Kammern im Ausland**: Die Adressen finden Sie über Internet-Suchmaschinen oder deutsche IHKs.

- **Ausländische Kammern in Deutschland**: Umgekehrt sind auch ausländische Kammern in Deutschland vertreten, auch deren Adressen erhalten Sie über das Internet oder die IHK.

- **Ausländische Kammern im Ausland:** Recherchieren Sie auch die Kammern und Verbände in Ihrem Zielland und nehmen Sie Kontakt auf.

- **Ausländische Botschaften in Deutschland:** Hier können Sie Informationen über Unternehmen mit Kontakten nach Deutschland erhalten. Die Adressen der Botschaften erhalten Sie über Internet-Suchmaschinen oder auch über das Auswärtige Amt (www. auswaertiges-amt.de).

- **Deutsche Botschaften im Ausland:** Auch sie können Ihnen bei der Suche nach interessanten Adressen weiterhelfen.

3.7.2 Was haben Sie zu bieten?

Bei den fachlichen und beruflichen Fähigkeiten und Ihren persönlichen Stärken können Sie auf Ihre Erkenntnis aus dem Kapitel „Die Potenzialanalyse", Seite 236 ff., zurückgreifen. Hat das ausländische Unternehmen deutsche Kunden oder Lieferanten, stellen Ihre „deutschen" Sprach-, Markt- und Mentalitätskenntnisse einen spezifischen Zusatznutzen dar.

 ACHTUNG Einem ausländischen Unternehmen wird durch Ihre Einstellung einem Inländer gegenüber immer ein gewisser Mehraufwand entstehen (Formalitäten etc.). Diesen Nachteil müssen Sie durch einen **Zusatznutzen** ausgleichen. Überlegen Sie also, mit welchen Qualifikationen Sie für sich werben können.

3.7.3 Bewerbungsanschreiben

Bei englischsprachigen Geschäftsbriefen sind vor allem Unterschiede bezüglich Adressfeld, Datum und Betreff zu beachten.

Ein Beispiel für die **Adressierung und Anrede** sieht folgendermaßen aus:

Mrs A. Parker
Personnel Manager
ABC Group Ltd.
123 Main Street
London
AB1 2CD
England

Dear Mrs Parker,

Das **Datum** steht in Briefen rechts oder links oben. Im Englischen wird der Absendeort üblicherweise nicht davor gesetzt. Schreiben Sie das Datum in englischsprachigen Briefen nicht in Ziffern, das könnte zu Missverständnissen führen.

Beispiel: „09.08.09". Als Deutscher lesen Sie „9. August 2009", ein Engländer vielleicht auch, für einen Amerikaner bedeutet es jedoch: „8. September 2009". Sie sind immer auf der sicheren Seite, wenn Sie den Monatsnamen ausschreiben und die Jahreszahl vierstellig angeben.

20 August 2009

Schreiben Sie in englischen Geschäftsbriefen die **Betreffzeile** nicht über die Anrede, sondern zwischen die Anrede und den Text. Eine in englischsprachigen Stellenangeboten genannte *reference number* sollten Sie im Betreff angeben.

Dear Mrs Parker,

Marketing Manager
123/45/AB

I am writing in reply to ...

3.7.4 Lebenslauf

Der äußere Aufbau

Wie schon beim deutschen Lebenslauf empfohlen, beginnen Sie beim internationalen Lebenslauf mit Ihrer aktuellsten beruflichen Position, denn Ihre heutigen Kenntnisse sind für Ihre Gesprächspartner in aller Regel die wichtigsten. Anschließend listen Sie Ihren Werdegang Schritt für Schritt auf, soweit er für das ausländische Unternehmen noch von Interesse sein könnte.

Die Überschrift lautet üblicherweise *Curriculum Vitae* oder abgekürzt *CV*. *Resume* oder *Résumé* ist vor allem im amerikanischen Sprachraum üblich.

Häufig verwendete **Schlagwörter** sind zum Beispiel:

Persönliche Daten	*Personal details* oder *Personal information*
Name	*Name*
Vorname	*First name*
Anschrift	*Address*
Berufserfahrung	*Work experience*
Ausbildung	*Education and training*
Studium	*University*
Berufsausbildung	*Apprenticeship* bzw. *Training program*
Schule	*School*
Besondere Kenntnisse und Fähigkeiten	*Special skills and competences*
Sprachkenntnisse	*Languages*
Freizeitaktivitäten	*Leisure interests* oder *Leisure activities*
Referenzen	*References*

Bei einer Auslandsbewerbung werden Sie an vielen Stellen neben der Nennung eines Stichworts auch die Inhalte erläutern müssen. Versuchen Sie zu beschreiben, was etwa unter einer bestimmten Berufsausbildung zu verstehen ist. Was wurde Ihnen inhaltlich vermittelt? Informieren Sie sich über das Ausbildungssystem Ihres Ziellandes und versuchen Sie, die ungefähren Entsprechungen anzugeben.

> **ACHTUNG** Ein schriftlicher Lebenslauf endet im Deutschen mit Ort, Datum und Unterschrift. Im englischen Sprachraum und auch in weiten Teilen Europas ist das nicht üblich.

Persönliche Angaben

Auch bei den persönlichen Daten, die im Lebenslauf abgegeben werden, gibt es teils Unterschiede zu den deutschen Gepflogenheiten. Die folgende Auflistung zeigt, was hineingehört und was nicht:

- **Name/Vorname** (*Name/First name*)

- **Anschrift** (*Address*): Wohnadresse und Angabe des Herkunftslandes.

- **Telefon/Handy/Telefax** (*Phone/Mobile/Fax*): Denken Sie an eine internationale Angabe der Telefonnummern. Die internationale Kennzahl für Deutschland ist die „49". Laut internationaler Vereinbarung sollten Sie ein „+" davor setzen. Die erste Null der deutschen Ortsvorwahl entfällt. Die international übliche Schreibweise der Telefonnummer „(0123) 45 67 89" sieht also folgendermaßen aus: „+49 / 123 / 45 67 89".

- **E-Mail** (*E-mail*)

- **Staatsangehörigkeit** (*Nationality*)

- **Geburtsdatum/Alter/Geburtsort** (*Date of birth/Age/Place of birth*): Während in einem deutschen Lebenslauf Geburtsdatum und Geburtsort zu den Standardangaben gehören, wird in den meisten anderen Ländern der Geburtsort als entbehrlich betrachtet. In den USA sollten Sie auch auf die Angabe Ihres Alters verzichten, da die Einbeziehung des Alters dort als Benachteiligung einzelner Bewerber ausgelegt werden könnte. Gleiches gilt für die nachfolgenden Punkte.

- **Familienstand/Partner/Kinder** (*Marital status/Partner/Children*): Auf Angaben zu Familienstand, Partnerschaft und Kindern sollten Sie ebenfalls verzichten.

- **Religion** (*Religion*): Ihre Konfession ist Ihre Privatangelegenheit, es sei denn, Sie bewerben sich bei einem kirchlichen Arbeitgeber.

- **Behinderung/Krankheit/Vorstrafen/Schulden** (*Disability/Disease/Police Record/ Debts*): Machen Sie keine Angaben, die zu Ihrem Nachteil ausgelegt werden könnten, es sei denn, bestimmte Umstände könnten Einfluss auf Ihre spätere Tätigkeit haben.

> **TIPP** Die EU-Kommission strebt auf dem Gebiet der Lebensläufe eine Vereinheitlichung in der Europäischen Union an. Unter www.cedefop.eu.int/transparency finden Sie Beispiele in verschiedenen Sprachen und ein Formular, mit dem Sie Ihren eigenen Lebenslauf erstellen können.

Bewerbungsfoto

In Deutschland gehört bis jetzt noch zu einer vollständigen Bewerbung ein Porträtfoto (siehe „Die schriftliche Bewerbung", Seite 258 ff., 266 f.). In vielen anderen Ländern, insbesondere im gesamten englisch-amerikanischen Sprachraum, aber auch in den meisten Ländern Europas, sind Fotos nicht üblich. Der Grund: Man hält es für ungerecht, neben den fachlichen Qualifikationen und persönlichen Eigenschaften auch das Aussehen des Bewerbers zu „bewerten". Insbesondere in den USA führt die Betonung der **political correctness** dazu, dass ein Bewerbungsfoto sogar den direkten Ausschluss der Bewerbung bedeuten könnte.

Besondere Qualifikationen und Sprachkenntnisse

Geben Sie in Ihrer Bewerbung an, wie gut Sie die Landessprache beherrschen. Aber mogeln Sie nicht, irreführende Angaben würden spätestens beim ersten persönlichen Gespräch ans Tageslicht kommen.

Den Stand Ihrer Sprachkenntnisse könnten Sie mit den folgenden drei Stufen angeben, wobei Sie zusätzlich noch pro Sprache nach „Lesen" (*Reading*), „Schreiben" (*Writing*) und „Sprechen" (*Verbal Skills*) unterscheiden können:

> „Ausgezeichnet" (*excellent*): Sie beherrschen die Sprache aktiv wie passiv in Wort und Schrift.
>
> „Gut" (*good*): Sie können sich im Alltag verständigen.
>
> „Grundkenntnisse" (*basic*): Sie kommen mit einfachen Situationen zurecht.

MUSTER LEBENSLAUF

CURRICULUM VITAE

Maxine Musterfrau
Musterstraße 23 / 12345 Musterstadt / Germany
+49 123 45 67 89
m.musterfrau@freesurf.de
Date of birth: 14 July 1981
Nationality: German

EDUCATION AND TRAINING
Graduation as „Diplom-Informatikerin" Oct. 2008 – present
University of Musterstadt
Grade 2.3 = („good")

Main subjects of study:
Security in Distributed Systems, Information Integrity, Trusted Systems

Diploma thesis:
IT-Security Issues in Power Line Data Transmission

IT-Systemkauffrau Aug. 2000 – July 2002
Officially recognised qualification after 2 year practical training program

Abitur 2000
(A-levels in English and Mathematics)
Grade 1.2 (= „ very good")

WORK EXPERIENCE
Sales Assistant (vacation – 8 weeks) 2004
(Hellenberg Department Store – Musterstadt)
Skills Developed/Responsibilities:
- customer relations and extensive sales experience
- cash register transactions
- conducted stock-take and ordering

Waitress (casual – 5 hours/week)
Quickstep Restaurant – Musterstadt 2003 – 2005
Skills Developed/Responsibilities:
- attending to clients and dealing with any customer complaints
- following instructions from the kitchen staff and manager

SPECIAL SKILLS
Languages	German:	native speaker	French: good
	English:	excellent	Spanish: basics
IT Skills	MS Office:	competent using	
	Programming:	Java, C, (Visual) Basic, PHP, SQL, Lua, HTML, XHTML	

Stufen Sie Ihre Kenntnisse realistisch ein, denn Sie werden sie vielleicht eher unter Beweis stellen müssen, als Ihnen lieb ist. Wenn Sie selbst schon wissen, dass hier noch Handlungsbedarf besteht, führen Sie auch an, was Sie unternehmen werden, um Ihre Sprachkenntnisse zu verbessern. So könnten Sie zum Beispiel während der Bewerbungsphase Intensivkurse oder Selbstlernkurse besuchen. Informationen dazu erhalten Sie im Buchhandel oder in Stadt- oder Uni-Bibliotheken.

Special Skills and Competences
IT Skills: Windows, Word, Excel
Languages: German: native speaker
               English: fluent, written and spoken
               French: working knowledge

Europass Curriculum Vitae

Die EU-Kommission unternimmt seit einigen Jahren Bestrebungen, die Lebensläufe für Bewerbungen innerhalb der Europäischen Union zu vereinheitlichen. Wenn Sie sich beruflich in einem Mitgliedstaat der EU engagieren wollen, bietet Ihnen der Europass die Möglichkeit, die eigenen Fähigkeiten, Kompetenzen und Qualifikationen in international klar definierten Kategorien auszuweisen und zu präsentieren.

Wesentliches Kennzeichen eines Europass-Lebenslaufs ist die Einstufung des erworbenen Hochschulabschlusses gemäß der International Standard Classification of Education (ISCED97), einem von der UNESCO entwickelten Referenzrahmen oder Kodierungssystem, das die Bildungsstufen der unterschiedlich strukturierten nationalen Bildungssysteme international vergleichbar macht. Hiernach entspricht der Abschluss an einer Universität der Stufe ISCED 5A und an einer Fachhochschule dem Level ISCED 5B.

Auch die Einstufung der Sprachkenntnisse erfolgt anhand von Kompetenzstufen des gemeinsamen **europäischen Referenzrahmens**. Kenntnisse in den Bereichen Hören, Lesen, an Gesprächen teilnehmen, zusammenhängendes Sprechen und Schreiben werden in den Stufen A, B und C angegeben.

Für die Erstellung eines Europass-Lebenslaufs bietet die Europäische Union unter http:// europass.cedefop.europa.eu/ ein userfreundliches Online-Tool mit komfortablen Eingabemöglichkeiten an. Dank unterschiedlicher Ausgabeoptionen für gängige Dateiformate können Sie das erstellte Word-Dokument später nach Bedarf anpassen. Ein Ausgabe-Muster finden Sie auf der folgenden Seite.

> **TIPP** Konzentrieren Sie sich auf die wesentlichen Inhalte und stellen Sie Ihre Qualifikationen prägnant, verständlich und übersichtlich dar.

Muster Europass-Lebenslauf

Europass Curriculum Vitae

Personal information

Surname / First name	**Musterfrau, Maxine**
Address	Musterstraße 23, 12435 Musterstadt (Germany)
Telephone	(00 49) 12 34 / 56 78 90
E-Mail	m.musterfrau@freesurf.de
Nationality	German
Date of birth	14. August 1984
Gender	Female

Desired employment / Occupational field	**Position in the field of Project Management Customized Financial Services**

Work experience

Date	July 2008 – June 2009
Occupation or position held	Key Account Manager, ABCDE Dienstleistungen, Musterstadt
Main activities and responsibilities	▪ Development of conceptions for New Financial Products ▪ Preparation of presentations
Name and address of employer	Musterfirma, Musterstadt, Germany

Education and training

Date	March 2003 – April 2008
Title of qualification awarded	Diplom-Betriebswirtin (Master of Science in Economics)
Principal subjects / occupational skills covered	Financial Services, Global Markets, Cross-Cultural Trading Diploma thesis: "International Trade Activities and Price Setting in Global Markets", grade 2.0 (good)
Name and type of organisation providing education and training	Muster-University, Musterstadt, Germany
Level in national or international classification	ISCED 5A

Date	August 1995 – June 2004
Title of qualification awarded	Allgemeine Hochschulreife/Abitur (diploma from german secondary school qualifying for university admission), grade 1.2 (very good)
Name and type of organisation providing education and training	Musterschule, Musterstadt, Germany
Level in national or international classification	ISCED 3A

Personal skills and competences

Mother tongue	**German**

Other languages

Self-assessment

	Understanding				Speaking				Writing	
European level (*)	Listening		Reading		Spoken interaction		Spoken production			
English	B2	Independent user	C1	Proficient user	B1	Independent user	B2	Independent user	C1	Proficient user
Französisch	A1	Basic User	B1	Independent user	A1	Basic User	A2	Basic User	A2	Basic User

(*) Common European Framework of Reference (CEF) level

Social skills and competences	Good communication skills, own initiative, team spirit
Organisational skills and competences	Sense of organisation, good experience in project management gained by seminars
Computer skills and competences	Good command of MS Office tools, basic knowledge of graphic design applications
Driving licence	Category B

Quelle: European Communities 2003, http://europass.cedefop.europa.eu

Passen Sie die Inhalte Ihres Profils an die Anforderungen des Stellenangebots an, aber bleiben Sie – insbesondere bei der Selbsteinschätzung Ihrer Sprachkenntnisse – unbedingt realistisch, da Bewerbungsgespräche immer häufiger auch in englischer bzw. in der vom Arbeitgeber gewünschten Sprache erfolgen.

> **TIPP** Lassen Sie Ihren Lebenslauf nach Fertigstellung von einer kompetenten dritten Person gegenlesen. Bei der Erstellung des CV in einer Fremdsprache ist besondere Sorgfalt hinsichtlich Grammatik, Rechtschreibung und fachspezifischer Formulierungen geboten.

>< Web-Links

- Vorlagen und Erläuterungen zur Gestaltung Ihres EU-Lebenslaufs sowie zur Selbsteinschätzung Ihrer Sprachkenntnisse finden Sie unter http://europass.cedefop.europa.eu/
- Nähere Informationen zur ISCED-Kodierung von Abschlüssen und Bildungsstufen erhalten Sie unter www.uis.unesco.org/TEMPLATE/pdf/isced/ISCED_A.pdf

Personalfragebögen

Bei internationalen Bewerbungen werden Sie häufig aufgefordert werden, einen Personalfragebogen auszufüllen. Im Prinzip handelt es sich dabei um einen tabellarischen Lebenslauf in Formularform.

Versuchen Sie auch hier innerhalb des eng gesteckten Rahmens, dem Unternehmen Ihre **Qualifikationen** bestmöglich zu präsentieren, und schreiben Sie dasselbe, was Sie auch in einen Lebenslauf angeben würden. Meist gibt es ein **freies Feld**, in dem Sie Ihre stärksten Argumente anführen können.

3.7.5 Referenzen und persönliche Kontakte

Bei Auslandsbewerbungen sind **persönliche Kontakte**, egal ob privat oder geschäftlich, eines der wichtigsten Einstellungskriterien. In manchen Ländern, wie zum Beispiel in Spanien und in Italien, sind sie sogar ganz entscheidend.

ACHTUNG Im Gegensatz zu den in Deutschland üblichen Gepflogenheiten wird man auch oft ganz offiziell **Referenzen** von Ihnen verlangen, also eine Angabe von Personen, die bereit sind, über Sie Auskunft zu geben (etwa ehemalige Vorgesetzte, Kollegen, Geschäftspartner, Professoren). Und auch **Rückfragen bei der bisherigen Stelle** sind etwa im ganzen englischsprachigen Raum der Normalfall. Üblich sind solche Rückfragen allerdings erst, wenn sich beide Seiten schon weitgehend einig geworden sind, also normalerweise frühestens nach dem Vorstellungsgespräch.

Überlegen Sie also, kennen Sie Personen in Deutschland mit Kontakten im Zielland, die ein gutes Wort für Sie einlegen könnten? Wenn Der- oder Diejenige sich schon vor Ihrer Bewerbung mit dem betreffenden Unternehmen in Verbindung setzen würde, wäre das natürlich die beste Lösung.

Ansonsten könnten Sie

* ein entsprechendes Empfehlungsschreiben Ihrer Bewerbung beifügen. In den USA gehören *Letters of Recommendation* sogar zu einer vollständigen Bewerbung.

* Ihre „Referenzen" am Ende Ihres Lebenslaufs aufführen oder sie – aus Platzgründen – auch gesondert beilegen. Geben Sie immer eine Telefonnummer für die Kontaktaufnahme an und informieren Sie die betreffende Person, dass Sie sie anführen wollen (beziehungsweise fragen Sie nach, ob Der- oder Diejenige damit einverstanden ist).

References	
Mr Michael Mustermann	Dr Claudia Musterfrau
Office Manager	Senior Lecturer
Hellenberg Department Store	University of Musterstadt
Musterstraße 25	Postfach 12 34
12345 Musterstadt	12345 Musterstadt
Tel: 2 34 56	Tel: 2 34 56

3.7.6 Ihre Unterlagen

In allen englischsprachigen Ländern und auch in Frankreich, Spanien und Italien ist es üblich, dass Sie Ihrem Bewerbungsschreiben – sofern Ihnen nichts anderes mitgeteilt wurde – zunächst nur Ihren Lebenslauf beilegen. Die eigentlichen Unterlagen (Zeugnisse etc.) bringen Sie dann im Original zum Vorstellungsgespräch mit, mit einem Satz Kopien für das Unternehmen. Arbeitszeugnisse wie in Deutschland sind in vielen Ländern unbekannt. Dort wird eher auf Rückfragen am ehemaligen Arbeitsplatz gesetzt. Wenn Sie über ein gutes Arbeitszeugnis verfügen, kann es natürlich nicht schaden, es vorzulegen.

Arbeitserlaubnis

Am leichtesten gestaltet sich die Erteilung einer Arbeitserlaubnis immer dann, wenn Sie über eine im Land gesuchte Qualifikation verfügen. Oft wird Sie dann der suchende Betrieb im Umgang mit den Behörden unterstützen. Ansonsten ist es für Ihre Bewerbung immer von Vorteil, wenn Sie angeben können, dass Sie die Erteilung der erforderlichen Arbeitserlaubnis schon in Angriff genommen haben. Erkundigen Sie sich schon vorab, welche Bestimmungen in Ihrem Zielland gelten, am besten über die Botschaft oder diplomatische Vertretung Ihres Wunschlandes, die Adressen finden Sie im Internet unter www.auswaertiges-amt.de.

Ausbildungsabschlüsse

Grundsätzlich sollten Sie bedenken, dass Sie Ihre fachlichen Abschlüsse in einem Bildungssystem erworben haben, das Ihren Gesprächspartnern prinzipiell erst einmal unbekannt ist, und Sie sich eventuell um eine offizielle Anerkennung Ihrer Zeugnisse und Zertifikate kümmern müssen.

Bei **privaten Unternehmen** wird diese Frage oft recht pragmatisch gehandhabt: wenn Sie dem Betrieb vermitteln konnten, dass Sie für die Stelle geeignet sind, wird die formale Frage der Ausbildungsabschlüsse oft keine Rolle spielen. Bereiten Sie sich jedoch darauf vor, Ihrem Gesprächspartner zu vermitteln, über welche für die jeweilige Stelle relevanten Kenntnisse und Fähigkeiten Sie verfügen und mit welchen Ergebnissen Sie dabei im Vergleich abgeschnitten haben (siehe Abschnitt „Lebenslauf", Seite 267 ff.).

Anders sieht die Sache bei **staatlichen Stellen** oder internationalen Organisationen aus, hierfür müssen Sie Ihre Abschlüsse eventuell offiziell anerkennen lassen, aufgrund entsprechender rechtlicher Vorschriften, Fairness-Grundsätze etc.

Erkundigen Sie sich am besten im Vorfeld, welche Anforderungen diesbezüglich in Ihrem Fall und Zielland gelten: Erster Ansprechpartner sind auch hier wieder die Botschaften des jeweiligen Landes. Im Land selber sind dann in der Regel die Arbeits- oder Bildungsministerien zuständig.

Übersetzungen und Erläuterungen

Bei der Übersetzung von **Zeugnissen** haben Sie folgende Möglichkeiten:

- Ist Deutsch in Ihrem Zielland zumindest eine der Landessprachen, oder wenn Sie zum Beispiel nur ein Praktikum anstreben, können Sie eventuell auf eine Übersetzung verzichten.
- Werden Sie zur Vorlage einer Übersetzung aufgefordert, können Sie die Übersetzung natürlich selbst vornehmen.
- Sind Sie sich aufgrund der Fachsprache in Zeugnissen unsicher, sollten Sie ein Übersetzungsbüro damit beauftragen.
- Wird eine amtlich beglaubigte Übersetzung verlangt, müssen Sie ein Übersetzungsbüro mit einer entsprechenden Zulassung beauftragen.

Angesichts unterschiedlicher Bildungssysteme sollten Sie, anstelle von oder ergänzend zu Übersetzungen, Ihren Gesprächspartnern im Unternehmen einige Erläuterungen zur Aussagekraft der jeweiligen Zeugnisse geben.

Ungefähre Entsprechungen von Noten

Deutsch	Englisch
1	A
2	B
3	C
4	D
5	E (GB) / F (= failed) (USA)
6	N (= not passed) (GB) / F (= failed) (USA)

Auch das deutsche Benotungssystem ist Ihren Lesern wahrscheinlich nicht bekannt. Liefern Sie zur Einordnung am besten eine Aufstellung der gesamten Notenskala mit oder verwenden Sie den Schlüssel des europäischen Referenzrahmens (siehe Seite 354 f.).

3.7.7 Nachhaken

Während in Deutschland oft davor gewarnt wird, nach dem Versand der Bewerbungsunterlagen zu früh nachzuhaken, sollten Sie bei Auslandsbewerbungen solche Bedenken über Bord werfen. Vielerorts wird Ihre **Nachfrage** sogar **erwartet**, als Zeichen, dass Sie engagiert bei der Sache sind, etwa im englisch-amerikanischen Raum.

Setzen Sie sich nach dem Versand Ihrer Bewerbung eine realistische Frist, bis wann eine Reaktion des Unternehmens zu erwarten ist. Haben Sie dann nichts gehört, können Sie problemlos nachfragen, ob alles angekommen ist, denn es könnten ja Probleme auf dem Postweg entstanden sein ... Oder fragen Sie einfach, ob weitere Informationen erforderlich sind.

Bleiben Sie auch im weiteren Bewerbungsprozess höflich, aber hartnäckig. Rufen Sie immer wieder mal an und fragen Sie nach dem Stand der Dinge.

3.7.8 Dankschreiben

In manchen Ländern, besonders den englischsprachigen, ist im Anschluss an ein Vorstellungsgespräch ein kurzes Dankschreiben des Bewerbers per Post oder per E-Mail üblich. Bedanken Sie sich für die angenehme Atmosphäre, den positiven Gesprächsverlauf oder den interessanten Informationsaustausch und unterstreichen Sie, wie sehr die gewonnenen Eindrücke Sie in Ihrem Interesse an der Stelle bestärkt haben. Das Dankschreiben ist natürlich auch geeignet, sich noch einmal positiv in Erinnerung zu bringen.

Muster Dankschreiben

Dear Mr Williams,

thank you once again for the pleasant and informative interview on 9 July. ... The impressions I gained confirmed me in my interest to work for ABC company. I look forward to hearing from you soon.

3.7.9 Länderspezifische Tipps

Aufgrund der vielfältigen Gegebenheiten in den unterschiedlichen Zielländern konnte in diesem Abschnitt nur auf allgemeine Gemeinsamkeiten von Auslandsbewerbungen eingegangen werden. Die folgenden Internet-Adressen sind ein guter Ansatzpunkt für die weitere **länderspezifische Recherche**.

✂ www.pointofcareer.de/index.php?a=189

Bietet eine ausgezeichnete Übersicht zur Bewerbung in Frankreich, Finnland, Estland, England, Dänemark, Irland, Lettland, Litauen, Niederlande, Norwegen, Österreich, Polen, Schweden, Schweiz, Slowakei, Tschechische Republik und Spanien.

Die Informationen zu den jeweiligen Ländern sind unterteilt in Allgemeines, Der Arbeitsmarkt, Job finden, Anerkennung von Diplomen, Besonderheiten bei der schriftlichen Bewerbung, Vorstellungsgespräch, Steuern und soziale Leistungen.

>< www.europaserviceba.de

Der „Europaservice" der Bundesagentur für Arbeit bietet unter dem Link „Arbeitnehmer" und „Arbeiten im Ausland" umfassende Informationen zu Stellensuche, Bewerbung, Anerkennung von Abschlüssen, Arbeits- und Vertragsrecht und Weiterem, und zwar zu 30 europäischen Ländern von Belgien bis Zypern. Im Widerspruch zum Namen finden Sie unter „Arbeiten weltweit" zusätzliche Informationen zu Australien, China, Kanada, Neuseeland und USA.

3.8   MLP Career Services

Mit Ihrem Studium haben Sie bereits einen entscheidenden Schritt in Ihre berufliche Zukunft gemacht. Damit Sie von Anfang an erfolgreich in Ihre Karriere starten können, unterstützt Sie MLP beim Berufseinstieg.

▪ **MLP Seminare**

Hier vermitteln wir Ihnen das nötige Wissen, um für den Berufseinstieg optimal gerüstet zu sein. Wählen Sie das für Sie relevante Seminar aus dem breiten MLP-Seminar-Portfolio: Erfolgreicher Start in den Beruf, Finanzielle Aspekte der Karriereplanung, Gehaltsverhandlungen, Studium und Praktikum im Ausland, Assessment Center Training, Rhetorik und Präsentation, Soft Skills Training und Case Study Training.

▪ **ABSOLVENTA – die Jobbörse**

ABSOLVENTA ist eine Jobbörse für Studenten, Absolventen und Young Professionals. Junge Akademiker bewerben sich nicht bei den Unternehmen, sondern die Unternehmen bewerben sich bei den jungen Akademikern. Der klassische Bewerbungsprozess wird somit umgedreht. Das ABSOLVENTA-Prinzip lautet „Gefunden werden statt bewerben". Studenten und Absolventen erreichen mit der Einstellung ihres Profils hunderte interessante Unternehmen und finden so den optimalen Einstieg ins Berufsleben. Young Professionals können ihr Interesse an neuen beruflichen Herausforderungen bekunden.

Die bei ABSOLVENTA registrierten Unternehmen können die Datenbank durch Eingabe individueller Kriterien wie Studiengang, Praxiserfahrung, Sprachkenntnisse etc. nach potenziellen Mitarbeitern durchsuchen und die anonymisierten Lebensläufe einsehen. Bei Interesse an bestimmten Absolventen kann das Unternehmen seinen Wunschkandidaten über ABSOLVENTA eine Kontaktanfrage stellen, um sie zu Vorstellungsgesprächen einzuladen oder um konkrete Jobangebote zu unterbreiten.

MLP und ABSOLVENTA kooperieren seit September 2008. Einen Zugangscode für ABSOLVENTA erhalten Sie beim MLP-Berater.

„Sie wird reich erben."

„MLP bringt alle weiter."

MLP CAMPUSPARTNER
FINANZ COACH I CAREER SERVICES I TOP ARBEITGEBER

In Finanzen ist MLP
Ihr bester Partner.

Eine erfolgreiche Karriere sollte immer von einer passenden Finanzstrategie begleitet werden. Ob gebührenfreies Girokonto, weltweit kostenlose Bargeldverfügung, Auslandskrankenversicherung oder Studienkredite. MLP ist Ihr CampusPartner bei allen Finanzthemen. Seit über 35 Jahren betreuen wir als unabhängiger Finanzmakler Akademiker mit einem ganzheitlichen Finanzmanagement. Bei uns sind Sie von Beginn an in besten Händen. Stellen Sie uns auf die Probe: **01803 554400***.

*9 ct/Min. bei Anrufen aus dem Festnetz der DTAG/Mobilfunkpreise ggf. abweichend.

 **MLP**

www.mlp-campuspartner.de

Finanzberatung, so individuell wie Sie.

Der Marketingberater für erfolgreiche Führungskräfte

Das Marketing Premium Magazin aus St. Gallen

gratis + **gratis**

Marketing Review St. Gallen

www.marketingreview.ch

Profitieren Sie vom Wissen der Vordenker und eröffnen Sie sich neue Perspektiven für erfolgreiches Marketing.

Exklusive Tasse „Think Swiss" inkl. Löffel gratis – für Sie.

2 Ausgaben Marketing Review St. Gallen – gratis.

Einfach Fax-Gutschein ausfüllen und faxen an: (0611) 78 78 407

JA, ich möchte 2 Ausgaben Marketing Review St. Gallen kennen lernen – plus die exklusive Tasse. **Das Kennenlern-Paket erhalte ich gratis.**

_____
Name, Vorname

_____
Firma, Abteilung

_____
Straße, Nr.

_____
PLZ, Ort

X

_____
Datum, Unterschrift   31109204

Wenn mir „Marketing Review St. Gallen" gefällt, brauche ich nichts weiter zu tun. Ich erhalte dann jährlich 6 Ausgaben „Marketing Review St. Gallen" zum Preis von € 155,– inkl. Versand u. MwSt. (zahlbar gegen Rechnung). Den Bezug kann ich jederzeit zur nächsten erreichbaren Ausgabe beenden. Möchte ich „Marketing Review St. Gallen" nicht weiter lesen, melde ich mich innerhalb von 10 Tagen nach Erhalt des 2. Probeheftes schriftlich. (Ein Angebot der GWV Fachverlage GmbH, Geschäftsführer Dr. Ralf Birkelbach, A.F. Schirmacher, AG Wiesbaden HRB 9754.)

Die Tasse und die Probehefte darf ich auf jeden Fall behalten.

Oder bestellen Sie einfach per Telefon: **+49 (0) 5241/801968**
oder per E-Mail: **gabler@abo-service.info**

© KNABEundKNABE.de

▪ Join the best – Das internationale Praktikumsprogramm von MLP

Sie wollen etwas von der Welt sehen, andere Kulturen kennen lernen und zugleich beruflich weiterkommen sowie internationale Praxiserfahrung sammeln? Dann ist das internationale Praktikumsprogramm „Join the best" von MLP mit 14 renommierten Global Playern in Weltmetropolen wie Shanghai, Singapur oder New York genau richtig für Sie. Bereits während des Studiums können Sie wichtige Grundsteine für eine spätere Karriere legen. Zusammen mit weltweit agierenden Unternehmen bietet „Join the best" Praktikumsplätze in den interessantesten Metropolen und Technologiezentren der Welt an. Die Praktika dauern zwischen zwei und sechs Monaten.

Bewerben können sich alle deutschsprachigen Studenten ab dem dritten Semester, Absolventen, Referendare und Doktoranden. Besonders interessant ist das Programm für Studenten, die Führungspositionen in Unternehmen anstreben. Anhand eines konkreten Projekts mit klarer Zielvorgabe stellen Sie Ihr Können unter Beweis und arbeiten in der Nähe der jeweiligen Unternehmensentscheider.

MLP vergibt 14 Stipendien für ein Auslandspraktikum bei Top-Unternehmen, welches Flug, Unterkunft, MLP-Versicherungspaket und MLP-Kreditkarte beinhaltet. Weitere Informationen zum internationalen Praktikumsprogramm von MLP finden Sie unter www.jointhebest.info.

▪ MLP Firmendatenbank

Die Firmendatenbank enthält über 220.000 Profile von kleinen, mittleren und großen Unternehmen aus unterschiedlichen Branchen. Darüber hinaus enthält sie auch Profile von öffentlichen Institutionen, Behörden und Verbänden. Jedes Profil beinhaltet seinerseits die wichtigsten Informationen wie beispielsweise Adress- und Telekommunikations-Daten, E-Mail, Geschäftsfelder, Niederlassungen, Umsatz, um nur einige zu nennen.

▪ MLP Gehaltsdatenbank

Die MLP-Gehaltsdatenbank ist aufgrund ihrer Ausführlichkeit und hohen Datenqualität einzigartig. Unter Berücksichtigung gehaltsrelevanter Faktoren wie Studiengang, Branche, Tätigkeitsbereich und Position kann eine individuelle Gehaltsanalyse für Berufseinsteiger, Young Professionals und Berufserfahrene erstellt werden. Mit diesem Wissen können Sie Ihren eigenen Marktwert besser einschätzen und sich in der Gehaltsverhandlung bzw. in der Bewerbung entsprechend selbstsicher positionieren.

▪ MLP Assessment Center Datenbank

MLP besitzt eine Datenbank mit der größten Sammlung von Assessment Center-Protokollen. Hier erfahren Sie an konkreten Beispielen, wie namhafte Unternehmen das Assessment Center (AC) zur Personalauswahl einsetzen. Die Informationen zu AC-Abläufen von über 540 Unternehmen helfen Bewerbern, sich optimal auf ein Auswahlverfahren vorzubereiten (ausgewählte Datenbankauszüge finden Sie in Kapitel 3.6 ab Seite 328). Die Auszüge aus den Assessment Center-Protokollen geben Aufschluss darüber, was Bewerber bei Firmen wie beispielsweise Accenture, Daimler, BMW, Bosch, IBM, SAP, Unilever erwartet.

- **Persönlichkeitsanalyse G.P.O.P.**

Der Verlauf der Karriere hat sich in den letzten zehn Jahren stark geändert und unterliegt einem permanenten Wandel. Dies bedeutet, dass junge Menschen heute anders planen müssen als früher. Bei der Karriereplanung sind Instrumente erforderlich, die helfen, sich selbst zu steuern. Es wird nach Orientierungshilfen gesucht, um zu wissen, wohin es gehen kann und was man dafür tun muss.

Persönlichkeit ist der Schlüssel zum Erfolg – der G.P.O.P. (Golden Profiler of Personality) erfasst und beschreibt persönliche Verhaltensweisen und Potenziale. Mit dem G.P.O.P. als Selbsteinschätzungsinstrument können persönliche Neigungen bewusst erkannt und für die eigene Lebens- und Karriereplanung nützlich eingesetzt werden. Er erweist sich als bedeutende Unterstützung zur Steigerung der sozialen Kompetenz und Entwicklung der Kommunikation. Darüber hinaus ist der G.P.O.P. ein zuverlässiges Instrument mit einer fundierten Theorie und basiert auf wissenschaftlicher Grundlagenforschung.

>< MLP Finanzdienstleistungen AG
Alte Heerstraße 40
69168 Wiesloch
Telefon 0 62 22 / 3 08 82 90
Fax 0 62 22 / 3 08 12 21
career-services@mlp.de
www.mlp-campuspartner.de
oder in jeder MLP Geschäftsstelle an Ihrem Hochschulstandort.
Adressen aller Geschäftsstellen finden Sie unter www.mlp.de.

3.9 Nachhaken

Ob nach dem Versand Ihrer Bewerbung oder (in selteneren Fällen) nach einem Vorstellungsgespräch: Wenn Sie nichts mehr von dem Unternehmen hören, müssen Sie abermals aktiv werden und in Erfahrung bringen, ob man an Ihnen interessiert ist oder ob zum Beispiel Ihre Unterlagen überhaupt angekommen, beim richtigen Ansprechpartner gelandet sind etc.

3.9.1 Nach der Bewerbung

Bewerber stellen sich oft die Frage, ab wann man sich nach dem Stand der Dinge erkundigen kann, ohne aufdringlich zu wirken. Dafür gibt es leider keine allgemeingültige Regel, da der Bewerbungsprozess in den jeweiligen Unternehmen ganz unterschiedlich abläuft. Eine Firma braucht natürlich eine gewisse Zeit, um die Bewerbungen zu sichten, vorzusortieren und sich für das weitere Vorgehen zu entscheiden. Wahrscheinlich wird man dort ein- bis eineinhalb Wochen warten, bis der Großteil der Bewerbungen eingetroffen ist, um dann eine Vorauswahl zu treffen.

Mit einer **Absage** können Sie im Normalfall schneller rechnen, da nicht ins Raster passende Bewerbungen gleich aussortiert werden. Wenn Sie Pech haben, können Sie es jedoch auch mit einem Unternehmen zu tun bekommen, das sich zuerst auf die interessanten Kandidaten konzentriert und den Absagen nur nachrangige Bedeutung einräumt, wie gesagt, es gibt keine festen Regeln.

Ist das Unternehmen grundsätzlich an Ihrer Bewerbung interessiert, werden Sie vorab einen **Zwischenbescheid** erhalten, in dem man den Eingang der Unterlagen bestätigt und eventuell einen Zeitraum nennt, in welchem mit einer weiteren Kontaktaufnahme zu rechnen ist.

 ACHTUNG Ob mit oder ohne Zwischenbescheid, nach **drei bis vier Wochen** ist ein Nachhaken durchaus akzeptabel.

Bei **Online-Bewerbungen** gehören Absagen beziehungsweise Zwischenbescheide oft leider nicht zum Standard. Orientieren Sie sich am gleichen Zeitrahmen wie bei der klassischen Bewerbung.

3.9.2 Nach dem Vorstellungsgespräch

Zum Abschluss des Vorstellungsgesprächs hatten Sie sich erkundigt beziehungsweise wurde Ihnen vom Unternehmen mitgeteilt, wie das weitere Vorgehen aussehen wird. Generell können Sie nach circa 14 Tagen nachhaken, falls Sie überhaupt nichts hören. Hat man Ihnen einen Termin genannt, sollten Sie erst zwei bis drei Tage nach Ablauf des Termins die Initiative ergreifen, da sich auf Unternehmensseite immer gewisse Verzögerungen ergeben können.

Nach einer mündlichen Vertragszusage sollten Sie den Vertrag innerhalb der nächsten drei bis vier Tage erhalten, auch die Rücksendung des gegengezeichneten Arbeitsvertrags Ihrerseits sollte nicht viel länger dauern.

3.9.3 Nachhaken per Telefon

Bereiten Sie sich auch auf dieses Telefonat gut vor und greifen Sie nicht spontan zum Hörer. Was genau möchten Sie erfahren? Ob man Ihre Bewerbung erhalten hat? Ob Sie in die engere Auswahl gekommen sind? Wie die Vorgehensweise bei der Besetzung der Stelle aussieht?

 ACHTUNG Notieren Sie Ihre Fragen, zusätzlich sollten Sie die Anzeige, Ihre Bewerbungsunterlagen und Schreibzeug bereitliegen haben.

Fragen Sie sich gegebenenfalls zum richtigen Ansprechpartner durch und begrüßen Sie ihn mit seinem Namen. Nennen Sie Ihren Namen und geben Sie an, auf welche Position und wann Sie sich beworben haben. Diese Angaben sind wichtig, da Sie sicher nicht der einzige Bewerber sind.

Formulieren Sie dann freundlich Ihre Frage. Auch wenn Sie sich vielleicht darüber geärgert haben, dass man Sie warten lässt: **Aggressives Verhalten** oder **Vorwürfe** machen niemals einen guten Eindruck. Nutzen Sie stattdessen die Chance, die Ernsthaftigkeit Ihrer Bewerbung zu unterstreichen und Ihr Interesse an einer Zusammenarbeit zu demonstrieren. Wenn Sie es geschickt anstellen, können Sie durch einen freundlichen Nachhak-Anruf durchaus Punkte sammeln.

Wenn man Ihnen im Moment keine weiteren Informationen zum Stand der Dinge geben kann, dann fragen Sie nach, wann Sie sich wieder melden können beziehungsweise wann mit einem Zwischenbescheid zu rechnen ist.

Wie schon beim telefonischen Einholen von Informationen kann es Ihnen passieren, dass Ihr Gesprächspartner die Gelegenheit zu einem kurzen Interview nutzt. Deshalb sollten Sie Ihre Bewerbungsunterlagen zur Hand haben, um auf **spontane Nachfragen** souverän antworten zu können. Bedanken Sie sich zum Abschluss in jedem Fall für das Gespräch.

Sonderfall: Wenn eine andere Firma Ihnen ein Angebot unterbreitet hat und auf Ihre Zu- oder Absage wartet, Sie aber an dieser Stelle viel mehr Interesse haben, dann sprechen Sie das Problem an. Sind Sie ein aussichtsreicher Kandidat, wird man versuchen, eine Lösung zu finden.

Wie Sie auf eventuelles **wochenlanges Vertrösten** oder Ausbleiben von Rückrufen reagieren möchten, müssen Sie selbst entscheiden. Vorfälle dieser Art könnten jedoch durchaus einen Hinweis auf den im Unternehmen gepflegten Umgangsstil geben.

3.9.4   Nachhaken per Brief

Eine schriftliche Nachfrage ist sehr unpersönlich und generell weniger zu empfehlen, es sei denn, Ihr Ansprechpartner ist telefonisch grundsätzlich nur sehr schwer zu erreichen.

Geben Sie in einem solchen Fall als Betreff Ihre Bewerbung mit Datum an und formulieren Sie ein freundliche Frage nach dem aktuellen Stand Ihrer Bewerbung. Enden Sie mit den üblichen freundlichen Grüßen und Ihrer Unterschrift.

MUSTERBRIEF

Max Mustermann
Musterstraße 84
12345 Musterstadt
Tel. 0 57 43 / 6 66 66

Muster-AG
Frau Maxine Musterfrau
Musterstraße 12
54321 Musterdorf

Ihre Anzeige in der xy-Zeitung vom 18. Juli 2009, Kennziffer 123

Sehr geehrte Frau Musterfrau,

am ... habe ich mich bei Ihnen als ... beworben. Ich glaube, für Sie der richtige Mitarbeiter zu sein, da ich alle Anforderungen der Stelle erfülle.

Meine besonderen Fähigkeiten und Stärken für die angestrebte Tätigkeit sind:
...
...

Gerne stehe ich Ihnen in einem Vorstellungsgespräch für weitere Informationen zur Verfügung. Wenn Sie sich schon für einen Bewerber entschieden haben sollten, senden Sie mir bitte meine Bewerbungsunterlagen zurück. Danke.

Mit freundlichen Grüßen

(Unterschrift)

3.10 Nach der Zu- oder Absage

3.10.1 Wie Sie mit einer Absage umgehen

Die Nachbereitung Ihres Vorstellungsgesprächs ist auch sinnvoll, wenn Sie den Job nicht bekommen haben. Denn Sie sollten **analysieren**, warum es nicht geklappt hat. So können Sie in Zukunft Fehler vermeiden.

Versuchen Sie, das Gespräch anhand der folgenden Fragestellungen noch einmal in Ruhe nachvollziehen:

- Was verlief während des Gesprächs nicht gut?
- Wo lagen die zentralen Punkte?
- Welche Fragen konnte ich nicht zufriedenstellend beantworten?
- Was würde ich das nächste Mal anders machen?
- War ich ausreichend vorbereitet?

Auch wenn Absagen in der Regel schriftlich und ohne Angabe von Gründen erfolgen, kann es sich dennoch lohnen, den Gesprächspartner anzurufen und nach den **Gründen** zu fragen. Versichern Sie dabei Ihrem Gesprächspartner, dass es Ihnen nicht darum geht, die Entscheidung doch noch zu Ihren Gunsten zu beeinflussen (was ohnehin illusorisch wäre), sondern nur um **Anhaltspunkte für Ihr weiteres Vorgehen** bei der Stellensuche zu erhalten. Diese Informationen helfen Ihnen beim nächsten Gespräch weiter. Allerdings muss sich im Rahmen des neu verabschiedeten „Antidiskriminierungsgesetzes" erst noch zeigen, ob sich in der Praxis aufgrund des Rechtsrisikos Unternehmensvertreter noch zu spezifischen Aussagen bereit erklären.

3.10.2 Wie Sie eine Stelle absagen

Wenn Sie eine Zusage erhalten haben, die Stelle aber nicht antreten möchten, sollten Sie schnell reagieren und die Absage freundlich und fair gestalten und begründen. Denn wie heißt es so schön: Man trifft sich immer zweimal im Leben. Wenn Sie mit dieser Firma in Ihrem weiteren Berufsleben noch zu tun haben könnten (was ja innerhalb einer Branche etwa nicht ungewöhnlich ist), wollen Sie auch im Fall einer Absage Ihrerseits einen guten Eindruck hinterlassen.

Rufen Sie Ihren Gesprächspartner an und teilen Sie Ihre Entscheidung persönlich mit. Eine angebrachte Formulierung könnte zum Beispiel lauten: „Ich wollte Sie so schnell wie möglich informieren, damit Sie Ihr weiteres Vorgehen planen können. Ich habe mich anders entschieden, weil .... Ich wollte mich aber dennoch noch einmal für die freundliche Atmosphäre bei unserem Gespräch bedanken."

Eine persönliche Kontaktaufnahme ist in einem solchen Fall einer E-Mail oder einem Brief aus Zeit- und Höflichkeitsgründen immer vorzuziehen.

3.10.3 Einladung zu einem zweiten Gespräch/Zusage

Wenn Sie zu einem zweiten Gespräch eingeladen wurden oder Ihnen sogar ein Vertrag angeboten wurde, müssen Sie sich **weiter vorbereiten** oder gewisse **Entscheidungen treffen.**

Wenn Ihnen die Stelle direkt angeboten wurde, können Sie durchaus um eine kurze Bedenkzeit bitten. Bedanken Sie sich und sagen Sie freundlich, dass Sie sich alles gerne durch den Kopf gehen lassen möchten. Fragen Sie, bis wann das Unternehmen Ihre Entscheidung braucht. Es versteht sich von selbst , dass ein zu langes Zögern unangebracht ist.

Zur Vorbereitung auf ein zweites Gespräch oder einen Vertragsabschluss sollten Sie sich fragen:

CHECKLISTE

- Welche Punkte sind noch offen?
- Auf welche Aspekte sollte ich mich für das nächste Gespräch besonders vorbereiten?
- Welche Anforderungen an mich haben sich abgezeichnet?
- Wie war mein Eindruck vom Betriebsklima?
- Kann ich in dieser Position meine Interessen verwirklichen?
- Ist das Unternehmen ein attraktiver Arbeitgeber?
- Wie sind die Marktposition und das Image des Unternehmens?
- Welchen Eindruck haben meine Gesprächspartner bei mir hinterlassen?
- Was hat mir nicht gefallen?
- Entspricht die Stelle meinen Erwartungen?

Beantworten Sie sich diese Fragen und gleichen Sie Ihr persönliches Erwartungsprofil an einen neuen Job mit den Informationen, über die Sie jetzt verfügen, ab.

3.11 Die Gehaltsverhandlung

Vielleicht wurden Sie schon in der Stellenanzeige aufgefordert, Ihre **Gehaltsvorstellungen** zu nennen. Gerade für Berufsanfänger eine heikle Angelegenheit. Sie hatten nun drei Möglichkeiten, im Anschreiben darauf zu reagieren:

- Sie ignorierten die Aufforderung und riskierten es, aussortiert zu werden.

- Sie nannten einen Betrag.

- Sie formulierten in etwa folgendermaßen: „Auf meine Gehaltsvorstellungen würde ich gerne in einem persönlichen Gespräch, in dem ich mehr zur Position und deren Umfeld erfahren habe, näher eingehen."

Wenn Sie sich für die dritte Variante entschieden haben, müssen Sie im Vorstellungsgespräch natürlich darauf vorbereitet sein, auf die Frage nach den Gehaltsvorstellungen zu antworten. Manchem Studienabsolventen fällt es jedoch schwer, den **eigenen Marktwert** realistisch einzuschätzen. Es besteht immer das Dilemma zwischen einer zu hohen Forderung – und damit einer Ablehnung – und der Angst, sich unter Wert verkauft zu haben. Gerade Berufsanfänger sind häufig auch glücklich, überhaupt eine **gute Einstiegsposition** gefunden zu haben, und sind deshalb mit fast jedem Angebot zufrieden.

Für eine erfolgreiche Gehaltsverhandlung ist es also unabdingbar, dass Sie sich ausreichend Zeit für die **gründliche Vorbereitung** nehmen.

> **TIPP** Keine Angst vor der Gehaltsverhandlung, wenn Sie sich als geschickter Verhandler präsentieren, wird man daraus auch auf Ihre Qualitäten im Job schließen.

3.11.1 Gehaltsverhandlungen vorbereiten

Wer zu hoch pokert, wird leicht in seine Schranken verwiesen. Daher sollten Sie vorher eingehend **recherchieren**, welche Gehälter in der entsprechenden Branche in vergleichbaren Positionen und Unternehmen gezahlt werden:

- Internet (zum Beispiel www.gehalt.de)
- Verwandte, Freunde oder Bekannte
- Statistisches Bundesamt
- Berufsverbände und Gewerkschaften bzw. Tarifverträge
- Fachliteratur und Wirtschaftsmagazine (*Capital*, *Managermagazin*, *Wirtschaftswoche* etc.)
- Personalberatungen

Zu beachten ist außerdem:

- Wie groß ist das Unternehmen (Konzern, Mittelständler)?
- Wird in dem Unternehmen bei Berufseinsteigern überhaupt über das Einstiegsgehalt verhandelt oder gibt es starre Einstiegstarife?
- Hat eventuell der Standort des Unternehmens einen Einfluss auf das gezahlte Gehalt (zum Beispiel Großstadt contra Provinz)?
- Wie sind die Gehaltsentwicklungen in der Branche?

Nachdem Sie jetzt eine grobe Vorstellung von dem zu erwartenden Gehalt haben, überlegen Sie, wie dies zu Ihren persönlichen Vorstellungen passt. Was geht vom Bruttogehalt ab, was verbleibt netto? Wie viel bräuchten Sie, um gut über die Runden zu kommen? Verhandeln Sie niemals über das künftige Monats-, sondern immer nur über das **Jahresgehalt**, damit gegebenenfalls auch ein 13. oder 14. Monatsgehalt mit einbezogen ist.

Überlegen Sie sich Ihre persönliche **Gehaltsuntergrenze**, die Sie gerade noch akzeptieren würden.

Machen Sie sich auch über die Zusammensetzung Ihres Gehalts Gedanken. Eine Vergütung besteht nicht nur aus der monatlichen Überweisung aufs Konto. Sie sollten hier auch die so genannten **Fringe Benefits**, eben all die Leistungen, die Sie über den Lohn hinaus erhalten, mit einbeziehen.

Mögliche **Zusatzleistungen** sind:

- Prämien,
- Aktienoptionen,
- Provisionen,
- Rabatte,
- Firmenwohnungen,
- Firmenwagen,
- Urlaubs- und Weihnachtsgeld,
- Vermögenswirksame Leistungen,
- Zuschuss zur Lebensversicherungen,
- Betriebsrente,
- Weiterbildungen,
- Erstattung von Umzugskosten,
- Zuschuss zur Berufskleidung,
- Firmeneigener Kindergarten oder
- Fahrtkosten.

Prämien, Aktienoptionen und Provisionen werden auch unter dem Begriff **variable Gehaltsbestandteile** zusammengefasst. **Prämien oder Bonuszahlungen** werden inzwischen sehr oft gezahlt. Sie beziehen sich auf die eigene Leistung, die Leistung eines Teams/einer Abteilung oder des gesamten Unternehmens und werden meist als bestimmter Prozentsatz bezogen auf das Grundgehalt bezahlt. Um die persönliche Leistung des einzelnen Mitarbeiters bewerten zu können, werden im Vorfeld oft **Zielvereinbarungen** abgeschlossen. Vorgesetzter und Mitarbeiter einigen sich dabei, welche Ziele im Einflussbereich des Mitarbeiters bis zu welchem Zeitpunkt erreicht werden sollen. Der Zielerreichungsgrad bestimmt dann die Höhe der zusätzlichen Zahlung.

Und auch **immaterielle Dinge** wie ein gutes Betriebsklima, nette Kollegen oder ein schönes Lebensumfeld werden Ihre Entscheidung beeinflussen. Auch ein Einstieg zu einem niedrigeren Gehalt als eigentlich erwartet oder ein Jobwechsel ohne Gehaltssteigerung kann sinnvoll sein, etwa wenn Sie in Ihre persönliche Traumfirma wechseln, eine attraktive berufliche Weiterentwicklung in Aussicht gestellt wird, weniger Arbeitszeit als vorher zu leisten ist oder Sie einen von Ihnen gewünschten Ortswechsel realisieren können.

Was haben Sie zu bieten?

Wenn Sie ein Gehalt fordern, müssen Sie immer mit der mehr oder weniger unverblümten Frage rechnen: „Warum sollten wir Ihnen ein so hohes Gehalt zahlen?" Machen Sie daher vor der Gehaltsverhandlung eine Bestandsaufnahme (am besten schriftlich), was Sie besonders qualifiziert.

Ihre Gehaltsvorstellungen können Sie zum einen mit Ihrem **Qualifikationen** und zum anderen mit eventuell bereits vorhandenen **Berufserfahrungen** (Praktika) begründen. Verhandeln Sie vielleicht sogar aus einer gewissen Stärke heraus, weil Sie andere Vertragsangebote vorliegen haben?

Gute Argumente wären beispielsweise:

- Branchenerfahrung,
- bereits Praktika im Unternehmen oder beim Wettbewerber absolviert,
- besonders gute und für die Position nützliche Sprachkenntnisse,
- für die Position nützliche Kontakte,
- wichtige, bereits absolvierte Weiterbildungen, die dem Unternehmen Schulungskosten ersparen,
- Zusatzqualifikationen wie beispielsweise Promotion, MBA,
- Ihr persönliches Auftreten und
- ob die Stelle rasch besetzt werden muss.

3.11.2 Gesprächsführung

Ganz grundsätzlich sollten Sie die Regel beherzigen, dass über Geld nicht Sie zuerst sprechen, sondern das **Unternehmen den ersten Schritt** macht. Denn an Ihrem Gesprächspartner liegt es, Ihnen weiteres Interesse zu signalisieren. In den meisten Fällen werden die vertraglichen Rahmenbedingungen erst in einem zweiten Einstellungsgespräch verhandelt.

ACHTUNG Sie sollten das Thema Gehalt und eventuelle Sonderleistungen schon deshalb nicht von sich aus ansprechen, weil dies ein ungünstiges Licht auf Sie und Ihre Bewerbung wirft. Bei Ihrem Gegenüber könnte der Eindruck entstehen, als sei das Geld und nicht die Aufgabe und die Zusammenarbeit mit den neuen Kollegen im Unternehmen Ihre ausschlaggebende Motivation.

Sie können nun mit drei Situationen konfrontiert werden: Sie erhalten ein feststehendes Angebot („Das Einstiegsgehalt beläuft sich auf …"), Sie werden nach Ihren Vorstellungen gefragt („Was hatten Sie sich denn so vorgestellt?") oder man nennt eine Summe und fragt nach, ob Sie damit zufrieden wären.

Wenn man Sie im Vorstellungsgespräch nach Ihren Gehaltsvorstellungen fragt, dann können Sie **um ein Angebot bitten**, etwa mit der Frage: „Was zahlen Sie einem Berufseinsteiger/Analysten/Young Professional in dieser Position grundsätzlich?" Denn realistischerweise muss konstatiert werden, dass der Verhandlungsspielraum für Berufseinsteiger in der Regel relativ klein ist.

Wesentlich selbstbewusster wirkt es jedoch, wenn Sie **aktiv auf die Frage eingehen**. Sie müssen Ihre Vorstellungen nicht bis auf den Euro genau beziffern, sollten jedoch eine Größenordnung nennen können. Vermeiden Sie es am besten, ein Spektrum wie zum Beispiel 40.000 bis 45.000 € zu nennen, sondern legen Sie sich auf einen möglichst **realistischen Betrag** fest, den Sie durch Ihre Vorbereitung ermittelt haben. Denn wenn Sie dem Personalverantwortlichen schon zu Beginn der Verhandlung Spielräume aufzeigen, wird er diese natürlich zu nutzen versuchen.

Setzen Sie am Anfang auch nicht gleich das niedrigste Gehalt an, mit dem Sie gerade noch zufrieden wären, sonst fehlt Ihnen später der **Verhandlungsspielraum**.

Seien Sie sich Ihrer Stärken und Qualifikationen bewusst, „pokern" Sie aber nicht bis zum Letzten. Beide Seiten sollten hinterher schließlich zufrieden sein.

CHECKLISTE

Die wichtigsten Gesprächstipps

- Erfragen Sie bereits im Vorstellungsgespräch, welche Kriterien für die Einstellung am wichtigsten sind, und bauen Sie Ihre Argumentation darauf auf.
- Überlegen Sie sich Argumente, die Ihren Marktwert vermitteln.
- Legen Sie Ihr Verhandlungsziel und Ihre Schmerzgrenze vorher fest.
- Halten Sie direkten Blickkontakt, während Sie Ihre Vorstellung nennen, und vermeiden Sie es, Unsicherheit zu signalisieren.
- Begründen Sie die Gehaltsvorstellung anhand der eigenen Vorzüge aus Sicht des Unternehmens.
- Bewahren Sie Ruhe.
- Reagieren Sie flexibel, beziehen Sie vor allem die zusätzlichen Leistungen und zukünftige Anpassungen mit ein.

3.11.3 Arbeitsvertrag

Nach erfolgter Zusage wird Ihnen Ihr zukünftiger Arbeitgeber einen Arbeitsvertrag zuschicken. Dessen wesentliche Bestandteile sind:

- das Aufgabengebiet,
- der Einsatzort,
- der Eintrittstermin,
- das Gehalt,
- die Wochenarbeitszeit,
- der Jahresurlaub und
- die Probezeit.

ACHTUNG Rein **mündliche Absprachen** sind im Nachhinein immer schwer nachvollziehbar. Überprüfen Sie also, ob alle im Gespräch vereinbarten Bedingungen im Vertrag auch berücksichtigt wurden.

Arbeitsverträge sind meist vorformuliert und einen Großteil ihrer Bestimmungen werden Sie nicht mit Ihrem zukünftigen Arbeitgeber verhandeln. Achten Sie jedoch besonders auf Bestandteile, die Ihre Person oder Ihre zukünftige Tätigkeit im Unternehmen betreffen. Diese Punkte sollten im Arbeitsvertrag unbedingt geregelt sein. Bei der Überprüfung hilft Ihnen die folgende Checkliste:

CHECKLISTE

Arbeitsvertrag

- Zeitpunkt der Beschäftigungsaufnahme
- Übernahme der Umzugskosten bzw. Umzugspauschale
- Vertragsdauer und Probezeit
- Kündigungsfristen
- Einsatzort
- Aufgabengebiet, Aufgaben und Pflichten
- Entscheidungskompetenzen
- Höhe und Zusammensetzung des Gehalts
- Nebenleistungen
- Altersvorsorge (Direktversicherung und Vermögenswirksame Leistungen)
- Regelung bei Dienstreisen
- Wochenstunden und Überstundenregelung
- Arbeitszeiten: gleitend oder starr?
- Urlaubstage

- Weiterbildungen
- Nebentätigkeiten (unzulässig oder erfordert eine Zustimmung)
- Geheimhaltung
- Wettbewerbsverbot
- Schlussbestimmungen

 ACHTUNG Der Arbeitsvertrag sollte niemals sofort nach einem Vorstellungsgespräch unterschrieben werden. Für die Rücksendung des unterzeichneten Vertrags können Sie sich ungefähr eine Woche Zeit lassen, prüfen Sie den Vertrag also genau, um später vor unliebsamen Überraschungen geschützt zu sein.

Im Einzelnen sollten Sie folgende Aspekte berücksichtigen:

- **Nennung der Vertragspartner**

  Die Namen und Anschriften der Vertragspartner (genaue Firmenbezeichnung!) sollten eindeutig genannt sein.

- **Stellenbeschreibung und Aufgaben**

  Die Tätigkeit, die Stellung in der betrieblichen Hierarchie und der **Dienstsitz** sollten genau beschrieben sein. So sind Sie vor der Übertragung anderer Aufgaben oder einer örtlichen Versetzung geschützt.

- **Befristet oder unbefristet**

  Das **befristete Arbeitsverhältnis** endet nach Ablauf der vereinbarten Frist und die Fortsetzung des Vertragsverhältnisses setzt den Abschluss eines neuen, unbefristeten Vertrags voraus. Das **unbefristete Arbeitsverhältnis** geht nach der Probezeit direkt in ein festes Arbeitsverhältnis über, wenn keine Kündigung erfolgte.

- **Eintrittsdatum/Probezeit**

  Der Eintrittstermin sollte konkret festgelegt werden. Gewöhnlich wird eine drei- oder sechsmonatige Probezeit vereinbart. Sie ermöglicht beiden Seiten, das Vertragsverhältnis innerhalb von 14 Tagen ohne Angabe von Gründen zu kündigen. Üblich und maximal zulässig sind sechs Monate Probezeit.

- **Zeitpunkt der Beschäftigungsaufnahme**

  Bei mehr als sechs Monaten bis zum Eintrittstermin sollte ein Rücktrittsrecht vereinbart werden.

- **Arbeitszeit**

  Die Arbeitszeit wird gewöhnlich in Wochenarbeitsstunden angegeben. Hierbei ist es ratsam, auch die **Überstundenregelung** und gegebenenfalls deren Vergütung/Freizeitausgleich zu regeln. Mitarbeiter in Führungspositionen vereinbaren meist ein **außertarifliches Gehalt**, das anfallende Überstunden einschließt.

- **Verdienst**

  Der Verdienst wird in den meisten Fällen in einem **Jahresbruttogehalt** angegeben, auch die **Form der Auszahlung** wird im Arbeitsvertrag festgelegt. Leistungen, die nicht tariflich geregelt sind, wie ein 13. oder 14. Monatsgehalt, Urlaubs- und Weihnachtsgeld, vermögenswirksame Leistungen oder auch der Firmenwagen sind **zusätzliche Leistungen**, die ausdrücklich beschrieben werden müssen. Einigt man sich auf eine **Erhöhung der Bezüge** nach der Probezeit, sollte dies ebenfalls vertraglich festgehalten werden.

- **Urlaubsregelung**

  Der **gesetzliche Mindesturlaub** umfasst 24 Arbeitstage. Ist im Vertrag von Werktagen die Rede, so wird der Samstag mitgerechnet. Während des Urlaubs zahlt der Arbeitgeber die volle Vergütung weiter. Während der **Probezeit** ist normalerweise kein Urlaub möglich.

- **Nebentätigkeit**

  In den meisten Fällen behält sich der Arbeitgeber das Recht vor, Nebentätigkeiten des Arbeitnehmers zuzustimmen. Er kann seine Zustimmung jedoch nur dann verweigern, wenn der vertraglich geregelte Einsatz des Arbeitnehmers durch die Nebentätigkeit eingeschränkt wird.

- **Geheimhaltungspflichten**

  Sie beinhalten eine Schweigepflicht über betriebliche Geheimnisse. Diese Verpflichtung gilt für Sie als Arbeitnehmer auch noch, wenn Sie das Unternehmen verlassen haben, und sollte nicht zu detailliert sein. Denn schließlich sind Sie bei einem neuen Arbeitgeber darauf angewiesen, Ihre beruflichen Erfahrungen nutzen zu können.

- **Kündigungsfristen**

  Während der Probezeit ist eine beiderseitige Kündigung mit einer Frist von zwei Wochen und ohne Angabe von Kündigungsgründen möglich. Wird im Arbeitsvertrag keine Kündigungsfrist geregelt und gilt auch kein Tarifvertrag, tritt danach die gesetzliche vierwöchige Frist in Kraft.

MUSTERARBEITSVETRAG

Anstellungsvertrag mit

Frau Manuela Musterfrau

1. Vertragsbeginn und Aufgabengebiet

Sie werden ab dem 1. Oktober 2009 als _____ in unserem Unternehmen am Standort Musterstadt angestellt und berichten entsprechend unserer derzeitigen Organisationsstruktur an den Leiter der Abteilung _____
_____.

2. Arbeitszeit

Die Arbeitszeit orientiert sich an den Erfordernissen Ihrer Tätigkeit. Sollte Mehrarbeit anfallen, so ist diese mit dem Vorgesetzten und bei einem Überschreiten von 20 Stunden/Monat mit der Personalabteilung abzustimmen. Mehrarbeit kann nur nach den jeweils gültigen Regelungen abgegolten werden. Sie nehmen an der für den Betrieb gültigen Gleitzeit teil. (Nähere Bestimmungen hierzu sind in der Betriebsvereinbarung Gleitzeit festgehalten.)

3. Vertragsdauer und Kündigungsfristen

Es wird eine Probezeit von sechs Monaten vereinbart. Die Kündigungsfrist innerhalb der Probezeit beträgt einen Monat zum Monatsende, nach der Probezeit sechs Wochen zum Ende eines Kalendervierteljahres.

Das Anstellungsverhältnis endet ohne Kündigung spätestens mit Ablauf des Kalendermonats, in dem Sie das jeweilige gültige gesetzliche Renteneintrittsalter erreicht haben, sofern nicht tarifliche oder andere Vorschriften ein früheres Ausscheiden bestimmen.

4. Vergütung

Ihr Bruttomonatsgehalt beträgt : _____ €

Darüber hinaus erhalten Sie entsprechend der jeweiligen tarifvertraglichen Regelungen eine Jahressonderzahlung, derzeit ein 13. Monatsgehalt. Dies wird zur Hälfte im November des Anspruchsjahres und der Restbetrag im darauf folgenden April ausbezahlt.

5. Dienstreisen

Bei Dienstreisen haben Sie Anspruch auf Ersatz der notwendigen Auslagen entsprechend der jeweils gültigen gesetzlichen Reisekostenregelung.

6. Lohnfortzahlung

Die Lohnfortzahlung erfolgt entsprechend den gesetzlichen Bestimmungen.

7. Vermögensbildung

Das Unternehmen zahlt bei Vorlage eines gültigen Sparvertrags nach sechs Monaten Betriebszugehörigkeit Zuwendungen zur Vermögensbildung bis zu einer Höhe von _____ €/Monat bei Vollzeitarbeit.

8. Urlaubsanspruch

Es gelten die Urlaubsbestimmungen des Tarifvertrages in seiner jeweils gültigen Fassung; dabei ergibt sich ein Urlaubsanspruch von derzeit 30 Arbeitstagen pro Kalenderjahr.

9. Nebentätigkeit

Für Ihre Tätigkeit bei uns erwarten wir Ihre volle Arbeitskraft. Die Übernahme jeder auf Erwerb gerichteten Nebentätigkeit sowie Vorträge oder sonstige Nebentätigkeiten, welche die Interessen der Firma berühren, bedürfen deshalb der vorherigen schriftlichen Zustimmung durch uns.

10. Einstellungsuntersuchung

Voraussetzung für das endgültige Wirksamwerden des Vertrages ist das zufriedenstellende Ergebnis einer allgemeinen ärztlichen Untersuchung durch den Werksarzt, soweit nicht anders vereinbart.

11. Erfindungen und Verbesserungen

Das Unternehmen ist über Erfindungen, Verbesserungen und andere schutzrechtsfähige Arbeitsergebnisse, die Ihren Arbeitsbereich betreffen, unverzüglich zu unterrichten. Erfindungen, die Sie vor Beginn des Arbeitsverhältnisses gemacht haben und die nicht bereits von einem früheren Arbeitgeber in Anspruch genommen sind, sind der Gesellschaft spätestens zehn Tage nach Beginn Ihrer Tätigkeit schriftlich bekannt zu geben. Rechte an nicht schutzrechtsfähigen Erfindungen, Verbesserungen usw., die Sie während des Arbeitsverhältnisses im Tätigkeitsbereich der Gesellschaft erwerben, gehen auf die Gesellschaft über und sind durch die Vergütung abgegolten.

12. Datenschutz

Sie erklären sich damit einverstanden, dass Ihre persönlichen Daten im Sinne des Bundesdatenschutzgesetzes gespeichert und automatisch verarbeitet werden.

13. Geheimhaltung

Sie verpflichten sich, über alle Ihnen im Rahmen Ihrer Tätigkeit zur Kenntnis gelangten Tatsachen, Geschäftsvorgänge sowie Know-how Stillschweigen – auch nach Ihrem Ausscheiden – zu bewahren und diese nicht anderweitig zu verwenden. Die Ihnen zur Verfügung gestellten Unterlagen bleiben das Eigentum des Unternehmens und sind jederzeit auf Verlangen herauszugeben.

14. Weitere Bestimmungen

Im Übrigen gelten die gesetzlichen Bestimmungen, die jeweils für Sie gültigen betrieblichen Bestimmungen sowie die Anweisungen des Unternehmens in der jeweils gültigen Fassung, Alle Ansprüche aus dem Arbeitsverhältnis sind innerhalb von sechs Monaten nach ihrer Fälligkeit schriftlich geltend zu machen. Änderungen und Ergänzungen bedürfen der Schriftform. Sollten einzelne Bestimmungen dieses Vertrages ganz oder teilweise unwirksam oder undurchführbar sein, so wird hierdurch die Gültigkeit des Vertrags im Übrigen nicht berührt. Derartige Bestimmungen sind durch solche Bestimmungen zu ersetzen, die den von Ihnen und dem Unternehmen verfolgten wirtschaftlichen Zielsetzungen am nächsten kommen. Dieser Vertrag ist zweifach angefertigt, jede Vertragspartei erhält ein Exemplar.

Musterstadt, 9.07.2009

_____   _____

Unterschrift Unternehmen   Unterschrift Mitarbeiter

3.12 Die wichtigsten Dos & Don'ts für Ihre Bewerbungsstrategie – Tipps der Bewerbungsprofis Hesse/Schrader

Bewerbungsstrategie

Dos:

- Versuchen Sie Ihre eigenen Stärken und Schwächen so objektiv wie möglich zu erkennen.
- Erstellen Sie Ihr berufliches Profil kurz und prägnant.
- Formulieren Sie ein berufliches Ziel.
- Finden Sie Unternehmen, die genau Ihr Leistungsprofil brauchen.
- Betreiben Sie geschicktes Marketing in eigener Sache.
- Bauen Sie berufliche Netzwerke auf und pflegen Sie diese.
- Planen Sie Ihre Karriere kurz-, mittel- und langfristig.
- Steigern Sie Ihren beruflichen Marktwert kontinuierlich.

Don'ts:

- Geben Sie auch bei vielen Rückschlägen keinesfalls auf und federn Sie Attacken auf Ihr Durchhaltevermögen ab.
- Lassen Sie sich nicht vom Zufall leiten – orientieren Sie sich gezielt auf dem Arbeitsmarkt.
- Denken Sie bei der Suche nach potenziellen Arbeitgebern nicht nur in klassischen Bahnen.
- Unterschätzen Sie keinesfalls die Bedeutung von Soft Skills.
- Gehen Sie nie unvorbereitet in ein AC.

Bewerbungsunterlagen

Dos:

- Gestalten Sie jede Bewerbung individuell für den jeweiligen Arbeitgeber.
- Sprechen Sie den Verantwortlichen stets namentlich direkt an.
- Kennen Sie Ihren Ansprechpartner nicht, greifen Sie zum Telefon und bringen Sie seinen Namen in Erfahrung.
- Machen Sie deutlich, was Sie kompetent macht, warum Sie leistungsmotiviert sind und dass auch Ihre Persönlichkeit gut ins Unternehmen passt.
- Senden Sie bei E-Mail-Bewerbungen alle Dokumente in einer Datei von höchstens 2 bis 3 MB Größe.

Don'ts:

- Unterschätzen Sie keinesfalls die Wirkung Ihres Fotos.
- Unterschätzen Sie auch nicht die Bedeutung Ihrer Unterschrift.
- Lassen Sie es bei der Zusammenstellung der Unterlagen keinesfalls an Sorgfalt mangeln.
- Verwenden Sie nicht nur langweilige Standardformulierungen.
- Gestalten Sie Ihre Bewerbungsunterlagen nicht achtlos oder anspruchslos.

Vorstellungsgespräch

Dos:

- Bereiten Sie sich mit Hilfe der Literatur gründlich auf die wichtigsten Fragen vor.
- Überlegen Sie vorher genau, was Sie auf Einwände oder schwierige Fragen antworten werden.
- Üben Sie intensiv die Formulierung eigener Botschaften.
- Beherrschen Sie die Regeln des Small Talk.
- Formulieren Sie vorher Fragen, die Sie selbst stellen wollen.

Don'ts:

- Vermeiden Sie falsche Kleidung, die nicht zur ausgeschriebenen Stelle passt.
- Treten Sie die Anreise nicht ohne ordentliche Planung an – und gehen Sie nicht leichtfertig von staufreien Straßen oder pünktlichen Zügen aus.
- Lassen Sie die Wirkung und Aussagefähigkeit von Körpersprache und Körperhaltung nicht außer Acht.
- Unterschätzen Sie nicht den Sympathie-Faktor.
- Beginnen Sie das Gespräch nicht mit der Gehaltsverhandlung.

Gehaltsverhandlung

Dos:

- Recherchieren Sie Ihren einen eigenen Marktwert.
- Erarbeiten Sie überzeugende Argumente und Belege für die eigene Leistungsfähigkeit.
- Lernen Sie vorher, die Regeln der Verhandlungskunst praktisch umzusetzen.
- Reagieren Sie individuell auf die Angebote des Arbeitgebers.
- Sprechen Sie mit dem Gesprächspartner klar und konkret über Ihre eigenen Wünsche und Anliegen.

Don'ts:

- Lassen Sie bei der Verhandlung kein Unterlegenheitsgefühl oder mangelndes Selbstbewusstsein aufkommen.
- Verderben Sie Ihre Erfolgsaussichten nicht durch unzureichende Vorbereitung.
- Halten Sie nicht zu dogmatisch an bestimmten Forderungen fest.
- Unterbrechen Sie den Gesprächspartner nicht.
- Lassen Sie keine Ungeduld erkennen.
- Lassen Sie die Zeichen und Botschaften der Körpersprache nicht außer Acht.

Die ersten 100 Tage im Job

Dos:

- Orientieren Sie sich an der Firmenphilosophie.
- Zeigen Sie sich in fachlicher und menschlicher Hinsicht lernbereit.
- Holen Sie fehlende Informationen gezielt ein.
- Zeigen Sie auch Ihre menschliche, freundlich offene Seite.
- Gehen Sie auf Ihre neuen Kollegen offen zu und stellen Sie sich den Mitarbeitern unaufgefordert vor.

Don'ts:

- Weichen Sie nicht zu sehr von den allgemein akzeptierten Umgangsformen ab.
- Vermeiden Sie verbales Imponiergehabe.
- Gehen Sie nicht unvorbereitet in Meetings.
- Vermeiden Sie aufdringliches Besserwissergehabe.
- Rechtfertigen Sie nicht krampfhaft Fehler, die Sie zu verantworten haben.

Das **Büro für Berufsstrategie Hesse/Schrader** ist ein bekanntes Karriereberatungs- und Seminarunternehmen. Langjährige Berufspraxis, mehrere Millionen verkaufte Bücher, jährlich über 250 Seminare sowie über 2.500 Einzelklienten sprechen für eine umfassende Kompetenz und Erfahrung.

Seminar- und Beratungsangebote zum Thema Bewerbung:

- Erfolgreich bewerben – Mit Marketing in eigener Sache zum neuen Job
- Die perfekte Bewerbungsmappe
- Der überzeugende Auftritt im Vorstellungsgespräch
- Professionelle Strategien für die Jobsuche
- Die erfolgreiche Gehaltsverhandlung
- Arbeitszeugnisse richtig interpretieren
- Die erfolgreiche Initiativbewerbung
- Richtig telefonieren in der Bewerbungsphase
- Assessment Center-Training
- Probezeit – Die ersten 100 Tage im Job
- Spezielle Bewerbungsstrategien für Frauen

Seminar- und Beratungsangebote für Führungskräfte:

- Vom Kollegen zum Chef – So bestehen Sie in Ihrer ersten Führungsposition
- Konstruktive Mitarbeitergespräche
- Erfolgreiche Verhandlungsführung
- Motivation – So führen Sie sich und andere zum Erfolg
- Probleme identifizieren und lösen – So treffen Sie die richtige Entscheidung
- 360-Grad-Feedback

Kontakt:
Büro für Berufsstrategie Hesse/Schrader
Oranienburger Str. 4–5
10178 Berlin
Tel. 01805-288 200
Fax 030-2888 5736
info@berufsstrategie.de
www.berufsstrategie.de

3.13 Weiterführende Literatur

Begemann, Petra (Hrsg.): *Das große Handbuch der Berufsstrategie*, Eichborn, Frankfurt 2006

Brenner, Doris/Brenner: Frank, *Assessment Center*, Gabal, Offenbach 2005

Dahm, Johanna: *Career Lounge. Karriereplanung mit Köpfchen*, Volk, München 2005

Fuchs, Angelika/Westerwelle, Axel: *Bewerbung für Hochschulabgänger*, Goldmann, München 2005

Gabler/MLP: *Berufs- und Karriereplaner IT und E-Business 2007/2008*, Gabler Verlag, Wiesbaden 2007

Gabler/MLP: *Berufs- und Karriereplaner Life Sciences 2007/2008*, Gabler Verlag, Wiesbaden 2007

Gabler/MLP: *Berufs- und Karriereplaner Technik 2007/2008*, Gabler Verlag, Wiesbaden 2007

Göpfert, Georg: *Aktiv bewerben – Tipps für Stellensuche, Bewerbung und Vorstellung*, Beck Verlag, München 2006

Hagmann, Jasmin/Hagmann, Christoph: *Die besten Bewerbungsmuster für Bachelor- und Masterabsolventen*. Mit interaktiver CD-ROM. Rudolf Haufe Verlag, Freiburg 2007

Hesse/Schrader: *Das große Hesse/Schrader Bewerbungshandbuch*, Eichborn, Frankfurt 2007

Hesse/Schrader: *Die 100 häufigsten Fragen im Vorstellungsgespräch. Richtig formulieren, verstehen, verhandeln*, Eichborn, Frankfurt 2006

Hesse/Schrader: *Die perfekte Bewerbungsmappe für Hochschulabsolventen*, Eichborn, Frankfurt 2006

Hesse/Schrader: *Einfach besser bewerben*, Eichborn, Frankfurt 2007

Lorenz, Michael/Rohrschneider, Uta: *Vorstellungsgespräche: Mit dem neuen Gleichbehandlungsgesetz*, Haufe, Freiburg 2006

Lüdemann, Carolin/Lüdemann, Heiko: *Fangfragen im Vorstellungsgespräch souverän meistern*, Ueberreuter, Frankfurt – Wien 2008

Müller-Thurau, Claus Peter/Krausser-Raether, Helga: *Erfolgreich bewerben. Das große Handbuch. Anschreiben, Lebensläufe, Bewerber-Knigge, Experten-Rat*, Haufe, Freiburg 2006

Püttjer, Christian/Schnierda, Uwe: *Assessment-Center-Training für Hochschulabsolventen*, Campus Verlag, Frankfurt 2006

Püttjer, Christian/Schnierda, Uwe: *Das große Bewerbungshandbuch*, Campus Verlag, Frankfurt 2006

Püttjer, Christian/Schnierda, Uwe: *Das überzeugende Bewerbungsgespräch für Hochschulabsolventen*, Campus Verlag, Frankfurt 2006

Püttjer, Christian/Schnierda, Uwe: *Die Bewerbungsmappe mit Profil für Hochschulabsolventen*, Campus Verlag, Frankfurt 2006

Reichel, Wolfgang: *Erfolgreiche Musterbewerbungen und Lebensläufe. 50 Beispieltexte und Gestaltungsvorschläge*, Goldmann, München 2005

4

DIE EINSTIEGSPHASE

4.1 Die erfolgreiche Probezeit

Das lange Lernen hat sich gelohnt, der erste Job ist da. Die meisten Berufsanfänger sind aufs Höchste motiviert für die erste konkrete Aufgabe und ganz begierig darauf, das erlernte Wissen in der Praxis umzusetzen. Dabei lassen sie manchmal außer Acht, dass sich das Arbeiten im Unternehmen nicht nur auf die Bewältigung konkreter Aufgaben beschränkt. Ein Unternehmen ist ein komplexes soziales Gefüge mit individuellen Werten (Unternehmenskultur) und Besonderheiten, die wahrzunehmen und zu beachten sind, wenn man längerfristig erfolgreich sein will. Hier erfahren Sie, worauf Sie in der Probezeit unbedingt achten müssen, um aus Sicht des Unternehmens zu bestehen und andererseits auch zu entscheiden, ob die Aufgabe oder/und das Unternehmen zu Ihnen passen. Denn die Probezeit ist immer von beiden Seiten zu betrachten – als Entscheidungsphase nicht nur für das Unternehmen, sondern auch für den neuen Mitarbeiter. Wenn Ihnen bereits im Verlauf der Probezeit ernsthafte Bedenken erwachsen, werden Sie auf Dauer wahrscheinlich nicht erfolgreich in diesem Unternehmen arbeiten können.

4.1.1 Der erste Tag

 ACHTUNG Es gibt keine zweite Chance für den ersten Eindruck!

Der erste Eindruck zählt – diese einfache Tatsache sollten Sie sich immer vor Augen halten. Sie werden gerade am ersten Tag sehr genau beobachtet. Die Kollegen sind neugierig auf den neuen Mitarbeiter und achten einfach auf alles. Das beginnt mit der Kleidung, der Begrüßung, den ersten Gesprächen etc. Wenn Sie die Weichen jetzt nicht richtig stellen, lässt sich das später zwar noch korrigieren, aber meist nur langsam und mit viel Geduld.

Das richtige Outfit

„Was ziehe ich an?" – diese Frage ist gerade für den ersten Tag oft nur schwer zu beantworten, denn man kennt die Gepflogenheiten des Unternehmens und besonders der eigenen Abteilung noch nicht. Und natürlich ist die passende Kleidung auch abhängig von der Branche und Ihrer Position.

Wenn Sie bezüglich des angemessenen äußeren Erscheinungsbildes eher unsicher sind, stellen Sie die Frage nach den entsprechenden Gepflogenheiten am besten schon während des Vorstellungsprozesses. Aber bitte nicht gleich beim ersten Gespräch, sondern erst, wenn die Entscheidung für Sie bereits gefallen ist. Prägen Sie sich auch ein, wie Ihre Gesprächspartner während des Vorstellungsgesprächs gekleidet waren.

Wenn Sie sehr unsicher sind, seien Sie lieber eine Stufe zu gut angezogen.

Damit Sie am ersten Tag weder under- noch overdressed erscheinen, hier ein paar grundsätzliche Tipps:

- Verkleiden Sie sich nicht. Wählen Sie ein gut sitzendes Ensemble, in dem Sie sich auch angesichts offizieller, repräsentativer Situationen wohl fühlen.
- Achten Sie darauf, dass Kleidung und Schuhe gepflegt sind.
- Bitte nur dezentes, kein starkes, dominantes Parfum oder Rasierwasser verwenden.
- Für Männer: Im Zweifelsfall zumindest eine dunkle Kombination oder einen Anzug in gedeckten Farben wählen. Dazu ausschließlich dunkle Socken kombinieren, niemals weiße.
- Frauen sollten auf ein dezentes Make-up und unaufdringliche Accessoires achten. Auf keinen Fall mit dekorativer Kosmetik experimentieren, die Sie noch nie zuvor verwendet haben.
- Sie sollten zwar authentisch, aber auch seriös und tüchtig wirken. Ihre Kleidung soll Ihre Offenheit und Kompetenz unterstreichen, nicht davon ablenken (und schon gar nicht die Aufmerksamkeit auf anatomische Vorzüge ziehen). Allzu Modisches oder Verspieltes sowie provokative Extreme (beispielsweise reines Gothic-Schwarz) sind also fehl am Platz.

Wie viel Wert manche Unternehmen auf die Einhaltung ihrer Kleiderordnung legen, lässt sich folgendem Fallbeispiel entnehmen: Mehrere neue Mitarbeiter begannen am selben Tag mit einer Einführungsveranstaltung. Einige erschienen in einer Anzugkombination, da ihnen die strikte Kleiderordnung „einheitlicher Anzug" nicht bewusst war. Bei der Begrüßung wurden sie beiseite genommen und gebeten, nach Hause zu fahren und sich umzuziehen. Mit einer einfachen Frage wäre diese unangenehme Erfahrung vermeidbar gewesen.

Sympathisches Auftreten

> **TIPP** Kommen Sie unbedingt pünktlich!

Zuerst einmal ein unverzichtbarer Hinweis, auch wenn Sie ihn vielleicht für überflüssig halten: „Seien Sie pünktlich!" Denn es geschieht unerwartet häufig, dass neue Mitarbeiter am ersten Tag zu spät kommen – aus den verschiedensten Gründen: die Anfahrtszeit wurde falsch kalkuliert, es traten unerwartet Hindernisse ein – Verspätungen/Ausfälle im öffentlichen Verkehr, Stau durch Unfall auf der Autobahn oder Bundesstraße oder sogar unterschiedliche Erinnerungen an die vereinbarte Anfangszeit usw. Damit tun Sie sich natürlich selbst keinen Gefallen und geben gleich zu Anfang ein eher zweifelhaftes Bild ab, das für eine etwas verhaltenere Stimmung Ihnen gegenüber sorgen kann. Kommen Sie lieber deutlich früher – Sie können im der Umgebung ja noch einen Spaziergang machen oder vielleicht einen Kaffee trinken. Wenn Sie Zweifel an der vereinbarten Uhrzeit haben, fragen Sie lieber noch einmal nach.

> **TIPP** Bleiben Sie gelassen.

Auch bei optimaler Kleidung und pünktlichem Eintreffen werden Sie mit einer gewissen Nervosität zu kämpfen haben. Rechnen Sie damit und stellen Sie sich darauf ein. Unsicherheit und Nervosität sind in so einer neuen Situation völlig normal. Wichtig ist, dass Sie gelassen auf die eigene Nervosität reagieren und möglichst souverän, freundlich und gefestigt auftreten. Stellen Sie sich vor, dass Sie eine Bühne betreten, auf der Sie Ihr Bestes geben. Treten Sie Ihren neuen Kollegen offen und freundlich gegenüber. Behalten Sie im Gespräch Augenkontakt und hören Sie aufmerksam zu. Machen Sie den Small Talk mit. Dadurch entspannt sich die Situation, außerdem lernen Sie die Menschen schneller kennen. Vielleicht entdecken Sie sogar Gemeinsamkeiten – etwa ein Studium an der gleichen Universität, gleiche Studienschwerpunkte oder Ähnliches – das schafft eine gute Ausgangsbasis für den kollegialen Kontakt.

> **TIPP** Begegnen Sie allen ohne Ausnahme offen und freundlich.

Bitte übergehen Sie bei der Begrüßung weder die Empfangsdame noch die Sekretärin, auch wenn Sie sehr selbstbewusst in vermeintlich höherer Position einsteigen. Denn damit verscherzen Sie sich unnötig wichtige Sympathien. Seien Sie sich ganz klar bewusst, dass jeder Mensch eine wichtige Funktion im Unternehmen hat und Achtung und Respekt verdient. Unterschätzen Sie nicht die inoffiziellen Kommunikationskanäle, die sich unabhängig von den offiziellen Funktionen und Hierarchieebenen in jedem Unternehmen etablieren und die das unternehmensinterne soziale Gefüge enorm prägen. Bedenken Sie auch, dass hierarchisch untergeordnete Mitarbeiter oft Schlüsselfunktionen innehaben, die für Ihre Tätigkeit sehr wichtig sein können – angefangen von Gefälligkeiten bei der Büroausstattung über die Terminvergabe auf Entscheider-Ebene bis hin zum Postversand eines dringenden Schreibens noch nach dem letzten Postausgang.

Die Einführungsveranstaltung

In größeren Unternehmen wird oft eine spezielle Einführungsveranstaltung für die neuen Mitarbeiter organisiert, meist durch die Personalabteilung. Oft finden diese Veranstaltungen gleich am ersten Tag statt. Sie bieten in zusammengefasster Form viele Informationen, die Sie für Ihren Arbeitsalltag im Unternehmen brauchen und die Ihnen den Einstieg erleichtern sollen.

Sollte Ihr Unternehmen keine Einführungsveranstaltung anbieten, nutzen Sie die folgende Checkliste, um sich die wichtigsten Informationen rund um Ihren Arbeitsplatz selbst zu holen. Fragen Sie die neuen Kollegen, lesen Sie Publikationen, informieren Sie sich am Schwarzen Brett oder im firmeneigenen Intranet.

 CHECKLISTE

Diese Informationen benötigen Sie für Ihren Arbeitsalltag:

- Interne Organisation des Unternehmens
- Strategische Ausrichtung
- Unternehmens- und Führungsgrundsätze
- Arbeit und Aufgaben der einzelnen Bereiche
- Struktur betrieblicher Netzwerke
- Einführung in die EDV-Infrastruktur
- Arbeitszeitmodell und Urlaubsregelung
- Betriebliche Arbeitsordnung
- Betriebliche Sozialleistungen und Altersversorgung
- Betriebliches Vorschlagswesen
- Betriebsärztlicher Dienst
- Arbeitssicherheit
- Datenschutz
- Verhalten bei Unfall und Krankheit
- Betriebliche Fortbildungsmöglichkeiten
- Betriebsrat, Betriebsarzt, Sicherheits- und Datenschutzbeauftragte
- Sonstige betriebliche Einrichtungen (Kantine, Sportmöglichkeiten etc.)

Viele Unternehmen haben so genannte Mitarbeiterhandbücher, in denen diese Informationen zusammengestellt werden. Sie erhalten diese meist bei Arbeitsbeginn. Allerdings sind diese Unterlagen oft nicht wirklich aktuell. Deshalb nutzen die Unternehmen zunehmend neue Medien wie CD-ROM bzw. das Intranet. Hier kann der neue Mitarbeiter Informationen und Einführungsthemen selbst recherchieren, oft sind sie bereits dialogfähig aufgebaut.

Sie finden hier in der Regel aktuelle Projekte, Jahresabschlüsse und Presseveröffentlichungen, für die Arbeit notwendige Formulare, Organigramme, die Seite des Betriebsrats,

Angebote interner und externer Trainings bis hin zum Speiseplan der Kantine. Surfen Sie einfach mal durch und/oder lassen sich von einem Kollegen einführen.

Sie werden an Ihrem ersten Tag viele Informationen und Eindrücke erhalten, entweder in organisierten Einführungsveranstaltungen oder durch die Kontakte mit neuen Kollegen. Abends raucht Ihnen wahrscheinlich der Kopf und Sie können sich an vieles gar nicht mehr erinnern. Das ist völlig normal. Schließlich ist ein Unternehmen ein großer, vielschichtiger Komplex. Es braucht etwas Zeit, mit der neuen Umgebung vertraut zu werden.

4.1.2 Der erste Monat

Der erste Tag ist hoffentlich gut verlaufen, so dass Sie zuversichtlich in die nächsten Wochen starten. Nun werden die Grundlagen für Ihre Aufgaben gelegt und Bekanntschaften geschlossen, die sehr wichtig für Ihren späteren Erfolg im Unternehmen sein können.

Einarbeitungspläne

Viele Unternehmen haben recht detaillierte Einarbeitungspläne. Diese werden Ihnen ausgehändigt und geben Ihnen einen zeitlichen, räumlichen und inhaltlichen Rahmen für die Einarbeitungsphase. Dort wird aufgeführt, welche Abteilung oder welche Person Sie wann mit welcher Methode in Ihre Aufgabe bzw. in Ihren Teilbereich des Unternehmens einführt und an welchen externen und internen Fortbildungsmaßnahmen Sie teilnehmen werden. Ein gut ausgearbeiteter Einarbeitungsplan ist sehr hilfreich, um schnell das Unternehmen und die eigene Aufgabe kennen zu lernen und produktiv zu werden. Gehen Sie diese Pläne möglichst genau mit Ihrem Vorgesetzten durch und lassen Sie sich die einzelnen Punkte erklären. Es ist wichtig, dass Sie den gesamten Inhalt und die Zusammenhänge gut verstehen. Dann haben Sie eine gute Orientierung und wissen, was Sie erwartet.

> **TIPP** Oft kollidieren betriebliche Erfordernisse zeitlich mit den Einarbeitungsplänen. Achten Sie aktiv darauf, dass der Plan wieder aufgenommen wird, sobald der Engpass vorüber ist.

Patensysteme

Häufig werden bei der Einführung neuer Mitarbeiter Patensysteme eingesetzt. Hierbei bekommen Sie einen erfahrenen Mitarbeiter zur Seite gestellt, der Ihnen für alle fachlichen und allgemeinen Fragen als Ansprechpartner zur Verfügung steht. Gute Paten erfüllen diese Rolle proaktiv, indem sie im Vorfeld darüber nachdenken, was sie Ihnen über das Unternehmen und Ihre Aufgabe mitteilen. Paten ergänzen die Arbeit des Vorgesetzten und sind in der Regel auf gleicher betrieblicher Ebene wie der neue Mitarbeiter angesiedelt. Wichtig ist, dass auch Sie mit dem Paten aktiv Umgang pflegen und ein ehrliches Vertrauensverhältnis aufbauen, denn dann können Sie auch tiefergehende Fragen stellen und mit einer aufrichtigen Antwort rechnen.

Verhalten in Patensystemen:

- Erläutern Sie beim ersten Gespräch Ihren Lebenslauf und Ihre Erfahrungen. So lernt der Pate Sie besser kennen und kann gezielter agieren.
- Bereiten Sie sich gut auf jedes Treffen vor.
- Notieren Sie sich zwischen den Treffen, was Ihnen aufgefallen ist und welche Fragen Sie Ihrem Paten stellen möchten.
- Verstehen Sie Kritik vom Paten nicht als persönlichen Angriff, sondern nehmen Sie diese als gut gemeinte Hilfestellung an.
- Fragen Sie den Paten nach seinem Weg im Unternehmen.
- Fragen Sie viel und lernen Sie aus seinen Erfahrungen.
- Versuchen Sie, ein gutes Vertrauensverhältnis zu Ihrem Paten aufzubauen.
- Lassen Sie sich die informellen Kommunikationswege erklären.

Umgang mit Kollegen

Die ersten Kontakte sind erfolgt, jetzt geht es weiter in die Tiefen und Untiefen menschlich-kollegialer Beziehungen. In dieser Phase kommt es am häufigsten zu Fehlern. Wer hier naiv und unbedacht agiert, gewinnt keine Freunde, sondern schafft sich im schlimmsten Fall Feinde. Doch durch richtiges Verhalten können Sie menschliche Beziehungen festigen und schnell Teil des Teams werden. Dieses Zugehörigkeitsgefühl ist sehr wichtig für das eigene Wohlbefinden am Arbeitsplatz und damit auch für die langfristig erfolgreiche Arbeit. Im Folgenden finden Sie einige grundsätzliche Hinweise, die nicht nur für die ersten Wochen gelten:

Hinweise zum Umgang mit Kollegen:

- Seien Sie nicht überheblich, auch wenn Sie ein Prädikatsexamen in der Tasche haben. Weisen Sie zu diesem Zeitpunkt keinesfalls auf Fehler Ihrer Kollegen oder Verbesserungsmöglichkeiten hin, auch wenn Ihnen diese offenkundig scheinen. Sie sind neu und wissen noch nicht, warum so agiert wird.
- Überlegen Sie sich genau, was Sie von Ihrem Privatleben erzählen.
- Halten Sie sich vom Bürotratsch fern. Lassen Sie sich auf keinen Fall dazu verleiten, negativ über Dritte zu sprechen.
- Natürlich sollen Sie engagiert arbeiten. Dennoch sollten Sie von vornherein einen guten Mittelweg zwischen zu viel und zu wenig Arbeit einschlagen.
- Auch sollten Sie weder zu ruhig noch zu extrovertiert wirken.
- Machen Sie sich möglichst gleich am Anfang klar, was der Inhalt Ihrer Position ist und was von Ihnen erwartet wird. Überlegen Sie sich sehr genau, wann Sie sich unterordnen und wann Sie sich durchsetzen müssen. Lassen Sie sich nicht aus lauter Dankbarkeit für eine Hilfestellung zum „Kopierer vom Dienst" degradieren. Aber seien Sie sich bewusst, dass Sie auch nicht andere dazu machen dürfen.
- Achten Sie auf die Gepflogenheiten beim Duzen.
- Seien Sie aufmerksam und fragen Sie Ihre Kollegen interessiert nach ihren Tätigkeiten.

Die ersten Gespräche mit dem Vorgesetzten

Die ersten Gespräche mit Ihrem direkten Vorgesetzten sind richtungweisend für Ihre Entwicklung. Aber oft ist der Vorgesetzte aus Zeitmangel nicht optimal vorbereitet. Wenn Ihre Stelle neu eingerichtet wurde, gibt es vielleicht auch noch zusätzlich einige Unklarheiten. Deshalb sollten Sie umso besser vorbereitet sein, denn nur so werden Sie die notwendigen Informationen erhalten, um Ihre Aufgabe erfolgreich zu erfüllen.

Inhalte der Gespräche mit Vorgesetzten:

- Sofern eine Stellenbeschreibung existiert, gehen Sie diese gemeinsam mit dem Vorgesetzten durch.
- Lassen Sie sich die Arbeitsabläufe und die Arbeitsunterlagen erklären.
- Gehen Sie auf die Arbeitsaufgaben, Ihre Befugnisse und Verantwortungen ein.
- Fragen Sie Ihren Vorgesetzten, was Sie tun müssen, um erfolgreich zu sein.
- Lassen Sie sich erklären, wen Sie in welcher Reihenfolge ansprechen sollten, um bestimmte Ergebnisse zu erzielen.
- Treten Sie bei diesen Gesprächen nicht zu fordernd auf.
- Seien Sie zu diesem Zeitpunkt noch vorsichtig mit Äußerungen zu Sachverhalten, die Ihnen nicht gefallen. Beobachten Sie diese lieber noch ein wenig.
- Beschweren Sie sich möglichst nicht über andere Kollegen, das fällt unter Umständen schnell negativ auf Sie selbst zurück.

FAZIT

Der erste Monat dient vor allem der Orientierung und Einarbeitung. Sie lernen die Menschen in Ihrer Umgebung besser kennen. Arbeiten Sie jetzt schon am Aufbau Ihrer Beziehungen. Gerade in dieser Zeit ist es wichtig, aufmerksam zu agieren und Instrumente, die Ihnen helfen können, effektiv zu nutzen.

4.1.3 Die ersten 100 Tage

Die ersten 100 Tage sind in der Regel so etwas wie eine gewisse Schonfrist. Das heißt allerdings nicht, dass Arbeitsergebnisse jetzt noch nicht wichtig wären. Aber man hält Ihnen zugute, dass Sie eine gewisse Zeit brauchen, um richtig produktiv zu werden. Trotzdem sollten Sie in dieser Zeit professionell agieren und erste Ergebnisse vorweisen können. Das Unternehmen muss schließlich erkennen können, dass Sie der richtige Mitarbeiter auf dem richtigen Platz sind.

Zielvereinbarungen

Viele Unternehmen nutzen standardisierte Zielvereinbarungssysteme als Führungsinstrument, die Ihnen einerseits eine Richtlinie für Ihre Arbeit geben und andererseits dem Unternehmen ermöglichen soll, Sie konform zur Gesamtunternehmensstrategie einzusetzen. Die Ergebnisse dieser Zielvereinbarungen sind für Ihren Vorgesetzten ein Indikator für Ihren Erfolg. Oft bilden Zielvereinbarungen auch die Grundlage für einen variablen Teil des Gehalts und dienen so als Motivationsfaktor.

Obwohl eine „Vereinbarung" eigentlich eine zweiseitige Angelegenheit ist, sind Ihre Gestaltungsmöglichkeiten hier eher begrenzt. Viele Elemente und Ziele sind vorgegeben und werden von einem Gesamt-Unternehmensziel als Teilziele für die einzelnen Bereiche und dann weiter für die einzelnen Mitarbeiter heruntergebrochen. Das ist auch nachvollziehbar, da nur so eine einheitliche, zielgerichtete Unternehmensführung möglich ist.

Einen Schwerpunkt dieser Zielvereinbarungen aber bilden die persönlichen Ziele, die Sie selbst beeinflussen können. Dabei wird zwischen quantitativen und qualitativen Zielen unterschieden. Das quantitative Ziel eines Personalreferenten kann zum Beispiel die Einstellung von fünf Technikern gemäß vordefinierter Stellenbeschreibung innerhalb von drei Monaten sein. Ein qualitatives Ziel für einen Vertriebsmitarbeiter wäre beispielsweise die Erhöhung der Kundenzufriedenheit innerhalb des nächsten Quartals. Die Messbarkeit der qualitativen Ziele ist in der Praxis allerdings problematisch, da man auf Rückschlüsse aus Hilfsgrößen angewiesen ist, im Beispiel wäre das der Rückgang der Kundenbeschwerden von fünf auf drei innerhalb des Quartals.

Neben den persönlichen Zielen enthalten die Zielvereinbarungen häufig Unternehmensziele und/oder Bereichsziele. Diese können Sie nur in dem Maße beeinflussen, wie das Ihre Funktion zulässt. Durch diese Ziele möchte man die Identifikation mit dem Unternehmen und/oder Bereich stärken. Beispiele hierfür sind: die Erhöhung des Gewinns vor Steuern im nächsten Jahr um 5 Prozent oder die Erhöhung des Deckungsbeitrags der Abteilung X im nächsten Jahr um 10 Prozent.

Oft sind diese Systeme schwer zu verstehen. Gerade für Berufsanfänger sind viele Elemente neu. Deshalb prüfen Sie Ihre Zielvereinbarung und die einzelnen Ziele mit Hilfe der SMART-Anforderungen:

✂ SMART-Prüfung von Zielvereinbarungen

- **S**pezifisch (das Ziel muss eindeutig sein),
- **M**essbar (eine Bewertung muss möglich sein, bei qualitativen Zielen werden Hilfsgrößen verwendet),
- **A**kzeptiert (das Unternehmen und Sie müssen das Ziel befürworten),
- **R**ealistisch (das Ziel muss faktisch erreichbar sein),
- **T**erminiert (es muss eine Frist oder ein Datum für das Erreichen des Ziels geben).

Wenn Sie bezüglich der Zielvereinbarungen etwas nicht verstehen, sprechen Sie mit Ihrem Vorgesetzten und lassen Sie sich unklare Elemente erklären. Es ist wichtig, dass Sie alles in dieser Vereinbarung nachvollziehen können und dass Sie auch dahinter stehen. Nur dann kann Ihnen diese Vereinbarung helfen, die notwendigen Aktivitäten einzuleiten und erfolgreich zu werden.

Meetings

In jedem Unternehmen gibt es eine spezielle Meeting-Kultur. Achten Sie auf die Besonderheiten, denn gerade am Anfang kann man sich schnell unbeliebt machen. Seien Sie vor allem pünktlich, auch wenn Sie merken, dass manche Kollegen es nicht so genau mit der Pünktlichkeit nehmen. Es wird immer mindestens einen geben, der sich über Unpünktlichkeit ärgert.

> **TIPP** Noch einmal: Seien Sie ausnahmslos pünktlich!

Im Vorfeld wird in der Regel eine Agenda versendet. Lesen Sie sich diese genau durch und fragen Sie Kollegen, wenn Sie etwas nicht verstehen. Lassen Sie sich auch die Historie zu den einzelnen Punkten erklären. Dadurch kommen Sie während des Meetings schneller in die Thematik hinein. Überlegen Sie sich jetzt schon, was Ihr Beitrag sein könnte, und formulieren Sie Ihre Gedanken schriftlich.

Wenn das Meeting beginnt, achten Sie auf die Sitzordnung. Oft haben sich im Unternehmen bestimmte Regularien entwickelt. Es kommt nicht gut an, wenn Sie gleich beim ersten Meeting dem Geschäftsführer seinen angestammten Platz wegnehmen. Überlegen Sie während des Meetings immer wieder, an welcher Stelle Sie einen interessanten Beitrag liefern könnten. Dies kommt einer Gratwanderung gleich: Sie sollten weder zu ruhig wirken noch sollten Sie unqualifizierte Beiträge „leisten". Auch wenn sich ein Meeting hinzieht und Sie denken, dass die Ausführungen nicht relevant sind, lassen Sie sich weder Ungeduld noch Desinteresse anmerken. Hören Sie aufmerksam zu und bestätigen Sie dies in entsprechender verbaler und nonverbaler Weise. Machen Sie sich Notizen, auch von Ihren Gedanken zum Gehörten. Wenn Sie bestimmte unternehmensspezifische Ausdrücke oder Sachverhalte nicht verstehen, fragen Sie nach. Jeder wird Verständnis dafür haben, da Sie ein neuer Mitarbeiter sind.

Auch eine konstruktive Nachbearbeitung des Meetings ist notwendig. Ganz wichtig ist die Vervollständigung Ihrer Notizen, und zwar direkt nach dem Meeting, nicht erst in den nächsten Tagen, denn dann sind relevante Informationen aus dem Gedächtnis verschwunden. Führen Sie sich vor Augen, welche Aufgaben man Ihnen während des Meetings übertragen hat, und tragen Sie diese mit einem Zeitplan in Ihre persönliche Aufgabenliste ein. Wenn es ein offizielles Protokoll gibt, vergleichen Sie dieses mit Ihren Aufzeichnungen und klären Sie Unstimmigkeiten.

 ACHTUNG Meetings kosten viel Zeit. Überlegen Sie von Anfang an, welche Meetings für Sie wirklich wichtig sind. Oft reicht es aus, das Protokoll zu lesen oder sich in anderer Weise zu informieren.

Kommunikation mit dem Vorgesetzten

Auf die Relevanz der Kommunikation mit Ihrem Vorgesetzten wurde bereits hingewiesen. Sie zählt zu den zentralen Erfolgsfaktoren Ihrer Karriere. Die größte Herausforderung für Sie ist dabei die Nicht-Kommunikation Ihres Chefs. Viele Vorgesetzte stehen unter einem solchen Druck, dass sie der Meinung sind, für ausführliche, zielgerichtete Gespräche einfach keine Zeit zu haben. Überspitzt formuliert: „Wenn ich nichts sage, bedeutet das ein Lob!" Deswegen einige Tipps, wie Sie die für Sie wichtigen Informationen aktiv, aber behutsam einfordern können:

Tipps für die Kommunikation mit Ihrem Vorgesetzten:

- Gehen Sie aktiv auf Ihren Vorgesetzten zu und vereinbaren Sie feste Termine, am besten einen regelmäßig wiederkehrenden „Jour fixe".
- Wenn es schwer ist, einen Termin zu bekommen, versuchen Sie die Assistentin Ihres Vorgesetzten zu überzeugen.
- Warten Sie nicht bis zum Ende der Probezeit auf ein Feedback.
- Stellen Sie konkrete Fragen: Bin ich noch auf dem Weg, den das Unternehmen/der Vorgesetzte sich vorgestellt hat?
- Welches Bild hat mein Vorgesetzter von mir gewonnen? Was kann ich noch besser machen?
- Seien Sie bereit, Kurskorrekturen vorzunehmen, wenn Sie entsprechende Hinweise erhalten.
- Nehmen Sie Kritik nicht persönlich, sondern als Anlass, Dinge zu verbessern.
- Wenn Sie Dinge geändert haben, lassen Sie sich Feedback geben und fragen Sie nach, ob sich Ihr Vorgesetzter dies auch so vorgestellt hat.
- Teilen Sie dem Vorgesetzten auch Ihre Eindrücke mit und was Sie schätzen.
- Äußern Sie keine negative Kritik an anderen Mitarbeitern.
- Gehen Sie bei Verbesserungsvorschlägen diplomatisch vor und begründen Sie diese mit gesicherten Fakten.

Berufliche Netzwerke

Arbeiten in Netzwerken ist eine Idee, die in ihrer ursprünglichen, ausgeprägten Form aus den USA kommt und in den letzten Jahren unter dem Begriff „Networking" immer populärer wurde. Dabei handelt es sich eigentlich nicht um etwas Neues, sondern um die bewusste Beschäftigung mit diesem Thema, über das es mittlerweile eine Vielzahl von Aufsätzen und Büchern gibt.

Netzwerke finden sich in jedem Lebensbereich. Auch in Unternehmen gibt es eine Reihe von Netzwerken, die man in formelle und informelle Netzwerke gliedern kann.

Formelle Netzwerke sind offen sichtbar, man kann sich leicht und schnell darüber informieren (Intranet, Broschüren etc). Oft haben diese Netzwerke einen gemeinsamen fachlichen Hintergrund. Ziel solcher Netzwerke ist die gemeinsame Optimierung der Prozesse und Aufgaben. Gerade im Rahmen von „Diversity" entstehen immer mehr formelle Netzwerke oder wandeln sich von informellen zu formellen Netzwerken. Dahinter steht der Gedanke, die individuellen, persönlichen Gemeinsamkeiten von Menschen zu respektieren, ihnen Raum zu geben und dadurch die Mitarbeiter zu motivieren. Daher fördern Unternehmen diese Netzwerke.

Informelle Netzwerke sind zunächst nicht sichtbar. Sie bestehen aus Mitarbeitern, die sich gut verstehen und Gemeinsamkeiten haben und sich deshalb zusammenschließen, um gemeinsam erfolgreicher zu sein. Über diese informellen Kommunikationsstrukturen, lassen sich Ziele außerhalb des Dienstwegs erreichen. Neuen Mitarbeitern bleiben diese Netzwerke lange (oder vielleicht sogar immer) verborgen. Deshalb achten Sie ganz genau darauf, wer sich mit wem besonders gut versteht.

Engagieren Sie sich in den vorhandenen Netzwerken und nutzen Sie diese. Schauen Sie, welche formellen Netzwerke im Untenehmen vorhanden sind, und bringen Sie sich ein. Bauen Sie Ihr eigenes informelles Netzwerk im Untenehmen auf und pflegen Sie es. Wenn Sie sich bisher noch nicht mit Netzwerken bzw. der sinnvollen Gestaltung von Netzwerken beschäftigt haben, holen Sie es nach. Es gibt eine Vielzahl von guten Büchern, die Sie hierbei unterstützen können.

FAZIT

Ihre berufliche Aufgabe tritt immer stärker in den Vordergrund, die Arbeitsergebnisse werden zunehmend wichtiger. Diese Ergebnisse können Sie aber nicht völlig allein erbringen: Sie brauchen dafür auch die Menschen in Ihrem Umfeld. Hierbei ist vor allem wichtig, dass Sie eine zielgerichtete Kommunikation mit Ihrem Vorgesetzten etablieren. Ebenso wichtig ist die Vereinbarung Ihrer Ziele, vor allem, dass Sie diese genau verstehen, um zielgerichtet handeln zu können. Neben den formalen Kommunikationswegen sind die informellen zu beachten. Diese können Sie am besten nutzen, wenn Sie sich in Netzwerken engagieren.

4.1.4 Das Ende der Probezeit

Der große Tag rückt näher. Spätestens jetzt wird es Zeit sowohl für das Unternehmen als auch für den Mitarbeiter zu beurteilen, ob die Zusammenarbeit wirklich gut verläuft. Ein wichtiger Stichtag für das Unternehmen, da es nach der Probezeit in der Regel aus rechtlichen Gründen schwieriger wird, sich von einem Mitarbeiter zu trennen. Aber auch Sie sollten Ihre Erfahrungen in der Probezeit genau bewerten und entscheiden, ob das Unternehmen zu Ihnen passt. Denn nur in einem stimmigen Umfeld werden Sie langfristig erfolgreich arbeiten können.

Abschlussbeurteilung

Die Probezeit wird in der Regel mit einer schriftlichen Abschlussbeurteilung und einem Gespräch beendet. Wenn bereits Zielvereinbarungen getroffen wurden, dienen sie als Grundlage für die Beurteilung. Gibt es keine Zielvereinbarungen, wird der Vorgesetzte nach seiner persönlichen Einschätzung und professionellen Erfahrung entscheiden. Entscheidungsrelevant sind neben konkreten Zielvereinbarungen auch die „weichen" Faktoren. Es ist beispielsweise wichtig, dass der neue Mitarbeiter ins Team passt. So kann es vorkommen, dass eine Weiterbeschäftigung nicht befürwortet wird, obwohl die Zielvorgaben erreicht wurden, da der Mitarbeiter sich nicht ins Team integrieren konnte.

Wenn die Beurteilung der „weichen" Faktoren nicht in Ihrem Sinne ausfällt, fragen Sie nach, was Sie hätten besser machen können. Bestenfalls können Sie die Antwort nachvollziehen und daraus lernen. Wenn nicht, kann es sein, dass einfach die so genannte Chemie nicht stimmt, allerdings lässt sich das nur schwer sachlich oder logisch ausdrücken. Nehmen Sie eine solche Kritik nicht persönlich, sondern denken Sie darüber nach, wie Sie es zukünftig besser angehen.

Herzlichen Glückwunsch!

Die Probezeit ist erfolgreich bestanden, Sie haben das Unternehmen überzeugt, und das Unternehmen überzeugte auch Sie. Trotzdem sollten Sie diesen Stichtag nutzen, um die letzten Monate noch einmal Revue passieren zu lassen. Was hätten Sie besser machen können? Was haben Sie für die Zukunft gelernt?

Obwohl die Probezeit vorüber ist, werden Sie natürlich weiterhin beobachtet und beurteilt. Durch den Trend zur „Verschlankung" der Unternehmen wird die Effizienz jedes einzelnen Mitarbeiters immer wichtiger. Sie dürfen sich jetzt also keinesfalls zufrieden zurücklehnen und meinen, das Rennen sei gelaufen. Stattdessen sollten Sie den Anlass als Motivationsschub nutzen, um neu durchzustarten und weiterhin das Beste zu geben. Beweisen Sie dem Unternehmen und Ihrem Vorgesetzen, dass Sie auch auf Dauer der richtige Mitarbeiter an der richtigen Stelle sind.

Wenn es doch nicht das Richtige war

Wenn die Probezeit nicht bestanden wurde, ist dies meist eine sehr schmerzliche Erfahrung, die Versagensgefühle sowie Existenz- und Zukunftsangst auslösen kann. Dies ist selbst dann noch der Fall, wenn man für sich bereits die Erkenntnis gewonnen hatte, dass man nicht zu der Aufgabe und/oder in das Untenehmen passt.

Wenn Sie in diese Situation geraten, denken Sie um, sehen Sie auch das Positive daran: Jemand hat Ihnen die notwendige Entscheidung abgenommen. Nur aus – wenn leider auch nicht völlig unbegründeten – Ängsten heraus an einem Job fest zu halten, macht Sie auch nicht glücklich und behindert Sie in Ihrer weiteren Entwicklung. Lernen Sie aktiv aus der Erfahrung und nutzen Sie das Erlernte bei einer neuen Chance. Sollten Sie aber der

Ansicht sein, dass Sie genau den richtigen Job im richtigen Unternehmen verloren haben, denken Sie darüber nach, warum Sie die anderen nicht davon überzeugen konnten. Verlieren Sie dabei nicht den Mut, sondern beginnen Sie mit Hilfe des Gelernten neu. Und denken Sie daran: Rückschläge gehören zum Leben. Fürchten Sie sich nicht: Wenn Sie aus Ihren Erfahrungen lernen, werden Sie künftig mehr Erfolg haben.

> „Erfolg ist, von Niederlage zu Niederlage zu gehen und dabei den Enthusiasmus nicht zu verlieren." *Winston Churchill*

Es gibt jedoch auch den Fall, dass das Unternehmen Sie gerne behalten würde, Sie aber wissen, dass Sie den betreffenden Job doch nicht wollen. Sie haben nun verschiedene Möglichkeiten, je nachdem, wie viel dem Unternehmen an Ihnen liegt. Wenn Sie die Stelle an Ihre Erwartungen anpassen können, tun Sie es. Wenn die Differenzen aber so groß sind, dass eigentlich nur eine Trennung folgen kann, wird es möglicherweise schwierig. Selbstbewusste und konsequente Menschen gehen sofort und nehmen die damit verbundene Ungewissheit in Kauf. Wenn Sie häufiger derartige Schritte gehen, ist allerdings Vorsicht geboten. Wenn Ihr Lebenslauf mehrfach solche Entscheidungen aufweist, wird man Ihnen das negativ auslegen. Wenn Sie sich zum Fortgehen entschieden haben, teilen Sie dies dem Unternehmen fair und behutsam mit. Bemühen Sie sich um eine freundschaftliche Trennung. Erstens beschädigen Sie sonst Ihren Ruf, und zweitens müssen Sie immer damit rechnen, Ihrem Gegenüber in ein paar Jahren unter veränderten Umständen erneut zu begegnen. Wenn Sie weniger selbstbewusst sind und mit Existenzängsten kämpfen, erfüllen Sie Ihre Aufgabe weiterhin professionell und bemühen Sie sich gleichzeitig um Alternativen.

☐

FAZIT
Meist wird die Probezeit erfolgreich bestanden. Nutzen Sie den Erfolg als Motivationsschub, überzeugen Sie weiterhin. Sollten Sie es nicht geschafft haben, lernen Sie aus den Erfahrungen und wenden Sie das Erlernte bei der nächsten Chance an. Wenn Sie aber selbst der Meinung sind, dass das Unternehmen und/oder die Aufgabe nicht zu Ihnen passen, überlegen Sie, was Sie verändern können. Ziehen Sie notfalls die unvermeidlichen Konsequenzen. Aber treffen Sie diese Entscheidung weder zu spontan noch allzu emotional. Bedenken Sie die Wirkung in Ihrem Lebenslauf und schützen Sie Ihren Ruf.

4.1.5 Kleiner Exkurs zum Arbeitsrecht

Für die Probezeit gelten einige Besonderheiten. Sie betreffen vor allem die Kündigung, da den Vertragspartnern eine mögliche Trennung leicht gemacht werden soll. Im Folgenden finden Sie einen kurzen Überblick. Im konkreten Einzelfall sollten Sie jedoch einen Rechtsexperten hinzuziehen.

Dauer der Probezeit und Kündigungsschutz

Oft ist die Dauer der Probezeit in den Tarifverträgen geregelt. Wenn nicht, beträgt sie in der Regel sechs Monate. Wenn sie jedoch sechs Monate übersteigt, ist eine Kündigung nach dem sechsten Monat nur noch nach Maßgabe der Kündigungsschutzvorschriften möglich, da das Kündigungsschutzgesetz für alle Mitarbeiter in Betrieben mit regelmäßig über zehn Arbeitnehmern ab dem siebten Monat gilt. Innerhalb der ersten sechs Monate können beide Vertragspartner ohne Angaben von Gründen kündigen. Die Kündigungsfrist ist in der Regel im Arbeitsvertrag festgelegt. Falls nicht, gilt die gesetzliche Kündigungsfrist von zwei Wochen. Ist die Probezeit per Zeitvertrag beschlossen worden (beispielsweise vom 1. März bis 31. Juli auf Probe), ist keine ordentliche Kündigung möglich, sofern nichts anderes ausdrücklich vereinbart ist. Das Arbeitsverhältnis endet dann automatisch am 31. Juli. Im Anschluss vereinbaren die Vertragspartner in der Regel einen unbefristeten Arbeitsvertrag. Eine Verlängerung der Probezeit kann nur aus sachlichem Grund (Unsicherheit über Eignung des Mitarbeiters) erfolgen.

Krankheit

Die Lohnfortzahlung im Krankheitsfall gilt auch während der Probezeit, jedoch erst ab der fünften Beschäftigungswoche. Eine Kündigung wegen Krankheit ist innerhalb der Probezeit von sechs Monaten zulässig und kann nicht auf Grundlage des Kündigungsschutzgesetzes angefochten werden.

 TIPP Wenn Sie in der Probezeit erkranken, teilen Sie dies Ihrem Vorgesetzten und der Personalabteilung unverzüglich mit. Nennen Sie auch das Datum, an dem Sie voraussichtlich wieder einsatzfähig sind.

Urlaub

Urlaubsanspruch besteht auch während der Probezeit. Der Arbeitgeber kann den Zeitpunkt bestimmen, muss aber die Wünsche des Arbeitnehmers berücksichtigen. Die Probezeit verlängert sich nicht um die gewährten Urlaubstage.

4.1.6 Probezeit und Zielvereinbarung bei Scout24 Holding GmbH
Interview mit Andrea Hollenburger, Director Human Resources

Andrea Hollenburger

Director Human Resources, Scout24 Holding GmbH

Scout24 ist eine der führenden Unternehmensgruppen von Online-Markt-plätzen in Europa und einer der etablierten Classified-Anbieter im Internet. Scout24 verfügt über ein breites Angebot von spezifischen Branchen-Markt-plätzen: AutoScout24, ElectronicScout24, FinanceScout24, FriendScout24, ImmoblienScout24, JobScout24 und TravelScout24.

Damit ermöglicht Scout24 seinen Privatkunden Transparenz in Massenmärk-ten und seinen Geschäftskunden einen schnelleren Verkaufserfolg. Mehr In-formationen über die Scout24 Gruppe finden Sie unter: www.scout24.com.

Wie gestalten Sie die Probezeit neuer Mitarbeiter in Ihrem Unternehmen?

Wir beschäftigen uns mit der Probezeit des neuen Mitarbeiters, die in unserem Haus ge-nerell sechs Monate dauert, schon vor seinem ersten Arbeitstag: Ihm wird ein individuell gestalteter Einarbeitungsplan für die ersten Wochen zusammengestellt, den er schon vor Arbeitsbeginn im Briefkasten findet. Der Plan enthält zum Beispiel Informationen darüber, welche Kollegen er kennen lernt, in welche Aufgaben er eingewiesen und an welchen Fortbildungsmaßnahmen er teilnehmen wird. Sehr wichtig ist hierbei die chronologische Darstellung der einzelnen Maßnahmen, damit der Mitarbeiter zu jeder Zeit weiß, was auf ihn zukommt.

Was erwartet den „Neuen" an seinem ersten Tag?

Uns ist bewusst, dass der erste Arbeitstag für einen guten und konstruktiven Start am neuen Arbeitsplatz entscheidend ist. Aus diesem Grund bringen wir dem neuen Mitarbei-ter viel Aufmerksamkeit entgegen: Sein Arbeitsplatz muss komplett funktionsfähig sein und er muss in der Lage sein, alle Kommunikationsmittel zu nutzen. Am ersten Arbeitstag erhält der neue Mitarbeiter auch das „New Scouties Package", in dem grundlegende In-formationen über das Unternehmen und die Arbeitsweise bei Scout24 zusammengefasst sind. Es gibt keine gesonderte Einführungsveranstaltung, doch führt der Vorstand monat-lich ein „Come Together" durch, bei dem der neue Mitarbeiter in einer angenehmen At-mosphäre seine Kollegen kennen lernt und viel über das Unternehmen und unsere Kultur erfährt.

Auch während der gesamten Probezeit wird der Mitarbeiter intensiv betreut. Regelmäßig finden Gespräche mit dem direkten Vorgesetzen und der Personalabteilung statt, in de-nen Fortschritte oder eventuelle Schwierigkeiten besprochen werden. Im fünften Monat findet der „Scouties Dialogue" statt. Während dieses Gesprächs werden alle Aspekte der Zusammenarbeit beleuchtet und Maßnahmen für die Zukunft geplant.

Was sind für Sie die wichtigsten Faktoren für eine erfolgreiche Probezeit?

Ein wichtiger Faktor für eine erfolgreiche Probezeit ist der Integrationsgrad des Mitarbeiters. Wir möchten wissen, wie gut er in sein Team eingegliedert ist und wie sein Beitrag zur Teamarbeit im Detail aussieht. Ein weiterer Indikator ist der Grad der Zielerreichung bei den vereinbarten Aufgaben. Man muss jedoch berücksichtigen, dass der Mitarbeiter zu diesem Zeitpunkt noch nicht seine volle Leistungsfähigkeit entfaltet haben kann.

Was sind für Sie die häufigsten Gründe für eine Trennung während der Probezeit?

Der häufigste Grund ist ganz einfach zu beschreiben: die „Chemie" stimmt nicht. Ein gemeinsames Verständnis und gegenseitige Wertschätzung sind die Basis für eine erfolgreiche Zusammenarbeit. Ohne diese Basis ist eine gemeinschaftliche Leistungserbringung nur mit großen Widerständen möglich und führt selten zum gewünschten Ziel. Ein anderer wichtiger Grund für eine Trennung in der Probezeit ist eine Abweichung die gegenseitigen Erwartungen betreffend.

Wie werden die Vorgesetzten auf die Einarbeitung neuer Mitarbeiter vorbereitet?

Die Führungskräfte bei Scout24 verfügen in der Regel über fundierte Kenntnisse und viel Erfahrung in der Einarbeitung neuer Kollegen. Doch damit ist es nicht getan. Aktiv begleitet werden sie von der Personalabteilung mit gezielten Coaching-Einheiten. In diesen Einheiten werden konkrete Fragestellungen erörtert und Lösungswege gemeinsam erarbeitet. Daneben bieten wir Führungskräften externe Trainings an, bei denen sie gezielt ihr Führungsverhalten, insbesondere in der Einarbeitung neuer Mitarbeiter, optimieren können.

Gibt es in Ihrem Unternehmen ein Zielvereinbarungssystem? Und wenn ja, wird dies auch schon in der Probezeit angewendet?

Unser Zielvereinbarungssystem gilt für alle Mitarbeiter und ist mit den variablen Gehältern gekoppelt, die in unserem Haus „Scouties Bonus" genannt werden. Die individuellen Mitarbeiterziele werden von den Bereichszielen und diese von den Unternehmenszielen abgeleitet. Dabei ist die Gewichtung abhängig von der Position und der Verantwortung des Mitarbeiters. Zu Beginn des Jahres werden die Ziele in einem persönlichen Gespräch zwischen Führungskraft und Mitarbeiter vereinbart und am Ende des Jahres der Zielerreichungsgrad besprochen. Für neue Mitarbeiter gilt das Zielvereinbarungssystem ebenfalls. Die Ziele werden im zweiten Monat der Beschäftigung vereinbart.

4.1.7 Probezeit und Mitarbeiterintegration bei Capgemini sd&m
Interview mit Christoph Reuther, Personalleiter

Christoph Reuther
Personalleiter Capgemini sd&m

Capgemini sd&m ist die Technologie-Services Einheit der Capgemini-Gruppe in Deutschland und der Schweiz und bietet ihren Kunden ganzheitliche Prozess- sowie Softwarelösungen, die maßgeblichen Einfluss auf deren Wettbewerbsfähigkeit haben. Die Leistungen reichen von der Prozess- und IT-Beratung über IT-Architekturen bis zur Implementierung und decken sowohl Individualsoftware-Lösungen als auch Standardapplikationen ab. Auf die Zusammenarbeit mit Capgemini sd&m vertrauen Kunden aller Branchen, insbesondere aus den Bereichen Automotive und Finanzdienstleistungen. Hierzu zählen unter anderem BMW, Daimler, Hypo Vereinsbank, Münchener Rück, AOK, Bundesverwaltungsamt, Deutsche Post, Deutsche Telekom und E.ON.

Capgemini sd&m ist an den Standorten München, Stuttgart, Frankfurt, Köln/Bonn, Düsseldorf, Berlin, Hannover, Hamburg, Walldorf und Zürich vertreten.

Capgemini ist einer der weltweit führenden Dienstleister für Management-Beratung, Technologie-Services sowie Outsourcing und ermöglicht seinen Kunden den unternehmerischen Wandel durch den Einsatz von Technologien. Capgemini beschäftigt weltweit in 36 Ländern rund 86.000 Mitarbeiter und erzielte 2007 einen Umsatz von über 8,7 Milliarden Euro. Mehr Informationen finden Sie unter www.de.capgemini-sdm.com.

Herr Reuther, wie wichtig ist bei Capgemini sd&m die Probezeit?

Bei Capgemini sd&m reden wir nicht von „Probezeit". Wir stellen einen Mitarbeiter nur dann ein, wenn wir im Vorstellungsgespräch von dem Kandidaten überzeugt werden und natürlich vice versa, also wenn wir den Bewerber ebenso überzeugen können. Es kostet uns als Unternehmen viel Geld, wenn wir uns von einem Mitarbeiter wieder trennen müssen – ganz abgesehen von der Zeit, die wir investieren und der Außenwirkung die ein Wechsel des Ansprechpartners mit sich bringt. Nicht zu vergessen ist, dass jeder Wechsel ein Makel im Lebenslauf des Bewerbers bedeutet. Von der Demotivation und einem angekratzten Selbstwertgefühl möchte ich erst gar nicht reden.

Wie entscheidet Ihr Unternehmen über eine Einstellung?

Wir legen sehr viel Wert auf einen sorgfältigen Auswahlprozess. In diesen Prozess sind mehrere langjährige Capgemini sd&m-Mitarbeiter eingebunden, die das Unternehmen und die Aufgabe gut kennen. Am Ende der Gespräche müssen alle Beteiligten sicher und überzeugt sein, den Vertrag schließen zu wollen. In der Konsequenz nennen wir die ersten sechs Monate „Integrationszeit". Wir wollen uns also nicht gegenseitig ausprobieren, sondern der neue Mitarbeiter soll diese Zeit nutzen, sich zu integrieren. Das nehmen wir sehr ernst!

Was ist das Besondere an dieser Integration bei Capgemini sd&m?

Integration bedeutet, dass wir den Bewerber ab dem Moment der Entscheidung als Mitarbeiter behandeln und damit schon vor Beginn des ersten Arbeitstages für ihn da sind. Das bedeutet konkret, dass wir ihn über Neuigkeiten informieren und er zu Firmenveranstaltungen eingeladen wird wie beispielsweise Weihnachtsfeiern, Vorträge oder Präsentationen.

Neben diesen sozialen Kontakten stehen wir aber auch für Fragen rund um die Einstellung, insbesondere den Arbeitsvertrag und weitere Formalitäten zur Verfügung. Und das nicht nur auf Anfrage, sondern wir gehen auf den künftigen Mitarbeiter aktiv zu. Er soll sich bewusst sein, dass man sich auf ihn freut.

Wie sieht der erste Tag des neuen Mitarbeiters aus?

Am ersten Tag erhält der neue Mitarbeiter alle notwendigen Informationen sowie seine Arbeitsausstattung, damit sicher gestellt ist, dass er in alle Kommunikationswege des Unternehmens integriert ist. An seine Seite wird ihm ein Pate gestellt, der ihn in die Interna einweist und für seine Fragen zur Verfügung steht. Eine Besonderheit bei Capgemini sd&m ist, dass neue Mitarbeiter gleich vom ersten Tag in Kundenprojekten eingesetzt werden. Deshalb werden ihm am ersten Tag sein Personalvorgesetzer, sein Projektleiter und seine Teamkollegen vorstellt. Mit dieser Unterstützung kann er von Beginn an seinem Projekt mitarbeiten und Verantwortung übernehmen und der Weg ist für eine schnelle Integration geebnet.

Sie haben gerade das Patenkonzept erwähnt. Warum gibt es dies bei Capgemini sd&m?

Das Patenkonzept soll dem neuen Mitarbeiter helfen, schnellstmöglich Zugang zum Unternehmen zu finden. Das fängt mit der Infrastruktur an, hilft die internen Zuständigkeiten kennen zu lernen und mit der Kundenstruktur vertraut zu werden. Wie eben erwähnt, wird der neue Mitarbeiter von Beginn an in einem konkreten Kundenprojekt eingesetzt. Jeder Kunde hat seine Besonderheiten und je besser er hier eingeführt wird, desto einfacher ist es für ihn sich zu Recht zu finden. Aus diesem Grund ist es wichtig, dass sich zwischen dem neuen Mitarbeiter und dem Paten ein intensives Vertrauensverhältnis aufbaut. Der neue Mitarbeiter soll ohne Vorbehalte mit allen seinen Anliegen auf seinen Paten zugehen können.

Gibt es bei Capgemini sd&m darüber hinaus eine Einführungsveranstaltung?

Die gibt es, zwei Tage lang geben wir allen Mitarbeitern einen interessanten Einblick in die Hot Topics bei sd&m. Highlights daraus sind natürlich die Unternehmensvorstellung, für die sich immer ein Vorstand Zeit nimmt, das Wissensmanagement, die Technische Infrastruktur, Unternehmenskommunikation- und Kultur ... viele Themen bearbeiten wir in Gruppen, um den Netzwerkcharakter der Veranstaltung noch zu stärken. Abends gehen wir gemeinsam zum Essen – und immer schließen sich „alte Hasen" an, die den neuen Mitarbeitern einen ganz individuellen Einblick geben.

Was erwartet Ihr Unternehmen konkret von einem neuen Mitarbeiter?

Unsere Unternehmenskultur ist gekennzeichnet von einer ausgeprägten Toleranz und einem hohen Anspruch an sich selbst. Dabei ist der Respekt und das Zulassen von Vielfalt Voraussetzung. Deshalb darf und soll der Mitarbeiter neugierig auf Sachverhalte und Begegnungen sein und entsprechende Fragen stellen. Erleichtert wird dies durch unsere ausgeprägte Hilfekultur. D. h. jeder Mitarbeiter soll Bereitschaft zeigen, dem anderen zu helfen und ihn damit zu fördern – weil ihm an anderer Stelle genau diese Hilfe auch entgegen gebracht wird. Damit der Mitarbeiter sich in dieser Kultur zu Recht findet, erhält er entsprechende Richtlinien wo und wie er diese Hilfe findet. In der Softwareentwicklung spielt Teamarbeit eine sehr wichtige Rolle. Wir versuchen, dafür den entsprechenden Rahmen zu schaffen und erwarten gleichzeitig, dass durch unsere Kultur der Offenheit Probleme angesprochen werden.

Wie funktioniert das Beurteilungsverfahren bei Capgemini sd&m?

Im ersten halben Jahr wird an verschiedenen Punkten Zwischenbilanz gezogen. Dabei wird bewertet, ob die Erwartungen hinsichtlich der Aufgabe bisher erfüllt wurden und ob der Mitarbeiter sich in das Team integrieren konnte. Diese Gespräche werden zwischen Personalvorgesetztem und Projektleiter geführt. I. d. R kommt uns bei diesem Prozess unsere Konsens-Entscheidung im Auswahlverfahren zugute und nur selten gibt es Abweichung zwischen Erwartung und gezeigter Leistung.

Gibt es an der einen oder anderen Stelle Unstimmigkeiten, wird dem Mitarbeiter neben seinem Paten ein zusätzlicher „Starthelfer" zugeteilt, der ihn bei der weiteren Integration unterstützt.

Was passiert, wenn es Schwierigkeiten gibt?

Zu untersuchen sind vor allem die Gründe für die Schwierigkeiten: Ist es ein Kompetenzproblem, also ist der neue Mitarbeiter über- oder unter qualifiziert für die Position, findet sich sonst aber sehr gut in der Organisation zu Recht, wird man versuchen das Aufgabengebiet anzupassen. Gibt es zwischenmenschliche Differenzen im Team bei gleichzeitig guter Leistung, versucht man eine Veränderung des Umfeldes herbeizuführen. In beiden Fällen ist die weitere Zusammenarbeit gewünscht.

Das heißt, eine Trennung ist für Ihr Unternehmen keine Option?

Zur Trennung kommt es erst dann, wenn keine der Voraussetzungen gegeben ist. Dass dies nicht oft der Fall ist, belegt unsere geringe Gesamtfluktuation während der Probezeit, auf die wir sehr stolz sind und die wir als Beleg dafür ansehen, dass unsere Strategie in der Praxis funktioniert.

Wie wichtig sind in Ihrem Unternehmen Netzwerke für die Integration neuer Mitarbeiter?

Wir haben bei uns eine Vielzahl von Veranstaltungen, die einen fachlichen Schwerpunkt haben wie Projekt Kick Offs, Abschlussveranstaltungen bei Projektende, die erwähnte Einführungsveranstaltung und fachliche Events, die einzelne Arbeitsgruppen initiieren.

Alle diese Veranstaltungen sind unter dem Netzwerkgedanken konzipiert, d. h. sie sollen neben dem fachlichen Austausch auch das integrative Zusammenspiel der Mitarbeiter untereinander fördern.

Gibt es neben diesen gerade von Ihnen genannten formellen Netzwerken auch informelle Austauschmöglichkeiten?

Ja, wir freuen uns, dass es eine große Anzahl von privaten Initiativen gibt, die wir nur allzu gerne fördern. Beispiele hierfür sind ein Chor, eine Band, Lauftreffs und Fußballmannschaften.

Insgesamt wird durch solche Zusammenkünfte der abteilungsübergreifende Austausch gefördert. Das hilft uns als Einheit zu agieren und dem Einzelnen seinen Horizont zu erweitern sowie Zusammenhänge besser zu verstehen. Netzwerkveranstaltungen sind somit ein wichtiger Teil unserer Unternehmenskultur.

4.2   Karrieretools

Die notwendige Basis für einen Karrierestart haben Sie jetzt in der Tasche – Ihren Hochschulabschluss. Fachwissen allein reicht jedoch nicht, um eine erfolgreiche Karriere zu starten. Fast genau so wichtig für den beruflichen Erfolg sind:

1. die Qualität der Arbeit,

2. der persönliche Eindruck,

3. der Bekanntheitsgrad im Unternehmen,

4. die Aufmerksamkeit des Vorgesetzten.

Interessant ist dabei die Gewichtung der Kriterien: Zu 60 Prozent, so eine Studie des IT-Konzerns IBM, hängt eine Beförderung vom direkten Vorgesetzten ab. Das Auftreten des Kandidaten ist dagegen nur zu 30 Prozent Karriere entscheidend. Die Qualität der Arbeit schlägt gerade mal mit 10 Prozent zu Buche. Der persönliche Auftritt wird mit 30 Prozent also wesentlich höher eingestuft. Daraus zu schließen, dass die Qualität der Arbeit unwichtig ist, ist jedoch unzutreffend – aber sie ist eben nicht alles.

> **TIPP** Es kommt im Berufsleben darauf an, positiv aufzufallen – frei nach dem Motto: „Tu Gutes und rede darüber".

Um positiv aufzufallen, müssen Hochschulabsolventen über das Fachwissen hinaus heute ein breites Spektrum an **Schlüsselqualifikationen** bieten. 80 Prozent der Unternehmen erwarten, dass diese Schlüsselqualifikationen bereits im Studium vermittelt werden. Für 93 Prozent der Unternehmen sind sie für den Berufseinstieg genauso wichtig oder noch wichtiger als Fachwissen.

Unternehmensvertreter sehen vor allem bei der **persönlichen Kompetenz** der Hochschulabsolventen großen Entwicklungsbedarf. Darunter fallen Eigenschaften wie Zeit- und Selbstmanagement, also Grundlagen für selbstständiges Arbeiten. Bei der methodischen Kompetenz sehen die Unternehmen weniger Defizite, dennoch besteht auch hier mit 43 Prozent noch Bedarf, vor allem bei den EDV-Kenntnissen und Präsentationstechniken.

Zunächst die gute Nachricht: Die meisten der genannten Qualifikationen bringen Sie als Hochschulabsolvent bereits mit. Ohne Engagement, analytisches Denken, Zielorientierung und Belastbarkeit kann man kein Studium durchziehen. Andere Qualifikationen – wie etwa Kommunikations- und Teamfähigkeit oder Kreativität – sind je nach Studiengang an der Universität mehr oder weniger gefragt. Ob das Rüstzeug Ihrer Schlüsselqualifikationen für den Berufsalltag auch ausreicht, steht jedoch auf einem anderen Papier.

Auch **Soft Skills** lassen sich erlernen. Vieles, was einen Menschen zu einer beeindruckenden Persönlichkeit macht, wie etwa Selbstsicherheit und Überzeugungskraft, basiert auf dem soliden Fundament einer gründlichen Vorbereitung von Gesprächen und Vorträgen, von Fachkompetenz und der sorgfältigen Erledigung der eigenen Arbeit.

Defizite in dem einen oder anderen Bereich können durch die Beherrschung und Anwendung von Karrieretools aufgefangen werden. Dahinter stecken einfache Grundregeln, die helfen,

- das persönliche Arbeitspensum zu bewältigen,
- Probleme zu lösen,
- sich in das Unternehmen und verschiedenste Teams zu integrieren,
- die eigene Person und die eigene Arbeit zu präsentieren,
- mit Argumenten zu überzeugen und sich gegen Kritik zu verteidigen.

Konsequent umgesetzt und eine ordentliche fachliche Leistung vorausgesetzt, sollten Sie so das nötige Rüstzeug besitzen, um die angemessene Aufmerksamkeit der Vorgesetzten zu erhalten, die für den weiteren Verlauf Ihrer Karriere so entscheidend ist.

4.2.1 Zeit- und Selbstmanagement

Eine der größten Umstellungen, die den Berufseinsteiger nach einem Studium erwartet, ist der Verlust der Freiheit der selbstständigen Zeiteinteilung. Während Sie als Student weitgehend frei entscheiden konnten, wann Sie sich auf Klausuren vorbereiteten oder Seminararbeiten schreiben wollten, bestimmen nun Dritte über einen Großteil Ihres Tages. Vorgesetzte und Kollegen erwarten nicht nur pünktliches Erscheinen, sondern haben auch eine Erwartung, wann Sie welche Aufgabe erledigen sollten (am besten gestern) und planen Sie ungefragt in Meetings ein. Nun einfach alle Aufgaben und Termine in den Kalender eintragen und nacheinander abarbeiten – das funktioniert in den seltensten Fällen. Auch wer während des Studiums keine Probleme mit dem persönlichen Zeitmanagement hatte, kann bei der Umstellung ganz schön ins Schwitzen kommen.

Zeitmanagement ist im Berufsalltag das wichtigste Element des Selbstmanagements. Die Kontrolle über die Zeit bedeutet Kontrolle über die wichtigsten Aspekte des eigenen Lebens. Auch wenn Sie stark fremdverplant werden – die Gestaltung Ihrer frei verfügbaren Arbeitszeit ist umso wichtiger, damit Sie alle Ihre Arbeiten termingerecht erledigen können. Behalten Sie Ihre Zeitplanung unter Ihrer Kontrolle.

Das Zeitplanbuch

Eine der Grundregeln des Zeitmanagements lautet, nicht die Zeit zu verplanen, sondern die Aufgaben dem Ziel unterzuordnen, das man erreichen möchte. Von der Frage „Was möchte ich im Zeitraum X erreichen, und welche Etappen sind auf dem Weg zu diesem Ziel notwendig?" werden die einzelnen Schritte, Aufgaben und Teilaufgaben von rückwärts her in einem Zeitplanbuch in realistischen Zeitabschnitten geplant. Wichtig ist dabei das Setzen von Terminen, die Sie dann auch diszipliniert einhalten, soweit Sie darüber selbst bestimmen können.

Die Zeitplanbuch-Methode ist gut geeignet, wenn es um die **persönliche Lebensplanung**, etwa um den Abschluss eines Studiums oder das Erreichen einer bestimmten Position geht. Mit ihr kann man sozusagen den groben Rahmen für das persönliche Zeitmanagement setzen. Für den täglichen Wust an Aufgaben und die Vermeidung von beruflichem Stress müssen Sie jedoch flexibel bleiben, deshalb planen Sie lieber nicht zu viel. Sie sind Teil eines Unternehmens und müssen sich darein finden, dass Sie weitgehend fremdbestimmt sind. Sie werden recht schnell die Erfahrung machen, dass Sie nicht alle Erwartungen und Aufgaben erfüllen können, die an Sie gerichtet werden. Arbeiten lassen sich nicht immer in der vorgesehenen Zeit erledigen. Das gilt vor allem, wenn Sie im Team mit anderen arbeiten. Ständig schiebt sich Unvorhergesehenes dazwischen. Ein Privatleben muss es aber auch noch geben. Sie müssen lernen, **eigene Prioritäten** zu setzen.

> **TIPP** Nutzen Sie das Kieselprinzip: Stellen Sie sich vor, Sie füllen im Garten einen Eimer mit verschiedenen Steinen, Sand und Wasser: Setzen Sie erst die wichtigsten Termine und Aufgaben – die größten Steine – in den Eimer bzw. Kalender, sonst passen sie am Ende vor lauter Geröll nicht mehr hinein.

Das Pareto-Prinzip: 80/20

Der italienische Volkswirtschaftler Vilfredo Pareto entwickelte den Grundsatz: „Mit 20 Prozent der Arbeit ernten wir 80 Prozent des Erfolgs. Die restlichen 20 Prozent der Aufgaben beanspruchen dagegen 80 Prozent unserer Zeit." Anhand dieser Maxime sollten Sie Ihr tägliches Arbeitspensum kritisch betrachten. Hand aufs Herz, vieles, was wir täglich tun, ist pure Zeitverschwendung und bringt uns keinen Schritt weiter zum angestrebten Ziel. Das Bedürfnis, die Fenster oder das Auto zu putzen, wenn man eigentlich dringend an der Abschlussarbeit weiterschreiben sollte, kennt wohl jeder ehemalige Student. Wenn es Ihnen gelingt, sich in sämtlichen Lebensbereichen auf die 20 Prozent zu konzentrieren, die Sie vorwärts bringen, können Sie sehr viel Zeit und Kraft sparen und Ihre Effizienz enorm steigern.

Die Prozentzahlen 80/20 sind natürlich nur als Richtwert zu verstehen. Wichtig ist, dass Sie für sich persönlich die Tätigkeiten herausfiltern, die Ihren Erfolg ausmachen, um nicht unnötig Energie zu verschwenden. Überlegen Sie in einer ruhigen Stunde, welche Tätigkeiten zu den wichtigen 20 Prozent gehören. Stellen Sie die restlichen Termine auf den Prüfstand. Viele Routinen lassen sich verkürzen oder sind vielleicht ganz verzichtbar. Ein tägliches Verlaufsprotokoll kann helfen und Aufschluss über die Zeitkiller geben. Verschwenden Sie keine Zeit an Nebensächlichkeiten, dann bleiben Ihnen mehr Kraft und Mut, die wirklich wichtigen Aufgaben zügig anzupacken.

Die Eisenhower-Methode

Der US-Präsident und General Dwight D. Eisenhower hat eine ganz simple Methode entwickelt, Aufgaben vorzusortieren und dabei klare Prioritäten zu setzen. Dabei werden alle Aufgaben in vier Quadranten einer Tabelle einsortiert:

	Nicht dringend	Dringend
Wichtig	Aufgabe persönlich erledigen	Aufgabe sofort und persönlich erledigen
Nicht wichtig	Aufgabe nicht bearbeiten: Liegen lassen oder Papierkorb	Aufgabe an kompetente Mitarbeiter delegieren

Natürlich ist diese Methode stark vereinfacht. Ein gutes Zeitmanagement sollte eigentlich verhindern, dass man wichtige Aufgaben liegen lässt, bis auch sie dringend werden. Andererseits kann es bei der Einstufung der nicht wichtigen und nicht dringenden Dinge auch zu Fehleinschätzungen kommen, und sei es nur, dass sich für Ihren Vorgesetzten die Wichtigkeit der Angelegenheit ganz anders darstellt.

Goldene Regeln

Gerade wenn man „den Wald vor lauter Bäumen nicht mehr sieht", sind einfache Methoden am praktikabelsten. Wie zum Beispiel diese:

- Beenden Sie eine Tätigkeit, bevor Sie die nächste anfangen. Fassen Sie gleichartige Tätigkeiten zusammen.

- Nehmen Sie jedes Papier nur einmal in die Hand und entscheiden Sie sofort, was damit zu geschehen hat.

- Setzen Sie Termine! Sie haben sicher schon die Erfahrung gemacht, dass Aufgaben fast immer genau so viel Zeit beanspruchen, wie Sie dafür einplanen. Nehmen Sie sich eine Woche Zeit, werden Sie auch erst nach einer Woche fertig. Hätten Sie nur drei Tage Zeit gehabt, hätten Sie es auch geschafft. Wenn Sie also nicht schon an Termine gebunden sind, setzen Sie sich die Zeitlimits selbst.

- Sie können sich ein Bonussystem für die Einhaltung Ihrer Zielvorgaben setzen. So schlagen Sie dem Hang zum Aufschieben ein Schnippchen.
- Reservieren Sie sich jeden Tag eine „Goldene Stunde", in der sämtliche Störungen ausgeschlossen sind: kein Telefon, keine E-Mails, kein Schwatz mit den Kollegen, keine Meetings, Handy aus. In dieser Stunde werden Sie viel effektiver arbeiten als den ganzen restlichen Tag über. Legen Sie die Stunde nach Möglichkeit in die Zeit, in der Störungen ohnehin selten sind und in der Sie fit und ausgeruht sind: zum Beispiel morgens früh, bevor die meisten anderen Kollegen eintreffen.
- Routinetätigkeiten erledigen Sie am besten, wenn Ihr Biorhythmus auf einem Tiefpunkt ist.

ALPEN-Methode

Nutzen Sie wenige Minuten der goldenen Stunde beispielsweise für eine Tagesplanung mit der ALPEN-Methode nach Prof. Dr. Lothar Seiwert. Hinter dem Kürzel verbergen sich fünf Grundsätze für die Erstellung eines schriftlichen Tagesplans:

- **A**ufgaben aufschreiben
- **L**änge einschätzen
- **P**ufferzeit berücksichtigen – Unvorhergesehenes einkalkulieren
- **E**ntscheidungen: Prioritäten setzen, Delegieren, Streichen von Aufgaben
- **N**achkontrolle: Was haben Sie am Tag erledigt?

Wenn Ihnen trotz umsichtiger Planung alles über den Kopf wächst, fragen Sie sich einmal ehrlich:

- „Warum gerade ich?" Vieles können Sie delegieren, wenn Sie genau darüber nachdenken.
- „Warum gerade jetzt?" Ist der Termin für diese Aufgabe wirklich wichtig? Aber Achtung: Ewig aufschieben gilt nicht.
- „Warum so?" Vieles lässt sich vereinfachen und straffen.
- „Warum überhaupt?" Fällt es auf, wenn ich diese Aufgabe unter den Tisch fallen lasse?

Bei allem Zeitdruck sollten im Berufsalltag die persönlichen Bedürfnisse nicht zu kurz kommen. Planen Sie morgens ausreichend Zeit für Ankleiden, Körperpflege und den Arbeitsweg, damit Sie nicht schon abgehetzt ankommen. Nutzen Sie die Pausenzeiten und nehmen Sie sich Zeit für das **Mittagessen**. Auch wenn Sie meinen, dazu reiche die Zeit nicht, nehmen Sie sich diese trotzdem. Denken Sie an die entgangenen Chancen zum Networking – Kantinen haben eine wichtige soziale Funktion im Unternehmen, die Sie nicht unterschätzen sollten.

Auch die Pflege Ihres Büros und vor allem Ihres Schreibtisches sollten Sie nicht vernachlässigen. Nehmen Sie sich jeden Abend die Zeit, Ihren Schreibtisch aufzuräumen und Ihre Ablage zu pflegen. Das dauert nur ein paar Minuten, erleichtert den Einstieg in die Arbeit am nächsten Morgen aber ungemein und hinterlässt einen guten Eindruck. Denken Sie daran, dass jederzeit Dritte Ihren Schreibtisch belegen könnten – sei es im Vertretungsfall, wenn Sie krank werden oder Urlaub haben, sei es, dass Kollegen oder Vorgesetzte etwas suchen müssen.

Arbeit – Freizeit: Der Umgang mit Überstunden

Eine 40-Stunden-Woche wird sich für Sie nicht immer realisieren lassen. In den meisten Unternehmen wird die Bereitschaft, Überstunden zu leisten, vorausgesetzt. Sie sollten sie deshalb auch nicht kategorisch ablehnen oder ständig Ihr Missfallen zeigen. Das gilt vor allem, wenn gerade eilige (Kunden-)Aufträge erledigt werden müssen oder etwa ein Jahresabschluss zusammengestellt werden muss. In solchen Fällen sollten Sie selbstverständlich Ihr Engagement durch Mehrarbeit zeigen.

In vielen Fällen sind Überstunden jedoch völlig unnötig und gelten als Zeichen schlechten Zeitmanagements. Manchmal gibt es unter Kollegen einer Abteilung geradezu einen regelrechten Wettbewerb, wer die meisten Überstunden leistet. Auf so etwas sollten Sie sich nicht einlassen, wenn Sie nicht als Workaholic enden wollen. Sie brauchen Ihre Freizeit – auch, um für Ihre Arbeit am kommenden Tag fit zu sein.

Lassen Sie Überstunden nach Möglichkeit nur bei Spitzenbelastungen zu und versuchen Sie, das Überstundenkonto klein zu halten. Werden die Überstunden zum Dauerzustand, versuchen Sie Prozesse zu optimieren oder Aufgaben zu delegieren. Wenn Sie jeden Tag auch nur eine Stunde länger arbeiten, weil Ihnen die tägliche Arbeitszeit nicht ausreicht, haben Sie in weniger als zwei Monaten eine ganze Woche zusammen – die Sie nicht mehr „abfeiern" können, ohne den Betriebsablauf zu stören.

Besser ist es, ein Überstundenkonto immer wieder mit ein paar Stunden zwischendurch oder einem Tag Freizeit zu entlasten – das fällt Kollegen und Vorgesetzten sehr viel weniger negativ auf.

! **ACHTUNG** Überflüssige Überstunden sind entgangene Lebenszeit!

4.2.2 Arbeitsmethoden und Ideenfindung

An Ihrem neuen Arbeitsplatz müssen Sie sich jeden Tag aufs Neue bewähren. Hier geht es nicht darum, sich wie in Studium und Schule Wissen anzueignen, dass Sie zu einem bestimmten Termin beherrschen müssen. Jetzt stehen Sie im wirklichen Leben, das heißt, mit Ihrer Arbeitskraft muss Geld verdient werden. Nur solange Sie produktiv sind und Ergebnisse vorzeigen können, ist Ihre Existenz im Unternehmen in den Augen der Unternehmensleitung gerechtfertigt – und Ihr Job einigermaßen sicher.

Als Hochschulabsolvent erwarten Ihre Vorgesetzten von Ihnen, dass Sie **selbstständig** denken und **eigenständig** Lösungswege für anstehende Probleme ausarbeiten können. Sie brauchen also ein Methoden-Gerüst, mit dem Sie zielorientiert und effizient an anstehende Aufgaben herangehen können, um möglichst schnell eine vorzeigbare Strategie, eine Idee, ein Konzept, eine Präsentation oder Ähnliches ausarbeiten zu können. Gehen Sie bei der Ausarbeitung immer schriftlich vor. Die beste Idee im Kopf nützt nicht viel, nur Geschriebenes bleibt und kann weiterbearbeitet werden.

Behalten Sie das Ziel im Blick

Gehen Sie jede Aufgabe zielorientiert an. Dazu müssen Sie erst einmal klären, welches Ziel denn erreicht werden soll. Bevor Sie sich in die Arbeit stürzen, besprechen Sie mit Vorgesetzten und Ihrem Team erst einmal genau, worum es geht. Klären Sie zunächst Ihnen unbekannte Sachverhalte, konkretisieren Sie die Aufgabenstellung und setzen Sie Prioritäten. Diskutieren Sie im Team, welches Verfahren am geeignetsten ist. Bevor Sie das Rad neu erfinden, sollten Sie erst einmal schauen, ob das überhaupt von Ihnen verlangt wird. Vielfach wird nur erwartet, dass Sie einen vorhandenen, im Unternehmen bewährten Weg Lösungen zu entwickeln adaptieren, auf die gegebene Aufgabenstellung umsetzen und weiterentwickeln. Durch Nachahmung können Sie eine Menge Fehler vermeiden und sich in die Prozesse des Unternehmens leichter integrieren. Verlieren Sie bei der Lösung einer Aufgabe nie die Kosten-Nutzen-Abwägung für das Unternehmen aus den Augen. Denken Sie wirtschaftlich.

Ideen-Werkzeuge

Ist Ihre eigene **Kreativität** gefragt, gilt es, die eigenen Gedanken zu sortieren, um schnell auf die bestmögliche Lösung der Aufgabe oder des Problems zu kommen. Die nachfolgend vorgestellten Methoden sollen Ihnen helfen, eine Arbeitsweise herauszufinden, die Ihnen persönlich zusagt und für Ihre Aufgaben gut geeignet ist.

Mind-Mapping

Wenn es darum geht, eigenständig eine Aufgabe oder ein Problem mit möglichst vielen Facetten darzustellen, ist die aus Schule und Studium am meisten bekannte und praktikabelste Methode wahrscheinlich das Mind-Mapping. Die Mind-Map bannt ein komplexes Informationsgefüge übersichtlich auf ein einziges Blatt Papier. Mind-Maps helfen nicht nur, sich Wissen anzueignen und das Erlernte mit Schlüsselworten grafisch anzuordnen und miteinander in Beziehungen zu setzen. Sie eignen sich auch hervorragend für Themen- und Problemdarstellungen im Berufsalltag, sei es, um ein Konzept für eine Marketingkampagne oder eine Präsentation auszuarbeiten. Durch die verzweigte Darstellungsform können Gedanken, Ideen oder Informationen jeder Art eingebaut werden. Zusammenhänge werden sichtbar. Auch bei vielen Gedankensprüngen verlieren Sie nicht den Überblick, da Sie sich auf Schlüsselwörter konzentrieren müssen.

CHECKLISTE

Anleitung für das Ausarbeiten einer Mind-Map

1. Nehmen Sie ein unliniertes Blatt DIN A4 quer. Verwenden Sie mehrere farbige Stifte,
2. Wählen Sie das Thema, mit dem Sie sich auseinander setzen wollen.
3. Notieren Sie das Thema der Mind-Map als Schlüsselbegriff in der Mitte des Blattes.
4. Zeichnen Sie die Hauptäste, auf die Sie Hauptgedanken oder -aspekte schreiben, etwas dicker. Schließlich verbinden Sie alle Hauptäste mit dem zentralen Begriff.
5. Alle weiteren Informationen und Gedanken schreiben Sie auf dünnere Unterzweige der jeweiligen Hauptäste. So fügen Sie die erste, zweite und weitere Gedankenebenen hinzu.
6. Fangen Sie möglichst viele Aspekte und Ideen ein, alles kann wichtig werden.
7. Um die Map grafisch zu gliedern, verwenden Sie Farben, Bilder und Symbole zur Darstellung oder rahmen Sie Wörter und Bilder dreidimensional ein.
8. Die fertige Mind-Map sieht am Ende aus wie ein Baum mit vielen Verästelungen, die die Beziehungen zwischen den einzelnen Themenbereichen zeigen. Eine Mind-Map ist kein Kunstwerk, sie muss nicht perfekt aussehen, sondern kann stets erneuert oder reorganisiert werden.

> **TIPP** Software zum Mind Mapping wird im Internet schon vielfach als Freeware angeboten – einfach mal in Google suchen.

KJ-Methode

Eine andere Methode, Struktur in eine komplexe Aufgabenstellung zu bekommen, ist die KJ-Methode, die nach dem japanischen Anthropologen Jiro Kawakita benannt wird. Sie hilft vor allem, wenn eine sehr umfangreiche Menge an Informationen aus verschiedenen Quellen erfasst und strukturiert werden muss. Die relevanten Informationen werden auf Kärtchen oder Post-its gesammelt und anschließend nach ihrem inhaltlichen Zusammenhang in Gruppen zu Kartenstapeln sortiert. Für jede Gruppe wird eine Karte angelegt. Dieser Vorgang wird so lange wiederholt, bis sich die Anzahl der Gruppen auf eine überschaubare Zahl – etwa zehn – reduziert hat.

Die verbleibenden Gruppen werden übersichtlich angeordnet, zum Beispiel auf einer Tafel aufgesteckt. Zusätzliche Zeichen wie Pfeile, Kringel oder Wolken können um Gruppen oder Untergruppen gezogen werden, um das Bild zu verdeutlichen. Das entstandene Bild der Gruppen, Untergruppen und Informationen sollte schriftlich zusammengefasst werden.

Disney-Strategie

Von Walt Disney wird berichtet, dass er bei seiner Arbeit in verschiedene Rollen schlüpfte, um kreative Ideen zu entwickeln und umzusetzen. Er versetzte sich nacheinander in drei verschiedene Rollen, wobei er gerne den Raum oder zumindest den Stuhl wechselte:

- den Träumer, der mit allen möglichen verrückten Einfällen spielt,
- den Kritiker, der jede Idee hemmungslos kritisiert und auseinander pflückt,
- den Realisten, der vernünftig vorgeht und nach pragmatischen Lösungswegen sucht.

Ideen entwickeln im Team

In vielen Fällen werden Sie nicht allein an einem Problem oder Projekt arbeiten, sondern mit anderen im Team – sei es mit ein oder zwei Kollegen Ihrer Abteilung oder einem offiziellen Projektteam. Das macht die Aufgabe nicht unbedingt leichter, denn dabei müssen die Ideen verschiedener Personen kanalisiert und anschließend geordnet werden.

Die bekannteste Methode der Ideenfindung im Team ist wohl das **Brainstorming**. Dabei werden im Anschluss an eine Problemdefinition von allen Anwesenden möglichst viele Ideen in möglichst kurzer Zeit unzensiert entwickelt. Dabei kommt es vor allem auf einen völlig freien „Sturm" der Gedanken an, alles darf eingebracht werden, sei es auch noch so abwegig. Erst in einem zweiten Schritt werden die Ideen auf Praktikabilität und Qualität untersucht.

Die oben vorgestellte **KJ-Methode** lässt sich auch gut im Team umsetzen, dabei werden die Karten laut vorgelesen und im Team sortiert.

Auch die **Disney-Methode** ist gut im Team umsetzbar, wenn die Rollen klar verteilt sind.

Die **6-3-5-Methode** wiederum setzt auf den freien Fluss von Gedanken zu einer bestimmten Fragestellung. Hier werden die Gedanken schriftlich und aufeinander aufbauend festgehalten. Bei der 6-3-5-Regel bringen sechs Teilnehmer drei Ideen in fünf Minuten zu Papier. Anschließend wird das Papier an den Nachbarn weitergeben, der das Geschriebene ergänzt, bis alle sechs Teilnehmer reihum die Ideen ihrer Mitstreiter ergänzt haben. Dabei zeigt sich sehr früh ein Meinungsbild der Gruppe zu verschiedenen Lösungsansätzen. Auch bei dieser Methode müssen die Vorschläge anschließend nach Umsetzbarkeit und Zeiterfordernis sortiert werden.

FAZIT

Methodenkompetenz

Alle vorgestellten Methoden weisen gemeinsame Grundaspekte auf:
- Positive Haltung zur Strukturierung von Aufgaben
- Zielklarheit
- Klärung und Konkretisierung
- Verfahrensvorschlag
- Entscheidung, Priorität
- Aufgabenverteilung
- Visualisierung
- Zusammenfassung
- Zeitmanagement
- Kosten-Nutzen-Abwägung

4.2.3 Projektmanagement

Der Begriff „Projekt" ist ein Modewort und wird gern für alle möglichen Arbeiten angewendet. Ein „echtes" Projekt zeichnet sich durch vier Eigenschaften aus:

- Etwas Neues wird entwickelt oder eingeführt.
- Das Ziel des Projekts ist klar umrissen.
- Das Projekt ist zeitlich begrenzt.
- Das Projekt lebt von interdisziplinärer Zusammenarbeit, die Beteiligten kommen aus verschiedenen Bereichen des Unternehmens.

Eine Aufgabe als Projekt anzugehen hat verschiedene Vorteile. Projektarbeit konzentriert die Aufmerksamkeit auf ein bestimmtes Ziel. Die Arbeit quer durch die normalen Strukturen des Unternehmens führt verschiedene Perspektiven und unterschiedliches Knowhow innerhalb des Unternehmens zusammen. Die Arbeit in der Gruppe motiviert durch Zielorientierung und schafft **Synergieeffekte**.

Als Berufsanfänger werden Sie sehr wahrscheinlich zunächst keine leitenden Funktionen innerhalb eines Projekts einnehmen. Die wichtigste Voraussetzung, die Sie als Mitglied eines Projektteams mitbringen müssen, ist Teamfähigkeit. Nehmen Sie eine positive Einstellung zum Ziel des Projekts und auch zu den Teilnehmern ein. Stellen Sie nicht sich selbst, sondern die Gruppe in den Vordergrund. Wenn Sie aktiv mitplanen, Aufgaben übernehmen und sich einbringen, kommt das allen zu Gute. Besonders wichtig: Halten Sie Ihre Termine ein!

Aufgaben eines Projektleiters

Manchmal werden Neuankömmlinge als Projektmanager eingesetzt oder gar mit der Leitung eines Projekts betraut, meist, wenn sonst niemand zur Verfügung steht, der die Zeit dafür aufbringen kann. Es kann aber auch sein, dass man Sie testen will – dann sollten Sie sich besonders viel Mühe geben, denn ein Projekt fordert Projektmanager und Projektleiter auf allen Ebenen. Insbesondere neue Mitarbeiter stehen in dieser Rolle vor dem oft schwierigen Problem, die Kooperation der erfahreneren Mitarbeiter zu gewinnen und sich notfalls gegen sie und die bestehenden sozialen „Seilschaften" durchsetzen zu müssen.

Ein Projektleiter muss eine ganze Reihe unterschiedlicher Einzelaufgaben koordinieren:

- Planung und Koordination von Ressourcen, Budget und Zeitrahmen
- Diagnose der Ausgangssituation
- Sammeln und Strukturieren vorhandener Informationen
- Beschreibung und Kommunikation des Projektziels
- Organisation der übergreifenden Zusammenarbeit der Teilnehmern aus den verschiedenen Bereichen
- Verteilung der Aufgaben an die Mitglieder
- Vorgabe und Überwachung von Terminen/Milestones
- Gestaltung von Problemlösungsprozessen
- Konfliktmanagement

Voraussetzungen für ein erfolgreiches Projekt sind ein erreichbares, klar umrissenes Ziel und eine harmonische Zusammenarbeit in der Gruppe. Gerade wenn Sie sich in einer Testsituation befinden und Sie ein Projekt durchziehen müssen, dass nicht wirklich wichtig ist, müssen Sie mit Konflikten rechnen, wenn die Teilnehmer sehr unterschiedliche Interessen und Qualifikationen haben. Probleme gibt es auch, wenn die Teilnehmer das Arbeiten in stark hierarchischen Strukturen gewohnt sind und Sie als neuen Mitarbeiter nicht als Projektleiter akzeptieren.

> **TIPP**

- Teilen Sie das Projekt in übersichtliche Teilprojekte auf.
- Legen Sie Meilensteine fest und halten Sie Ihre Etappenziele ein.
- Sorgen Sie dafür, dass alle Teilnehmer klare Aufgaben haben und ihre Termine dafür einhalten.
- Versuchen Sie die Projektteilnehmer als Gruppe zusammenzuschweißen.

4.2.4 Präsentation

Klappern gehört zum Handwerk. Wer sich und die Ergebnisse seiner Arbeit nicht vor Kollegen, Vorgesetzten, Kunden oder einem Fachpublikum präsentieren kann, wird schwer Karriere in einem modernen Unternehmen machen. Die Grundregeln der Präsentation sind prinzipiell immer dieselben – auch wenn die Bedürfnisse der Zuhörer ganz unterschiedlich sein können.

CHECKLISTE

Drei Fragen sollten Sie sich vor jedem Vortrag beantworten:

- Wer sind Ihre Zuhörer?
- Was haben Sie diesen Personen zu sagen?
- Welches Ziel wollen Sie mit Ihrem Vortrag erreichen?

Eine Präsentation steht und fällt mit dem Interesse des Publikums. Natürlich sind Ihre Fachkompetenz und Ihre Argumente wichtig. Wenn es Ihnen aber nicht gelingt, das Interesse Ihrer Zuhörer zu wecken, wird der Vortrag trotz guter Sachinhalte sein Ziel nicht erreichen. Wenn Sie eine Präsentation vorbereiten, sollten Sie deshalb stets vor Augen haben, wer vor Ihnen sitzt, aus welchem Grund diese Person dort sitzt und was sie hören möchte – oder zumindest wissen sollte – auch, wenn es ihr vielleicht nicht besonders gefällt.

Daraus leitet sich ab, was Sie diesem speziellen Publikum zu sagen haben. Schätzen Sie die Vorkenntnisse der Zuhörer ein – langweilen Sie nicht mit Erklärungen von Fakten oder Details, die selbstverständlich bekannt sind. Setzen Sie aber auch nicht zu viel voraus.

Bereiten Sie Ihre Präsentationen stets gut vor. Haben Sie wirklich an alle relevanten Daten und Fakten gedacht? Die ansprechende Gestaltung von Präsentationen ist wichtig, kann aber weder Fachkompetenz noch eine klare Argumentationskette ersetzen.

Arbeiten Sie mit einem einfachen **Grundgerüst**:

- Ein interessanter, kurzer **Einstieg**: Suchen Sie einen Aufmacher, das kann eine Anekdote oder eine Schlagzeile aus der Presse sein – etwas, dass das Interesse der Zuhörer weckt und den Humor anspricht – ein Lachen am Beginn ist immer gut. Doch Vorsicht! Werden Sie dabei nicht albern. So ein Einstieg muss unbedingt zum Thema und zur Zuhörerschaft passen. Wenn Ihnen nichts Geeignetes einfällt, steigen Sie besser gleich in die Inhalte ein.

- Ein informativer **Hauptteil**: Halten Sie sich an die Devise „in der Kürze liegt die Würze": Stellen Sie die wichtigsten Aspekte zusammen, haben Sie ruhig Mut zur Lücke. Denken Sie daran, dass die Aufmerksamkeit der Hörer selten länger als 20 Minuten anhält.

- Ein prägnanter, klar formulierter **Schluss**: Bringen Sie Ihre Kernaussagen auf den Punkt und zeigen Sie nach Möglichkeiten einen eindeutigen Lösungsweg auf.

Bereiten Sie sich auch auf mögliche **Fragen aus dem Publikum** vor.

Auch das mündliche Vortragen will gelernt sein. Als Anfänger trainieren Sie den mündlichen Vortrag so lange, bis Sie ihn frei sprechen können. Damit andere Ihnen gerne zuhören, sollten Sie bewusst auf Ihre eigene **Sprechweise** achten.

- Zu schnelles Reden vermittelt Unruhe.
- Zu langsames Reden macht ungeduldig.
- Zu lautes Reden wirkt unnötig aggressiv.
- Zu leises Reden wird schlecht verstanden.
- Fehlende Modulation wirkt eintönig und sorgt für Langeweile.

Wenn Sie unsicher sind, üben Sie Ihre Präsentation vor einem kritischen Publikum aus Ihrem privaten Umfeld. Sie können Ihren Vortrag zu Übungszwecken auch als Video aufnehmen.

Visualisierung

Botschaften, die das menschliche Gehirn als Bild oder mit Bildern kombiniert abspeichert, bleiben länger haften. Von politischen Reden einmal abgesehen, erwartet fast jedes Publikum heute eine visuelle Begleitung bei einem Vortrag. Die Art der Visualisierung muss dem Anlass angemessen sein. Bei der Wahl des Mediums sollten Sie sich den Gepflogenheiten Ihres Unternehmens anpassen.

Bei einem Kurzvortrag vor Kollegen und Vorgesetzten reicht vielleicht ein **Flipchart**. Es eignet sich besonders gut für die nachvollziehbare Entwicklung von Ideen und auch für spontane Präsentationen.

Bei Standard-Kundengesprächen reicht auch schon mal ein aussagefähiger **Flyer**. Ansonsten haben sich fast überall Präsentationsprogramme wie **Powerpoint-Charts** mit Beamer und Laptop durchgesetzt.

CHECKLISTE

- Achten Sie darauf, dass jede einzelne Seite inhaltlich gut strukturiert und gestaltet ist.
- Grafiken müssen übersichtlich sein.
- Verzichten Sie auf zu viele Animationen, zu viele Farben und zu viele Spielereien in der grafischen Darstellung.
- Wählen Sie die Schriftgröße so, dass auch in der hintersten Reihe noch alles lesbar ist.
- Gehen Sie sparsam mit den Schriftarten und Formatierungen um, das erleichtert die Lesbarkeit. Achten Sie insbesondere darauf, dass die von Ihnen verwendeten Schriften auch auf dem Präsentations-PC vorhanden sind!

Wenn Sie mit einem (fremden) Laptop und Beamer präsentieren, bereiten Sie sich akribisch darauf vor. Nehmen Sie für alle Fälle eine Sicherungskopie Ihrer Präsentation, gegebenenfalls auch die eingebundenen Sonderfonts, auf einer CD oder einem USB-Stick in den Vortragsraum mit. Sie müssen nicht nur das Programm, das Sie verwenden, gut beherrschen, auch die verfügbare Hardware sollte Ihnen möglichst vertraut sein. Ist alles richtig angeschlossen und installiert? Schließen Sie technische Pannen nach Möglichkeit aus.

Zu einer guten Präsentation gehört schließlich auch ein **Handout,** das entweder die gezeigten Charts und/oder eine Zusammenfassung sowie vertiefende Informationen enthält.

4.2.5 Kommunikation und Konfliktfähigkeit

Im Berufsleben werden Sie meist in Abteilungs- und Teamstrukturen arbeiten. Dabei ist Kommunikation alles.

Kommunikationskompetenz umfasst die Fähigkeiten:

- Offen und allgemein verständlich zu reden
- Aktiv zuzuhören
- Wünsche und Vorstellungen klar und präzise zu formulieren
- Auf die Belange anderer einzugehen
- Sich selbst aber klar abgrenzen zu können

Von allen Karrieretools ist die Kommunikationskompetenz am schwierigsten zu erwerben. Zu oft verfallen Berufsanfänger in der verbalen Kommunikation mit Kollegen in gewohnte Rollen- bzw. Verhaltensmuster, übernehmen ihre Rollen aus Familie und Freundeskreis. Denken Sie immer daran, welche Rolle Sie jetzt in der Berufswelt innehaben – oder demnächst im Unternehmen vielleicht besetzen wollen.

Arbeiten Sie an Ihrem Rollenverhalten bzw. Ihren Kommunikationsmustern. Versuchen Sie durch Freunde oder Vertrauenspersonen im Unternehmen ein ehrliches Feedback zu bekommen, wie Sie von Dritten wahrgenommen werden. Achten Sie immer auf die Reaktionen Ihrer Umwelt auf Ihr Verhalten, das zeigt meist deutlich, wie andere Sie sehen und was sie von Ihrem Auftreten halten. Wenn Sie den Verdacht haben, dass ihre Kollegen Sie falsch verstanden haben, fragen Sie direkt nach.

Gehen Sie Konflikte konstruktiv an

Bewähren muss sich Ihre Kommunikationsfähigkeit vor allem im Krisenfall. Wo viele Menschen mit unterschiedlichen Interessen zusammenkommen, sind Konflikte vorprogrammiert. Bleiben Sie vorsichtig mit Ihren Worten und vor allem mit negativen emotionalen Äußerungen wie Zorn, Verletztheit, Wutausbrüchen, Schimpftiraden, Tränen. Wer spricht, ohne vorher darüber nachzudenken, wie das Gesagte wirken kann, hat schnell ein Wort zu viel gesagt – das die lieben Kollegen bei der nächsten Gelegenheit vielleicht gegen Sie verwenden.

Konflikte spielen für Organisationen eine wichtige, überlebensnotwendige Rolle. Sie lassen Schwachstellen erkennen, machen auf Verbesserungsbedarf aufmerksam. Damit fördern sie die Weiterentwicklung von Produkten und Verfahren und verhindern Stillstand. Dies gelingt allerdings nur, wenn die Beteiligten mit auftretenden Problemen und Konflikten konstruktiv umgehen.

CHECKLISTE

Vorbereitung von Gesprächen:
- Was will ich erreichen?
- Welches ist mein Maximalziel?
- Wo läge ein optimaler/ein akzeptabler Kompromiss?
- Welches ist das Minimum, das ich erreichen will?
- Welche Zugeständnisse könnte ich machen?
- Was will ich auf keinen Fall?
- Wie werde ich das Gespräch einleiten?

Durchführung:
- Ist die Atmosphäre emotional aufgeladen, ziehen Sie eine Person Ihres Vertrauens hinzu – entweder zur Moderation oder als Zeugen.
- Sorgen Sie für eine angenehme Atmosphäre. Beginnen Sie mit einer positiven Begrüßung und kurzem Small Talk.
- Hören Sie aktiv und geduldig zu, greifen Sie die Fragen auf und antworten dann.
- Stellen Sie Ihren Standpunkt als „Ich"-Botschaft klar: „Ich habe den Sachverhalt so erlebt ...", Nicht: „Fakt ist, es war so und so ..." Sprechen Sie vor allem Kritisches und Spannungen als Ihre Beobachtung an.
- Bleiben Sie sachlich und greifen Sie Ihren Gegner nicht in seiner Persönlichkeit an.
- Stellen Sie konkrete Fragen und geben Sie auf Fragen verbindliche Antworten, unterlassen Sie Ausweichmanöver und akzeptieren Sie diese auch nicht.
- Vermeiden Sie Suggestivfragen und überlegen Sie genau, wie Sie Ihrerseits auf Suggestivfragen reagieren wollen.
- Zeigen Sie Interesse, die Kritik an Ihnen zu verstehen, aber vermeiden Sie devote, vorwegnehmende Entschuldigungen und unnötige Rechtfertigungsversuche.
- Wenn Ihnen objektiv ein Fehler unterlaufen ist und Sie wissen, dass Ihr Kritiker Recht hat, zeigen Sie Einsicht und bitten Sie offen um Verzeihung. Damit beweisen Sie Persönlichkeit und nehmen Ihrem Gegenüber den Wind aus den Segeln.
- Verlangen oder erwarten Sie selbst aber keine Entschuldigung.
- Machen Sie Vorschläge, bei denen alle Beteiligten ihr Gesicht wahren können. Versuchen Sie, eine konstruktive Lösung zu finden. Binden Sie den Gesprächspartner dabei unbedingt mit ein.
- Vereinbaren Sie gemeinsam die nächsten Schritte mit konkreten, überprüfbaren und terminierten Zielvorgaben.
- Behalten Sie immer Ihr Gesprächsziel im Auge.

Nachbereitung:
- Halten Sie die Ergebnisse des Gesprächs schriftlich fest, am besten als Ergebnisprotokoll.
- Zeigen Sie dieses Gesprächsprotokoll allen Gesprächspartnern.
- Räumen Sie gegebenenfalls Missverständnisse aus.
- Halten Sie sich an das Vereinbarte.

Im Konfliktfall gibt es fünf mögliche Reaktionen:

- **Vermeiden** – das ist oft die schlechteste Methode, denn Konflikte lösen sich meist nicht von selbst.

- Sich **rigoros durchsetzen** – doch in den meisten Fällen haben beide Konfliktparteien ein bisschen Recht. Setzen Sie sich auf Kosten anderer durch, wird Ihr Konfliktpartner schnell zum Revanche suchenden Gegner.

- **Nachgeben** – das beendet einen Konflikt zwar schnell, führt aber nicht zum von Ihnen gewünschten Ergebnis. Mit dieser „Lösung" werden Sie auf Dauer nicht glücklich sein.

- **Kompromiss** – beide Gegner gehen von Ihrem Idealziel ab und einigen sich auf eine zweit- oder drittbeste Variante. Dabei wird selten etwas Effizientes erreicht.

- **Kooperation** – Versuchen Sie, gemeinsam eine Lösung für das Problem auszuarbeiten, die alle Beteiligten voranbringt. Tauschen Sie fair Ihre Interessen und Bedürfnisse aus.

Gehen Sie mit einer positiven Grundhaltung an Konflikte heran. Beklagen Sie Probleme nicht lange (das kostet nur Zeit), sondern suchen Sie stets nach den Chancen. Konzentrieren Sie sich bewusst und aktiv auf mögliche Lösungsstrategien und entwickeln Sie entsprechende Arbeitsabläufe. Preschen Sie aber nicht vorschnell mit Ihren Ideen vor, sondern überlegen sorgfältig, wie Sie die Problemlösung Ihren Kollegen und Vorgesetzten kommunizieren und schmackhaft machen können.

Gesprächssituationen

Die nächste Team-Besprechung, Krisensitzungen, Gespräche mit Vorgesetzten, ein schwieriger Kunde – problematische Gespräche werden Sie häufiger führen müssen, als Ihnen lieb ist. Begeben Sie sich nicht unvorbereitet in solche Gespräche hinein: Überfällt man Sie beispielsweise völlig unerwartet mit einem Streitgespräch, grenzen Sie sich besser sofort ab, als dass Sie sich spontan zu Äußerungen hinreißen lassen, die leicht missdeutet werden können und/oder die Sie später vielleicht bereuen.

Analysieren Sie nüchtern die Ausgangssituation. Denken Sie daran: Je größer die emotionale Beteiligung einer Person an einem Konflikt ist, umso kleiner ist der vom Betroffenen wahrgenommene Ausschnitt der Gesamtsituation. Versuchen Sie, das Ganze aus der Perspektive eines Dritten, am besten von der Warte der Unternehmensleitung aus zu sehen.

Sonderfall Mobbing

Von Mobbing spricht man, wenn jemand am Arbeitsplatz fortgesetzt geärgert, herabgewürdigt und schikaniert wird. Oft beginnt die Schikane so subtil, dass der Betroffene hinterher gar nicht mehr sagen kann, wann es angefangen hat.

Typisch für Mobbing sind:

- Negative Handlungen, die gemeinhin als feindselig, aggressiv, destruktiv und unethisch gelten: Das können Beschimpfungen, das bewusste Vorenthalten von Informationen, aber auch physische Übergriffe sein.
- Mobbing bezeichnet ein Verhaltensmuster, keine einzelne Handlung. Die Aktionen gehen von einer oder mehreren Personen aus, sie sind zielgerichtet und systematisch angelegt, wiederholen und steigern sich.
- Meist ist das Opfer den Mobbern unterlegen – entweder hierarchisch oder sozial – und kann sich deshalb nicht effektiv wehren.

Die Folgen von Mobbing sind für die Opfer meist desaströs. Es kommt fast immer zu seelischen und körperlichen Folgeerkrankungen. Mobbing muss von Kollegen und Vorgesetzten deshalb ernst genommen werden. Als Kollege sollten Sie sich selbstverständlich an Mobbing-Aktivitäten nicht beteiligen, sondern sich klar distanzieren und die Vorgesetzten informieren. Werden Sie selbst gemobbt, holen Sie sich unbedingt Hilfe von außen, bevor die Situation eskaliert. Sobald der Arbeitgeber von Mobbing erfährt, ist er verpflichtet, seiner Fürsorgepflicht nachzukommen und eine wirksame Maßnahme – Mitarbeitergespräch, Weisungsrecht, Abmahnung, Kündigung, Versetzung – dagegen zu ergreifen.

Werden alle Angestellten vom Chef gleich schlecht behandelt, handelt es sich nicht um Mobbing, sondern um **Bullying**. Das ist auch sehr unangenehm, aber zumindest haben Sie Leidensgenossen und können – und sollten – sich solidarisieren.

Spannungsgeladene Situationen am Arbeitsplatz, ein Streit zwischen Kollegen, scharfes Konkurrenzdenken, gegenseitiges Überbieten im Leistungswettstreit oder auch gerechtfertigte disziplinarische Hinweise des Vorgesetzten sind aber kein Mobbing. Spannungen und Konflikte dieser Art gehören zum normalen (Berufs)Alltag.

4.2.6 Networking

Wie wichtig Netzwerke sind, wurde schon mehrfach in diesem Buch dargestellt (siehe Kapitel 1.7 „Netzwerke öffnen Türen", Seite 71 ff., und den Abschnitt „Berufliche Netzwerke", Seite 394 f., in Kapitel 4.1). Netzwerke können ein wichtiges Karrieretool sein, vorausgesetzt, Sie haben die richtigen Kontakte geknüpft und über die Jahre gut gepflegt.

Netzwerkkontakte dürfen Sie **nicht mit Freundschaften verwechseln**, auch wenn es vielleicht Schnittmengen gibt und die Übergänge fließend sind. Netzwerke sind zunächst vielmehr lockere Bekanntschaften, wobei auf beiden Seiten die Nützlichkeit der Beziehung wichtiger ist als gegenseitige Sympathie und persönliche Nähe. Deshalb dürfen Sie getrost Ihre Neztwerkkontakte vor die harte Prüfung stellen:

Wer kann mir bei der Karriere helfen?

- **In der Abteilung:** Als Neuling im Unternehmen sollten Sie daran arbeiten, zunächst gute Beziehungen im Kollegenkreis der eigenen Abteilung aufzubauen – gehen Sie gemeinsam Essen, treffen Sie sich auch mal privat – zu eng oder zu häufig sollten Sie den Kontakt aber nicht werden lassen.

- **Im Unternehmen:** Pflegen Sie Bekanntschaften mit Kollegen aus anderen wichtigen Abteilungen – etwa der Personal- oder Rechtsabteilung.

- **In der Branche:** Denken Sie auch daran, Kontakte außerhalb des Unternehmens aufzubauen. Das können Vertreter von Fach- oder Lobbyverbänden sein, aber auch Kollegen von konkurrierenden Unternehmen. Gerade diese Kontakte können später sehr nützlich sein, wenn Sie vielleicht das Unternehmen wechseln wollen. Sie sollten dabei diskret vorgehen und diese Kontakte nicht gerade vom Arbeitsplatz aus pflegen. Beschränken Sie sich beim Austausch mit Kollegen aus anderen Unternehmen auf allgemeine Branchenthemen. Plaudern Sie keinesfalls Interna aus und reden Sie nicht schlecht über Ihren derzeitigen Arbeitgeber.

4.3 Kleiner Business-Knigge

„Das Auftreten, der Habitus und eine natürliche Souveränität sind für die Karriere wichtiger als alle Zeugnisse." (Studie der Universität Darmstadt)

Was zeichnet moderne Umgangsformen heute aus, gut 200 Jahre, nach dem Adolph Freiherr von Knigge seinen Ratgeber *Über den Umgang mit Menschen* verfasste?

Heute geht es nicht mehr um stures Einhalten formaler Vorschriften und Regeln! Zeitgemäße Umgangsformen müssen an die jeweilige Situation, Umgebung und Zielgruppe angepasst sein.

Richtiger Umgang mit den Benimmregeln ist nicht mehr nur eine Frage der Form, sondern vor allem **Charaktersache**. Es geht dabei hauptsächlich um Rücksichtnahme und Respekt. Menschen, die Benimm-Regeln auswendig lernen und nur als Aufstiegschance sehen, werden sehr schnell durchschaut.

Egal, ob Sie sich auf Verhandlungen mit Partnern vorbereiten, ein Kollegengespräch vereinbaren oder eine neue Arbeitsstelle suchen: im Berufsleben werden korrekte Umgangsformen, angemessenes Auftreten und ein gepflegtes Erscheinungsbild erwartet. Sie sind häufig der Schlüssel für erfolgreiche Geschäftsbeziehungen, motivierende Arbeitsatmosphäre und gelungene Selbstpräsentation. Nur wer es versteht, Begegnungen mit Wertschätzung, emotionaler Intelligenz, Respekt und Fingerspitzengefühl zu steuern, wird langfristig Erfolg haben.

Mit dem Wandel der Wirtschafts- und Arbeitswelt verändern sich die immer höheren Anforderungen an die Beschäftigten, so das Ergebnis einer Studie des Deutschen Industrie- und Handelskammertages. Sie hat ergeben, dass etwa die Hälfte der neu eingestellten Arbeitnehmer mit Hochschulabschluss nach kurzer Zeit wieder entlassen wurde.

Gründe waren

1. Mangelnde Teamfähigkeit
2. Mangelnde Kommunikationsfähigkeit
3. Mangelnde Konfliktfähigkeit
4. Mangelnde Kritikfähigkeit
5. Mangelnde interkulturelle Kompetenz

Den Mitarbeitern wurde unzureichendes Sozialverhalten, Selbstüberschätzung und fehlende Integrationsfähigkeit vorgeworfen. Die größten Defizite gab es in den Bereichen:

- Soziale Kompetenz
- Persönliche Kompetenz
- Fachliche und Methodische Kompetenz

Als Hauptgründe für die Defizite gelten:

1. Fehlende Werte und schlechte Erziehung (50,1 Prozent)
2. Schlechte Schulbildung (29,5 Prozent)
3. Schlechte Lehre an den Hochschulen (27,6 Prozent)

Die so genannten Soft Skills werden aus Sicht der Unternehmen also immer mehr zu den entscheidenden Schlüsselfaktoren für die Personalauswahl – und offensichtlich treten genau hier die größten Defizite bei Bewerbern und neuen Mitarbeitern auf. Wer im Berufsleben punkten will, muss also lernen, sich angemessen und stilsicher zu bewegen. Nur wer die Etikette genau kennt, kann damit jonglieren, ohne ins Fettnäpfchen zu treten.

4.3.1   Die Begrüßung

Wer sich selbst vorstellt, nennt seinen Vor- und Nachnamen. Von sich selbst spricht man nie als „Herr" oder „Frau", diese Anrede ist ausschließlich Dritten vorbehalten. Und wenn Sie einen akademischen Titel haben, sollten Sie tunlichst darauf verzichten, ihn selbst zu nennen.

 ACHTUNG Man nennt sich nicht selbst „Herr" oder „Frau". Und wer sich selbst mit seinem akademischen Titel vorstellt, begeht einen groben Fauxpas!

Wenn Sie möchten, dass Ihr Gegenüber schnellstmöglich Ihren Titel erfährt, sollten Sie stets Visitenkarten mitführen und diese nach der Vorstellung überreichen.

Über die Reihenfolge bei der Vorstellung entscheidet im Geschäftsleben die Hierarchie: Der neue Mitarbeiter wird dem Chef vorgestellt, nicht umgekehrt. Es folgt auch immer eine Rückvorstellung: „Herr Dr. Müller, ich möchte Ihnen Frau Schmidt, unsere neue Abteilungsleiterin, vorstellen. Frau Schmidt, das ist Herr Dr. Müller, der Leiter der Revisionsabteilung." Erst jetzt reichen die Vorgestellten einander die Hand, wobei der Chef der neuen Mitarbeiterin zuerst die Hand reicht, nicht umgekehrt! Im Geschäftsleben reicht immer der Ranghöhere zuerst die Hand. Im gesellschaftlichen oder privaten Umfeld reicht die Dame dem Herrn zuerst die Hand, der Ältere dem Jüngeren. Wenn Sie eine Person in einer Gruppe per Handschlag begrüßen, müssen Sie alle Anwesenden ebenso begrüßen.

> **TIPP** Der Höhergestellte erhält bei der Vorstellung als Erster die Information über die unbekannte Person! Er reicht auch als Erster die Hand.

Das Händereichen ist im deutschsprachigen Raum die übliche Begrüßung. Der Händedruck vermittelt eine Fülle von Informationen. Energisch und kräftig sollte er sein, jedoch nicht schmerzhaft für den anderen ausfallen. Das Händeschütteln sollte auch nicht übertrieben dynamisch sein, auch sollte man die Hand des Gegenübers nicht ungebührlich lange festhalten.

Unerlässlich ist auch das Respektieren der persönlichen Distanzzone. Diese beträgt in unserer Kultur etwa eine Unterarmlänge bzw. einen halben Meter. Positive Mimik und insbesondere Blickkontakt sind ebenfalls unabdingbar. Ein freundliches „Ich freue mich" oder ein Nicken kombiniert mit einem freundlichen Lächeln als Reaktion auf die Begrüßung schaffen die Basis für eine angenehme Atmosphäre.

4.3.2 Die richtige Anrede

Adelstitel

Die Anrede mit dem richtigen Titel bereitet in vielen Fällen Kopfzerbrechen, vor allem bei adeligen Personen. Da wir die Mitmenschen heute nach ihren eigenen Leistungen und nicht mehr nach ihren Vorfahren beurteilen, haben Adelstitel in unserer modernen Gesellschaft eher historischen Wert. Niemand kann heute noch aufgrund seiner Herkunft einen Sonderstatus beanspruchen.

Doch gebieten Höflichkeit und Takt, andere mit ihren korrekten Titeln anzusprechen. Das Adelsprädikat wird nach dem Vornamen genannt: „Otto Graf Lambsdorff". Im Alltag wird der Titelinhaber mit „Graf Lambsdorff" adressiert. Die Anrede „Herr Graf" ist dem Personal vorbehalten.

An Mitglieder eines regierenden oder ehemals regierenden Hauses wendet man sich mit „Königliche Hoheit", an Adelige aus nicht regierenden Häusern mit „Durchlaucht". Ein „Freiherr von Löwenstein" wird schlicht „Herr von Löwenstein" genannt.

Akademische Titel

Akademische Titel – der häufigste ist der Doktor-Titel – gehören zum Namen und werden bei der Anrede auch genannt. Fast alle Professoren besitzen einen Doktor-Titel. In der mündlichen Anrede wird die höhere Qualifikation betont, man sagt also „Herr Professor ..." . Die Schriftform lautet nach wie vor „Herr Professor Dr. ...". Akademische Titel werden stets mit dem Namen kombiniert. Ein „Herr Doktor" ohne Nennung des Namens ist ausschließlich der behandelnde Arzt.

Bei Politikern und hohen Beamten ersetzt jedoch die Funktion den Namen: Es heißt: „Frau Bundeskanzlerin", „Herr Staatssekretär" und „Herr Minister". Würdenträger wie Bischöfe oder Botschafter anderer Nationen werden mit „Exzellenz" angesprochen.

4.3.3 Small Talk und Networking

Der Small Talk gehört zu den elementarsten Kommunikationsformen und wurde früher schlichtweg „Plauderei" genannt. Bei manchen zu Unrecht als leeres Gerede verrufen, erfüllt der Small Talk wichtige Funktionen: Er schafft Verbindung, knüpft Kontakte zu Fremden, unterstützt Gespräche unter Bekannten und dient häufig als Vorbereitung für das eigentliche Gespräch. So wie Sportler vor einer Höchstleistung eine physische Aufwärmphase brauchen, um Verletzungen zu vermeiden, benötigen Gesprächspartner eine kommunikative Aufwärmphase. Small Talk überbrückt auch Situationen, in denen noch kein Kontakt besteht. Sicher haben Sie es selbst schon erlebt: Sie kommen zu einer Veranstaltung, bei der Sie niemanden kennen; es gibt auch niemanden, der Sie vorstellen könnte. 80 Prozent aller Menschen erleben diese Situation als äußerst unangenehm, übersehen dabei jedoch häufig die große Chance, neue Menschen kennen zu lernen, Geschäftsbeziehungen aufzubauen und vielleicht sogar neue Freunde zu gewinnen. Doch mit geschicktem Small Talk können Sie die Situation bewältigen, indem Sie Kontakte knüpfen (und so auch gleich Ihr Selbstvertrauen stärken). Damit das auch gelingt, sollten Sie gewisse Themenkreise meiden – schließlich kennen Sie Ihr Gegenüber nicht näher und wissen nichts über seine Ansichten.

Tabu sind die kritischen Themen:

- Politik
- Religion und Kirche
- Krankheit und Tod
- Geld (in allen Varianten)
- Andere Anwesende

Geeignete Themen sind:

- Sport und Hobbys
- Urlaub und Reisen
- Beruf
- Kino, Theater, Kunst
- Mode, Trends
- Das Wetter, wenn es sich gerade ungewöhnlich verhält

Der gelungene Gesprächseinstieg

Der Einstiegssatz sollte zu der Person passen, die ihn ausspricht. Ein locker-flockiger Satz, der bei einem entsprechenden Typ witzig-heiter rüberkommt, kann bei einer anderen Person krampfhaft aufgesetzt oder gar lächerlich wirken. Außerdem muss der Einstiegssatz zur Atmosphäre passen, in der Sie sich gerade bewegen.

 CHECKLISTE

Kriterien für einen Small-Talk-Einstieg:

- Wie schätze ich die Person ein, die ich ansprechen will (konservativ, modern, steif, locker, ernst, humorvoll)?
- Welche Ausdrucksweise passt zu mir (leger, traditionell, witzig, seriös, amüsant, flippig)?
- In welcher Situation bin ich (offiziell, informell, beruflich, privat)?
- Wie will ich wirken (ernst, nachdenklich, ungezwungen, seriös, mädchenhaft/jungenhaft)?

Körpersprache

Sinn und Zweck des gelungenen Einstiegs ist die Entwicklung eines möglichst angenehmen und fließenden Gesprächs. Dies funktioniert natürlich nur, wenn der Gesprächspartner mitspielt. Er muss also interessiert und aktiviert werden. Dies kann durch die Botschaften Ihrer Körpersprache unterstützt werden. Das nonverbale Signal sollte lauten: „Es gibt im Moment nichts Wichtigeres als Ihre Person." Sie sollten Ihrer Körpersprache und der Ihres Gegenübers also volle Aufmerksamkeit schenken. Negative Gesten haben keinen Platz im Small Talk. Achten Sie also auf Ihre Haltung, sowohl im Stehen, Gehen und im Sitzen. Halten Sie den nötigen persönlichen Abstand von etwa einem halben Meter ein. Halten Sie Blickkontakt! Häufiger Blickkontakt signalisiert Offenheit und Aufmerksamkeit. Unterstreichen Sie Gesagtes durch lebendige Gestik und Mimik, denn so können Sie fesseln und überzeugen. Beschäftigen Sie sich mit dem Thema Körpersprache ruhig etwas intensiver: Wenn Sie selbst die Signale anderer richtig deuten können, vermeiden Sie Missverständnisse.

4.3.4 Ihr persönliches Erscheinungsbild

„Die Außenseite eines Menschen ist das Titelblatt seines Inneren" sagt ein persisches Sprichwort. Da viele Menschen diese Überzeugung teilen, ist ein gepflegtes Erscheinungsbild für den beruflichen und privaten Erfolg von ausschlaggebender Bedeutung.

Der erste Eindruck von einem anderen Menschen ist visueller Natur. In den ersten drei Minuten einer Begegnung besitzt man die stärkste Aufmerksamkeit des Gesprächspartners. Mimik, Gestik, Körpersprache und Kleidung drücken bereits aus, was anschließend gesagt werden soll.

Grundregeln für Herren:

- Haare: gepflegter Haarschnitt
- Bart: typ- und formgerecht gestutzt
- Hände: saubere, gepflegte Fingernägel
- Brille: geputzte, saubere Gläser, Brillenform aktuell, zum Typ und zur Gesichtsform passend
- Uhr: weder „Blender" noch übertriebene Luxusuhr
- Schuhe: Businessschuhe sind geschnürt, geputzt, haben gerade Absätze
- Tasche: Aktentasche, abgestimmt auf Branche und Träger
- Accessoires: gutes Schreibgerät
- Hemd: tadelloser Kragen, passende Kragenweite, Kragenform zur Gesichtsform passend, oberster Knopf unter der Krawatte immer geschlossen
- Krawatte: bis zum Gürtel gebunden, dezente Muster, hochwertiges Material, Krawattenknoten zum Gesicht und Hemdkragen passend
- Anzug: Einreiher oder Zweireiher (je nach Körperform), beim Nadelstreifen sollten die Streifen an den Nähten zusammenpassen, gedeckte Farben
- Strümpfe: dunkle unifarbene, zur Hose oder zu den Schuhen passende Socken, immer Waden- oder Kniestrümpfe zum dunklen Businessanzug, zum Smoking aus Seide

Grundregeln für Damen:

- Haare: modischer Schnitt möglichst ohne Extravaganzen, lange Haare gegebenenfalls zusammenbinden
- Make-up: Grundierung, dezenter Lidschatten, Wimperntusche, gegebenenfalls Augenbrauenpuder, Rouge, dezenter Lippenstift oder Lipgloss
- Hände: gepflegte Nägel, dezent lackiert
- Brille: geputzte, saubere Gläser, Brillenform aktuell, zum Typ und zur Gesichtsform spassend
- Schmuck/Accessoires: Seidentuch, Ring, Uhr, Kette; je nach Styling: dezent, hochwertig, aber niemals aufdringlich
- Tasche: auf die Schuhe und auf die Proportionen der Trägerin abgestimmt (größere Taschen für große Frauen, kleinere Taschen für kleine Frauen) zum Styling passend
- Schuhe: Klassische Pumps oder Slingbacks, mittlerer bis hoher Absatz, zur Hose auch flache Loafer oder Ballerinas
- Bluse/T-Shirt: hochwertige Qualität, nicht zu tief ausgeschnitten, immer die Schultern bedeckend
- Kostüm: Rocklänge etwa bis zum Knie, gedeckte Farben
- Anzug: modische bis klassische Stilrichtung, Jackenlänge muss zu den Proportionen passen
- Strümpfe/Strumpfhosen: sind stets (auch bei 30° C) zum Kostüm zu tragen – und zwar ohne Muster!

Deshalb ist das Äußere nicht selten auch die Eintrittskarte in einen bestimmten Kreis. Ein nachlässiges Erscheinungsbild sorgt für ein schlechtes Image und torpediert die eigenen Bemühungen, gute Fähigkeiten ins rechte Licht zu rücken. Äußerlichkeiten drücken aus, wo eine Person steht und wie wichtig sie sich nimmt.

Kalkulieren Sie die möglichen Folgen Ihres Erscheinungsbildes ein: Die meisten Mitmenschen empfinden falsche Kleidung als Missachtung ihrer Person oder eines Abwertung des jeweiligen Anlasses. Das kann brüskieren, verletzen, verärgern, beleidigen und im Beruf durchaus Karriere hemmend sein. Darum machen Sie sich in Bezug auf Ihr Äußeres immer klar:

- Was möchte ich mit meinem Erscheinungsbild erreichen?
- Was sollen die anderen von mir denken?

4.3.5 Sicheres Auftreten bei Tisch

Überall auf der Welt richtet sich das Verhalten gern gesehener Gäste nach dem Stil des Restaurants, das sie besuchen. Es wäre also geradezu ein Regelverstoß, sich in seiner Eckkneipe oder der Steh-Pizzeria streng an die Business-Etikette zu halten. In den Restaurants der gehobenen Gastronomie und Hotellerie ist die Etikette jedoch unverzichtbar.

Sind Sie als Paar unterwegs, so hält der Herr der Dame die Tür auf, anschließend bleibt sie einen kleinen Augenblick stehen, damit er wieder vorgehen kann. In vielen Ländern bleibt ein höflicher Gast am Restauranteingang stehen und wartet, bis der Kellner ihm einen Platz zuweist. Dies ist auch hierzulande in Häusern der höheren Kategorie üblich.

Vor Betreten des Restaurants schließt der Herr das Jackett, weil man ein Lokal nie mit offenem Jackett betreten darf. Auch dürfen die Hände nicht in den Hosentaschen stecken.

Tischmanieren

Unleugbar legen insbesondere die Personen auf die Tischmanieren anderer Wert, die von klein auf dafür sensibilisiert wurden. Und genau diese Personengruppe bildet in unserem Land – vor allem aber im übrigen Europa – auch heute noch die maßgebende Führungsschicht. Doch so schwer ist gutes Benehmen eigentlich nicht. Alles, was mit Tischmanieren und Nahrungsaufnahme zu tun hat, lässt sich im Prinzip unter gerade mal zwei Grundaspekten zusammenfassen: ästhetischer Anblick und Geräuschlosigkeit.

- Sitzen Sie stets aufrecht. Der Abstand zum Tisch soll ungefähr einer Handbreite entsprechen.
- Bewegen Sie die Arme während des Essens stets parallel zum Körper – und dies so eng wie möglich.
- Die Speisen werden mit Hilfe des Bestecks zum Mund geführt. Der Kopf bewegt sich allenfalls minimal dem Bissen entgegen.

Der Wein

Die alten Faustregeln „weißer Wein zu weißem Fleisch" und „roter Wein zu rotem Fleisch" sind heute nicht mehr durchgängig gültig. In der gehobenen Gastronomie kümmert sich ein Sommelier um die Weine. Er hat in der Regel eine langjährige Spezialausbildung genossen; man erkennt ihn an seinen typischen Accessoires: Meist tragen sie einen silbernen, stiellosen Probierlöffel an einer dicken Silberkette oder eine Weintraube als Anstecknadel am Revers. Man ist also bei einer solchen Beratung in allerbesten Händen.

Wer die Bestellung aufgegeben hat, erhält auch den Probierschluck. Beim Probieren geht es hauptsächlich um zwei Aspekte:

- „Korkt" der Wein? Hat der Korken einen muffigen Geschmack an den Wein abgegeben?
- Hat der Wein die richtige Temperatur?

Die Handhabung des Gedecks

Bei der Handhabung des Gedecks gibt es einiges zu beachten. So ist die Serviette beispielsweise ein traditioneller Kulturgegenstand. Zwar hat sie im Laufe ihrer langen Geschichte ihre Funktion als nützlicher Schutz gegen Flecken auf der Kleidung fast völlig eingebüßt. Weil die Handhabung der Serviette jedoch einen hohen symbolischen Wert besitzt, ist der selbstverständliche Griff zur Serviette von großer Bedeutung. Lässt man die Serviette unbenutzt liegen, wird dies womöglich als Zeichen gewertet, dass der Betreffende den Umgang mit Servietten nicht gewohnt ist.

Zum richtigen Umgang mit dem Gedeck:

- Die Serviette liegt einmal gefaltet auf dem Schoß; mit der Öffnung zum Körper hin.
- Die Anordnung des Bestecks entspricht der vorgesehenen Speisefolge. Man benutzt die einzelnen Besteckteile in der Reihenfolge von außen nach innen.
- Das Besteck wird möglichst geräuschlos gehandhabt.
- Den Löffel führt man mit der Spitze nach vorn zum Mund.
- Offenes Besteck (Messer und Gabel liegen gekreuzt) bedeutet: „Bitte nachlegen" bzw. „Ich bin noch nicht fertig".
- Will man benutztes Besteck kurzzeitig ablegen, legt man es an den Rand des eigenen Tellers, so dass es den Tisch nicht berührt.
- Geschlossenes Besteck (Messer und Gabel liegen parallel) bedeutet: „Ich bin fertig".
- Der kleine Brotteller steht links neben dem Mittelteller bzw. Platzteller; hierzulande wird er meist nach den Vorspeisen abgeräumt.
- Brot tunkt man niemals in die Suppe.

- Klare Suppen werden meist in Tassen mit zwei Henkeln serviert. Diese darf man, nachdem die festen Einlagen gegessen sind, mit der rechten Hand angehoben, auch in kleinen Schlucken austrinken. Gebundene Suppen werden in Tellern serviert. Falls Sie den Teller kippen möchten, bitte immer nur von Ihnen weg.
- Speisen, die man mit der Gabel abtrennen kann, schneidet man nicht mit dem Messer (Salat, Pastete, Soufflée).
- Grundsätzlich wird Salat nur mit der Gabel gegessen. Sind die Salatblätter jedoch nicht mundgerecht zerteilt, falten Sie diese mit Hilfe des Messers so, dass ein „Päckchen" entsteht. Dann wechseln Sie die Gabel in die rechte Hand und essen so den Salat.
- Der Platzteller ist zur Dekoration und als „Platzhalter" gedacht. Falls ein Gast einen Gang auslassen möchte, sitzt er nicht vor einem leeren Tischtuch.
- Bei korrektem Service werden alle Teller von rechts gereicht und auch von rechts abgedeckt: Von rechts werden auch die Gläser eingeschenkt.
- Von links wird nachgelegt oder werden die Platten angereicht, von denen man selber etwas nehmen soll.
- Die Gläser sind so angeordnet, dass sie von rechts nach links gebraucht werden können. Das Glas für das Getränk des Hauptgerichts steht dabei oberhalb des Mitteltellers.
- Langstielige Gläser werden grundsätzlich am Stiel angefasst.

Zu allen Gerichten, die nur mit Hilfe der Finger verzehrt werden können, wird eine Fingerschale gereicht: eine kleine Schale mit warmen Wasser und einer Zitronenscheibe darin. Die Fingerschale wird rechts oberhalb des Gedecks platziert. Die Fingerspitzen werden hineingetaucht und anschließend mit einer zweiten (!) Serviette getrocknet. Alle Speisen, zu denen keine Fingerschale gereicht wird, müssen mit dem Besteck gegessen werden!

Die einzige Ausnahme bildet das Brot, das zu jedem Menü gereicht wird. Es darf nie geschnitten, stullenartig bestrichen und dann davon abgebissen werden. Man bricht das Brot per Hand in je ein mundgerechtes Stückchen, das dann sofort verzehrt wird.

4.3.6 Zu guter Letzt: Das Telefonat als Visitenkarte

Telefonieren im Büro

Es gibt keine zweite Chance für einen ersten Eindruck – das gilt ebenso für die Kommunikation per Telefon. Auch hier repräsentieren Sie gleich einer Visitenkarte sowohl Ihre eigene Person als auch Ihr Unternehmen. Denken Sie daran: Am Telefon sind Sie und Ihr Gesprächspartner auf Sprache und Stimme angewiesen; Gestik, Mimik, Körpersprache und andere nonverbale Signale werden nicht wahrgenommen. Daher können ein unbedachtes Wort oder ein gereizter Ton leicht ungewollte Wirkung entfalten und entsprechende Reaktionen hervorrufen. Wenn Sie einen Anruf entgegennehmen, sollten Sie daher ganz bewusst freundlich und hilfsbereit auftreten. Auch im anschließenden Gespräch sollten Sie noch bewusster auf Ihre Wortwahl achten als in einem direkten Dialog. Dass die Worte „Danke" und „Bitte" gerade in Telefongesprächen vorkommen sollten, bedarf wohl keiner weiteren Erläuterung.

Grundsätzlich ist bei persönlicher Abwesenheit ein Anrufbeantworter vorteilhaft, weil der Anrufer sein Anliegen vorbringen kann und nicht gezwungen ist, es stets aufs Neue bei Ihnen zu versuchen. Dies kann bei Nichterfolg zu heftiger Verärgerung führen und dem Anrufer das Gefühl geben, weder Sie noch Ihr Unternehmen seien zuverlässig oder auch nur ein wenig am Kunden interessiert. Wenn Sie eine entsprechende Nachricht auf Ihrer Mailbox finden, rufen Sie schnellstmöglich zurück. Andere warten zu lassen gilt generell als schlechter Stil.

Wenn Sie angerufen werden, melden Sie sich mit Ihrem Namen und bei Anrufen von außen auch mit dem Namen des Unternehmens. Fragen Sie den Anrufer nach seinem Anliegen. Wenn Sie es nicht erfüllen können, erklären Sie freundlich, warum das so ist und was der Anrufer tun kann, um das Gewünschte zu erhalten. Auch wenn Sie für sein Anliegen nicht zuständig sind, vermitteln Sie ihm Hilfsbereitschaft und Präsenz. Wenn Sie den Anrufer weiterverbinden müssen, tun Sie dies nicht kommentarlos, sondern nennen Sie ihm den Namen und die Durchwahl des betreffenden Kollegen und bieten Sie freundlich an, ihn dorthin durchzustellen.

Wenn Sie selbst anrufen, nennen Sie Ihren Namen und den Ihres Unternehmens und tragen dann Ihr Anliegen vor. Berücksichtigen Sie dabei die Tatsache, dass Sie den Gesprächspartner sehr wahrscheinlich aus einer anderen Beschäftigung herausreißen und er gedanklich umschalten muss. Sprechen Sie daher deutlich und nicht zu schnell.

Grundregeln fürs Handy

Und hier noch ein paar grundlegende Hinweise zum Umgang mit dem Mobiltelefon. Ob Sie es lieber ein- oder ausgeschaltet mit sich tragen, ist ganz allein Ihre Entscheidung. Sie sollten jedoch unbedingt darauf achten, dass

* weder der Signalton noch das Telefonat andere stören – zum Beispiel bei Gesprächsterminen, einem (Geschäfts-)Essen, bei Schulungen, Meetings oder gesellschaftlichen Anlässen wie Theater/Kino/Konzert/Kirche. Wenn Sie stets erreichbar sein wollen, stellen Sie das Signal entsprechend leise oder lautlos – und nutzen Sie die Mobilbox. Sie können das Handy in bestimmten Zeitabständen checken und bei Bedarf sofort zurückrufen.
* Dritte nicht mithören müssen. Gehen Sie entweder in einen anderen Raum, ins Freie, in den Flur oder ins Foyer. Wenn Sie sich in der Ruhezone eines ICE befinden, treten Sie aus dem Abteil auf den Gang oder im Großraumwagen in den Vorraum.

ACHTUNG Es bedeutet eine äußerst unfeine Belästigung, in Gegenwart unbeteiligter Menschen mithörbar zu telefonieren, weil man sie nötigt, das kulturbedingte Tabu zu verletzten, bei Gesprächen, die einen nichts angehen, zuzuhören.

Rosemarie Wrede-Grischkat, *Manieren und Karriere*

4.4 Weiterführende Literatur

Oppel, Kai: *Business-Knigge international. Der Schnellkurs*, Haufe, Freiburg 2006

Uhl, G./Uhl-Vetter, E.: *Business-Etikette in Europa. Stilsicher auftreten, Umgangsformen beherrschen*, Gabler Verlag, Wiesbaden 2004

Wrede-Grischkat, Rosemarie: *Manieren und Karriere. Internationale Verhaltensregeln für Führungskräfte*, 5. Auflage, Gabler Verlag, Wiesbaden 2006

 Web-Link

www.career-tools.net

Verzeichnis der Inserenten

Aareal Bank AG _____ 2. US

ALDI SÜD _____ 169

Bahlsen GmbH & Co. KG _____ 383

Bayer Konzern _____ 285

Brose Fahrzeugteile
GmbH & Co. KG _____ 149

BSH Bosch und Siemens
Hausgeräte GmbH _____ 21

Coca-Cola
Erfrischungsgetränke AG _____ 183

CTcon GmbH _____ 41

DATEV eG _____ 9

Deutsche Bundesbank _____ 207

Deutsche Lufthansa _____ 145

E.ON AG _____ 265

Hannover Rückversicherung AG ____ 227

HASPA _____ 215

Hauck & Aufhäuser
Privatbankiers KGaA _____ 209

Kaufland Dienstleistung
GmbH & Co. KG _____ 173

KfW IPEX-Bank _____ 247

L-Bank Baden-Württemberg _____ 219

Lidl Stiftung _____ 171

Merck KGaA _____ 93

MLP Finanzdienstleistungen AG ____ 79,
361

Münchener Rückversicherungs-
Gesellschaft AG _____ 231

Peek & Cloppenburg KG _____ 167

PricewaterhouseCoopers _____ 305–307

R+V Versicherung _____ 223

Roelfspartner _____ 4. US

Stern Stewart _____ 61

Südzucker AG _____ 117

Unilever Deutschland _____ 31

Vodafone _____ 51

WestLB AG _____ 211

UNTERNEHMENSPROFILE VON A – Z

Die folgenden Profile basieren auf den aktuellen Angaben vom Frühjahr 2009 der teilnehmenden Unternehmen. Hier ist ein Großteil der für Wirtschaftswissenschaftler und andere Hochschulabsolventen wichtigen und einstellungsstärksten Unternehmen vertreten.

Diese Profile sollen Ihnen wichtige Entscheidungshilfen bei der Frage geben, wo Sie sich gezielt bewerben können, zudem bieten sie Adressen, Ansprechpartner und weitere Informationen.

Anhand der Kurzpräsentation der Unternehmen und insbesondere der Angaben über Anforderungen und Startprogramme können Sie im Vorfeld erkennen, ob eine Bewerbung bei der jeweiligen Firma im Hinblick auf Ihr persönliches Qualifikationsprofil sinnvoll ist und Erfolg verspricht. Die Nennung der Ansprechpartner erleichtert die Kontaktaufnahme.

Weiteren Aufschluss darüber, welche Branchen welche Absolventen mit welchen Studienschwerpunkten bevorzugen, was Berufsanfänger im Durchschnitt verdienen und welche Einstiegsprogramme die meisten Unternehmen anbieten, erhalten Sie in Kapitel 2.

Die weitgehend einheitliche Form der Unternehmensprofile soll die vergleichende Betrachtung erleichtern. Den Punkt „Besondere Sozialleistungen" haben nicht alle Unternehmen berücksichtigt – dies heißt jedoch nicht zwingend, dass dort keine Sozialleistungen gewährt werden.

Zu den vollständigen Bewerbungsunterlagen im Abschnitt „Der Einstieg" zählen:

- Anschreiben
- Lebenslauf/CV
- Foto
- Kopien der Schul- und Hochschulzeugnisse
- Bescheinigungen und Zeugnisse für Zusatzqualifikationen

Verfügt ein Unternehmen über eigene Bewerbungsformulare oder bevorzugt es Online-Bewerbungen, so ist dies vermerkt.

Aareal Bank AG
Paulinenstraße 15
65189 Wiesbaden
Telefon 06 11 / 3 48 - 0
www.aareal-bank.com
Dirk Schiffauer
Telefon - 3 48 - 23 34
Fax - 3 48 - 29 93
dirk.schiffauer@aareal-bank.com

Aareal Bank

Das Unternehmen

Als börsennotierte Immobilienbank zählt die Aareal Bank Gruppe zu den führenden internationalen Immobilienspezialisten. Mit der strukturierten Immobilienfinanzierung und zukunftsweisenden Services für die institutionelle Wohnungswirtschaft kombinieren wir zwei der erfolgreichsten Bereiche der Branche. Wir sind auf drei Kontinenten aktiv. In Europa sind wir an allen wichtigen Finanzplätzen vertreten. Hinzu kommen Standorte in New York, Schanghai und in Singapur. Das hört sich gut an? Finden wir auch und deshalb sollten Sie gleich einmal auf unserer Homepage vorbeischauen.

Das Angebot

Personalplanung 2009 werden ca. 10 Hochschulabsolventen benötigt
Fachrichtungen Wirtschaftswissenschaften, (Wirtschafts-)Informatik, (Wirtschafts-) Mathematik, Physik, Jura
Startprogramm Trainee-Programm im Rahmen der Aareal-Academy (das Auswahlverfahren für die nächste Staffel beginnt im November 2009), Direkteinstieg und Training-on-the-job
Interne Weiterbildung Fach- und Persönlichkeitstraining, Sprachkurse, DV-Training, Job Rotation

Der Einstieg

Bewerbung Vollständige Bewerbungsunterlagen; Bewerbung per E-Mail oder auf dem Postweg
Auswahl Strukturierte Interviews mit der Personal- und Fachabteilung; Bewerbertag (für die Aareal-Academy)
Pluspunkte Möglichst Praktika außerhalb Deutschlands, dritte europäische Sprache neben Deutsch und Englisch
Fachliche Qualifikation Examensnote / Studienleistungen, Studiendauer / -verlauf, Studienschwerpunkte / Fächerkombination, außeruniversitäres Engagement, sehr gute Englischkenntnisse
Persönliche Qualifikation Als Immobilienbank neuen Typs suchen wir Mitarbeiter neuen Typs. Menschen, die über den Tag hinaus denken, Dinge hinterfragen und gut und gerne mit anderen zusammenarbeiten. Sie sollten gut kommunizieren können, fachlich flexibel und engagiert arbeiten und ebenso neugierig wie lernbereit sein.
Was Sie erwartet Einer der führenden europäischen Immobilienspezialisten bietet Ihnen ein Aufgabenspektrum und fachliches Wissen, wie Sie es in dieser Qualität und Vielfalt kaum ein zweites Mal finden. So sichern Sie sich berufliche Perspektiven von internationalem Format.
Highlights Teamorientierte, interkulturelle Zusammenarbeit, flache Hierarchien, eigenverantwortliche Tätigkeit

ALDI GmbH & Co.KG
Am Seegraben 16
63505 Langenselbold
Telefon +49 6184 804-223
Fax +49 6184 804-218
karriere.aldi-sued.de
karriere@aldi-sued.de

ALDI SÜD

Das Unternehmen

ALDI SÜD ist ein führendes internationales Einzelhandelsunternehmen. Die Unternehmensgruppe besteht aus 31 Gesellschaften mit mehr als 1.740 Filialen in West- und Süddeutschland. Hinzu kommen mehr als 43 internationale Gesellschaften mit über 2.260 Filialen – und es werden national und international stetig mehr.
ALDI gehört zu den Top-Marken des Handels, zählt zu den Spitzenreitern bei der Kundenzufriedenheit im Bereich Discount und ist mehrfacher Gewinner des Kundenbarometers (Quelle: Kundenmonitor Deutschland). Drei von vier Haushalten in Deutschland kaufen bei ALDI ein.

Das Angebot

Für Studenten Kompaktpraktika werden im Inland generell angeboten, Praktika werden im Inland teilweise angeboten, Studien- und Diplomarbeiten sind vereinzelt möglich
Personalplanung 70 bis 100 Hochschulabsolventen pro Jahr
Fachrichtungen wirtschaftswissenschaftliche Studienausrichtung
Startprogramm Trainee-Programm
Auslandseinsatz bei Eignung und Interesse

Der Einstieg

Bewerbung per Post oder online mit vollständigen Bewerbungsunterlagen
Auswahl Einzelgespräche
Pluspunkte Auslandsaufenthalt und Praktika
Einstellungskriterien überdurchschnittliche Studienleistungen
Persönliche Qualifikation soziale Kompetenz, Führungspotenzial, Teamgeist, Mobilität

Bahlsen GmbH & Co. KG
Podbielskistraße 11
30163 Hannover
Telefon 05 11 / 9 60 - 0
www.bahlsen.com
Björn Hartmann, Sabine Pecht
Personalreferenten
Telefon - 23 08 / - 25 23
PersonnelmanagementHan@bahlsen.com

Bahlsen GmbH & Co. KG

Das Unternehmen

Bahlsen mit Sitz in Hannover ist in Deutschland Marktführer für Süßgebäck, in Europa gehört das Unternehmen zu den führenden Herstellern der Branche. Im Jahre 1889 gegründet, stellt es seit 120 Jahren innovativ und qualitativ führende Produkte unter den beiden Dachmarken Bahlsen und Leibniz her.

Bahlsen produziert seine Markenartikel an fünf Standorten in Europa. Vertriebsgesellschaften in sieben europäischen Ländern vertreiben die Bahlsen-Produktpalette, die neben Keksen, Waffeln und Kuchen auch Gebäckriegel umfasst. Mit rund 2.800 Mitarbeitern weltweit (etwa 600 davon außerhalb Deutschlands) erwirtschaftete das Unternehmen 2008 einen Umsatz von rund 545 Millionen €.

Das Angebot

Für Studenten Praktika
Personalplanung 2009 werden ca. 10 Hochschulabsolventen benötigt
Fachrichtungen Wirtschaftswissenschaften, Verfahrenstechnik, Maschinenbau, Lebensmitteltechnologie

Startprogramm Training-on-the-Job
Interne Weiterbildung Je nach persönlichem Bedarf in Absprache mit dem Vorgesetzten
Auslandseinsatz In der Regel in den ersten Jahren nicht vorgesehen

Der Einstieg

Bewerbung Vollständige Bewerbungsunterlagen per Post oder per E-Mail
Auswahl Interview mit der Personal- und der Fachabteilung
Pluspunkte Polnischkenntnisse; Praktikum bei einem Markenartikelhersteller
Fachliche Qualifikation Guter Hochschulabschluss, zügiges Studium, relevante Praktika, außeruniversitäres Engagement
Persönliche Qualifikation Teamfähig, mobil, engagiert

■ Einen „typischen" Werdegang gibt es bei Bahlsen nicht, da wir unser Nachwuchsprogramm individuell nach der Qualifikation des Bewerbers und den aktuellen Projekten des Fachbereiches konzipieren.

Bayer Konzern

Bernd Schmitz
Bayer Business Services GmbH
Integrated Employee Services
Hochschulmarketing
Telefon 02 14 / 30 - 2 74 34
www.myBayerJob.de

Das Unternehmen

Bayer ist ein weltweit tätiges Unternehmen mit Kernkompetenzen auf den Gebieten Gesundheit, Ernährung und hochwertige Materialien.
Mit unseren Produkten und Dienstleistungen wollen wir den Menschen nützen und zur Verbesserung der Lebensqualität beitragen. Gleichzeitig wollen wir Werte schaffen durch Innovation, Wachstum und eine hohe Ertragskraft.

Weltweit	2008
Umsatz Milliarden €	32,918
Beschäftigte	108.600

(Stand: 31.12.2007)

Das Angebot

Für Studenten Inlandspraktika, Diplomarbeiten, Auslandspraktika: Praktika-Service-Hotline 02 14 / 30 - 9 97 79, hrdirect@bayerbds.com
Personalplanung Bedarfsorientiert, ca. 250 Hochschulabsolventen p. a.

Fachrichtungen Informatiker, Wirtschaftsinformatiker, Wirtschaftswissenschaftler, Juristen, Pharmazeuten, Mediziner, Naturwissenschaftler, Chemie- und Verfahrensingenieure (TH/TU)
Startprogramme Direkteinstieg, Trainee
Weiterbildung Internes Fortbildungsprogramm
Einstiegsgehälter Nach Vereinbarung, VAA-Tarif
Auslandseinsatz Aufgabenabhängig

Der Einstieg

Bewerbung Online-Bewerbung über www.myBayerJob.de (vollständige Unterlagen)
Auswahl Strukturierte Interviews, AC
Fachliche Qualifikation Überdurchschnittliche Leistungen bei zielorientiertem und zügigem Studium, breites Grundlagenwissen, interdisziplinäres Wissen, Promotion bei Naturwissenschaftlern
Persönliche Qualifikation Team- und Kooperationsfähigkeit, vernetztes Denken, unternehmerisches Denken und Handeln

Brose Fahrzeugteile GmbH & Co. KG
Ketschendorfer Straße 38–50
96450 Coburg
Telefon 0 95 61 / 21 - 0
www.brose.com
Ansprechpartner: Achim Oettinger
Telefon 0 95 61 / 21 17 78
Fax 0 95 61 / 21 25 38
karriere@brose.com

Das Unternehmen

Die Brose-Gruppe zählt zu den expansivsten internationalen Herstellern von mechatronischen Systemen und Elektromotoren für Türen und Sitze von Automobilen. Mehr als 14.000 Mitarbeiter entwickeln und produzieren an über 50 Standorten weltweit für mehr als 40 Automobilhersteller und -zulieferer. Brose erzielte im Jahr 2008 einen Umsatz im Wert von 2,8 Milliarden €.

	Umsatz Mio. €	Mitarbeiter
2002	1.780	6.680
2003	1.925	7.500
2004	1.963	8.150
2005	2.200	8.790
2006	2.339	9.132
2007	2.500	9.950
2008	2.800	14.000

Das Angebot

Für Studenten Ansprechpartner: Nicole Zehner, Telefon 0 95 61 / 21 - 19 81
Fachrichtungen Ingenieurwesen (Maschinenbau, Elektrotechnik, Elektronik, Fahrzeugtechnik), Wi-Ingenieurwesen, BWL

Startprogramme a) Trainee-Programm, 15 Monate inkl. 3 Monate Ausland, b) FIT-Programm, 9 Monate, Durchlauf der zielstellennahen Bereiche und Abteilungen, c) Direkteinstieg; Training-on-the-job mit individuellem Einarbeitungsprogramm
Weiterbildung Individuelle Förderung durch Weiterbildungsmaßnahmen
Karriere Förderkreisprogramm
Einstiegsgehälter Marktgerechte Bezahlung
Besondere Sozialleistungen BKK, betriebliche Altersversorgung, Fitness- und Gesundheitsangebote, Lease Car-Angebote
Auslandseinsatz Bereitschaft für internationalen Einsatz wünschenswert

Der Einstieg

Bewerbung Aussagekräftige Bewerbungsunterlagen
Auswahl Vorstellungsgespräch mit Personal- und Fachabteilung
Pluspunkte Abgeschlossene Berufsausbildung
Fachliche Qualifikation Gute Studienergebnisse, Praktika bevorzugt in der Automobilindustrie
Persönliche Qualifikation Teamfähigkeit, Leistungsbereitschaft, Problemlösungsfähigkeit

BSH Bosch und Siemens Hausgeräte GmbH

BSH Bosch und Siemens Hausgeräte GmbH
Carl-Wery-Straße 34, 81739 München
www.bsh-group.de
Traineeprogramme: Frau Karin Wahl
Telefon 0 89 / 45 90 - 23 34
mcw-traineeprogramme@bshg.com
Direkteinstieg: Initiativbewerbungen über
das Online-Tool auf unserer Homepage
www.bsh-group.de

Das Unternehmen

Die BSH Bosch und Siemens Hausgeräte GmbH – ein Joint Venture zwischen der Robert Bosch GmbH und der Siemens AG – gehört mit einem Konzernumsatz von 8,8 Milliarden € zu den drei führenden Hausgeräteherstellern der Welt. Mehr als 39.000 Mitarbeiter arbeiten in über 40 Ländern für die BSH. Neben den weltweit bekannten Marken Bosch und Siemens besteht das Markenportfolio der BSH aus Spezialmarken, wie zum Beispiel Gaggenau, Neff und Constructa, und Regionalmarken, die in ihren Heimatmärkten zum Einsatz kommen.

Das Angebot

Für Studenten Praktika, Werkstudententätigkeiten, Abschlussarbeiten
Fachrichtungen Ingenieurwissenschaften, Wirtschaftswissenschaften, Naturwissenschaften
Startprogramm Traineeprogramme oder Direkteinstieg

Interne Weiterbildung Während des Traineeprogramms und berufsbegleitend über die BSH-Academy
Auslandseinsatz Im Traineeprogramm inbegriffen, ansonsten je nach Funktion

Der Einstieg

Bewerbung Vollständige und aussagekräftige Bewerbungsunterlagen
Auswahl Vorstellungsgespräche, Assessment Center
Pluspunkte Studienbegleitende Aktivitäten im In- und Ausland
Fachliche Qualifikation Überdurchschnittlicher Studienabschluss, sichere Englischkenntnisse
Persönliche Qualifikation Leistungsorientierung, Zielstrebigkeit, Flexibilität, Gestaltungswille, unternehmerisches Denken, Teamfähigkeit

Coca-Cola Erfrischungsgetränke

Coca-Cola Erfrischungsgetränke AG
Quartier 205, Friedrichstraße 68
10117 Berlin
Telefon 0 30 / 92 04 - 01
www.cceag.de
Human Resources Tanja Biber
Broschüre für Studenten und Absolventen

Das Unternehmen

Erfolg kommt nicht von ungefähr. Auch nicht bei Coca-Cola. Dahinter steckt das Engagement unserer Mitarbeiter bei der Coca-Cola Erfrischungsgetränke (CCE) AG. Mit einem Absatzvolumen von 3,5 Milliarden Litern (2007) ist die CCE AG der einzige Konzessionär der The Coca-Cola Company in Deutschland und gleichzeitig das größte deutsche Getränkeunternehmen. Die CCE AG ist für die Abfüllung und den Vertrieb von Coca-Cola Markenprodukten in Deutschland verantwortlich.
Unser Unternehmen beschäftigt über 11.000 Mitarbeiter an 70 Standorten. Die Produktion der mehr als 60 verschiedenen Produkte erfolgt vor Ort in 27 Abfüllfabriken.
Weitere Informationen über die CCE AG und Ihre Einstiegsmöglichkeiten bei uns finden Sie unter www.cceag.de.

Das Angebot

Für Studenten Praktika, Werkstudententätigkeit
Personalplanung Bedarfsorientiert
Fachrichtungen Betriebswirtschaftslehre, Wirtschaftsingenieurwesen, Rechtswissenschaft, Psychologie, Ingenieurwesen Fachrichtungen Brauwesen und Getränketechnologie, Maschinenbau, Lebensmitteltechnologie, Wirtschaftsinformatik

Startprogramm Direkteinstieg mit Training-on-the-job, Traineeprogramm
Einsatzbereiche Marketing, Sales, Finance, Production, Logistics, Business Solutions (IT), Human Resources
Weiterbildung Individuell abgestimmte Weiterbildungsmaßnahmen, Nachwuchskräfteförderprogramm
Karriere Begleitung der beruflichen Entwicklung mit Seminaren und Feedbackgesprächen für die Übernahme von Fach- und Führungsaufgaben

Der Einstieg

Bewerbung Vollständige Unterlagen
Auswahl Interviewtag oder Assessment Center
Pluspunkte Praktika, außeruniversitäres Engagement, Auslandsaufenthalt
Fachliche Qualifikation Guter Studienabschluss, konversationssichere und sehr gute Englisch- und Fachkenntnisse
Persönliche Qualifikation Eigeninitiative, Teamfähigkeit, analytische und konzeptionelle Fähigkeiten, unternehmerisches Denken und Handeln

- Flache Hierarchien, großer Handlungsspielraum und interessante Perspektiven machen einen Einstieg bei der CCE AG sehr reizvoll.

CTcon

CTcon GmbH
Burggrafenstraße 5a
40545 Düsseldorf
www.ctcon.de
Thomas Erfort
recruiting@ctcon.de
Telefon 02 11 / 57 79 03 - 62

Das Unternehmen

CTcon ist eine branchenübergreifend und international tätige Top-Managementberatung mit langjähriger Expertise in Unternehmenssteuerung. Als Spin-off der WHU – Otto Beisheim School of Management 1992 in Vallendar bei Koblenz gegründet, sind wir heute mit 80 Mitarbeitern und weiteren Büros in Bonn, Düsseldorf, Frankfurt und München weltweit aktiv. Der Wille zum Erfolg, Partnerschaftlichkeit, Teamgeist und Spaß sind Fundamente unserer Kultur. CTcon ist als kompetenter Partner großer Industrie- und Dienstleistungsunternehmen in Europa sowie bedeutender öffentlicher Institutionen etabliert. Zu unseren Klienten zählt die Hälfte der DAX-30-Konzerne. Mittels klientenspezifischer Beratungs- oder Trainingsleistungen verfolgt CTcon vorrangig das Ziel, nachhaltig wirksame Erfolge für die Klienten zu erzielen. Je nach Situation richtet sich unser Angebot an einzelne Führungskräfte, Bereiche oder eine gesamte Organisation. Unternehmensberatung und Managementtraining in Unternehmenssteuerung bieten ein konsistentes Leistungsspektrum, das gesamthaft oder auch unabhängig voneinander nachgefragt wird.

Das Angebot

Für Studenten Keine Praktika
Personalbedarf Laufende Einstellung sehr gut qualifizierter Universitätsabsolventen und Young Professionals

Fachrichtungen BWL/VWL, W-Ingenieurwesen, (W-)Informatik, W-Mathematik, Physik
Startprogramme Training-on-the-job: Einstieg in ein Projektteam an der Seite eines erfahrenen Projektleiters, frühzeitige Übernahme von Projektverantwortung
Weiterbildung Qualifizierungsprogramme zum Ausbau fachlicher, methodischer und sozialer Kompetenz sowie Maßnahmen für den individuellen Entwicklungsbedarf, Promotions-/MBA-Programme
Karriere Berater, Projektleiter, Partner
Einstiegsgehälter Nach Vereinbarung

Der Einstieg

Bewerbung Vollständige Unterlagen, gerne per Mail oder über die Homepage
Auswahl Interviewtag: Gespräche mit Projektleitern und Partnern, praxisnahe Fallstudien
Pluspunkte Außeruniversitäre Initiative, interessante Praktika (In- und Ausland), Auslandserfahrung
Fachliche Qualifikation Deutlich überdurchschnittlicher Universitätsabschluss, gerne Promotion, MBA oder Zweitstudium, exzellente analytische Fähigkeiten, sehr gute Englisch-Kenntnisse
Persönliche Qualifikation Ausgeprägter Unternehmergeist, hohe Sozialkompetenz, Kreativität, Teamfähigkeit, Humor

Personalabteilung
90329 Nürnberg
Telefon 09 11 / 319 - 0
www.datev.de/karriere
Karin Gulden
Telefon - 17 49, Fax - 64 00
karin.gulden@datev.de
Unternehmensbroschüren und Einstiegs-
broschüren zum Downloaden

DATEV eG

Das Unternehmen

Die DATEV eG liefert Software-Produkte sowie Informations-, Kommunikations- und Consulting-Dienstleistungen für Steuerberater, Wirtschaftsprüfer, Rechtsanwälte und deren Mandanten.
Sie wurde 1966 in Nürnberg gegründet und unterhält deutschlandweit 26 Niederlassungen und ein Informationsbüro in Brüssel. DATEV ist zudem in Tschechien, Polen, Österreich, Italien, der Slowakei, Ungarn und Spanien vertreten.

	2006	2007	2008
Umsatz in Millionen €	584,8	614,1	649,7
Beschäftigte	5.469	5.522	5.564

Das Angebot

Für Studenten Praktika, Abschlussarbeiten, Ansprechpartner: Christa Zessinger –51 10
Für Absolventen Karin Gulden – 17 49
Personalplanung ca. 100 Hochschulabsolventen p. a.
Fachrichtungen Informatik, Wirtschaftsinformatik und Wirtschaftswissenschaften
Startprogramm Direkteinstieg mit individuellem Einarbeitungsplan und Patenmodell, Trainee

Einsatz Softwareentwicklung, Service & Vertrieb, interne Dienstleistungen, Consultant
Weiterbildung Umfangreiches Schulungsangebot für fachliche und persönliche Weiterbildung, Abendschule
Einstiegsgehälter Nach Vereinbarung
Karriere Fachlaufbahn, Führungslaufbahn
Besondere Sozialleistungen Umfangreiche Sozialleistungen
Auslandseinsatz Nicht möglich

Der Einstieg

Bewerbung Vollständige Bewerbungsunterlagen, bevorzugt online über unsere digitale Bewerbungsmappe, alternativ auch schriftlich oder per Mail
Auswahl Bewerbungsgespräch mit Fach- und Personalabteilung
Pluspunkte Guter Studienabschluss, einschlägige Praktika
Fachliche Qualifikation Abgeschlossenes Studium mit geeigneter Fächerkombination
Persönliche Qualifikation Analytisches Denkvermögen, Kommunikationsfähigkeit, Teamfähigkeit

▪ Interessante technologische Möglichkeiten; maßgeschneiderte Einarbeitung und Weiterbildung; Lösen anspruchsvoller Aufgaben im Team.

Deutsche Bundesbank
Wilhelm-Epstein-Straße 14
60431 Frankfurt am Main
www.bundesbank.de
Cornelia Gottwald / Anne Hinrichs
Abteilung Personalmanagement
Telefon 0 69 / 95 66 - 82 61 / - 47 68
Telefax 0 69 / 95 66 - 81 41
personalmanagement@bundesbank.de

Deutsche Bundesbank

Das Unternehmen

Die Deutsche Bundesbank ist eine der größten Zentralbanken weltweit. Wir gestalten die europäische Geldpolitik mit und engagieren uns für stabile Finanz- und Zahlungssysteme. Als „Bank der Banken" stellen wir den Kreditinstituten Zentralbankgeld zur Verfügung. Darüber hinaus sind wir im Rahmen der Bankenaufsicht sowie bei der Abwicklung des Zahlungsverkehrs tätig und an den Finanzmärkten aktiv.

Das Angebot

Für Studenten Praktika, Studienabschlussarbeiten (siehe: www.bundesbank.de / personal → Jobbörse)
Personalplanung ca. 50 Hochschulabsolvent(inn)en für 2009
Fachrichtungen Wirtschaftswissenschaften, Mathematik, Jura
Einstiegswege Direkteinstieg, Trainee-Programm (12-monatiges praxisorientiertes Einstiegsprogramm für Absolvent(inn)en eines wirtschaftswissenschaftlich ausgerichteten Studiums), Bundesbankreferendariat (21-monatige generalistische Ausbildung für Absolvent(inn)en der Wirtschafts- oder Rechtswissenschaften – Beamtenlaufbahn)

Weiterbildung Umfangreiches Fortbildungsangebot, vor allem fachlich sowie auf den Gebieten Sprachen, IT und Management
Karriere Individuelle Personalentwicklung für den Führungsnachwuchs, Führungspositionen werden grundsätzlich aus den eigenen Reihen besetzt
Auslandseinsatz Grundsätzlich möglich

Der Einstieg

Bewerbung Über das Online-Bewerbungsformular auf unserer Homepage
Auswahl Vom Einzelinterview bis zum Assessment Center abhängig von den zu besetzenden Stellen
Pluspunkte Zügiger Studienabschluss, qualifizierte praktische Erfahrungen
Fachliche Qualifikation Überdurchschnittlich guter Studienabschluss, je nach zu besetzender Stelle passender Studienschwerpunkt, gute Englischkenntnisse, Fähigkeit, komplizierte Sachverhalte verständlich auszudrücken
Persönliche Qualifikation Kommunikations- und Teamfähigkeit

Deutsche Lufthansa AG
Von-Gablenz-Straße 2–6
50679 Köln

Das Unternehmen

Die Deutsche Lufthansa AG ist eine der weltweit führenden Fluggesellschaften. Als Aviation-Konzern richtet sich Lufthansa konsequent nach wirtschaftlichen und strategischen Kriterien aus und konzentriert sich auf die Kernkompetenzen ihrer fünf Geschäftsfelder: Passage, Logistik, Technik, Catering und IT-Services.

Darüber hinaus gehören rund 400 Tochter- und Beteiligungsgesellschaften dem Konzern an. Die Konzernflotte umfasst insgesamt 513 Flugzeuge, rund 260 sind bei der Lufthansa Passage eingesetzt und bieten Verbindungen zu 208 Destinationen in 81 Ländern an. Mehr als 63 Millionen Passagiere weltweit geben uns jährlich ihr Vertrauen.

Qualität und Innovation, Sicherheit und Zuverlässigkeit stehen dabei im Mittelpunkt. Unsere weltweit rund 109.000 Mitarbeiter, deren Know-how, Serviceorientierung und Engagement, sind Teil unseres Erfolgs.

Das Angebot

Für Studenten Praktika, Diplomarbeit, Bachelor-/Master-Thesis
Fachrichtungen Absolventen aller Fachrichtungen, je nach zu besetzender Position

Startprogramm Trainee-Programme ProTeam; Start-Programm; Direkteinstieg; Seiteneinsteiger-Programm JOPP
Interne Weiterbildung Gefördert durch Lufthansa School of Business (internes Corporate College)
Auslandseinsatz Möglich, weltweite Standorte

Der Einstieg

Bewerbung Unter www.Be-Lufthansa.com
Auswahl Online-AC, Telefoninterview, Einzelgespräch, PC-Test, AC (abhängig von Stellenprofil)
Pluspunkte Auslandserfahrung, interkulturelle Kompetenz, außeruniversitäres Engagement
Fachliche Qualifikation Exzellenter Hochschulabschluss, Praxiserfahrung (bspw. Praktika), Englisch und Deutsch fließend
Persönliche Qualifikation Teamfähigkeit, ausgeprägtes Kontakt- und Kommunikationsvermögen, unternehmerisches Denken und Handeln

E.ON AG

E.ON AG
E.ON Platz 1
40479 Düsseldorf
http://www.eon-karriere.com/

Das Unternehmen

E.ON ist eines der weltweit größten privaten Energie, Storm- und Gasunternehmen mit einem Umsatz von 87 Milliarden Euro und circa 93.500 Mitarbeitern. Der Konzern ist entlang der gesamten Wertschöpfungskette des Strom- und Gasmarktes tätig: von der Erzeugung über Import und Großhandel bis zum Vertrieb an Endkunden. Dabei ist E.ON nach der Struktur seiner Zielmärkte gegliedert, neben der Konzernzentrale also regional in Zentral- und Nordeuropa, Großbritannien, die USA sowie Spanien, Italien und Russland, und in die Spezialthemen Gas, erneuerbare Energien und Energy Trading.

Das Angebot

Für Studenten Traineeprogramme, Direkteinstieg, Praktika, Betreuung von Diplomarbeiten
Personalplanung E.ON benötigt weiterhin qualifizierte Führungskräfte und hochkarätige Fachkompetenz. Daher sucht E.ON unverändert für das E.ON Graduate Program und die deutschlandweit angebotenen Ausbildungsplätze mittel- bis langfristigen qualifizierten Nachwuchs. Weltweit stellen wir alleine 90 Graduates ein.

Fachrichtungen Wirtschaftswissenschaften, Wirtschaftsingenieurwesen, Jura, Physik, Ingenieurwissenschaften (Schwerpunkte Bau, Maschinenbau, Anlagentechnik, Elektro- und Verfahrenstechnik)
Interne Weiterbildung E.ON Academy, Personalentwicklungsprogramme
Auslandseinsatz Während des Graduateprogramms mindestens ein Auslandsstation, sonst flexibel je nach Projekt

Der Einstieg

Bewerbung Online-Bewerbungssystem
Auswahl Telefoninterview, Vorstellungsgespräch, Assessment-Center
Fachliche Qualifikation Sehr gute Studienleistungen in angemessener Studiendauer, Praktika, Auslandserfahrung, Mobilität, sehr gute Englischkenntnisse, weitere Fremdsprache erwünscht
Persönliche Qualifikation Leistungsbereitschaft und Engagement, Eigeninitiative und Teamfähigkeit, Flexibilität und darüber hinaus spezielle Anforderungen zum lebenslangen Lernen

Hannover Rück-versicherung AG

Karl-Wiechert-Allee 50
30625 Hannover
Telefon 05 11 / 56 04 - 0
www.hannover-rueck.de
Human Resources Management
personnel@hannover-re.com
Bewerberbroschüre, Homepage

Das Unternehmen

Die Hannover Rück ist mit einem Prämien-volumen von rund 8 Milliarden € eine der führenden Rückversicherungsgruppen der Welt.

Sie betreibt alle Sparten der Schaden- und Personenrückversicherung und unterhält Rückversicherungsbeziehungen mit über 5.000 Versicherungsgesellschaften in rund 150 Ländern. Ihre weltweite Infrastruktur besteht aus über 100 Tochter- und Beteili-gungsgesellschaften, Niederlassungen und Repräsentanzen in rund 20 Ländern. Das Deutschlandgeschäft der Gruppe wird exklusiv von der Tochtergesellschaft E+S Rück betrieben.

Die Hannover Rück-Gruppe beschäftigt zurzeit weltweit rund 2.000 Mitarbeiter, von denen ca. 800 am Hauptsitz in Hannover tätig sind.

Das Angebot

Für Studenten Betreuung von Praktika, Diplom- und Masterarbeiten
Personalplanung 25 bis 30 Praktikanten, ca. 30 Absolventen
Fachrichtungen Wirtschaftswissenschaf-ten, BWL, VWL, (Wirtschafts-)Mathematik, Informatik, Jura

Startprogramm a) 18-monatiges allge-meines Traineeprogramm; b) 12- bis 18-monatiges Traineeprogramm für Mathematikstudierende; c) Direkteinstieg (Training-on-the-job mit begleitendem Weiterbildungsprogramm)
Interne Weiterbildung Umfangreiche Fach- und Soft-Skill-Ausbildung, Sprach-kurse, Job Rotation
Einstiegsgehälter ca. 40.600 € p. a.
Auslandseinsatz Im Traineeprogramm fester Bestandteil, beim Direkteinstieg je nach Fachgebiet ebenfalls möglich

Der Einstieg

Bewerbung Vollständige und ausführliche Bewerbungsunterlagen über das Hannover-Rück-Online-Bewerbungsformular
Auswahl Bei Direkteinstieg: Auswahlge-spräch und „Schnuppertag". Bei Trainee-programm: Auswahlgespräch und AC-Ele-mente
Fachliche Qualifikation Sehr guter Hoch-schulabschluss, analytisches Denken, Pra-xiserfahrung bei einem Finanzdienstleister, sehr gute Englischkenntnisse
Pluspunkte Auslandserfahrung, weitere Fremdsprachenkenntnisse
Persönliche Qualifikation Kommunikationsfähigkeit, Spaß an der Zusammenarbeit mit anderen Kulturen, sicheres Auftreten, Teamfähigkeit

HASPA
Hamburger Sparkasse

Hamburger Sparkasse
Wikingerweg 1
20537 Hamburg
Telefon 0 40 / 35 79 - 42 82
www.haspa.de
Recruiting Team
Telefax 0 40 / 35 79 - 46 63
karriere@haspa.de

Das Unternehmen

Die Hamburger Sparkasse AG (Haspa) ist die marktführende Bank in der Metropolregion Hamburg. Sie bietet eine umfassende Palette von privaten und gewerblichen Finanzdienstleistungen. Einst gegründet als Sparkasse für „weniger bemittelte Bürger" entwickelte sie sich im Verlauf ihrer über 180-jährigen Geschichte zu einer Retailbank für alle Hamburger. Jeder zweite Einwohner und jedes zweite mittelständische Unternehmen innerhalb eines Radius von 50 Kilometern um die Alster ist Haspa-Kunde. Mit rund 5.350 Mitarbeitern und fast 450 Auszubildenden ist die Haspa einer der größten Arbeitgeber und Ausbilder der Stadt.

Das Angebot

Für Studenten Praktika, Diplom-/Bachelor-/Masterarbeiten
Personalplanung 2009 werden ca. 30 Hochschulabsolventen benötigt
Fachrichtungen Wirtschaftswissenschaften (Schwerpunkt), Mathematik, Informatik, Sozialwissenschaften

Einstiegsmöglichkeiten Traineeprogramme „Professional Banking" im Vertrieb, Direkteinstieg/Training-on-the-job
Interne Weiterbildung Systematische und kontinuierliche Weiterbildung
Abschluss Bei den Vertriebs-Traineeprogrammen ein segmentspezifisches Zertifikat

Der Einstieg

Bewerbung Vollständige Bewerbungsunterlagen
Auswahl Einzelgespräche, Assessmentcenter
Pluspunkte Interessenschwerpunkt Vertrieb
Fachliche Qualifikation Guter Hochschulabschluss, qualifizierte praktische Erfahrungen, außeruniversitäres Engagement
Persönliche Qualifikation Kommunikationsstark, leistungsorientiert, teamfähig, flexibel, gewinnendes Auftreten

Hauck & Aufhäuser
Privatbankiers KGaA
Kaiserstraße 24
60311 Frankfurt am Main
Telefon 0 69 / 21 61 - 0
www.hauck-aufhaeuser.de
Konzern-Personal
Nicole Zachmann
Telefon - 2 44, Telefax - 3 74
bewerbung@hauck-aufhaeuser.de

Hauck & Aufhäuser

Das Unternehmen

Der Name Hauck & Aufhäuser steht für Kompetenz, Kontinuität und Vertrauen. Als unabhängige Privatbank mit Sitz in Frankfurt am Main, München, Hamburg und Düsseldorf bieten wir ganzheitliche Konzepte für Privatkunden, Unternehmer, institutionelle Anleger und Vermögensverwalter. Die besondere Expertise unserer Mitarbeiter liegt im umfassenden Financial Consulting, im Asset Management und im Corporate Finance. Eine konstante und ausgewogene Personalpolitik ist uns im Hinblick auf die langfristige und kontinuierliche Kundenbetreuung ein besonderes Anliegen. Kennzeichen dieser Politik ist unter anderem die durchschnittliche Zugehörigkeit der Mitarbeiter zu unserer Bank, die bei etwa zehn Jahren liegt.

Die Gruppe Hauck & Aufhäuser beschäftigt derzeit rund 600 Mitarbeiterinnen und Mitarbeiter. In der Muttergesellschaft sind an den Standorten Frankfurt am Main, München, Hamburg und Düsseldorf etwa 480 Personen tätig, davon zirka zwei Drittel in Frankfurt. Bei unseren in- und ausländischen Tochtergesellschaften sind ca. 120 Mitarbeiter angestellt. Mehr als die Hälfte von ihnen arbeitet bei unserer Luxemburger Tochtergesellschaft.

Das Angebot

Personalplanung Bedarfsorientiert
Fachrichtungen Schwerpunkt Wirtschaftswissenschaften
Startprogramm Individuell abgestimmtes Trainee-Programm (neun bis zwölf Monate) oder Direkteinstieg
Weiterbildung Training-on-the-job, interne und außerbetriebliche Weiterbildung
Einstiegsgehälter Je nach Qualifikation und Einsatzbereich
Auslandseinsatz Möglich

Der Einstieg

Bewerbung Vollständige Unterlagen mit Lebenslauf und Zeugnissen oder per Online-Bewerbung
Auswahl Einzelinterview mit Personal- und Fachabteilung
Fachliche Qualifikation Wirtschaftswissenschaftliches Prädikatsexamen, gute Kenntnisse finanzwirtschaftlicher Zusammenhänge durch Ausbildung oder Praktika
Persönliche Qualifikation Team- und Kontaktfähigkeit, analytisches bzw. ökonomisches Denken, Zielstrebigkeit, Kundenorientierung

Kaufland

Kaufland
Bewerbermanagement
Petra Sauter
Rötelstraße 35
74172 Neckarsulm
www.kaufland.de
petra.sauter@kaufland.de

Das Unternehmen

Über 750 SB-Warenhäuser und Verbrauchermärkte im In- und Ausland sprechen eine deutliche Sprache: Auf Kaufland können Sie zählen! Für unsere Mitarbeiter heißt das: Kaufland als eines der führenden Lebensmittel-Handelsunternehmen in Deutschland bietet jede Menge spannender Aufgaben – und sichere Arbeitsplätze!

Das Angebot

Für Hochschulabsolventen bzw. Studenten Trainee-Programme, Direkteinstieg, Praktika und Abschlussarbeiten
Personalbedarf ca. 50 Hochschulabsolventen für das Trainee-Programm sowie Direkteinstiege in den Bereichen Zentralverwaltung, Dienstleistungszentren und Vertrieb
Fachrichtungen Wirtschaftswissenschaften, Wirtschaftsingenieurwesen, Marketing, IT
Start Trainee-Programm Monatlich möglich

Weiterbildung Fach-, Führungs- und Persönlichkeitstrainings, Sprachkurse, Produkt- und DV-Schulungen, Fördermaßnahmen
Karriere Fach- und Führungslaufbahnen
Einstiegsgehälter ca. 40.000 € p. a. (im Vertrieb ca. 48.000 €)
Auslandseinsatz Bestandteil des Trainee-Programms

Der Einstieg

Bewerbung Online-Bewerbung, vollständige Bewerbungsunterlagen
Auswahl Telefoninterview, Bewerbungsgespräche
Pluspunkte Praktische Erfahrung im angestrebten Bereich, zügiges Studium
Fachliche Qualifikation Entsprechende Studieninhalte
Persönliche Qualifikation Leistungsorientiert, führungsstark, mobil, teamfähig

KfW IPEX-Bank GmbH
Palmengartenstr. 5–9
60325 Frankfurt am Main
Telefon 0 69 / 74 31 - 3817
www.kfw.ipex-bank.de
Bewerber Service:
Telefon 0 69 / 74 31 - 38 17
Telefax 0 69 / 74 31 - 25 87
personal.ipex@kfw.de

KfW IPEX-Bank GmbH

Das Unternehmen

Als Spezialbank und Tochter der KfW Bankengruppe wissen wir, dass nur Zuverlässigkeit und Qualität zu nachhaltigem Erfolg führen. Die KfW IPEX-Bank ist mit einer Erfahrung von mehr als 50 Jahren auf dem Gebiet der internationalen Projekt- und Exportfinanzierung der starke Partner für Unternehmen, die für ihre Projekt im In- und Ausland die passende Finanzierungslösung suchen: Vom Standardkredit bis zum komplexen, maßgeschneiderten Finanzierungsmodell.

Neben ihrem Hauptsitz in Frankfurt ist die KfW IPEX-Bank in London, New York, Istanbul, Moskau, Johannesburg und Bangkok bereits vertreten, ein weiteres Außenbüro in Abu Dhabi befindet sich im Aufbau. Die KfW unterhält Auslandsrepräsentanzen in São Paulo und Mumbai, die sukzessive auf die KfW IPEX-Bank überführt werden.

Das Angebot

Für Studierende Praktika
Personalplanung 2009 werden ca. 15 Absolventen benötigt
Fachrichtungen Wirtschaftsnahe Studiengänge

Startprogramm Traineeprogramm
Interne Weiterbildung gezielte sowie optionale Weiterbildungsmöglichkeiten
Auslandseinsatz während des Traineeprogramms nicht vorgesehen

Der Einstieg

Bewerbung Vollständige Bewerbungsunterlagen
Auswahl Interview (Dauer ca. 90 Min.)
Pluspunkte Erste Bankerfahrungen
Fachliche Qualifikation Überzeugender Hochschulabschluss, qualifizierte (bank-) praktische Erfahrungen, außeruniversitäres Engagement, aktives Englisch (durch absolvierte Auslandtätigkeit)
Persönliche Qualifikation Leistungsorientiert, teamfähig, mobil, belastbar, eigenverantwortlich

▪ Wir haben von Anfang an Ihre späteren Aufgaben im Blick – nutzen Sie die Chance.

L-Bank
Schlossplatz 10
76113 Karlsruhe
Telefon 07 21 / 15 0 - 0
www.l-bank.de
Aus- und Weiterbildung
Telefon 07 21 / 15 0 - 16 70
thomas.bell@l-bank.de

L-BANK
Staatsbank für Baden-Württemberg

Das Unternehmen

Als Staatsbank für Baden-Württemberg erfüllt die L-Bank ihren gesetzlichen Förderauftrag durch Finanzierungslösungen für Hausbanken, Unternehmen, Kommunen sowie für Familien mit Kindern. Sie übernimmt die finanztechnische Abwicklung der meisten Förderprogramme des Landes. Dabei steht sie nicht im Wettbewerb mit den Banken und Sparkassen, sondern arbeitet aktiv mit ihnen zusammen. Durch eine explizite Garantie für die bankmäßigen Verbindlichkeiten ermöglicht das Land als Eigentümer der L-Bank eine optimale Refinanzierung an den nationalen und internationalen Kapitalmärkten. Erwirtschaftete Erträge der Bank werden zur Finanzierung neuer Fördermaßnahmen eingesetzt.

Das Angebot

Für Studenten Traineeprogramm oder Praktikum
Personalplanung 2009 für das Traineeprogramm ca. 3 bis 5 Hochschulabsolventen

Fachrichtungen Wirtschafts- und Rechtswissenschaften, Mathematik, Informatik
Startprogramm Individuelles Training-on-the-job
Interne Weiterbildung Systematische und zielgerichtete Weiterbildung

Der Einstieg

Bewerbung Vollständige Bewerbungsunterlagen (auch als pdf-Datei)
Auswahl Informations- und Auswahltag (Assessment Center)
Pluspunkte Banklehre, internationale Zusatzqualifikation, außeruniversitäres Engagement
Fachliche Qualifikation Überdurchschnittlicher Hochschulabschluss, bankbezogene praktische Erfahrungen, aktives Englisch, Auslandsaufenthalt
Persönliche Qualifikation Leistungsorientiert, teamfähig, belastbar

Lidl

Lidl International:
Lidl Stiftung & Co KG
Stiftsbergstraße 1
74172 Neckarsulm
www.karriere-bei-lidl.com

Das Unternehmen

Lidl International mit Sitz in Neckarsulm entwickelt permanent unsere europaweite Aufbau- und Ablauforganisation weiter und erarbeitet Entscheidungsgrundlagen für die auf Expansion ausgerichtete Unternehmensstrategie.

Wir entwickeln Standards für Prozesse und Systeme und unterstützen unsere selbstständigen Landesgesellschaften in Ihrer weiteren Entwicklung.

Lidl International bietet Ihnen im Rahmen der internationalen Expansion vielfältige Karrierewege und -möglichkeiten an unserem Sitz in Neckarsulm bzw. auch in den Landesgesellschaften.

Mit unserer international einheitlichen Vertriebsstruktur und einer starken Organisation/Verwaltung im Hintergrund am Hauptsitz in Neckarsulm bieten wir Ihnen Perspektiven auf allen Ebenen.

Aktuelle Stellenausschreibungen finden Sie auf www.karriere-bei-lidl.com.

Wir freuen uns auf Ihre Bewerbung!

Das Angebot

Personalplanung 2009 Personalbedarf an über 100 Hochschulabsolventen (Uni, FH, BA) und Young Professionals

Fachrichtungen BWL, (Wirtschafts-)Informatik, Wirtschaftsingenieurwesen, andere wirtschaftsrelevante Fächer
Startprogramm Training-on-the-job bzw. individuelles Einarbeitungsprogramm
Tätigkeitsfelder Einstieg bei Lidl International als Nachwuchsführungskraft in einem der Bereiche Einkauf, Logistik, Vertrieb, Verwaltung oder als (Junior) Consultant, IT-Spezialist oder Entwickler im Bereich Informationssysteme/Consulting International oder als Trainee zum Verkaufsleiter bei Lidl Deutschland.
Interne Weiterbildung Individuell
Auslandseinsatz Je nach Position, Direkteinstieg im Ausland möglich

Der Einstieg

Bewerbung Aussagekräftige Bewerbungsunterlagen
Auswahl Zwei Vorstellungsgespräche
Fachliche Qualifikation Überzeugender Studienabschluss, praktische Erfahrungen, außeruniversitäres Engagement, Sprachkenntnisse
Persönliche Qualifikation Engagement, Einsatz, Flexibilität und Belastbarkeit

Merck KGaA

Merck KGaA
Frankfurter Straße 250
64293 Darmstadt
Telefon 0 61 51 / 72 - 0
www.merck.de
Kontakt: HR-Direktberatung
Telefon 0 61 51 / 72 - 33 38
www.come2merck.de

Das Unternehmen

Merck ist mit seiner über dreihundert-
jährigen Geschichte das älteste pharma-
zeutisch-chemische Unternehmen der Welt
mit einem Jahresumsatz von ca. 7,6 Milliarden € (2008). Merck bietet eine Vielzahl
innovativer Produkte im Bereich Pharmazie
und Chemie an und hat zum Beispiel auf
dem Gebiet der Flüssigkristalle weltweit
eine führende Rolle inne.

Merck ist ein global agierendes Unternehmen. In Darmstadt befinden sich Firmen-
sitz, Konzernzentrale und Forschungs-
standort.

Das Angebot

Für Studenten Praktika, Werkstudententätigkeit, Diplomarbeiten, Dissertationen
Personalplanung 2009 werden ca.
50 Hochschulabsolventen benötigt
Fachrichtungen Informatik, Ingenieurwesen, Naturwissenschaften, Wirtschaftswissenschaften
Startprogramm individuelles Training-on-
the-job, Traineeprogramm
Interne Weiterbildung Systematische
und kontinuierliche, internationale Weiterbildung
Auslandseinsatz ist grundsätzlich
möglich

Der Einstieg

Bewerbung Vollständige Bewerbungs-
unterlagen über www.come2merck.de
Auswahl Interviews und Bewerberaus-
wahlverfahren
Pluspunkte Interessenschwerpunkt
Informationstechnologie
Fachliche Qualifikation Ausgezeichnete
Fachkompetenz, qualifizierte praktische
Erfahrungen, außeruniversitäres Engage-
ment, Fremdsprachenkenntnisse
Persönliche Qualifikation Sozialkompe-
tenz, Methodenkompetenz, Engagement,
Flexibilität

▪ Merck zeichnet sich durch ein sehr
gutes Arbeitsklima aus.

MLP Finanzdienstleistungen AG

MLP Finanzdienstleistungen AG
Rekruiting/Personalmarketing
Alte Heerstraße 40
69168 Wiesloch
Telefon +49 (0) 62 22 / 3 08 - 84 10
www.mlp.de
www.mlp-berater.de
Telefax +49 (0) 62 22 / 3 08 - 84 11

Das Unternehmen

MLP ist seit mehr als 35 Jahren das führende Beratungsunternehmen bei individuellen Finanzlösungen für Akademiker und andere anspruchsvolle Kunden. Unser Ziel ist, MLP-Kunden die bestmögliche Finanz- und Vermögensberatung anzubieten. Diese Qualitätsanforderung an unsere Beratungsleistung setzt hoch motivierte und qualifizierte Mitarbeiter voraus. Als unabhängiger Makler handeln wir ausschließlich im Auftrag unserer Kunden und bieten Unabhängigkeit und Beratungsqualität. An über 250 Standorten betreuen 2.600 hoch qualifizierte Berater/-innen über 730.000 Kunden. Sie profitieren von unseren ganzheitlichen Vorsorge- und Finanzkonzepten, die auch ein maßgeschneidertes Vermögensmanagement und Banking mit einbeziehen.

Das Angebot

Ansprechpartner für Bewerbungen
Rekruiting/Personalmarketing
Telefon 0 62 22 / 3 08 - 84 10
Telefax 0 62 22 / 3 08 - 84 11
www.mlp-berater.de; mlp-berater@mlp.de
Fachrichtungen Alle Studienrichtungen, insbesondere Wirtschaftswissenschaftler, Ingenieure und Juristen
Startprogramme In der MLP Corporate University werden Sie zu den Themen Bankdienstleistungen, Versicherungen, Vermögensanlagen, Finanzierung und Existenzgründung zum Financial Consultant ausgebildet und genießen schon während Ihrer Startphase die Vorteile eines selbstständigen Unternehmers mit unbegrenzten, leistungsabhängigen Einkommensmöglichkeiten.

Einsatzbereich Deutschland
Weiterbildung Intensive Weiterbildungs- und Entwicklungsprogramme, inklusive Executive MBA
Auslandseinsatz Möglich

Der Einstieg

Bewerbung Bevorzugt online, mit vollständigen Unterlagen (Anschreiben, Lebenslauf, Zeugnisse)
Auswahl Persönliches Interview und Assessment-Center
Fachliche Qualifikation Affinität zu Finanzthemen, Hochschulabschluss oder Ausbildung zum Bankkaufmann bzw. Versicherungsfachwirt
Persönliche Qualifikation Leistungsmotivation, Selbstvertrauen, Eigeninitiative, Einfühlungsvermögen, sympathische Persönlichkeit, Kommunikationsstärke
Pluspunkte Gute Examensnote, adäquate Studiendauer

- MLP ist ein innovatives Unternehmen, das sich durch eine flache Hierarchie auszeichnet. Nach einer intensiven Ausbildung, die in der Branche Standards setzt, begleiten Sie Ihre Kunden mit maßgeschneiderten und individuellen Finanzlösungen ab dem Berufsstart und in allen weiteren Lebensphasen als kompetenter Ansprechpartner. Als Unternehmer im Unternehmen haben MLP-Berater die Freiheit, mit Spaß an der Arbeit Spitzenleistung zu erbringen und überdurchschnittliche Einkünfte zu erzielen.

Münchener Rückversicherungs-Gesellschaft AG

Münchener Rückversicherungs-
Gesellschaft AG
Königinstraße 107
80802 München
www.munichre.com

Das Unternehmen

Die Münchener Rück ist seit 1880 im Geschäft mit dem Risiko. Von München aus arbeiten wir mit Kunden in 160 Ländern und sind mit über 50 Außenstellen rund um den Globus vertreten.

Wir rückversichern weltweit die Risiken von Naturkatastrophen, Schiffstransporten, Großbauprojekten, Haftpflichtfällen, Personenschäden sowie unzähligen weiteren Gefahrenpotenzialen. Kalkulierbar werden diese Risiken nur mit hoch qualifizierten Teamplayern, die gerne jeden Tag neue Probleme lösen. Globalisierung ist für uns kein Entwicklungstrend, sondern Tradition. Kosmopolitisches Denken und internationale Orientierung unserer Mitarbeiter sind für uns wesentlich. In der Münchener Rück erwarten Sie vielfältige, hochinteressante Aufgaben und Herausforderungen, die Ihnen neben der Entwicklung Ihres persönlichen Potenzials einen internationalen Wirkungskreis erschließen.

Das Angebot

Für Studenten Praktika, Studienabschlussarbeiten
Personalplanung 2009 werden ca. 40 Hochschulabsolventen eingestellt

Fachrichtungen (Wirtschafts)Mathematik, Rechtswissenschaft, Wirtschaftswissenschaften, (Wirtschafts)Ingenieurwesen
Startprogramm Traineeprogramm, Direkteinstieg
Interne Weiterbildung Umfangreiches Personalentwicklungsprogramm
Auslandseinsatz Im Rahmen von Projekten, Ausbildungsaufenthalten oder für mehrere Jahre möglich

Der Einstieg

Bewerbung Online-Bewerbung über www.munichre.com/karriere
Auswahl Einzelinterviews mit Mitarbeitern aus Personal- und Fachabteilung, Einzel-Assessment Center
Pluspunkte Erkennbarer Bezug zu Versicherung oder Finanzdienstleistung, Kenntnis weiterer Fremdsprachen
Fachliche Qualifikation Überdurchschnittlicher Hochschulabschluss, qualifizierte praktische Erfahrungen, sehr gute Englischkenntnisse, Auslandserfahrungen
Persönliche Qualifikation Ausgeprägte Fähigkeit zu analytischem Denken, Kommunikationsfähigkeit, Lernbereitschaft, Kundensensibilität

Peek & Cloppenburg KG
Düsseldorf

Peek & Cloppenburg KG
Personalmarketing/Recruiting
Berliner Allee 2
40212 Düsseldorf
www.peek-cloppenburg.de/karriere
Frau Christina Kremer/Frau Judith Strenk
Telefon 02 11 / 36 62 - 89 69

Das Unternehmen

Peek & Cloppenburg ist eines der führenden Unternehmen des Bekleidungseinzelhandels. Mit mehr als 11.000 Mitarbeitern und 65 Verkaufshäusern in Deutschland bietet die Peek & Cloppenburg KG einem breiten Kundenkreis ein anspruchsvolles Sortiment mit exklusiven Eigenmarken und internationalen Exquisit- und Designerlabels.

Die internationalen Aktivitäten unter der Marke Peek & Cloppenburg erstrecken sich bislang auf Verkaufshäuser in Belgien, Kroatien, Lettland, Litauen, den Niederlanden, Österreich, Polen, Rumänien, der Schweiz, Serbien, der Slowakei, Slowenien, Tschechien und Ungarn. Insbesondere dem osteuropäischen Markt wird ein hoher Stellenwert beigemessen und weitere Eröffnungen stehen in den nächsten Jahren bevor.

Das Angebot

Für Studenten Praktika, studienbegleitendes Junior Trainee Programm
Fachrichtung Wirtschaftswissenschaften
Für Absolventen
Fashion Management Programm (Verkauf und Zentraleinkauf)
General Management Programm (Zentralbereiche)

Einstieg nach den Programmen Zum Beispiel als Abteilungsleiter/-in in einem unserer Verkaufshäuser oder als Junior Projektmanager in einem Zentralbereich
Weiterbildung Persönlichkeitstraining, Produktschulungen, Fachseminare, DV-Schulungen
Karriere Geschäftsleitung/Storemanagement, Zentraleinkauf, Zentralbereiche (Marketing, Controlling, Finanz- und Rechnungswesen etc.)
Einstiegsgehälter Qualifikationsabhängig

Der Einstieg

Bewerbung Vollständige Unterlagen, per Post oder online unter: www.peek-cloppenburg.de/karriere
Auswahl Assessment Center, Praxistag, Einzelgespräch
Pluspunkte für die Einstellung Relevante Praktika, Auslandsaufenthalte, außeruniversitäre Aktivitäten
Persönliche Qualifikation Flexibilität, analytisches Denkvermögen, Belastbarkeit, Modebewusstsein, Geschmack- und Stilsicherheit, soziale Kompetenz

- Der Bekleidungseinzelhandel ist die ideale Branche für Hochschulabsolventen, die schnell Verantwortung übernehmen wollen.

PricewaterhouseCoopers

PricewaterhouseCoopers
Olof-Palme-Straße 35
60439 Frankfurt am Main
Telefon 0 69 / 95 85 - 0
www.pwc-career.de
Talent Management & Recruiting
Dr. Folke Werner
Telefon - 52 26, Telefax - 52 56
Bewerberbroschüre

Das Unternehmen

Wechselnde Projekte. In kurzer Zeit unterschiedliche Unternehmen und Mandanten kennen lernen. Und so herausfinden, was einen am meisten interessiert. PricewaterhouseCoopers (PwC) bietet Berufseinsteigern, die in kurzer Zeit möglichst viel Erfahrung sammeln möchten, optimale Perspektiven.

PwC setzt sich aus den Bereichen Assurance (Wirtschaftsprüfung und prüfungsnahe Dienstleistungen), Tax (Steuerberatung) und Advisory (Transaktions-, Prozess- und Krisenberatung) zusammen. Zu den Mandanten zählen namhafte DAX 30-Unternehmen, aber auch Unternehmen der öffentlichen Hand, Verbände, kommunale Träger und andere Organisationen. Mit 154.000 Mitarbeitern in 153 Ländern und einem weltweiten Umsatz von 28,2 Milliarden US-$ zählt PricewaterhouseCoopers zu den großen Wirtschaftsprüfungs- und Beratungsgesellschaften. In Deutschland ist PwC mit 8.900 Mitarbeitern an 28 Standorten vertreten.

Das Angebot

Personalplanung nach Bedarf
Fachrichtungen WiWi, Jura, Wi-Informatik, Wi-Ingenieure, Wi-Mathematik

Startprogramm Training-on-the-job mit umfassendem Weiterbildungsprogramm in den unten genannten Unternehmensbereichen
Einsatzbereich Assurance (Wirtschaftsprüfung und prüfungsnahe Dienstleistungen), Tax (Steuerberatung) und Advisory (Transaktions-, Prozess- und Krisenberatung)
Weiterbildung Kontinuierliches, intensives Fort- und Weiterbildungsprogramm
Einstiegsgehälter Nach Vereinbarung
Auslandstätigkeit Innerhalb von Projekteinsätzen und im Rahmen unseres „Global Deployment Program"

Der Einstieg

Bewerbung Vollständige Unterlagen, online über unsere Bewerberakte
Auswahl Interviews, Bewerbertage
Pluspunkte Zielgerichtete Praktika, Auslandserfahrung
Fachliche Qualifikation Überdurchschnittlicher Hochschulabschluss, gute Englisch- und IT-Kenntnisse
Persönliche Qualifikation Leistungsbereitschaft, Eigeninitiative, Teamfähigkeit, unternehmerisches Denken

R+V Versicherung
Taunusstraße 1
65193 Wiesbaden
Telefon 06 11 / 5 33 - 0
www.ruv.de
Recruiting-Center
Telefon 06 11 / 5 33 - 52 10
recruiting-center@ruv.de

Das Unternehmen

Die R+V Versicherung ist einer der größten Versicherer Deutschlands und im genossenschaftlichen FinanzVerbund der Volksbanken und Raiffeisenbanken ein starker Partner. Mit unseren Gesellschaften im R+V Konzern sind wir in nahezu allen Bereichen des Risikoschutzes engagiert. Das Dienstleistungsangebot umfasst Beratungsleistungen im Sinne eines ganzheitlichen Risk-Managements.

Umsatz Milliarden €	9,5
Beschäftigte	11.500

Das Angebot

Für Studenten Praktika, Diplomarbeiten
Ute Blankenberg - 52 10
Personalplanung Im Jahr 2009
ca. 50 Hochschulabsolventen
Fachrichtungen Informatik, Jura, Wirtschaftswissenschaften, Mathematik
Startprogramm Direkteinstieg sowie Trainee-Programm
Einsatzbereiche Finanzen, Controlling, Vertrieb, Personal, Informationssysteme, versicherungstechnische Bereiche etc.
Weiterbildung Systematische Aus- und Fortbildungskonzepte für alle Geschäftsbereiche, ständiges Angebot von fachlichen und überfachlichen Seminaren

Karriere Spezialistenlaufbahn, Projektleiterlaufbahn
Einstiegsgehälter 38.000 bis 42.000 €
Besondere Sozialleistungen Umfangreiches Angebot an Sozialleistungen
Auslandsaufenthalte Nicht möglich

Der Einstieg

Bewerbung Per Onlineformular über www.jobs.ruv.de
Auswahl Interviews mit Personalreferenten und Fachvorgesetzten, zum Teil Assessment Center
Pluspunkte Qualifizierende Praktika, soziale Kompetenz
Fachliche Qualifikationen Hohe fachliche Qualifikation, analytisches und konzeptionelles Denkvermögen
Persönliche Qualifikation Teamfähigkeit, Durchsetzungsvermögen, Kommunikationsstärke

▪ Partnerschaft und Leistung sind die Kernpunkte unserer Unternehmensphilosophie. Wir fördern unsere Mitarbeiter entsprechend ihren individuellen Stärken und geben ihnen die Möglichkeit, eigene Ideen sowie Vorstellungen in die Praxis umzusetzen.

RölfsPartner

Grafenberger Allee 159
40237 Düsseldorf
Telefon 02 11 / 69 01 - 01
www.roelfspartner.de
Recruiting Ansprechpartner:
Yvonne Leuchtges
yvonne.leuchtges@roelfspartner.de

Das Unternehmen

Wir sind mit 95 Millionen Euro Umsatz und über 600 Mitarbeitern an 10 deutschen Standorten eine der führenden unabhängigen Wirtschaftsprüfungs- und Beratungsgesellschaften Deutschlands. Eine starke Teamorientierung und ein ganzheitlicher Beratungsansatz prägen unsere Arbeitsweise: Wirtschaftsprüfer, Rechtsanwälte, Steuerberater, Management Consultants und Restrukturierungsexperten arbeiten interdisziplinär eng zusammen. International sind wir durch die Mitgliedschaft bei Baker Tilly International in allen wichtigen Industrienationen vertreten. Baker Tilly International ist mit 25.000 Mitarbeitern in 110 Ländern das achtgrößte internationale Netzwerk unabhängiger Wirtschaftsprüfungs- und Beratungsgesellschaft.

Das Angebot

Für Studenten Praktika
Personalplanung 2009 werden ca. 100 Hochschulabsolventen und Young Professionals gesucht
Fachrichtungen Wirtschaftswissenschaften, (Wirtschafts-)Ingenieurwissenschaften

Startprogramm individuelles Training-on-the-job
Interne Weiterbildung Mentorenprogramm, Fach- und Persönlichkeitstrainings
Auslandseinsatz Nach individueller Vereinbarung und Projektlage möglich

Der Einstieg

Bewerbung Vollständige Bewerbungsunterlagen per E-Mail, idealerweise als PDF-Datei
Auswahl Auswahlgespräche
Pluspunkte Qualifizierte Praktika
Fachliche Qualifikation Sehr gute Studienleistungen, kurze Studiendauer, Praktika, verhandlungssicheres Englisch, sehr gute analytische Fähigkeiten
Persönliche Qualifikation Begeisterungs-, Kommunikations- und Teamfähigkeit, unternehmerisches Denken

- RölfsPartner ist ein dynamisches Unternehmen, das nachhaltig wächst.

Stern Stewart & Co. GmbH
Salvatorplatz 4, 80333 München
Telefon 0 89 / 24 20 71 - 0
www.sternstewart.de
Recruiting: Julia Obinger
Telefon 0 89 / 24 20 71 - 421
career@sternstewart.de
weitere Informationen auf der Homepage:
www.sternstewart.de

Stern Stewart & Co.

Das Unternehmen

Stern Stewart & Co. GmbH ist die führende internationale Unternehmensberatung für Wertmanagement. Wir unterstützen die Unternehmensführung bei der Umsetzung ihrer Wertsteigerungsagenda in zwei Schlüsselbereichen: Portfoliostrategie und Bewertung sowie Unternehmenssteuerung und Organisation. Die von Stern Stewart & Co. GmbH entwickelte Wertkennzahl EVA® (Economic Value Added) hat sich dabei als globaler Standard etabliert.

Das Profil

Name Stern Stewart & Co. GmbH
Branche Consulting
Standort München
Anzahl der Mitarbeiter ca. 50

Das Angebot

Geplante Einstellungen Fortlaufend nach Bedarf
Fachrichtungen Wirtschaftswissenschaften, Volkswirtschaft, Wirtschaftsingenieurwesen sowie Einsteiger aus anderen Studienrichtungen mit profunden wirtschaftswissenschaftlichen Kenntnissen
Einsatzbereiche Strategie- und Managementberatung
Startprogramme Direkteinstieg

Weiterbildung Fach- und Persönlichkeitstrainings, individuelles Programm (MBA, Promotion, Managementkurse)
Einstiegsgehälter Nach Vereinbarung
Auslandseinsatz Möglich

Der Einstieg

Bewerbung Vollständige Unterlagen per Post oder E-Mail, idealerweise als PDF-Datei
Auswahl Strukturierter mehrstufiger Interviewprozess (Bewerbergespräche und Präsentation)
Pluspunkte Mehrere qualifizierende Praktika in Beratungsunternehmen sowie in der Industrie
Fachliche Qualifikation Sehr gute Studienleistungen, verhandlungssicheres Englisch, sehr gute analytische Fähigkeiten
Persönliche Qualifikation Initiative, Teamfähigkeit, Begeisterungsfähigkeit, unkonventionelles unternehmerisches Denken, Kommunikations- und Moderationsgeschick, Auslandserfahrung
Was Sie erwartet Schnelle Übernahme von Verantwortung, aktive Mitarbeit bei allen Kernprozessen unserer Unternehmensberatung, eine offene und kreative Atmosphäre, vielfältige Herausforderungen und hervorragende Karrieremöglichkeiten, Möglichkeit des freiwilligen Engagements bei Entwicklungshilfeprojekten.

Südzucker AG

Südzucker AG
Maximilianstraße 10
68165 Mannheim
Telefon 06 21 / 4 21 - 0
www.suedzucker.de
Ansprechpartner: Silke Altrichter
Telefon 06 21 / 4 21 - 3 81
Fax 06 21 / 4 21 - 4 76
bewerberinfo@suedzucker.de

Das Unternehmen

Mit rund 18.000 Mitarbeitern weltweit und einem Umsatz von 5,8 Milliarden € sind wir schon jetzt eines der bedeutendsten Lebensmittelunternehmen und der Zuckerhersteller Nummer 1 in Europa. Die Fokussierung auf das Kerngeschäft Zucker und das dynamische Wachstum des Spezialitätenbereichs geben dem Unternehmen die Kraft, auch unter erschwerten Rahmenbedingungen erfolgreich zu arbeiten.

Das Angebot

Fachrichtungen Wirtschaftswissenschaften, Informatik, Wirtschaftsingenieurwesen, Ingenieurwesen, Agrarwissenschaften, Chemie, Lebensmitteltechnologie, Lebensmittelchemie, Ernährungswissenschaften Startprogramm Direkteinstieg oder Trainee-Programme im Bereich Marketing/Vertrieb, Finanzen/Rechnungswesen/Controlling, Technik oder Agrarwissenschaften
Interne Weiterbildung Fachseminare, PC-Schulungen, Kommunikations- und Persönlichkeitstraining

Besondere Sozialleistungen Altersversorgung, Gewinnbeteiligung, Belegschaftsaktien, Ferienheime
Einstiegsgehälter Ab 42.000 € p. a.

Der Einstieg

Bewerbung Vollständige Bewerbungsunterlagen
Auswahl Vorstellungsgespräch ggfs. AC
Pluspunkte Sehr gute Englischkenntnisse, Auslandserfahrung
Fachliche Qualifikation Überdurchschnittlicher Hochschulabschluss, qualifizierte praktische Erfahrungen
Persönliche Qualifikation Ausgewogene Persönlichkeitsstruktur, Offenheit, Teamorientierung, Flexibilität

- Die Südzucker AG bietet motivierten Hochschulabsolventen ein breit gefächertes Aufgabengebiet, sehr gute Aufstiegsmöglichkeiten und eine internationale Ausrichtung.

Unilever Deutschland
PeopleLink
Dammtorwall 15
20355 Hamburg
Telefon 0800 / 000 - 7530
E-Mail (ausschließlich
für allgemeine Anfragen):
recruitment.de@unileverservices.com
www.unilever.de

Unilever Deutschland

Das Unternehmen

Unilever ist eines der größten Unternehmen der Konsumgüterindustrie in den Geschäftsbereichen: Nahrungsmittel, Körperpflege, Wasch- und Reinigungsmittel. Zu unseren Marken zählen Knorr, Rama, Lätta, Bifi, Langnese, Dove, Axe, Sunil und viele mehr.

Deutschland	2007
Beschäftigte	6.300
Umsatz in Mrd. €	2,1

Das Angebot

Für Studenten Praktika im fortgeschrittenen Studium, Telefon 0800 / 000 - 7530, recruitment.de@unileverservices.com
Personalplanung ca. 25 HochschulabsolventInnen p. a.
Fachrichtungen BWL, Wirtschaftswissenschaften, Verfahrenstechnik, Maschinenbau, Chemie-Ingenieurwesen, Wi.-Ingenieurwesen, Lebensmittelchemie, Lebensmitteltechnologie
Startprogramm Traineeprogramm: „Unilever Future Leaders Programme"

Einsatzbereiche Absatzmanagement, Controlling/Finanzmanagement, Supply Chain Management, Technisches Management, R & D
Einstiegsgehälter 43.500 € p. a.

Der Einstieg

Bewerbung Bitte bewerben Sie sich ausschließlich über unsere Onlinedatenbank auf unserer Homepage www.unilever.de
Auswahl Vierstufiges Auswahlverfahren (Online-Bewerbung, Online-Test, Telefoninterview, Assessment Center)
Pluspunkte Zügiges Studium, gute Noten, qualifizierte Praktika, außeruniversitäres Engagement, Auslandserfahrung
Fachliche Qualifikation Generalisten bevorzugt
Persönliche Qualifikation Leidenschaft, Neugierde, unternehmerisches Denken, Führungsqualitäten, interkulturelle Sensibilität, Entscheidungsfreude, Eigeninitiative

- Großer Gestaltungsspielraum und frühe Verantwortungsübernahme in einem leistungsorientierten, internationalen Umfeld

Vodafone Deutschland

Vodafone D2 GmbH
Am Seestern 1
40547 Düsseldorf
www.vodafone.de/jobs
Personalmarketing & Resourcing
Telefon 0800/ 172 227 337 (kostenfrei)
career.de@vodafone.com

Das Unternehmen

Vodafone Deutschland ist mit rund zehn Milliarden Euro Umsatz und 15.000 Mitarbeitern einer der größten und modernsten Telekommunikationsanbieter in Europa. Als innovativer Technologie- und Dienstleistungskonzern steht Vodafone Deutschland zusammen mit seiner hundertprozentigen Tochter Arcor AG & Co KG für Kommunikation aus einer Hand: Mobilfunk und Festnetz sowie Internet und Breitband-Datendienste für Geschäfts- und Privatkunden. Kontinuierliche Entwicklungen, zahlreiche Patente sowie Investitionen in neue Produkte, Services und das moderne Netz haben Vodafone zum Innovationsführer im deutschen Telekommunikationsmarkt werden lassen. Vodafone Deutschland hat seinen Sitz in Düsseldorf, Arcor in Eschborn bei Frankfurt. Vodafone und Arcor stellen sich ihrer gesellschaftlichen Verantwortung in Deutschland und fördern zusätzlich über die Vodafone Stiftung Deutschland zahlreiche Projekte. Die Unternehmen gehören zur Vodafone Group und damit zum weltweit größten Mobilfunk-Unternehmen mit 279 Millionen Kunden.

Das Angebot

Für Studenten Praktika, studentische Aushilfstätigkeiten, Diplom-, Bachelor-, Masterarbeiten

Fachrichtungen Hauptsächlich Wirtschaftswissenschaften, Wirtschaftsinformatik, -Ingenieurwesen, -Mathematik etc., aber auch andere Fachrichtungen mit entsprechenden praktischen Erfahrungen
Startprogramm Der Direkteinstieg geschieht über ein individuelles Training-on-the-job; einmal im Jahr startet zudem das „Challenger"-Traineeprogramm
Interne Weiterbildung Sowohl nach individueller Absprache als auch durch spezielle Programme zum Beispiel für Nachwuchsführungskräfte
Auslandseinsatz Möglich nach individueller Absprache oder als Bestandteil eines Entwicklungsprogramms

Der Einstieg

Bewerbung Bevorzugt online inkl. Anschreiben, CV und relevanter Zeugnisse
Auswahl Je nach Position: Telefoninterview, persönliche Gespräche, Assessment Center, Testverfahren
Pluspunkte Spaß an einem sich ständig wandelnden Markt und der Wille Dinge zu bewegen
Fachliche Qualifikation Überdurchschnittlicher Hochschulabschluss, relevante praktische Erfahrungen, außeruniversitäres Engagement bzw. „über den Tellerrand schauen", gutes bis sehr gutes Englisch
Persönliche Qualifikation Unternehmerisch denkend, teamfähig, umsetzungsstark, kommunikationsstark, begeisterungsfähig

WestLB AG

Personalmarketing
Herzogstraße 15
40217 Düsseldorf
Eva-Miriam Böttcher
Telefon 02 11 / 8 26 24 49
Homepage: www.jobforum.westlb.de

Das Unternehmen

Die WestLB AG gehört mit einer Bilanzsumme zum 30.09.2008 von 286,5 Milliarden € und weltweit ca. 6.000 Mitarbeitern
zu den größten deutschen Banken.
Als Sparkassenzentralbank ist sie Kompe-
tenzzentrum und Bindeglied zu den internationalen Finanzmärkten für die Sparkassen
in Nordrhein-Westfalen. In einem engen
Geschäftsverbund mit den Sparkassen
bietet die WestLB ein Universalbank-Ange-
bot mit den Schwerpunkten in den Bereichen Kredite, Spezialfinanzierungen, Kapi-
talmarktprodukte, Asset Management,
Transaction Services, Private Banking und
Verbundgeschäft.

Unsere Zielkunden sind Firmenkunden,
Sparkassen, öffentliche Kunden, Finanz-
institutionen und vermögende Privatkunden.

Neben den Hauptniederlassungen in Düsseldorf und Münster ist die WestLB AG an
den wichtigsten Finanzplätzen weltweit
vertreten.

Das Angebot

Hochschulabsolventinnen und -absolventen
bieten wir Berufseinstiegsmöglichkeiten in
unseren Geschäftsfeldern Investment Banking, Asset Management, Risk Management und Verbundgeschäft.

Der Einstieg

Bewerbung Vollständige Bewerbungsunterlagen, ausschließlich Online-Bewerbung
Auswahl Interview in Personal- und Fachbereich
Pluspunkte Praktika, Sprachkenntnisse,
Bankausbildung, Auslandsaufenthalte
Fachliche Qualifikation Hochschulabschluss in den Fachrichtungen Wirtschaftswissenschaften, Wirtschaftsinformatik,
Wirtschaftsmathematik, Analytisches Denken, Kenntnisse der Finanz-/Kapitalmärkte,
gute englische Sprachkenntnisse

DIE AUTOREN

Dr. Alfred Brink

studierte Betriebswirtschaftslehre mit dem Abschluss Diplom-Kaufmann in Münster und promovierte dort auch zum Dr. rer. pol. Seither ist er tätig als Dozent, Studienberater für Betriebswirtschaftslehre und Leiter der Fachbereichsbibliothek Wirtschaftswissenschaften an der Westfälischen Wilhelms-Universität Münster sowie als Dozent an der Verwaltungs- und Wirtschaftsakademie Münster. Dr. Brink ist Autor mehrerer Lehrbücher (unter anderem Anfertigung wissenschaftlicher Arbeiten. Ein prozessorientierter Leitfaden zur Erstellung von Bachelor-, Master- und Diplomarbeiten) und hält Vorträge zum Wissenschaftlichen Arbeiten.

Dr. Ursula Ernst-Auch

studierte Romanistik, Germanistik und Geschichte an den Universitäten Bielefeld, Göttingen, Poitiers (Frankreich). Während ihrer Promotion arbeitete sie in Projekten der Deutschen Forschungsgemeinschaft an der Universität Würzburg. Danach wechselte sie ins Verlagswesen, wo sie für ein großes Verlagshaus einen Verlag für Wissenschaftsinformation aufbaute und leitete. Zur Erweiterung ihrer Themenpalette wechselte sie in ein Verlagshaus mit finanzwirtschaftlicher Ausrichtung, wo sie den gesamten Fachbuchbereich verantwortete.

Frau Dr. Ernst-Auch betreibt einen Verlags- und MedienService, der Projekte im Printbereich und auch im Bereich elektronische Medien für Verlage konzipiert und durchführt. Sie begutachtet Publikationsvorhaben und erstellt Konzeptionen insbesondere für die Themenschwerpunkte Wirtschaft und Finanzen, Geisteswissenschaften und Schulbuch. Darüber hinaus arbeitet sie als Lektorin und Autorin für verschiedene Häuser.

Manfred Faber

studierte an der Universität Saarbrücken Betriebswirtschaftslehre (Diplom-Kaufmann) mit dem Schwerpunkt Personalmanagement und ist seitdem als Personalleiter im strategischen und operativen Personalwesen tätig. In dieser Zeit war er in mehreren bekannten deutschen und internationalen Unternehmen als Personalleiter verantwortlich.

Seit 1998 ist Herr Faber im Rahmen von Interims-Management-Projekten in zahlreichen Unternehmen der verschiedensten Branchen als selbstständiger Interims-Personalleiter tätig. Er übernimmt dabei für einen befristeten Zeitraum Aufgaben im strategischen und operativen Personalmanagement. Außerdem ist er Geschäftsführer der HR-Consultants, eine Agentur für Interims-HR-Management. Telefon: 0 89 / 20 00 92 92, Homepage: www. hr-consultants.eu

Hesse/Schrader – Büro für Berufsstrategie

Das Büro für Berufsstrategie Hesse/Schrader ist ein bekanntes Karriereberatungs- und Seminarunternehmen. Bereits seit 1992 bieten die Karriere-Coaches und Trainer des Büros für Berufsstrategie Hesse/Schrader für Arbeitnehmer und Unternehmen individuelle Beratungen aus dem gesamten Themengebiet Job und Karriere an. Sie entwickeln erfolgreiche Strategien in Orientierungs- und Veränderungsphasen und beraten kompetent in allen Bewerbungsprozessen. Zur Stärkung sozialer Kompetenzen, zur Erreichung persönlich definierter Ziele und zur Bewältigung von Konfliktsituationen am Arbeitsplatz bieten sie bundesweit – in Berlin, Frankfurt, Stuttgart, Hamburg und München – prozessbegleitendes Coaching an. Langjährige Berufspraxis, mehrere Millionen verkaufte Bücher, jährlich über 250 Seminare sowie über 2.500 Einzelklienten sprechen für eine umfassende Kompetenz und Erfahrung. Büro für Berufsstrategie Hesse/Schrader, Oranienburger Straße 4–5, 10178 Berlin, Tel. 01805-288 200 oder 030-2888 570, Fax 030-2888 5736, info@berufsstrategie.de, www.berufsstrategie.de

Alexander Jünger

ist seit 2001 Redakteur beim Gabler Verlag in Wiesbaden und schreibt dort regelmäßig für die Fachmagazine CallCenter Profi und salesBusiness. Seine Schwerpunkte liegen in den Bereichen Callcenter-Technik, Direktmarketing und Neue Medien. Zuvor studierte er Medientechnik an der University of Applied Sciences – Hochschule Mittweida. Jünger hat zahlreiche Fachartikel in den genannten Fachzeitschriften publiziert sowie an dem Fachbuch Call Center Excellence von Simone Fojut (Gabler Verlag, Wiesbaden 2004) mitgearbeitet. Zudem ist er Beitragsautor im Fachbuch *CRM – Erfolgsfaktor Kundenorientierung* von Martin Hubschneider/Kurt Sibold (Hrsg.) (Haufe Mediengruppe, Planegg/München, 2. Auflage 2007).

Dr. Zun-Gon Kim

ist Senior Manager bei A. T. Kearney in der Pharma & Healthcare Practice. Nach dem Studium der Medizin und der Promotion an den Universitäten Frankfurt, Bern und Zürich war er zunächst als Arzt in der Chirurgie tätig. Es folgte ein MBA-Studium an der Warwick Business School, der Ecole Supérieure des Sciences Economiques et Commerciales (ESSEC) und der Universität Mannheim. Anschließend war er drei Jahre bei Roland Berger Strategy Consultants tätig, bevor er vor zwei Jahren zu A.T. Kearney wechselte.

Er konnte intensive Beratungserfahrung im Rahmen von verschiedenen Projekten für führende pharmazeutische und medizintechnische Unternehmen, Private-Equity-Gesellschaften sowie Krankenhäuser und Universitätskliniken sammeln.

Elke Pohl

startete ihre berufliche Karriere nach dem Journalistikstudium bei der Berliner Tageszeitung *Junge Welt*, wechselte dann als Redakteurin in die Lokalredaktion Bernau der heutigen *Märkischen Oderzeitung*, nach einigen Jahren in den damaligen Berliner Verlag Die Wirtschaft (heute Huss-Verlag). 1990 entsteht das erste Ratgeberbuch *Rückkehr in den Beruf*.

Nach einigen Jahren Presse- und Marketingtätigkeit – u. a. bei der Allianz Versicherung in Berlin – 1999 Wechsel in die berufliche Selbstständigkeit mit den Schwerpunkt-Themen Beruf und Karriere sowie Verbraucherrecht. Seitdem verfasste sie etwa 25 Ratgeberbücher für verschiedene renommierte Verlage, arbeitet unter anderem regelmäßig an mehreren Hochschulmagazinen und am Internetportal www.studienwahl.de mit. Homepage: www.medienagentur-drews.de/autoren/Elke_Pohl.htm

Dunja Reulein

Studium der Betriebswirtschaft (Diplom-Kauffrau) mit den Schwerpunkten Marketing, Auslandswissenschaft, Englisch und Betriebs- und Wirtschaftspsychologie. Ausbildung zur Fachzeitschriftenredakteurin. Heute als freiberufliche Lektorin und Journalistin in München tätig. Sie ist spezialisiert auf die Themenbereiche Wirtschaft, Politik und Gesellschaft und Psychologie.

Dr. Martin Schloh

ist Vice President bei A. T. Kearney in der Pharma & Healthcare Practice. Themenschwerpunkte seiner Projekte liegen vor allem im Marketing und Vertrieb der Unternehmen wie zum Beispiel der Unterstützung von zentralen Ausbietungsvorbereitungen oder gezielten Effizienzsteigerungs- und Umsetzungsprogrammen.

Er begann sein Studium der Chemie 1983 an der RWTH Aachen und wechselte kurze Zeit später zur Promotion an das Massachusetts Institute of Technology in Cambridge/USA. Seine berufliche Laufbahn begann Anfang 1990 als wissenschaftlicher Mitarbeiter im Zentrallabor der Bayer AG in Leverkusen und führte über Stationen im Pharma-Außendienst zum Produktmanagement Herz-Kreislauf bei Bayer Vital. Anschließend war er mehr als sieben Jahre bei Roland Berger Strategy Consultant und hat als Partner den Bereich Pharmaceuticals and Medical Devices geleitet, bevor er vor zwei Jahren zu A.T. Kearney wechselte.

Silke Siems

(Dipl.-Volkswirtin soz.-wiss. Richtung) studierte nach dem Besuch der Kölner Schule – Institut für Publizistik e.V. ebenfalls in Köln Volkswirtschaft und Politik. Danach vier Jahre Redakteurin der Zeitschrift *Planen, Bauen & Wohnen*. Seit 1996 arbeitet sie als freie Journalistin unter anderem für die *WirtschaftsWoche* und verschiedene Bankenfachzeitschriften wie *Bankmagazin*, *Kredit & Rating Praxis* und *Banken+Partner*.

Dr. Angela Verse-Herrmann

studierte Geschichte, Kunstgeschichte und Slavistik an der Universität Bonn und war bereits während des Studiums in der Beratung deutscher und ausländischer Studierender tätig. Auf den Studienabschluss Magister Artium folgte eine mehrjährige Mitarbeit in der Zentralen Studienberatung der Universität Trier. Beginn der selbstständigen Tätigkeit nach Abschluss der Promotion zum Dr. phil. 1996. Heute arbeitet sie als private Studien- und Berufsberaterin, leitet einschlägige Seminare für Schüler, Studierende und Doktoranden und ist Autorin von über 20 Ratgebern zur Studien- und Berufsplanung. Einen Schwerpunkt ihrer Tätigkeit bildet die Beratung von Interessenten für den Arbeitsmarkt Wissenschaft und – damit verbunden – zu den Fördermöglichkeiten auf dem Weg in die wissenschaftliche Laufbahn.

Kontakt: Dr. Angela Verse-Herrmann, St.-Gereon-Straße 28, 55299 Nackenheim, Tel. 06135/950067, Fax 06135/951702, E-Mail: info@bw-dienste.de, www.bw-dienste.de

Ralf Wettlaufer

Dipl.-Kaufmann und M. A. für Geschichte und Englisch. Bis 2004 Cheflektor im Gabler Verlag, verantwortlich für Wirtschaftswissenschaften, Zeitschriften und die Entwicklung der Berufs- und Karriere-Planer. Seit 2004 lehrt er Wirtschaftswissenschaften und Englisch am Berufskolleg.

Lilli Wilken

hat nach Jahren als selbstständige Kauffrau eine psychotherapeutische Ausbildung mit Schwerpunkt Persönlichkeitsentwicklung absolviert. Seit 1992 arbeitet sie als Trainerin auf dem Gebiet der Image- und Karriereplanung. Ihr vielfältiges Aufgabengebiet erstreckt sich von der Imageplanung, der ganzheitlichen Farbberatung bis hin zu Coaching und Persönlichkeitsberatung. Homepage: www.imageplanung.de.

Volker E. Zwick

Der Diplom-Politologe arbeitet seit mehr als zehn Jahren als freier Journalist und Buchautor. Er ist für diverse EDV-Zeitschriften, wie die *Chip* und das *Computer-Magazin* für die Praxis tätig. Zu seinen Kunden zählen ferner Branchenzeitschriften wie das *Bankmagazin*, das *Versicherungsmagazin*, die Fachzeitschrift *Gastronomie* und namhafte Verbrauchermagazine wie *Ökotest*. Zudem ist Volker Zwick seit vier Jahren als Chefredakteur für die Versicherungsmaklerfachzeitschrift *Bridge* sowie als Mitglied der Chefredaktion der Zeitung *Betriebstechnik & Instandhaltung* tätig. Der Schwerpunkt seiner Arbeit liegt im Bereich IT, Telekommunikation und Karriere, wobei er unter anderem zum Themenbereich Internet mehrere Bücher und Ratgeber – unter anderem für die Verbraucherzentrale – veröffentlicht hat. Gemeinsam mit seiner Frau, die sich redaktionell auf den Themenbereich Finanzdienstleistungen spezialisiert hat, betreibt er seit über zehn Jahren das gleichnamige Redaktionsbüro in der Nähe von Augsburg.

STICHWORTVERZEICHNIS

A

Abschlussarbeit
- Gliederung 43 f.
- Quellenangaben 46
- Themenwahl 38
- Thesaurus 43
- Zitate 47
Absolventenbarometer 84 f.
Adelstitel 424
AIDA-Formel 324
akademische Titel 424
Akkreditierung 62, 65
Akkreditierungsinstitution 34
Allgemeines Gleichbehandlungs-
gesetz (AGG) 250
ALPEN-Methode 408
Anforderungsanalyse 246
Anforderungsprofil 246
- Handel 177
Antidiskriminierungsgesetz
250
Arbeitgeber-Ranking 84 ff.
Arbeitserlaubnis 357
Arbeitslosenzahlen 147
Arbeitsmarkt
- regionale Unterschiede 161
Arbeitsmethoden 410
Arbeitsrecht 397
Arbeitsvertrag 374 ff.
Archivwesen 203
Arzneimittelhersteller 92
Assessment Center, Ablauf
320
Assistent der Geschäftsleitung
116
Aufbaustudium 59
Aufschieberitis 23, 257

Ausbildungsfreibetrag 17
Auslandsaufenthalt 50
Auslandserfahrungen 48, 50
Auslandsmessen 55
Auslandspraktika 57
Auslandssemester 49
Auslandsstudium 50
Auswahlverfahren 319
Autoindustrie 78
Automobilindustrie 148

B

Bachelor 29
BA-Stellenindex 76
BAföG 3
Bankenbranche 32, 208
Bankensystem 205
Bauwirtschaft 152
Bekleidungsindustrie 191
Belastbarkeit 71
Benimm-Regeln 302
Berufserfahrung 267
Berufsverbände 73, 245
Beschäftigung, geringfügig 16
Bewerbung
- Absage 364, 368
- Anschreiben 259
- CD 283
- E-Mail 280 ff.
- englische 349 ff.
- Formen 253
- Formular 279
- Foto 352, 252, 266
- Homepage 283
- Lebenslauf 267
- Lebenslauf, dritte Seite 272
- Lebenslauf, englisch 350 ff.

- Nachhaken 364 ff.
- online 275
- passive 256
- Philosophie 233
- Schreiben 29
- schriftliche 258
- Strategie 380 ff.
- telefonische 253
- Unterlagen 54, 252, 258, 380
- Versand 274
- Zusage 368 f.
Bibliotheken 40
Bibliothekswesen 203
Bildung 161
Bildungsfonds 8, 14
Bildungskredite 8
Brainstorming 412
Branchenverbände 245
Bullying 421
Bundesverband deutscher Volks-
und Betriebswirte 72
Burnoutsyndrom 24
Business-Knigge 422 ff.

C

Category Management 165
chemische Industrie 154
Chiffre-Anzeige 249
Credit-Point-System 52
Curriculum Vitae 350, 353

D

Dankschreiben 304, 359
Deckblatt 264
Deutsche Bundesbank 220
Deutscher Akademischer Aus-
tausch Dienst (DAAD) 50

Direkteinstieg 119
Discounter 168
Disney-Strategie 412
Distanzhandel 166
Doctor of Business Administration 66

E
Ehrlichkeit 37
Eigeninitiative 50, 70, 346
Eignungsprofil 48
Einstiegsgehälter 32 ff.
 - Banken 32
 - Großhandel 34
 - Handel 34
 - Versicherungsbranche 33
Einzelhandel 166
Eisenhower-Methode 407
Elektroindustrie 78, 155
elektronische Recherche 42
Energiewirtschaft 157
Englischkenntnisse 68
Entspannungstechniken 26
Erfahrungsprofil 48
Ernährung 22
Ernährungsindustrie 185
Erscheinungsbild, persönliches 426
Erwartungsprofil 242 ff., 248
Europass-Lebenslauf 354
European Credit Transfer System 52

F
Fachkräftemangel 161
Fachmessen 315
Finanzbedarf 2
Finanzkrise 212, 214, 228
Finanzmarktkrise 75
Flexibilität 71
Förderungshöchstdauer 3
Fringe Benefits 371

G
Gaststättengewerbe 80
Gehalt
 - Verhandlungen 369, 381
 - Vorstellungen 263
 - Zusatzleistungen 371
Generika 92

Genossenschaftsbanken 205
Genussmittel 185
Geschäftsbanken 205 f.
Gesprächspsychologie 292
Gesprächsstrategien 294
Gesundheitsbranche 89
Gesundheitsreform 228
Gesundheitswesen 89
GMAT (General Management Admission Test) 64
Großhandel 166

H
Habilitation 200
Handel 165
 - stationärer 166
Handelsmarken 165
Handlungskompetenz 81
Hard Skills 67
Headhunter 318
Headhunting 249
Health Care 89
Hilfe, psychologische 25
Hotelgewerbe 80

I
Ideen-Werkzeuge 410
Ifo-Index 77
Informationstechnologie 159
Initiativbewerbung 254
Internet-Stellenbörse 256
ISCED97 354

J
Jobben 15 f., 28
Jobbörsen 276 f.
Job-Messen 244, 308
 - Vorbereitung 316
Jobsuche 234
Job-Suchmaschinen 276 f.
Juniorprofessur 200

K
Kieselprinzip 406
Kindergeld 17
K-J-Methode 411
Kollegen 390
Kompetenz
 - Fach- 67
 - Handlungs- 67

 - interkulturelle 70
 - Kommunikations- 70
 - Methoden- 67
 - Präsentations- 70
 - soziale 68
Konfliktfähigkeit 418
Kontaktmessen 308
Körpersprache 290, 426
Krankenhäuser 97 ff.
Krankenversicherung 98 f.
Krankheit 398
Kreativität 70, 410
Kreditwirtschaft 208
Kündigungsschutz 398
Kurzarbeit 76
Kurzzeitstipendien 54

L
Lebenslauf 267 ff.
 - dritte Seite 272
Lebensversicherung 222, 225 f.
Lerngruppen 27
Lernkrisen 23
Lern-Tagebuch 19
Lernziele 19
Lesekompetenz 39
Literaturrecherche 38, 40
Literaturverwaltungssoftware 39
Logistik 125 ff.
Luftfahrtbranche 80

M
Marktforschung 196
Marktwert, eigener 370
Maschinenbau 78, 162
Master 29, 60
 - konsekutiv 60
 - of Arts 60
 - of Business Administration (MBA) 60 ff.
 - of Science 60
MBA-Fernstudienprogramme 64
MBA-Programme 63
Medien 178 ff.
Medizintechnik 95 f.
Meetings 393
Messebesuch 245
Metallgewerbe 181
Metallindustrie 78

Mind-Mapping 410
MLP Assessmentcenter Pool
328
MLP Career Services 360
MLP Gehaltsdatenbank 32 f.
Mobbing 421
Mobilität 48, 71
Mobiltelefon 431
Modeindustrie 191
Monster Employment Index 146

N
Nahrungsmittel 185
Nebentätigkeiten 71
Nervosität 293
Networking 72, 421, 425
Netzwerke 7, 71
- aus Ausbildung und Beruf 73
- aus Auslandsaufenthalten 72
- berufliche 394
- soziale 72
- Studienfach- 72

O
Öffentlicher Dienst 186
Outfit 386, 426

P
Pareto-Prinzip 406
Patensysteme 389
Personalberater 318
Personalberatung 194, 249
Personalfragebogen 274, 354
Pharmaindustrie 80, 91 ff., 188
Potenzialanalyse 236, 246
Praktika 15 f., 55, 58, 267
Präsentation 414
Praxiserfahrungen 56 f.
Privatbanken 206
private Krankenversicherung
224 ff.
Probezeit 385
- Abschlussbeurteilung 395
- Outfit 386
Projektmanagement 413
Professur 201
Promotion 59, 65
Prüfungsangst 18 f.
Prüfungsvorbereitung 19
Pünktlichkeit 387

Q
Qualifikation
- berufliche 240
- fachliche 238, 246
- persönliche 66, 236, 246

R
Recruiting-Messen 244, 308
Referenzen 270, 356
Rezession 75
Rollenspiele 324 ff.
Rückversicherung 222, 226

S
Schadensversicherung 222, 226
Schlüsselqualifikationen 80 ff.,
404
6-3-5-Methode 412
Selbstmanagement 405
Selbstmarketing 234
Selbstorganisation 18
Small Talk 425
Soft Skills 68 f., 80, 177
236 f., 405
Sozialversicherungspflicht 15
Sprachen 177
Sprachkenntnisse 352
Stahlindustrie 78
Stärken-Schwächen-Analyse 235
Stärken-Schwächen-Profil 241 f.
Stellengesuch 255 f.
Stellenindex der Bundes-
agentur 75
Steuerberatung 198
Steuern 15
Stipendien 6
Stressphasen 22
Studienbeitragsdarlehen 4
Studiengebühren 4
Studienkredite 8 ff.
Studienpreise 8
Studienschwerpunkte 67

T
Tarifgehälter, Bankgewerbe 217
Tätigkeitsprofil 272
Teamfähigkeit 238
Telekommunikation 190
Textilindustrie 191
Tischmanieren 302, 428

TOEFL-Test 53, 63, 68
Tourismusbranche 80
Touristik 192 ff.
Trainee-Programm 57, 113, 177
Training-on-the-Job 116 f.

U
Überstunden 409
Umgangsformen 302
Unfallversicherung 222, 226
Unternehmensberatung 194

V
Verlaufsprotokoll 407
Versicherungsbranche 33
Versicherungsstädte 232
Versicherungsvermittler 226
Versicherungswirtschaft 222
Visualisierung 416
„Vitamin B" 119
Volontär 114
Vorgesetzte 391
Vorstellungsgespräch 237, 252,
284 ff., 318, 381
- Ablauf 290
- Essenseinladung 302
- Fragen 287, 299
- Gesprächsphasen 296
- Outfit 288
- Vorbereitung 284
- Wartezeit 295
- Zeitplanung 287

W
Weiterqualifikation 48
Werbewirtschaft 196
Windindustrie 163
Windkraft 163
Wirtschaftsprüfung 198
Wissenschaft 199 ff.
Wissenschaftsadministration 203
Work-Life-Balance 25, 323

Z
Zeitdruck 408
Zeitmanagement 19, 406
Zeitplanbuch 406
Zeugnisse 272 ff., 358
Zielvereinbarungen 392
Zusatzqualifikation 48